诸暨市工商行政管理志

（1988—2013）

诸暨市工商行政管理志编纂委员会　编

方志出版社
Publishing House of Local Records

图书在版编目（CIP）数据

诸暨市工商行政管理志．1988—2013 / 诸暨市工商行政管理志编纂委员会编．-- 北京：方志出版社，2019.2

ISBN 978-7-5144-3673-0

Ⅰ．①诸… Ⅱ．①诸… Ⅲ．①工商行政管理－概况－诸暨－1988—2013 Ⅳ．① F203.9

中国版本图书馆 CIP 数据核字（2019）第 059445 号

诸暨市工商行政管理志（1988—2013）

编　　者： 诸暨市工商行政管理志编纂委员会
责任编辑： 刘方圆

出 版 人： 冀祥德
出 版 者： 方志出版社
地址　北京市朝阳区潘家园东里 9 号（国家方志馆 4 层）
邮编　100021
网址　http：// www.fzph.org
发　　行： 方志出版社图书经销中心
电话（010）67110500
经　　销： 各地新华书店
印　　刷： 杭州富阳正大彩印有限公司

开　　本： 889 × 1194　　1/16
印　　张： 34
字　　数： 607 千字
版　　次： 2019 年 2 月第 1 版　　2019 年 2 月第 1 次印刷
印　　数： 0001 ～ 1000 册

ISBN　978-7-5144-3673-0　　**定价：280.00 元**

谨以此书献给：

为诸暨市（县）工商行政管理事业奋斗过的全体同志！

《诸暨市工商行政管理志（1988—2013）》编纂委员会

主　　任：方　铭

副 主 任：周建伟　傅　斌　许国锋　郭舜尧　钱伟江　詹　飞
俞科真　童文正　葛　浩

委　　员：郭　峰　蒋志祥　郦　威　方春均　黄文军　袁建高
郭利锋　楼笑峰　陈耕飞　胡卫进　冯铁江　周海玲
潘冬宝　赵丰民　傅京生　宣良福　边　钧　陈忠良
李国女　郑伟力　何海斌　马阳勇　杨　林

策　　划：葛　浩

主　　编：俞科真

编　　辑：汤可达　徐浩川　王清成　王贤炳

档案提供：冯铁江　张　丽　黄晓玲　黄山燕　陶伟芳　斯丽芳

校　　对：周寅菊　楼明敏

摄　　影：徐晓刚　周瑞昌

序

工商行政管理机关是政府综合性行政执法机关，依法履行企业、个体工商户登记注册，监管市场经济等职能。改革开放以后，工商行政管理的职能逐步列入法律法规，工商部门既要支持搞活经济，又要规范市场管理，查处各种违法行为，承担了繁重的任务。

诸暨市是浙江省最大的县（市）之一，无论是历史上或是当今，在全省都是有影响力的。诸暨市市场监督管理局组织力量编写了1988年至2013年的《诸暨市工商行政管理志》，这对正确总结经验，指导今后工作是十分有利的。诸暨市工商行政管理局在市委、市政府的领导下，在上级工商部门的指导下，做了大量工作，取得了很好的成绩，特别是在扶持发展个体经济、建设发展专业市场、培育驰（著）名商标、发展块状集约产业等方面走在全省前列。比如2002年，诸暨市跻身浙江省发展个体工商户十强县（市）行列；2004年，诸暨拥有驰名商标、浙江省著名商标数位列全省各县（市）之首；2009年，入选全国百强品牌县（市），位居第6；诸暨珍珠市场、轻纺市场列入省十大知名市场行列；2011年，省政府认定诸暨市为浙江省十大市场强县（排位第4）等。1992年、1996年、2008年，人力资源和社会保障部、国家工商行政管理总局先后3次授予诸暨市工商行政管理局“全国工商行政管理系统先进集体”称号。

1985年12月至1990年6月，我任浙江省工商行政管理局局长期间，多次到诸暨考察工作。调任国家工商局副局长后，于1990年10月，我又率领国家工商局部分司局长及全国各省市、自治区和计划单列市工商局局长顺访诸暨市工商局枫桥工商所，诸暨市工商局行政管理工作给我留下了良好的印象。愿诸暨市工商局（市场监管局）的同志，认真学习和践行习近平新时代中国特色社会主义思想，以新的精神状态，提高执法能力，把工作推向一个新的阶段。

曹天玷

2018年7月4日

凡　例

一、《诸暨市工商行政管理志（1988—2013）》承续1988年编纂的《诸暨县工商行政管理志》。起自1988年初，为保持记事的连续性，对重要事项适当上溯；迄于2013年底，为保证事件的完整性，重大事项延至搁笔。

二、遵照国家地方志书编纂规范，以习近平新时代中国特色社会主义思想为指导思想，坚持辩证唯物主义和历史唯物主义，坚持求真、求准、求精、务实，力求做到地方特色、部门特色和时代特色相统一，时代性、思想性、科学性、资料性相统一。

三、以志体为主，兼容述、记、图、表、录和序、凡例、概述、编后等诸体。

四、诸暨的行政区划名称，1989年11月25日撤县设市前称“县”，其后称“市”。工商局内设机构1993年6月15日前称“股”，其后称“科”。单位名称中的属地域名一般从略，如诸暨市（县）工商局简称市（县）工商局。

五、统计数据一般按国家工商总局表式编制的统计年报。年报缺佚，从其他资料。

六、文体使用规范的现代语体文，文字以国务院2013年公布的《通用规范汉字》为准，数字、标点按国家2011年《出版物上数字用法》《标点符号用法》的规定，市场主体量词从国家工商总局统计年报。

目　录

第三章　服务经济

第四章　组织机构

第五章　队伍建设

第六章　法制工作

第七章 社团组织

概　述

工商行政管理伴随着改革开放的脚步前行，伴随着市场经济的发展成长。

1975年11月，县工商行政管理局成立。主要职责是管理集贸市场和打击投机倒把活动，维护计划经济秩序。1979年，区（镇）撤销打击投机倒把办公室，改设工商行政管理所。工商行政管理增加工商企业登记管理、经济合同管理、商标注册申报等职能。1982年后，随着改革开放不断推进，工商行政管理的职责有所拓展，增加广告管理、个体经济管理和监督检查商品流通领域不正之风等职能。1988年，国务院明确工商行政管理机关是各级政府的直属机构，既是经济监督部门，也是行政执法机关。1999年，省以下工商行政管理机关实行垂直管理，诸暨市工商局成为绍兴市工商局直属机构。

行政执法是工商部门最基本最主要的一项职能。市工商局根据经济社会发展中出现的新问题新情况，加强市场监管，维护市场秩序和商品正当交易。

20世纪80年代，工商部门主要沿用行政手段管理粮食、蚕茧、茶叶、竹木等重要农副产品购销活动，参与重要生产资料和耐用消费品专营专卖管理，以打击投机倒把的名义查处买卖、倒卖国家计划物资和各类票证等活动，并对市场上出现的假冒伪劣商品进行查处。

1989年后，工商部门贯彻“治理整顿”方针，加强市场秩序和商品交易监管，清理整顿各类公司和批发企业、挂牌集体企业、“三无”（无资金、无场地、无管理机构）企业。针对市场上假冒伪劣商品日趋严重的情况，加强对制假售假行为的整治和查处，净化市场环境。同时，保护消费者权益工作开始起步。

1992年后，工商部门从监管计划经济逐步向监管社会主义市场经济转变，重点规范市场交易行为，保护公平竞争，严厉查处不正当竞争、商标侵权、广告虚假、非法传销等危害市场秩序和侵犯正当经营的违法行为。继续加大力度打击形形色色的制售假冒伪劣商品行为。更加注重保护消费者权益，设立了消费者投诉举报中心，实行坐堂受理和出现场调处等方式处理消费纠纷。

1999年，国务院决定省以下工商行政管理机关实行垂直管理，市场监管进一步加强。以促进市场经济规范有序发展为重点，在工商所推行责任区监管、日常巡查和经济户口管理。开展信用工程建设，在全省率先开展企业信用等级评定工作。组织开展反欺诈护权益、百日执法、红盾护农、打击传销等专项执法行动，查处不正当竞争、侵犯注册商标专用权、刊发虚假广告等违法行为，治理商业贿赂。加强流通领域商品监管，实施“商品准入工程”。食品安全纳入重要监管内容，全面落实食品安全监管责任，并在全市开展食品安全“放心店”建设。消费维权工作不断深化，借鉴“枫桥经验”打造社会化维权模式，所做工作多次获得省、绍兴市和诸暨市党政领导的批示肯定。

2010年后，市工商局继续针对市场经济发展中存在的突出问题组织开展重点监管，并将网络经济纳入监管范围。消费维权工作实现社会化联合维权，建立了诸暨市消费维权联席会议制度和消费维权中心。

服务和助动地方经济发展，是工商部门基本职能的延伸和拓展。市工商局运用职能做好支持服务工作，帮助企业、个体工商户放开搞活，做强做大。

20世纪80年代，为了使人民群众尽快富起来，市工商局因地制宜放宽登记注册政策，培育个体经济，帮助一些已经萌芽的块状产业健康稳定发展。参与投资建设城乡农贸市场，发展集市贸易，帮助农民搞活经营。1986年，全县个体工业产值突破1亿元，店口五金、山下湖珍珠、大唐袜业等块状产业已具雏形。1988年7月，开始对私营企业进行登记注册，同时，放宽各类企业在字号名称、经营范围和注册资本等方面的限制。

1989年后，全市个私经济产值已和乡镇集体企业平分秋色。同时，随着市场发展建设工作纳入经济社会发展规划和城市发展规划，东湖市场和部分乡镇的主要农贸市场相继改建新建。市工商局投资新建南门市场和一批乡镇农贸市场，会同有关部门、乡镇建设大唐轻纺市场（大唐国际袜业城的前身）、诸暨珍珠市场（华东国际珠宝城的前身）等，初步形成“一门产业建设一个市场、一个市场带动一门产业”的诸暨特色专业市场发展之路。

1993年后，诸暨市委市政府制定“优势扩张战略”，出台“三上一提高”（上规模、上档次、上水平，提高自身素质和经济效益）政策，提出“四不限制”（不限制发展比例、发展规模、发展范围、发展条件）措施，把个私经济作为诸暨经济的重要增长点鼓励发展。工商部门顺势而为，全力引导支持个私经济发展。登记注册审批制逐步改革为准入制，简化个体工商户、私营企业办照程序，废止在从事行业、从业人员等方面对个私经济的不合理控制和规定。在局设立注册大厅统一办理企业、个体工商户注册登记手续，在全省率先将个体工商户营业执照委托工商所办理。20世纪90年代，个私经济发展过程虽有曲折，但仍然较快增长，占据全市经济的“半壁江山”，“十大块状产业”初具规模，形成了不同于苏南、温州等地发展方式的“诸暨模式”。顺应个私经济做大做强需要，工商部门开展“创牌工程”建设，组织“地方名牌”评选活动，推选诸暨知名商标参加驰名商标和浙江省著名商标评选认定，培育名牌商标。市场建设发展稳步推进，东湖市场易址重建后于1997年元旦开业，成为当时全国范围内设施一流的大型农贸市场。大唐轻纺市场、诸暨珍珠市场进入全国百强市场行列。

1999年后，市工商局在市政府办证中心设立窗口，统一办理全市企业、个体工商户工商登记手续。深化行政审批制度改革，推出“一审一核”“并联审批”“前置审批告知承诺”等简便办照制度，推行网上审批、网上年检等便利办照措施，着力营造良好的创业环境，个私经济得到快速发展。2002年，诸暨跻身全省发展个体工商户十强县（市）。开展创牌工作，促进个私经济转型升级成效显著，2004年，全市企业拥有驰名商标和省著名商标的数量已居全省各县（市、区）之首。之后，诸暨市两次获得全国商标工作百强县（市）称号，排名都进入前十。根据国务院要求市工商局与所办市场脱钩后，工商部门大力推进集贸市场规范管理，先后组织农贸市场改造提升、星级规范市场创建等活动，到2010年，全市已形成重点骨干市场引领、专业市场门类齐全、农贸市场遍布城乡的市场体系，诸暨市被命名为全省十大市场强县（市），位居第4。大唐轻纺市场、诸暨珍珠市场列入全省十大知名市场，诸暨珍珠市场（华东国际珠宝城）被命名为五星级市场。

2010年后，行政审批制度改革纵深推进，工商、国税和地税“三证合一”办理，8个镇的行政服务分中心设立了工商办事窗口。牵头开展“个转企”“下升上”扶持小微企业成长等工作，促进实体经济发展提升。帮助企业利用商标权、股权质押或抵押贷款，拓宽融资渠道。帮助大型专业市场建设网上交易，实现线上线下经营。

市工商局重视队伍建设，注重塑造执政为民、依法监管的部门形象，为工商行政管理工作提供坚强保障。

市工商局坚持认准一条好的工作思路——抓队伍促业务，培育一种好的作风——创优争先、开拓创新，树立一套好的干部评判标准——认认真真做事、老老实实做人，不断强化队伍的政治建设、思想建设、业务建设和能力建设，与时俱进，不断改革监管服务方式，作出了一批在全省乃至全国领先的特色亮点工作，使诸暨的工商行政管理工作走在了时代前列。1992年、1996年和2008年，市工商局3次获得全国工商行政管理系统先进集体称号，多人次受到省、部级部门的表彰奖励。

2014年1月，市委市政府根据国务院和省政府推进食品药品监管体制改革的要求，将市工商行政管理局和市食品药品监督管理局合并，划入质量技术监督局食品监管职能，组建诸暨市市场监督管理局（保留诸暨市工商行政管理局、诸暨市食品药品监督管理局牌子），成为全市主管工商行政管理、食品药品监督管理的市政府工作部门。

2018 年 3 月 17 日，第十三届全国人大第一次会议批准国务院机构改革方案，组建国家市场监督管理总局，“工商行政管理”成为一个历史名称。在中国特色社会主义新时代，融入市场监管局的工商行政管理工作，使命更光荣，任务更艰巨，责任更重大，必将在建设中国特色社会主义现代化强国，实现伟大中国梦的征程中发挥更加重要的作用。

大 事 记

1988 年

2 月 10 日，设立个体经济管理股。

4 月 10 日，设立经济检查队。

4 月，清理整顿商标广告印制企业，建立商标印制管理制度。

5 月 17 日，制发《进一步放宽政策，改善管理，搞好服务的几点意见》。

5 月，始行注册商标验证。

6 月 10 日，制定《诸暨县工商行政管理系统纪律制度》。

8 月 9 日，制定《机关工作人员职责》。

10 月，清理整顿公司。

10 月 6 日，国家工商局命名诸暨县东湖农贸市场为“全国文明集贸市场”。

12 月，开展“重合同守信用”活动。

1989 年

3 月 30 日，个体经济管理股改称个体私营经济管理股。

4 月 20 日，县消费者协会（以下简称消协）成立。

4 月 26 日，设立大唐庵工商所。

5 月 13 日，始行注册商标回访检查制度。

7 月，清理整顿商业批发企业。

8 月 21 日，设立城关市场管理所。

9 月 8 日，制发《关于暂扣与罚没财物的管理规定》。

11 月 25 日，诸暨县工商行政管理局更名为诸暨市工商行政管理局。省工商局授予诸暨市工商局“经济合同管理工作先进集体”称号。

1990 年

4 月 6 日，局办公室印发《诸暨市工商行政管理局档案管理制度》。

4 月 10 日，制发《关于进一步支持我市企业深化改革、稳定发展的意见》。

4 月，建立户外广告登记档案制度。

9 月，企业统一使用经济合同示范文本。

10月27日，国家工商局副局长曹天玷率国家工商局部分司局长，各省、市、自治区和计划单列市工商局长考察枫桥工商所。

11月5日，国家工商局局长刘敏学、中国社会科学院副院长刘国光教授等到诸暨考察。国家工商局组织全国工商系统人教处长、学校校长到诸暨考察。

12月，市工商局工会成立。

1991年

3月9日，市工商局、市消协授予市百货公司第一百货商店等8户企业首届诸暨市消费者信得过单位称号。

3月10日，撤销人事秘书股，设立人事监察股、局办公室。

3月12日，省工商局副局长俞观山率省政府调查组到诸暨调查个体私营经济发展和管理情况。

3月21日，省工商局授予诸暨市东湖农贸市场文明集贸市场称号。

3月，清理整顿珍珠粉生产企业。

4月21日，新华社、中央人民广播电台、法制日报、农民日报等新闻媒体的记者到诸暨西江珍珠市场采访。

4月，工商、个协、公安、财税、卫生、物价、计量、广电、诸暨报社等9个单位联合在全市个体工商户中组织开展“五好经营户”竞赛活动。

5月8日，出台《关于进一步支持重点骨干企业搞活生产经营的若干意见》。

6月26日，市委出台《关于加强对个体私营经济引导、管理的若干意见》《关于清理整顿戴帽集体企业的若干意见》。

7月10日，开始清理整顿个体、私营商业批发企业。

7月13日，市工商局、珠宝公司、西江乡人民政府签订珍珠市场联办协议。

8月30日，国家计量局、国家工商局授予诸暨市东湖市场“标准计量先进单位”称号。

9月5日、6日，省工商局局长金连庆到诸暨检查工作，并考察西江珍珠市场、南门农贸市场和大唐庵轻纺市场。

9月26日，城关、浣纱、枫桥、牌头、五泄、三都、姚江、湄池、陈蔡、璜山、大西、大唐庵和城关市场消协监督联络站成立。

10月11日—18日，大唐庵轻纺市场开业，同时举办市第三届商品交易会。

10月18日，省委副书记沈祖伦考察南门市场、西江珍珠市场和大唐庵轻纺市场。

10月21日，开展识别、抵制、查处假冒伪劣商品活动，组织全市个体工商户自查并上缴各类假冒伪劣商品7418件。

11月13日，省委书记李泽民考察大唐庵轻纺市场和西江珍珠市场。

11 月 21 日，《中国工商报》头版头条刊登题为《专业市场要在“专管”上做文章——诸暨市委书记顾仁章谈专业市场建设》的文章。

11 月 30 日，开展制售假冒伪劣商品专项整治行动。

12 月 20 日，省电视台播放诸暨市场建设专题片。

1992 年

1 月 1 日，南门市场开业。

1 月 11 日，全国工商行政管理工作会议印发诸暨市工商局题为《发挥职能作用，支持农村经济发展》的文章。

2 月 21 日，设立商标广告管理股。

2 月 24 日，《中国工商报》头版头条刊登题为《农村区域经济冲出起跑线后，诸暨市工商局及时加强管理，采取“扶、导、整、助”良策》的报道。

3 月 24 日，国家工商局授予诸暨市工商局 1991 年度“全国先进工商局”称号。

4 月 17 日，国家工商局副局长曹天玷率领出席全国市场联谊会的人员参观大唐庵轻纺市场。

5 月 11 日，始行城乡市场登记注册工作。

5 月 30 日，出台《关于进一步解放思想拓宽思路，加速诸暨经济发展的服务措施》。

5 月，在全市个体工商户中开展社会主义思想道德法制教育。

6 月 8 日，制发《诸暨市户外广告管理办法》。

6 月 10 日，启动规范化工商所建设达标活动。

6 月 15 日，设立大唐轻纺市场工商所、诸暨市珍珠市场管理办公室。

6 月 29 日，省委常委、宣传部长孙家贤，省委宣传部副部长马守良、省工商局局长金连庆考察大唐轻纺市场、南门市场、诸暨小商品市场。国务院特区办研究室副主任林其辉考察诸暨珍珠市场。

6 月，开始清理企业经济合同纠纷。

7 月 19 日，开始整顿市区户外广告。

8 月 10 日，在第一百货商店等 12 户企业设立市消协监督联络站。

10 月 18 日，第四代珍珠市场开业，同时举办’92 诸暨市经济技术交易会。国家原主席李先念的夫人林佳楣参观诸暨珍珠市场。

11 月 30 日，省工商局命名诸暨市东湖农贸市场、大唐轻纺市场、珍珠市场为 1991 年—1992 年度文明集贸市场。

12 月 4 日，设立山下湖工商所。

1993 年

1 月 19 日，市政府为市工商局获全国工商系统先进集体、大唐轻纺市场和诸暨珍珠市场获全国文明集贸市场称号颁发 1992 年度市长奖励基金。

3 月 18 日，设立外商投资企业登记管理股。

4 月 27 日，市政府任命马志大为市工商行政管理局局长。

5 月 1 日，省工商局授予诸暨市工商局“浙江省工商系统先进集体”称号。

5 月 9 日，省工商局命名城关工商所、山下湖工商所、璜山工商所为“规范化工商所”。

6 月 16 日，市工商局机关内设机构“股”称谓改为“科”称谓。

6 月 26 日，市委、市政府出台《关于鼓励个体私营企业“三上一提高”的政策意见》。

6 月，开展创建规范化工商所达标活动。

7 月 23 日，设立店口工商所。

8 月 15 日，市工商局机关规范化达标活动启动。

10 月，开展打击走私贩私统一行动。

11 月 25 日，组织假冒伪劣商品曝光展览暨销毁活动。

1994 年

1 月 4 日，省个协授予诸暨市个协城关分会 1993 年度“全省个体劳动者社会主义思想道德和法制教育先进单位”称号。

1 月 24 日，市委、市政府命名山下湖工商所为文明单位。

3 月 25 日，市私营企业协会成立。

5 月，开展诸暨市首届地方名牌商标评选活动，丰球等 15 件商标获评诸暨市首届“地方名牌商标”，斯风等 15 件商标获评消费者“满意商标”。

6 月 14 日，省工商局命名诸暨市工商局为规范化工商局，江藻等 12 个工商所为规范化工商所。

8 月 30 日，“诸暨市工商行政管理局经济合同仲裁委员会”更名为“诸暨市经济合同仲裁委员会”。

11 月，浙江省著名商标评选组委会评定步森等 5 件商标为省著名商标。

12 月 27 日，城关工商所更名为城北工商所。

1995 年

3 月 6 日，设立法制科。

3 月 8 日，制发《诸暨市工商行政管理局行政处罚案件审核工作规定（试行）》。

4月28日，省工商局授予诸暨珍珠市场、大唐轻纺市场、小商品市场、南门市场、东湖农贸市场、水果批发市场“规范化市场”称号。

4月，清理“三无”（无资金、无场地、无机构）企业。在全市主要农贸市场开展“大众菜卖大众价”活动。

7月2日，浙江中义集团有限公司等20户私营企业获评诸暨市“私营企业20强”。

10月31日，成立诸暨市市场开发服务中心。

11月18日，市工商局机关从东湖路搬至艮塔路22弄1号新大楼办公。

12月1日，制发《诸暨市市场管办分离方案》。

12月，诸暨7户私营企业入选“中国500家最大私营企业”，中义集团名列第9位。

1996年

1月1日，开展商标印制单位专项整治。

1月16日，省工商局授予诸暨市工商局“浙江省个体私营经济管理工作先进工商局”称号。

1月，开展广告经营单位资质检查，核发广告经营许可证。

2月25日，省工商局命名浬浦、枫桥、店口、大唐、草塔、璜山等6个农贸市场为“规范化市场”。

4月，开展诸暨市第二届地方名牌商标评选活动。

6月15日，市工商局决定开展向冯绍泉学习活动。

9月2日，绍兴市工商局为诸暨市工商局记集体三等功。

10月23日，省工商局局长金德水、副局长石奎国专程前往湄池工商所看望冯绍泉。

12月3日，国家工商局、人事部授予诸暨市工商局“全国工商行政管理系统先进集体”称号；授予冯绍泉“全国工商行政管理系统优秀工商行政管理人员”称号。

12月5日，省工商局、省个协命名诸暨市个协为“规范化县级个体劳动者协会”。

12月23日，省工商局印发《关于开展向冯绍泉同志学习的决定》。

1997年

1月2日，市委决定在全市开展向冯绍泉同志学习活动。

1月7日，冯绍泉获省工商行政管理系统首批“经济卫士”称号。

1月18日，东湖市场易址重建完工、开业。

1月21日，国家工商局、中国消费者协会授予吴国伟“全国保护消费者合法权益先进工作者”称号。

3月11日，省政府纠风办授予诸暨市工商局“行风建设先进集体”称号。

4月26日，市委、市政府批准《诸暨市工商行政管理局职能配置、内设机构和人员编制方案》。

5月1日，城区农贸市场全面推行“净菜上市”工作。

6月2日，绍兴市工商局授予诸暨市工商局“行风建设先进集体”称号。

7月7日，省工商局授予诸暨市工商局“浙江省广告综合执法先进单位”称号。

7月16日，开始种养业工商登记。

8月26日，省工商局认定诸暨东湖市场为首批“三星级文明规范市场”。

11月14日，撤销局团总支，成立共青团诸暨市工商局委员会。

12月10日，省工商局命名诸暨市第五建筑工程公司等8户企业为“浙江省重合同守信用先进单位”。

12月31号，省工商局命名诸暨市工商局为文明规范工商局。

1998年

1月5日，省工商局认定诸暨市珍珠市场为省三星级文明规范市场。

3月5日，省工商局、省档案局认定诸暨市工商局档案室为省二级档案达标单位。

3月9日，制发《诸暨市种养业登记管理办法（试行）》。

3月12日，设立“96315”消费者举报投诉中心。

3月13日，国家工商局授予楼校夫1996年—1997年度商标管理工作先进个人称号。

5月17日，市政府制发《诸暨市著名商标认定和管理办法》。

8月3日，制发《诸暨市1998年—2000年培育著名、驰名商标规划》。

8月13日，省工商局命名城东、店口工商所为“文明规范工商所”。

9月，组织部分个体工商户、私营企业赴厦门参加“’99中国投资洽谈会”。

10月7日，命名浙江上峰实业集团等20户企业为诸暨市“恪守信誉、文明印制”单位。

1999年

1月8日，省工商局命名陈蔡、大西、牌头、城北工商所为“文明规范工商所”。

1月15日，省工商局授予诸暨市工商局“经济卫士集体”称号。

1月25日，省以下工商行政管理机关实行垂直管理体制。

4月1日，国家工商局局长王众孚到诸暨检查指导工作，并到大西工商所考察。

4月15日，市委决定建立诸暨市工商行政管理局直属机关党委。

8月2日，制发《诸暨市工商局市场巡查工作办法（试行）》。

8月6日，省工商局认定浙江大唐袜业城为省区域性重点市场。

8月19日，市蚊香行业协会成立。

9月1日，《罚款决定与罚款收缴相分离制度》施行。

10 月 25 日，绍兴市工商局命名江藻工商所为 1999 年度文明规范工商所。

11 月 5 日，市袜业协会成立。

12 月 3 日，市市场协会成立。

2000 年

1 月 5 日，省工商局认定诸暨大唐袜业城、东一轻纺市场为星级文明规范市场。

2 月 1 日，市委、市政府命名大唐、枫桥工商所为“文明单位”，局机关党支部为“先进基层党组织”。

4 月 5 日，在个私企业中开展“致富思源、富而思进促进个私经济发展”教育活动。

5 月 15 日，中央电视台专题部在诸暨摄制私营企业党建工作专题片。

5 月，开展百日执法大行动。

6 月 19 日，设立“12315”举报投诉中心受理站。

8 月 14 日，市委批准市工商局党组改为党委。

8 月 17 日，在全市较大的商场、超市推行消费警示制。

9 月 8 日，设立市工商局驻市办证中心办事处。

9 月 18 日，省工商局局长李强考察诸暨个私经济发展情况。

9 月 27 日，国家工商局商标局认定浙江步森集团有限公司步森商标为驰名商标。

11 月 28 日—30 日，第五代珍珠市场开业，举办第二届中国珍珠节。

12 月 24 日，印发市政府办证中心《联办事项并联审批实施意见》。

2001 年

1 月 10 日，省工商局命名湄池、山下湖、草塔工商所为 2000 年度文明规范工商所。

2 月 28 日，出台《关于支持国有集体企业深化改革的若干意见》。

3 月 15 日，宣信传当选“全国维护消费者权益十佳”人物，并出席中央电视台“3.15”晚会。

4 月 9 日，制发《诸暨市企业、个体工商户登记注册并联审批操作办法》。

4 月 12 日，出台《关于进一步转变作风、增强服务意识、支持地方经济发展的若干意见》。

5 月 30 日，成立局广告监测中心。

8 月 20 日，制发《诸暨市工商局基层工商所建立经济户口制度实施方案》。

11 月 23 日，市广告协会成立。

12 月 3 日，市政府办公室制发《诸暨市市场管办脱钩实施方案》。

12 月 14 日，签署《诸暨市市场管办脱钩协议》。

2002 年

1月18日，始行企业年检免检制度。

1月24日，始行企业登记注册“一审一核”制。

1月28日，撤销三都、江藻、湄池工商所。

2月18日，省工商局授予草塔工商所“经济卫士集体”称号。

2月23日，制发《诸暨市工商局行政执法过错责任追究施行办法》。

2月25日，制发《关于企业“信用工程”建设的实施意见》。

6月24日，开展信用示范企业创建活动。

7月5日，市民营企业协会成立。

8月1日，国家工商总局副局长甘国屏考察诸暨珍珠市场。

8月4日，设立工商信息管理办公室。

9月17日，市政府出台《商品交易市场规范化管理意见》。

11月，开展假冒伪劣食品专项整治行动。

12月18日，市政府办公室制发《关于加强商品展销会管理的意见》。

2003 年

1月15日，国家工商局、中个协、中私协授予诸暨市个协、私协全国个协、私协系统先进单位称号。

1月23日，省工商局命名枫桥工商所、璜山工商所为“文明规范工商所”。

1月25日，启动商品质量流动检测车。

1月，陈蔡工商所和璜山工商所合署办公。

2月9日，市工商局会同市委宣传部、中国人民银行诸暨支行认定盾安集团有限公司等46户企业为“信用示范企业”。

2月25日，市工商局获评省工商系统“三个代表在浙江、红盾形象在工商”主题学习教育活动先进单位。

4月24日，制发《行政处罚重点案件回访实施办法》。

5月30日，市政府办公室制发《诸暨市行政审批实行一审一核制暂行规定》《诸暨市实行前置审批告知承诺暂行规定》。

6月25日，制发《实施前置审批告知承诺制的暂行办法》《委托工商所行使个人独资企业、合伙企业登记管理办法》。

8月10日，市工商局、市企业信用工程建设领导小组认定浙江菲达机电集团有限公司等19户企业为诸暨市首批工商企业信用AAA企业。

8月11日，开展《中华人民共和国消费者权益保护法》颁布十周年纪念活动。

8月21日，全面实施“商品准入工程”。

8月，中央电视台新闻联播报道店口工商所企业信用监督管理工作情况。

12月30日，省工商局授予诸暨市办证中心工商窗口、“12315”消费者投诉中心“红盾风采——文明规范窗口”称号；授予店口、枫桥、城东、大西、璜山工商所“红盾风采——文明规范工商所”称号。

12月31日，省工商局授予诸暨市工商局“全省工商系统创新工作典型单位”称号，授予市工商局领导班子为“红盾风采——优秀领导班子”称号。

2004年

1月2日，省工商局认定大唐袜业城为首批浙江省专业商标品牌基地。

2月3日，市场规范管理科分设为市场合同监管科和商标广告监管科。

2月7日，市政府授予市工商局2003年度开放型经济服务工作先进集体称号。

2月19日，省工商局认定步森、盾安、菲达、富润、丰球、海亮为浙江省知名商号。

3月23日，开展“访企业、学企业、帮企业、促企业”活动。

4月20日，始行商品交易市场商品准入制。

6月30日，省工商局命名店口工商所为首批“红盾风采——数字化工商所”。

7月16日，省工商局命名诸暨市工商局为流通领域商品准入工程建设先进集体。

9月2日，制发《诸暨市工商局食品质量快速反应机制工作方案》。

9月11日，市首期民营企业总裁高级工商管理（EMBA）研修班在市委党校开学。

12月7日，市工商局获评全省工商消费安全百日百县联合执法大行动新闻大奖赛先进集体。

12月14日，国家工商总局授予杨伯祥全国工商行政管理系统优秀工商行政管理人员称号。

12月29日，委托工商所开展港澳台居民个体工商户登记注册工作。

2005年

1月5日，省委、省政府命名诸暨市工商局为省级文明单位。

1月11日，市工商局获评2004年度全省工商系统创新工作先进单位。

1月13日，绍兴市工商局党委任命方维远为中共诸暨市工商行政管理局党委书记、局长。

1月18日，大唐、草塔、山下湖、牌头、城南工商所获评省工商局2004年度“红盾风采——文明规范工商所”。

2月5日，市工商局获评2004年度诸暨市开放型经济工作先进单位。

3月14日，开始农村“放心店”工程建设。

4月，开始“平安市场”创建活动。

5月，始行农民专业合作社登记注册工作。

9月21日，省工商局授予大唐工商所2005年度省“红盾风采——数字化工商所”称号。

11月18日，“12315”举报投诉中心获评省级优秀“青少年维权岗”。

2006年

1月6日，省工商局授予诸暨市工商局万村放心店建设先进单位称号。

1月7日，省工商局命名诸暨市工商局为2005年度红盾风采——优秀领导班子、城北工商所为2005年度红盾风采——文明规范工商所。

1月17日，绍兴市工商局党委为诸暨市工商局城北工商所记集体三等功。

2月20日，城南工商所与城北工商所合署办公。

3月10日，省工商局授予诸暨市工商局市场合同监管科全省流通领域商品质量安全快速定性检测工作先进典型称号。

4月5日，市政府办公室制发《诸暨市无照经营整治活动实施意见》。

4月18日，制发《诸暨市农村“放心店”长效监管制度》。

4月20日，市政府办公室印发《诸暨市“十一五”驰（著）名商标发展规划》。

4月27日，制发《企业（个体工商户）网上注册管理办法》。

5月5日，大唐工商所获评省工商系统依法行政工作先进集体。

5月10日，制发《关于大力培养和发展农村经纪人的实施意见》。

5月29日，省工商局命名璜山工商所、大西工商所为“2005年度红盾风采—数字化工商所”。

6月2日，出台《关于发挥工商行政管理职能作用支持社会主义新农村建设的若干意见》。

6月20日，制发《诸暨市工商局加强工商所食品安全监督管理规范化实施方案》。

6月26日，制发《工商所食品安全执法责任追究制度》。

9月5日，成立局商标侵权认定委员会。

11月14日，制发《诸暨市工商局行政处罚案件核审工作制度》。

2007年

1月19日，省工商局党委命名诸暨市工商局党委为“2006年度红盾风采——优秀领导班子”。

2月14日，省工商局认定诸暨珍珠市场和大唐轻纺市场为省重点市场。

3月5日，施宇钧当选中共绍兴市第六次人民代表大会代表。

4月3日，设立消费者权益保护科，“12315”举报投诉中心更名为“12315举报申诉中心”。

4月10日，制发《工商所注册窗口标准化建设实施方案》。

5月22日，市消费者协会更名为市消费者权益保护委员会。

7月16日，制发《诸暨市知名商号认定办法》。

10月29日，制发《归并审批职能工作实施方案》。

2008年

1月8日，省工商局命名诸暨市工商注册窗口为星级文明规范注册窗口。

1月9日，省工商局命名店口工商所为2007年度星级文明工商所。

1月31日，城北工商所更名为城北工商分局。

3月19日，省工商局局长郑宇民到店口工商所调研责任区监管试点工作。

5月，推行“12315”消费维权站（点）进村、进镇、进社区、进校园、进商场、进企业工作，构建以行政执法、行业自律、社会监督为一体的“12315”消费维权体系。

7月2日，制发《诸暨市工商局创建省级食品安全示范县（市）实施方案》。

10月16日，人力资源和社会保障部、国家工商总局授予诸暨市工商局“全国工商行政管理系统先进集体”称号。

10月21日，制发《诸暨市工商局商标侵权认定议事规则》。

10月24日，实施食品总经销（总代理）备案制度。

10月30日，制发《诸暨市“守合同重信用”农户认定管理办法》。

12月4日，市工商局认定袁秀文等15户农户为2008年度诸暨市“守合同重信用”农户。

12月25日，省工商局认定诸暨市工商局为“红盾风采—财务管理规范化”达标单位。

12月29日，省工商局党委命名诸暨市大唐、枫桥、牌头、璜山工商所为2008年度文明规范工商所。

2009年

1月21日，撤销诸暨市市场开发服务中心。

3月10日，省工商局认定诸暨市店口为水暖五金专业商标品牌基地。

3月26日，成立诸暨市消费者维权人民调解中心。

4月9日，制发《诸暨市知名商品认定和保护暂行办法》，成立诸暨市工商局知名商品认定委员会。

4月22日，省工商局局长郑宇民到诸暨调研工商部门助动经济工作。省工商局、农业厅在诸暨联合举办龙井茶证明商标使用启动仪式。

5月7日，制发《诸暨市商标专用权质押贷款管理办法》。

6月24日，成立诸暨市工商局行政许可审理委员会。

10月15日，国家工商总局原副局长李东任组长的中央非公有制经济组织学习实践科学发展观活动巡视组到海亮集团调研非公经济组织开展学习实践科学发展观活动情况。

11月，诸暨市入围全国商标发展百强县（市），位居第6。

12月2日，市工商局、市民营企业协会编发《科学发展在民企》一书。

12月16日，市工商局认定枫桥工商所等单位为食品安全示范工商所。

2010年

3月8日，《浙江省珍珠及珍珠饰品三包暂行办法》发布会在诸暨珍珠市场举行。

3月15日，省工商局、省商标协会认定赵家镇香榧专业商标品牌基地为省香榧专业品牌基地。

5月13日，新华社记者到枫桥工商所调研借鉴"枫桥经验"开展消费维权工作。

6月22日，全省学习"枫桥经验"深化农村消费维权监督网络建设现场会在诸暨举行。

6月23日，始行食品安全电子监管工作。

10月25日，局信息管理办公室（信息中心）更名为网络经营监督管理办公室（挂信息化办公室牌子）。

11月25日，市工商局综合档案室获评省一级档案室。

11月29日，副省长王建满到诸暨调研市场发展与振兴工作。

2011年

1月26日，省工商局为诸暨市工商局记集体二等功。市政府给予市工商局2010年度支持地方经济发展考核奖。

3月31日，店口工商所更名为店口工商分局。

5月10日，绍兴市工商局和诸暨市政府联合在山下湖镇召开绍兴市珍珠仓单质押合同帮农工作现场会。

7月15日，市消费维权义工行动启动仪式在枫桥举行，15人当场领取消费维权义工证。

8月31日，全省工商所长创新监管在基层研讨班一行50余人在枫桥工商所研讨交流农村消费维权工作。

9月22日，始行个体工商户工商、税务联合办照办证。

9月23日，市工商局受邀参加由中国国际中小企业博览会组委会和国家工商总局主办的促进个体工商户发展中小企业转型升级研讨会。

11月9日，省政府认定诸暨为浙江十大市场强县（名列第4）。诸暨华东国际珠宝城获评省十大转型示范市场、中国商品市场百强。

12月27日，市消费维权义工队获省2011年度优秀消费维权义工集体称号。

2012年

3月9日，开展“进村入企”大走访活动。

4月5日，推行食品安全“三员五化”（食品安全指导员、专管员、监督员，基础一体化、指向社会化、载体网格化、方法程式化、手段信息化）社会管理模式。开展规范流通环节酒类企业经营行为活动。

5月4日，制发《网络交易平台联系人制度（试行）》。

5月11日，省工商局局长郑宇民调研诸暨消费维权工作。

5月31日，制发《工商所（分局）食品安全巡查规程（试行）》。

6月18日，大唐工商所更名为大唐工商分局。

6月21日，华东国际珠宝城获评“2011年度全国诚信市场”。

6月27日，成立诸暨市消费者权益保护委员会消费维权义工专家组。推行商场（超市）现场制售食品标准化管理。

8月8日，绍兴市纠风办认定枫桥工商所为2011年度“十佳群众满意基层站所”。

9月3日，制发《诸暨市工商局非行政处罚行政执法行为监督暂行办法（试行）》。

9月10日，店口镇设立全市首个镇级行政审批中心，内设店口工商分局注册窗口。

10月23日，开展“平安市场”创建活动。

11月26日，省纪委副书记王海超调研诸暨消费维权及权力公开运行和服务经济发展等工作。

2013年

1月31日，省工商系统消费者权益保护会议在诸暨召开。

1月，市政府授予市消费维权服务中心“十佳社会管理创新示范点”称号。

2月，省工商局授予诸暨市工商局“整治利用合同格式条款侵害消费者合法权益专项行动先进单位”称号。

3月30日，中华商标协会、国家工商总局商标评审委员会调研组到诸暨调研驰名商标申报、维护和管理工作。

3月，省消保委授予诸暨市政府“2013年‘3·15’地方政府支持奖”。中共中央办公厅《每日汇报》刊载璜山工商所董翊鸿撰写的《基层反映当前农民专业合作社发展存在四大问题亟待重视》一文。

4 月，市工商局《诸暨市创新实施商标权质押贷款有效拓宽企业融资渠道的主要做法》获副省长朱从玖批示。

5 月 14 日—15 日，省政府督查组到诸暨督查“个转企”工作开展情况。

5 月，市工商局《诸暨深化“枫桥经验”积极打造社会化消费维权新模式》获副省长朱从玖批示。

6 月 14 日，制发《诸暨市工商局 12315 举报申诉工作规范实施细则（试行）》。

9 月 25 日，省工商局副局长冯水华到诸暨调研加强基层社会组织和争创新社会管理工作。

10 月 31 日，副省长朱从玖到诸暨调研民营企业金融需求工作。

12 月 4 日，华东国际珠宝城获“全国诚信示范市场”称号。

12 月 5 日，制发《诸暨市工商局网络案件办理暂行办法》。

12 月 24 日，成立诸暨市工商局机构改革领导小组。

2014 年

1 月 20 日，召开工商行政管理工作会议。

1 月 29 日，市委宣布市工商局和市食药监局合并，划入市质监局食品安全管理职能，组建市市场监督管理局。

1 月，市工商局“打造社会化消费维权新模式，构建民生保障新格局”工作获评绍兴市委、市政府“行风建设十大亮点”，店口工商分局获绍兴市 2013 年度“十佳群众满意基层站所”称号。“枫桥香榧”地理标志证明商标经国家工商总局商标局核准，成为诸暨首件成功注册的地理标志证明商标。

2016 年

3 月 5 日，市委任命方铭为诸暨市市场监督管理局局长。

2018 年

3 月 17 日，第十三届全国人大第一次会议批准国务院机构改革方案，组建国家市场监督管理总局。

第一章　登记注册

20世纪80年代，市场主体登记注册工作与计划经济配套，按企业性质分别由相关职能科（股）分头负责。1997年起，逐步实行一个窗口集中办理、并联审批、一审一核等便民登记注册方式。

第一节　机构　程序　类型

机构职能

1988年初，县工商局企业管理股负责全民、集体所有制企业和个体工商户的登记注册。2月10日，局增设个体经济管理股，负责个体工商户登记注册。

1989年3月30日，局个体经济管理股改称局个体私营经济管理股，负责个体工商户、私营企业登记注册。

1992年5月11日，根据省工商局意见，始行商品交易市场登记注册。诸暨市域市场登记证由绍兴市工商局核发。

1993年2月25日，绍兴市工商局授予诸暨市工商局外商投资企业登记初审权。3月18日，诸暨市工商局增设外商投资企业登记管理股，负责外资企业的开业、变更、歇业登记的初审工作。6月16日，市工商局内设机构称谓“股”改称“科”。

1995年11月18日，市工商局在新办公大楼（艮塔路22弄1号）设立注册大厅，集中办理全市市场主体登记注册。

1997年3月起，市场登记证改由诸暨市工商局核发。10月31日，局市场管理科始行受理商品展销会登记。

1999年2月15日起，市工商局委托工商所核发个体工商户临时营业执照。是年，局市场管理科始行经纪人登记注册。

2000年9月，设立市工商局驻市政府办证中心办事处（亦称办证中心工商窗口），负责全市范围内所有企业的设立登记。企业的变更、注销登记和个体工商户登记注册仍在市工商局注册大厅办理。10月31日，市工商局决定，城北、城南、城东等3个工商所所辖个体工商户的登记注册纳入市办证中心工商窗口办理。

2001年1月19日，外商投资企业登记管理科业务并入企业登记管理科。4月10日，市工商局将全市个体工商户、私营企业、国有集体企业（除改制企业外）的开业、变更、歇业登记，以及外商投资企业登记初审纳入市办证中心工商窗口统一办理。9月30日，局个体私营经济管理科业务并入局注册监督管理科。

图1-1-1　1999年4月1日，国家工商局局长王忠孚（左2）考察大西工商所注册大厅

2002年1月24日，推行企业登记注册“一审一核制”。3月9日起，全市个体工商户的开业、变更、注销登记职能委托工商所行使。

2003年6月25日，市工商局推行前置审批告知承诺制，在市办证中心工商窗口设立告知承诺审批专窗。

2004年4月13日，市工商局决定将企业设立时开展的照前实地调查，改为照后回访检查，市办证中心工商窗口直接受理企业登记注册，核发营业执照。7月2日起，市工商局继续委托工商所行使个体工商户、个人独资企业、个人合伙企业登记注册职责，并将各有关科室行使的市场名称登记职责、广告经营许可登记职责、改制企业登记职责，统一归口到市办证中心工商窗口行使。8月24日，根据实施《中华人民共和国行政许可法》要求，市工商局制发《统一受理行政许可申请、统一送达行政许可决定制度》《行政许可网上公布和受理制度》《行政许可审查决定及听取意见制度》《实施行政许可听证规则》《行政许可决定公开制度》等规定。市工商局行政许可事项统一由市办证中心工商窗口或各工商所办照窗口办理。

2005年4月15日，市工商局明确由各科室承担的市场主体登记职能转由市办证中心工商窗口履行，并且负责对工商所行政许可工作的指导和考核。5月16日，市工商局明确农民专业合作社登记注册由市办证中心工商窗口负责。

2006年4月27日，市工商局始行营业执照网上登记注册审批。

2007年10月29日，根据市委市政府深化行政审批制度改革要求，市工商局归并行政审批职能，进一步简政放权，方便群众办事。开通网上办理大厅，全权委托工商所（分局）办理个体工商户、普通合伙企业、个人独资企业、农民专业合作社登记，以及市场主体字号名称预先核准、户外广告登记等事项。

2008年10月21日，根据市委办公室深化行政审批制度改革、整合行政审批服务职能的要求，市工商局设立行政审批服务科，与市办证中心工商窗口合署办公。

2009年6月23日，市工商局设立行政许可审理委员会，负责研究解决行政许可工作中的疑难问题。

2010年7月8日，市工商局再次明确行政审批事项、服务事项全部归口市公共服务中心（原市政府办证中心）工商窗口办理，包括企业名称登记、公司登记、市场名称登记、农民专业合作社登记、非公司企业法人登记、企业集团登记、广告经营许可登记、企业动产抵押登记、食品流通许可登记，以及外资企业、中外合作经营企业、中外合资经营企业初审。个体工商户、个人独资企业、合伙企业仍委托各工商所（分局）登记。

2011年9月28日，根据省工商局关于诸暨市工商局主要职责内设机构和人员编制的规定，从局企业注册监督管理科分设局企业注册科，与注册分局（行政审批科）合署办公。

2012年9月10日，店口镇设立全市首个镇级行政服务中心，内设店口工商分局登记窗口。

2013年2月，市工商局分别在大唐、店口、山下湖、枫桥、牌头、璜山等镇的行政服务中心设立一级工商登记窗口，在草塔、应店街等镇的行政服务中心设立二级工商登记窗口。

审批制度

1989年，市工商局制定《办照须知》《收费标准》《市场管理办法》，并向社会公示。

1994年，市工商局把证、照办理程序，收费标准公布上墙，接受社会公众监督。

2000年10月31日，市工商局制发《办证中心办事处有关审查事项办理的若干规定》。是年，市工商局制发《内资企业登记注册程序》。

2002年，市工商局开展市场主体登记管理体制改革试点工作，全面推行登记注册“一审一核制”，企业的设立逐步由审批制向直接注册制过渡。推行前置审批“告知承诺制”和个体工商户“网上审批”制。《工商窗口受理和驳回制度》《工商窗口审查员制度》《工商窗口核准员制度》《工商窗口工作人员责任追究制度》《工商窗口工作“AB”角制度》《工商窗口疑难问题集体讨论制度》等先后出台。

2003年6月25日，《市场主体前置审批告知承诺制》经市政府批准，在市办证中心工商窗口正式实施。

2004年10月28日，《市办证中心工商窗口工作人员工作职责》施行。相应的《工商窗口自我管理目标》《工商窗口自我管理办法》《工商窗口工作人员工作制度》《工商窗口工作人员学习制度》《工商窗口工作人员廉洁制度》《工商窗口工作人员文明规范制度》《工商窗口政务公开制度》等规章制度先后实施。

2005年3月14日，《诸暨市工商局工商窗口文明服务制度》在市办证中心工商窗口实施。7月5日，制发《一字工作法》有关制度，内容包括《窗口受理一个厅工作制度》《窗口服务一站式工作制度》《窗口示范一文本工作制度》《窗口告知一口清工作制度》《窗口一审一核制工作制度》《窗口办事一日结工作制度》《窗口数据一个库工作制度》《窗口一岗一要求工作制度》《窗口一月一讲评工作制度》《窗口一季一考评工作制度》《窗口一事一公开工作制度》等11项。

2007年4月10日，市工商局下发《工商所注册窗口标准化建设实施方案》。10月29日，制发《归并行政审批职能工作实施方案》。

2010年7月8日，市工商局制发《诸暨市工商局行政审批提速增效实施方案》。

2012年10月29日，市工商局制发《个体工商户转型为有限责任公司登记操作规范》。

2013年10月12日，市工商局制发《“一址多照”和“一照多址”公司登记操作规范》。

登记程序

1988年，市场主体登记基本程序如下：

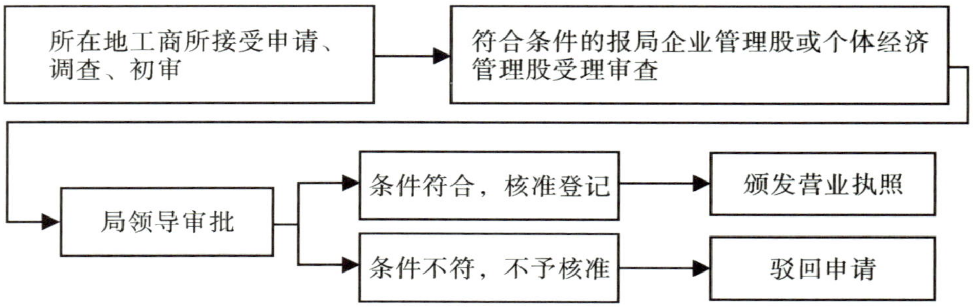

图1-1-2　内资企业登记程序

1992年5月，始行商品交易市场登记。10月，始行商品展销会登记。商品交易市场登记基本程序为：

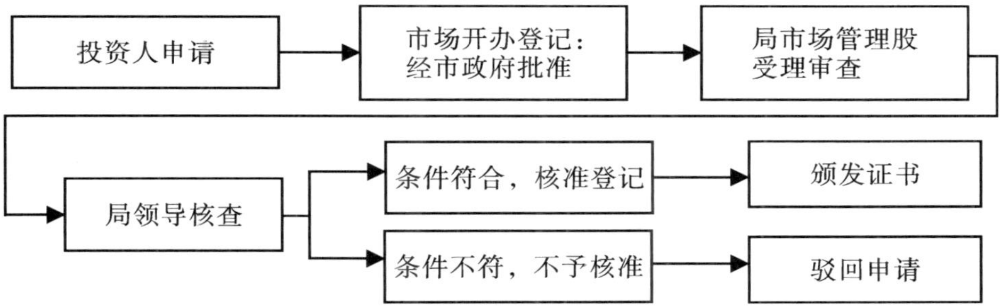

图1-1-3　市场登记程序

11月5日，市工商局简化个体工商户、私营企业登记办照手续，允许个人凭户籍证明直接到工商所申请登记，不再要求提供村（居）委会证明。外来人员也可以凭身份证在诸暨直接办理个体工商户开业登记。

1993年2月25日，市工商局始行外商投资企业登记初审。诸暨外资企业登记注册基本程序为：

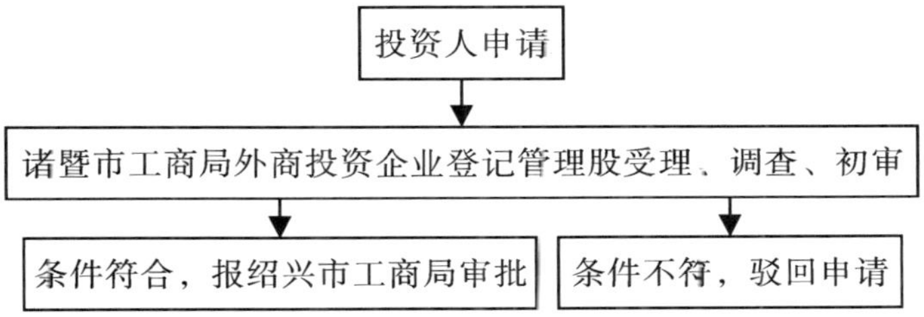

图1-1-4　外资企业登记程序

1999年，始行经纪人登记，基本程序同市场登记。

2001年4月9日起，市工商局在全省工商系统率先依托政府办证中心实施并联审批制度，并以市办证中心名义出台具体操作办法。具体方式是：企业、个体工商户登记注册涉及3个及以上部门前置审批的，实行“一门受理，抄告相关，同步审批，限时完成”的审批程序。“一门受理”：工商窗口统一受理申请人开办申请，发放有关资料和表格。“抄告相关”：工商窗口开具《诸暨市企业（个体工商户）登记注册并联审批项目情况抄告单》，送相关部门联审。“同步审批，限时完成”：各联审部门在收到抄告单后7个工作日内完成审批工作。

2002年1月24日，市工商局在全省工商系统率先推行《企业登记注册“一审一核制”》。具体方式是，投资人申请登记注册的文件，经登记注册审查员受理审查，报登记注册核准员核审，作出核准或驳回的决定。企业审查员、核准员资格由省工商局统一组织考试公布确认，并由市工商局聘用上岗。

“一审一核制”的登记事项分为简易事项、一般事项、特殊事项和疑难事项。“简易登记注册事项”实行一审制，即审查员直接作出核准与否的决定。“一般登记注册事项”由审查员审查后，报核准员复核，作出决定。“特殊登记事项”和“疑难登记事项”由审查员、核准员初审复核后提交局长办公会议讨论决定。一般登记事项“一审一核制”企业登记注册的基本程序如下：

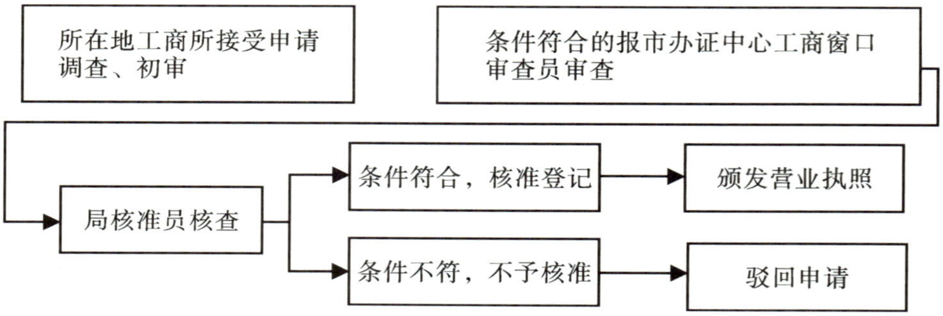

图 1-1-5　“一审一核制”企业登记程序

2003 年 6 月 15 日，市工商局始行前置审批告知承诺制。根据市场主体申请涉及的前置审批登记事项，受理人员发放由相关审批部门制定的告知承诺文书。申请人自认为达到审批机关告知的批准条件和要求后作出承诺，连同企业登记注册所需的相关材料提交专窗工作人员，由专窗工作人员将《告知承诺书》移送相关部门审批，在收到有关部门的回复后，经企业登记核准员核审，作出是否颁发营业执照的决定。（《中华人民共和国行政许可法》实施后，因不属于法定程序，告知承诺制取消。）

2004 年 4 月 20 日，市工商局决定由办证中心工商窗口直接受理企业登记注册，核发营业执照。除法律、法规规定实施照前调查的登记事项外，工商所不再进行营业执照申领前的实地调查，改为在申请人领取营业执照后 2 个月内完成对企业的回访检查。8 月 24 日起，市工商局按照国家工商总局《企业登记程序规定》《关于个体工商户、个人独资企业、合伙企业登记申请材料及格式规范》《企业登记申请材料及格式规范》的规定，办理行政许可申请事项，其基本程序为：

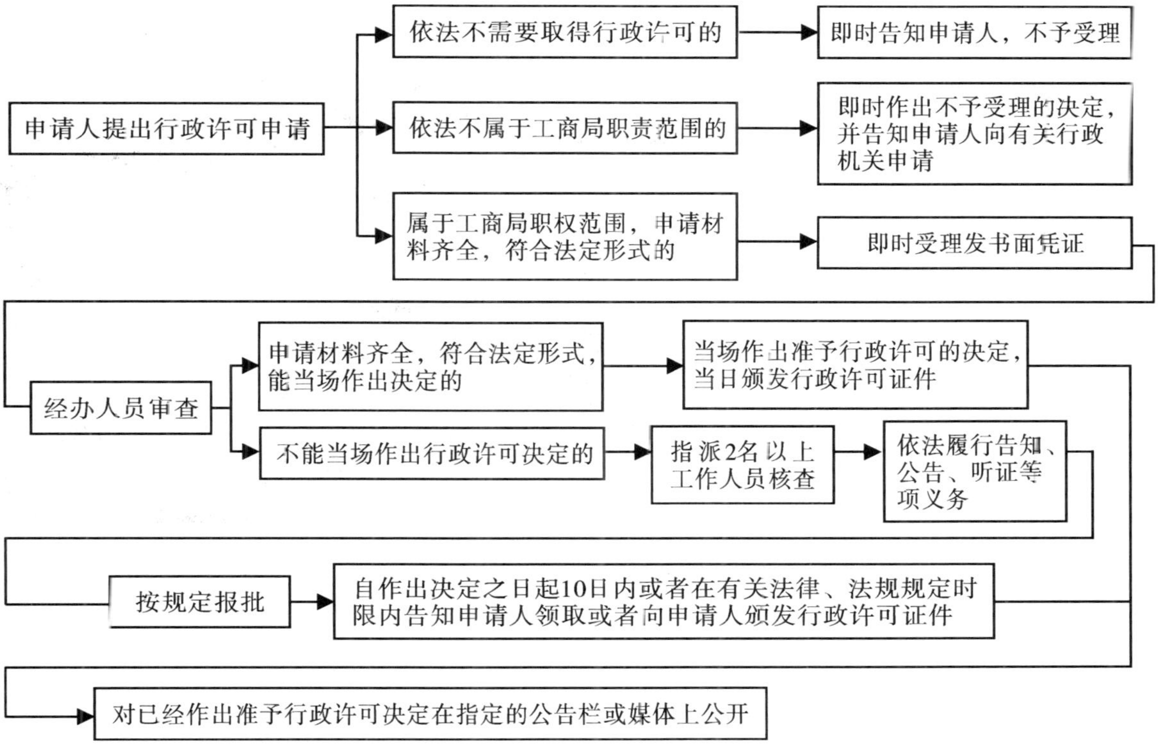

图 1-1-6　行政许可审批程序

2006 年 4 月 27 日起，始行网上登记注册。申请人通过工商部门在互联网上的服务平台——诸暨市工商局红盾信息网，向市办证中心工商窗口或相关工商所上传申请材料；工商窗口或有关工商所按职责权限对申报材料进行受理，经审查后，作出是否核发营业执照的决定。

2009 年 6 月 1 日起，市工商局按照国家工商总局重新制定的《内资企业登记申报提交材料规范》和《内资企业登记文书规范》，核审申请材料。

2010 年 7 月 8 日，市工商局对法人企业公司分支机构名称预审等 5 项单一的变更登记事项、增发补发营业执照等 8 类事项实行核审合一制度。上述事项由审查员直接办理。

2013 年 9 月 25 日，市工商局转发市政府办公室《关于进一步促进“个转企”“下升上”工作实施意见》，工商部门利用“工商事务金融服务通”验资电子平台，直接查核企业出资注册资本到位状况，对相关企业在核发营业执照的同时，一并核发个体工商户转型证明。

登记类型

图 1-1-7　热情服务

1988 年，县工商局依据 1980 年 12 月 17 日国家统计局、国家工商总局《关于统计上划分经济类型的暂行规定》划分企业登记类型，企业登记类型分为全民所有制（俗称国营企业）、集体所有制、全民与集体合营、集体与私人合营、中外合营、华侨或港澳工商业者经营、外资经营、个体经营、其他等 10 种类型。

1992 年 10 月 20 日起，市工商局按照国家统计局、国家工商局《关于经济类型划分的暂行规定》，经济类型划分改为国有经济、集体经济、私营经济、个体经济、联营经济、股份制经济、外商投资经济、港澳台投资经济、其他经济等 8 种类型。自此，全民所有制企业改称国有企业。

图 1-1-8　指导与承诺

1998 年 9 月 1 日起，市工商局按照国家统计局、国家工商局印发的《关于划分企业登记注册类型的暂行规定》，将企业登记注册类型划分为内资企业、港澳台商投资企业、外商投资企业三大类。内资企业分国有企业、集体企业、股份合作企业、联营企业、有限责任公司、股份有限公司、私营企业、其他企业 8 种类型。港澳台商投资企业分合资经营企业（港或澳、台资）、合作经营企业（港或澳、台资）、港澳台商独资企业、港澳台商投资股份有限公司 4 种类型。外商投资企业分中外合资私营企业、中外合作经营企业、外资企业、外商投资股份有限公司 4 种类型。

图 1-1-9 1953 年 3 月诸暨县人民政府颁发的“营业执照”

附录 行政审批制度改革

随着社会主义市场经济的发展，政府部门多轮次开展行政审批制度改革，减少审批事项，规范审批行为，简化办事程序，提高审批效率。

2000 年 7 月 20 日，根据市政府第一轮行政审批制度改革的要求，市工商局出台《诸暨市工商局行政审批制度改革实施意见》，报市行政审批制度改革领导小组审定。8 月 15 日，市政府发布公告，确定工商部门取消的审批事项有：汽车定点经营、酒类广告、企业自制合同文本、店堂广告。取消的核准事项有：商品展销会开办登记。保留的审批事项有：广告许可、户外广告、印刷品广告。保留的核准事项有：商标印制单位的设定，企业（含个体工商户）登记注册，市场开办登记注册，经纪人资格登记注册，企业动产、房地产抵押登记，合同鉴证。

商品交易会登记取消后，一些地方举办的商交会出现无序失管的现象。2002 年 1 月 15 日，市政府办公室发出《关于对商品交易会加强管理的意见》，恢复市工商局对举办商品交易会的审批。2 月 1 日，市政府公布第二轮行政审批改革方案，“商品展销会开办登记注册”增列到工商部门保留的审批事项中。

2003 年 6 月 3 日，市政府公布第三轮行政审批制度改革方案，工商部门保留的核准事项有：广告许可，户外广告，印刷品广告，商品展销会开办登记注册，企业（含个体工商户）登记注册，市场开办登记，企业动产、房地产抵押登记。

2004 年，市政府公布第四轮行政审批制度改革方案，工商部门保留的行政许可项目有：企业、个体工商户登记注册，广告经营许可，户外广告登记，市场名称登记，商品展销会登记（进办证中心审批项目、行政许可项目同上）。非行政许可项目有：企业动产、房地产抵押登记。

市场主体设立登记申报条件及提交材料指要一览

表 1-1-1

类　别	申报条件	申报材料
企业名称预先登记	1. 名称必须符合国家有关法律、行政法规的规定，不得使用不良文化倾向的字词 2. 名称在同一行政区域内不得混同或近似 3. 名称实行分级管理。冠中国、中华或无行政区域名称由国家工商局核准；冠省名称由省工商局核准；冠市名称由相应市工商局核准 4. 名称应当冠以字号 5. 名称应当反映经营行业 6. 名称必须有组织机构形式 7. 名称经核准登记，发给《企业名称预先核准通知书》，保留期为六个月 8. 企业在设立登记领取营业执照后，即拥有企业名称权，企业名称权受国家法律保护	1. 全体投资人签署的《名称预先核准申请书》 2. 全体投资人签署的指定代表或共同委托代理人的证明及身份证件
企业法人（非公司）	1. 名称、组织机构和章程 2. 固定的经营场所和必要的设施 3. 符合国家规定并与其生产经营和服务规模相适应的资金数额和从业人员 4. 能够独立承担民事责任 5. 符合国家法律、法规和政策规定的经营范围	1. 组建负责人签署的《非公司企业法人开业登记申请书》 2. 指定代表或共同委托代理人的证明及身份证件 3. 法律、行政法规规定设立企业必须报经批准的，提交有关部门的许可证书 4. 企业法人组织章程 5. 主管部门（出资人）的主体资格证明 6. 资金信用证明、验资证明或者资金担保书 7. 主管部门（出资人）出具的企业法定代表人任职文件和身份证明 8. 住所和经营场所使用证明 9. 企业申请登记的经营范围有法律、行政法规和国务院决定规定必须在登记前报经批准的项目，提交有关的批准文件或许可证 10.《企业名称预先核准通知书》 11. 申请开业的企业法人及其主管部门（出资人）为依照《企业法人登记管理条例》设立的企业法人，提交出资人经其登记机关核准变更登记取得的分支机构核转函

续表 1-1-1

类 别	申报条件	申报材料
外商投资企业	1. 有符合规定的名称 2. 有审批机关批准的合同、章程 3. 有固定经营场所、必要的设施和从业人员 4. 有符合国家规定的注册资本 5. 有符合国家法律、法规和政策规定的经营范围 6. 有健全的财会制度，能够实行独立核算、自负盈亏、独立编制资金平衡表或者资产负债表	1. 董事长签署的外商投资企业登记申请书 2. 合同、章程以及审批机关的批准文件和批准证书 3. 有关项目建议书或可行性研究报告的批准文件 4. 投资者合法开业证明 5. 投资者的资信证明 6. 董事会名单以及董事会成员的姓名、住址的文件以及任职文件和法定代表人的身份证明 7. 其他有关文件、证件
私营企业	1. 资产属私人所有 2. 能独立依法承担无限责任 3. 雇工 8 人以上 4. 与生产经营规模相适应的资金数额、场地和设备 5. 符合国家法律、法规和政策规定的经营范围	1. 申请人身份证明（合伙企业还应有其他投资人的身份证明） 2. 验资证明 3. 场地使用证明 4. 企业章程、合伙协议（合伙人提交） 5. 雇工劳动合同 6. 企业计划生育责任书 7. 私营企业负责人履历表 8. 其他规定文件
个人独资企业	1. 投资人为一个自然人 2. 有合法的企业名称 3. 有投资人申报的出资 4. 有固定的生产经营场所和必要的生产经营条件 5. 有必要的从业人员	1. 投资人签署的个人独资企业设立申请书 2. 投资人身份证明 3. 企业住所证明 4. 从事法律、行政法规规定须报经有关部门审批的业务的，应当提交相关部门的批准文件 5. 委托代理人申请设立登记的，应提交投资人的委托书和代理人的身份证明或资格证明 6. 其他应提交的文件
个体工商户	1. 申请人必须是符合国家规定的可以从事个体工商业又有经营能力的人员 2. 必须有必要的设施 3. 必须拥有与其经营规模相适应的自有资金 4. 必须有明确的生产经营范围和经营方式	1. 申请人员身份证明 2. 雇工人员的身份证明和协议书 3. 从业人员是育龄妇女的需提交计划生育证明 4. 生产经营场地证明或租房协议书 5. 技术行业的技术合格证书 6. 有关行业需提交的相关部门批准证明

续表 1-1-1

类　别	申报条件	申报材料
商品交易市场	1. 开办单位须经政府批准 2. 符合城乡建设发展和市场布局总体规划，具备相应的场地、设施 3. 上市交易的商品符合国家规定 4. 国家规定的其他条件	1. 申请报告 2. 可行性论证报告 3. 土地、房屋所有或使用证明 4. 当地人民政府或其授权部门批准开办市场的文件 5. 市场负责人的任用及身份证明 6. 国家有特别规定的其他文件或证明
商品展销会	1. 具有法人资格，能独立承担民事责任 2. 具有与展销规模相适应的资金场地和设施 3. 具有相应的管理机构、人员、措施和制度	1. 证明举办单位具备法人资格的有效文件 2. 举办商品展销会的申请书 3. 商品展销会场地使用证明 4. 商品展销会组织实施方案 5. 其他需要提交的文件
经纪人	1. 具有完全民事行为能力 2. 具有从事经纪活动所需要的知识和技能 3. 有固定的住所 4. 掌握国家有关的法律、法规和政策 5. 申请经纪资格之前连续三年以上没有犯罪和经济违法行为	1. 申请人身份证明 2. 学历证明 3. 经纪人资格证书或专业经纪人资格证书

说明：根据中国工商出版社 2009 年 6 月版《企业登记指要》编录

第二节　内资（非私营）企业登记注册

1988 年初，诸暨县登记注册的企业共 4278 户，职工 194487 人。其中全民所有制企业 212 户，职工 15926 人；集体所有制企业 4017 户，职工 171520 人；横向经济联合企业 49 户，职工 7041 人。

5 月 17 日，县工商局出台《关于进一步放宽政策，改善管理，搞好服务的几点意见》，主要内容是放宽开办条件、放宽经营范围限制、放宽资信证明、放宽企业名称核准。申请人开办与政策不相抵触的企业，只要条件具备、手续完善，及时受理，简化手续。政策不明确的，允许申请人大胆尝试，工商部门提供方便。申请人开办的企业与政策有抵触的，根据实际情况，能变通的予以变通处理。企业要求开展多种经营，允许一业为主，同时兼营其他项目。国营集体企业（包括乡镇企业）注册资金5万元以下的免交资信证明，5万元及以上的资信证明可以由财政部门、主管部门或银行、信用社提供。企业主管部门批准的企业名称，只要不混同不重复，词语达意，名称与经营项目一致，均予核准。因企业特殊需要，允许企业挂县牌子或使用两个名称。有相当规模、注册资金在150万元以上、系全县同行业“龙头”“骨干”企业，拥有“拳头”产品、名牌产品或获县级以上优质产品称号的企业，“三来一补”、出口产品生产企业，年创汇实绩稳定在10万美元以上的企业，可以申请冠“绍兴市”名称。有条件申请冠省、绍兴市名称的企业，工商部门做好咨询服务和协调工作，帮助办理报批手续。

7月1日和11月3日，国务院《企业法人登记管理条例》和国家工商局《企业法人登记管理条例施行细则》相继施行，县工商局据此开展企业法人登记工作。12月，按照省工商局和中国人民银行浙江省分行、省公安厅要求，县工商局对全县城市信用社、农村信用社及其所属的信用分社、储蓄所开展登记注册。全县办理登记注册取得法人资格的金融企业92户，金融分支机构110户。

1988年，全县办理企业开业登记1314户、变更登记633户，办理企业采购、推销员证482本，开具企业外出经营证明108份，核发企业法定代表人证书1349本。截至1988年年末，全县登记在册企业7700户，其中全民所有制企业635户，集体所有制企业6987户，联营及其他经济类型企业78户，共计注册资本（金）85316万元。

1989年4月，县工商局对全县登记注册的企业进行重新审核登记和换发证照。7月，根据县政府调整“联户”企业管理权限的通知精神，对全县3156户合作经济组织进行验照、换照，重新核定经济性质。截至9月，换发营业执照的合作经济组织1998户，其中转个体工商户1386户，转个人合伙企业366户，转私营企业210户，转集体所有制企业36户，歇业1078户，未换照80户。是年，全市核发企业法人营业执照2509户，核发营业执照2549户。

1990年2月，市工商局组织人员调研村级集体企业分布情况。4月10日，市工商局出台《关于进一步支持我市企业深化改革、稳定发展的意见》，支持企业进行产品调整、行业调整、产业调整。根据“治理整顿、深化改革”的要求，国家对23个行业控制发展，诸暨市涉及其中12个行业。

1990 年诸暨市国家控制发展行业企业开歇业情况一览

表 1-2-1　　　　单位：户

项　目	开　业	歇　业
罐头制造业	—	1
棉纺织业	1	39
印染业	2	5
毛纺织业	—	28
丝绸纺织业	19	43
麻纺织业	—	1
造纸业	—	12
印刷业	—	5
塑料制品业	—	18
砖瓦制造业	—	27
电镀业	—	15
纺织工业专用设备制造业	—	30
合　计	22	224

说明：表格中“—”表示该项内容无数据或数据缺佚（下同）

1991 年，根据国务院《关于进一步增强国营大中型企业活力的通知》精神，市工商局制定支持重点骨干企业搞活生产经营的 10 条措施。当年，为 187 户企业出具外出经营证明，为 161 户企业因增设销售网点办理变更登记，为 13 户企业办理一次性经营许可证，为 7 户企业开具一次性销售抵债物资证明。

1992 年 5 月 30 日，市工商局制定《关于进一步解放思想，拓宽思路，加快诸暨经济发展的服务措施》，支持企业走向市场。允许企业按照市场需要调整生产经营范围，搞活经营；企业研制生产核准范围以外的新产品，允许试制试销，定型后再办理变更登记；支持企业到外地推销产品或增设分支机构和窗口，及时帮助办理手续或开具证明；企业设立分厂、以厂办商或兴办其他第三产业，允许单独领取营业执照；支持生产企业和流通企业间协作；支持企业组建集团，通过开展横向联合，承包租赁、兼并和进行股份制试点等形式转换经营机制；支持国合商业的“四搞活”（搞活经营，强化竞争机制；搞活价格，强化运营机制；搞活用工，强化进取机制；搞活分配，强化激励机制）改革，允许打破行业界限，交叉经营，自主确定经营范围。7 月 8 日，市委、市政府出台《关于进一步加快改革开放和经济发展的若干意见》，提出把第三产业作为重要产业来办，鼓励一厂多制，工贸结合，工业为主，多种经营；坚持谁投资、谁所有、谁受益原则，鼓励国家、集体、个人一起上。

是年，核准登记企业增设的经营网点 137 个，为企业外出经营开设“窗口”出具证明 168 份，发放一次性经营许可证 44 份，办理企业变更手续 1208 户次。根据市委《关于机关事业单位兴办经济实体，实行干部分流的暂行规定》，允许党政机关转变职能兴办经济实体，涉农行政主管部门开办总公司 2 户，粮食、物资等行政机关增挂总公司牌子。市级行政事业单位自行开办服务组织 60 户，新设农业服务企业 144 户，新发展第三产业企业 826 户。

1993 年 2 月 4 日，始行初制茶厂登记发照。5 月 3 日，市委、市政府制订《关于促进企业转换经营机制加速经济发展的若干政策》，市工商局把促进企业转换经营机制和发展农村经济作为企业登记的重点。全市新登记股份制和股份合作制企业 13 户，帮助企业调整产业结构、产品结构和内部组织结构办理变更登记 1510 户。企业在转换经营机制过程中，打破行业界限，设立营销机构和服务机构，组织富余人员利用空余厂房、仓库兴办第三产业。当年新设第三产业企业 1359 户，占全市新办企业的 59%。全市第三产业企业总数达 5418 户。全市新登记注册乡镇集体企业 861 户，271 户农业社会化服务企业中当年登记注册的有 244 户。

1994 年 2 月 24 日，市委、市政府作出《关于加快发展第三产业的若干意见》，市工商局支持供销社等流通部门在农村开办服务组织 213 户，水利部门开办农村社会化服务组织 14 户。企业改制、转制中，安置富余人员以厂办厂 121 户，以厂办商 207 户。支持企业到省外开办营销机构（网点）315 个，居委会兴办第三产业企业 26 户，党政机关行政人员与机关脱钩后，兴办第三产业企业 22 户。

1995 年 3 月，按照省工商局规定，市工商局始行企业名称预审制度，加强企业名称管理，保护企业名称专用权，当年预先核准企业名称 301 个。

1997 年 4 月，根据中共十五大关于“公有制实现形式可以而且应当多元化”的精神，市工商局重点推进企业产权制度改革，为企业转换经营机制做好登记注册工作。根据市委、市政府《关于国有城镇集体企业试行股份合作制的若干政策规定》，至 10 月底，全市企业完成改制 317 户，其中国有企业 18 户、城镇集体企业 29 户、乡镇集体企业 270 户。11 月 5 日，市工商局制定《关于企业转制中加强工商行政管理工作的若干意见》，对企业改制转制中涉及工商登记的有关问题提出指导意见和操作办法。企业转为个体工商户、私营企业重新登记的，只需提交转制时的资产评估报告和主管部门与个人签订的资产转让协议，免交验资报告；原企业注销后，新办企业申请者凭注销通知书直接办理开业登记手续；企业转制后，各种前置审批证书继续有效；除国家明令禁止生产或经营的商品外，允许企业自主生产经营，工商部门从宽核定经营范围和经营方式；转制企业办理变更登记或重新开业登记，一律免收登记注册费。年底，改制、转制企业办理变更和重新登记注册的达217户，注销登记45户。

是年，全局完成企业登记档案整理8174户，并全部输入电脑。

1998年初，市工商局重点鼓励和引导企业按照现代企业制度的要求，组建有限责任公司和股份合作制等混合所有制企业，促进投资主体多元化。至11月底，全市共登记注册股份制和股份合作等混合所有制企业121户，占当年新注册企业户数的72.5%。

1999年初，按照省工商局要求，市工商局对全市4342户法人企业、2088户营业单位重新换发营业执照，执照注册号码由原来10位数转换为13位数。10月21日，市工商局发出《关于支持国有集体企业搞好改革的通知》，为支持改制、转制企业方便办理工商登记注册，简化程序、放宽政策、减少验资环节，允许暂时延用前置审批证件，从宽核定经营范围和经营方式，从而使211户已改制、转制但尚未办理变更或重新登记手续的企业办妥了手续。是年，全市163户改制企业中有105户办理了产权转让登记手续，58户登记注册为有限责任公司。

2000年9月8日，市工商局驻市政府办证中心工商窗口推出办事指南、登记服务书面提示、为重点企业提供全程服务等3项服务举措。

图1-2-1　富润控股集团

2001年2月，市工商局制定支持国有集体企业深化改革的若干意见，解决企业改制、转制过程中的问题：国有、集体企业改制后产权不宜转让的，由受让人向企业原开办单位租赁财产；国有企业要求注销，按规定提出申请，到工商部门办理歇业注销登记；工商部门根据原开办单位与经营者签订的财产租赁协议、有关部门的前置许可证明，允许自主选择企业类型，办理工商登记手续；在改制前已取得的专项审批项目，有效期内申请工商登记不再重新办理审批手续。按照“产权彻底明晰，身份彻底置换，执照彻底变更”的工作要求，全市614户改制企业，有369户办理了变更或重新登记手续。其中，通过资产（股权）转让改制的企业75户，零资产或负资产改制、增量扩股重组的9户，集体资产租赁重新登记为个体工商户、私营企业的18户，与原挂靠单位脱钩，界定资产权属变更企业类型的267户。

2002年，开展规范法律服务和婚姻介绍机构为主的中介机构整治，全市147户中介机构，当年登记注册41户，其中登记注册法律事务所1户。

2003年，为落实市委、市政府进一步加强经济发展软环境建设的要求，市工商局以“以民为本搞服务、优化环境促发展”为主题，以创建红盾窗口为载体，优化发展软环境。按照能放则放、能简则简、能进则进的原则，进一步下放登记权限，将合伙企业登记注册委托工商所办理。从7月1日起，将兽药经营、种子经营、汽车租赁、食品经营、住宿、公共场所卫生许可等7个项目纳入前置审批告知承诺范围。当年，全市有394户企业通过并联审批和告知承诺审批办理了营业执照。

2004年2月，市工商局在绍兴市率先推出企业冠绍兴市行政区划名称登记注册网上审批。4月，企业法人登记注册由照前实地调查制改为发照后工商回访制。在省工商局登记注册的工商企业中，发行注册企业电子执照嵌入省CA中心数字证书，并将企业组织机构代码和企业营业执照等相关信息嵌入数字证书中。

2006年4月27日，市工商局制发《企业（个体工商户）网上注册管理办法》。当年，网上办理登记注册95户。全市个体工商户网吧全部规范成企业登记注册。开展企业登记注册前置审批审查，对涉及食品、化学物品生产经营的企业，在年检、换照、变更登记时，做到经营范围与许可证范围、有效期相一致，防止以公章或批文代替许可证。开展登记资料的完整性、合法性检查，对法定代表人股东资格不符合，住所一地多企，字号名称相同，电脑登记显示失信警示且法律、法规禁止的都进行重新审核。全年检查行政许可档案1260份，有118户企业补交完善证照资料。

2008年9月10日，市工商局推出“共促创业创新、共谋企业发展”服务举措，推行企业网上审批、远程审批、网上年检、年检免审等制度。进一步放宽市场准入门槛，一般性企业注册资本最低限额降到3万元；中介服务机构组建集团，母公司注册资本放宽到1000万元；母公司和子公司合并，注册资本放宽到3000万元。

2012年6月20日，市工商局制发关于促进实体经济发展的意见，在放宽注册资本、场所登记、审批权限、名称登记等方面作出具体规定，支持实体经济发展。

2013年，推行“工商事务金融服务通”验资平台，制定一址多照、一照多址、重点项目筹建登记等事项的实施细则，允许冠省名企业最低注册资金分期交纳。当年，利用服务通验资588户，验资（注册资本）23.17亿元；办理一照多址10户，筹建登记5户；53户冠省名企业注册资本（金）分期交纳。

是年，全市在册内资（非私营）企业1970户（其中企业法人1416户），注册资本（金）211.8亿元。其中国有企业108户（企业法人31户），注册资本（金）2.04亿元；集体企业788户（企业法人693户），注册资本（金）8.94亿元。公司1034户（有限责任公司 654 户），注册资本（金）199.62 亿元，实收资本 194.09 亿元。其他企业 40 户（企业法人 38 户），注册资本（金）1.21 亿元。

无主管部门集体企业登记注册

为弱化甚至取消政府对企业的直接干预，还企业以经营自主权，自 1991 年起，市工商局开始探索“无主管部门集体企业”登记注册工作。“无主管部门集体企业”，市工商局定义为：“由劳动群众按照协议，以资金、实物、技术等作为股份、自愿组织起来，从事生产经营活动的组织。隶属于集体所有制经济的范畴，是社会主义市场经济条件下的一种公有制经济成分。”

1993 年，市工商局在无主管部门集体企业试验性登记注册的基础上，扩大登记对象范围，城镇居民、农民、企事业单位停薪留职人员、离退休人员等个人，3 人（户）以上，自愿组合、自筹资金、独立核算、自负盈亏、自由经营、民主管理、集体积累、自主支配、入股分红，具备集体企业条件的，都可申办无主管部门集体所有制企业。11 月，市工商局召开无主管部门集体企业登记管理业务研讨会，国家工商局企业司、省工商局企业处、绍兴市工商局、省内外 4 个兄弟局企业登记管理部门负责人和诸暨市工商局有关领导、登记注册专业人员共 40 多人出席。局长马志大作了《浅谈无主管部门集体企业的管理与立法问题》的主旨发言，分析无主管部门集体企业的成因，指出登记注册的法律依据及其发展中存在的问题，阐述加快发展的对策意见。与会同志就如何完善无主管部门集体企业登记管理等问题进行了研讨。是年，全市登记注册无主管部门集体企业 233 户，历年累计 271 户。其中，生产性企业 71 户、商业性企业 190 户、服务性企业 10 户，注册资本（金）1.5 万元，从业人员 3254 人。

1994 年，全市在册无主管部门集体企业 315 户。

2000 年，根据国家有关国有、集体企业搞好体制改革的精神，市工商局对全市原登记注册为“无主管部门集体”的企业，在查实投资主体确为自然人后，即予变更登记为私营企业。当年，有 140 户无主管部门集体企业变更登记为私营企业。

2001 年，随着社会主义市场经济体制的完善，各类市场主体地位渐趋平等，市工商局对无主管部门集体企业进行清理“归队”。全市有 115 户企业按照实际经济性质分别登记为有限责任公司、个人独资企业、股份合作企业和个体工商户。

村经济合作社　农民专业合作社登记注册

1997 年，市工商局、市农经委发出《关于村经济合作社法人登记注册的有关问题的通知》，完善村经济合作社登记注册管理。当年，全市 1302 个村，有 870 个村办理了经济合作社企业法人的登记注册。

1998年，按照市委、市政府实现农业产业化经营的要求，市工商局制发《关于开展种养业工商登记管理工作的通知》和《诸暨市种养业登记管理办法》，帮助种养业主建立符合市场要求的产供销一体化的发展体系。是年，全市有467户种养大户办理了企业法人登记注册。

图1-2-2　村级经济合作社办照现场会

2005年5月10日，根据省工商局关于农民专业合作社登记注册的若干意见和省农业厅、省工商局制发的农民专业合作社示范章程，市工商局开始农民专业合作社登记注册工作。7月19日，黄燕银等8户农机大户投资170万元组建的诸暨市恒发农机专业合作社登记注册，成为浙江省首户农机跨区作业合作社。8月，全市登记注册农民专业合作社9户，注册资本（金）492.8万元。

2006年9月，市委、市政府开展村、社区规模调整，全市调整为468个村，33个社区（居委会）。市工商局下发《关于做好行政村调整后村经济合作社登记工作的通知》，11月，全市完成村经济合作社登记注册工作。

是年，市工商局上报的《关于诸暨农村专业合作社登记情况的调查》在省工商局网上刊出，并在武汉召开的全国农村专业合作社登记工作会议上被选作交流发言材料。

2007年9月25日起，市工商局根据《中华人民共和国农民专业合作社法》开展农民合作经济组织登记注册规范工作。按照“一歇一开”方法，原有农民专业合作社依法清算后办理注销登记，同时按照《中华人民共和国农民专业社法》重新办理农民专业合作社的设立登记或变更登记。至2008年6月，全市注册（变更）登记农民专业合作社287户，成员出资总额4651万元。

2009年3月15日，省工商局核准登记首批土地股份农民专业合作社12户，其中诸暨市占5户。是年，全市新登记农民专业合作社167户，其中以农村土地承包经营权为主要出资方式的农民专业合作社24户，涉及农户224户、土地45.04公顷。

2013年，全市在册农民专业合作社1253户，出资总额70481万元，成员总数9401户。其中，种植业708户、养殖业130户、与农业生产经营有关的技术信息服务业357户、其他58户。

1988年—2013年诸暨市（县）内资（非私营）企业登记基本情况统计一览

表 1-2-2

年　度	企业数（户）	其　中		注册资本（金）（万元）
		企业法人（户）	营业单位（户）	
1988	7700	5367	2333	85316
1989	7578	5267	2311	89370
1990	5605	3139	2466	100494
1991	6814	3763	3051	113646
1992	8004	4860	3144	185270
1993	9928	6446	3482	335662
1994	10748	7064	3684	445384
1995	10662	6912	3750	660274
1996	8218	4862	3356	617862
1997	8174	5556	2618	901631
1998	6430	4342	2088	848457
1999	5873	3882	1991	831599
2000	5044	3328	1716	912065
2001	4560	2854	1706	869990
2002	3493	2334	1159	871144
2003	3158	1991	1167	825663
2004	3102	1974	1128	874584
2005	3110	2167	943	918399
2008	2126	1440	686	1263788
2009	2001	1433	568	1428104
2010	2014	1478	536	1778088
2011	1989	1470	519	1962805
2012	2008	1449	559	2098185
2013	1970	1416	554	2118095

说明：编制依据为工商企业登记基本情况表。空缺年份为统计表缺佚（下同）

1988年—1994年诸暨市（县）内资（非私营）企业按行业分类统计一览

表 1-2-3　　　　单位：户

年　度	1988	1989	1990	1991	1992	1993	1994
合　计	7700	7578	5605	6814	8004	9928	10748
农林牧渔水利业	95	91	57	72	93	119	132
工业	3485	3357	2618	3151	3756	4481	4617
地质普查和勘探业	1	1	1	1	2	4	4
建筑业	194	184	114	117	123	140	153
交通运输、邮电通讯业	215	252	122	198	201	209	217
商业、公共饮食业、物资供销和仓储业	3199	3151	2301	2806	3275	4275	4862
房地产管理、公用事业、居民服务和咨询服务业	208	211	152	183	204	272	305
卫生、体育和社会福利事业	—	—	—	1	1	1	1
教育、文化艺术和广播 2511 视	88	100	68	86	109	129	138
科学研究和综合技术服务事业	12	14	9	10	22	44	49
金融、保险业	202	216	163	185	202	225	231
其他行业	1	1	—	4	16	29	39

说明：编制依据为工商企业登记基本情况表

1995年—2004年诸暨市内资（非私营）企业按行业分类统计一览

表 1-2-4　　　　单位：户

年　度	1995	1996	1997	1998	1999	2000	2001	2002	2003	2004
合　计	10662	8218	8174	6430	5873	5044	4560	3493	3158	3102
农林牧渔水利业	129	86	101	101	127	119	120	99	103	107
采掘业	148	105	71	53	64	56	52	27	21	20
电力、煤气及水的生产和供应业	32	30	37	33	32	30	34	46	47	45
制造业	4264	3184	2811	2004	1723	1431	1098	643	509	496
建筑业	155	144	117	88	83	77	75	51	42	31
地质勘查业、水利管理业	4	6	7	7	6	5	4	4	2	3
交通运输、仓储业及邮电通讯业	218	194	125	91	85	96	93	67	67	76
批发和零售贸易、餐饮业	4932	3758	3311	2557	2366	1889	1755	1234	1005	954
金融、保险业	243	255	261	229	230	215	209	241	210	211
房地产业	61	63	60	54	53	49	50	43	41	42

续表 1-2-4

年　度	1995	1996	1997	1998	1999	2000	2001	2002	2003	2004
社会服务业	241	198	299	259	255	228	218	188	249	244
卫生、体育和社会福利事业	2	3	3	3	4	4	3	2	2	2
教育、文化艺术和广播电影电视业	140	128	43	33	24	20	18	16	15	15
科学研究和综合技术服务事业	52	37	29	23	28	29	34	32	34	31
其他行业	41	27	899	895	793	796	797	800	811	825

说明：编制依据为企业登记管理基本情况统计表

2005 年—2013 年诸暨市内资（非私营）企业按行业分类统计一览

表 1-2-5　　单位：户

年　度	2005	2008	2009	2010	2011	2012	2013
合　计	3110	2126	2001	2014	1989	2008	1970
农、林、牧、渔业	116	55	52	49	47	45	45
采矿业	13	4	4	3	3	2	2
制造业	402	315	307	301	283	265	253
电力、燃气及水的生产和供应业	39	41	41	40	41	41	38
建筑业	31	39	36	38	39	39	44
交通、运输、仓储	59	62	59	64	61	61	55
信息传输、计算机服务和软件业	17	20	20	20	21	42	41
批发和零售业	718	510	409	397	384	422	416
住宿和餐饮业	27	19	17	16	14	13	14
金融业	196	225	207	206	208	190	190
房地产业	42	64	69	80	79	74	71
租赁和商务服务	1286	617	619	640	647	652	645
科学研究、技术服务和地质勘查业	25	40	46	55	59	58	61
水利、环境和公共设施管理业	17	21	20	18	17	16	15
居民服务和其他服务业	86	74	75	68	67	68	64
教　育	1	—	—	—	—	—	—
卫生、社会保障和社会福利业	—	—	—	—	—	—	—
文化，体育和娱乐业	18	9	11	10	10	11	9
其　他	17	11	9	9	9	9	7

说明：编制依据为内资（非私营）企业登记管理情况统计表

1988年—2013年诸暨市（县）内资（非私营）企业按所有制类型统计一览

表1-2-6　　　　单位：户

年　度	国有企业	集体企业	联营及其他经济类型企业	股份合作企业	公　司	其他企业	合　计
1988	635	6987	78	—	—	—	7700
1989	640	6861	77	—	—	—	7578
1990	435	5127	43	—	—	—	5605
1991	570	6181	63	—	—	—	6814
1992	696	7237	71	—	—	—	8004
1993	968	8835	125	—	—	—	9928
1994	978	9489	129	152	—	—	10748
1995	1021	9243	132	266	—	—	10662
1996	1033	6667	89	429	—	—	8218
1997	903	6503	39	289	435	5	8174
1998	751	4820	33	309	513	4	6430
1999	751	4134	28	351	577	32	5873
2000	640	3356	20	321	682	25	5044
2001	611	2918	18	245	746	22	4560
2002	499	2367	18	114	477	18	3493
2003	408	1720	12	105	912	1	3158
2004	380	1688	10	100	920	4	3102
2005	276	1757	—	141	907	29	3110
2008	110	854	—	127	1027	8	2126
2009	83	823	—	122	967	6	2001
2010	79	814	—	119	996	6	2014
2011	67	802	—	116	999	5	1989
2012	113	794	—	114	983	4	2008
2013	108	788	—	—	1034	40	1970

说明：编制依据为工商企业登记基本情况表

第三节　公司登记注册

公司　有限责任公司登记注册

1985 年 8 月 25 日，国家工商局发布《公司登记管理暂行规定》，规定申办公司须提交“政府、政府授权部门或主管部门的批准文件。没有上级主管部门的集体所有制性质的公司，可以直接向工商行政管理机关申请登记”。同时规定“个体经营者不得单独申请成立公司”。1988 年，全县登记在册的公司 271 户，其中不能独立承担民事责任的分支机构 7 户。

1989 年 1 月 25 日，国务院批转国家工商局《关于公司年检和重新登记注册若干问题意见的通知》，要求各地通过清理整顿，对“有必要保留并具备条件的公司，由各级工商行政管理机关通过年检重新登记注册，换发营业执照。”8 月，全县第一户由纯自然人投资设立的诸暨县雄源玩具公司登记注册。

1991 年 7 月 1 日起，全市公司统一使用新的营业执照。

1992 年 5 月 6 日起，市工商局全面恢复因治理整顿而一度停止的公司正常审批，对具备条件的新申办公司，由市工商局直接受理核发营业执照。当年，登记注册公司 229 户。

1993 年 7 月 26 日，诸暨首户股份有限公司——浙江海越股份有限公司核准注册。

1994 年 7 月 1 日，《中华人民共和国公司法》（以下简称《公司法》）和《中华人民共和国公司登记管理条例》施行。当年，全市登记有限责任公司 373 户（其中纯自然人投资设立 226 户），股份有限公司 2 户。

1995 年 9 月，市工商局为全市 34 个镇乡登记注册乡镇集体资产经营投资公司。是年，按照《公司法》实行企业名称预审制度，全市预先核准有限责任公司名称 199 个。

1996 年 3 月 1 日起，市工商局对 1994 年 6 月 30 日前登记注册的公司（包括有限责任公司、不含中外合资有限公司）以及原有有限责任公司投资设立的各种不含“有限责任”字样的全资子公司，按《公司法》要求进行规范和重新登记。规范内容包括对公司章程、股东和人数、注册资本、组织机构及董事、监事、经理人选的任职条件和产生程序、财务会计制度、资产评估和验资等事项进行重新审查。在调查摸排基础上，当年，按《公司法》规范登记 18 户。

1997 年 6 月 4 日，浙江富润股份有限公司在上海证券交易所挂牌上市，成为诸暨第一户上市企业。

1999 年 10 月 21 日，市工商局制发《关于支持国有集体企业搞好改革的通知》，支持公司改制转制。规定公司改制为股份合作制企业的，如需要使用原公司名称的，可以继续保留“公司”字样；符合有限责任公司条件的，按《公司法》进行规范登记。2000 年，全市 163 户改制企业中，有 58 户改制为有限责任公司。

2001 年，市工商局支持国有集体企业深化改革，放宽股权转让条件。有限责任公司涉及股权转让的，凭转让协议和股东会批准文件，办理股东变更登记手续。原公司改制为有限责任公司的，提交开办单位与股权受让人签订的股权转让协议和金融保全证明等文件，按有限责任公司要求进行登记。福利企业改制为有限责任公司和股份合作制企业，视同集体性质，注册号不变。当年，全市改制企业中，有 81 户改登记为有限责任公司。

2005 年 10 月 27 日起，依据新修订的《中华人民共和国公司法》规定，受理一人有限责任公司的登记注册。当年，全市登记一人有限公司 12 户，注册资本 18386 万元。

2010 年 6 月 2 日，市工商局出台《关于助动服务民营企业经济发展的若干意见》，鼓励达到一定规模的企业，按照现代企业制度改造为股份有限公司或上市公司。

2012 年，7 户公司依据省工商局《公司合并分立登记操作的意见》办理合并分立登记，通过兼并重组优化产业结构。

2013 年，全市在册内资（非私营）公司 1034 户（其中公司法人 654 户），注册资本 199.62 亿元，实收资本 191.09 亿元。其中有限责任公司 839 户（其中公司法人 654 户），注册资本 199.62 亿元，实收资本 194.09 亿元；股份有限公司 195 户（其中上市公司 12 户）。有限责任公司中法人独资公司 204 户（其中公司法人 155 户），注册资本 36.88 亿元；国有独资公司 33 户（其中公司法人 17 户），注册资本 57.46 亿元，实收资本 23.96 亿元。

私营有限责任公司 11662 户（其中分公司 937 户），投资者人数 23679 人，雇工 175212 人，注册资本 727.30 亿元，实收资本 703.30 亿元。其中，自然人独资公司 527 户，投资者人数 522 人，雇工 2781 人，注册资本 26.87 亿元；法人独资 328 户，投资者户数 269 户，雇工 4482 人，注册资本 71.62 亿元；股份有限公司 123 户（其中分公司 123 户），雇工 247 人。

企业集团　集团有限责任公司登记注册

企业集团是指以资本为联接纽带的母子公司为主体，以集团章程为共同行为规范的母公司、子公司、参股公司及其他成员企业或机构共同组成的具有一定规模的企业法人联合体。企业集团不具有企业法人资格。集团有限责任公司具有企业法人资格。

1988 年 3 月 25 日，省体改办、计经委、工商局联合出台企业集团公司登记的暂行规定。29 日，县计经委批文同意成立诸暨弹簧企业集团。4 月 1 日，诸暨弹簧集团未经工商部门登记注册，挂牌成立。4 月 2 日，五泄工商所以未经核准为由令其摘牌。4 月 9 日，县委办编《供领导参阅》第 295 期刊载《弹簧企业集团牌子被摘引出的思考》一文。4 月 20 日至 23 日，县工商局分别召开股所长会议，对照《思考》一文，学习广州、深州、珠海等地的做法，作出“破唯上，用足政策，转变作风”等 3 条整改意见。5 月 11 日，《供领导参阅》第 302 期刊文肯定县工商局做法。是年，全县注册企业集团 3 户。

1989 年 12 月，省政府办公厅转发省经济发展研究中心等 6 部门《关于组织和发展企业集团的试行意见》。1991 年 3 月 15 日，省工商局发出《关于暂停企业集团登记注册的通知》。1992 年 11 月，省政府同意省工商局等 11 个部门联合制发的《浙江省省批企业集团管理暂行办法》。市工商局支持二轻，供销、计经委及其下属等部门分别组建诸暨市二轻集团公司、浙江大华工贸企业集团公司、浙江凯达机械电子集团公司、浙江凯恒轻纺集团公司、浙江征天集团公司，并报经省工商局核准登记注册。是年，全市集团数量居绍兴市各县（市）之首。

1993 年，根据省工商局制定的《浙江省企业集团登记管理暂行办法》，全市登记注册企业集团 9 户，其中列为省重点骨干企业集团 2 户，冠浙江省名的企业集团 6 户。

1994 年 8 月 5 日，市工商局发出《关于加强对集团公司登记管理的通知》，进一步规范集团公司登记。

1995 年，市工商局把支持企业转换经营机制，帮助营造规模优势作为公司登记注册的重点，支持企业组建集团或实行联合经营。当年注册企业集团 14 户，全市企业集团总数达 27 户（其中省批集团 15 户，绍兴市批集团 12 户）。

1998 年 4 月，国家工商局出台《企业集团登记管理暂行规定》，要求对已登记的企业集团在 3 年内依照《公司法》和《企业集团登记管理暂行规定》进行规范。市工商局先行对大地等 6 户企业集团开展规范。

1999 年 9 月 6 日，祥生实业集团率先规范后经省工商局核准重新登记注册。是年，菲达、经发实业、万安、海亮、兆山集团相继规范后登记注册。

图 1-3-1　兆山集团

2001年，市工商局支持国有集体企业深化改革，对一些改制企业组建的企业集团，虽与登记条件不符，但注册资本达到5000万元以上的，仍允许先冠集团名称，完善后再发集团登记证。

2012年6月，市工商局支持实体经济发展，放宽组建集团的条件，支持企业做大做强。对从事生物、物联网、新能源、新材料、节能环保、高端装备制造、新能源汽车、现代服务等战略性新兴行业企业组建集团的，母公司最低注册资本放宽到1000万元，子公司数量放宽到3个，母公司和子公司合并注册资本放宽到3000万元。

2013年，全市有企业集团127户，在全省县级市中位居第2。其中，企业冠名无行政区划企业集团83户，企业集团有限责任公司27户。

1988年—2013年诸暨市（县）内资公司（中心）登记情况统计一览

表1-3-1

年　度	总户数（户）	注册资本（万元）	其　中				
			国有、集体		私　营		
			户数（户）	注册资本（万元）	户数（户）	注册资本（万元）	雇工人数（人）
1988	271	13887	271	13887	—	—	—
1990	347	20821	347	20821	—	—	—
1991	436	21604	436	21604	—	—	—
1992	629	76606	629	76606	—	—	—
1993	—	—	—	—	51	3232	1398
1994	2058	302735	1781	274185	277	28550	4823
1995	2112	315433	1706	265717	406	49716	6437
1996	2451	506369	2043	440873	408	65496	9036
1997	1546	689432	1223	629218	323	60214	10929
1998	1451	668488	1090	599401	361	69087	13490
1999	856	382151	382	302176	474	79975	15835
2000	1215	551414	437	425858	778	125556	23538
2001	1715	718935	453	433729	1262	285206	26324
2002	2253	993610	379	501503	1874	492107	34477
2003	2821	1036215	423	543991	2398	492224	37544
2004	3874	1191300	920	612705	2954	578595	42446
2005	3780	1250826	907	677293	2873	573533	42895

续表 1-3-1

年度	总户数（户）	注册资本（万元）	其中				
			国有、集体		私营		
			户数（户）	注册资本（万元）	户数（户）	注册资本（万元）	雇工人数（人）
2008	5917	2815612	1027	1111846	4890	1703766	142194
2009	6812	3600471	967	1257069	5845	2343402	162739
2010	8111	5149633	996	1598001	7115	3551632	165312
2011	9656	6537360	999	1794778	8657	4742582	164696
2012	10817	7699542	983	1920833	9834	5778709	162921
2013	12696	9269184	1034	1996204	11662	7272980	175212

说明：编制依据为内资公司（中心）登记基本情况表

1988 年—2003 年诸暨市（县）内资（非私营）集团公司（中心）按行业分类统计一览

表 1-3-2

单位：户

年度	农林渔水利业	制造业	地质普查和勘探业	建筑业	交通运输、邮电通讯业	商业、饮食、物资供应、仓储业	房地产管理、公用事业、居民服务和咨询服务业	教育、文化艺术和广电业	科研和综合技术服务业	金融保险业	其他行业
1988	17	18	1	35	7	168	20	1	3	1	—
1990	8	19	1	32	29	232	20	3	2	1	—
1991	7	27	1	35	46	288	26	3	2	1	—
1992	15	36	1	41	48	445	31	4	2	1	5
1994	23	184	2	66	59	1302	94	11	12	2	26
1995	19	165	2	63	59	1259	90	11	10	2	26
1996	3	114	2	21	3	181	19	5	7	—	2
	19	165	2	63	58	1250	90	11	10	2	26
1997	8	126	2	24	3	147	18	5	6	—	2
	12	112	3	56	25	564	94	4	8	1	3
1998	10	134	2	23	5	146	23	4	5	—	2
	10	101	3	46	23	464	77	4	4	1	3
1999	13	142	2	23	8	153	31	3	4	—	3

续表 1-3-2

年度	农林渔水利业	制造业	地质普查和勘探业	建筑业	交通运输、邮电通讯业	商业、饮食、物资供应、仓储业	房地产管理、公用事业、居民服务和咨询服务业	教育、文化艺术和广电业	科研和综合技术服务业	金融保险业	其他行业
2000	12	167	2	30	11	156	50	2	5	—	2
2001	12	173	2	30	14	152	58	2	8	—	2
2002	8	146	2	26	12	112	64	3	5	—	1
2003	9	166	1	26	14	106	88	2	8	—	3

说明：编制依据为国内公司（中心）登记基本情况表。说明：1996 年—1998 年第 1 栏数字及以后各年度数字为按《公司法》规范登记的有限责任公司数；第 2 栏数字为《公司法》实施前登记且未按《公司法》规范的公司统计数

2004—2013 年诸暨市内资（非私营）集团公司（中心）按行业分类统计一览

表 1-3-3　　单位：户

年度	合计	农林牧渔	采掘业	制造业	水电气的产供	建筑业	交通仓储邮电	信息传输计算机类	批发零售餐饮住宿	金融保险	房地产类	租赁商务服务	科研技服地勘	水利环境公共设施	居民服务和其他服务	教育	文化体育娱乐	其他行业
2004	920	3	2	165	18	10	31	20	425	52	12	30	10	9	128	5	—	—
2005	907	20	4	168	16	28	19	15	414	83	31	52	9	11	24	1	3	9
2008	1027	24	2	208	19	37	29	17	348	132	59	80	28	15	22	—	2	5
2009	967	22	2	212	19	33	29	17	265	133	64	89	35	16	22	—	5	4
2010	996	21	1	215	20	36	36	17	253	132	75	107	44	14	17	—	4	4
2011	999	21	1	207	21	38	34	19	248	134	77	112	48	13	18	—	4	4
2012	983	19	1	195	21	37	34	40	246	116	71	115	47	11	21	—	6	3
2013	1034	18	1	187	18	42	28	39	248	189	68	111	48	10	19	—	6	2

说明：编制依据为国内公司（中心）登记基本情况表、内资企业登记管理情况统计表

1993 年—2013 年诸暨市内资（私营）集团公司（中心）按行业分类统计一览

表 1-3-4　　单位：户

年度	合计	农林牧渔	采掘业	制造业	水电气的产供	建筑业	交通仓储邮电	信息传输计算机类	批发零售	住宿和餐饮业	金融保险	房地产类	租赁商务服务	科研技服地勘	水利环境管理类	居民服务和其他服务	教育	卫生社会保障福利	文化体育娱乐	其他行业
1993	51	—	—	15	—	4	—	—	31	—	—	—	—	—	—	—	—	—	—	1
1994	277	9	—	59	—	7	—	—	200	—	—	—	—	—	—	2	—	—	—	—
1995	406	8	—	96	—	15	2	—	279	2	—	—	—	—	—	2	—	—	2	—
1996	408	6	—	120	—	17	1	—	253	2	—	—	—	—	—	8	—	—	1	—
1997	323	3	—	118	—	12	1	—	175	2	—	—	—	—	—	11	—	—	1	—
1998	361	4	—	171	—	12	1	—	153	3	—	—	—	—	—	17	—	—	—	—
1999	474	6	—	256	—	11	2	—	171	2	—	—	—	—	—	23	—	—	—	3
2000	778	7	—	449	—	15	2	—	256	3	—	—	—	—	—	42	—	—	—	4
2001	1262	16	—	749	—	38	8	—	347	4	—	—	—	—	—	82	—	—	—	18
2002	1874	25	3	1189	—	65	12	—	412	25	—	—	—	—	—	108	—	—	—	35
2004	2954	59	3	1753	—	79	10	—	678	58	—	—	—	—	—	274	—	—	—	40
2005	2873	69	2	1735	4	76	6	16	603	40	—	59	99	—	—	115	—	1	5	43
2008	4890	87	7	2694	6	119	34	54	1230	39	4	111	279	115	17	70	2	1	9	12
2009	5845	107	8	3155	8	150	48	57	1503	50	8	162	309	164	18	77	2	2	7	10
2010	7115	138	10	3757	10	205	63	54	1762	52	17	222	414	274	24	86	2	2	14	9
2011	8657	201	9	4378	12	281	75	58	2179	47	50	249	554	426	28	82	2	2	17	7
2012	9834	235	9	4857	15	375	87	61	2494	53	21	272	623	542	31	118	4	2	27	8
2013	11662	342	10	5387	19	559	104	74	3090	55	27	326	729	726	34	123	5	3	41	8

说明：编制依据为国内公司（中心）登记基本情况表、内资企业登记管理情况统计表

1997 年—2013 年诸暨市上市公司名录

表 1-3-5

交易代码	简　称	主营业务	法人代表	注册资金（万元）	办公地址	上市日期
60070	浙江富润	印染、纺织、钢管等的生产、销售	赵林中	27461.77	诸暨·陶朱南路	1997.6.4
600526	菲达环保	电除尘、烟气净化、气力除尘等方面的开发、生产、销售、安装及其他工程服务	舒英钢	40688.94	诸暨·望云路	2002.7.22

续表 1-3-5

交易代码	简　称	主营业务	法人代表	注册资金（万元）	办公地址	上市日期
600387	海越股份	投资、石油制品的销售、公路收费、物业租赁及成品油仓储等	吕小奎	38610.00	诸暨·西施大街	2004.2.18
002011	盾安环境	制冷配件和制冷设备的生产与销售	葛亚飞	84342.75	杭州·滨江区	2004.7.5
002173	山下湖（千足珍珠）	珍珠、珍珠饰品的制造与销售	陈夏英	20500.00	诸暨·山下湖	2007.9.25
002203	海亮股份	铜管、铜板带、铜箔及其他制品的制造加工	曹凌国	154803.00	诸暨·店口镇	2008.1.16
002263	大东南	各种塑料包装薄膜的生产与销售	黄飞刚	76851.75	诸暨·千禧路	2008.7.28
002569	步森股份	服装、服饰的设计、制造与销售	王建平	14001.00	诸暨·枫桥	2011.4.12
002590	万安科技	汽车制动系统的开发、生产和销售配套服务	陈利祥	20628.14	诸暨·店口镇	2011.6.10
002617	露笑科技	电磁线产品研发、生产、销售	鲁　永	18000.00	诸暨·店口镇	2011.9.20
002633	申科股份	轴承及轴瓦的生产和加工	何金波	15000.00	诸暨·望云路	2011.11.22
002647	宏磊股份	漆包线、铜管、铜材等的生产与销售	章利全	21958.30	诸暨·迎宾路	2011.12.28

2013 年诸暨市在册企业集团名录

表 1-3-6

序号	企业名称	成立日期	注册资本（万元）	经营地址
1	祥生实业集团	1999.9.6	10994.85	暨阳街道浣东中路滨江花苑 17 幢
2	菲达集团	1999.9.15	10557	诸暨市暨阳街道望云路 88 号
3	浙江经发实业集团	1999.12.10	10721	诸暨市城关南屏路 28 号
4	万安集团	1999.12.27	10199	浙江省诸暨市店口镇工业区
5	浙江海亮集团	1999.12.28	24857.9	诸暨市湄池镇江东路 107 号
6	兆山集团	1999.12.30	26595	诸暨市浣东街道祝村
7	浙江征天集团	2000.1.19	10085	诸暨市枫桥镇学勉路 83 号
8	李字实业集团	2000.5.19	52428	浙江省诸暨市牌头镇
9	丰球集团	2000.5.23	11222	诸暨市暨阳街道艮塔东路 152 号
10	天洁集团	2000.7.17	59800	诸暨市牌头镇
11	东方建设集团	2000.8.8	11498	浙江省诸暨市艮塔东路 3 号

续表 1-3-6

序号	企业名称	成立日期	注册资本（万元）	经营地址
12	八方建设集团	2000.9.13	19486	浙江省诸暨市艮塔路 5 号
13	盾安控股集团	2001.9.10	21864	诸暨市店口镇工业区
14	浙江海亮教育集团	2002.2.8	10200	诸暨市环城北路
15	浙江神鹰集团	2002.6.24	11178	浙江省诸暨市友谊路 9 号
16	浙江虹绢丝绸集团	2002.12.2	11827.4	浙江省诸暨市店口镇
17	兆山新星集团	2002.12.6	29650	诸暨市浣东街道祝村
18	步森集团	2002.12.18	19652	浙江省诸暨市枫桥镇步森大道
19	上峰集团	2003.4.2	10046	浙江省诸暨市次坞镇
20	浙江暨阳建设集团	2003.6.5	10394	浙江省诸暨市暨阳街道暨阳路 166 号
21	浙江枫叶集团	2003.6.9	21980	诸暨市店口镇湄池振兴路 125 号
22	鑫诚科技集团	2004.2.5	12985	浙江省诸暨市安平路 88 号
23	荣怀集团	2004.3.31	22600	诸暨市暨阳街道城西工业新城
24	雄风集团	2004.7.5	10996	浙江省诸暨市陶朱街道诸三路 100 号
25	浙江振越建设集团	2004.7.12	11675	诸暨市暨阳街道暨阳路 122 号
26	浙江万达建设集团	2004.8.3	10080	诸暨市暨阳街道大桥路 98 号
27	富润控股集团	2004.9.3	68566.45	诸暨市苎萝东路
28	越美集团	2005.1.17	10059	诸暨市暨阳街道新光村
29	海讯集团	2005.1.18	13141	大唐袜业特色园区
30	浙江友谊通信集团	2005.7.7	15250	浙江省诸暨市陶朱街道诸三西路 1 号
31	宏磊集团	2005.8.8	41070	浙江省诸暨市大唐镇开元东路
32	八方控股集团	2005.12.13	46150	诸暨市陶朱街道艮塔西路 138 号
33	太子龙控股集团	2005.12.28	11188	诸暨市浙江诸暨璜山
34	浙江东宸建设控股集团	2006.2.20	34658	诸暨市陶朱街道望云西路 18 号
35	凯翔集团	2006.9.15	21980	诸暨市草塔镇天元路 228 号
36	浙江上峰控股集团	2006.10.10	13850	浙江省诸暨市次坞镇下河村
37	双双集团	2007.1.11	10030	草塔镇天元东路 21 号
38	东方神州珍珠集团	2006.11.17	14918	山下湖珍珠工业园区
39	露笑集团	2006.11.17	38630	湄池露笑路
40	裕鑫集团	2006.11.28	18600	大唐镇袜业园区
41	铭仕集团	2007.1.29	11904	店口镇铭仕路

续表 1-3-6

序号	企业名称	成立日期	注册资本（万元）	经营地址
42	浙江东方环保集团	2007.5.11	13510	诸暨市陶朱街道诸三路 76 号
43	东伟集团	2007.6.18	13541.8927	浙江省诸暨市暨阳街道
44	浙江天洋控股集团	2007.6.19	22480	浙江省诸暨市枫桥镇天洋路 8 号
45	申发集团	2007.7.10	10162	诸暨市陶朱街道跨湖路 59 号
46	众阳集团	2007.8.9	19800	浙江省诸暨市山下湖镇工业园区
47	丹吉娅集团	2007.9.12	16980	诸暨市大唐袜业园区内
48	达亨控股集团	2007.9.18	10237	浙江省诸暨市枫桥镇开发区
49	阮仕集团	2007.9.27	34400	诸暨市山下湖镇枫江路 79 号
50	冠军集团	2007.10.25	11538	诸暨市赵家镇工业区
51	浙江荣怀教育集团	2007.11.20	11051	诸暨市陶朱街道城西工业新城荣马路
52	泰荣针纺集团	2007.12.10	10257	浙江省诸暨经济开发区
53	浙江七大洲集团	2008.1.11	10508	诸暨市山下湖镇特色工业园区
54	卡迪丹集团	2008.2.1	10730	浙江省诸暨市经济开发区创业路 17 号
55	锦源恒博集团	2008.4.25	10008	诸暨市大唐镇海讯路 189 号
56	永成集团	2008.4.28	13302	诸暨市店口镇枫湄公路旁
57	浙江中伟实业集团	2008.5.12	10000	诸暨市店口镇工业区
58	浙江诸安建设集团	2008.8.25	11608	诸暨市暨阳街道人民中路 109 号
59	通球集团	2008.8.26	11046	诸暨市陶朱街道望云路 165 号
60	安丽集团	2008.10.7	12345.6136	浙江省诸暨市陶朱街道望云路
61	浙江中超建设集团	2008.11.25	11560	浙江省诸暨市街亭镇
62	新兴中昇集团	2009.1.6	16184	诸暨市暨阳街道大侣孙陈
63	海亮地产控股集团	2009.1.22	68168	诸暨市店口镇解放路 386 号一楼
64	永业建工集团	2009.3.3	15158	浙江省诸暨市江藻镇渔江村 161 号
65	华佳控股集团	2009.3.30	10300	诸暨市店口镇上金湖
66	浙江绅仕镭集团	2009.5.26	10050	诸暨市浣东街道里联村
67	嘉力宝控股集团	2009.6.26	5088	诸暨市陶朱街道兴业二路 5 号
68	浙江茂阳农发集团	2009.10.9	5700	诸暨市店口镇横山湖村
69	嵊峰集团	2009.11.9	11160	诸暨市安华镇双峰村
70	乾宇集团	2009.12.18	17664	诸暨市店口镇湄池振兴路 125 号
71	浙江恒森实业集团	2010.1.11	3120	诸暨市阮市镇金岭工业区

续表 1-3-6

序号	企业名称	成立日期	注册资本（万元）	经营地址
72	中程建工集团	2010.1.15	13292	诸暨市浣东街道暨东路 666 号
73	浙江情怡集团	2010.2.1	3678	浙江省诸暨市安华镇蔡家坂村
74	浙江中强控股集团	2010.3.4	10012.76	浙江省诸暨市阮市镇杨梅桥村
75	枫叶控股集团	2010.3.16	42099	诸暨市店口镇中央路 478 号
76	港汇控股集团	2010.6.4	10850	诸暨市直埠镇紫草坞村
77	运昇集团	2010.6.22	15950	诸暨市山下湖镇开发区
78	豪哲控股集团	2010.6.28	10050	诸暨市直埠镇直下村
79	广大建设集团	2010.7.28	10378	浙江省诸暨市王家井镇市南路 148–1 号
80	瑞远机床集团	2010.8.6	10100	诸暨市陶朱街道城西开发区协和路 58 号
81	全兴精工集团	2010.8.25	22710	诸暨市暨阳街道兆山路 16 号
82	浙江洁达环保集团	2010.9.28	10156	诸暨市安华工业区
83	浙江华磊控股集团	2010.11.17	13553	诸暨市浣东街道李村二村
84	丰邦建设集团	2010.11.29	10010	诸暨市暨阳街道东方时代广场七楼（暨阳北路 8 号）
85	恒翔控股集团	2010.11.30	10550	诸暨市次坞镇大塘村
86	浙江恒久机械集团	2010.12.3	14014.18	诸暨市城西开发区
87	越烽建设集团	2011.1.6	13510	诸暨市陶朱街道宝利路 8 号
88	金磊集团	2011.1.18	25000	诸暨市陶朱街道望云西路 18 号
89	新金塔集团	2011.1.18	10080	诸暨市大唐镇方田工业区
90	步人集团	2011.2.17	12253	诸暨市陶朱街道协和西路 28 号
91	浙江华都纺织集团	2011.3.1	32440.39	诸暨市三都（诸三公路）
92	浙江金大地农业集团	2011.3.9	15500	诸暨市暨阳街道城东路 270 号
93	奇爱集团	2011.3.21	10200	诸暨市店口镇工业区（中央大道）
94	浙江越阳控股集团	2011.4.1	23352.89	诸暨市暨阳街道望云路 90 号
95	荣森控股集团	2011.4.2	10038	诸暨市枫桥镇泥桥头
96	东白山控股集团	2011.4.25	10369	诸暨市东白湖镇上家湖村（新上宅）
97	浙江中金园林建设集团	2011.6.2	18816	诸暨市浬浦镇中金路 18 号
98	宏城控股集团	2011.6.7	22050	诸暨市暨阳街道东二路 45 号
99	海魄控股集团	2011.6.16	11980	诸暨市枫桥镇海魄大道 9 号

续表 1-3-6

序号	企业名称	成立日期	注册资本（万元）	经营地址
100	佑逸集团	2011.7.11	22300	诸暨市店口镇华东汽配水暖城 65 幢 1333 号
101	虹盛集团	2011.8.1	18500	诸暨市草塔镇莼塘东村
102	申佰利控股集团	2011.8.8	10300	诸暨市大唐镇文昌路 97 号
103	铭记控股集团	2011.8.23	10000	诸暨市暨阳街道艮塔东路 127 号 -7 层
104	鑫勤控股集团	2011.9.8	10700	诸暨市大唐镇中兴社区
105	中兴防护科技集团	2011.9.19	10650	诸暨市暨阳街道江龙村
106	浙江宏达建设集团	2011.9.21	18336.9	诸暨市暨阳街道北庄路 102–10 号
107	浙江中普建设集团	2011.9.28	12038	诸暨市牌头镇站前路 239 号
108	诸暨一百集团	2011.9.28	10568	诸暨市暨阳街道丰南路 30 号
109	全越龙集团	2011.12.13	22440	诸暨市陶朱街道望云西路 50 号
110	浙江三马集团	2011.12.28	21510	诸暨市安华镇绍佳泉村
111	浙江三普控股集团	2012.4.26	10100	诸暨市阮市镇金岭村
112	艾默樱控股集团	2012.5.10	10860	诸暨市店口镇解放路 698 号
113	港湾石化集团	2012.5.17	34350	诸暨市暨阳街道五纹岭居民区杨家 6–2 号
114	汇投控股集团	2012.6.6	22815.6	诸暨市陶朱街道荣马路 2 号
115	浙江世包中心集团	2012.6.6	10000	诸暨市次坞镇古竹院村
116	浙江华海机械集团	2012.8.8	29780	诸暨市大唐镇开元东路 65 号
117	海亮矿产控股集团	2012.8.30	43700	诸暨市店口镇解放路 386 号三楼
118	东大水业集团	2012.12.5	22169.6585	诸暨市店口镇东大路 8 号
119	浙江双鹰企业集团	2013.6.6	11425	诸暨市应店街镇伍堡畈村
120	诸暨市水务集团	2013.6.26	15680	诸暨市暨阳街道丰民路 19 号
121	浙江永新集团	2013.7.18	18180	诸暨市大唐镇永新路 1 号
122	暨阳石化集团	2013.7.29	10060	诸暨市陶朱街道西二环路 555 号
123	浙江永利房地产集团	2013.7.29	10000	诸暨市浣东街道暨东路 68 号第二十三层
124	永利商业集团	2013.7.31	15490	诸暨市浣东街道暨东路 68 号第二十四层
125	长生鸟集团	2013.8.23	14233	诸暨市暨阳街道浣纱北路 48 号
126	侯氏集团	2013.9.24	17500	诸暨市暨阳街道滨江北路 32 号
127	浙江八达建设集团	2013.12.16	56632.5955	诸暨市暨阳街道友谊路 138 号

第四节　中国港澳台商投资企业　外商投资企业登记注册

1993 年 2 月 25 日，绍兴市工商局授予诸暨市工商局中国港澳台商投资企业和外商投资企业登记管理初审权。

2004 年 2 月 7 日，市政府授予市工商局“2003 年度开放型经济服务工作先进集体”称号。5 月，市工商局推出 3 项服务中国港澳台商投资企业和外商投资企业登记注册制度。简化审批流程，实行网上审批：诸暨市工商局专窗受理、初审——资料通过网上传递至绍兴市工商局核准——诸暨市工商局代绍兴市工商局颁发营业执照；推行照前实地调查改为照后回访企业制度；在注册窗口设立“导航”制度。12 月 29 日，市工商局根据国家工商总局《港、澳居民在内地申办个体工商户登记管理工作的若干意见》，委托工商所行使港、澳居民个体工商户登记注册工作。

2005 年 1 月 1 日起，港、澳永久性居民中的中国公民在诸暨设立个体工商户，无需经过主管部门的审批，由申请人到经营地工商所依据法律、法规和行政规章办理登记注册。

2013 年 9 月 9 日，市工商局向绍兴市工商局递交《关于申请授予外商投资企业登记管理权的请示》，要求绍兴市工商局同意诸暨市工商局向国家工商总局申请授予诸暨市工商局外商投资企业登记管理权。

中国港澳台商投资企业登记注册

1988 年 12 月 23 日，国营诸暨针织厂与香港富春有限公司合资组建富润针织有限公司。同日，绍兴市政府颁发《中外合资经营企业批准书》。

1989 年 2 月 4 日，富润针织有限公司经国家工商局核准登记注册。公司投资总额 189.74 万美元，注册资本 152.1 万美元，其中诸暨方占 75%，港方占 25%。这是诸暨首户与港商合资经营的企业。11 月 20 日，由诸暨灯具总厂与香港欣伦电业公司合资经营的浙江欣阳灯饰有限公司经国家工商局核准登记注册，诸暨方出资 58.31 万美元（占 49%），港方投资 60.69 万美元（占 51%）。

1990 年，浙江汇达织染有限公司（注册资金 303.6 万美元）、浙江雄源服装玩具有限公司（注册资金 50 万美元）核准注册。

1991 年，浙江赛西施首饰有限公司（注册资金 63.74 万美元）、浙江越阳丝绸制衣有限公司（注册资金 106.47 万美元）登记注册。

1992年，暨阳机电有限公司、浙江宝伟彩印有限公司等6户登记注册，其中暨阳机电有限公司为诸暨首户注册资本突破1000万美元的港商投资企业。

1993年登记的19户港澳台商投资企业中，注册资本突破百万美元的有浙江诸暨金田针织有限公司、浙江港信制衣有限公司、浙江征天特种钢有限公司、浙江诸暨倍福尔羽绒制品有限公司等4户。

1994年登记的3户企业中，浙江胜洁环保有限公司注册资本达3500万美元。

1995年—1997年，每年登记注册港澳台商投资企业各4户，其中浙江中利实业有限公司、浙江永鑫乳胶制品有限公司的注册资本分别为2800万美元和1666万美元。

1998年—2000年，市委、市政府连续3年出台鼓励发展外向型经济政策。2001年，全市在册港澳台商投资企业71户，注册资本2.63亿美元；分布于暨阳、陶朱街道及大唐、店口等17个乡镇。行业分布为制造业61户、加工业6户、服务业3户、养殖业1户。

2002年，市委、市政府连续出台3个鼓励发展外向型经济的文件，组织开展“狠抓招商引资，努力实现跨越式发展”的大讨论。当年，全市新登记港澳台商投资企业79户，超过历年之和；分设于暨阳、陶朱街道及大唐、店口等16个乡镇。行业分布为制造业44户、服务业29户、加工业3户、养殖业2户、建筑业1户。

2003年—2008年，市委、市政府每年出台政策，鼓励发展开放型经济。至2012年，全市在册港澳台商投资企业423户，注册资本24.3亿美元。

2013年，全市在册中国港澳台商投资企业443户，注册资本29亿美元。其中注册资本超过1000万美元的企业有105户，诸暨腾创机械科技有限公司注册资本达1亿美元，为全市之最。

外商投资企业登记注册

1988年初，全县登记在册外商投资企业1户——中日合资旦旦有限公司。公司由诸暨童装厂、日本国微笑堂株式会社、中国纺织进出口公司浙江省分公司合资兴办，于1985年7月13日经国家工商局核准登记注册。公司投资总额及注册资本均为310万元，其中诸暨童装厂占50%，日方占30%（31万美元），中国纺织进出口公司占20%。这是诸暨首户中外合资经营企业。

1992年12月18日，美国鹰龙贸易有限公司与浙江神鹰集团有限公司合资组建浙江神龙制衣有限公司，投资总额350万美元，注册资本305万美元（其中中方认缴出资104.55万美元，美方认缴出资200.45万美元）。这是诸暨首户经绍兴市工商局核准登记的中外合资企业。

1996 年 9 月 27 日，浙江华泰医药公司城关办事处登记注册，这是中外合资企业在诸暨城区设立的首户办事机构。是年，市工商局为帮助企业寻找合资伙伴，在《诸暨日报》上刊登外商投资信息 30 余次。外商投资企业登记注册初审工作实行随到随办，对投资交通、能源等基础产业或从事高科技项目的外商投资企业，在登记注册上实行全程服务。1996 年全年新发展外商投资企业 12 户，投资总额 1506.09 万美元。是年，全市有外商投资企业 153 户，投资总额 2790.2 万美元。

2000 年 9 月 29 日，韩国公民崔琯镐个人出资 200 万美元组建浙江智鸿服饰有限公司，这是诸暨首户由外国人独资组建的外资企业。11 月 2 日，加拿大金凯国际贸易有限公司出资组建的诸暨开凯服饰有限公司核准登记，这是诸暨首户由外国法人独资组建的外商投资企业。

2001 年，全市在册外商投资企业 17 户，注册资本 2276 万美元。

2002 年，市工商局根据市委、市政府“工业立市、开放兴市”的要求，出台《关于积极支持招商引资，改善投资环境的若干措施》，在各工商所和市办证中心工商窗口设立外商投资企业登记服务专窗，配置存有《外商投资企业登记指南》小册子的便民箱。开通外商投资企业登记“绿色通道”，根据企业要求，深入企业开展预约服务和跟踪服务，预约时间不受工作时间的限制。企业需要到上级工商行政管理部门办理有关手续的，派出专人实行全程服务。当年，全市新增外商投资企业 20 户，注册资本 5273.081 万美元，超过此前历年之和。其中浙江克瑞丰球泵业有限公司、浙江科宇缝纫设备制造有限公司注册资本分别为 1442 万美元和 1000 万美元。

2013 年 3 月，全市开展“招商选资”工作。是年，全市在册外商投资企业 208 户，注册资本 93753.09 万美元。其中注册资本 1000 万美元以上的企业 20 户。浙江长生鸟药业有限公司注册资本 4683 万美元，位居全市榜首。

（说明：本节所列数据根据市工商局档案室 2016 年在档企业登记资料收集整理）

1988 年—1996 年诸暨市（县）中国港澳台商投资企业及外商投资企业统计一览

表 1-4-1

年　度	本年登记（户）	年末实有（户）	注册资本（万美元）		
			总　额	合同外资	实到外资
1988	2	1	110	36	18
1989	1	2	360	99	53
1990	1	3	467	99	23
1991	11	14	1134	355	261

续表 1-4-1

年　度	本年登记（户）	年末实有（户）	注册资本（万美元）		
			总　额	合同外资	实到外资
1992	15	27	4236	1201	328
1993	—	73	7845	2242	809
1994	20	133	15763	5738	1105
1995	27	149	16277	1644	813
1996	12	153	17565	6188	1164

1997 年—2013 年诸暨市中国港澳台商投资企业及外商投资企业统计一览

表 1-4-2

年　度	企业户数（户）		注册资本（万美元）		
	本年登记	累　计	总　额	合同外资	实到外资
1997	6	192	24333	8943	4705
1998	11	203	25871	9653	4910
1999	8	211	26586	13792	5068
2000	18	229	29235	15110	5771
2001	24	253	32257	16836	6728
2002	118	371	53869	30396	10759
2003	103	474	94470	56053	21840
2004	82	556	135383	87749	36867
2005	83	639	184798	126857	55778
2006	80	719	230182	167195	74590
2007	73	792	281010	209329	99115
2008	30	820	317761	239478	119625
2009	22	842	339843	258015	142850
2010	44	881	388355	302022	160853
2011	21	901	422630	332285	185818
2012	14	915	444172	349152	207925
2013	22	937	459285	367986	229236

说明：编制依据为 1998 年—2001 年按外资科资料及档案室企业名录整理，2002 年—2004 年按《诸暨统计年鉴》，2005 年—2013 年根据局档案室企业档案统计

第五节　私营企业登记注册

1988 年 7 月 1 日，《中华人民共和国私营企业暂行条例》施行。当年，全县登记注册私营企业 87 户。

1989 年 9 月，根据县政府《关于调整联户企业管理权限的通知》，全县有 210 户合作经济企业登记注册为私营企业，换发营业执照。是年，根据中共十三届四中全会继续治理经济环境、整顿经济秩序的精神，国家规定不准私营企业经营除自产自销外的重要工业品生产资料、国家计划商品、实行专营专卖和统一经营的商品。11 月 28 日，省工商局发出通知，要求对申请或正在办理登记注册的经营重要生产资料的私营有限责任公司，一律暂停审批。当年，全市私营企业歇业 5 户，改集体企业 15 户，转个体工商户 34 户。截至 1989 年年末，全市在册私营企业 437 户，雇工 6150 人，注册资金 245.59 万元。

1990 年 3 月 18 日，国务院批转国家工商局报告，重申私营企业必须在法律规定的范围内经营，通过对私营企业的登记管理和更换营业执照，引导私营企业拾遗补阙，从事国家鼓励和倡导的行业。是年，全市核发私营企业营业执照 62 户，歇业注销 133 户，转为集体企业 4 户、个人合伙企业 1 户、个体工商户 7 户。截至 1990 年年末，全市实有私营企业 366 户，从业人员 6023 人，注册资金 8722.5 万元。

1991 年 4 月，市工商局根据省委、省政府加强个体工商户、私营企业管理的有关文件精神，要求私营企业主及从业人员在申请登记时，必须如实填报《申请人资格审查表》，且须经当地乡镇政府和上级业务主管部门签署意见；工商所应对申请人的资格进行调查核实，严格制止国营、集体企业的技术人员、业务骨干及熟练工人“跳槽”兴办与原单位产品雷同的企业。6 月 21 日，市委作出《关于加强对个体、私营经济引导管理的若干意见》和《关于清理整顿戴帽集体企业的若干意见》，规定举办个私工业企业的，须经市计经委批准后方可进行工商企业登记；新办个私企业须先经村、乡（镇）同意，否则不予审批；黄酒、初（精）制茶、印染、食品、珍珠粉等行业，不许个体工商户、私营企业经营；限制兴办纯物资、纯商业批发企业；对擅离国营、集体企业的“跳槽”人员，由所在企业按不同岗位、不同工种和在原企业工作时间长短，直接向流入厂家收取 3000 元以上的培训费；对“跳槽”人员新办同类型企业的，不予审批，防止企业管理人员、业务骨干、熟练工人的非正常流动；个私企业按纳税额的 10%—15% 交纳社会负担费用；对个私企业审批建造的临时建筑、固定建筑和附属性场地收取土地有偿使用费；个私企业用电先向村提出申请，支付每千瓦时不低于100元的搭电费，并按“加价电”（按工业议价电电价加20%空损费计算）收取电费。是年，全市私营企业开业登记42户，歇业注销78户；改变登记为“集体企业”的10户、重新登记为个体工商户的31户。年末，全市在册私营企业281户。

1992年，全市私营企业歇业注销58户，改为“集体企业”登记的5户，重新登记为个体工商户的28户。全市私营企业总户数降至226户，比1989年减少211户。是年，市工商局发出《关于简化个体工商户、私营企业登记办照手续的通知》，鼓励个私经济发展，废止在人员流动、行业控制方面对个私经济发展作出的各种不合理规定。

1993年，市工商局根据市委、市政府《关于鼓励个体、私营企业“三上一提高”的政策意见》，简化程序，放宽政策，当年新注册私营企业161户。

1994年2月27日，市委、市政府出台《关于乡镇集体企业产权制度改革，转换经营机制的若干意见》，市工商局重点开展挂牌集体企业摘帽、个体工商大户转为私营企业的登记注册工作，在明晰产权的基础上，办理私营企业登记注册。是年，全市有147户挂牌企业和61户个体工商户改办为私营企业登记注册。全市私营企业总数达到1232户，列全省第12位。

1995年6月23日，市政府办公室召开由市委政策研究室、工商局、乡企局负责人参加的座谈会，并下发《座谈会纪要》，要求通过政府引导和企业自愿相结合，在坚持企业根本性质不变的前提下，采用挂靠的办法，把一部分私营企业纳入到集体企业的管理轨道。因此，一些私营企业又陆续戴上了“集体企业”的帽子。9月，根据中共十四届五中全会精神，市工商局积极帮助企业转换经营机制，明晰产权关系，建立现代企业制度。在为转制企业和新办企业登记注册时，坚持严格按照企业产权关系核定企业类别和经济性质，防止把关不严出现新的挂牌集体企业。当年登记注册私营企业599户。

1997年，《中华人民共和国合伙企业法》和《中华人民共和国合伙企业登记管理办法》先后颁布施行。全市登记注册合伙企业128户，投资者人数384人，雇工2011人，注册资本（金）4008万元。

1999年，全市私营企业注册资本（金）超过100万元的有119户，超过500万元的50户，超过1000万元的13户。在册私营企业集团6户，有限责任公司474户。

2000年1月1日《中华人民共和国个人独资企业法》施行。市工商局始行个人独资企业登记注册。1月3日，市委、市政府发出《关于促进全市经济发展的若干政策意见》，鼓励私营企业采取购买、兼并、控股、技术入股、租赁、承包、托管等形式参与国有、集体企业改革。2000 年 3 月 1 日，市工商局发出《关于纯自然人投资企业变更登记中若干问题的通知》，对实际为纯自然人投资而登记注册为集体（股份合作）的企业，要求转为私营企业的变更登记办法作出具体规定。是年，全市有 159 户“集体企业”转登记为私营企业，有 742 户个人独资企业登记注册。

2001 年，市工商局继续支持国有、集体企业深化改革，做好转制、改制企业登记注册工作。法人企业改制为个体工商户、个人独资企业、合伙企业的，提交原企业开办单位与个人签订的改制协议、银行金融保全证明等文件，便直接按转制、改制后的企业实际类型，办理工商登记手续；非公司法人企业名称可以保留沿用。当年，全市集体企业脱帽后转为私营企业登记注册的有 272 户；国有、集体企业经拍卖、转制改为私营企业登记的 40 户。

2004 年 7 月 15 日，市工商局将个人独资企业、合伙企业的开业、变更、注销登记权限，有条件委托工商所行使。是年，全市在册独资企业 2366 户，合伙企业 133 户。

2005 年，市委、市政府发布《关于加快规范的区域性社会主义市场经济体制建设的若干意见》，引导民营经济“二次飞跃”，鼓励“做大做强”。当年，私营企业中获自营进出口权的 21 户，在境外设立机构的 2 户。2006 年，在转型升级的基础上，全市有 227 户个体工商户发展为私营企业。

2007 年 9 月 11 日，市工商局制发《个人独资企业、普通合伙企业登记管理办法》。是年，全市在册个人独资企业 2289 户，合伙企业 158 户。

2010 年 5 月 18 日，市委、市政府提出《关于加快建设“6 + 2”现代产业体系的意见》（“6”指袜业、珍珠、铜加工及新型材料、机电装备制造、纺织服装、环保新能源等工业产业集群；“2”指现代服务业、现代农业。下同）。6 月 2 日，市工商局出台助动民营经济发展若干意见，属“6 + 2”产业新建扩建项目，提前介入，简化办事审批程序，缩短办事时限。企业申请无行政区划名称的，报省工商局按“直通车”程序办理。

2012 年 2 月 28 日，市工商局出台《关于促进民营经济发展提升的若干意见》。主要内容有：放宽名称登记条件，允许使用表明服务内容和服务方式的各类新兴行业用语作为行业表述；放宽经营范围，凡法律、法规和政策未禁止的，根据企业申请，灵活核定体现行业特点的经营范围；支持兼并重组，组建集团公司，母公司最低注册资本放宽到 1000 万元，子公司数量放宽到 3 个，母公司和子公司合并注册资本放宽到 3000 万元；开展跟踪服务，帮助上市意向企业规范登记注册资料；开展上门服务、预约服务、延时服务等特色注册服务，建立网上办事大厅，方便企业和群众办事。

6 月 20 日，市工商局出台 4 项措施，促进实体经济发展。具体为：帮助企业盘活存量资本，助解企业融资难题；放宽场所登记条件，破解发展场地瓶颈；改进行政审批服务，优化市场准入环境；拓宽名称登记条件，提升企业竞争能力。

2013年，全市在册私营企业17207户（其中分支机构1103户），投资者29318人，从业人员249684人，雇工220366人，注册资本（金）761.79亿元。其中当年新注册私营企业4980户，从业人员33694人，雇工26624人，注册资本（金）112.50亿元。

1988年—2004年诸暨市（县）私营企业按登记类型统计一览

表1-5-1

年度	合计				独资企业				合伙企业				公司			
	户数	投资者数	雇工人数（人）	注册资本（万元）	户数（户）	投资者数（人）	雇工人数（人）	注册资本（万元）	户数（户）	投资者数（人）	雇工人数（人）	注册资本（万元）	户数（户）	投资者数（人）	雇工人数（人）	注册资本（万元）
1988	87	—	—	—	—	—	—	—	—	—	—	—	—	—	—	—
1989	437	887	6150	245.6	253	253	3600	—	183	631	2530	—	1	3	20	—
1990	366	744	6023	8722.5	215	215	3303	—	147	516	2135	—	4	13	585	—
1991	281	539	4756	2230	158	158	2345	—	118	365	1714	—	5	16	695	281
1992	226	477	3823	—	164	164	2513	—	58	301	732	—	4	12	578	—
1993	316	516	5370	7553	194	194	1522	3030	71	214	2450	1291	51	108	1398	3232
1994	1232	1998	16052	50148	770	770	9058	14274	185	558	2171	7324	277	670	4823	28550
1995	1754	2830	21578	76858	1135	1135	12288	22720	213	638	2853	4422	406	1057	6437	49716
1996	2016	3040	27258	98440	1432	1432	15885	28957	176	531	2337	3987	408	1077	9036	65496
1997	1102	1882	21270	86327	651	651	8330	22105	128	384	2011	4008	323	847	10929	60214
1998	920	1648	22532	92901	471	471	7433	20001	88	260	1609	3723	361	917	13490	69087
1999	1132	2033	25556	106105	568	568	8092	22371	90	261	1629	3759	474	1204	15835	79975
2000	1831	4194	37558	363905	742	742	11056	31585	200	757	2964	20806	889	2695	23538	211514
2001	2621	5756	46648	340510	1141	1141	17447	34845	218	791	2377	20459	1262	3824	26324	285206
2002	3651	8736	58650	566806	1617	1617	22028	49653	160	689	2145	25046	1874	6430	34477	492107
2003	4491	9003	64573	555878	1994	1994	26090	59546	99	251	939	4108	2398	6758	37544	492224
2004	5453	10691	71076	664975	2366	2366	27430	80920	133	378	1200	5460	2954	7947	42446	578595

说明：编制依据为私营企业基本情况统计表

2005 年—2013 年诸暨市私营企业按登记类型统计一览

表 1-5-2

类别		2005 年	2006 年	2007 年	2008 年	2009 年	2010 年	2011 年	2012 年	2013 年
合计	户数（户）	5516	5711	6502	7235	8325	9813	11501	12894	17207
	投资者数（人）	10871	11824	12251	13911	15720	18832	21569	23831	29318
	雇工人数（人）	71547	55376	159102	161466	183184	187758	189258	188684	220366
	注册资本（金）（万元）	687880	1129554	1508025	1824323	2506029	3754892	4979573	6043277	7617901
独资企业	户数（户）	2487	2164	2289	2199	2305	2514	2645	2791	5269
	投资者数（人）	2487	—	—	2163	2268	2482	2634	2755	5229
	雇工人数（人）	27102	—	—	17241	18451	20479	22553	23720	42831
	注册资本（金）（万元）	108646	—	—	109130	151166	190686	224967	247822	331285
合伙企业	户数（户）	156	152	158	146	143	144	151	154	153
	投资者数（人）	397	—	—	1498	1500	1507	920	817	410
	雇工人数（人）	1550	—	—	2031	1994	1967	2009	2043	2076
	注册资本（金）（万元）	5701	—	—	10474	11461	12574	12024	16746	13636
公司	户数（户）	2873	3395	4055	4890	5877	7155	8705	9949	11785
	投资者数（人）	7987	—	—	10250	11952	14843	18015	20259	23679
	雇工人数（人）	42895	—	—	142194	162739	165312	164696	162921	175459
	注册资本（金）（万元）	573533	—	—	1682317	2343402	3551632	4742582	5778709	7272980

说明：编制依据为私营企业基本情况统计表

1993年—2013年诸暨市私营企业按行业分类统计一览

表 1-5-3　　单位：户

年度	合计	农林牧渔业	采矿业	制造业	电力、燃气、水的生产供应	建筑业	交通运仓储业	社会服务业	批发和零售业	其他
1993	316	—	—	259	—	6	—	3	45	3
1994	1232	16	—	861	—	9	8	26	311	1
1995	1754	15	4	1178	—	27	12	22	495	1
1996	2016	9	5	1348	—	27	7	24	594	2
1997	1102	7	5	775	—	19	4	27	263	2
1998	920	8	4	649	—	16	3	32	206	2
1999	1132	10	4	826	—	15	3	42	222	10
2000	1831	16	3	1275	—	37	6	83	386	25
2001	2621	31	4	1866	—	43	10	126	511	30
2002	3651	40	8	2623	—	71	18	204	640	47
2003	4491	55	7	3179	—	69	15	335	775	56
2004	5453	84	7	3731	—	83	15	461	1002	70
2005	5516	98	9	3737	14	143	12	525	904	74
2006	5711	110	20	3806	11	150	24	493	957	140
2007	6502	131	54	4278	10	184	29	589	1097	130
2008	7235	128	56	4449	11	234	41	813	1491	12
2009	8325	153	40	5019	13	317	59	944	1770	10
2010	9813	204	38	5765	16	433	73	1196	2079	9
2011	11501	287	36	6497	18	539	83	1515	2519	7
2012	12894	309	28	7076	21	656	96	1816	2884	8
2013	17207	525	27	8530	25	897	111	2232	4851	9

说明：编制依据为私营企业登记管理情况统计表

第六节　个体工商户登记注册

1987年9月1日，国务院发布的《城乡个体工商户管理暂行条例》施行。截至1987年年末，全县在册个体工商户15020户，从业人员22599人。

1988年5月17日，县工商局制发《关于进一步放宽政策，改善管理，搞好服务的几点意见》，明确个体工商户登记不再控制网点，允许个体工业、手工业者流动经营，允许一人多点（厂）申办营业执照；服装、小百货、土副产品及国家放开的其他产品，允许搞批发经营。个体工商户可以起字号，刻印章。9月，中共十三届三中全会决定治理经济环境，整顿经济秩序。国家规定24种商品不许私人经营收购、批发、零售业务，14种商品不许私人经营收购、批发业务，5种商品不许私人在农民完成国家合同定购和统一收购任务前经营收购、批发业务。截至1988年年末，全县在册个体工商户15996户，从业人员28418人，自有资金4621.9万元。其中起字号、刻印章的个体工商户816户，水上运输个体工商户1275户。

1989年3月19日，县工商局下发《关于全面开展个体运输户登记管理工作的通知》，1200余户运输从业者办理了个体工商户营业执照。4月，按照县政府有关文件要求，对全县3177户合作经营组织开展清理归队工作，其中1399户登记注册为个体工商户，404户登记注册为个人合伙企业。根据治理经济环境、整顿经济秩序要求，国家规定41种重要工业品生产资料、21种国家规定和统一经营商品、33种国家计划商品不准个体工商户经营。是年，全市在册个体工商户19309户。

1990年2月27日，国务院办公厅转发国家工商局《关于加强工商行政管理工作报告的通知》，重申个体工商户必须在法律规定的范围内经营，拾遗补阙，从事国家鼓励和倡导的行业。5月21日，市工商局规范个体工商户、私营企业登记发照工作，规定申请人先向经营地工商所申请登记，工商所实地调查，决定受理后，再报市工商局审批。6月6日，推行申办个体工商户营业执照照前教育制度，申请人在领取营业执照前，都要接受一次法律法规培训和书面考试，考试合格，准予发照。

1991年6月21日，市委制发《关于加强对个体私营经济引导管理的若干意见》，肯定在坚持以社会主义公有制经济为主体的条件下，发展个体、私营经济是国家在社会主义初级阶段的一项长期政策，同时就加强对个体、私营企业的引导和管理作出具体规定。7月2日，市工商局转发市委文件并据此作出配套规定：个体工商户、私营企业主及从业人员在申请登记时，必须如实填报申请人资格审查表，且须经当地乡（镇）

政府、企业，以及上级业务主管部门签具意见。是年，市工商局为防止国营、集体企业人员“跳槽”，根据上级要求，在登记管理上控制、限制私人从事工业；拒办各种“不合格”的申请134人次，纠正137个申请人在办照申请中存在的“问题”。枫桥、大西等工商所根据辖区经济发展实际，采取变通办法办理临时营业执照，吸纳绍兴、萧山等地的纺织企业“跳槽者”到诸暨安家落户，兴办家庭纺织工业。

1992年5月，按照邓小平南方谈话精神，市工商局推出进一步解放思想，拓宽思路，加快诸暨经济发展的服务措施。简化个体工商户、私营企业登记办照手续，允许个人凭户籍证明直接申办个体工商户营业执照，鼓励外来人员在诸暨直接申办个体工商户。6月，根据中央、国务院加快发展第三产业的决定，市委、市政府作出关于进一步加快改革开放和经济发展的若干意见，鼓励国家、集体、个人一起上，调动各方面的积极性兴办第三产业。当年，全市登记注册第三产业3900户。其中，为市场提供配套服务的470户；登记流动经营户1300户，出具外出经营证明2500份。诸暨第一户家政服务组织“诸暨市双腾家庭社会服务社”登记注册，浙江日报、浙江电视台对此相继作了报道。

1993年，市工商局根据市委、市政府提出的“优势扩张战略”和《关于扶持贫困山区经济发展的若干政策意见》《关于鼓励个体、私营企业“三上一提高”的政策意见》，依照“先放开后规范”的原则，引导、鼓励贫困山区农民发展个体私营经济，允许他们在备案后从事经营活动，不发照、不收费，在条件成熟后再进行登记注册。为方便群众办理营业执照，市工商局将家庭工业、棒冰、夜市设摊、水上运输等行业个体工商户的登记注册委托工商所办理。当年，全市新增个体工商户13253户，其中工商所登记发照的有7503户，属偏远地区的3200户，先备案后登记注册的450户。同时，还为210户原先不允许登记的个体工商户核发了营业执照，为219户退（离）休、停薪留职人员办理了个体工商户营业执照，为1100户个体工商户办理了经营范围、经营方式和字号名称的变更手续，帮助扩大经营。年末统计，全市有个体工商户35789户[（总户数列全省各县（市）第5位）]，从业人员71096人，自有资金28187万元。

1994年2月24日，市委、市政府作出加快发展第三产业的若干意见，提出放宽经营范围、经营方式和经营者资格的限制，除国家明令禁止的行业和必须专营的商品外，全部放开经营；放宽审批登记权限，按照先放后导原则，改审批制为登记制，改前置条件为后续监督管理，由开办单位直接向工商部门登记注册后，报主管部门备案。当年，市工商局把家庭工业和个体运输业列为登记注册的重点，至12月5日，全市共办理家庭个体工业户开业登记6441户，个体运输业户开业登记4941户，承租柜台个体工商户开业登记375户。年末，全市个体工商户达54371户（其中第三产业30488户），列全省各县（市）第2位。

1995年5月23日，市工商局继续把个体运输业和家庭工业作为登记工作的重点。当年，全市新登记个体工商户11932户，其中个体运输业2324户，家庭工业3100户。

1996年5月2日，市工商局规定个体工商户开业登记需提交营业场所的房屋所有权证或房屋租赁证；未办房产证的，提交镇、村经营场所产权证明。6月，市工商局购入电脑2台，用于个体工商户的登记注册、报表统计、营业执照打印等事项。是年，全市在册个体工商户达63117户。

1997年7月16日，市工商局决定开展种养业工商登记注册。当年，全市有412户农村种养业大户办理了营业执照。

1998年，市工商局制发《关于深化家庭工业、个体运输业登记管理工作的通知》。全市16000余户家庭工业登记注册，涉及五金、珍珠、织袜、纺织、鞋业等10多个行业，20多个乡镇。城北工商所根据国有、集体商场出租场地给个人经营的实际，开展租赁柜台登记注册工作。城区3个工商所采取在商场设办事处，与商场承包者联合管理等方式，逐步将商场的出租柜台纳入正常的管理轨道，全年办理商场出租柜台个体工商户开业登记495户。

1999年12月15日，市工商局委托工商所核发个体工商户临时营业执照。是年，全市办理临时营业执照8443户。

2000年10月31日起，城关镇区域内个体工商户的设立登记纳入市办证中心工商窗口办理。当年，市办证中心工商窗口办理个体工商户开业登记668户。

2002年3月9日，市工商局制发《委托工商所行使个体工商户登记管理办法（试行）》，全市个体工商户的开业、变更、注销登记，均委托工商所行使。是年，全市各工商所办理个体工商户登记注册6039户。诸暨市被省工商局评为“发展个体工商户十强县（市）”。是年，全市有个体工商户55467户，从业人员124974人，注册资金167074万元。

2004年10月11日，根据市政府意见，市工商局开展贡缎行业规范登记工作，全市2.5万户贡缎行业家庭工业重新全面登记，使用新的《个体工商户设立登记申请书》，不再要求申请者提供经营场所房产证等资料，并核发有效期为4年的个体工商户营业执照。

2006年，市工商局制订企业、个体工商户网上注册管理办法，规范网络审批。全年，办理网上登记注册95户。开展注册窗口服务进农村工作，各工商所分别在全市15个乡镇设立服务点，每月定期在现场办公，登记注册个体工商户2944户，开展政策咨询、延伸服务1679户次。

2007 年 8 月 23 日，市工商局制发《诸暨市工商局个体工商户登记管理办法》。9 月 11 日，制发《诸暨市工商局个人独资企业、普通合伙企业登记管理办法》。

2011 年 9 月 22 日，市工商局与国税局、地税局商定，由工商部门各窗口“一窗式”办理个体工商户营业执照和税务登记证。

2012 年 10 月 29 日，市工商局制发《个体工商户转型为有限责任公司登记操作规范》。12 月 21 日，转发《诸暨市人民政府关于促进“个转企”工作的实施意见》，鼓励引导符合条件的个体工商户转型升级为企业，规模以下小微企业发展为规模以上企业。2012 年，全市有 118 户个体工商户和小微企业实现“个转企”“规下升规上”。其中，转为个人独资企业 93 户，转为有限责任公司 25 户；注册资本由转前的 1974 万元增至 10089 万元。

2013 年 7 月 22 日，省委办公厅《全省个体工商户转企业工作简报》刊发《五市齐冲刺，六月超万家，全省提前半年超额完成今年“个转企”目标任务》一文，有两处提到诸暨的做法，介绍诸暨市工商局与电力、税务等部门合作，对用电量大或属于一般纳税人的个体工商户开展针对性走访动员，做好“个转企”工作。利用块状特色产业较为发达的优势，以袜业、珍珠、炒货、轻纺等行业为重点，组织开展同行业个体工商户批量升级，6 月单月登记注册 600 户。

2013 年，全市在册个体工商户 72967 户，从业人员 159350 人，自有资金 57.46 亿元。

1988 年—2013 年诸暨市（县）个体工商户登记基本情况统计一览

表 1-6-1

年　度	户数（户）	从业人员（人）	注册资金（万元）
1988	15996	28418	4621.9
1989	19309	39615	7078.3
1990	21945	45444	8722.5
1991	23778	46798	10993
1992	23038	44750	11970
1993	35789	71096	28187
1994	54371	104398	52194
1995	61053	113132	59486
1996	63117	115211	80725
1997	50980	95423	80079
1998	51006	118810	98820

续表 1-6-1

年　度	户数（户）	从业人员（人）	注册资金（万元）
1999	53427	122880	116610
2000	50755	119494	137577
2001	54958	121456	152064
2002	55467	124974	167074
2003	54553	126254	178871
2004	60169	134081	189719
2005	68539	147748	205591
2006	65215	122461	198717
2007	62201	120983	189795
2008	63657	124594	218912
2009	62585	120622	245212
2010	62213	121915	287418
2011	64687	130595	358301
2012	69944	146638	471652
2013	72976	159350	574647

说明：编制依据为个体工商户基本情况统计表

1988 年—2004 年诸暨市（县）个体工商户按行业分类统计一览

表 1-6-2　　单位：户

年度	农林牧渔业	工业	建筑业	交通运输业	商业	餐饮业	服务业	修理业	其他行业
1988	—	2538	28	1841	9230	794	532	917	116
1989	—	4414	18	2104	10024	947	601	1124	77
1990	—	5386	21	2157	11070	1055	830	1369	57
1991	—	5854	20	2329	12094	1087	951	1373	70
1992	—	5700	19	2230	11685	1115	899	1317	73
1993	—	17867	15	2540	12062	1266	776	1184	79
1994	22	23883	16	6720	19847	1544	937	1254	148
1995	16	23972	15	9015	23802	1691	981	1397	164
1996	21	23101	8	10396	24937	1873	1381	1292	108
1997	51	17441	8	8320	20742	1497	1623	1179	119

续表 1-6-2

年度	农林牧渔业	工业	建筑业	交通运输业	商业	餐饮业	服务业	修理业	其他行业
1998	83	19526	17	6067	20858	1495	1737	1082	141
1999	187	26880	9	3106	18498	880	2529	1211	127
2000	750	26096	19	1802	17511	1006	1992	1298	281
2001	775	27298	9	1787	20303	1414	1897	1317	158
2002	796	27150	9	1508	19967	2232	2244	1310	251
2003	807	27876	9	1521	18399	1979	2357	1336	269
2004	831	31265	9	1529	19947	2093	2873	1347	275

说明：编制依据为个体工商户基本情况统计表

2005 年—2013 年诸暨市个体工商户按行业分类统计一览

表 1-6-3　　单位：户

年度	农林牧渔	采掘业	制造业	电、气、水产、供业	建筑业	交通运输、仓储、邮政业	信息传输、计算机和软件业	批发和零售业	住宿和餐饮业	房地产业	租赁和商务服务	科研、技服、地勘	水利环境和公共设置管理	居民服务和其他服务业	教育	卫生、社会保障和福利业	文化体育和娱乐业	其他行业
2005	790	18	38963	—	9	1517	82	20670	2255	—	169	—	—	3526	—	107	150	283
2006	830	18	39534	5	5	494	56	17603	2141	—	243	—	—	2795	—	54	154	1283
2007	722	16	36881	7	11	499	65	18385	2175	2	335	—	—	2814	—	48	147	94
2008	616	12	37701	6	12	505	63	19121	2187	2	341	8	14	2833	3	44	135	54
2009	492	8	34219	5	10	101	62	21676	2326	2	341	9	9	3150	3	40	112	20
2010	576	2	32173	7	14	66	56	23012	2376	10	333	8	2	3420	3	28	118	9
2011	783	—	33150	6	20	64	53	24135	2404	16	361	6	2	3530	3	27	119	8
2012	997	—	33613	4	23	66	42	27950	2616	22	470	129	2	3837	4	28	132	9
2013	1140	—	33794	4	23	80	67	29905	2769	38	602	138	2	4220	6	29	153	6

说明：编制依据为个体工商业情况统计表

第七节　其他登记

市场登记

1988年，全县有市场61个，其中专业市场21个（工业品市场5个、仔猪市场15个、干鲜果品市场1个），综合市场40个。知名市场有以“西江农副产品交易市场”为名的珍珠市场和东湖农贸市场、小商品市场等。

1991年7月15日，省政府提出进一步办好城乡市场的要求，明确各级工商行政管理机关是市场的主管机关，所有集贸市场和专业市场、批发市场都要由主办单位向工商行政管理机关申请登记，并接受监督管理。10月11日，大唐庵轻纺市场登记注册。

1992年5月，市工商局根据国家工商局、省工商局规定，重新开展市场登记工作。全市有集中固定交易场地，具有一定规模（50个摊位以上）的市场62个，市工商局要求市场主办单位填写《浙江省开办市场申请书》，报绍兴市工商局核准，颁发浙江省开办市场许可证。9月，市物价局、市工商局联合主办的“诸暨市拍卖市场”经省工商局核准登记。至此，全市登记在册的市场达63个，拥有摊位13209个，占地面积251955平方米，建筑面积178200平方米（室内101999平方米，棚顶76201平方米）。其中消费品市场61个，拥有摊位12056个，占地面积228625平方米（室内86783平方米，棚顶76201平方米）；生产资料市场1个（大唐庵轻纺市场），拥有摊位1153个，占地面积23330平方米，建筑面积15216平方米；生产要素市场1个（市拍卖市场），设在市物价局内。

1993年7月16日，国家工商局发布《商品交易市场登记管理暂行办法》。11月，市工商局要求市场主办单位重新填写国家工商局制发的市场开办申请登记表，报绍兴市工商局核准，颁发全国统一制式的市场登记证。是年，诸暨市人才市场、市劳动力市场、市暨阳技术市场等3个生产要素市场相继登记注册。

1994年11月4日，《浙江省商品交易市场管理条例》公布施行。是年，中国南方五金城登记注册。

1997年3月，按照“管办脱钩”的原则，市场主管单位原登记为“诸暨市工商局”的统一变更为“诸暨市市场开发服务中心”。市场登记证改由诸暨市工商局核发。

2003年2月，按照省政府《关于规范商品交易市场管理的意见》，全市77个市场办理法人登记。7月17日，诸暨市汽车摩托车市场核准登记。

2005年，根据《浙江省商品交易市场管理条例》，市工商局对全市75个商品交易市场进行名称登记，换发市场登记证。

2007 年 1 月 12 日，诸暨市化学品市场登记注册。

2009 年 12 月 8 日，诸暨市二手车交易市场登记注册。

2010 年 6 月 20 日，诸暨华东国际珠宝城网上交易市场登记注册。10 月 18 日，浙江诸暨大唐轻纺袜业城网上交易市场登记注册。

2012 年 10 月 30 日，诸暨市文化艺术品市场登记注册。

2013 年，全市登记在册市场 92 个。其中商品交易市场 86 个、生产要素市场 3 个、网上交易市场 3 个。商品交易市场中有消费品市场 77 个（其中消费品综合市场 8 个，农副产品市场 62 个，工业消费品市场 5 个，网上交易市场 2 个），生产资料市场 12 个（其中生产资料综合市场 8 个，工业生产资料市场 3 个，网上交易市场 1 个）。生产要素市场 3 个（其中劳动力市场 2 个，人才市场 1 个）。网上交易市场 3 个（其中网上消费品市场 2 个、网上生产资料市场 1 个）。

1992 年—2013 年诸暨市市场分类统计一览

表 1-7-1　　　　单位：个

年　度	合　计	消费品市场	生产资料市场	生产要素市场
1992	63	61	1	1
1993	72	65	3	4
1994	73	65	4	4
1995	76	66	6	4
1996	81	70	6	5
1997	79	66	7	6
1998	84	69	8	7
1999	78	63	7	8
2000	78	63	7	8
2001	80	64	8	8
2002	83	66	9	8
2003	77	65	8	4
2004	78	66	8	4
2005	75	65	7	3
2006	75	65	7	3
2007	—	—	—	3
2008	75	66	9	—
2009	73	62	8	3

续表 1-7-1

年　度	合　计	消费品市场	生产资料市场	生产要素市场
2010	80	67	10	3
2011	86	72	11	3
2012	88	74	11	3
2013	92	77	12	3

说明：编制依据为市场类登记表

商品展销会（会场）登记

图 1-7-1　1981 年，城山乡某展销会的摊位摆到了五泄江堤上

图 1-7-2　1987 年，大唐庵某路段上的展销会场景

诸暨会场，历史久远。传统综合性会场有：阴历正月十二，平阔；二月初二，潮坑庙；二月十五，安华；二月十九，草塔；二月廿二，王家井；三月初一，杨家楼、大西韦陀庙；三月初二，牌头；三月初六，街亭；三月十二，城山庙；三月十五，璜山；三月十八，浬浦；三月二十八，大西里庭庙；九月十五，枫桥；十二月廿七，杨家楼；十二月廿九，狮象。会场商品以农具、竹木、日用土产，儿童玩具等为多。此外，还有专业性“牛市”：八月初三至初六为应店街牛市，十月上旬为江藻牛市。二月十五、十月十五为规模最大的城区牛市。“文化大革命”期间，会场停办。20 世纪 80 年代初，会场陆续恢复，一般统称商品展销会。有的专业性牛市，也发展成为商品展销会。

1989 年 10 月 7 日—9 日，县委、县政府在城关镇组织诸暨首届大型商品交易会。

1997 年 10 月，根据国家工商局《商品展销会管理办法》，市工商局始行商品展销会登记。是年，全市核准登记商品展销会 36 个，颁发商品展销会登记证。

1998 年，全市核发商品展销会登记证 23 份。

1999年，全市提出举办商品展销会申请39个，市工商局核准登记34个，驳回登记2个，异地核转3个。

2000年上半年，全市核准登记商品展销会43个，其中事业法人主办2个，社团法人主办2个，机关法人主办26个，其他13个。7月，经“市行政审批制度改革领导小组”审定，取消市工商局商品展销会开办登记注册核准事项。

2001年，全市举办商品展销会136个，未予登记。

2002年1月15日，市政府办公室抄告各地恢复对举办商品交易会的审批制度。是年，市工商局核准登记商品展销会76个，其中企业法人主办42个，事业法人主办5个，社团法人主办9个，机关法人主办13个、其他7个，驳回登记1个。

2003年—2009年，市工商局核准登记商品展销会283个。其中，企业法人主办280个，事业法人主办2个，社团法人主办1个，异地核转10个。

2010年上半年，核准登记商品展销会31个，全部由企业法人主办；异地核转2个。7月，根据《国务院关于第五批取消和下放管理层级行政审批项目的决定》，市工商局停止商品展销会登记。

1998年—2010年诸暨市（县）商品展销会主办单位统计一览

表1-7-2　　　　单位：个

年度	合计	企业法人主办	事业法人主发	社团法人主办	机关法人主办	其他
1998	23	—	—	—	—	—
1999	34	3	1	1	29	13
2000	43	—	2	2	26	19
2001	136	23	7	43	44	7
2002	76	42	5	9	13	—
2003	46	—	—	—	—	—
2004	47	47	—	—	—	—
2005	39	38	1	—	—	—
2006	32	30	1	1	—	—
2007	36	36	—	—	—	—
2008	42	42	—	—	—	—
2009	41	41	—	—	—	—
2010	31	31	—	—	—	—

编制依据：商品展销会情况统计表

经纪人登记

1995 年 10 月 26 日，国家工商局发布《经纪人管理办法》。经纪人是指“在经济活动中，以收取佣金为目的，为促成他人交易而从事居间、行纪或者代理等经纪业务的公民、法人和其他经济组织”。经纪组织的形式有经纪人事务所、经纪公司、个体经纪人和兼营经纪业务的经济组织。从事经纪业务的人员须取得资格证书。一般经纪人员资格证书由诸暨市工商局核发，专业经纪人员资格证书由绍兴市工商局核发。

1999 年，全市登记注册经纪人 39 户。其中，个体经纪人 38 户，其他经纪人组织 1 户，在册经济从业持证人员 39 人。

2006 年 5 月 10 日，市工商局出台《关于大力培育和规范发展农村经纪人的实施意见》，农村经纪人实行先登记备案，后办理营业执照的制度；允许季节性从事经纪活动，并进行相应登记注册；放宽经营范围，除国家法律法规明令禁止的，农村经纪人的经营范围不受限制；允许农村经纪人既从事农产品购销，又从事经纪活动。当年，全市备案经纪人 192 户（其中农村经纪人 100 户），经纪从业持证人员 392 人。

2012 年，全市备案经纪人 506 户（消费品市场 376 户，生产资料市场 83 户，生产要素市场 26 户），其中，个体经纪人 190 户，合伙经纪人 7 户，经纪公司 129 户，其他组织 180 户。经纪执业人员 489 人（其中备案 480 人）。

2013 年起，不再要求报送经纪人情况统计表。

1999 年—2012 年诸暨市经纪人登记情况一览

表 1-7-3　　单位：户

年　度	合　计	消费品市场	生产资料市场	生产要素市场	其他市场
1999	39	39	—	—	—
2000	40	38	—	2	—
2001	48	38	—	11	—
2002	55	42	—	13	—
2003	56	—	—	—	12
2004	52	—	—	40	—
2005	53	—	—	42	11
2006	192	—	—	76	116
2007	251	16	36	66	133
2008	570	390	105	57	18
2009	560	390	103	54	13

续表 1-7-3

年　度	合　计	消费品市场	生产资料市场	生产要素市场	其他市场
2010	569	394	108	54	13
2011	503	373	83	26	21
2012	506	376	83	26	21

说明：编制依据为经纪人登记表。2013 年开始，不再要求报送经纪人情况统计表

1999 年—2012 年诸暨市经纪人分类统计一览

表 1-7-4　　单位：户

年　度	总户数	个体经纪人	合伙经纪人	经纪公司	兼营经纪人	其他组织
1999	39	38	—	—	—	1
2000	40	39	—	—	—	1
2001	48	48	—	—	—	1
2002	55	182	—	—	—	—
2003	56	—	—	—	—	—
2004	52	49	—	2	—	1
2005	53	34	1	7	1	10
2006	192	78	2	24	1	87
2007	251	83	2	26	1	139
2008	570	210	11	154	4	191
2009	560	204	11	154	4	187
2010	569	205	11	157	4	192
2011	503	189	7	129	—	178
2012	506	190	7	129	—	180

说明：编制依据为经纪人登记表

1999 年—2012 年度诸暨市经纪执业人员持证与分布情况一览

表 1-7-5　　单位：人

年度	持证总数／备案数	分布领域（总数／备案数）								其他
		消费品市场	生产资料市场	生产要素市场						
				房地产	产权	劳动力	信息技术	运输	其他	
1999	39	—	—	—	—	—	—	—	—	—
2000	48	44	—	4	—	—	—	—	—	—
2001	59	48	—	4	—	7	—	—	—	—

续表 1-7-5

年度	持证总数／备案数	分布领域（总数／备案数）								其他
		消费品市场	生产资料市场	生产要素市场						
				房地产	产权	劳动力	信息技术	运输	其他	
2002	182	138	—	33	—	11	—	—	—	—
2003	228	—	—	33	—	11	—	27	86	71
2004	230	—	—	34	—	36	—	17	—	143
2005	230	—	—	34	—	36	—	17	—	143
2006	392	—	—	25	—	42	81	2	—	240
2007	502	16	72	48	2	43	63	2	—	256
2008	812/496	379/130	228/152	76/62	17/21	27/48	20/26	6/4	—	52/53
2009	812/498	377/131	227/155	77/63	17/16	27/51	20/24	6/4	—	55/53
2010	818/506	380/136	156/162	78/65	17/16	27/50	20/23	6/4	—	55/53
2011	487/479	131/129	146/151	63/62	15/15	51/50	23/23	—	—	52/46
2012	486/480	133/133	152/146	63/62	15/15	51/51	23/20	—	—	49/47

说明：（1）2008 年后，分隔号前面数字为持证的经纪执业人员总数，分隔号后为持证人员备案数
（2）2012 年原统计表有误，生产要素市场合计数为 155 人，分项统计数累计为 152 人
（3）编制依据为经纪人登记

抵押物登记

1995 年 10 月 1 日，《中华人民共和国担保法》施行，规定：“以企业的设备和其他动产抵押的，由财产所在地的工商行政管理部门办理抵押登记。”抵押物登记的程序是：抵押人提交抵押物登记申请书及法律规定的相关资料，市工商局合同科负责审查资料的真实性、有效性和合法性，签具意见后报局领导审批。符合登记条件的，核发抵押物登记证；不符合登记条件的，驳回申请。是年，办理抵押物登记 4 件，主债权合同标的 407 万元。

1996 年—1998 年，企业借款合同抵押物登记从 1996 年的 72 件增加到 1998 年的 210 件，3 年累计登记 365 件。主债权合同标的 74010 万元，抵押物价值 427852 万元。

1999 年 10 月 1 日，市工商局根据市政府意见，办理市区房地产以及乡镇企业（含村办企业和农民投资为主的各类企业）房地产抵押登记。抵押人除提交《抵押物登记申请书》中所规定的材料外，还须提交房屋所有权证、土地使用权证和股东会决议（或共有人同意抵押书）。是年，办理抵押物登记 388 件，主债权合同标的 41319 万元，

抵押物价值 73768 万元。

2000 年，市工商局会同金融部门制订抵押物登记操作规范和细则。

2003 年，办理抵押物登记 697 件，主债权合同标的 27.78 亿元，抵押物价值 42.67 亿元。其中，房地产抵押登记 655 件，抵押物价值 26 亿元。其中，抵押权为国有企业的 8 件、集体企业的 13 件、混合所有制企业的 27 件、外商投资企业的 7 件、私营企业的 642 件。

2005 年 12 月，市政府办公室召开完善企业房地产抵押登记协调会议，明确已经建成的建筑物，由工商部门负责抵押登记。市工商局在市办证中心开设 2 个抵押物登记窗口，负责登记工作。2006 年，办理抵押物登记 882 件，其中设立登记 838 件，注销登记 44 件，设立登记抵押物价值 84.72 亿元，主债权合同标的 55.27 亿元。在设立登记中，房地产抵押登记 801 件，抵押物价值 77.83 亿元，主债权合同标的 52.93 亿元；动产抵押登记 37 件，抵押物价值 6.89 亿元，主债权合同标的 2.34 亿元。

2007 年，办理抵押物登记 858 件，其中设立登记 826 件，抵押物价值 112.53 亿元（抵押合同中抵押权人均为国内金融公司），主债权合同标的 76.11 亿元。房地产抵押登记 807 件，抵押物价值 108.59 亿元；动产抵押登记 19 件，抵押物价值 3.93 亿元，主债权合同标的 1.54 亿元。注销登记 32 件。

2008 年，办理动产抵押登记 37 件，主债权合同标的 6.55 亿元。注销登记 26 件，主债权合同标的 2.77 亿元。

2009 年，市工商局在全省率先推行股权出资和质押登记，帮助企业拓宽融资渠道。全年办理抵押物登记 939 件，帮助企业融资 123.3 亿元；办理股权质押登记 3 件，帮助企业融资 6300 万元。

2010 年 4 月 8 日，市政府召集法制办、建设局、工商局、人民法院和银行等单位负责人，就调整诸暨市房地产抵押登记职能召开协调会。会议根据《中华人民共和国物权法》《房屋登记办法》等相关法律法规，决定自当年 5 月 1 日起，由市建设局负责办理房地产抵押登记。此前办理的房地产抵押登记未注销的，仍由市工商局负责注销。是年，市工商局办理抵押登记 37 件，主债权合同标的 6.2 亿元；注销登记 32 件，主债权合同标的 4.66 亿元。其中有 2 件为个体工商户办理的抵押登记，主债权合同标的 890 万元。

2011 年，市工商局办理动产抵押物登记 47 件，主债权合同标的 11.19 亿元；股权出质登记 21 件，合同标的 46.54 亿元。

2012 年，办理股权出质登记 46 件，为企业融资 29.6 亿元；动产抵押物登记 108 件，主债权合同标的 20.06 亿元。

2013年，办理动产抵押物登记256件，主债权合同标的38.98亿元。其中，内资企业230件，主债权合同标的30.99亿元；外商投资企业14件，主债权合同标的7.9亿元；个体工商户12件，主债权合同标的819万元。变更3件，主债权合同标的600万元；注销53件，主债权合同标的17.13万元。

1995年—2013年诸暨市企业借贷合同抵押物登记情况一览

表1-7-6

年　度	登记数（件）	主债权合同标的额（万元）	抵押物价值（万元）
1995	4	407	—
1996	72	13770	25530
1997	83	19370	333210
1998	210	40870	69112
1999	388	41319	73768
2000	881	165959	275725
2001	949	205315	359520
2002	562	170279	272942
2003	697	277802	426738
2004	477	283502	459794
2005	634	425175	925716
2006	838	552691	847198
2007	826	761103	1125286
2008	37	65477	—
2009	49	86176	—
2010	37	62037	—
2011	47	111882	—
2012	108	200609	—
2013	256	389810	—

说明：编制依据为企业抵押物登记统计表

1997 年—2013 年诸暨市抵押物登记企业分类情况一览

表 1-7-7

年度	合计		国有企业		集体企业		联营企业		股份合作企业		私营企业		公司		外商投资企业		混合所有制企业	
	抵押合同（件）	抵押物价值（万元）	抵押合同（件）	抵押物价值	抵押合同（件）	抵押物价值（万元）	抵押合同（件）	抵押物价值（万元）	抵押合同（件）	抵押物价值（万元）	抵押合同（件）	抵押物价值（万元）	抵押合同（件）	抵押物价值（万元）	抵押合同（件）	抵押物价值（万元）	抵押合同（件）	抵押物价值（万元）
1997	83	33210	4	2066	42	18412	4	1795	1	25	23	2270	—	—	9	194	—	—
1998	210	69112	5	1657	91	46709	9	3441	3	161	93	13108	—	—	9	4036	—	—
1999	208	47591	1	362	40	9656	—	—	—	—	103	7644	—	—	9	5376	55	24553
2000	217	72697	2	156	39	5624	—	—	—	—	59	4126	—	—	11	4946	106	57845
2001	199	105308	—	—	13	4838	—	—	—	—	106	54938	—	—	5	1417	75	54115
2002	59	41153	—	—	1	862	—	—	—	—	50	20050	—	—	1	5861	7	14170
2003	42	30540	—	—	2	430	—	—	—	—	35	26605	—	—	2	664	3	2841
2004	30	58832	—	—	1	362	—	—	—	—	4	1072	20	47599	5	9799	—	—
2005	31	72763	—	—	—	—	—	—	—	—	3	509	19	54561	9	17693	—	—
2006	37	68888	—	—	—	—	—	—	—	—	3	722	24	52494	10	15672	—	—
2007	19	39349	—	—	—	—	—	—	—	—	—	—	14	33348	5	6001	—	—
2008	41	借贷金额 65477 万元，右下同			—	—	—	—	—	—	8	1478	25	50223	8	13776	—	—
2009	40	86176			—	—	—	—	—	—	—	—	34	64547	6	3542	—	—
—					合伙企业		个体工商户		个人独资企业		—							
2011	47	111882			1	750	2	850	3	1511	—	—	35	87053	6	21718	—	—
2012	108	200609			内资企业		5	1887	14	4595	—	—	80	149518	9	44609	—	—
2013	485	389810			230	309907	12	891	12	891	217	309170	—	—	14	79012	—	—

说明：编制依据为企业抵押物登记统计表、动产抵押登记情况统计表

第二章 监督管理

1988 年来，随着国家经济体制由计划经济向市场经济转变，工商行政管理亦由重点开展“六管一打”监管计划经济向监管市场经济转变，由监管有形市场向监管无形市场转变。

第一节 机构及模式

职能机构

1988 年，县工商局履行监督管理职责的机构主要有企业管理股、个体经济管理股、经济合同管理股、市场管理股、经济检查队和城关、三都、大西、五泄、湄池、浣纱、枫桥、璜山、陈蔡、牌头等 11 个工商所。1989 年 3 月 30 日，个体经济管理股更名为个体私营经济管理股。1992 年 2 月 21 日，增设商标广告管理股。1993 年 1 月 30 日，增设外商投资企业登记管理股。1995 年 3 月 6 日，增设法制科。1996 年 7 月，经济检查队更名为经济检查大队。2000 年，企业登记管理科、外商投资企业管理科、个体私营经济管理科“三科合一”，更名为企业注册监督管理科。2001 年 5 月 30 日，在商标广告科设广告监测中心。2002 年，经济合同管理科、商标广告管理科、市场管理科“三科合一”，更名为市场规范管理科；增设信息管理办公室。2004 年，根据省工商局意见，市场规范管理科分设为市场合同监督管理科和商标广告监督管理科。2007 年，设立消费者权益保护科。2010 年 12 月 15 日，信息管理办公室（信息中心）更名为网络经济监督管理办公室（挂信息化办公室牌子）。2011 年 9 月 28 日，市工商局根据省工商局方案进行机构改革，保留法规科、市场合同监管科、商标广告监管科、经济检查科（与经济检查大队合署）、网络经营监督管理办公室、消费者权益保护分局（“12315”举报指挥中心），新设食品流通监管科、个体私营经济监管科（企业监管科由原企业注册监管科分设）。

2013 年，局机关担负监管职责的内设机构有：企业注册科（增挂外商投资企业管理科牌子）、个体私营经济监管科（挂企业监管科牌子）、市场合同监管科、商标广告监管科、经济检查大队、消费者权益保护分局、网络经济监督管理办公室、食品流通监管科。履行监管职责的派出机构有：城北、店口、大唐等 3 个工商分局，城东、枫桥、山下湖、牌头、草塔、大西、璜山等 7 个工商所。

监管模式

六管一打一制止　1988 年，工商行政管理的职责为“管理市场、管理工商企业、管理个体工商户、管理商标、管理广告、管理经济合同，打击投机倒把，制止商品流通中的不正之风”，俗称“六管一打一制止”。县工商局机关、工商所根据上述职能分别设立相应机构，实施监督管理。

工商（市场）巡查　1992 年，《浙江工商行政管理》第 8 期刊载诸暨市工商局宣满琪、俞科真撰写的《基层工商行政管理机构模式改革的思考》一文。文章指出工商所监管体制存在的问题，提出在精简机构的原则下，弱化行政许可职能，强化监督管理职能，打破小而全，大而全，和上下对口的僵化模式的建议。1994 年，枫桥工商所率先改变所监管组织与局职能科室对口设置的模式，按辖区的经济、地域、人口状况分为两个片组，各自承担片组内的日常工商行政监督管理工作；同时保留市场监管组，统一监管辖区内的农贸市场。1997 年，牌头工商所把辖区分成两个片组，辖区内的农贸市场也由两片组分头监管。

图 2-1-1　工商巡查

1998 年，城北工商所把内设机构调整为市场主体受理登记组、监督管理组和内务管理组。并在 1999 年 3 月，率先开展市场巡查试点。5 月，市工商局在省、绍兴市工商局总结试点经验的基础上，将市场巡查制试点扩大到城区 3 个工商所。8 月，在各工商所推行市场巡查制。工商所内设机构相应调整为三组一队：内务管理组、受理登记组、监督管理组和市场巡查队。内务管理组负责所内日常事务的处理；受理登记组负责市场主体登记注册、合同鉴证、消费纠纷调处等工作，监督管理组负责对市场主体的监督管理。市场巡查队实行动态监管，负责调查市场主体的经营资格及处理违法违章行为，调处消费纠纷。

2007 年，市场巡查制按省工商局要求改称工商巡查制。

经济户口监管　经济户口监督管理是指工商所对辖区内各类市场主体逐户建立以登记注册事项为主要内容的静态档案和以日常监管信息为主要内容的动态档案，统称经济户口档案，工商所据此开展监督管理。

2001 年 9 月，市工商局在山下湖工商所召开经济户口监督管理现场会。此后，全市 11 个工商所根据山下湖工商所试点工作经验，全面推行经济户口监督管理制度。各所集中时间和人员，对辖区市场主体情况上门普查，掌握第一手资料。当年，普查各类企业、个体工商户 30200 户，制作“一户一档”经济户口（书式档案）和管理卡片 21000 户，输入计算机（机读档案）10500 户，输入违章信息 1200 条。

2002 年，市工商局完成全市 50784 户个体工商户、15000 户企业的基本情况普查，并以工商所为单位全部输入计算机。在店口工商所开展启用经济户口综合监管系统试点工作。依据监管系统的设置，店口工商所将内设机构调整为受理登记、内务管理，工商综合巡查管理和片责任区域管理 3 块。监管责任人负责制定年度巡查计划，随时将巡查情况输入经济户口综合监管系统。登记人员、巡查人员、片区责任人员各司其职，紧密配合，做到“登管衔接、数据衔接、上下衔接、信息共享”，按照“谁登记、谁输入；谁巡查、谁输入；谁查处、谁输入”的原则，及时将各类市场主体的登记信息、监管信息、警示信息、信用信息等内容输入经济户口监管系统，确保资料的完整准确，巡查记录作为工商所年终效能考核依据。7 月，全市 11 个工商所根据店口工商所试点经验，全面启用经济户口综合监管系统。当年，全市建立完善经济户口档案 7 万户，输入监管信息 27570 条。绍兴市工商局分别在诸暨市工商局和店口工商所召开绍兴市运用经济户口综合监管系统情况交流会和现场观摩会，省工商局领导与会。2003 年 4 月，中央电视台报道了店口工商所的做法。2004 年，市工商局推行以“六率”（回访率、亮照率、有照率、年检率、验照率、巡查到位率）为工商所工作基础考核的管理制度。

图 2-1-2　绍兴市工商系统“经济户口”管理现场观摩会在诸暨召开

2007 年起，经济户口监督管理纳入责

任区监管。

责任区监管　责任区监管是以社会化、专业化、系统化为取向，以提高基层工商所服务效能和监管效能为目标，以工商所职能监管和信用监管为手段，以信息化为支撑点的一种监管模式。

2007 年 4 月，省工商局、绍兴市工商局同时确定诸暨市工商局为推行责任区监管的试点单位。市工商局制定《责任区监管运作规范》等 9 项规定。并在店口工商所先行试点。5 月，市工商局全面推行店口工商所强化责任区监管工作的做法，工商所内设机构调整为登记内勤组、执法监管组、巡查监管组。巡查监管组下设 3 个小组，每个小组责任区域划分成 10 个单元，每月巡查 1 个单元，每年 1 月—10 月实施个体工商户滚动验照。巡查工作同时与年检验照、经济户口管理、无照经营清查、违法违章案件办理相结合。巡查组将巡查信息随时输入经济户口监管系统；登记内勤组及时查询巡查记录，负责无照经营处理，营业执照核发、年检验照等事项；执法监管组负责对其他违法行为的查处；工商所领导负责对督查情况开展检查，每月考评。9 月，省工商局在城北、店口、璜山 3 个工商所开展责任区监管软件应用试点工作。店口工商所通过对浙江工商基层管理系统软件的 6 大模块的操作应用，提出 11 条相关整改的建议；同时建立了涵盖集镇 31 条街道的 2400 余条动态信息。牌头工商所对 800 多户经济户口的信息作了更新。2008 年 1 月，诸暨市工商局“优化软件平台，完善工作机制，构建责任区监管新模式”的做法获绍兴市工商局颁发的“工作创新奖”。4 月，市工商局在店口工商所组织责任区监管现场操作演练，全市 10 个工商所（分局）领导及责任区干部参与。2009 年 6 月 12 日起，市工商局始行工商所责任区监管建立工作情况通报制和点评制，督促工商所全面落实责任区监管。

2010 年，枫桥工商所的责任区监管年度计划入选浙江省工商系统 15 佳年度计划。

2011 年，市工商局划分责任区监管工作事权。按照“三定”方案规定的职责，结合省工商局责任区监管工作要求和业务分工，具体划分科室、工商所及责任区干部工作事权。

2013 年，市工商局在“执行力建设年”和“基层基础建设年”工作中，实行项目化管理，责任化推进和规范化操作。运用综合督查，网上督查、一把手每周督查等方式，出台《新课题项目化管理办法》，科所联动落实。是年，省工商局不再统一要求工商所实施责任区监管。

第二节　市场主体监督管理

定期监督管理

企业年度检验和换照　企业年度检验（简称年检）是指工商行政管理机关按年度对企业进行检查，确认企业继续经营资格的法定制度。

1982年12月，国家工商局发出《关于建立工商企业登记事项年检报告书的通知》，规定工商企业必须于每年2月底以前，如实填报上年度的《工商企业登记事项年检报告书》。公司制企业还应向登记机关提交资金平衡表或资产负债表。年检的内容包括企业名称、核算形式、从业人员、经济类型、企业规模、主管部门、年末固定资产净值、流动资金、生产经营范围和经营方式、生产经营情况等事项。

1989年，根据国务院对公司年检、重新登记和企业全面换照的通知要求，县工商局组织开展相关工作。全市有5664户国营、集体企业和合作经营企业通过年检，换发营业执照。湄池工商所在年检换照中，查实并注销已歇业或“四无”（无资金、无场地、无机构、无产品）企业44户，清理纠正“假集体”企业58户，清理整顿批发企业61户（其中缩小经营范围9户、取消经营专营商品的资格19户、取消批发业务26户），查处有违法违章行为的企业118户。

1990年4月，市工商局对全市核准登记注册的企业重新审核登记、换发营业执照。当年，换发企业法人营业执照2509户，营业执照2599户。开展私营企业年检，全市应检私营企业366户，实检私营企业354户。

1995年，对年检企业注册资本到位情况、主体资格条件、企业字号名称开展重点检查，注重清理“三无”（无资金、无场地、无产品）企业。是年，查处未检企业850户，罚款9.5万元；吊销企业营业执照717户，注销企业营业执照550户。

1996年12月13日，国家工商局印发《企业年度检验办法》，规范企业年检工作，规定年检起止日期为每年1月1日至4月30日。登记主管机关在规定时间内，对企业上一年度的情况进行年度检查。是年，全市应年检国有、集体企业8174户，实际参加年检7739户，歇业527户，注销434户；应检、实检私营企业1402户，变更登记5户，注销353户；应检实检外资企业153户，变更登记12户，注销6户，吊销11户。年检中，检查4000户企业注册资金到位情况，其中全部到位3640户，市工商局对注册资金未到位的企业发出限期整改通知书。

1997年，查处逾期年检企业209户，擅自变更登记事项13户，罚款20余万元。

吊销经公告后仍未参加年检的企业1303户。对有严重违法违章行为的3户企业贴B级标记（A级为企业遵守工商行政管理法规情况良好的，B级为有违反工商行政管理法规的）。

1998年，年检重点审查企业投资主体。企业主管部门、党政机关要求清理或脱钩的企业，在清晰产权后，方予年检；注册资本不到位的企业责令重新验资；加强对年报内容与财务报表的审核，发现不一致的，要求企业重报。

2000年9月，市工商局在年检中吊销市某机械厂等1066户企业法人及分支机构、营业单位的营业执照。

2001年，在年检中对全市115户“无主企业”按照不同类型分别登记为有限公司、个人独资、合伙企业和个体工商户，清理“假集体”企业180户，查处违法案件358件，罚款8万元。

2002年初，市工商局推行企业年检免检制度。2月28日，确定浙江菲达机电集团有限公司等62户企业为2001年度至2003年度企业年检免检企业。

是年，山下湖工商所通过下村宣传指导，组织培训等措施改进服务，帮助109户村级经济合作社完成年检。

2003年初，市工商局制定巡查与年检相配套的制度，检查年检质量，收集企业信息，充实经济户口信息数据库。2月20日，市工商局确定浙江洁丽雅毛巾有限公司等62户企业为2002年度至2004年度年检免检企业。

2004年1月，市工商局确定浙江祥生房地产开发有限公司等24户企业为2003年度至2005年度年检免检企业。10月，确定绿剑等24户企业为2003年度年检免检企业。这年始，市工商局对3月15日前未报年检材料的企业实行先行告诫制度。

2006年2月，市工商局确定浙江天地园林工程有限公司等75户企业为2005年至2007年度年检免检企业。4月，外资企业年检实行网上集中申报，省、市、县级工商局分级审核的方式。

2007年，企业年检实行网上申报，年检率达96%。年检中对全市8485户企业的基本数据和信用监管数据信息核验纠错，对警示信息、巡查记录、检查结果等数据进行补录修正，使年检的书式档案与机读档案保持一致。

2008年3月，确定一百超市有限公司等72户企业为2007年至2009年度企业年检免检企业。

2009年3月，确定浙江洁丽雅毛巾有限公司等62户企业为2008年度企业年检申报备案企业。2011年，企业网上亮照成为年检的一个基本检验项目。

2012年11月12日起，市工商局试行未检企业吊销纠错审查监督制度。在全市

1909户企业中随机抽取100户企业的审计报告作质量评析，事后向21户企业提出整改意见。是年，查处以虚假审计报告骗取年检的案件9件，罚款27万元。约谈2户审计事务所，要求规范出具审计报告。

2013年，市工商局针对不同行业，开展分层分类差别化年检。根据企业信用等级，重点抓好信用B级以下企业监管指导。对信用D级企业实行不定时监控，从严审查风险企业，重点监管粘土矿、混凝土矿、电镀等属于淘汰行业企业，实地审查担保、典当等重点行业。是年，全市应检企业14637户，实检13990户。7户公司未按规定接受年度检验被吊销营业执照。

1989年—2013年诸暨市内资（非私营）企业年度检验情况统计一览

表2-2-1

年　度	应年检（户）	实年检（户）	歇　业（户）	注（吊）销（户）	年检率（%）
1989	7120	5664	1130	—	80
1990	6564	6285	186	—	96
1991	6876	6695	—	—	97
1992	8101	6100	214	—	75
1993	8085	7641	643	1013	95
1994	10748	9700	589	—	91
1995	10662	9226	581	—	92
1996	8218	7559	363	—	92
1997	8174	7739	527	434	95
1998	8197	7932	744	—	97
1999	5841	4546	—	170	100
2000	5044	4449	—	216	88
2001	4560	4115	—	165	90
2002	3493	3247	—	99	96
2004	3102	2967	—	—	96
2005	3110	2928	—	—	94
2008	2126	2039	—	—	96
2009	2001	1990	—	—	99
2011	1988	1977	—	—	99
2012	2008	2004	—	—	99
2013	1970	1967	—	—	99

个体工商户验照换照 个体工商户验照始于1984年11月，县工商局先在五泄区试点，后在全县推开。

1988年，县工商局根据《城乡个体工商户管理暂行条例》规定，在每年3月底前查验个体工商户的营业执照，检查登记项目和经营活动。查验合格的，在营业执照上粘贴验照凭证。验照结束后，未贴验照凭证的，营业执照一律作废除处理。

10月1日，国家工商局启用全国统一的营业执照，设正本、副本，有效期4年（经营期限满4年的换发新的营业执照）。

1988年，全市个体工商户应验照、换照15020户，实际验照、换照12357户，注销1338户，验照率82%。

1989年7月，县政府根据国家工商局、农业部的通知精神，调整合伙企业管理权限，县工商局对全县3156户合伙企业开展验照、换照。至9月底，全县个人合伙企业换发营业执照1998户，其中1399户转为个体工商户登记。

1993年，市工商局采取工商干部上门查验的办法，开展验照、换照。全市16686户个体工商户办理了验照、换照手续。

1998年，市工商局对未按规定参加验照、换照的个体工商户实行公告注（吊）销制度。当年，公告注（吊）销3611户。

2000年1月，国家工商局改个体工商户营业执照为个体工商户营业执照，临时经营的个体工商户营业执照上加盖“临时”印记，并在“有效”栏上注明经营期限。个人合伙企业使用个体工商户营业执照，在“组成形式”栏上注明“个人合伙经营”。是年，根据国家工商局规定，个体工商户全面换发营业执照。各工商所采取分片包干、责任到人、实地查验的办法，做好换照动员和初审工作。初审材料以工商所为单位集中报市工商局统一审核，换发执照，再交各所分发到户。是年，市工商局专门设置换照大厅，配置6台计算机，抽调7名干部办理营业执照换发手续，验照、换照资料全部输入计算机，制成光盘存入档案室。

2001年8月，兼具个体工商户电子身份证、信誉记载、验换照检索、信息服务四大功能的监管IC卡启用。

2002年5月1日，启用国家工商总局制定的新版个体工商户营业执照。

2003年，市工商局确定店口、城东工商所以经济户口监管系统为依托，开展滚动验照试点工作。滚动验照是指把以往集中时间段验照的方式改为按个体工商户营业执照号码最后一个数字作为应验照月份的验照方式，在每年1月至10月分别进行。2007年，滚动验照列入责任区监管工作内容。

2010年，结合3G移动办公系统开发研制出“快捷式验照模式”。枫桥、牌头工商所把验照窗口延伸到乡镇，服务边远山区。是年，市工商局在诸暨日报、诸暨红盾网上发布未验照信息预示警报，敦促未及时验照的5017户个体工商户办理验照手续。

2011年，全面推行“快捷式验照模式”，开展远程现场验照，获绍兴市工商局好评，并推广使用。

2013年，全市个体工商户应验照66255户，实际验照62730户，验照率94.68%。

1988年—2013年诸暨市（县）个体工商户验照换照情况统计一览

表2-2-2

年　度	应验换照（户）	实际验换照（户）	歇业（户）	验照率（%）
1988	15020	12357	1338	82
1989	15592	14549	—	93
1990	17881	16785	—	93
1991	21105	19350	2296	92
1992	21006	19216	1621	92
1993	17650	16686	3275	95
1994	31003	30310	894	98
1995	54371	52470	2142	97
1996	61053	58350	6060	96
1997	63117	59970	7751	95
1998	50980	50026	3916	98
1999	51006	50304	5740	99
2000	50755	50653	3665	100
2001	55467	51584	—	93
2002	52233	51200	—	99.89
2003	53757	44168	—	83
2004	64285	42950	—	67
2006	65215	64963	—	99.6
2007	62201	62081	—	99.8
2008	63657	61044	—	95.8
2009	62585	53888	4593	93.2
2010	62213	57258	828	92.03
2011	64687	61701	—	95.38
2012	69944	66750	—	95.43
2013	66255	62730	—	94.68

日常监督管理

1988年5月，整顿卷烟市场。8月，县工商局与中国人民银行诸暨支行联合对全县172户金融机构进行清理整顿。10月，与县文广局配合，对26户电视录像放映队进行清理整顿、登记发照，同时开展清理整顿公司工作。是年，查处各类违法违章案710件，罚没4.89万元。

1989年，贯彻中央“治理经济环境，整顿经济秩序，全面深化改革”的方针，市工商局开展“四清四整”（清理整顿公司、清理整顿批发企业、清理整顿酒类商标、清理整顿广告企业）工作，查处违法违章案3553件，罚没76183元。

1990年3月，市工商局按照市政府关于加强茶叶产销管理的要求，查扣违规收购的茶叶100.5吨。8月，会同司法局联合清理整顿法律服务市场。

1991年3月，市工商局对全市382户路边店（杭金公路沿线301户，绍大公路沿线81户）先后进行23次检查，其中配合公安部门检查77户次，查获有涉嫌卖淫行为的15人次，罚款21770元，没收非法所得700元，吊销营业执照1户，责令停业整顿14户。9月25日，市工商局制发《诸暨市工商企业监督管理办法》。

1992年，市工商局对全市初制茶厂进行清理整顿，重新开展登记注册。按照市政府关于认真做好化肥、农药、农膜专营工作的要求，当年查处违规经营的化肥13吨、农药86吨。

1993年，市工商局配合中国人民银行诸暨支行开展金融系统自办经济实体脱钩工作，并停止对银行系统投资开办的非金融企业的登记注册。配合市城建委对房地产开发经营企业进行检查清理，并对土地管理部门开办的房地产开发企业停止登记注册。

1994年，市工商局开展企业、个体工商户经营行为大检查。与公安部门联手，检查宾馆、旅社、发廊等经营场所，吊销涉嫌容留妇女卖淫的1户饭店、2户发廊的营业执照。与文化部门联手，在全市范围内开展3次检查，吊销2户违法经营电子游戏机的个体工商户营业执照，责令1户停业整顿，27户规范经营行为。

1995年4月，市工商局清理整顿“三无”（无资金、无场地、无机构）企业，清理整顿农资市场，依法取消60户企业的农资经营资格，立案查处11户违章农资经营户。9月，对全市个体工商户实际经营情况进行专项核实清理，依法注销查无下落的个体工商户2142户。配合土管、环保等部门清理取缔农村小砖窑57只。

1996年，市工商局开展农资经营情况大检查，对222户农资经销店进行逐户检查核实，查处12户擅自设点经销化肥的违章行为。

1997年初，市工商局检查4000户企业的出资情况，其中注册资本到位3640户。

对某水泥有限公司等6户注册资本尚未到位的企业，发出限期整改通知。同时，印制格式出资证明书，规范公司与股东的出资手续和法律程序。3月，清理整顿全市集体性质的市场中介组织10户（验资机构2户，资产评估机构3户，信息咨询服务机构5户），发现5户信息咨询服务机构存在超范围经营、信息失真和收费无统一标准、随意性大等问题，依法予以立案查处。5月，开展保险市场执法检查。7月，对全市250户有限责任公司运行情况进行专项检查，查明符合《公司法》要求的126户，不符合规范的28户，已停业的8户，存在财务制度不健全、注册资本未到位、擅自更换经营场地和企业法人、股东等问题的88户。10月，对印刷、食盐批发、丧葬用品经营、中介服务等行业进行专项整治，取缔不具备经营条件的经营户61户，责令限期整改25户，立案查处违法违章经营12户。全年参与扫黄打非、取缔非法出版物、文化市场整治9次。

1998年初，市工商局结合企业年检，检查企业注册资本到位情况，发现257户企业注册资本不到位，责令重新验资或补缴资本金。开展粮食批发市场清理整顿，17户企业重新取得粮食批发资格。对不符合粮食批发条件的企业，取消经营资格。3月，市工商局成立个体工商户、私营企业安全生产管理领导小组，组织开展对集“车间、宿舍、仓库”为一体的“三合一”企业和易燃易爆行业专项整治，全市共检查个体工商户、私营企业615户，查出有事故隐患的127户，查出“三合一”企业14户；取缔烟花爆竹无照经营户12户。同时，落实企业安全生产工作主体责任，与企业签订安全生产责任书，开展半年一次的安全生产检查。经绍兴市工商局安全生产管理工作达标考核，诸暨市工商局获98分。10月，开展金融市场执法检查。

1999年3月，市工商局开展农资市场集中执法整治。6月始，开展百日执法大行动。8月，全局建立市场巡查队15个，配置专职巡查干部92名，出动巡查3932人次。省工商局、绍兴市工商局分别以简报形式推广诸暨市工商局的做法。9月，开展医药购销企业检查。

2000年3月，市工商局开展扫黄打非行动。5月，开展烟花爆竹、易燃易爆品生产经营企业清理整顿。会同公安部门审核全市销售烟花爆竹企业的经营资格，注销不合格经营企业22户，吊销营业执照1户。7月，开展娱乐服务和电子游戏经营场所专项治理。10月，开展专营专卖店专项整治，配合开展企业劳动用工检查。

2001年4月，市工商局开展货物联托运行业专项整治。10月，开展境外卫星电视广播地面接收设施专项治理整顿和规范歌舞娱乐场所秩序专项行动。再次开展易燃易爆企业专项检查，检查企业185户，注销烟花爆竹生产企业1户，查处超范围经营企业16户，消除各类安全隐患27处。是年，市工商局与主要块状产业和重点商品交易市场的8000余户经营户签订严格禁止制造、销售假冒伪劣商品的责任书。

2002年5月，市工商局开展社会中介机构专项执法整治。8月，开展房地产市场专项执法整治。10月，开展校园及周边场所专项整治。会同枫桥工商所，整治和规范枫桥辖区34户衬衫企业定牌加工行为。与各衬衫生产企业签订《严禁制售假冒伪劣商品责任书》，发放《枫桥衬衫企业在生产中应注意的问题》等宣传资料，对一些企业存在的商标使用许可手续不齐全、行为不规范以及假冒仿冒注册商标等问题，提出规范要求。查处违法定牌加工案5件，案值30余万元。市工商局还与全市250户定牌加工企业签订守法经营、规范加工的责任书。

2003年初，市工商局参与“非典”防治工作。局所联动，对全市商品交易市场、娱乐场所、中小旅社、建筑工地以及与防治“非典”相关的商品、药品、野生动物等经营单位开展专项整治，查处销售劣质口罩案3件、虚假宣传“非典”防治药品广告案4件。4月，开展房地产企业“金钥匙工程”行动。7月，开展城区小餐饮业专项整治。

2004年2月，市工商局会同文化部门开展以整治网吧为主要内容的文化市场整顿，立案查处44件，没收电脑202台。3月，开展成品油市场集中专项整治。4月，开展消费安全百日执法大行动和网吧专项整治。6月，开展夏令商品市场专项整治。开展汽车市场专项整治，检查市场4个，汽车经营店213户，立案查处违法违章案11件，案值13.8万元，其中万元以上大要案5件。

2005年6月，市工商局开展整顿和规范盐业市场秩序专项行动。8月，开展“百日执法大行动”，查处取缔非法网吧、电子游戏厅、矿山开采点、加油点、土法冶炼点、报废汽车回收拆解点共28个。开展含“苏丹红”食品、糖精、食用油、饮用水、饮料、奶制品、调味品、酒类等商品专项整治，查获“苏丹红”5瓶，假冒味精4.6吨，有毒荸荠3.2吨，含二氧化硫腌菜4吨，7人被移送司法机关处理。开展“红盾护农”行动，组织农资经营龙头企业分别与各经销网点签订《农资商品质量管理责任书》，建立销售登记台账，向农户发放农资商品质量信誉卡。抽检农资商品13个批次，现场纠正、告诫50多起不规范经营行为，查处各类农资违法案6件。温州瑞安“飞雁”牌过磷酸钙“坑农”事件曝光后，市工商局在全市开展“拉网式”检查农资经营户245户。10月，开展经纪人经纪活动专项整治。

2006年，市工商局开展食品生产经营主体资格整治、经营单位食品进货查验情况整治、小食杂店小食品摊点整治、食品市场专项整治、流通领域食品安全整治和重要商品质量安全整治、食品药品医疗广告整治、食品执法资格监管执行情况整治等7项专项整治。清理前置审批失效的市场主体218户，查处取缔无照经营食品200多户，抽检食品8430批次，监督销毁不合格商品66批次计172千克。是年，办结各类违法违章案898件，其中大要案314件，移送司法机关处理1件，罚没1213万元（其中城北、店口、牌头等工商所均超过100万元）。

2007年，市工商局实施“强队励剑”工程，开展市场主体资格、无照经营、批发市场、保护知识产权、红盾护农、非法卫星接收设施经营、食品广告等7项专项整治行动。食品安全监管工作顺利通过绍兴市政府和绍兴市工商局的考核。配合市政府和相关部门开展“三合一”企业、小熔炉、小砖窑、残疾人车辆等涉安涉危行业整治。

2008年，市工商局开展“迎奥运保稳定”百日执法行动。三鹿奶粉事件发生后，市工商局启动应急预案，先后开展4次大规模清查，下架问题奶粉及液态奶6902千克，公开销毁问题奶粉3.02吨。开展红盾护农、成品油市场、“十小”（食品加工小作坊、小食杂店、小餐饮店、小药店、小农资店、小菜场、小音像店、小美容美发店、小客运、小液化气供应点）行业整治和规范行动，出动执法人员4500人次，检查120户，核查从业人员8112人，立案查处违法违章案26件。

2009年3月，市工商局开展红盾护农行动。4月，开展企业“健康体检活动”，聘请会计事务所、律师事务所等相关部门的专业人员组成体检小组，对300多户成长型企业存在的资金风险、市场风险进行评估，向255户民营企业发出体检报告。5月，开展小美容美发店质量安全整治与规范工作，建立“市政府统筹协调、镇乡为主负责、部门牵头指导、村居属地管理、业主责任到位、社会共同参与”的工作机制。

是年，查处各类违法违规案562件，其中大要案184件。取缔黑网吧19户。

2010年3月，市工商局开展汽车销售领域专项整治。6月，开展学校周边食品安全整治。开展5次问题食品即时清查。7月，开展网络经济服务监督月活动。10月，与市公安局签订《查处取缔“黑网吧”长效工作机制合作协议》。

2011年3月，市工商局继续开展红盾护农行动，同时开展规范商场超市行为专项整治。4月，开展“健网一号”网络经济及黑网吧专项整治行动。5月，开展寄售（调剂）行业专项整治。9月，制定食品安全预警和应急预案、市场主体准入、质量准入等8项制度，开展食品经营者业前培训。在7户食品龙头企业及乳制品经营户安装电子监管软件。开展奶粉、婴幼儿辅助食品、食用油等20类157个批次的质量抽查；开展地沟油专项整治，查处食品案124件，罚没133万元。11月，开展“打黑除四害”（打击制假售假、收赃销赃等违法犯罪活动的“黑作坊”“黑工厂”“黑市场”“黑窝点”）行动。是年，查处各类违法违规案635件，罚没771万元。

2012年1月，市工商局开展“越剑一号”春节市场综合整治，打击流通领域食品非法添加和滥用食品添加剂、瘦肉精、地沟油等违法行为。2月，开展红盾护农“越剑二号”农资专项整治行动。5月，开展家用电器售后服务行为、“健网二号”网络经济专项整治。8 月，开展流通环节食品安全大整治百日行动，先后开展网络经营食品和市场食品、用水器具、辣椒粉及其制品的专项整治。11 月，开展“十小”行业专项整治。是年，办结各类违法违章案 627 件（其中大要案 219 件），罚没 822 万余元，移送司法机关处理 21 件。在“越剑”系列行动中，立案查处 70 件，罚没 60 余万元。办理网络案 70 件，移送司法机关 6 件。查获的全省首件微博虚假认证案，中央电视台作了采访报道。查处黑网吧 11 户，查扣电脑等设备 50 余台套，对“12315”举报平台受理的涉及“黔江网吧”关键词投诉进行重点回查。查处食品案 47 件，移送司法机关处理 1 件，受到绍兴市政府表彰。

2013 年 3 月，市工商局继续开展红盾护农行动。5 月，开展市场肉类及其制品专项整治。6 月，开展流通环节食品安全执法月行动，查处食品违法案 62 件，移送司法机关处理 15 件。9 月，开展“清网清源”行动。深化黑网吧监管“三三”机制，由公安、工商、文化 3 个监管部门和电信、移动、铁通 3 个运行商签订合作协议，加强日常沟通协调，共同落实监管。在全省率先编制《网络案件查处规范流程》和《网络案件电子取证手册》，办理网络案 71 件。对汽车销售店进行全方位监管，立案查处 13 件，罚没 98 万元；对 264 户农资经营户实行分级监管，其中 A 级 239 户，B 级 23 户，C 级 2 户。查处销售劣质化肥案 2 件，罚没 0.82 万元。

是年，查处各类违法违章案 704 件（其中大要案 301 件，移送司法机关处理 20 件），罚没 788 万元。

1988 年—2004 年诸暨市（县）工商局查处企业违法违章案件情况统计一览

表 2-2-3

年　度	案件数（件）	罚没款数（万元）	吊销营业执照企业数（户）
1988	226	4	3
1989	99	312	3
1990	70	2	1
1991	55	1.18	3
1992	62	1.19	—
1993	40	0.78	1
1994	80	4	10
1995	217	16.8	—
1996	253	19.34	2
1997	254	35.19	1289
1998	290	39.85	—

续表 2-2-3

年　度	案件数（件）	罚没款数（万元）	吊销营业执照企业数（户）
1999	877	25.23	602
2000	979	19.11	729
2001	848	29.5	541
2002	703	63.74	—
2003	332	109.3	—
2004	158	29.2	120

2005 年—2013 年度诸暨市工商局查处各类违法违章案件情况统计一览

表 2-2-4

年　度	案件数（件）	其　中		罚没款（万元）
		大要案	移送司法	
2006	898	314	1	1213
2007	700	—	2	—
2009	562	184	—	—
2011	635	—	—	771
2012	627	219	21	822
2013	704	301	20	758

1988 年—2004 年度诸暨市（县）工商局查处
个体工商户　私营企业违法违章案件情况统计一览

表 2-2-5

年　度	案件数（件）		罚没款（万元）	吊销营业执照数（户）	
	个体工商户	私营企业		个体工商户	私营企业
1988	484	—	0.89	3	—
1991	1780	28	9.34	4	—
1992	1995	26	7.19	—	—
1993	496	49	3.21	—	—
1994	972	20	8.37	2	—
1995	3605	46	14.3	22	37
1996	1495	99	27.96	3	68
1997	493	472	34.86	12	379
1998	675	242	38	3	189

续表 2-2-5

年　度	案件数（件）		罚没款（万元）	吊销营业执照数（户）	
	个体工商户	私营企业		个体工商户	私营企业
1999	1366	159	38	2	109
2000	995	121	32.5	133	—
2001	1790	363	44.83	905	160
2002	2866	532	270.9	1887	250
2003	1735	396	358.47	1303	103
2004	266	171	212.64	—	—

专项监督管理

登记注册事项监管　1988 年，县工商局查处违反企业登记管理法规案 226 件，其中隐瞒真实情况弄虚作假或未经核准登记擅自开业案 49 件，擅自改变主要登记事项案 60 件，伪造、涂改、出租、转卖及擅自复制营业执照案 10 件，从事其他非法活动案 106 件；责令停业整顿 2 户，吊销营业执照 3 户，罚没 4 万元。查处的案件主要有：县某食品综合加工厂超出核准登记的经营范围，非法从事黄酒生产案；县某综合物资经销部申请登记时弄虚作假隐瞒真实情况案；县某工艺纺织厂经营部出借营业执照案等。

1989 年，市工商局查处的案件主要有：某供销社中西药中心商店擅自变更企业名称案，县某水泵五金配件厂隐瞒真实情况弄虚作假骗取营业执照案。

1990 年，市工商局查处违反企业登记管理法规的案件主要有：汪某某的假营业执照行骗案，诸暨某藤器厂超出核定经营范围非法经营案，市某石粉厂擅自改变经营方式案。

1997 年 7 月，市工商局对全市 250 户有限责任公司进行专项整治，其中 88 户存在财务制度不健全，注册资本未到位，擅自更换公司住所、法定代表人、股东等违反登记管理法规的问题。

1998 年，市工商局规范市场、商厦租赁柜台管理，督促 1524 户租赁柜台经营户办理营业执照。

1999 年 5 月，市工商局开展个体工商户、私营企业登记质量抽查，检查企业 2864 户，查处违法违规案 51 件，其中擅自变更经营地址案 4 件、超出经营范围案 9 件。

2001 年 2 月，市工商局查处某有限公司抽逃注册资本案。4 月，查处市某电镀有限公司伪造营业执照案。7 月，查处浙江某期货有限公司擅自设立营业场所案。

2003 年 6 月，市工商局开展房地产企业虚假出资和名为挂靠、实为无照经营行为的专项整治，查处某村经济合作社无建筑资质、变相开发销售商品房案，案值 300 余万元。

2004 年 3 月，市整顿办牵头，工商、经贸、质监、公安、消防、税务、建设等部门联合行动，采取“告知、堵源、取缔”三项措施，组织开展加油站（点）专项整治联合行动。责令 46 户无证照或超范围经营的加油站（点）立即纠正违法违规行为。向中石油、中石化两公司通报无零售成品油许可证经营者的油料来源情况，着力解决供油“源头”管理问题。对告知后仍从事无照经营的“钉子户”，市工商局会同镇乡及有关部门进行取缔。4 月，检查 477 户食品经营企业登记档案，发现 116 户缺前置审批，责令补办手续。是年，查处的案件主要有：浙江省诸暨市某医药有限公司股东王某虚假出资案、浙江某商贸股份有限公司抽逃注册资本案。

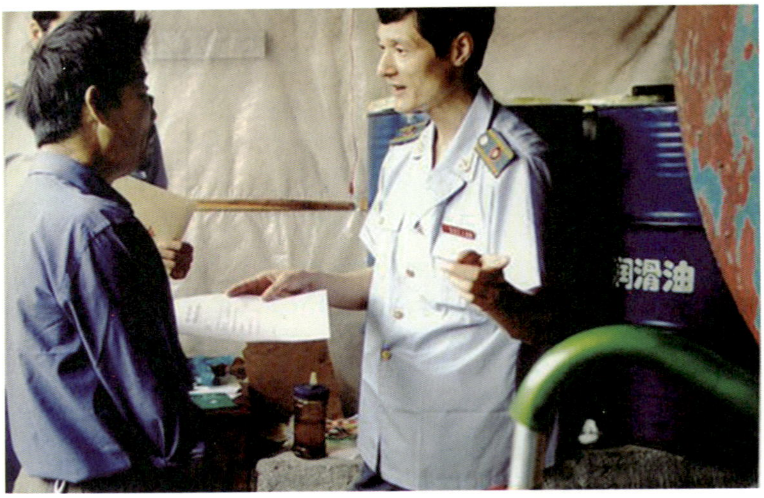

图 2-2-1　加油站（点）整治

2005 年，市工商局查处浙江某建设集团的股东——宿迁市某房地产开发公司虚假出资案，罚款 80 万元。

2008 年 6 月，市工商局组织开展规范公司出资行为专项整治，重点查处内资公司设立两年内分期出资期满仍未足额出资的行为、外商投资公司未依法缴付首期出资或出资期满仍未足额出资的行为、中介代理机构违规垫付出资的行为和串通作假骗取登记的行为。11 月，查处某工程设备公司伪造注册资金案。该公司为取得青岛某热电集团扩建除尘及汽力输送系统投标资格，采取涂改、复印的办法，将公司注册资金 50 万元伪造成 500 万元。该案移送公安机关，公司法定代表人被行政拘留 10 天。

2010 年 7 月，市工商局开展企业字号名称规范检查。

2011 年 3 月，市工商局开展规范商场（超市）经营行为专项整治。5 月，开展寄售（调剂）行业专项整治，清理营业执照或店面招牌上标有的“典当”“质押”或类似字样，制止寄卖行悬挂（贴）“典”“当”“押”标识和假冒典当行进行的虚假宣传；整治超范围经营，查处非法从事动产、有价证券、房屋质押放款、信贷、融资等金融活动。

2012 年，市工商局开展担保公司专项检查。检查担保公司 15 户，责令补办融资担保经营许可证 4 户，查处以虚假材料骗取年检的企业 1 户，注销不具资质的企业 2 户。

加强企业注册资金到位情况监管，发布未按期出资企业信用预警。对 16 户注册资金未到位的企业发出行政告诫，对 2 户逾期未出资的企业进行查处，督促 1080 万元注册资金到位。会同市网监办查处利用网络冒用公司案 4 件。查处中介机构利用虚假材料开展企业登记、验照案 5 件，撤销、变更企业登记 3 件。

2013 年，市工商局会同金融办、人民银行、银监会、财政局等部门实施小额贷款公司监管；年检时，对小额贷款公司的注册资金、股权结构、经营范围、高管资格等内部情况进行真实性核查；规范 5 户小额贷款公司分支机构登记。

开展农民专业合作社大巡访活动，组织成立“诸暨市农民专业合作社专业委员会”，清理农民专业合作社成员、资金登记虚化现象，清理套牌农民专业合作社，完成农民专业合作社备案 975 户。

是年，全市查处违反登记管理法规案 413 件，其中内资（非私营）企业违反企业登记管理法规案 3 件，罚款 1.2 万元；7 户有限责任公司、115 户私营企业、288 户个体工商户被吊销营业执照。

1988 年—2013 年诸暨市（县）工商局查处违反登记管理法规情况统计一览

表 2-2-6

年　度	查处数（户）	行业整顿（户）	吊销营业执照（户）	整改通知（份）	责令改正（份）	罚没款（万元）
1988	226	2	3	—	—	4
1989	99	—	3	—	—	—
1990	70	—	1	—	—	2
1991	55	1	3	—	—	1.18
1992	62	1	—	—	—	1.185
1994	80	—	10	—	—	4
1995	217	—	—	—	—	16.8
1996	253	—	2	—	—	19.375
1997	1543	—	1289	—	—	35.19
1998	1847	—	1357	—	—	39.851
1999	1479	—	602	—	—	25.23
2000	979	—	729	—	—	19.11
2001	848	—	541	—	—	29.50
2004	595	—	120	198	105	247
2005	951	—	618	144	227	216.07

续表 2-2-6

年度	查处数（户）	行业整顿（户）	吊销营业执照（户）	整改通知（份）	责令改正（份）	罚没款（万元）
2006	4189	—	3852	111	187	283.4
2007	2297	—	2045	81	88	81.55
2008	3082	—	2886	61	17	68.36
2009	4438	—	4197	71	109	29.19
2010	170	—	150	—	—	17.1
2011	3349	—	2988	210	111	24.23
2012	3353	—	3452	272	151	19.9
2013	413	—	410	—	—	1.2

无照经营监管　1983 年 10 月 28 日，县工商局转发省政府批转的省工商局《关于整顿无证经营问题的报告》，要求各工商所做好查处取缔无照经营工作。

1987 年 11 月，县工商局查处某有色金属加工厂无照经营案，罚款 600 元。

1989 年，市工商局清理整顿大唐庵、大西等区域家庭织袜业、贡缎业，查处无照经营 500 余户，并通过教育引导，全部办理了营业执照。绍兴市工商局以简报形式，刊发了诸暨县工商局的做法，并向全绍兴市推广。是年，全市查处无照经营案 2018 件，罚款 4.94 万元，补办营业执照 1355 户。

1991 年，实施局、所两级分月检查无照经营制度。局个体私营经济管理股确定一名副股长负责分管检查工作，每月带队抽查一个工商所辖区内的 30 户个体经营户；各工商所每月组织检查 30 户以上个体经营户。按 30 户至 50 户为单位，成立个体工商户自我监督小组，实施自我管理，收集、反映无照经营信息。是年，全局出动干部 3658 人次，检查工商企业 12819 户，查处取缔无照经营 1129 户。

1992 年 3 月，省政府发布《浙江省取缔无照经营暂行办法》，市工商局组织开展无照经营专项执法行动，检查工商企业 15669 户，查处无照经营 1608 户。

1994 年，市工商局与市交通局联合加强运输车辆的登记发照工作，联合检查 480 余次，查处处缔无照运输户 4800 多户。

1995 年，市工商局采取按登记名册上门逐户核对清理的办法，清理出无照经营 3360 户，纳入登记管理。是年，全市新登记个体运输户 2324 户，家庭工业户 3100 户。市政府组织工商、物价、计量、农业、供销等部门开展农资市场整顿，检查农资经营户 800 余户，查处取缔无照经营 38 户。

1998 年，市工商局重点查处邮政部门无照开展储蓄业务、乡镇信用社无照开设村级信用服务点、保险系统无照开展保险业务等违法行为，全年查处无照经营 456 户。

1999 年，市工商局开展美容美发和按摩服务行业无照经营、大唐袜业城内无照经营袜机及配件的专项整治。

2000 年，市工商局结合百日执法大行动，在全市范围内开展家庭工业无照经营专项整治行动，全局出动 7650 人次，检查家庭工业经营户 24757 户，清理出无照经营 3431 户，其中补办工商登记 2789 户，取缔 642 户。实施行政告诫制度，对无照经营户采用先行告诫，后处罚取缔的办法，即对情节轻微，社会危害不大的无照经营户，先行下发限期办理营业执照通知书，对在规定时间内办完手续的，不予处罚；对继续逃避监督管理的无照经营户，开展处罚取缔。湄池镇 3 户煤炭、煤饼经营户开业 2 年，经多次行政告诫后仍拒不办理营业执照，市工商局予以立案查处，案值分别达 58.9 万元、17.49 万元、16 万元。中国南方五金城 4 户铜屑经营户，经营起早摸黑，逃避检查；局所联动早晚设点，一举查获，案值分别达 30.5 万元、37.8 万元、41 万元和 42 万元。在公安、交管部门配合下，市工商局组织干部在应店街镇连续守候 24 小时，查获徐某无照经营氨纶丝案，当场查扣氨纶丝 168 箱，案值 36 万元。店口工商所针对电子游戏场所白天关门、晚上营业的特点，事先组织干部夜访摸清底细，然后分 3 个小组同时行动，对辖区 31 个村的电子游戏场所逐一检查，取缔无照电子游戏经营场所 6 户，对不合规范的 3 户经营户发出限期整改通知书。

2001 年 6 月，市工商局开展无照经营、未亮照经营集中整治，重点查处无照经营轻纺原料、网吧、房地产，无照从事搬运装卸和托运等违规行为，全年，共查处无照经营 1172 户。枫桥工商所加强对特殊行业的监管，先后查处无照废品收购点 7 户，取缔无照预制构件加工点 8 户、无照加油点 9 户。城东工商所联合公安、城管部门共 40 余人分 3 个小组集中整治美容美发业，取缔无照美容美发店 14 户，没收按摩床 54 张。

2002 年 4 月，市工商局开展集中整治无照经营和规范市场经济秩序行动。组织企管科、市场规范科及经检大队人员对各工商所辖区无照经营情况进行暗访检查，查获无照经营 42 户。加强对中介机构，农村加工业等重点行业和城乡接合部、新兴开发区等重点区域的无照经营专项整治，查处无照经营案 1200 件，责令补办营业执照 2100 户。城南工商所把辖区内 37 条街道、32 个村分成 3 个区片，分组开展无照经营整治，督促办理营业执照 51 户，查处无照经营 53 户，罚没 7.5 万元。

2003 年 9 月，开展无照经营专项整治行动。市工商局把涉及人民群众人身财产安全的食品行业和市场、校园周边地区作为整治重点，立案查处无照经营案 614 件，其中大要案 36 件，罚没 60 余万元，责令补办营业执照 685 户。突出重点开展整治，在城区取缔流动摊点和无照建材加工点200多户；在新店湾村查处无照回收废旧金属8户，非法经营额达1000余万元，其中最大一户超500万元；在五泄、璜山、山下湖等地查处无照拆解报废汽车案12件。全年查处取缔无照经营1299户。

2004年，市工商局统一时间、地点，集中人员对城区美容美发行业实施“闪电”整治行动，清理无照美容美发店61户。在街道办事处、乡镇政府配合下，对全市2.68万户贡缎、化纤纺织品等纺织家庭工业户进行规范登记。当年，立案查处无照经营案494件，罚没162.9万元。其中，无照经营网吧43户，没收电脑253台，罚款46.4万元；无照或超范围经营的加油站（点）46户。

2005年，市工商局继续开展重点行业无照经营整治，查处无照从事互联网服务营业场所9户，没收电脑34台，罚款9万元。查处无照加油站（点）8户，罚款40万元。查处无照从事矿山开采，罚款1.95万元。查处无照土法冶炼厂4户，无照经营报废汽车回收6户。枫桥工商所建立社会化无照经营监管网络，工商干部与镇村干部一起走村串户清理无照家庭工业320户，立案查处16件，罚没7万余元。山下湖工商所确定珍珠加工销售业、擅自变换经营者的服务业、未经前置许可的特殊行业、消费者反映强烈的文化娱乐业4个行业为重点，清理无照经营69户，取缔网吧2户，立案查处4件，补办营业执照65户。

2006年4月5日，市政府办公室印发《诸暨市无照经营整治活动实施意见》，市政府成立政府分管领导任组长，各镇乡（街道）主要领导和16个职能部门负责人为成员的诸暨市无照经营整治活动领导小组，构建无照经营社会综合整治机制。是年，全市清理无照经营500户，立案查处无照经营案343件。草塔工商所加强对袜业无照经营查处力度，查处无照经营案11件，查缴无照制售假冒多种国际名牌的袜子7000余双。城东工商所取缔无照经营270户，立案查处40户。

2007年3月，市工商局开展春季无照经营专项整治月活动。5月，开展宾馆、写字楼群无照经营专项整治活动。9月，开展小杂什店、小摊点无照经营专项整治行动。

2008年9月，市工商局开展查处娱乐场所无照经营专项整治行动。全年，全市立案查处无照经营案308件，罚没114万元。

2009年3月，市工商局在“三合一”（生产经营场所、仓库、职工宿舍同处一建筑物）无照经营场所专项整治行动中，取缔无照经营网吧19户，查处无照经营2619户，补办营业执照1299户。

2010年5月，开展抓无照、亮照，促年检、验照行动。10月22日，市工商局、市社会治安综合治理委员会办公室联合发文，把无照经营监管纳入社会综合治理工作内容。当年，市工商局运用责任区监管模式，录入无照经营信息2174条，取缔无照经营 1094 户，发出行政告诫 329 份，抄告相关部门处置 300 户次。

2011 年，市工商局开展查处无照经营的社会宣传，发放刊有“告经营者的一封信”的宣传资料 2 万余份，经宣传教育后，主动补办营业执照的 8853 户。组织工商所在巡查中加强无照监管，实施行政指导 1361 户次，录入无照经营信息 1366 条，抄告相关部门处理 194 户次，发出行政告诫 538 份，查处后销户 734 户；立案查处无照经营 150 件（其中罚没万元以上 39 件），取缔无照经营 734 户。开展无照经营监管示范街创建，12 条“零无照”示范街接受绍兴市工商局验收考核。

2012 年 6 月，市工商局开展无需前置审批行业及食品行业无照经营专项整治。9 月，开展网吧和校园周边无照经营专项整治，立案查处无照经营 5 件，取缔无照经营 15 户，没收电脑 200 台，抄告有关部门切断信号源 8 户，抄告相关部门处理 12 户次。12 月，在全市推进无照经营网格化监管工作。是年，全市立案查处无照经营 74 件，罚款 42.8 万元，引导补办营业执照 634 户，取缔无照经营 127 户。

2013 年 1 月，开展无照经营专项监督暨安全生产检查行动。2 月 6 日，市政府牵头，组织文广、工商、公安、环保、城管执法局及消防大队、法制办、开发委、水务集团、供电局等部门参与，强制关停无证照经营一年多的“环球一号娱乐会所”。该会所先后受到 5 次罚款并责令停业整改，仍继续违法经营，超过一年之久，最后被依法取缔。

全市 27 个街道、镇乡建立无照经营监管联席机构，聘请镇、村无照经营监管网络员 470 名，构建“全覆盖、无盲区”的监管网络和部门联动查处机制，初步形成“政府主导、部门联动、社会参与、综合治理”的无证照监管社会化体系。街道、镇、乡网络化监管无证照经营工作按《诸暨市无证照经营综合治理工作检查考核标准》进行考核。绍兴市工商局在诸暨召开无照经营社会化监管现场会，推广诸暨做法。

是年，全市立案查处无照经营案 192 件，案值 1509.42 万元，罚没总额 92.6 万元。其中应当取得而未取得行政许可和营业执照的 17 件，案值 288.99 万元，罚没 33.67 万元；无需取得行政许可而未办理营业执照的 170 件，案值 1219.54 万元，罚没 55.40 万元；已经取得行政许可，但未办理营业执照的 1 件，案值 0.18 万元，罚款 300 元；超出核准登记范围，从事应当取得行政许可的经营活动 4 件，案值 0.71 万元，罚没 3.58 万元。

图 2-2-2　2013 年 11 月 13 日，绍兴市整顿无照经营现场会在诸暨召开

1989 年—2003 年 诸暨市工商局查处取缔无照经营情况统计一览

表 2-2-7　　单位：件

年　度	1989	1991	1992	1994	1995	1998	2000	2001	2002	2003
案件数	2018	1129	1608	4800	3398	456	3431	1172	1295	1299

说明：数据收录于相关的总结材料中

2004 年—2013 年诸暨市工商局查处取缔无照经营情况统计一览

表 2-2-8

年度	案件总数（件）	案值总额（万元）	罚款（万元）	没收（万元）	按行业分类（案件数 / 案值总额　件 / 万元）									
					制造业	采矿业	建筑业	电力燃气水供应	交通运输仓储邮政	批发零售住宿餐饮	房地产	租赁和商务服务	居民和其他服务业	其　他
2004	494	2239.87	131.30	31.64	109/366.10	—	—	—	—	232/1713.7	—	—	66/146.07	—
2005	309	6221.30	123.57	0.50	137/1082.16	3/124.0	—	—	—	29/107.33	—	4/1.00	25/59	—
2006	343	3185.50	109.20	5.30	75/2154.95	1/32.19	2/34.0	—	—	220/871.82	—	—	43/91.80	—
2007	456	3790.04	165.91	2.07	137/2527.53	—	—	—	—	—	1/250.00	—	29/33.04	—
2008	308	1897.65	109.54	3.54	80/987.67	1/47.30	—	—	—	155/663.3	—	—	31/70.14	26/127.74
2009	147	681.63	50.87	—	46/208.81	—	—	—	1/1.05	68/261.67	—	—	8/10.25	8/182.27
2010	186	981.32	71.81	0.79	43/401.79	—	—	1/9.40	—	120/524.12	—	4/2.30	4/11.99	5/25.70
2011	150	1354.96	86.00	—	51/949.39	4/61.88	—	—	—	64/222.11	—	16/117.67	4/1.48	—
2012	74	691.52	42.8	—	33/560.85	—	—	—	4/21.25	26/100.77	—	—	7/8.34	—
2013	192	1509.42	91.60	1.00	—	—	—	—	—	—	—	—	—	—

说明：数据收录于从 2004 年开始的查处取缔无照经营情况统计表

回访检查　1988年4月1日，市工商局建立企业“回访”制度。规定在企业领取营业执照后3—6个月内，对企业进行回访检查，重点了解企业的法定代表人、企业名称、注册资金、经营场地、经营范围、经营方式是否符合登记注册核定的内容，有无隐瞒事实、弄虚作假、抽逃注册资本以及其他擅自改变登记事项等行为。回访人员填写企业回访情况登记表，发现问题的，责令企业整改或立案查处。当年，回访企业434户。

1989年3月，县工商局简报转发牌头工商所《坚持新办企业回访提高登记管理质量》文章，推广牌头工商所的做法。是年，全局共回访企业622户。

1996年，企业回访与工商所年终考核挂钩，全市新注册企业556户，当年回访467户，回访率84%。回访中发现15户企业未履行章程，责令限期整改完善。

2004年4月13日起，市工商局推行除法律法规明确规定要实行照前调查的登记事项外，企业所在地工商所不再进行照前实地检查，改为在企业领取营业执照后，3个月内完成对企业的回访检查。

2005年9月，市工商局组织部分干部，召集一百、雄城两“放心店”物资配送中心负责人，分别对大西、草塔、店口、山下湖4个所的5户放心店、5个消费维权监督点进行交叉回访检查。

2007年8月1日，市工商局集中一个月时间组织开展“走企业、访乡镇（街道）”活动，局领导带领分管科室和相关工商所负责人，走访180户大中型企业、重点企业和外资企业，听取企业对工商部门的意见建议。

2012年3月，市工商局开展“进村入企”大走访活动，组织全系统干部集中4个月时间，深入责任片区走访调研，开展进企业促发展、进市场促提升、进村居促维权、进片区促规范、进集团促升级、进园区促创新、进网络促规范的“八进八促”活动，帮助重点企业、困难企业和个体工商户解决生产经营方面的问题和困难。

2013年，市工商局开展农民专业合作社大巡访活动，组织全市139户规范化合作社负责人进行集中培训，牵头建立“诸暨市农民专业合作社专业委员会服务网”，为会员搭建统一宣传平台，提供构建营销网络、培育信用资产和农产品注册商标、指导使用示范合同文本、拓展电子商务等方面的服务。

督查企业亮照经营　1996年5月，市工商局开展国有、集体企业亮照经营检查，出动检查人员240人次，检查企业4700户，查出未亮照经营企业705户。

1997年5月，市工商局检查3000户国有、集体企业亮照经营情况，发现未亮照经营45户。

1998年6月，市工商局在各工商所随机抽查90户企业的亮照经营情况，未亮照率为50%。

1999年8月，市工商局对位于全市各主要集镇的国有、集体企业进行“拉网式”亮照经营检查，检查企业2846户，对57户未亮照经营的企业，当场下发限期整改通知书。

督查外商投资企业注册资本到位 市工商局在外商投资企业出资期限到期前1个月，向企业发出《注册资本到位提示通知书》，督促企业注册资本按时到位。对注册资本未能按时到位的企业实行注册资本延期到位承诺制，由企业董事会书面向登记机关提供欠资到位承诺书，期限为6个月；建立注册资本数额调整制，允许外商投资企业公告减资或增资，办理变更手续；对长期欠资、名存实亡的企业，上报绍兴市工商局依法吊销（注销）营业执照。

1993年—2004年诸暨市工商局外商投资企业出资情况统计一览

表2-2-9　　　　单位：万美元

年　度	中　方		外　方	
	应出资额	实出资额	应出资额	实出资额
1993	5406	3758	3160	1788
1994	3552	2470	1848	1310
1995	9637	8862	5192	3860
1996	9247	8137	3941	3468
1997	10531	10045	5832	4561
1998	10093	9726	6007	4750
1999	9934	9582	5342	4364
2000	7897	7498	4319	3750
2001	8038	7597	4476	4173
2002	9092	7295	8519	5065
2003	14291	11649	17307	11021
2004	21166	19866	33784	33574

推行商品准入制 2003年6月10日，市工商局启动“商品准入工程”。市工商局制定《商品准入工程监督管理办法》《商品进货索证管理办法》《商品准入工程考核内容及标准》。商业企业、个体工商户进货时，向厂家索取营业执照、生产许可证、产品质量合格证等证件，证件不齐的商品不准进入市场销售。商品准入工程在城区雄城商贸有限公司等4户商场（超市）先行试点。8月，推广到有一定规模的商场（超市）试点。商场（超市）建立“商品准入工程”工作机构和管理制度，落实“商品准入工程”

工作联络员，建立一户一档或一品一档的商品质量管理档案、商品索证档案。

2004 年 6 月，全市有 26 户企业实施商品准入工程，其中一百、雄城、家友、雄风 4 户企业通过绍兴市工商局考核验收。市工商局在绍兴市工商局召开的商品准入工程视频会议上作典型介绍。7 月，在兴达家居市场召开商品准入现场会，兴达家居作为诸暨市首户实施“商品准入”的交易市场在会上作典型介绍，会后向全市 12 个重点市场推开。11 月，按照市政府《诸暨市农村消费安全建设实施方案》，全市每个村各选择 1 户商店实施商品准入制度，以配送中心为依托，以特许加盟的形式，实行商品统一配送、统一形象、统一售价、统一营销、统一管理。是年，市工商局被省工商局评为全省“商品准入工程”建设先进集体。

2005 年 4 月，市工商局在全市以经营食品、副食品为主的 2378 户农村商店推行台账备查制度，实施“商品准入工程”。5 月，市工商局公布市一百超市有限公司等 7 户企业为“商品准入工程”示范单位。

2006 年 7 月，市工商局认定市农业生产资料公司、市农业综合服务公司为“商品准入工程”示范单位，在全市农贸市场和 262 户农资经营户中实施商品准入制。9 月，认定市教育后勤配货中心有限公司为“商品准入工程”示范单位。

2007 年，市工商局在专业市场推行商品准入制度，819 户市场经营户参与，重点市场设立商品准入办公室，实施熟食品、豆制品加工点备案制度。

2009 年 7 月，市工商局认定诸暨雄城天天乐商贸有限公司等 5 户企业为“商品准入工程”示范单位。

2010 年 3 月，市工商局实施汽车配件商品准入制。4 月，认定诸暨一百商贸有限公司为市“商品准入工程”示范单位。

专项清理整顿

清理整顿公司　1988 年 10 月，根据中共中央、国务院《关于清理整顿公司的决定》，县政府成立清理整顿公司领导小组，并在工商局设立办公室。县工商局据此着手开展清理整顿公司工作。清理整顿的范围为 1986 年下半年以后成立的公司，共 115 户。其中，全民所有制 9 户、集体所有制 101 户、企业联营 5 户。按行业分，商业性公司 85 户，生产性公司 19 户，服务性公司 11 户。按主管或主办单位分，党政机关办的公司 10 户，事业单位办的公司 12 户，群众社会团体办的公司 6 户，企业主管部门所属的公司 87 户。清理整顿重点解决公司政企不分、官商不分、转手倒卖、牟取暴利等问题。清理方式为公司自查，然后由主管或经办部门对所属公司进行清查和重点抽查，提出处理意见；最后报县清理整顿公司办公室审查，确认公司经营资格。12 月 26 日，县工商局公布第一批撤销或改名的公司名单，决定撤销公司9户，改名不称公司4户。

1989年3月16日，县工商局公布第二批撤销或改名的公司名单，决定撤销公司7户，改名不称公司4户，保留91户。10月，县政府进一步加强清理整顿公司的工作，全县所有290户公司，通过自查、主管部门清查、县清理整顿公司办公室复查审批，决定撤销公司70户，撤并公司3户，改名不称公司29户，保留公司188户。有7名机关干部（其中担任董事长1名，担任正副经理6名）、4名离退休干部辞去在公司担任的职务。

清理整顿批发企业 1989年—1990年，为贯彻落实中央"治理整顿"的方针，根据国务院批转有关部门和省政府关于进一步清理各类商业批发公司、外贸公司、物资公司的文件精神，开展清理整顿工作。全县（市）801户全民、集体批发企业和443户个体私营批发企业，经过调查摸底、审核资料，注销名为集体实为私人经营的批发企业32户，无资金、无固定经营场所、无财务制度的批发企业136户；变更批发经营为零售经营的企业51户，取消189户全民集体、407户个体私营批发经营企业的批发经营资格。

1991年5月，根据省委、省政府加强城乡个体工商户、私营企业管理的精神，国家规定的计划商品、重要工业品、生产资料和关系到国计民生的生活必需品的批发经营权收归商业、物资、供销部门，个体私营批发企业只允许经营蔬菜、水产、水果、日用小商品批发业务。市工商局在城关镇试点的基础上，作出《关于清理整顿个体私营商业批发企业的意见》，报市政府批准。该意见确定清理整顿的重点是无资金、无固定人员、无经营场地的批发企业；领取营业执照后满6个月尚未开业的企业；停止经营满一年应注销的企业；领有集体、联营企业的营业执照，实际是个体、私营经济性质的企业。市工商局会同商业、供销、物资、财税等部门，对全市实际从事商业批发的218户批发企业进行清理整顿，根据企业的实际情况分别作出变更、注销营业执照，缩小、取消批发经营的商品种类或批发经营资格的处理。8月，整顿工作结束，全市共保留批发企业75户，变更经营方式102户，注销个体或私营商业批发企业41户。

图2-2-3 珍珠粉市场整治

清理整顿珍珠粉行业 1991年3月，清理整顿珍珠粉生产企业，全市15户珍珠粉生产企业中有2户被取缔关闭。2004年3月，市政府成立珍珠粉行业整治领导小组，出台《关于规范珍珠粉生产经营行为，加强质量监督管理工作的意见》。市工商局先后4次对市场上销售的12个批次珍珠粉进行质量抽检，4户制售不合格产品的企业被查处和曝光，2户制售假冒珍珠粉企业被现场查获，5.2吨假冒珍珠粉被当场查封。7月，会同有关部门对10余户不具备珍珠粉生产资质、产品达不到质量要求、信用较差的企业实行关停或限期停业整顿。同时，在诸暨珍珠市场推行商品准入制，建立进货索证备案和进销货登记台账制度。

2010年9月20日，中央电视台曝光诸暨珍珠粉行业制假售假情况后，市政府办公室立即发出《关于对全市珍珠粉业实施专项整治的通知》，组织食药监、卫生、质监、工商、商贸等部门组成联合检查组，逐一检查全市范围内的珍珠粉加工和销售企业。

清理整顿挂牌集体企业 1991年4月，市工商局在城关镇安平办事处开展清理整顿挂集体牌子、实为个体工商户或私营企业的试点工作。6月，清理整顿采取“一转”（转为个体、私营企业）、“二歇”（歇业注销）、“三完善”（完善集体企业条件）的办法向全市推开。6月至9月，全市共清理出挂牌集体企业547户，其中注销176户，转为私营企业或个体工商户371户。

1994年2月23日起，市工商局开展挂靠经营性企业清理登记工作。根据全市各镇乡政府、市政府各有关部门上报的挂靠经营性企业名单和挂靠经营性企业清理自查处理意见，进一步核实情况，开展清理整顿工作。这项工作由于社会上意见不统一，进展时断时续，直至2001年才结束。经过清理整顿，企业实行转制、改制，全市有180户挂牌集体企业明晰了产权，恢复登记为个体工商户、私营企业。

清理整顿字号名称 1991年9月，市工商局在全市主要集镇、重要路段的7258户个体工商户、私营企业的字号名称中清理出不符合《企业名称登记管理规定》的个体工商户、私营企业665户，其中348户自动申请变更字号名称，132户被责令限期变更，另有185户的字号名称被强行清除。

1996年，市工商局会同市委宣传部，对企业名称或招牌中存在的不良文化开展清理工作。通过逐户排查，清理出存在不良文化名称或招牌的企业20户，其中7户企业主动拆除招牌，9户企业办理了字号名称变更登记，4户企业被强行拆除招牌。

2010年，开展企业字号名称规范检查活动。

清理党政机关和党政干部经商办企业 1993年10月30日，根据中共中央、国务院关于严禁党政机关和党政干部经商办企业的决定，市委办公室、市政府办公室联合发出《关于认真做好党政机关与所办经济实体脱钩和坚决治理乱收费的通知》，市委、市政府成立清理党政机关开办经济实体工作领导小组。市工商局在职责范围内帮助做好清理工作。至1996年12月，全市有90户企业分别办理了脱钩变更登记、注销登记或被吊销营业执照。1997 年，有 49 户机关办企业办理了脱钩手续，其中变更登记 21 户，注销登记 19 户、吊销 9 户。在企业兼职的党政干部，全部辞去了在企业中担任的职务。

清理整顿“三无”企业 1995 年 4 月，市工商局开展“三无”企业清理工作，通过企业年检，摸查无资金、无机构、无场地的“三无”企业情况。全市有 330 户在资金、场地方面存在问题的企业被责令限期整改，717 户“三无”企业被吊销营业执照，550 户查无下落的企业被注销营业执照。1996 年，继续开展清理整顿工作，并对限期整改的企业进行督查，全年共清理“三无”企业 1370 户，其中吊销营业执照 1021 户，注销营业执照 349 户。

清理整顿石油经营企业 1995 年，市工商局对全市石油经营企业开展清理整顿工作，180 户石油经营企业经确认继续取得经营资格，150 户石油经营企业被取消经营资格。

1998 年，市工商局配合市计经委、公安、技监等部门，对全市 153 户加油站（点）的场地、资金、消防设施等经营条件逐户调查，核实证照、场地、消防设施、生产经营销售等情况。手续齐全基本符合经营条件的 50 户加油站，上报绍兴市和省有关部门审查后核发经营合格证；不符合条件的 81 户加油站点，暂缓年检或予以变更登记；22 户无照经营或超范围经营的单位和个人加油站（点）予以取缔。

2000 年 2 月至 3 月，市工商局会同有关部门，对成品油经营企业的经营资格进行复审，确认市石油公司为合格石油批发企业，市双龙加油站等 46 户为合格加油站，市城南宜东加油站等 28 户为合格加油零售点。25 户不合格经营站（点）被取消成品油经营资格。清理整顿全市液化气经营企业，54 户液化气经营企业的经营资格得到重新确认，17 户企业被规范、整改，3 户企业被吊销营业执照。

2008 年 6 月，开展成品油市场专项整治。

清理整顿煤炭经营企业 1998 年，根据《中华人民共和国煤炭法》等有关规定，市工商局配合相关部门对全市煤炭经营企业开展清理整顿。35 户煤炭批发企业和煤制品生产企业的经营资格予以重新确认，47 户煤炭经营企业因经营场所、注册资本、企业性质等不符合条件，被取消煤炭经营资格。

1999 年，市工商局配合有关部门对全市煤炭经营企业的经营资格进行复审，确认市燃料总公司等 29 户煤炭经营企业、市标准件厂煤球门市部等 7 户煤制品生产企业资格复审合格，分别发给浙江省煤炭经营资格证书。

第三节 经济检查

打击投机倒把行为

“投机倒把”一词最早出现于1950年11月中央人民政府贸易部《关于取缔投机商业的几项指示》中。1967年11月10日，成立诸暨县打击投机倒把办公室（简称打办室），各区镇亦相应设立打办室。1975年11月，撤销县打办室，成立县工商行政管理局。1979年7月，撤销各区镇打办室，设立工商行政管理所。

1987年9月17日，国务院发布《投机倒把行政处罚暂行条例》。以牟取非法利润为目的，违反国家法规和政策，扰乱社会主义经济秩序的11种行为，被定性为投机倒把行为。

1988年3月，县工商局连续两天对城关镇太平桥头西南侧票证非法交易点进行突击检查，查缴正在非法交易的粮票2吨（指票面额，下同）、侨汇券15张、煤油票15张、食糖票9张，7人受到处罚。

根据县政府规定，蚕茧购销一律由县政府指定的国营、集体部门经营。蚕茧上市期间，县工商局出动干部1310人次，在蚕茧主要产地分设7个临时检查点，采取昼夜值守和巡查相结合的办法，查处贩茧案5件，没收茧、丝1861千克；查处县某丝厂擅自设点收茧案，没收鲜茧373千克，并处罚款2万元。9月，国家工商局、商业部、物资部联合发出《关于禁止就地转手倒卖重要生产资料和紧俏耐用消费品品种范围的通知》，对1985年规定的品种范围作出调整，石油、汽车、钢材、化肥、彩色电视机等22种生产资料与消费品，列为禁止就地转手倒卖的重要生产资料和紧俏耐用消费品。12月，省政府决定国产和进口化肥、农药、农膜由各级供销社的农业生产资料单位专营。

1988年，全县查处投机倒把案61件，罚款11.2万元。查缴的物资主要有：粮食6.25吨、茶叶18.56吨、蚕茧12.17吨、粮票6.13吨、鲜肉19.94吨、卷烟19550条。

1989年，市工商局查处投机倒把案70件，罚没15.2万元，查缴的物资主要有：钢材75.5吨、木材118立方米、锌锭10吨、卷烟19495条、白厂丝9.98吨、蚕茧4.51吨、茶叶0.42吨、粮食29.3吨、粮票12.52吨、鳗苗2.24千克。查处非法经营农药、化肥等专营农资案4件，查扣劣质农药2014吨；与有关部门联合查处非法经营种子案12件，涉案18人。其中有楼某等人销售的种子导致27户农户3.97公顷水稻因早穗减产案，责令赔偿农户损失8940元。查处五泄区杨某、枫桥区周某私设烘干房收烘蚕茧案，没收茧灶烘制设备及擅自收烘的鲜干茧。查处非法倒卖案 10 件，其中某有色矿产公司倒卖 27 吨钢材指标案，被没收非法所得 16.2 万元。

1990 年，市工商局查处投机倒把案 70 件，罚没 12.8 万元。查缴的物资主要有：粮食 960.7 吨、蚕茧 2.41 吨、白厂丝 1.5 吨、茶叶 100.5 吨、木材 11.1 立方米、汽油 10 吨、化肥 1.87 吨、农药 18.6 吨、卷烟 5906 条、粮票 0.72 吨、饲料票 300 吨。查处的案件主要有：宣某倒卖卷烟案、某县丝厂无准运证运送白厂丝案、海口某实业有限公司非法销售白厂丝案、刘某倒卖粮食案、潘某倒卖木材案、许某和赵某倒卖票证案。

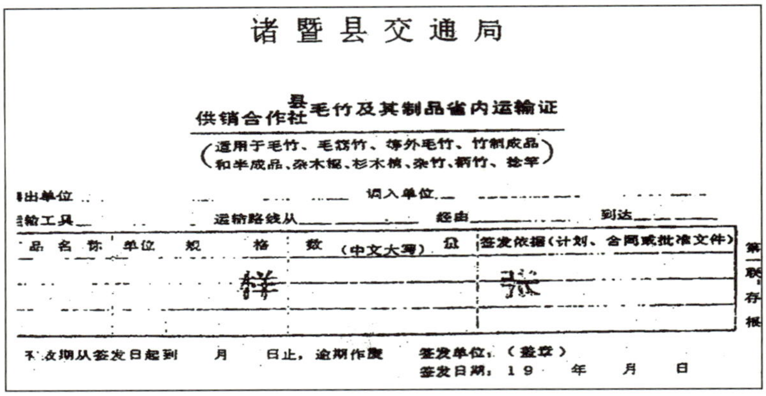
诸暨县交通局
县供销合作社毛竹及其制品省内运输证
（适用于毛竹、毛筱竹、等外毛竹、竹制成品和半成品、杂木棍、杉木梢、杂竹、柄竹、丝竿）
出单位　调入单位
输工具　运输路线从　经由　到达
品名称　单位　规格　数（中文大写）量　签发依据（计划、合同或批准文件）
样　张
第一联存根
有效期从签发日起到　月　日止，逾期作废　签发单位：（签章）
签发日期：19　年　月　日

图 2-3-1　竹木准运证

1991 年，市工商局出动干部 650 人次，维护春蚕收烘秩序。查获茧贩 7 人，查缴鲜茧 2.25 吨，劝告茧农 280 人次计鲜茧 45 吨回原籍投售。是年，查处投机倒把案 136 件，罚没 30.05 万元。查缴的物品主要有：蚕茧 3.13 吨、茶叶 1.85 吨、柴油 80 吨、煤炭 60 吨、卷烟 34357 条、粮食 5.48 吨、饲料票 80 吨、国库券 831 元。

1992 年 7 月 25 日，省委发出《关于加快改革开放，进一步搞活流通的通知》，将原来规定的 21 种实行专营专卖和统一经营的商品，33 种国家计划商品和 41 种重要工业生产资料，除保留少数国家实行指令性计划或指导性计划管理的商品外，逐步放开经营。是年，全局查处投机倒把案 82 件，罚没 9.57 万元，查缴的物资主要有：化肥 130 吨、卷烟 26507 条。

1993 年，市工商局查处投机倒把案 67 件，罚没 13.94 万元。查缴的物资主要有：化肥 7.6 吨、卷烟 4896 条、蚕茧 4.73 吨、非法书刊 1545 本、录音带 483 盒。

1994 年，市工商局查处投机倒把案 150 件，罚没 47.94 万元。查缴的物资主要有：农药 2 吨、粮食 44.6 吨、蚕茧 6.94 吨、卷烟 7646 条、非法书刊 300 本、录音带 413 盒、录像带 190 盒。

1995 年 1 月 27 日，市政府办公室《关于加强农资市场管理的通知》规定："化肥、农药等主要农业生产资料的供应，一律由市供销社农业生产资料公司为主渠道经营，农业'三站'为辅助渠道补充经营，其他任何单位和个人一律不得经营。"据此，市工商局开展打假保农业专项整治，清理整顿农资经营企业，取缔非法经营户 38 户，归口收购超范围经营的农药价值 10 余万元、化肥 40 余吨，查缴过期劣质农药 2756 瓶，并将13户擅自抬价销售农业生产资料的经营企业移送相关职能部门处理。是年，全局查处投机倒把案110件，罚没24.62万元。查缴的物资主要有：化肥122.58吨、农药3.38吨、粮食94.57吨、蚕茧1.78吨、卷烟2173条、电视机2台、录像带300盒。

1996年3月，市工商局开展农资市场专项整治，会同标准计量、农业、物价、供销等部门对农资生产、经销状况进行调查摸底，公布举报电话，制订举报投诉制度，落实专人管理。是年，全局查处投机倒把案27件，罚没27万元。查缴的物资主要有：化肥224.7吨、农药4.67吨、粮食118.4吨、蚕茧1.88吨、卷烟4166条。

1997年4月，市工商局根据市委、市政府批准的“三定方案”，行政执法从重点打击投机倒把活动转变为依法规范市场交易行为，查处不正当竞争等各类经济违法活动，保护公平竞争。市工商局先后开展煤炭、成品油、印刷业、食盐批零、丧葬用品、中介机构专项整治，取缔不具备经营条件的经营户61户，查处非法经营案12件，罚没3万元，并发出责令限期整改通知书25份。是年，市工商局查处投机倒把案26件，罚没2.9万元，查缴的物资主要有：化肥58吨、劣质种子0.3吨、农药1.27吨、卷烟15560条。

1998年6月6日，国务院规定粮食由国有粮食收储企业统一收购，禁止未经批准的单位和个人直接向农民和其他粮食生产者收购粮食。是年，市工商局查处非法收购粮食案47件，没收粮食481吨。查处其他投机倒把案37件，罚款35万元，查缴的物资主要有：农药1吨、摩托车18辆、VCD碟片或录像带4982盒、卷烟71条。

1999年，市工商局按照“分区排查、摸清底细、集中力量、严格执法、严肃查处”的方法，建立由局经检队、市管科、工商所分管干部和150名粮食协管员组成的管理网络，强化粮食收购市场监管。是年，全局查处投机倒把案69件，罚款75万元。查缴的物资主要有：粮食670吨、卷烟789条、碟片或录像带8492盒。市工商局获评“全国粮食管理先进集体”。

2000年，市工商局查处投机倒把案69件，罚款41万元。查缴的物资主要有：粮食20吨、原油2吨、成品油3吨、煤炭3447吨、黄金25克、进口旧袜机7台。

2001年，查处投机倒把案71件，罚没24万元，没收报废车50辆。

2002年，查处投机倒把案28件，罚没21万元，收缴化肥160千克、农药26千克、盗版碟片349盒。

2003年，查处投机倒把案11件，罚没16万元，收缴袜针13万枚，进口旧轴承1751只。

2004年，查处投机倒把案3件，案值50余万元，罚没43.6万元，其中有倒卖国家禁止、限制自由买卖商品案，倒卖经济合同、骗买骗卖案各1件。

2005年，查处投机倒把案4件，罚没15.9万元。查处的案件主要有赵某非法经销氨纶丝案，没收销货款30460元。

2006年，查处倒卖国家禁止或限制自由买卖行为的投机倒把案5件，案值86.17万元，罚没51.54万元。

2007年，查处投机倒把案8件，案值56.77万元，罚没51.54万元47.45万元。查处的案件主要有：吴某经销无合法来源证明的日本旋梭案，没收销货款3.4万元，在售旋梭50只；洪某经销无合法来源的印度尼西亚产乳胶案、没收在售乳胶丝4181.7千克。

2008年1月25日，国务院废止《投机倒把行政处罚暂行条例》。

查处制售假冒伪劣商品行为

1988年，县工商局根据《投机倒把行政处罚暂行条例》中关于“制造、推销冒牌商品、假商品、劣质商品，坑害消费者，或者掺杂使假、偷工减料，情节严重的属于投机倒把行为”的规定，查处制售假冒劣质商品的行为。是年，查处制售假冒劣质商品案24件，罚没5.1万元，查缴的物资主要有：劣质化肥24吨、劣质棉胎147条、仿冒录像带340盒、假酒1055瓶、假烟248条、假味精2.51吨、劣质饮料907瓶。其间，查处的某制冷机厂生产劣质电冰箱案，被省工商局列为全省30件大案之一。该案涉及浙江某知名制冷机厂等省内外12户企业和14名个人，经过3个月的调查取证，对相关责任人作出罚款2.41万元、吊销营业执照的处罚。

图2-3-2 假冒伪劣商品销毁现场

1989年9月30日，国务院发出《关于严厉打击在商品中掺杂使假的通知》。是年，县工商局联合卫生、标准计量、消协等部门，出动干部682人次，3次开展打击假冒伪劣商品行动。检查国营、集体、个体生产企业和商业批发零售摊点861户，查缴假冒劣质商品10651件。查缴的物资主要有：假酒12129瓶、劣质中药材0.49吨、劣质棉胎653条、劣质鞋3728双、劣质保健品1153盒、劣质家用电器487台、劣质种子2.86吨。查处的案件主要有：某酒厂生产劣质小皇冠可乐案。该厂在明知化验结果不合格的情况下，仍售出劣质可乐23250瓶，致使毛纺厂139名职工中毒致病。在查处紫西乡宣某生产假冒“红塔山”“云烟”案时，当场缴获假烟20条及制烟工具。查处经销假劣种子案12件，涉案18人，其中楼某销售水稻种子60千克，致使27户农户的3.97公顷水稻因早穗而减产。查获城关某百货商场销售劣质棉胎265条。

1990年，根据市委意见，市工商局开展诸暨市制售假冒伪劣商品情况调查，调查认为诸暨制假、售假呈3个特点：一有生产场所，二有流通渠道，三有销售市场。是年，全市查获非法制造假烟、假酒、假味精、假灭蚊蝇药剂的地下场所8处。其中葛某等用普通酒灌装冒充“四特酒”，计11915瓶；何某等2人制售假味精10.9吨。查处某商业公司等5户批发企业利用正规购销渠道批售假酒7760瓶，其中某商业综合公司批发部销售的假酒导致某航管站职工饮用后出现呕吐、头痛等症状。这些酒经市卫生防疫站化验证实，甲醇含量超过国家标准11.75倍。查处的其他案件还有：张某出售假种子185千克案；宣某向某供销社推销劣质农药1.52吨案；某酒厂及虞某分别用非食用酒精配制食用酒8.06吨案；林某制售劣质棉胎案。检查某小商品市场的20户无照卷烟摊点，抽查卷烟620条，其中查实假冒卷烟558条；260户副食品摊点的在售食品中，过期、变质食品占30%以上。陈某销售的1500瓶假冒葡萄酒，经化验系水、色素、糖及少量酒精配制而成；钱某等3户在售的3630包味精，送经上海“天厨”味精厂化验，味精含量为零；2名消费者在某小商品市场购买的18条卷烟，经检验全系假冒，其中有1条包装内竟然是用“马粪纸”充填。

1991年4月，按照中央部署，开展“质量、品种、效益年”活动，局经检队采取“堵源截流”的方针连续破获假冒四特酒、加饭酒、洗衣粉等7件大案。6月、9月，先后两次举办查缴的假冒伪劣商品公开展示、销毁活动。10月，省工商局在诸暨召开全省经检工作会议。11月，市工商局在全市个体工商户中开展识别、抵制、查处假冒伪劣商品宣传活动，一批假冒伪劣商品被展览、曝光、销毁。全市个体工商户自查并上缴各类假冒伪劣商品7418件。是年，全市共查处制售假冒伪劣商品案184件，罚没13.6万元，查处制假售假窝点51个，1人被移送司法机关处理。

1992年，市政府成立以分管市长为组长的打假治劣领导小组，在市工商局设立办公室，具体组织实施全市的打假治劣工作。是年，查处制售假冒伪劣商品案176件，罚款4.7万元，查缴的主要物资有：假酒2684瓶、假烟452条、劣质饮料2692瓶、劣质保健品2510盒、劣质农药86千克。3次举办公开销毁假冒伪劣商品活动。

1993年7月，全国人大常委会通过《关于惩治生产销售伪劣商品犯罪的决定》，对《中华人民共和国刑法》作出补充规定，界定了量罪的处罚标准。11月，举办假冒伪劣商品曝光展览，市人大常委会、市政府领导到场参观。是年，查处制售假冒伪劣商品案200件，罚款10.08万元，查缴的物资主要有：假酒3057瓶、假烟1303条、伪劣饮料1622瓶、伪劣过期食品499千克、冒牌服装271件、假冒蚊香242箱。

1994年，市工商局共查处制售假冒伪劣商品案674件，罚款17.9万元，案件数位列绍兴市各县（市、区）之首。查缴的物品主要有：假酒8969瓶、假烟7371条、假冒皮鞋1200双、假珍珠粉4300盒。查处的案件主要有：某企业从四川购进170箱计3400瓶假五粮液酒运到诸暨，办案人员根据举报线索，跟踪查察，终于在8月份一举查获；广东某首饰厂以75元/条的价格将1200条假万宝路卷烟用于抵充拖欠诸暨某企业的债务，当这批假烟从广东经杭州到诸暨后，在交易现场被如数截获；仙居县某人利用某酒厂生产线制作假冒雪碧，局经检队接到举报后，派出办案人员，仅用50分钟即赶到现场，查获假冒雪碧330箱和一大批制假材料；市工商局还与宁波镇海区、富阳市工商局联合查处诸暨市某实业总公司委托加工掺杂使假棉花15吨，经销掺杂使假棉花108.5吨，案值200余万元，此案由省工商局移送省公安厅继续查处。

1995年，市工商局开展“四打四保”行动。元旦、春节前后开展“打假保节日”行动，春耕前后开展“打假保春耕”行动，夏令季节开展“打假保健康”行动，国庆节前后开展“打假保名牌”行动。局所两级分别成立以局长、所长为组长的打假治劣工作领导小组，在生产企业、个体工商户或大型商场中聘请打假联络员，建立全市性的打假网络。

是年，全局出动检查人员2694人次，检查企业7836户。查处的案件主要有：牌头镇金某制售“中华”等假烟1813条案，案值6万余元；城区王某夫妇制售假烟案，查缴假烟500余条、散装假冒“杭州”香烟5万支和一批成套包装材料；在市小商品市场批发大户中，查获假冒“兰江”“西湖”“天厨”牌味精1500余千克。在义乌市苏溪镇查获义乌某制衣有限公司生产假冒“步森”衬衫6350件及假冒“步森”商标标识、包装盒、合格证一批。会同市检察院在当地工商监察部门配合下，在海南省海口市海甸岛沿江东路一民房内查获何某制售假冒浙江省著名商标珍珠粉窝点，当场查获假冒珍珠粉400盒及假冒商标标识5920套、大包装箱198只，假冒某知名品牌珍珠粉瓶贴118400套、制假工具一批。局经检队与牌头工商所联手，在安华镇邵家塘村一民宅内，捣毁了由义乌小商品市场摊主郑某与其表兄邵某合伙经营的地下制假窝点，当场查获假冒上海某日用化工厂某品牌化妆品830瓶及商标标识10万套，假冒上海某化学品总公司某品牌化妆品640瓶及商标标识、包装物22000只（张）；至案发时，查实已销售假冒某品牌化妆品100余箱。查处销售假冒某品牌服装案4件，案值15万元。取缔制售假冒某品牌和某品牌洗衣粉窝点8个。局经济检查队获评省工商系统“打假治劣保优”先进单位。

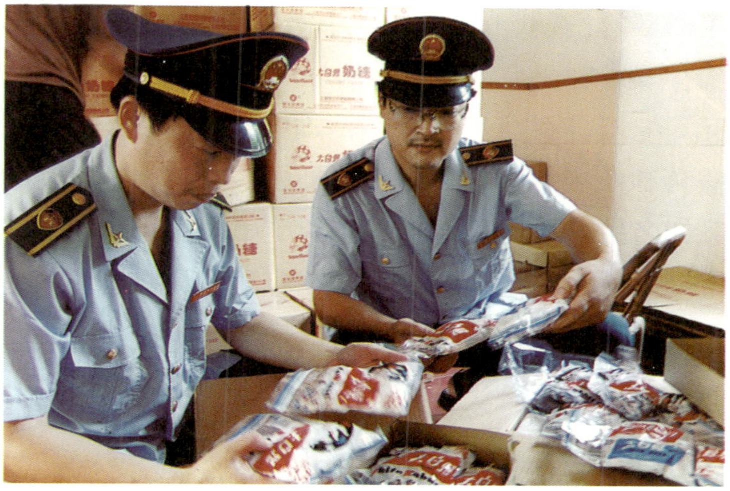

图 2-3-3 工商人员查获冒牌玉兔甜包

1996 年，市工商局继续开展“四打四保”活动。全局共出动检查人员 8838 人次，检查企业、商场、市场、个体工商户 16772 户。1 月 26 日，局经检队查获张某制售假酒假烟案，当场查扣假烟 10 箱、假酒 100 多箱。2 月 12 日，草塔工商所查获某针织服装厂未经商标所有人许可擅自以上海某针织服装厂的名义，使用某商标一案，现场查扣假冒某商标内衣 643 件、童装 52 件、尚未使用的某商标标识 37000 件。4 月 26 日，局经检队、草塔工商所在平阳、马剑、梅山、杨家楼 4 个农资供应点，现场查扣萧山某磷肥厂生产的劣质过磷酸钙 50.8 吨，查实销售劣质磷肥 818 吨。7 月 15 日，局经检队、城东工商所在城区艮塔东路一出租仓库内，查获顾某正在组装的假冒杭州某制冷设备厂某品牌劣质冰柜 117 台和一批冰柜箱体、旧压缩机等配件。8 月 26 日，局经检队查获市小商品市场五金摊主蒋某销售假冒某品牌调速器开关、插座 30 余箱，标值 6 万元，查实已销出 100 多箱，销售额 10 余万元。9 月 3 日，局经检队会同牌头工商所办案人员赴福建省仙游县，配合当地工商部门现场查处 10 多户批发假冒“李字”蚊香的系列案件，其中批发商颜某被查获时有假冒“李字”牌蚊香 30 箱。10 月 10 日，局经检队在城区马鞍路一处民房内，查处福建省长乐县陈某生产的假冒福建省某台资企业品牌玉兔甜包 2 万多袋。

1997 年 1 月，市工商局开展“红盾打假保节日”行动。3 月，开展“红盾打假保春耕”行动。7 月，开展“红盾打假保健康”行动。10 月，开展“红盾打假净市场”行动。12 月，开展打假保节日行动和“红盾行”打假系列宣传竞赛活动。是年，市工商局加大查处生产、经销假冒伪劣商品的力度，局所两级进一步完善和健全联手打假治劣网络，增聘打假治劣联络员，公布投诉举报电话。全年共出动干部 8872 人次，检查市场、企业、个体工商户 29290 户，重点检查日用小商品批发市场、店口五金城、药店、商场化妆品专柜、专营专卖店等经营场所中的制售假冒化妆品、假酒假药、假冒汽车配件等行为。局经检队在上海、杭州、诸暨等地查获王某等 4 人生产、销售假冒珍珠粉案，查缴假冒诸暨某保健品有限公司等企业注册商标的珍珠粉 40 多箱及内外包装物 2 万多套。会同“李字”“黑猫神”等蚊香生产企业代表，赴福建省仙游县，配合当地工商部门，查获10件假冒“李宇”“黑猫神”蚊香特大制假售假案，查缴假冒“李宇”“黑猫神”蚊香成品、半成品6000多箱，内外包装物、商标1000捆（包），案值100万元。在“红盾打假保健康”活动中，查获假冒劣质食品3800千克、劣质饮料3000多箱、假药200多箱、假冒劣质滋补品5537盒，案值200多万元。连续查获两起经销假冒某知名品牌阿胶案，案值10多万元，查缴500克装假冒某品牌阿胶1500盒。8月23日，查处冯某、陈某等人经销假冒刹车管、油管案，查缴油管、刹车管11.35万米，罚没5.3万元。12月，局所联动，突击检查陈某在城区摇鼓山路、毛纺路等5个香烟存放点，查获假烟1490条。在草塔、大唐等地查获假烟2069条，假五粮液140箱，假张裕香槟酒160箱。

1998年，市工商局继续开展打假保农业、打假净市场、打假保健康、打假保节日专项执法行动。1月7日，璜山工商所、局经检大队执法人员，在岭北镇盛庄村查获蒋某、骆某租用民房生产假冒卫生巾案，当场查扣假冒3件名牌卫生巾成品51箱，半成品64箱，外包装箱230只，商标标识100万件和一大批原辅材料，查封制假流水线机器10套。至案发时，该制假窝点已生产销售假冒名牌卫生巾3000余箱，案值30万元。当事人被移送司法机关追究刑事责任。1月16日，局经检大队执法人员在城西一幢出租房内，查获陈某销售假冒3件品牌香烟270多箱，计8300条；截至查获时，已售出假烟10200条。1月20日，查处市某开发公司生产经销假冒上海某食品总厂500克箱装蜂蜜4680箱，非法经营额62.5万元。2月16日，查获市某医院经销的劣药“活血止痛胶囊”248盒，查实有526盒已销售给病患者。3月28日，在安华镇双丰村，局经检队会同牌头工商所查获沈某生产假冒上海某知名品牌喜糖128箱；查实生产假冒某品牌喜糖11328箱，售出11092箱，非法销售额120.09万元。当事人被移送司法机关追究刑事责任。4月29日，局经检队查处市某金属厂劣质热轧带肋钢筋案。该企业自1997年10月至1998年4月，生产钢筋混凝土构件用劣质热轧带肋钢筋300余吨，已销售191.88吨，非法销售额47.01万元。当事人被移送司法机关追究刑事责任。5月18日，省工商局评定诸暨市工商局为1998年“打假保节日”宣传竞赛优胜单位。11月11日，局经检大队在店口镇查获陈某生产的假冒上海某某品牌防冻液406箱，假冒“上海某减振器弹簧有限公司”汽车后悬架弹簧150箱，假冒“上海某电缆附件厂”电瓶连接线20箱。12月17日，省工商局评定诸暨市工商局为“红盾行动”打假竞赛活动先进单位。12月31日，城北工商所在城区梁家埠村查获陈某生产销售假冒福建某品牌甜包380箱，假冒刀切面包200箱，案值6万元。是年，全局出动干部6392人次，检查企业、市场、个体工商户15202户，查处制售假冒伪劣案819件，罚没67万元。捣毁制假窝点193个。在“红盾打假保健康”行动中，查获假冒劣质饮料、酒品、营养滋补品、药品、卷烟等，案值35万元；在“红盾打假保名牌”的专项执法行动中，检查各类名牌商品专营专卖店337户、商场内设名牌商品专柜78个，查处制售假冒伪劣商品案12件、商标侵权案1件，罚没3.5万元。在“红盾打假保节日”行动中，查处制售假冒伪劣商品案21件，案值90余万元，捣毁制假窝点14个，罚没3万元。

1999年初，市工商局开展“红盾打假保节日”专项行动，出动检查人员180余人次，检查各类市场、商场、个体工商户2200余户，查获过期劣质食品400多千克，饮料、滋补品300多瓶，假冒知名品牌的皮鞋28双。3月，开展“红盾打假保农业”行动，出动干部620人次，对全市2户农业资料生产企业、228户农业生产资料经营企业逐一检查。其间，受理举报投诉96件，立案查处46件，总案值19.2万元，罚没2.1万元。6月4日，成立“百日执法大行动”领导小组，开展“红盾打假保名牌”统一执法行动。局经检队执法人员在城区应山村查获制售假冒名牌服装大案，案值近20万元。7月1日至4日，成立打假小分队，分赴鄞县、奉化、长兴和江苏无锡等地，配合当地工商部门捣毁一批制售假冒“李字”蚊香窝点，查扣一批假冒“李字”蚊香及刻有“李字”商标的模具、脚架、质量保证书和包装物。7月至8月，开展“红盾打假保健康”统一行动，检查食品批发公司、药品保健品批发企业、重点乡镇的食品生产企业和经销店，查获假冒劣质食品、药品、化妆品一批，立案处理230件。是年，全局查处制售假冒伪劣商品案819件，罚没67万元。

2000年1月24日，市工商局查处浙江某摩托车有限公司销售假冒摩托车案，查缴冒牌摩托车65辆，案值118.1万元，罚没15万元。5月20日，组织开展“百日执法大行动”。根据某制衣厂举报，查获某缝纫机商店经销假冒某品牌缝纫机85台，案值12.75万元，此案移交公安机关侦查。6月1日，城南工商所查获某玻璃马赛克厂生产假冒某品牌的马赛克4830箱，非法经营额13万元。在诸暨查获洞头县某公司生产销售的不合格鱼粉66.05吨，案值17.3万元，罚款6万元。该案被省工商局列为全省打假十大案件之一。6月28日和29日，市工商局相继查处了市某有限公司、某医药药材有限公司、市某医药商店销售假冒某品牌奥美拉唑胶囊案3件，合计非法经营额67万元，分别被处以没收假奥美拉唑胶囊259瓶、罚款15万元，没收假奥美拉唑胶囊1067瓶、罚款10万元和罚款0.7万元的处罚。7月，查处市某摩托车有限公司经销假冒摩托车案，查扣假冒摩托车274辆，案值147.05万元。8月，查处义乌市陈某经销假冒多件品牌墨水案，案值22万元。至8月20日，全局出动干部6650人次，查处各类案件1530件，其中万元以上大案44件。9月11日，开展区域性假冒整治行动。11月18日，查处应某生产经销假冒他人注册商标和冒用企业名称的不锈钢系列产品案，处以罚没款5万元。11月20日，根据全国打假联合行动电视会议精神，下发《关于认真开展打假联合行动的通知》。

2001 年 4 月 19 日，城东工商所查处市某电器有限公司制作的劣质充电式手提电瓶灯 90 箱，计 916 只，半成品 290 只。该企业为降低生产成本，在制作过程中，用两块 5 毫米的平板玻璃代替铅锌片，使产品容电量减少，使用寿命缩短。4 月 23 日，市工商局部署开展市场整顿和规范大会战，与全市重点市场和重要块状产业的 8000 余经营户签订《严禁制假售假责任书》。牌头工商所查获楼某以虚假的“浙江省诸暨市东方蚊香厂”名义生产的劣质蚊香 1572 箱，案值 6.22 万元。4 月 29 日，枫桥工商所查获制售假冒汽车配件案 3 件，案值 10 万元。查缴假冒品牌汽车紧急制动阀 105 套（另有 156 套已售出），品牌汽车张紧轮半成品及零配件 1433 件。5 月，市工商局组织开展“查虚假、反误导”行动。城北工商所查获假冒 4 件国际知名品牌的西裤 1400 多条，假冒商标标识 6000 多件，吊牌、包装袋一批；通过追查假冒商标标识来源和销售网络，使相关制假企业受到查处。牌头工商所查处某镇服装厂以伪造的“上海绮梦制衣有限公司”“上海恒莎制衣有限公司”等企业名称和虚假厂址生产的衬衫 4000 余件，包装箱 2000 多只。

6 月 14 日，山下湖工商所查处某珍珠粉厂将粉末细度为 600 目的珍珠粉标注为 2000 目的虚假标注产品质量案，收缴虚假标注的包装袋 5000 只，罚没 5100 元。大西工商所检查农村商店 183 户，查获过期变质的知名品牌食品 178 袋，过期变质可乐、雪碧等饮料 65 箱。6 月 28 日，城南工商所查处俞某生产经销假冒 2 个品牌的加饭酒 206 箱，罚款 6 万元。在整治区域性制假售假行动中，大唐、草塔等地查获假冒某某等 5 件国际知名品牌的袜子 50 多万双，在店口、枫桥、东一等地查获假冒伪劣的万向节、避震器、轴承等汽车配件 2000 余件。

2002 年 2 月，市工商局被市政府评为市 2001 年度“打假治劣”先进单位。3 月，城南、城北、大唐工商所联手取缔“黑心”棉被加工窝点 3 户，查扣“黑心”棉被 886 条，罚款 2.5 万元。4 月，查处某链条总厂、某链条工业实业总公司生产销售假冒广州某传动链条有限公司摩托车链条案，查获假冒摩托车链条 31770 条，案值 13.52 万元。5 月，开展反仿冒、反侵权、反误导专项执法整治。9 月，查获市某摩托车有限公司经销假冒 HK125-6 型二轮摩托车 4 辆，案值 2.2 万元。11 月，开展打击假冒伪劣食品专项整治行动。是年，全局查处制售假冒伪劣商品案 430 件，罚款 94 万元。

2003 年 1 月，市工商局组织开展创建“食品安全无忧、售房履约无欺、旅游消费无虑、公共企业无霸”为主要内容的创建四无市场环境活动。局启用食品质量流动检测车，先后对全市 161 个市场（超市）销售的 926 个批次的食品进行了质量检测，责令退市的商品达 68 批次，销毁不合格商品 104 批次。在防治“非典”期间，查缴劣质口罩 5400 只。查处上海某生物科技有限公司诸暨销售点所谓预防非典药品的虚假宣传案。5 月，开展 2003 年度农资市场打假专项执法行动。6 月，开展维护公平竞争秩序，打击假、仿、冒、欺诈行为专项执法行动。8 月，开展打假保健康专项执法行动。是年，查处假冒伪劣商品案 341 件，案值 2493.56 万元，罚款 144 万元，捣毁制造假冒伪劣商品窝点 32 个。查处取缔制售假冒绍兴黄酒、上海产糕点、杭州产糕饼、江西产健脑益智口服液等窝点 12 个。对事关人民群众食品安全的酸奶及其他饮品、榨菜、食用油、家用电器插座、桶装饮用水等进行 4 批次 5 类商品的质量抽检，11 户经销不合格产品的企业被罚款 1.8 万元。

图 2-3-4　现场检查某超市陈列商品

2004 年 3 月，市工商局开展农资打假专项执法整治活动，没收假冒农药 17 千克，收缴罚没款 3 万元。4 月，开展百日执法大行动。6 月，开展夏令商品市场专项整治行动，对大唐、店口两镇区域性制售假冒行为进行集中整治。安徽阜阳劣质奶粉事件曝光后，局立即组织执法人员对全市商场（超市）、副食品批发部进行地毯式排查。中央电视台曝光广东毒酒和绍兴劣质黄酒事件后，局立即组织检查，共检查酒类生产销售企业（点）190 多户，取缔制售散装白酒商铺作坊 27 户。全年查处制售假冒伪劣商品案 196 件，案件总值 377.57 万元，罚没 166.79 万元。其中，违反产品质量法规案 84 件，涉及食品类案件 54 件，农资类 1 件，收缴的物品主要有：食品 5.77 吨、服装 4711 件、汽车摩托车配件 800 件，摩托车 12 辆，水泥 4.5 吨，没收的物资价值达 42.11 万元。

2005 年初，市工商局继续加强农资市场质量管理，督促市农业生产资料公司、市农业综合服务公司两大源头企业把好进货、验收、保质期“三关”，并与全市农资经销网点签订《农资商品质量管理责任书》。先后抽检 13 个批次的农药、化肥，对初检不合格的 3 个批次农药、化肥作出暂停销售处理。现场纠正农资经营不规范行为 50 多户次，查处农资违法案 6 件。其中，种子 1 件、化肥 2 件、农药 3 件，罚没 2.25 万元。6 月，开展整顿和规范盐业市场秩序专项行动。7 月，开展“打假保名牌”专项整治。8 月，开展店口水暖管业质量专项整治，查处水暖管材、管件生产企业虚假标注“中国人民保险公司承保”“ISO 9001 – 9002 质量认证体系”等内容的案件 7 件。是年，全局查处制售假冒伪劣商品案240件，其中移送司法机关10件，罚没354.38万元，收缴的物资主要有：汽车3辆、摩托车26辆、汽摩配件2858件、食品3.34吨、服装4981件、影碟机59台、化妆品59瓶。

2006年3月，市工商局开展红盾打假护农行动，全局印发宣传资料1228份，出动执法人员1128人次，检查企业364户，查处制售假冒伪劣农资案4件，罚没13.5万元。没收劣质化肥24吨、农药50千克。6月，开展夏令食品专项整治、味精产品专项整治，查处某副食品有限公司经销假冒名酒300箱案。11月，开展农贸市场食品安全专项整治。是年，查处制售假冒伪劣商品案287件，罚没111.54万元。查缴的假冒伪劣商品主要有：汽车、摩托车配件1125件，农机1台、有色金属1.05吨、成品油50千克、胶合板1000张、香烟868条、农药298千克、酒7420瓶、食品10千克、服装8368件、假冒商标标识184万件。查处的案件主要有：某文具生产企业制售假冒著名削笔器47544只案、某锁厂制售假冒名锁1.8万把案、某服装厂制售仿冒某名牌休闲裤5000条案，在某制假现场查获假冒牙膏2.5万支。

2007年3月，市工商局开展“打假护农保春耕”专项执法行动，没收劣质化肥1.5吨，罚没3.5万元。4月，开展“农村食品市场整顿年”活动。9月，开展流通环节商品质量和食品安全专项整顿行动。10月，开展农产品质量安全专项整治。是年，查处制售假冒伪劣商品案205件，其中有市某缝制设备有限公司销售伪造产地的旋梭案，查缴的假冒伪劣商品主要有：汽摩配件21360件，汽车2辆、化纤布2199米，食品2.39吨、饮料10310瓶、服装6577件。案值11.25万元，罚款7.5万元。

2008年3月，市工商局开展红盾护农行动。6月，开展成品油市场专项整治。是年，查处制售假冒伪劣商品案187件，移送司法机关处理1件，罚没336.09万元。其中有李某制售假冒鸡精353箱案，按国务院《关于加强食品等产品安全监督管理的特别规定》处以罚款40万元。查缴的假冒伪劣商品主要有：钢材8.8吨、汽车摩托车配件2062件、有色金属0.86吨、通信器材5件、鸡精103箱、假冒商标标识22.95万件。

2009年3月，市工商局开展成品油行业专项整治和红盾护农行动。5月，开展小美容美发店质量安全与规范整治行动。是年，全局共查处制售假冒伪劣商品案305件，其中移送司法机关处理1件，罚没245.85万元。查缴的假冒伪劣商品主要有：服装80090件、汽车摩托车配件50件、化肥12吨、农药2.03吨、通信器材2件、假冒商标标识2100件。查处的案件主要有：卫某销售假冒食用油案，查缴冒牌食用油30箱，案值6300元，罚款1.26万元；张某经销假冒摩托车配件案，查缴假冒牌摩托车配件53种、机油53瓶，案值8906元，罚款1万元。

2010年3月，市工商局开展汽车销售领域专项整治和红盾护农行动。6月，开展学校及周边地区食品安全问题整治。7月，开展网络经济服务监督月活动。9月，开展“地沟油”专项整治和珍珠粉行业专项整治。12月，开展打击侵犯知识产权和制售假冒伪劣商品专项行动。是年，查处制售假冒伪劣商品案294件，罚没496.07万元。查缴的假冒伪劣商品主要有：钢材0.35吨、汽车1辆、摩托车2辆、汽车摩托车配件205件、农药80千克、粮食2.82吨、通信器材256件、卫星接收器5套、假冒商标标识6.63万件。查缴以旧充新的手机187部；查缴伪造、冒用他人名义、厂址的农药检测仪26台，案值39万元（此案移送司法机关处理）。

2011年3月，市工商局开展红盾护农行动和规范商场超市经营行为专项整治。4月，开展“健网一号”网络经济专项整治。11月，开展“打四黑、除四害”（黑作坊、黑工厂、黑市场、黑窝点）专项行动。是年，查处的案件主要有：某服饰有限公司制假案，没收假冒袜子13000双，罚款3000元；某娱乐部销售假冒青岛啤酒案，查缴假冒啤酒170箱，罚款10万元。

2012年1月，市工商局开展“越剑一号”春节市场专项执法行动。2月，开展红盾护农“越剑二号”农资市场专项整治行动。3月，开展打击侵犯知识产权和制售假冒伪劣商品专项行动。5月，开展“健网二号”网络经济专项整治行动。8月，开展网络经营专项检查和用水器具专项检查。11月，开展“十小”（小食品加工作坊、小杂食店、小餐饮店、小农资店、小菜场、小音像店包括小网吧、小美容美发店、小药店、小客运、小液化气供应站）行业整治。是年，全局共查处制售假冒伪劣商品案337件，罚没376.97万元。其中查处网络案件70件，移送司法机关处理6件。查处全省首件微博虚假认证案，案值20余万元，中央电视台作了采访报道。查缴的假冒伪劣商品主要有：酒1274瓶、香烟26条、饮料2701瓶（听）、服装295件、化妆品71瓶、家用电器18台、汽车摩托车配件1214件、农药338千克、商标标识47.43万件。查处的案件主要有：蒋某销售假冒服装案，没收冒牌裤子36条，案值3.32万元，罚没2.95万元；周某制售假冒茅台酒案，没收假冒茅台酒50瓶，案值7.8万元，罚款20万元。

2013年3月，市工商局开展红盾护农行动，检查农资经营户264户，其中经营种子136户、化肥52户、农药73户、其他3户。查处经销伪劣化肥案2件，罚没0.82万元。6月，开展执法领域“砺剑亮剑”行动，查处假冒侵权、虚假宣传等网络案71件，罚款221.36万元，没收各类侵权物资标值230多万元。市工商局在全省率先编制《网络案件查处规范流程》《网络案件电子取证手册》。是年，全局共查处制售假冒伪劣商品案201件。

查处不正当竞争行为

1993年12月1日，《中华人民共和国反不正当竞争法》施行。

1994年3月，市工商局查处某集团工业品总公司等5户企业的不正当竞争案。5户企业在举办抽奖式有奖销售时，设立的单笔最高奖额超过了法律规定的最高限额。这是浙江省首例依据《中华人民共和国反不正当竞争法》查处的案件，省工商局作为典型案例向全省推介。

1995年，市工商局查处陈某不正当竞争案。陈某冒用某针织厂名义将实际价格每双1.1元的丝袜标价为每双2元进行有奖销售；1994年11月至1995年8月期间，共举办有奖销售4期，发出奖券1.5万张，案值4.7万元；同时，把经公证处公证设定的1个头等奖、2个一等奖、4个二等奖和若干个三等奖夸大宣传为2个头等奖、3个一等奖和若干个二、三等奖；整个有奖销售过程，既无活动章程，又不明示中奖概率、兑奖方法，也未兑现过一次三等奖以上级别的奖项。陈某被处以罚款1万元。

1996年，市工商局查处不正当竞争案7件，罚没3万元。其中有城区某鞋庄不正当促销活动案。该鞋庄用虚假的“成本价，顾客自定价”等名义开展促销活动，所谓的成本价实际上是在每双鞋进价的基础上加价20元—50元，“顾客自定价”一般比实际成本高20元左右。

图2-3-5　查处违规有奖销售的不正当竞争行为

1997年，市工商局查处不正当竞争案6件，罚没5.6万元。其中有蔡某等在南门市场鲜肉摊位经营权投标过程中串通投标，被罚没3.3万元。

1998年8月，市工商局开展“反欺诈护权益”专项整治行动。11月，对限制竞争、行业垄断行为开展执法整治。是年，查处不正当竞争案14件，罚款3万元。

1999年，市工商局查处不正当竞争案15件，罚没45万元。查处的案件主要有：某供水有限公司、某水业贸易有限公司不正当竞争案。这2户企业利用公用领域的优势地位，限定自来水用户的接水工程必须由其指定的经营者施工，同时向自来水用户收取未经市政府有关部门批准的增网费。市工商局依法作出责令其停止违法行为、没收违法所得 2.38 万元、罚款 10 万元的处罚。

2000 年，市工商局查处不正当竞争案 47 件，罚没 12 万元。查处的案件主要有：陈某侵犯商业秘密案；陈某违反保守商业秘密的约定，未经专利所有人许可，擅自为他人制造与权利人相同的充电灯塑料壳模具一副，导致权利人的技术信息被披露，经济利益受损害。姚某等 5 人在某砖厂承包招投标中，事先商量串通，压低标价，内定中标人；市工商局做出投标无效、每人罚款 1 万元的处罚。某保险公司强制收取保险费案；某保险公司委托某火车站凭借铁路运输的行业优势，强制向客户收取每节车厢 5 元—20 元不等的货物运输保险费；涉案保险公司和火车站均受到处罚。某酒行商业贿赂案；某酒行以现金向 3 户酒店的服务员回收该酒行营销品种的酒瓶盖，诱使酒店服务员向顾客推销其产品。

2001 年，市工商局开展对垄断性行业限制竞争行为的整治行动，全年查处不正当竞争案 55 件，罚没 44 万元。查处的案件主要有：某烟草公司强制烟草搭售案；该烟草公司利用烟草专卖的独占地位，采用畅销烟和滞销烟按比例组合搭配的方式，强制烟草经营户购买。某邮政支局强制吸储案；某邮政支局将汇入该支局的 1000 元以上的 282 单个人汇款，在未经收款人同意的情况下，全部转为定活两便邮政储蓄。

2002 年，市工商局查处不正当竞争案 33 件，罚没 37 万元。查处的案件主要有：某制衣公司虚假标注案；该公司在生产的包装物上标注虚假的“意大利登喜路服饰集团（香港）有限公司”等字样误导消费者。某实业集团有限公司商业贿赂案；该集团公司在销售的每箱蚊香中放置 3 元—20 元不等的红包用以促销其产品，构成商业贿赂。某制动阀有限公司等 4 户企业虚假标注案；该 4 户企业在产品和包装物上虚假标注“本产品质量由中国人民保险公司承保”的字样，作引人误导的宣传。油漆销售商贿赂案；油漆销售商给油漆工回扣，以贿赂方式销售商品。

2003 年 1 月，市工商局开展“公用企业无霸”环境整治行动。5 月，查处 4 户保险公司商业贿赂案 20 件。这 4 户保险公司在办理汽车按揭保险业务时，给 8 户汽车销售公司和俞某等 3 位代理人以按保险费的 10%—40%（国家规定标准为 8%）的代理费，推销汽车按揭保险业务，涉案金额 220 万元。8 月，查处某保险公司借助一些学校的特殊地位，强制推销学生、幼儿平安系列保险的违法行为。是年，全局查处不正当竞争案 61 件，罚没 142 万元。

2004 年，市工商局查处不正当竞争案 58 件，罚没 123.41 万元，其中罚没万元以上大案 49 件。查处某酒楼不正当竞争案；该酒楼以取得在其酒楼销售酒水资格为条件，收取 2 户酒水供应商赞助费 31.27 万元，被处罚款及没收非法所得计 36.27 万元。

2005 年，市工商局查处不正当竞争案 46 件，罚没 112.13 万元。其中主要有：某中医院、某人民医院在向医药药材有限公司采购“人血白蛋白”和“甘露醇针”两只药品时，以少付货款的形式分别收取回扣共计 3.53 万元、3.99 万元；两医院分别被处以没收非法所得和罚款 10 万元。某房地产公司在广告中发布明显与事实不符、误导消费者的不正当竞争案 3 件。

2006 年，市委、市政府成立诸暨市治理商业贿赂领导小组。是年，市工商局查处不正当竞争案 48 件，罚没 72.53 万元。查处的商业贿赂案主要有：某书店有限公司以业务“宣传费”“手续费”“返还费”等名义向某部门贿赂 23.36 万元，推销“手工制作”教育用具。江苏某药业股份有限公司以“推广费”名义向 3 家医院 115 名医生贿赂 15.89 万元，推销药品。市城北某电机厂在其生产、销售的产品上标注虚假的“诸暨市贝诗特电器有限公司”及“五好”“光彩之星”“产品专利”“建立国内外代理商”等多种对商品作引人误解的虚假宣传。

2007 年 10 月，市工商局开展对“傍名牌”不正当竞争行为的专项执法整治。全年查处不正当竞争案 26 件，罚没 83.89 万元。查处的案件主要有：某管业有限公司在产品上擅自使用浙江省某知名商号名称，使消费者误以为是他人产品；某资信服务有限公司以返还工会活动费名义，获取某金融机构贷款企业及个人信用信息，支付贿赂款 24.98 万元。

2008 年，市工商局查处不正当竞争案 29 件，罚没 40.75 万元。查处的案件主要有：个体工商户俞某商业贿赂案；俞某用现金及实物贿赂 5 名装潢工人，以推销他经营的装潢材料。某医院强制收取捐赠案；某医院以“特困病人医疗救助金”名义，按药品销售合同标的 10% 比例，向药品生产销售企业用患者人名义，收取“捐赠”23.5 万元。

2009 年，市工商局查处不正当竞争案 25 件，罚没 35.7 万元。查处的案件主要有：个体工商户贺某、某钢铁贸易有限公司、某机器制造有限公司向某股份有限公司采购负责人商业贿赂案。某邮局利用投送高考通知书的有利地位强行推销“教师节”贺卡案。某银行强制保险案；某银行强制贷款人购买某某等两户保险股份有限公司的贷款人人身意外伤害保险，并特别约定银行为第一受益人；同时，银行还按保费的 25% 向受益的保险公司收取手续费，共计 136680 元。

2010 年，市工商局查处不正当竞争案 33 件，罚没 131.75 万元。查处的案件主要有：某银行诸暨支行在办理贷款业务时，以提高贷款利率威胁要挟贷款人购买其代理的某保险公司国寿鸿盈两全保险，从中收取保险公司返还的手续费共计 71 万元；浙江某品牌乳胶涂料厂以“18 周年庆回赠”为名，按一定比例直接将 1—5 等奖卡片（奖品分别为笔记本电脑、气泵、空调被，价值 6000 元）装入产品包装箱内，用于贿赂木工、油漆工。某影院有限公司在向消费者出售3D影票的同时，额外收取20元3D眼镜使用费。

2011年，市工商局查处不正当竞争案31件。查处的案件主要有：某大酒店向诸暨某酒业有限公司等4户酒水供应商以获得进酒店销售酒水资格为条件，收取“进场费”25万元。该大酒店被处以罚款35万元，涉案的4户酒水供应商也分别被处以罚款5万—10万元。

2012年，市工商局查处不正当竞争案23件，罚没74.66万元。查处的案件主要有：某酒店收取酒水供应商“进场费”案，罚没35万元。某企业员工窃取就职企业商业机密案，罚款15万元。

2013年，市工商局查处不正当竞争案39件，案值185.35万元，罚没124.99万元。查处的案件主要有：某天然气供应有限公司限制竞争案；某电信公司商业贿赂案；在全省首次揭开汽车销售行业中普遍存在的滥收公证抵押费的“潜规则”，查处滥收公证抵押费案30件。

打击走私贩私行为

1993年9月，省工商局发出《关于加强陆上缉私、积极参加全省打击走私联合行动的通知》。10月6日，市工商局印发《诸暨市工商系统打击走私贩私工作计划》。10月14日，市工商局召开经检工作会议，传达省、绍兴市工商局打击走私贩私工作会议精神，部署开展打击走私贩私工作。是年，全局出动执法人员118人次，重点检查公路沿线相关经营企业和重点市场，查处走私贩私案39件，罚没3.6万元。收缴的走私贩私物资主要有：卷烟1513条、电视机4台、摩托车115辆、照相机200只、计算机200台、吸尘器39台、热水器58台。

1994年，市工商局查处走私贩私案41件，罚没4.7万元。收缴的走私贩私物资主要有：卷烟4702.2条、轿车2辆、录像带190盒、录音带413盒。

1995年，市工商局查处走私贩私案20件，罚没14.2万元。收缴的走私贩私物资主要有：卷烟2936条、摩托车124辆、成品油1.5吨、电视机2台、录像带300盒。

1996年，市工商局查处走私贩私案10件，罚没26万元。查处的案件主要有某公司倒卖无合法进口手续的摩托车案。收缴的走私贩私物资主要有：卷烟1787条、摩托车7辆。

1997年，市工商局查处走私贩私案8件，罚没1.7万元。收缴的走私贩私物资主要有：卷烟284条、化妆品63盒、氨纶丝10.48吨。查处的案件主要有汪某等6件销售或购买无任何合法手续和证明的韩国产氨纶丝案，收缴3D氨纶丝23箱、40D氨纶丝 316 箱。

1998 年，市工商局查处走私贩私案 19 件，罚没 30.74 万元。收缴的走私贩私物资主要有：卷烟 581 条、化妆品 12 盒。

1999 年，市工商局开展打击小额成品油走私专项斗争。查处走私贩私案 2 件，罚没 2 万元，收缴走私卷烟 450 条。

2000 年，市工商局查处顾某经销无合法手续进口袜机案，李某经销无合法手续的进口氨纶丝案，边某经销无合法手续进口照相机、胶卷案，案值分别为 58 万元、40 万元、0.5 万元。

2001 年，市工商局开展打击陆上走私贩私专项执法行动，查处走私贩私案 16 件。查处的案件主要有：某商行、某通讯商店销售走私手机案，某针织行走私袜针案。收缴的走私贩私物资主要有：手机 29 只、袜针 1350 枚。

2004 年 3 月，市工商局查处广东某实业发展有限公司走私氨纶丝案。该公司从天津装运韩国产走私氨纶丝 300 箱，至大唐销售时被查获，案值 58 万元，罚没 40 万元，没收走私氨纶丝 9 吨。

2005 年，市工商局查缴走私氨纶丝 3.12 吨，罚没 12.4 万元。

2006 年，市工商局查处走私贩私案 5 件，罚没 51.54 万元。查处的案件主要有：赵某经销走私袜机案；个体工商户张某经销走私服装、鞋帽案；某高档时装专卖店销售标价万元的某国际品牌走私服装案，案值 38 万余元。

2007 年，市工商局查处走私贩私案 8 件，罚没 47.45 万元。其中有绍兴市工商局交办的深圳市某实业有限公司经销走私乳胶丝案，收缴乳胶丝 260 箱。

2008 年—2013 年，未发现走私贩私行为。

查处传销行为

1996 年初，周某在未经国家工商局核准传销的地区，通过定期授课、播放录像、发放资料等方式，在诸暨直接发展下线人员（经理级）6 人，层层发展传销员 70 人，非法传销“爽安康”。4 月 15 日，周某在岭北镇供销社二楼进行跨区域传销宣传活动时，被局经检队和璜山工商所执法人员当场查获；经执法人员查实，非法传销“爽安康”价值 5000 元，获利 2478 元。6 月，周某继续在城关镇紫山苑、浣纱横路等地举办传销授课，市工商局在公安部门的配合下，依法取缔了周某为首的跨区域“爽安康”非法传销活动。

1997 年初，赵某、骆某两人在城区多户酒店、宾馆和民房内进行跨区域传销活动，传销“芦荟矿物晶”、“芦荟胶”等产品。9 月 8 日，在城区某大酒店授课时被局执法人员当场查获，受到没收非法传销产品、宣传资料和非法所得的处罚。9 月 12 日，城东工商所查获孙某、宣某非法传销案，案发时已发展下线 133 人，传销产品非法获利 3500 多元。是年，全局共查处非法传销案 21 件。

1999 年，市工商局查处金华某皮件鞋帽有限公司诸暨办事处非法传销案，现场查扣理疗帽 141 套、领带 190 条，案值 4 万余元；案发时，当事人已在城关、大西、璜山等地设立营销片区 6 个，代销点 13 个，发展营销业务主管（经理）6 名，营销员 30 名（每发展 1 名获利 40 元），收取押金 4950 元，推销理疗帽 29 套，非法销售额 3800 元。

图 2-3-6　工商人员在查处地下传销窝点的资料

2000 年，市工商局查处上海某贸易有限公司以“加盟连锁”形式在诸暨非法发展传销人员案 3 件。案发时，该公司已在诸暨发展传销人员 1000 余人，案值高达 420 万元；3 名组织者被移送司法机关处理。

2004 年 3 月，查处通过加入新加坡某公司新智网非法开展网络传销案 3 件，其中 2 件按《投机倒把行政处罚暂行条例》作出行政处罚，1 件移送司法机关处理；当事人通过新智网交纳 1550 元费用，换取一密码，在网上阅取“网上成长、大师专家演讲、企业培训、生活时尚”等信息；案发时，已吸纳下线 100 余人，获利 7000 余元。

2005 年 11 月，《禁止传销条例》施行。

图 2-3-7　绍兴市工商系统义工反传销经验推广会在诸暨召开

2007 年 9 月，市工商局查处汤某、祝某、傅某传销案。2005 年开始，汤某先后介绍祝某、傅某等人，以经销系列保健品为名，通过“拉人头”缴纳 365 元费用即为注册会员，享受以“购物返利”和发展下线会员的业绩为依据的各种回扣。至案发时，汤某共计非法经营额 28.42 万元，违法所得 1457 元。傅某发展会员 18 人，非法经营额 17.38 万元，违法所得 1.18 万元。汤、傅两人被没收非法所得，分别处以 15 万元、10 万元罚款。祝某被移送司法机关处理。

2008 年，市工商局开展打击传销行动和社会劝化行动，查处传销案 3 件，取缔传销窝点 24 个，劝散劝返外来传销人员 520 人。

2009 年，市工商局取缔传销窝点 130 余个，遣散传销人员 4228 人，解救受骗被困群众 8 人，36 名传销骨干和组织者被移送司法机关处理。

2010 年，市工商局在全国率先查处新型网络传销“流动财富 2468”案 3 件，办结传销案 4 件，罚没 105.45 万元；直接移送公安机关处理 6 件，取缔传销窝点 162 个，遣散涉传人员 2500 余人，解救被迫参与传销人员 13 人。其中解救被骗到诸暨从事传销活动的一女大学生事件被多家媒体追踪报道。

图 2-3-8 部署打击传销工作

2011 年 9 月 6 日，市工商局印发《开展打击传销违法犯罪专项整治工作方案》。是年，取缔传销窝点 85 个，遣散传销人员 556 人次，解救被骗人员 6 人，向公安机关移送因传销引发的非法拘禁案 5 件。草塔镇建立全省首支村级反传销义工队，31 位村两委会人员参加。

2012 年，市工商局联合公安部门查处某系列内衣传销案 9 件，移送司法机关处理 1 件，罚没 165 万元。取缔传销窝点 36 个，遣散传销人员 246 人，解救被骗参与传销人员 2 人。查处非法直销案 1 件，罚没 7000 元。

2013 年，市工商局取缔传销窝点 21 个，遣散传销人员 143 人，解救被骗参与传销人员 3 人；查处传销案 1 件，罚款 10 万元，移送司法机关处理；发布传销预警 3 则，发放反传销宣传资料 1500 份。

第四节　保护消费者权益

维权组织和网络建设

1988年初，消费者权益行政保护职能由县工商局市场管理股承担。4月8日，改由经济检查队负责。截至1988年年底，县工商局会同县物价局、卫生局、标准计量所联合向县政府请示，要求筹备成立“诸暨县消费者协会”。

1989年4月20日，县政府批准成立诸暨县消费者协会（以下简称“消协”）。这是诸暨保护消费者合法权益的首个非营利性社会团体组织。县消协办公室设在工商局内，与经检队合署办公。

1991年9月26日，在12个工商所及东湖农贸市场设立消协监督联络站（以下简称“消联站”），各工商所所长兼任消联站站长，每站确定一名专职人员负责消协工作。年底，南门市场消联站设立。全市14个消联站，共有专职工作人员34人。

1992年，消协基层组织扩展到工商企业，先后在第一百货商店等大商场设立消联站12个，商场负责人兼任消联站长。至此，全市有消联站26个，专（兼）职工作人员70人。

1993年，在大唐轻纺等5个块状产业集聚地设立消联站。

1995年初，工商所一级的“消联站”统一更名为“消协分会”。

1998年3月12日，市工商局设立“96315”消费者举报投诉中心，开通“96315”举报投诉电话。中心与经检大队合署办公，实行两块牌子、一套班子的运营模式。

2000年5月，市工商局、市消协建立“96315”举报投诉中心网络体系，在12个工商所设立消费者举报投诉受理站，并确定一名所领导任负责人，配专职工作人员2名。在306户生产、流通、公用企业及部分事业单位中建立消费者举报投诉中心站（点）。鼓励企业自主受理消费者投诉，调解纠纷、化解消费争议。6月，国家工商局将“96315”举报投诉

图2-4-1　部署保护消费者权益工作

号码统一更改为“12315”。是年，市工商局改善“12315”举报投诉中心的硬件设施，投入25万元租用1280平方米办公场所，配备专车，购置计算机处理系统，设立“12315”举报投诉中心受理站。

图 2-4-2　市工商局消费者举报投诉中心

2001年3月，市工商局、市消协聘请市委、市政府、市人大、市政协、市纪委的7位领导和律师事务所2名知名律师为“12315”举报投诉中心顾问。

2002年，市工商局、市消协将306个举报投诉站（点）筛选整合为181个。

2004年2月4日，“12315”举报投诉中心与市工商局经检科分设，与市消协秘书处合署办公，人员整合，工作联动，对外一个窗口受理投诉。

2005年2月，市工商局、市消协健全完善11个工商所所在地镇乡（街道）消协分会机构，充实消协理事。理事一般由所在地镇乡政府（街道办事处）分管领导和市级部门派出机构负责人担任。在27个镇、乡（街道）设立消费维权监督联络站，站长由分管消协工作的副镇（乡）长或办事处副主任兼任，另聘一二名热心消费维权工作的群众为义务监督员。同时，在城区规模较大事业单位、集贸市场设立直属市消协的消费维权监督联络站34个。6月，在各村共聘用1270名消协监督员，协助开展维权工作。年底，市工商局重新公布诸暨雄风百货广场有限公司等60个“12315”消费维权联络站名单。至此，由市消协—消协分会—乡镇（街道）消费维权监督联络站—村消费维权监督联络点组成的4级消费维权网络建成。

图 2-4-3　省工商局副局长冯水华（左3）考察诸暨市“12315”消费者举报申诉中心

2007年4月3日，市工商局成立“消费者权益保护科”，“12315”举报投诉中心更名为“12315”举报申诉指挥中心。5月22日，“诸暨市消费者协会”更名为“诸暨市消费者权益保护委员会”（以下简称“消保委”），法定职能不变。8月15日，“市消费者协会秘书处”更名为“市消费者权益保护委员会秘书处”。

2008年5月，市工商局、市消保委推行“12315”消费维权站（点）进农村、进乡镇、进社区、进校园、进商场、进企业“六进”工作，构建以行政执法、行业自律、社会监督为一体的“12315”社会化消费维权体系。

2009年3月26日，诸暨市消费维权人民调解中心成立。

2011年，市工商局、市消保委在“12315”“五进”（消费维权网络进商场、进超市、进市场、进企业、进景区）工作中，新建、完善、规范维权联络站40个，开通“12315”消费争议先行和解直通车，把消费纠纷解决在基层。9月28日，消费者权益保护科更名为消费者权益保护分局，为市工商局直属机构。

2012年6月27日，成立市消费者权益保护委员会消费维权义工专家组。市政府出台诸暨市消费者权益行政保护联席会议制度，工商、质监、卫生等14个部门为成员单位，并定时召开联席会议，商讨消费维权相关工作。是年，全市新增消费维权监督联络站35个。

2013年，市工商局、市消保委增设消费维权监督联络站78个，组建农资、珍珠、教育等3个专家调解组，参与消费者纠纷调解。

维护消费者权益

商品与服务质量监督　1989年，围绕“治理经济环境、整顿市场秩序”要求，县工商局、县消协会同标准计量、卫生等行政执法部门开展专项检查3次，检查商店2000余户次，查获假冒伪劣商品10165件，其中酒3784瓶、鞋2326双、棉胎284条、饮料3754瓶。

1991年，市工商局、市消协会同市新南冰箱服务部召开电冰箱、冷柜售后服务座谈会，邀请生产、经销、维修企业和消费者代表一起共商冰箱、冷柜保修事宜。

1992年，消费者对商品质量问题的投诉占总投诉的92%。市工商局、市消协围绕“质量与消费”主题，开展打假治劣行动，查处假“四特”酒、假“五粮液”酒、假西洋参口服液等假冒伪劣商品一批，并予以曝光、销毁。是年，东湖商场率先推出鞋类质量信誉卡；市第一百货商店首先作出“本店无假冒伪劣商品，欢迎消费者监督”的承诺。

1993年11月22日，市工商局、市消协在城区红旗路举办假冒伪劣商品曝光展览，工作人员通过真假实物对比，向市民讲解假冒伪劣商品的鉴别知识。在展览现场设立举报点，公布举报电话，受理消费者咨询投诉。23日，将查缴的15590瓶假酒、10634瓶劣质饮料、936条假烟、156.6千克劣质桂圆、1200余双劣质皮鞋、4300余盒劣质珍珠粉等假冒伪劣商品，在“香港街”（现艮塔东路）公开销毁。

1995年，市工商局、市消协针对商品流通和服务领域存在的侵害消费者权益问题，市消协先后开展57次专题调查，形成调查报告送交市工商局，提出加大消费者权益保护力度的具体措施。

1997年，市工商局、市消协在全市27个镇（乡）的电视转播站、广播站设立“消费信箱”“消费指南”“帮你消费”“假冒伪劣曝光台”等专题栏目，定期播出。对典型案例跟踪报道。开展各类市场调查110次。在受理的投诉案件中移交有关部门处理42件，对6件案件提出处理建议。封样移交产品质量检测8件，支持消费者向司法机关提起民事或民事附带伤害赔偿诉讼8件。

1998年，市工商局、市消协开展“四打四保”（打假保节日、打假保健康、打假保农业、打假保名牌）活动，检查商店2800余户。查处无照经营农资案19件；在打假保名牌活动中，查处多件涉及假冒“步森”“李字”著名商标案，案值200余万元。

1999年，市工商局、市消协先后查处经营者在经营场所内设立的虚假广告，欺诈消费者案20件；查处美容厅、歌舞厅、理发室、旅行社内不明示服务项目、不标明服务价格案8件；查处经营者以告示等方式作出对消费者不公平、不合理规定案4件；查处经营者伪造商品产地、欺诈消费者案6件。

2000年4月，市工商局、市消协对城区自来水水费收取情况进行调查，调查结果向城建、物价部门反馈，并促使自来水公司自7月1日起取消自来水座度费的收取。8月，在全市各大商场、超市推行消费警示制。9月，开展“大桥路购物放心一条街”创建活动。

2001年8月，市工商局、市消协会同物价部门对煤气公司钢瓶检测收费情况进行检查，督促纠正不当收费。9月，对全市流通的蓝波、K牌、金狮、钱江、西湖、西施等6个品牌啤酒瓶国家标准执行情况进行随机抽查。抽检结果为：符合国家标准B字瓶要求的占42.15%，使用超期B字瓶的占34.8%，未使用B字瓶的占23.05%。抽检结果在《诸暨日报》上公布。

2002年5月，市工商局、市消协开展反假冒、反侵权、反误导专项整治。在调查座谈的基础上，在市出租车价格调查听证会上代表消费者对价格调整、规范出租车行业经营行为、提高服务质量等方面提出意见建议。

2003年，在《诸暨日报》“3·15”纪念专版上，公布市工商局流动检测车对市场商品的检测结果。对房地产业存在的广告欺诈行为发布消费警示，并曝光了一批典型案例。对在市场上经销的5件品牌的食用油、9件品牌的袋装榨菜、13件品牌的桶装饮用水进行抽样检测和理化、卫生指标比对试验，检测结果在新闻媒体上公示。

2004年元旦、春节期间市工商局、市消协对5种酱菜、3种蜜饯、1种干货、2

种黄酒进行检测。春耕期间对10种农药、6种化肥进行质量检测。夏季对19件品牌桶装水进行质量检测。检测结果在《诸暨日报》、诸暨电视台公示。

2005年11月18日，诸暨市“12315”举报投诉中心获评省优秀“青少年维权岗”。

2006年，市工商局、市消协开展“个性维权”，创新消费者权益保护工作。确定大唐、店口、枫桥、城东4个消协分会作为“个性维权”试点单位，根据辖区特色，开展有区域特色的工作。每项个性维权工作分别选取10个点（城区选取5个社区）开展。城东分会确定“维权进社区”，店口分会确定“维权工作与村务工作相结合”，大唐分会确定为“外来务工人员维权”，枫桥分会确定“消费维权与枫桥经验相结合”。在纪念枫桥经验45周年之际，市工商局会同枫桥工商所、消协分会借鉴枫桥经验，创新农村消费维权工作。这项工作受到了省市多位政府和部门领导的批示肯定，省工商局专门到诸暨召开现场会，予以推广。

图2-4-4　全省消费者权益保护工作会议在诸暨市召开

2007年3月25日，市工商局、市消协加强汽车销售行业消费维权工作机制建设，在汽车销售行业中建立维权联络站，方便消费者申诉和纠纷处理。开通汽车销售行业“12315”消费争议先行和解直通车。依托“12315”举报投诉中心，开展重大汽车销售投诉案件调处工作。7月，市消保委针对汽车投诉案上升的趋势，对汽车生产、销售、售后服务、保修的规定及不合理行业惯例进行调查，对有关个案公开点评。

是年，市工商局消保科、市消保委列出食品、农资、润滑油、服装、黄金珠宝等10大类商品作为检测对象，组织商品定量检测17次，涉及9大类259个批次，其中合格192批次，合格率为77.73%。

2008年，在消费维权领域创新枫桥经验，市工商局借鉴“枫桥经验”的基本做法，以枫桥工商所为试点，建立局、所、镇乡和村（社区）、企业4级消费维权体系，形成群众投诉便利，化解矛盾及时，监管调解有力，消费环境和谐的良好局面。市工商局被市委、市政府评为创新发展“枫桥经验”先进集体；借鉴“枫桥经验”推进消费维权工作被市委、市政府评为创新“枫桥经验”优秀成果；绍兴市工商局授予工作创新奖。是年，市工商局设置农副产品价格信息采集点，通过诸暨电视台向社会公布农副产品价格。

2010年3月8日，市工商局、市消保委会同珍珠市场管委会、珍珠行业协会召集8户大型珍珠销售企业，研讨珍珠及珍珠饰品三包暂行办法，论证珍珠类商品三包规定的可行性，继而由省消保委授权、市消保委起草《浙江省珍珠及珍珠饰品三包暂行办法》，并在诸暨珍珠市场举行发布会。5月13日，新华社记者到枫桥工商所调研借鉴“枫桥经验”开展消费维权工作。6月22日，全省学习“枫桥经验”深化农村消费维权监督网建设现场会在诸暨举行。12月，市消保委会同市工商局按有关法律法规，制订诸暨市家电行业服务管理规范，就家电经销商应履行的消保义务等作出明确界定。工商部门依法开展定期或不定期家电质量检测，对检测中发现的不合格家电商品，作强制下柜、退市并依法查处。对同一经营者在同一年度内有两次被检测发现生产、销售不合格家电的，加大曝光和处罚力度。

2011年8月31日，全省工商所长“创新监管在基层”研讨班一行50余人到枫桥工商所参观学习农村消费维权工作。市工商局消保科、市消保委以消费者投诉、举报相对集中、与人民群众生活密切相关的农资、食品、床上用品、汽柴油等为重点，先后5次开展定向检测、专项检测、跟踪检测，共抽检商品86批次，其中检出不合格床上用品13批次。

是年，市工商局、市消保委对汽车销售、维修企业签订的合同实施报备审核，限令改正含有免除经营者责任、加重消费者责任或排除消费者主要权益的合同条款。同时邀请市人大法工委、法制局、法律界人士、消费者代表、新闻媒体等人士参与点评，以案例点评方式，向公众披露损害消费者权益的行为。

图2-4-5　开展与消费者“零距离”活动

2012年5月11日，省工商局局长郑宇民到诸暨调研消费维权工作。11月，市工商局、市消保委开展与消费者“零距离”活动，在网上公布市消保委工作人员联系名单、电话号码，接受消费者举报、申诉。收到12条“商场购物返还券解释权归商场”等“霸王条款”的投诉，并依法作出处理。

图 2-4-6 消费者向枫桥消保分会赠送锦旗

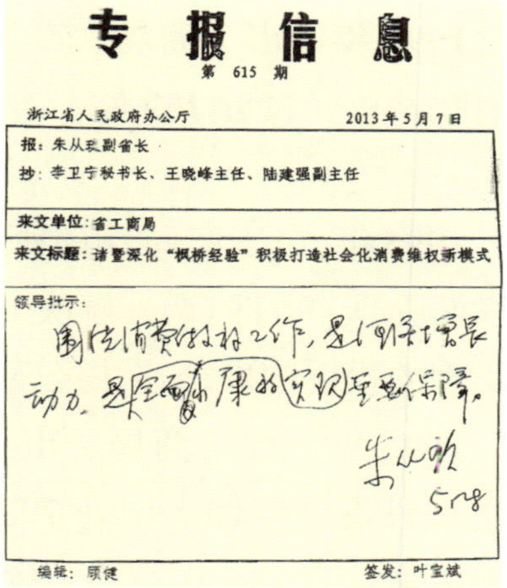

专报信息

第 615 期

浙江省人民政府办公厅 2013 年 5 月 7 日

报：朱从玖副省长

抄：李卫宁秘书长、王晓峰主任、陆建强副主任

来文单位：省工商局

来文标题：诸暨深化“枫桥经验”积极打造社会化消费维权新模式

领导批示：

编辑：顾健 签发：叶宝斌

图 2-4-7 副省长朱从玖批示

2013 年 1 月，市工商局、市消保委开展“义工看年货”消费维权专项活动。省工商局在诸暨召开全省消费者权益保护会议，诸暨市政府授予市消费维权服务中心“十佳社会管理创新示范点”称号。2 月，省工商局授予诸暨市工商局“整治利用合同格式条款侵害消费者合法权益专项行动先进单位”称号。3 月，省消保委授予诸暨市政府“2013 年‘3·15’地方政府支持奖”。5 月，省政府专报录用了诸暨市工商局、市消保委上报的《深化“枫桥经验”积极打造社区消费维权新模式》一文，副省长朱从玖以及省工商局、绍兴市、诸暨市政府等多级领导先后 7 次批示肯定这一做法。6 月，市工商局制订实施《12315 举报申诉工作规范实施办法（试行）》。绍兴市、诸暨市消保委在诸暨消费维权服务中心联合召开民办教育机构消费测评通报会。是年，开展汽车 4S 店、珠宝行业、民办教育培训等专项检查 30 余次，组织开展食品、建材等流通领域商品检测 728 批次，销毁不合格商品 39 批次，计 141 千克。

受理举报投诉（申诉） 1989 年，市（县）工商局、市（县）消协受理消费者投诉、申诉 90 件，办结 86 件，办结率 95.8%，为消费者挽回经济损失 6.80 万元；接待咨询(包括来信来访)130 人次。居民赵某以 3100 余元价格在某百货公司购得“三洋”彩电 1 台，使用仅 4 个月即发生故障，在送修时发现该机是经多次修理后的旧机，赵某多次到经营单位交涉无果。消协接到投诉后，即请技术人员对电视机进行鉴定，先后 10 次走访经营单位及有关维修部门，取得该机在出售前已维修多次的证据。在事实面前，经营单位不得不全额退款。

1991 年，市工商局、市消协受理消费者投诉 115 件，其中涉及家电类投诉 38 件、家用机械类投诉 19 件、日用百货类投诉 36 件、食品及其他类投诉 22 件。接待来信来访 432 人次，接受咨询 211 人次。配合有关职能部门开展商品检测 5 次，为消费者挽回经济损失 2.80 万元。

1992 年，市工商局、市消协受理消费者投诉 84 件，结案 84 件，办结率 100%。各消联站接受投诉 769 件，结案 763 件，办结率 99.2%。共为消费者挽回经济损失 4.66 万元。

1995 年，市工商局、市消协受理消费者投诉 1432 件，其中协会（含分会）受理 936 件，消联站受理 496 件。调处解决 1403 件，调处率 99.8%。为消费者挽回经济损失 29.19 万元。在受理的投诉中发现违法经营行为线索后，移交工商部门查处，捣毁违法经营窝点 4 处。

1996 年，市工商局、市消协受理消费者投诉 1779 件，调处 1775 件；各消联联站受理投诉 774 件，调处 773 件。为消费者挽回经济损失 41.7 万元。其中，在投诉案件中被认定为欺诈行为，须加倍赔偿的 6 件，加倍赔偿额 3657 元。

1997 年，市工商局、市消协受理消费者投诉 2625 件，调处 2635 件（含上年结转案 10 件），为消费者挽回经济损失 24.4 万元；其中因经营者欺诈移送工商行政机关处理后得到加倍赔偿案 14 件，由消协提供案情线索后由工商行政机关查处，罚没 4.31 万元。

图 2-4-8　调处消费者纠纷

1998 年 3 月 12 日，“96315”举报投诉电话开通运行。当日，市工商局根据杭州鸿雁电器有限公司打假人员举报，查获假冒鸿雁电器 6570 件，售假商户被处以 5000 元罚款。4 月 11 日，“96315”开通“满月”，一个月内共接到举报电话 994 个，其中举报投诉 681 件，办结 660 件，市工商局立案查处 18 件，为消费者挽回经济损失 11 万元。是年，“96315”接到各类电话 5394 次，其中咨询电话 1430 次，举报电话 365 次，投诉电话 3646 次，接受咨询 710 次。投诉调处率 98.8%，为消费者挽回经济损失 76 万元；市工商局立案查处 674 件，案值 433 万元，罚没 106.6 万元。移送司法机关处理 4 件 5 人。捣毁制假窝点 193 个。当年，绍兴市工商局授予诸暨市“96315”投诉举报中心先进单位称号。

1999 年春节期间，市工商局、市消协受理投诉 97 件，咨询 54 件，举报 4 件，结案率 100%。全年受理举报投诉电话 6538 次，其中举报电话 488 次，投诉电话 3826 次，为消费者挽回经济损失283万元。

2000年1月，市工商局、市消协向投诉率一直居前的电信、邮政、供水、供电等行业反馈投诉情况和投诉事项，帮助这些企业建立健全保障消费者权益的规章制度。是年，受理消费者投诉5653件，调处解决5630件，为消费者挽回经济损失102.2万元。认定经营者为欺诈行为的707件，消费者获加倍赔偿4.4万元。

2001年3月，城区居民周某被某防治中心误诊有性病到市工商局、市消协投诉。经调解，周某获精神损害赔偿费5000元。4月，产妇许某因被不当使用催产素及无证医生上岗主刀，导致新生儿死亡，到消协投诉，经调解获赔2万元。6月11日，三都孟冯沈村51户农户因“甬优2号”杂交晚稻种子发芽率不足50%，联名投诉某农业技术推广中心设在该村的代销店，“12315”举报投诉中心会同有关部门现场勘察、检测并取得数据，经调解达成赔偿协议。7月7日，城区有16户居民投诉因住宅质量而遭水患。经调解人员现场勘察及有关部门检测后认定，13户住宅存在建筑质量问题，共获赔15.07万元。9月，4户农户投诉某品牌稻麦联合收割机质量问题，举报投诉中心先后4次召集生产厂家、经销商、用户3方人员调解协商，厂家退回4农户货款3.95万元。全年，调处医患纠纷115件，调处种苗、肥料、农药、饲料、农机等涉农案109件，共为消费者挽回经济损失103.76万元。

是年，湄池工商所干部宣信传获评“全国维护消费者权益十佳”称号，并由中国消费者协会授予其保护消费者权益“3·15”金质奖章。市工商局“12315”投诉举报中心被省委宣传部、省工商局、共青团浙江省委授予“优秀文明维权窗口”称号，被共青团中央、国家工商局命名为“全国优秀青少年维权岗”。

2002年，市工商局、市消协受理解决手机质量纠纷587件，建材质量投诉122件（其中千元以上赔偿额的建材投诉17件）。调处家用电器、计算机质量纠纷300余件；调处因质量问题而导致渗漏水的房产纠纷1件，11户住户共获赔4.9万元；调处其他纠纷62件。全年共受理消费者投诉662件，为消费者挽回经济损失70.92万元。

2003年，市工商局、市消协开展“12315”维权进社区、进农村、进校园活动，受理消费者投诉827件，为消费者挽回损失78.94万元，其中认定欺诈行为获加倍赔偿8.49万元；调处后被移转相关部门查处4件，罚没1.70万元。

2004年，“12315”举报投诉中心接到电话和上门投诉8043件，其中举报513件，投诉1345件，咨询6185件。经市工商局、市消协调处，为消费者挽回经济损失95.28万元，其中获赔千元以上的投诉80余件。

2005年，“3·15”活动当天，“12315”举报投诉中心接到电话180个，其中举报电话15个，投诉电话29个；“3·15”活动主会场和分会场共受理投诉67件，现场解决投诉2件。

2006年，房地产、汽车、医疗服务消费纠纷增多，服务场所消费纠纷引起社会各方关注，市工商局、市消协解决上述各类消费纠纷88件。

2007年，市工商局、市消保委受理举报256件，申诉150件，调处率99.8%。为消费者挽回经济损失190余万元。其中汽车类消费申诉121件，因售后服务引起的申诉占31.3%。市消保委对汽车售后服务、保修规定中的不公平格式条款和不合理行规进行调查，并对个案进行公开点评。

2008年7月3日，某小区13名业主申诉某置业有限公司违约延期交房而拒付违约金。经市工商局、市消保委调处，开发商以实际超出天数计算，向业主支付购房合同标的万分之一的违约金合计18959元。7月8日，144名业主联名申诉所购商品房进户防盗门质量不合格。经市工商局、消保委调处，开发商同意赔偿每位业主1800元。两起投诉经调解后共为消费者挽回经济损失80余万元。

2009年4月，消费者周某以115万元价格购买顶层住房；房子交付后不久，出现严重漏水，多次与开发商交涉无果；周某申诉后，经市工商局、消保委多次调处，房产开发商一次性赔偿周某3万元。

2010年，市工商局、市消保委受理消费者申诉116件，为消费者挽回经济损失13.06万元，其中加倍赔偿0.95万元。

2011年，开展以“消费与民生”为年度主题，以12315举报申诉中心和工商所为活动单位，围绕“月月组织开放日”等8大内容展开的“月月3·15”活动。全年受理消费者投诉779件，为消费者挽回损失41.2万元。

2012年5月，市工商局、市消保委开展利用合同格式条款侵害消费者权益专项整治行动。是年，受理消费者申诉796件，为消费者挽回经济损失123.16万元。

2013年，受理消费者申诉1137件，为消费者挽回经济损失208万元。

“3·15”国际消费者权益日活动 1990年3月15日，市工商局、市消协组织实施以《浙江省保护消费者合法权益条例》为主要内容的宣传、咨询、服务活动，制发宣传资料3000余份，制作幻灯片在全市6家电影院放映；组织一批企业和个体工商户在市区及各区镇开展“为您服务”等多种形式的便民服务。

此后，每年“3·15”期间，市工商局、市消协均开展有特色的纪念活动，主要方式有：发放宣传资料、悬挂横幅、张贴标语、现场咨询、举办真假商品图片及实物展览、组织知识竞赛和便民服务等。1992年，市百货商场消联站免费为消费者安装空调70余台，淋浴器40余台。1993年，东湖商场消联站与杭州厂家联手推出“安琪儿自行车便民服务”。1995年，邀请12户重要生活资料生产厂家派员在活动现场给消费

图 2-4-9　纪念“3·15”活动

者提供咨询服务。1997 年，开展以“讲法护权”为重点的宣传咨询活动，提出“天天 3·15” 口 号。2000 年，市工商局、市消协和诸暨电视台联合举办“明明白白消费暨‘3·15’国际消费者权益日纪念晚会”。

2002 年 3 月 15 日，市工商局、市消协会同 15 个部门在城区一百商店设主会场，雄城大厦、雄风电器商场和各重点集镇设分会场，开展以中国消费者协会确定的“科学消费”为主题的大型宣传咨询活动。先后推出“科普活动周”“法制宣传月”“维权进社区”等多项活动。2003 年、2004 年，分别围绕中消协“营造放心消费环境”“诚信维权”年主题，开展《中华人民共和国消费者权益保护法》（以下简称“消法”）宣传活动。

2006 年，市工商局、市消协围绕“消费与环境”年主题，开展纪念“3·15”国际消费者权益日暨“12315”举报投诉中心成立 8 周年活动。在《诸暨日报》开辟专版，公布 2005 年全市消费者投诉十大案例和商品质量十大案例，发布消费警示和商品专

图 2-4-10　纪念“3·15”活动

项检测结果。结合“消法”等有关法律法规及建设资源节约型、环境良好型社会等内容制作专题展板，开展宣传展示。组织全市 30 个市场、8 户商品准入达标示范企业开展消费宣传进社区、进校园、进企业活动。组织房地产、公用服务企业发出诚信经营倡议。开通快速维权通道，在旅游景区、商贸聚集区等重点区域开通消费维权直通车。发挥维权网络作用，各消联站在节前组织义务监督员参与对农村放心店及小商店的检查，组织义务监督员分片集中在农村开展宣传、受理咨询投诉，开展专项检测。针对消费热点，在全市大中型超市、批发企业开展商品质量专项抽检和食品检测，公示检测结果。集中力量对大型商场、超市、食品批发企业、集贸市场、专业市场的商品进行全面检查，曝光典型案件。集中公开销毁假冒伪劣商品。

这次活动共接受咨询 30 人次，行业专家提供咨询服务 41 人次，参加的志愿者有 125 人次；发布消费警示信息 62 条，发放宣传资料 9.1 万份，召开座谈会 10 次，举办电视专题宣传节目 5 期、报刊宣传专栏 1 期。接受消费者投诉 113 件，现场解决 70 件，为消费者提供免费服务 794 人次。

2012 年 3 月 15 日，市工商局、市消保委采取市、镇乡（街道）两级联动的方式开展活动，有 15 户公用企业共同参与，在城市广场设主会场，在各镇乡（街道）、大型商场、超市门口设分会场。通过现场咨询，与报刊、电视、电台等媒体互动的形式开展以“生态消费”为主题的消费宣传教育。在《诸暨日报》开辟消费维权栏目，公布 2011 年度十大消费维权案例与 2011 年消费申诉分析。对一些严重侵害消费者合法权益的行为予以曝光。活动现场推出义工便民服务 171 人次，发放宣传资料 18500 份，展出展板 16 块，接待咨询 557 人次，受理申诉 11 件，现场解决申诉 3 件，提供宣传服务 1320 人次。

2013 年 1 月，市工商局、市消保委组织开展“义工看年货”消费维权专项活动，通过消费调查、消费体验、消费点评等载体规范年货市场。3 月 13 日，《人民日报》头版头条对此作了报道。

1989年—2013年诸暨市消协（消保委）消费者申诉受理及处理情况统计一览

表 2-4-1

年度	受理件数	受理消费者投诉（件）															解决件数（件）	为消费者挽回损失（万元）
		按投诉性质分类							按投诉商品类型分									
		质量	价格	虚假广告	假冒商品	计量	欺诈骗销	其他	家用电器	家用机械	日用百货	食品	药品	服务类	农用生资	其他		
1989	90	76	3	—	6	2	—	3	46	10	21	9	—	1	—	3	86	6.8
1990	118	97	4	3	7	5	—	2	41	11	26	7	—	3	—	9	115	4
1991	115	100	5	1	1	6	—	7	38	19	36	8	—	5	3	6	115	2.8
1992	84	77	2	1	4	—	—	—	24	17	24	7	—	3	1	8	84	4.6
1993	58	51	—	—	5	—	—	2	23	11	13	5	—	1	—	5	58	5.7
1994	139	96	6	1	7	2	—	27	33	22	36	14	1	12	4	17	132	8
1995	936	433	77	1	81	302	6	36	64	24	95	666	1	19	17	50	940	29
1996	1779	768	87	2	274	566	15	67	77	32	195	1318	4	72	37	44	1775	41.7
1997	2625	777	114	4	152	1130	33	415	45	39	194	2181	17	76	26	47	2635	24.4
1998	4805	1332	193	8	198	2792	98	184	54	42	741	3614	20	147	51	136	4808	35
1999	5710	1706	271	74	420	2918	125	196	107	160	642	4433	15	196	37	120	5708	55
2000	5653	1766	579	179	539	2068	174	348	243	152	819	3597	23	481	70	268	5630	45
2001	2538	756	82	29	294	624	86	658	77	54	381	1061	16	390	21	538	2538	79.2
2002	662	585	13	4	7	17	5	31	146	55	133	119	8	70	33	98	662	70.92
2003	872	656	38	4	22	97	17	38	117	63	181	277	4	101	16	113	872	78.94
2004	1345	492	25	5	—	10	—	—	272	108	169	114	11	—	14	49	1108	95.28
2005	451	451	231	2	—	—	—	—	92	34	58	41	4	—	6	34	435	16.36
2006	875	—	—	—	—	—	—	—	—	—	—	—	—	—	—	—	—	199.7
2007	150	—	—	—	—	—	—	—	—	—	—	—	—	—	—	—	35	190
2008	946	—	—	—	—	—	—	—	—	—	—	—	—	—	—	—	—	73.42
2009	867	—	—	—	—	—	—	—	—	—	—	—	—	—	—	—	660	51.45
2010	116	13	—	—	—	—	—	12	26	1	21	25	1	—	1	5	—	13.06
2011	779	6	—	—	—	—	—	—	16	6	22	23	0	—	0	4	—	41.2
2012	796	—	—	—	—	—	—	—	—	—	—	—	—	—	—	—	780	123.16
2013	1137	—	—	—	—	—	—	—	—	—	—	—	—	—	—	—	—	208

第五节 合同监督管理

合同鉴证

合同鉴证是工商行政管理部门应合同双方当事人的申请，对合同主体是否合格，合同内容、合同标的、签订程序、合同当事人意思表示是否真实合法进行审查的一种行政行为。需要对当事人、合同标的物及其他有关情况进行调查的，先行调查，申请材料齐备，符合规范的合同，予以鉴证。不符合条件的，予以驳回。

1984 年 7 月，县工商局设立经济合同股、经济合同仲裁委员会。1987 年，县工商局在浙江省内首创经济合同鉴证书制度。

1988 年，县工商局鉴证经济合同 941 份，合同标的 1312.22 万元。确认无效合同 4 份，合同标的 7.05 万元。对 26 份合同当事人的资金信誉开展调查。

1989 年初，推行合同鉴证工作规范化制度，县工商局授权工商所可办理合同标的额 50 万元以下合同鉴证。明确建筑面积在 1000 平方米以上或工程造价 25 万元以上的建筑合同必须鉴证。是年，鉴证各类经济合同 642 份，合同标的 1445.82 万元，其中，工矿产品购销合同 69 份，合同标的 234.36 万元；农副产品购销合同 60 份，合同标的 87.76 万元；建筑工程承包合同 10 份，合同标的 120.95 万元；其他合同 503 份，合同标的 1002.75 万元。实行鉴证合同回访制度。市工商局获评浙江省工商系统经济合同管理先进集体。

1990 年—1992 年，市工商局共鉴证经济合同 3714 份，合同标的 6763.84 万元；确认无效合同 6 份，合同标的 1232 万元。

1993 年，市工商局加强对工程造价在 50 万元以上项目建筑合同鉴证的管理，对鉴证后的建筑合同的履行情况进行检查。发现合同履约中出现的问题，监督当事人解决。

1995 年—1997 年，诸暨市推行企业承包责任制，市工商局主动上门，为企业承包合同实施鉴证。其中，为五泄供销社鉴证承包合同 91 份，为市出口食品厂和原料种植户现场鉴证合同 117 份，在牌头供销社柜组承包招标现场鉴证承包合同 62 份。

1998 年，市工商局对市重点企业的经济合同实施上门鉴证。赴浙江双鹰集团鉴证合同 200 多份。为陈蔡、璜山、草塔、牌头等供销社鉴证转制承包合同 281 份。市大东南时装有限公司与河南郑州八一商场签订男式衬衫代销合同，合同标的 12.5 万元；市工商局在鉴证时发现该合同中付款日期及方式约定不明确，即与郑州市工商局取得联系，使双方重新明确付款方式和日期。

2000年起，市工商局开展政府采购中心采购合同鉴证工作，鉴证采购合同235份，合同标的3844万元。现场鉴证拍卖合同516份，合同标的2731万元。当年鉴证订单农业合同1000余份，11份合同经审查不予鉴证，为合同当事人挽回经济损失56万元。

2001年，市工商局对50万元以上的建筑工程合同实施强制鉴证，有31份合同经审查后发现不规范，不予鉴证，使当事人避免经济损失102.6万元。

2002年，对产权转让、夜市、马路摊位租赁等合同进行鉴证。现场鉴证拍卖合同138份，合同标的4499万元。5份合同不予鉴证，使当事人避免经济损失109万元。

2003年6月，市政府《第三轮行政审批制度改革方案》，取消了工商行政管理部门合同鉴证职能。

1988年—2003年诸暨市（县）合同鉴证情况统计一览

表2-5-1　　　　单位：万元

年度		工矿产品购销	农副产品购销	加工承揽	建筑工程承包	财产租赁	企业租赁	企业承包	借款	货物运输	联营	能源供应	其他	合计
1988	份数	—	—	—	—	—	—	—	—	—	—	—	—	941
	金额	—	—	—	—	—	—	—	—	—	—	—	—	1312.2
1989	份数	69	60	30	10	32	2	23	15	5	9	—	387	642
	金额	234.36	87.76	365.26	120.95	5.85	3.86	93.45	181	12.83	35.19	—	305.31	1445.82
1990	份数	51	14	15	8	192	3	113	313	32	3	—	287	1031
	金额	255.22	146.62	132.00	131.62	32.42	19.3	80.09	437.58	6.7	15.8	—	284.19	1541.54
1991	份数	123	269	27	2	148	17	200	454	—	1	—	138	1379
	金额	602.15	73.99	87.06	11.48	28.646	5.73	334.516	615.92	—	11	—	84.06	1855
1992	份数	182	118	10	15	291	1	54	538	—	2	—	93	1304
	金额	754.8	57.1	9.5	700	238.25	1.4	33.4	1539.45	—	22	—	11.4	3367.3
1993	份数	73	20	2	38	502	16	56	375	1	3	—	59	1145
	金额	1051	28	240	3584	345	19	28	1782	10	13	—	45	7145
1994	标数	246	1	1	65	902	32	160	265	—	2	—	23	1697
	金额	1850	1	1	4050	1548	36	591	1627	—	2	—	70	9776
1995	份数	532	2	66	28	684	—	242	357	—	3	—	141	2055
	金额	1958	28	800	2666	613	—	693	3880	—	3	—	104	10745
1996	份数	440	171	52	41	1893	92	137	315	—	—	—	121	3262
	金额	1644	37	632	11349	1186	58	759	3228	—	—	—	31	18924

续表 2-5-1

年度		工矿产品购销	农副产品购销	加工承揽	建筑工程承包	财产租赁	企业租赁	企业承包	借款	货物运输	联营	能源供应	其他	合计
1997	份数	709	258	111	37	2539	2	41	107	—	3	—	234	4041
	金额	9632	3298	1379	3487	3348	13	154	1542	—	3	—	580	23436
1998	份数	446	26	107	14	2868	30	118	5	—	5	17	1232	4868
	金额	4664	55	688	1181	2695	89	644	130	—	11	63	1888	12108
1999	份数	516	1825	45	89	2515	132	176	12	—	3	—	380	5693
	金额	2056	290	278	17728	2347	1260	720	77	—	8	—	416	25180
2000	份数	170	1201	6	357	4647	139	55	—	—	164	—	866	7605
	金额	442	707	11	64298	2782	481	137	—	—	336	—	50100	119397
2001	份数	694	1006	690	450	7135	489	17	—	—	6	—	899	11386
	金额	6052.80	713	4729.74	42840	4276.3	1015	351	—	—	300	—	7619.2	67897.04
2002	份数	502	421	112	346	979	242	—	—	—	—	—	1314	3916
	金额	4286	340	440	40178	6880	768	—	—	—	—	—	770	53662
2003	份数	234	39	36	56	69	61	—	—	—	—	—	68	563
	金额	2432	43	21	16240	4209	181	—	—	—	—	—	476	23602

合同纠纷调解与合同仲裁

1984 年 7 月，诸暨县工商局经济合同仲裁委员会设立。1987 年 7 月，枫桥工商所、五泄工商所设立经济合同仲裁庭。10 月，牌头、城关、湄池、陈蔡等工商所相继设立经济合同仲裁庭。工商所所长兼任仲裁庭庭长，65 名干部担任仲裁员或书记员。

1988 年，县工商局受理经济合同纠纷案 1000 件，争议合同标的 677.47 万元；办结 1002 件（含上年遗留案），争议合同标的 675.45 万元，结案率 99.41%。

1990 年，市工商局确定标的额在 5 万元以下的争议合同由仲裁庭长审批立案。对事实清楚、情节简单的案件，实行“边投诉、边立案、边审理、边执行”的简单程序。变“坐堂办案”为“上门办案”，对经济合同争议案“上门清理、上门受理、上门执行”。是年，办结经济合同纠纷案 9079 件，结案数名列全省首位。

1991 年，市工商局办结经济合同纠纷案 1106 件，争议合同标的 498.4 万元，为企业挽回经济损失 300 余万元。

1992 年 6 月，市工商局清理 296 户企业经济合同纠纷 384 件，争议合同标的 834 万元，为企业挽回经济损失 388 万元。

1993年，根据修改后的《中华人民共和国经济合同法》中关于“仲裁案件实行一裁终局制”的规定，市工商局规范经济合同仲裁办案制度。是年，办结经济合同纠纷案351件，争议合同标的601万元。

1994年7月，“诸暨市工商局经济合同仲裁委员会”更名为“诸暨市经济合同仲裁委员会”，与市工商局隶属关系不变。

1995年9月1日，《中华人民共和国仲裁法》实施，经济合同争议从行政仲裁转为民间仲裁、司法仲裁，“诸暨市经济合同仲裁委员会”完成历史使命。

1988年—1995年诸暨市（县）合同仲裁情况统计一览

表2-5-2

年　度	审结案件（件）	合同标的（万元）	争议合同标的（万元）	结案方式				移送司法机关处理
				调　解	裁　决	确认无效	撤　诉	
1988	1002	677.47	675.45	980	13	6	3	—
1989	13960	1465.91	1180.30	13632	17	7	34	—
1990	9079	1098.59	732.23	9023	39	—	6	1
1991	1106	828.48	498.4	1060	30	10	6	—
1992	342	1462.82	560.75	325	14	2	1	—
1993	351	2531	601	314	24	3	10	—
1994	416	3462	1166	361	55	—	—	—
1995	170	903	866	—	170	—	—	—

说明：编制依据为经济合同仲裁统计表

1984年—1995年诸暨市（县）经济合同仲裁委员会组成人员名单

表2-5-3

职　务	姓　名	任职时间
主　任	翁锡表	1987年5月—1995年9月
副主任	郭伯良	1984年7月—1994年1月
副主任	蔡伯煌	1985年7月—1991年3月
副主任	宋建大	1991年3月—1995年9月
委　员	蒋　平	1994年1月—1995年9月
委　员	郭伯良	1994年1月—1995年9月
委　员	袁成祖	1994年1月—1995年9月

1987年—1995年诸暨市（县）经济合同仲裁委员会派出仲裁庭设置情况一览

表 2-5-4

仲裁庭名称	设立时间	备　注
城关仲裁庭	1987年10月	—
浣纱仲裁庭	1988年9月	1993年6月更名为城东仲裁庭
五泄仲裁庭	1987年10月	1992年6月15日更名为草塔仲裁庭
枫桥仲裁庭	1987年10月	—
湄池仲裁庭	1987年10月	—
三都仲裁庭	1988年9月	—
牌头仲裁庭	1987年10月	—
大西仲裁庭	1988年9月	—
陈蔡仲裁庭	1987年10月	—
璜山仲裁庭	1988年9月	—
姚江仲裁庭	1988年9月	1992年6月15日更名为江藻仲裁庭
大唐庵仲裁庭	1990年6月	1992年6月15日更名为大唐仲裁庭
轻纺市场仲裁庭	1993年3月	—
山下湖仲裁庭	1993年3月	—

合同监督检查与违法合同查处

检查、指导、督促合同当事人签订和履行合同，确认不合格合同和无效合同，纠正显失公平的合同条款，是工商部门履行合同监督管理的一项重要职能。

1989年，市工商局检查合同5011份，合同标的9297万元。确认不合格合同210份，合同标的451万元；确认无效合同2份，合同标的0.43万元。监督履行合同3859份，合同标的2671万元。

1990年，市工商局检查合同5501份，合同标的8671万元。确认不合格合同258份，合同标的381万元。监督履行合同2405份，合同标的994万元。

1992年，市工商局检查合同5475份，合同标的7207万元。确认不合格合同212份，合同标的138万元；确认无效合同6份，合同标的1232万元。监督履行合同348份，合同标的913万元。

1994年，市工商局检查326户企业的合同213份，合同标的8054万元。确认不合格合同 46 份，合同标的 108 万元。监督履行合同 323 份，合同标的 1191 万元。

1995 年 11 月 17 日，国家工商局要求加强查处利用合同进行的违法行为。是年，市工商局检查经济合同 7050 份，合同标的 4.7 亿元。确认不合格合同 187 份，为经济合同当事人挽回经济损失 421 万元。查处某工贸有限公司利用合同骗取某医用乳胶厂货款案，涉案合同标的 8.5 万元，发还货物折价 6.8 万元。

1996 年，市工商局加大打击合同欺诈行为，全年查处违法合同 71 件，涉案合同标的 549 万元，罚没 5.45 万元，其中，查处利用合同欺诈案 35 件，移送司法机关处理 2 件，为当事人追回货款 67.36 万元，追回货物价值 299 万元。

1997 年 4 月，市工商局对全市 67 户种子店销售合同、房地产交易合同、建筑合同进行专项检查。检查合同 12238 份，合同标的 14.5 亿元，确认不合格合同 221 份，合同标的 2168 万元；到期未履行合同 234 份，合同标的 3093 万元。协助经济合同当事人解除合同 19 份，合同标的 79 万元，为经济合同当事人挽回经济损失 500 余万元。是年，市工商局成立打击合同欺诈领导小组，对一些私营公司、“一脚踢”承包企业、经营亏损、商业信誉低下的企业实行重点监管。组建打骗网络，向社会公布举报电话，在重点镇乡设立举报箱，在晶都大酒店、塔山宾馆等 7 户企业设立反馈外地客户被欺诈的信息窗口。全年查处合同违法案 92 件，涉案合同标的 309.5 万元，罚没 3.13 万元，为当事人追回货款 967 万元，其中，通过晶都大酒店信息窗口反馈的信息，查获金华人黄某利用黄岩市某公司名义骗取诸暨市某饲料厂添加剂 15 吨，价值 15.8 万元的案件。

1998 年，市工商局查处违法合同案 91 件，合同标的 120.38 万元，罚没 1.27 万元，为当事人追回货款 115.38 万元。检查 1848 户企业合同签订履行情况，其中对全市 49 户房地产企业的商品房合同文本的使用情况开展专项整治，查处涉房违法合同 7 件。

1999 年 5 月 12 日，市工商局开展打击合同欺诈专项执法行动，历时 3 个月。重点查处利用加工承揽合同推销劣质机械设备，骗取定金的行为；利用虚假广告虚构合同主体、标的物进行产品推销或骗取货物的行为；利用假联营损害合同当事人利益的行为；利用居间合同损害委托人利益的行为。市工商局与市公安局、人民法院等互相协作，共同查处合同欺诈案件；1994 年—2000 年间，共查处违法合同 193 件，涉案合同标的 497.65 万元，罚没 5.82 万元。

2001 年 8 月，市工商局开展打击合同欺诈专项执法整治行动，查处违法合同 67 件，涉案合同标的 106 万元，罚没 3.05 万元。查处合同欺诈案 5 件，其中罚没 10 万元以上 2 件、8 万元以上 1 件。

2002 年—2003 年，市工商局检查合同 15139 份，合同标的 1.02 亿元。确认不合格合同 184 份，合同标的 1532 万元，其中无效合同 14 份，合同标的 176 万元。

2004 年，市工商局结合企业信用工程建设，在 42 户企业安装合同管理系统软件。检查 605 户企业 1418 份合同的签订与履行情况，监督合同当事人履行合同 698 份；查处违法合同 185 件，罚没 86.9 万元。

2005 年—2006 年，市工商局再次开展打击合同欺诈专项执法整治行动，查处利用合同买卖重要生产资料，以及农副产品订购、承揽、旅游、中介服务、外贸等方面的合同欺诈行为，重点查处轻纺、房地产、中介机构等问题较为突出的行业。与法院、公安、银行、财税、律师事务所联系，查阅资料、查找线索。检查合同 9753 份，合同标的 6.54 亿元；确认不合格合同 24 份，合同标的 104 万元；查处违法合同 17 件，涉案合同标的 30 万元，罚没 4.31 万元。

2010 年，市工商局检查合同 7729 份，查处违法合同 3 件，涉案合同标的 7200 元，罚没 5200 元。是年，检查涉农合同 5263 份，占检查合同总量的 68%。

2011 年，市工商局检查合同 3087 份，合同标的 9.22 亿元，其中建设工程合同 49 份，合同标的 5.97 亿元。

2012 年 5 月—8 月，市工商局开展利用合同格式条款侵害消费者合法权益的专项整治。对房屋买卖、租赁居间、物业管理合同，餐厅、快递、美容美发、商场超市等企业自制格式合同中存在的“霸王条款”加大查处力度。检查 189 户企业、26 户个体工商户签订的合同 3985 份，收集格式条款文本 117 份，约谈企业 28 户，立案查处利用“霸王条款”侵害消费者的行为 10 件，罚没 5650 元。

2013 年，市工商局重点整治快递、旅游、物业管理、教育培训及预付式消费等热点领域格式合同中的“霸王条款”。检查相关企业 385 户，查处利用合同格式条款侵犯当事人权益的案件 13 件，指导规范合同条款 26 户。

图 2-5-1　部署合同监管、市场规范工作

1989年—2013年诸暨市经济合同监督检查情况统计一览

表 2-5-5

年度	检查企业户数（户）	检查合同情况		其中：不合格		其中：确认无效		监督履行	
		份数（份）	合同标的额（万元）	份数（份）	合同标的额（万元）	份数（份）	合同标的额（万元）	份数（份）	合同标的额（万元）
1989	494	5011	9297	210	451	2	0.43	3859	2671
1990	379	5501	8671	258	381	—	—	2405	994
1991	412	4070	22155	126	132	3	37.2	626	1105
1992	338	5475	7207	212	138	6	1232	348	913
1993	396	3993	13674	220	289	—	—	526	1494
1994	326	213	8054	46	108	—	—	323	1191
1995	621	7050	46765	187	749	—	—	817	5695
1996	856	11490	35129	476	2274	—	—	969	19789
1997	1191	12238	145437	221	2168	19	79	1234	9713
1998	1348	6788	40389	220	780	27	283	1090	6813
1999	1159	8750	6788	483	3282	19	110	1412	7220
2000	1250	6963	41633	211	953	3	34	1359	10795
2001	1071	10816	130401	217	2704	5	639	2972	1665
2002	1751	8649	35573	141	523	12	165	156	14500
2003	1760	6490	64586	43	1009	2	11	316	3396
2004	—	6445	58566	19	53	—	—	—	—
2005	—	5122	25374	21	96	—	—	—	—
2006	—	4631	40070	3	7	—	—	—	—
2007	—	1899	37603	—	—	—	—	—	—
2008	—	1906	38862	—	—	—	—	—	—
2009	—	1649	72150	—	—	—	—	—	—
2011	—	3087	92244	—	—	—	—	—	—
2012	—	3985	50236	—	—	—	—	—	—

说明：编制依据为经济合同监督检查统计表

1995年—2013年诸暨市查处违法合同案件情况一览

表 2-5-6

年　度	案件数（件）	涉案合同标的（万元）	罚没金额（万元）	移送司法机关（件）
1995	1	8.5	6.8（追回）	—
1996	53	366.36	5.45	2
1997	92	309.5	3.13	1
1998	91	120.38	1.27	—
1999	45	251.9	1.32	—
2000	148	245.75	4.5	—
2001	240	189.41	8.25	—
2002	5	7	1	—
2005	4	23	2.2	—
2006	13	7	2.11	—
2008	2	7	0.2	—
2009	2	0.88	0.2	—
2010	3	0.72	0.52	—
2011	2	98	0.13	—
2012	13	22	2.3	—
2013	19	24	1.6	—

说明：编制依据为违法合同查处情况统计表、查处合同违法行为与调解合同争议情况统计表

推行经济合同示范文本与格式合同备案

1990年3月20日，国务院批复同意国家工商局在全国逐步推行经济合同示范文本的请示。9月25日，市工商局确定在全市推行经济合同示范文本。规定企业使用购销合同、建设工程承包合同、加工承揽合同、财产租赁合同、仓库保管等合同示范文本，须向工商部门领取。当事人在签约时应使用示范文本；确有特殊要求，需自行制定、印刷合同文本的，须报绍兴市工商局批准、省工商局备案；自行印制的文本只限本单位使用，不得对外销售。

1991年，全市企业领用经济合同示范文本16045份。

1993年，市工商局开展经济合同示范文本使用情况检查。为帮助企业转换经营机制，适当放宽购销合同示范文本的使用要求，规定企业确需自制合同文本的，可经市工商局审查后自行印制使用。

1995年，市工商局查处擅自印制经济合同示范文本案2件。

2003年5月16日，市工商局始行格式合同备案。当年备案格式合同51份，其中房屋买卖合同29份、房屋租赁合同1份、物业管理合同3份、旅游合同3份、供能合同1份、电信合同2份、旅游合同4份、消费贷款合同4份、人身财产保险合同7份、其他合同1份。

2004年7月，格式合同备案范围扩展到有线电视、供水、供电、供气和人身财产保险等行业。10月1日起，商品交易市场摊位租赁合同统一使用省工商局制定的经济合同示范文本。

2005年—2006年，市工商局每年备案格式合同83份。

2007年，市工商局规范拍卖合同使用管理，备案拍卖合同120份，合同标的2.86亿元。备案各类格式合同180份。

2008年，市工商局制定29种订单农业经济合同示范文本，在涉农企业中推广使用。合同签订前派员指导，规范合同文本；签订后对订单农业合同签订企业实施回访，督促履行。对涉农企业使用的合同文本实行备案管理，一户一档。

2009年4月15日，市工商局会同市农业局、市委农村工作办公室联合推行浙江省农村土地承包经营权流转合同示范文本，包括农村土地承包经营权转包（出租）合同、农村土地承包经营权互换合同、农村土地经营权转让合同、农村土地承包经营权入股合同、农村土地承包经营权委托流转协议以及农村土地承包经营权委托流转合同等六大类。至2010年，全市105户土地股份合作社使用示范文本，总入股土地面积2133.33公顷，涉及农户396户。签订土地流转合同960份，涉及流转土地17386.67公顷。

2011年初，市工商局在汽车销售、维修行业推广使用示范文本。全市67户二级以上汽车维修企业全部使用绍兴市统一的市汽车维修合同示范文本，10户4S店使用浙江省汽车买卖合同示范文本。4月13日起，市工商局开展汽车类合同格式条款备案工作。6月，开始对汽车销售、保养、维修合同实施报备制。这年报备的96份合同中，汽车销售合同占95份。

2012年，市工商局对物流行业、仓单质押融资合同实施行政指导。实现珍珠仓单质押贷款62笔，贷款合同标的6.28亿元。推行物流运输示范合同文本。

2013年，市工商局备案格式合同58份。

2003年—2013年诸暨市格式合同备案情况统计一览

表2-5-7　　　　　　　　　　　　　　　　　　　　　　　　单位：件

年度	商品房买卖合同	居间、委托合同（房屋买）	物管、住宅装修装饰合同	旅游合同	供用电、水气、热	有线电视合同	邮政合同	电信合同	消费贷款合同	人身财产保险合同	旅客运输合同	其他	合计备案（份）	合计核发（份）	企业报备案
2003	29	1	3	3	—	—	—	2	4	7	1	—	51	—	—
2004	—	—	—	—	—	—	—	—	—	—	—	—	48	—	—
2005	10	—	2	11	9	2	18	14	10	2	1	4	83	83	1
2006	—	—	—	—	—	—	—	—	—	—	—	—	83	—	—
2007	—	—	—	—	—	—	—	—	—	—	—	—	97	—	—
2008	2	8	2	16	7	—	7	21	—	—	—	1	69	—	—
2009	—	6	6	17	8	—	10	5	13	—	2	4	71	—	—
2010	—	—	—	—	—	—	—	—	—	—	—	6	11	—	11
2011	—	—	—	—	—	—	—	—	—	—	—	95	96	—	96
2012	—	10	—	—	—	—	—	—	—	—	—	—	107	—	—
2013	—	—	4	15	1	—	—	—	—	—	—	36	58	—	58

说明：编制依据为1.绍兴市格式条款备案一览表；2.从合同统计、分析、总结等材料中录取

守合同重信用（重合同守信用）活动

“重合同守信用”单位命名活动始于1985年8月。经企业主管部门申报，县工商局审核、县政府批准，首次命名诸暨医药公司等38户企业为诸暨县“重合同守信用”单位。至1991年，该项活动共开展5次，命名企业529户次。

1992年初，市工商局开展第6次“重合同守信用”命名活动。根据《浙江省企业经济合同规范化管理标准》要求，已命名的“重合同守信用”单位，须重新申报、考核、命名。9月14日，经市政府批准，浙江省诸暨市第一建筑工程公司等206户企业被命名为1991年—1992年度诸暨市“重合同守信用”单位，其中，绢纺织厂、浙江电除尘器总厂、诸暨市土特产公司、诸暨市医药药材公司、浙江省诸暨市工业设备安装公司、浙江省诸暨市龙凤化妆品厂、诸暨第二丝厂、浙江省诸暨市衬衫厂、诸暨市电力线路器件厂等9户企业连续6次被命名为“重合同守信用”企业。

1993年8月11日，为促进全市私营企业上规模、上档次、上水平，提高自身素质和经济效益，市工商局首次在私营企业中开展“重合同守信用”单位命名活动。11

月16日，命名39户私营企业为诸暨市“重合同守信用”单位。11月30日，市工商局召开命名授牌大会，对上述单位授予铜牌和荣誉证书。市委、市政府、市人大、市政协领导到会授牌。

1993年诸暨市私营企业首次获评“重合同守信用”单位名录

表2-5-8

企业名称	业主姓名	企业地址
浙江省诸暨市电器有限公司	尉伯斤	店口镇
诸暨市新兴汽配厂	姚文火	店口镇
诸暨市气动附件厂	池月来	店口镇
诸暨轻工机械配套厂	姚新义	店口镇
诸暨市华光五金厂	陈仲海	店口镇
诸暨市商业机械厂	何海根	阮市镇
诸暨市汽动管件厂	潘光照	阮市镇
诸暨市工程机械配件厂	冯银芳	湄池镇
诸暨市车辆配套厂	蒋葵明	湄池镇
诸暨市工矿物资有限公司	宣再法	湄池镇
诸暨市交通器材厂	蒋宗伟	湄池镇
诸暨市紫西铜塑制品厂	蒋洪根	湄池镇
诸暨市摩托车配件厂	冯仲文	湄池镇
诸暨市城关塑料皮革制品厂	陆振伟	城关暨阳路
诸暨市白天鹅酒家	陈中青	城关西施大街
诸暨市城关水暖经营部	孙仕龙	城关人民路
诸暨市城关沙发家具厂	杨贤彪	城关艮塔路
诸暨市青山家具厂	杨永苗	城关望云路
诸暨市城关矿山设备厂	吴秀惠	城关护村路
诸暨市霓虹灯变压器厂	蔡保才	陈蔡镇
诸暨市陈蔡第二丝织服装厂	赵金良	浬浦镇
诸暨市同仁机器厂	郭新琴	城关郭家村
诸暨市安平郑家炉具厂	翁友生	城关安平路
浙江诸暨金大地饲料有限公司	陈伯义	城关翁家埂
诸暨市成套机械设备厂	杨金森	牌头镇
诸暨市汤江工艺玩具厂	周海青	安华镇
浙江诸暨毛绒玩具有限公司	周立雄	牌头镇

续表 2-5-8

企业名称	业主姓名	企业地址
诸暨市枫桥工艺玩具厂	骆　伟	枫桥镇
诸暨市乐山缝纫机零件厂	周峻水	齐东乡
诸暨市泉坂茶厂	何勤坤	赵家镇
诸暨市纺织工贸实业有限公司	葛张定	东一乡
诸暨市纱筛厂	俞明华	次坞镇
诸暨市开三春蕾服务厂	袁承炎	璜山镇
诸暨市化泉四方螺帽厂	徐国富	化泉乡
诸暨市璜山前进方帽厂	黄如苗	璜山镇
诸暨市江藻照明电器厂	郭谢党	江藻镇
诸暨市马剑印刷厂	戴根和	马剑镇
诸暨市三都纺织器材服务部	刘银天	三都镇
诸暨市织成有限公司	洪冬英	大唐镇

1994 年 3 月，市工商局在全市 350 户无主管部门企业中首次开展“重合同守信用”单位命名活动，诸暨市中义实业总公司等 25 户企业榜上有名。9 月，开展 1993 年—1994 年度“重合同守信用”单位命名活动，174 户国有、集体企业获得命名。

1996 年 1 月，“重合同守信用”命名活动改变过去按企业所有制类型分别命名的办法，各类企业凡符合条件者均可申报。该次命名的“重合同守信用”单位有国有企业 3 户、集体企业 79 户、三资企业 1 户、私营企业 43 户、有限责任公司 28 户，共计 154 户。

1997 年 12 月 10 日，省工商局认定诸暨市第五建筑工程公司、浙江海亮铜业集团有限公司等 8 户企业为浙江省“重合同守信用”单位。

1990 年—2002 年诸暨市企业“重合同守信用”命名情况统计一览

表 2-5-9　　单位：户

年　度	单位数	年　度	单位数
1990	168	1995—1996	154
1991—1992	206	1997—1998	153
1993	39（私营企业）	1999—2000	170
1993—1994	174	2001—2002	175
1994	25（无主管企业）	—	—

2002 年 12 月，根据省工商局《浙江省工商企业信用等级“守合同重信用”单位认定管理办法》和市政府办公室文件精神，“重合同守信用”活动更名为“守合同重信用”活动。

2003 年，耀江建设集团有限公司、万安集团有限公司、东方建设集团有限公司被省工商局认定为浙江省工商企业信用 3A 级“守合同重信用”单位。绍兴市工商局认定海亮集团等 24 户企业为浙江省工商企业信用 2A 级“守合同重信用”单位。诸暨市工商局认定浙江利众园林建设有限公司等 55 户企业为浙江省工商企业信用 A 级“守合同重信用”单位。

2004 年，市工商局认定 184 户企业为浙江省工商企业信用 A 级“守合同重信用”单位，绍兴市工商局认定诸暨市 41 户企业为信用 2A 级“守合同重信用”单位，省工商局认定诸暨市 5 户企业为浙江省工商企业信用 3A 级“守合同重信用”单位。

2005 年 3 月 11 日，市工商局认定永发纺织有限公司等 46 户企业为 2004 年度浙江省工商企业信用 A 级“守合同重信用”单位。是年，市工商局先后指导 200 余户企业建立健全合同管理制度，完善自律机制，规范合同行为，创建“守合同重信用”单位。对全市 276 户 A 级以上“守合同重信用”企业实施回访。全年有 150 户企业提出申报浙江省工商企业信用 A 级以上“守合同重信用”单位的认定。

2006 年 3 月 28 日，市工商局认定虹绢公司等 98 户企业为浙江省工商企业信用 A 级“守合同重信用”单位。8 月 2 日，省工商局认定宏磊集团有限公司等 6 户企业、延续认定海亮集团等 2 户企业为浙江省工商企业信用 3A 级“守合同重信用”单位。

2007 年 8 月 28 日，市工商局认定菲达环保有限公司等 45 户企业为 2006 年度浙江省工商企业信用 A 级“守合同重信用”单位，延续认定冠军食品有限公司等 8 户企业为浙江省工商企业信用 A 级“守合同重信用”单位。是年，市工商局举办“守合同重信用”活动培训班 5 期，受训 312 人。培育信用 A 级“守合同重信用”企业 60 户、信用 2A 级“守合同重信用”企业 40 户、信用 3A 级“守合同重信用”企业 20 户。首次认定信用 A 级以上“守合同重信用”农户 15 户，其中信用 3A 级 2 户、信用 2A 级 6 户、信用 A 级 7 户。

2008 年 1 月 28 日，绍兴市工商局认定枫桥酒厂等 53 户企业为浙江省工商企业信用 2A 级“守合同重信用”单位，延续认定诸暨市荧光灯具厂等 6 户企业为浙江省工商企业信用 2A 级“守合同重信用”单位。10 月 18 日，诸暨市工商局认定富润等 78 户企业、续展认定多姿工艺品有限公司等 8 户企业为 2007 年度浙江省工商企业信用 A 级“守合同重信用”单位。10 月 30 日，开展诸暨市信用 A 级“守合同重信用”农户认定活动。12 月 4 日，市工商局认定袁秀文等 15 户农户为 2008 年度诸暨市信用 A

级“守合同重信用”农户。当年，国家工商总局首次公示海亮集团等3户企业为“守合同重信用”企业。

2009年9月24日，省工商局认定步森集团等9户企业为浙江省工商企业信用3A级“守合同重信用”单位，续展认定宏磊铜业等8户企业为浙江省工商企业信用3A级“守合同重信用”单位。11月2日，诸暨市工商局认定嘉美化工等87户企业、延续认定高山泉等12户企业为2008年度浙江省工商企业信用A级“守合同重信用”单位。11月18日，绍兴市工商局认定诸暨市螺帽厂等26户企业，延续认定大雁服装厂等27户企业为浙江省工商企业信用2A级“守合同重信用”单位。12月7日，认定郦才永等10户农户、复审认定孟仕灿等7户农户为2009年度诸暨市“守合同重信用”农户。

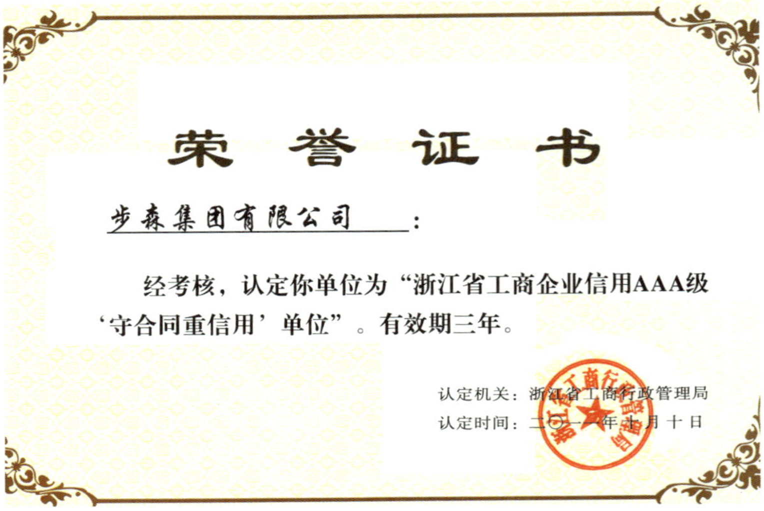
荣誉证书

步森集团有限公司：

经考核，认定你单位为“浙江省工商企业信用AAA级‘守合同重信用’单位”。有效期三年。

认定机关：浙江省工商行政管理局
认定时间：二〇一一年十月十日

图2-5-2　省工商局颁发的“守合同重信用”单位证书

2010年1月20日，省工商局认定华东国际珠宝城为信用五星级、华东水暖汽配城为信用四星级“守合同重信用单位”，续展认定诸暨市家具市场等3个市场为2009年度省工商企业信用A级“守合同重信用”单位。11月12日，市工商局认定金仲友等5农户、复审认定方建根等5农户为2010年度诸暨市信用A级“守合同重信用”农户。

2011年9月28日，省工商局认定和延续认定诸暨市凯信化纤公司等82户企业为浙江省工商企业信用A级“守合同重信用”企业。

2012年10月24日，市工商局认定回音必集团浙江医药有限公司等79户企业、续展认定浙江三净环保有限公司等15户企业为省工商企业信用A级“守合同重信用”单位。是年，全市持有“守合同重信用”称号的企业588户，其中按公示等级分：由国家工商总局公示的3户、省工商局公示的71户、绍兴市工商局公示的199户、诸暨市工商局公示的315户。按企业登记类型分：国有企业2户、股份合作企业14户、公司469户、外商投资企业54户、私营企业45户、其他4户。

2013年10月17日，市工商局认定、延续认定浙江兆山机床有限公司等70户企业为浙江省工商企业信用A级“守合同重信用”单位。是年，全市持有“守合同重信用”称号的企业594户，其中，连续10年被认定（或续展认定）的有45户；连续5年—

9年被认定（或续展认定）的有133户，连续2年—4年被认定（或续展认定）的有367户；当年认定的有49户。

2003年—2013年诸暨市企业“守合同重信用”命名情况统计一览

表2-5-10　　单位：户

年　度	被命名企业数	连续时间			
		1年	2年—4年	5年—9年	10年以上
2003—2004	239	—	—	—	—
2005	298	68	139	55	36
2006	397	112	190	58	37
2007	534	91	302	100	41
2008	659	78	388	142	51
2009	507	87	264	107	49
2010	478	70	247	114	47
2011	594	78	350	119	47
2012	588	63	340	136	49
2013	594	49	367	133	45

第六节　商标监督管理

商标注册

1979年11月，“文化大革命”期间一度停顿的商标注册工作恢复。申请商标注册、转让注册、续展注册、变更注册、补发商标注册证等事项，由县工商局受理，交绍兴市、省两级工商局核转，报国家工商总局商标局核准。是年，全县有注册商标10件：越风牌电风扇、矿建牌过滤机、飞鹅牌真空泵、珠峰牌钻床、大桥牌皮鞋、光芒牌电珠、枫桥牌劳保服、平阳牌服装、汤江牌工作服、枫桥牌棒冰。至1987年，全县有注册商标270件。

1988年，全县有43件商标获准注册，116件商标注册申请核转上报。

1989年，市（县）工商局组织干部深入企业鼓励申请商标注册，帮助企业查找注册资料，拟定商标名称，联系商标设计单位，代为企业填写商标注册申请文书，代办注册手续。是年，全市上报商标注册申请 94 件，核准注册商标 57 件，变更 14 件，转让 1 件。

1990 年，市工商局核转商标注册申请 106 件。全年经国家工商局商标局核准注册的商标达 50 件。

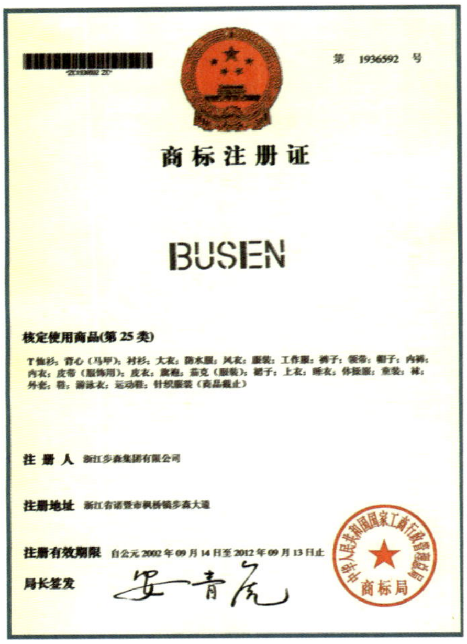
第 1936592 号

商标注册证

BUSEN

核定使用商品(第 25 类)

T恤衫；背心（马甲）；衬衫；大衣；防水服；风衣；服装；工作服；裤子；领带；帽子；内裤；内衣；皮带（服饰用）；皮衣；旗袍；茄克（服装）；裙子；上衣；睡衣；体操服；童装；袜；外套；鞋；游泳衣；运动鞋；针织服装（商品截止）

注册人 浙江步森集团有限公司

注册地址 浙江省诸暨市枫桥镇步森大道

注册有效期限 自公元 2002 年 09 月 14 日至 2012 年 09 月 13 日止

局长签发

中华人民共和国国家工商行政管理总局 商标局

图 2-6-1　商标注册证书

1991 年，市工商局核转商标注册申请 163 件，其中全民企业 1 件、集体企业 128 件、联营企业 4 件、个体工商户和私营企业 30 件。全市有注册商标 465 件，其中全民所有制企业持有 26 件、集体所有制企业持有 406 件、联营企业持有 2 件、个体工商户和私营企业持有 31 件。

1992 年 6 月 2 日，省工商局成立浙江省商标事务所，实行商标注册代理制。从 7 月 1 日起，在各市（县）工商局设商标注册代办点，聘请商标管理干部为代办员，开展商标注册申请的受理、咨询和转递业务。诸暨市的商标代理注册申请工作由市工商局商标广告管理股负责。是年，核转商标注册申请 110 件。

1995 年，市工商局派干部先后赴诸暨华冠绣衣有限公司等企业宣传商标法律法规，增强企业的商标意识，为企业商标注册申请实施全程服务。全年开展商标法律法规宣传 32 次，上报商标注册申请 254 件，为历年之最。

1996 年，市工商局核转商标注册申请 159 件。上报的商标注册申请中，有三分之一属于块状产业产品商标。是年，枫桥衬衫产业 31 户企业上报商标注册申请 56 件，大唐袜业、直埠鞋业上报商标注册申请 50 余件。

1997 年 7 月，市工商局开展商标验证工作，共验证有效注册商标 1106 件，其中，129 件因企业转产、停产未使用，103 件商标办理名称或地址变更。是年，全市有农副产品商标 148 件，首次获准注册服务商标 5 件。店口五金业有注册商标 75 件。浙江步森集团为防止“步森”商标被他人仿冒，注册与“步森”相近的防御商标 54 件，并在国外注册商标 12 件。

1998 年，市工商局实施名牌战略，提出“市场带动、名牌推动”的创牌思路，鼓励企业和个人注册商标，鼓励块状产业产品打自己的牌子，占领自己的市场。是年，市工商局核转商标注册申请 435 件，其中农副产品商标注册申请 21 件（香榧 4 件，其余为板栗、黑李、蔬菜等）。全市个体工商户和私营企业持有注册商标 790 件，占全市注册商标总数的 60%。

1999年，市工商局核转农副产品类商标注册申请26件，全市累计有农副产品注册商标189件，其中香榧19件。

2000年9月，国家工商局决定实行商标代理注册制，市工商局核转商标注册申请的职能停止，商标注册申请由中介机构代理承办。是年，全市共有注册商标1781件。

2005年，全市有14件商标在100余个国家和地区完成国际注册。首次上报自然人商标注册申请30件。

2006年，东和农贸市场“玉芽”商标、珍珠市场“图形”商标、大唐轻纺袜业城“图形”商标等3件市场商标获准注册。

2012年，全市有效注册商标20075件。其中商品商标16666件，农副产品商标1310件，服务商标2099件。自然人注册商标134件。境外注册商标1497件（其中逐一国家注册1062件，马德里注册315件，欧盟注册120件）。是年，全市上报商标注册申请2090件。

2013年，新增注册商标2529件，全市累计注册商标23166件。其中商品商标19212件，农副产品商标1516件，服务商标2437件。是年，枫桥香榧成功注册地理标志证明商标。

1988年—2000年诸暨市（县）商标注册情况统计一览

表2-6-1　　　　单位：件

年度			1988	1989	1990	1991	1992	1993	1994	1995	1996	1997	1998	1999	2000
商标注册上报数	商品商标	生活资料	—	—	—	—	—	—	—	—	—	76	69	174	124
		生产资料	—	—	—	—	—	—	—	—	—	21	87	85	106
		农副产品	—	—	—	—	—	—	—	—	—	22	21	26	23
	服务商标		—	—	—	—	—	—	—	—	—	—	2	12	8
	总计		116	94	106	187	110	177	253	209	159	119	179	297	261
商标注册核准数	商品商标	生活资料	—	—	—	—	—	—	—	—	—	134	33	75	—
		生产资料	—	—	—	—	—	—	—	—	—	61	32	54	—
		农副产品	—	—	—	—	—	—	—	—	—	103	8	26	—
	服务商标		—	—	—	—	—	—	—	—	—	5	—	1	—
	总计		43	57	47	48	99	90	38	82	111	303	73	156	228
商标注册累计数	商品商标	生活资料	—	—	—	—	—	—	—	—	—	698	731	824	—
		生产资料	—	—	—	—	—	—	—	—	—	425	454	528	—
		农副产品	—	—	—	—	—	—	—	—	—	148	156	189	—
	服务商标		—	—	—	—	—	—	—	—	—	11	11	12	—
	总计		313	370	417	465	564	654	720	640	952	1282	1352	1553	1781

商标印制管理

1988年初，全县有商标广告印制企业77户。按企业性质分：全民企业2户、集体企业45户、个人合伙企业22户、个体工商户8户。按商标材质类型分：纸质印制企业55户、塑料基质印制企业12户、金属标牌制作企业6户、丝织印制企业4户。2月，县工商局清理整顿商标印制企业，重新核定50户印制企业为商标定点印制企业，颁发商标广告印制许可证；其余不符合条件的企业被取消商标印制资格。是年，共查处违反商标印制管理案38件，缴销违法商标标识16.43万件，模具3件，罚没8320元。

1989年，市（县）工商局在商标印制企业中建立商标印制协管员制度，实行商标印制情况月报制。全年，查处违反商标印制管理案24件，收缴模具22件，罚没770元。

1990年9月，市工商局对城关镇辖区27户印制企业逐户检查，其中11户有印制商标业务（其中定点企业7户，未经核准超范围印制4户），承印商标业务276批次，其中凭证印制195批次，占总业务量的70.6%。

1991年9月，市工商局配合全市珍珠粉行业整治，加强珍珠粉生产企业商标及包装装潢印制管理，责成相关企业自当年10月1日起，凭工商部门核发的准印证到指定印制企业印制商标。11月，市工商局会同城关工商所开展商标印制企业突击检查，查处有商标印制违法行为的印制企业35户，收缴违法印制的模具530件、商标标识100万件，罚没4000元。是年，全市有定点商标印制企业69户，非定点印制企业24户。市工商局规范商标印制制度，督促印制企业按规范承接业务，印制商标。

1993年，全市有印制企业83户。市工商局先后帮助和监督13户印制企业落实商标印制管理制度。

1995年，市工商局对全市281户印制企业（其中商标定点印制企业146户）进行检查，督促完善管理制度17户，责令限期整改2户，立案查处43户。

1996年1月，市工商局对全市222户印制企业（其中商标定点印制企业137户）开展专项整治，逐户建立监管档案资料。是年，查处非法印制商标案35件，收缴违法商标标识318.5万件、模具67件、罚没3.54万元。

1997年5月起，市工商局按照国家工商局商标局《商标印制业务管理员人员资格考核大纲》要求，对全市132户商标定点印制企业、391名印制业务人员分期分片进行培训考试，281名合格者报绍兴市工商局核发印制资格证书。有2户企业因参加培训考试各缺少1人，被暂停承接业务。有1户企业因未派员参加考试被取消印制资格。

1998年初，市工商局推行商标印制企业季度巡查制度、商标印制月报表制度和印制业务人员持证上岗制度。对新审批的30户商标印制企业的业务人员进行商标法律法规和印制业务知识培训考核。10月，开展商标印制单位专项执法整治，立案查处18户，取缔非法商标印制窝点3个，缴销各类违法商标标识5.6万件，纠正商标印制单位违法印制行为35户次。命名上峰实业集团有限公司等20户印制企业为“恪守信誉文明印制单位”。是年，全市共有定点商标印制单位171户，取得商标印制资质证书的商标印制业务员513人。

2000年5月至6月，市工商局再次对商标印制企业开展专项检查整治，查处非法印制商标案37件，收缴违法商标标识17.85万件、模具40件，罚没1.2万元。

2001年，市工商局重点整治印制侵权涉外商标、驰名商标和著名商标标识及其他印制假冒商标标识的违法行为，查处违法印制商标案185件，罚没39.29万元，缴销模具193件，捣毁非法印制商标标识窝点13个。在大唐镇查处某印刷厂非法印制和买卖商标标识案，缴销违法商标标识153万件；在岭北镇查获非法印制商标案3件，案值分别为14万元、27万元、13万元。全面检查235户印制企业，对179户商标印制企业的印制商标单位证书进行验换证工作，责令5户不符合规范的印制企业限期整改。

2002年，市工商局整顿规范全市179户商标印制企业，保留商标定点印制企业107户。

2003年，市工商局确定人用药品商标印制企业6户。对181名商标印制企业业务管理人员培训考试，合格者报省工商局颁发商标印制业务人员资格证书。

2004年，市工商局查处某彩印厂违法印刷涉外商标标识案，计违法经营额1.5万元，缴销违法印制的商标标识22.85万件，罚没4万元。

2005年，市工商局查处某彩印厂非法印制多种商标标识73.7万余件案，当事人被移送司法机关追究刑事责任。

2006年，市工商局在印制企业中开展《印制业务管理条例》《商标印制管理办法》等法规宣传教育。

2010年，市工商局推行印制企业台账制，向全市印制企业发放台账本，督促印制企业对印制业务作翔实有序记录，工商机关实施每季一查。

1988年—2010年诸暨市（县）商标印制管理情况统计一览

表2-6-2

年　度	案件数（件）	罚没金额（万元）	收缴标识（万张）	收缴模具（件）
1988	38	0.82	16.44	23
1989	24	0.07	—	22

续表 2-6-2

年　度	案件数（件）	罚没金额（万元）	收缴标识（万张）	收缴模具（件）
1991	35	0.4	100	530
1995	43	—	—	—
1996	35	3.54	318.5	67
1997	138	13.7	230.08	30
1998	36	1.2	46.12	3
1999	68	3.8	39.95	14
2000	37	1.2	17.85	40
2001	185	39.3	166.29	—
2002	79	14.3	58.3	2
2003	6	2.35	189.6	8
2004	11	7	299.41	—
2005	30	49	20	—
2006	16	21	10.25	—
2007	13	16	5.65	—
2009	11	11	62	—
2010	10	13	—	2

商标使用管理

1988 年，为规范企业商标使用，县工商局对全县 270 件注册商标进行验证检查，有 154 件能按核准的商标名称图形和核定的商品正常使用，占注册商标总数的 57%。暂停使用 16 件，占注册商标总数的 9.6%。因企业生产不稳定或企业歇业、转产，停止使用的 100 件，占注册商标总数的 37%。查获擅自改变商标注册人名称的 23 件，擅自改变商标图形的 3 件；使用时未标明注册商标标记的 11 件。县工商局对存在问题的企业发出整改通知书，督促限期整改或办理变更手续；有 9 户企业自行整改规范。

1989 年 5 月 13 日起，县工商局对注册商标始行回访制，对 1988 年后核准的注册商标进行回访检查，掌握商标使用情况。7 月，县工商局根据国家工商局部署，对全县 57 户酒类生产企业注册商标使用情况进行检查，发现有 7 户瓶装酒生产企业存在仿制优等、金奖、金牌图形等优质标记和使用“小茅台”“骑士”“真京茳”“麦饭石”等酒的别名，或在瓶贴标签上擅自改变企业字号名称、使用他人商标瓶贴标签等问题。县工商局责成这 7 户企业规范商标使用行为，帮助建立规范商标使用管理制度。对企业联合使用注册商标进行检查，全县有企业联合使用商标 22 件，其中依法签订使用许可合同的 4 件。县工商局督促联合使用商标的企业依法签订使用许可合同 11 件。

1991 年 9 月，市工商局在珍珠粉生产企业整顿中，发现 7 户珍珠粉生产企业的注册商标及包装装潢存在擅自改变企业名称、注册商标图形和扩大商标使用范围、出售商标标识、随意转让使用注册商标等问题。市工商局责成相关生产企业将库存商标标识、包装装潢列出清单，送样审核。同时，封存收缴不规范的商标标识。

1992 年，市工商局回访商标持有企业 148 户，指导企业规范使用注册商标 232 件。推行注册商标使用规范和未注册商标使用规范。

1993 年初，牌头、草塔、次坞等镇的 3 户蚊香企业因争相使用“黑猫”“猫头”等商标，互以商标侵权为由提起告诉。5 月，市工商局分别到三镇三厂走访调查，了解情况，提出“有利于诸暨经济发展的要支持，合法的生产经营和合法的权益要保护，不合法的行为要制止，违法的行为要追究，不论是谁都一视同仁”的处理意见。7 月 1 日，市政府召开有市政府办公室、工商局、公安局、科委、检察院等部门和 3 镇领导，以及 3 户蚊香企业负责人参加的会议，对规范使用蚊香商标达成共识。3 户蚊香企业依法使用各自注册的商标和配套图案，市化工日用品厂为“李字”商标，市恒丰日用化工厂为“猫”商标，市蚊香厂为“黑猫神”商标。各企业都停止生产销售“黑猫”蚊香，市恒丰日用化工厂改掉与原商标配套的花边套色图形和产品广告上的图案。

1997 年，市工商局验证注册商标 1106 件，其中 129 件因企业停产或转产等原因停止使用。重新确定商标管理重点联系企业 60 户，帮助指导 15 户企业建立商标管理机构，明确企业商标管理专（兼）职人员。

1998 年，市工商局再次开展注册商标验证，规范全市 1254 件商标使用行为。

2002 年始，市工商局在商标管理领域落实工商巡查制，各所每季对辖区内的规模企业巡查一次，记录巡查情况，检查指导企业规范使用商标。

注册商标专用权保护

1984 年—1987 年，县工商局查处仿冒注册商标案 145 件，收缴违法商标标识 152.66 万件、不规范包装袋 9.79 万只、商标印制模具 45 件，罚没 8562 元。

1988 年，县工商局查处假冒注册商标案 79 件，收缴违法商标标识 35.09 万件，罚没 1182 元。

1989 年，市工商局查处假冒注册商标案 62 件，收缴违法商标标识 36.89 万件，不规范塑料包装袋 12.6 万只。查处的案件主要有：诸暨县某服装厂侵权某县西服二厂商标案，罚款 300 元，并责令停止侵权行为；义乌市黄某侵权诸暨红桥某袜厂注册商标案，罚款4000元，责令赔偿经济损失1万元，缴销假冒商标模具；诸暨土特产某杂货品公司侵权某沙发厂注册商标案，罚款1500元，并责令赔偿经济损失1000元。

1991年，市工商局查处侵犯注册商标专用权案20件，罚款5000余元，缴销违法商标标识20万件、模具20余件。其中罚没千元以上2件。

1992年，日本国一公民对诸暨市模具厂注册的“精工”商标以“连续三年停止使用”为由，向国家工商局商标局提出申请，要求撤销“精工”商标注册。枫桥工商所帮助企业收集证据，依法依规据理答辩，被国家工商局商标局采纳，驳回日方申请，维护了市模具厂权益。

1995年初，市工商局在打假保名牌活动中，查处蔡某某未经商标注册人许可，擅自在水泥包装袋上使用与注册商标相同的某商标案，计非法经营额13.07万元。市工商局作出责令停止侵权行为，罚款13万元的处罚，并将此案移送司法机关处理。8月，市工商局经检大队配合当地工商部门，在义乌某制衣公司查获假冒“步森”衬衫6350件，假冒“步森”商标标识、包装盒、合格证一批。9月，市工商局会同市检察院配合当地工商部门在海南省海甸岛查获何某某制售假冒浙江省著名商标“晶美”珍珠粉案，现场查获假冒“晶美”珍珠粉4000盒，并在其诸暨制假窝点查获假冒“晶美”商标标识5920件、大包装箱198只，瓶贴118400件及制假工具一批；当事人被市检察院刑事拘留。

1997年初，市工商局组织各工商所采取集中检查、分散办案、分类指导的办法查处商标侵权案件。是年，共办结侵犯注册商标专用权案29件，缴销各类违法商标标识19.27万件，罚没13.66万元，其中，在大唐镇查获假冒上海某注册商标丝袜2万余双，缴销假冒商标标识4.5万件。

1999年10月，市工商局开展保护“茅台”商标专用权专项整治。对全市100余户商场、超市、专业市场和酒类经营个体工商户进行全面检查，查获假冒“茅台”酒1015瓶。

2000年4月，市工商局根据浙江某集团有限公司举报，在义乌市和大唐镇查获假冒“丹柯娜”袜子14000余双。5月，在璜山镇查获某厂侵犯“西施”注册商标专用权案，罚没3万元。是年，共查处侵犯注册商标专用权案133件（其中罚没万元以上大案5件），缴销违法商标标识54.6万件、模具45件，罚没15.16万元。

2001年，市工商局重点打击块状产业领域的商标侵权违法行为，先后对服装、袜业、五金汽配等行业商标使用情况开展检查，查处侵犯注册商标专用权案32件，罚没16.74万元，其中，查处假冒某国际名牌运动服案2件，查处五金、汽配行业商标侵权案3件。

2002 年，市工商局查获假冒注册商标侵权案 59 件，占商标类案件总数的 39%。罚没 46 万元，占商标类案件罚没总额的 71%。

2003 年 1 月，市工商局查处浙江某有限公司未经商标所有人的许可，在其生产的汽车弹簧包装箱上虚假标注某品牌汽车商标标志案。3 月，查处某马赛克厂未经商标所有人许可，在其生产的玻璃马赛克贴纸及包装物上擅自使用与他人注册商标相近似的商标案。全年查处侵犯注册商标专用权案 75 件，其中在王泄镇查处某袜厂侵犯涉外商标专用权案，罚没 5 万元。

2004 年，市工商局查处侵犯注册商标专用权案 87 件，罚没 250 万元。查处的案件主要有：大唐某彩印厂未经商标注册人许可，擅自印制假冒某商标标识 22.85 万件，处罚款 4 万元，缴销侵权标识。某管业有限公司在其生产的铜接头及外包装上使用的文字，与某企业的注册商标近似，处罚款 10 万元，缴毁成品、半成品各 1 吨。

2005 年，市工商局查处侵犯注册商标专用权案 144 件，案值 376.76 万元，罚没 228 万元。缴销商标侵权袜子 37 万双、假冒商标标识 15 万件。

2006 年 9 月 4 日，市工商局成立商标侵权认定委员会，负责对全局各办案机构难以认定的涉嫌商标侵权行为的认定工作。是年，市工商局开展块状产业商标违法行为整治。对大唐、草塔、牌头织袜企业中存在的虚假标注、商标侵权等违法行为进行重点查处。全年查处侵犯注册商标专用权案 154 件，罚款 359 万元。

2007 年，市工商局查处侵犯注册商标专用权案 143 件，罚没 355 万元，其中罚没 10 万元以上 9 件。枫桥工商所查处某实业有限公司未经商标注册人许可在其生产的牛仔西裤上标注他人的注册商标案，罚款 5.5 万元。

2009 年，市工商局查处侵犯注册商标专用权案 133 件，总案值 234 万元（其中案值 5 万元以下的 122 件、5 万元以上的 11 件），罚没 206 万元。

2010 年，市工商局查处侵犯注册商标专用权案 228 件（其中案值 5 万元以下的 214 件、5 万元—10 万元的 14 件），没收销毁侵权商品 820 万件。

2011 年，查处侵犯注册商标专用权案 192 件（其中案值 5 万元以下的 173 件、案值 5 万元—10 万元的 4 件、案值 10 万元—30 万元的 1 件、案值 30 万元—100 万元的 2 件），罚没 372.46 万元，没收销毁侵权商品 823 万件、侵权商标标识 505.38 万件。

2012 年，市工商局查处侵犯注册商标专用权案 219 件（其中案值 5 万元以下的 207 件、案值 5 万元—10 万元的 104 件、案值 10 万元—30 万元的 2 件），罚没 333.27 万元，没收销毁侵权商品 838.48 万件、侵权商标标识 7.7 万件。

2013 年，市工商局查处侵犯注册商标专用权案 119 件，罚没 229.85 万元，没收各类侵权物资标价值 230 万元。

1992年—2013年诸暨市工商局查处商标侵权案件情况统计一览

表2-6-3

年度	案件构成情况（件）				案值（万元）	罚没金额（万元）	没收销毁侵权商品（万件）	没收销毁侵权商标标识（万件）
	总数	假冒商标	商标侵权	其中涉外商标				
1992	22	—	—	—	—	0.22	—	35.02
1993	43	4	—	—	—	2.94	—	45.51
1994	16	—	—	—	—	0.26	—	1.10
1995	219	42	—	—	—	5.96	—	31.60
1996	59	7	—	—	—	7.89	—	317.24
1997	29	1	—	—	—	13.66	—	19.27
1998	35	1	—	—	—	4.57	—	19.15
1999	43	—	—	—	—	4.33	—	34.50
2000	133	—	—	—	—	15.16	—	—
2001	32	9	—	—	—	16.74	—	178.37
2002	59	—	—	—	—	46	—	28.86
2003	87	—	—	—	—	—	—	—
2004	—	—	—	42	—	250	—	—
2005	144	31	60	67	376.76	228	30（吨）	38.71
2006	154	17	137	60	453	359	26（吨）	134.89
2007	143	43	100	58	415	355	13（吨）	39.60
2008	—	—	—	65	—	—	—	—
2009	133	16	17	65	234	206	56	2.9
2010	228	61	167	63	476	456	82	—
2011	192	138	54	101	324.89	372.46	82.3	5.04
2012	219	—	—	98	235.50	333.27	—	—
2013	119	78	41	69	306.22	229.85	14.84	35.06

第七节　广告监督管理

发展历程

1982年5月1日，国务院《广告管理暂行条例》实施，规定广告由各级工商行政管理机关管理。是年，全县有广告经营单位4户，均为全民、集体企业。

1987年，全县广告专营单位有县二轻装潢工业公司、县工艺美术服务社、县美术装潢服务社。兼营单位有诸暨报社、诸暨人民电影院、诸暨人民广播站。全年广告经营额20.61万元。

1988年，枫桥、牌头、姚江、大西等工商所在业务管辖的集镇相继设立户外广告张贴栏。

1989年11月，市工商局组织广告经营单位参加在杭州举办的全国第二届优秀广告作品展览。12月，组织5户广告经营单位加入绍兴市广告协会，有2户经营单位的代表当选为首届理事会理事。是年，全市广告经营额66.94万元，比1988年增长53.8%。

1991年4月，市工商局组织诸暨市二轻装潢工业公司在城区立交桥下（今艮塔西路）设立19个大型广告牌，共计400平方米。这是诸暨城区首次设立的大型户外广告。9月，在城区规范6个广告张贴栏，在各主要集镇设立26个广告张贴栏，共计387平方米。

1992年，市工商局分别在城区浣江路夜市、艮塔路和大唐、牌头、店口、三都等镇政府所在地，山下湖西江夜市等区域设立7个路牌广告群，可发布户外广告135个，面积3570平方米。

1993年，市工商局在火车站广场南北站台、城关粮油厂广场西侧、五金公司房顶、皇冠加油站、农副产品市场和店口镇、大唐合溪口、山下湖镇、璜山镇、萃溪乡等地新建12个户外广告群，共计路牌广告270余个，总面积2300余平方米。在城区新建灯箱广告47个，霓虹灯广告26个、柜窗（广告）575个。是年，全市有广告经营单位28户，路牌广告群21个，总面积9000余平方米。有灯箱广告158个、霓虹灯广告98个、柜窗广告155个。全市广告经营额736.2万元，其中生产资料广告经营额164.9万元、生活资料广告经营额385.7万元、其他广告经营额185.5万元。

1995年，市工商局组织新建路牌广告群25个，设置路牌广告398个，总面积1400平方米。是年，全市共有广告经营单位41户，从业人员497人，广告经营额

2691.92 万元。

1996 年，市委、市政府在城区实施“亮化工程”。市工商局先后组织广告经营单位在火车站、浣纱中路太平桥头、东湖农贸市场等地新建大型电子显示屏 3 个，这是诸暨首次出现新型广告载体。投入资金 5 万余元，组织开展大桥路霓虹灯一条街建设。新装建筑轮廓彩带 2300 米，10 户商户安装霓虹灯广告。是年，全市有广告经营单位 39 户，从业人员 484 人。

2000 年，城区主要地段、大型广场、浦阳江两岸高层楼房及杭金、绍大公路两侧的高档次高质量大型路牌、霓虹灯广告（包括公益广告）相继设立，成为城市亮点。

2002 年，全市有广告经营单位 84 户，从业人员 740 人，均比上年增加 20%；广告经营额 4816 万元，比上年增长 15.4%。

2004 年 10 月，市政府决定广告设置管理由市建设局负责。是年，全市登记注册的广告经营单位共 76 户，从业人员 620 人。

2006 年，市工商局组织全市广告经营单位的 18 件广告作品参加省优秀广告作品评选，1 件作品获一等奖，2 件作品获优秀奖。

2011 年 3 月，市工商局会同市纪委召集 20 余户广告经营单位开展以“廉政建设”为主题的新农村建设墙头广告文化创意大赛。7 户广告企业的 30 件作品获奖，获奖作品被广泛用于新农村建设墙头广告中。

2012 年，全市有广告经营单位 300 户，广告从业人员 1729 人，全年广告经营额 6.81 亿元，其中户外广告经营单位 297 户，设置户外广告 9940 个，户外广告经营额 5.78 亿元。是年，市工商局组织诸暨电视台等 3 个单位的 8 件作品参加中国广告协会举办的“长城奖”“黄河奖”广告作品竞赛。

2013 年，全市有广告经营单位 328 户（专营广告业务单位 219 户，兼营广告业务单位 109 户），其中国有企业 1 户、事业单位 3 户、私营企业 206 户、个体工商户 118 户。从业人员 2356 人，其中管理人员 741 人、创意设计人员 630 人、业务人员 924 人、其他人员 61 人。广告经营总额 7.13 亿元，其中设计经营额 1 亿元，制作经营额 1.87 亿元，代理经营额 3.09 亿元，发布经营额 1.17 亿元。

2000年—2013年度诸暨市户外广告经营情况统计一览

表 2-7-1

年度	经营户数(户)			经营额(万元)			户外广告总数(个)	类别(个)									
	总数	内资企业	内资中的私营企业	总数	内资企业	内资中的私营企业		展示牌	电子广告	路牌广告	灯箱广告	交通工具广告	霓虹灯广告	升空气球广告	充气物广告	模型广告	其他户外广告
2000	52	—	—	1609	—	—	3323	—	1	463	1620	7	183	—	—	—	1049
2001	49	—	—	1310	—	—	2114	—	—	562	740	14	50	—	—	—	748
2002	53	—	—	1546	—	—	2768	—	3	765	897	29	161	—	—	—	913
2005	67	—	—	1553	—	—	3541	—	10	958	1210	51	179	—	—	—	683
2006	65	—	—	1853	—	—	3561	—	10	858	1500	150	279	—	—	51	713
2007	74	—	—	2159	—	—	4053	—	15	900	1700	157	381	—	—	50	850
2009	71	71	65	7397	7397	6295	15796	1187	11	—	6931	153	257	107	—	—	7150
2010	69	69	65	5136	5136	4960	19574	1189	12	—	9630	160	256	107	—	—	8170
2011	287	287	250	5171	5171	4983	18752	1070	10	—	9180	150	254	98	—	—	7990
2012	297	297	169	57800	57800	45000	9940	850	150	—	4500	520	3500	—	420	—	—
2013	328	—	206	71283	—	54077	—	—	—	—	—	—	—	—	—	—	—

监督管理

1988年，全县有广告经营资格的经营户6户，其中广告专营、兼营单位各3户。户外广告设置由县工商局负责审批。姚江、陈蔡工商所聘请广告管理协管员，加强对区、乡镇广播站广告发布的监督管理。是年，全县查处广告违法案4件，罚款900元。

1989年4月，县工商局根据国家工商局、省工商局关于整顿广告经营秩序，加强广告宣传管理的通知精神，对全县6户广告经营单位1988年以来的广告经营、广告发布及制度建设情况进行检查，对符合资质的4户广告经营单位换发广告经营许可证，对不符合经营资格的2户广告经营单位注销广告经营许可证。是年，查处违法广告11件，罚没660元，其中对某媒体违法刊登有奖销售广告，处以没收违法所得300元、罚款100元的处罚。

1990年4月，市工商局检查清理户外广告，对符合发布条件的广告经营单位发给户外广告设置许可证，对不符合规定的广告设置责令改正，无证发布或超范围经营的广告予以拆除，同时建立户外广告登记制度。

1991年6月，市工商局制订诸暨市户外广告规划。是年，查处广告违法案9件，罚1690元，查处缴销非法行医广告1400余个。某生化制品厂发布收购血红素虚假广告，被处吊销营业执照，罚款900元的处罚。

1992年6月8日，市政府发布市工商局起草的《诸暨市户外广告管理办法》。7月19日，市工商局会同市文明委、市城建委、城关镇政府开展市区户外广告整顿。收缴清除乱设置乱张贴广告4200余个、清除民墙广告38个、路牌广告553个。7月20日，市工商局发出《关于加强刊播广告管理的通知》，规定从当年8月1日起，在报纸、电视、广播、电台刊播广告的单位，须持广告样稿，先报市工商局（乡镇广播站报当地工商所）审核批准。新闻媒体和其他广告经营单位凭工商行政管理部门核发的广告刊播证刊播发布广告。是年，市工商局共审核批准广告1050个。

1993年12月17日，市政府办公室发出《关于加强户外广告和宣传牌管理的通知》，规定在民墙、灯箱、霓虹灯、指示牌、店门招牌和其他建筑物上设置广告，街道上悬挂横幅广告，先交市城建委办理定点审批手续，再报市工商局核准。是年，市工商局核准各类广告3873个，清除乱张贴、乱设置的广告2350个。1993年—1994年，共查处违法广告案59件，罚没10080元，拆除违法路牌广告558个。

1995年9月14日，市政府为美化市容环境，要求加强广告张贴管理。市工商局与有关部门配合行动，清理各类违法张贴广告20多处，拆除违法路牌广告53个。10月10日，市工商局修订《诸暨市户外广告管理办法》，并报请市政府审核重新发布。是年，共审核批准各类广告800余个。

1996年1月10日起，市工商局对全市39户广告经营单位的从业人员、资金、设备、经营场所和经营情况进行检查，不符合资质的6户广告经营单位不再续发广告经营许可证。2月，开展广告专项整治，清除违法路牌广告200余个，查缴各种印刷品广告5000余个；立案查处无证发布广告和发布虚假广告案各1件。7月22日起，市工商局开展核发户外广告登记证工作，对全市53个户外广告群实行登记管理并核发户外广告登记证。

1997年，市工商局对全市13个主要集镇以及绍大公路、杭金公路沿线的2293个户外广告牌进行检查，其中未经登记发布的广告551个，责令经营单位限期补办登记手续；对255个违法广告予以拆除（其中被立案查处18件）。开展印刷品广告专项整治，组织城区21户经营药品、保健品的大型商场、药店和37户广告经营单位负责人学习《印刷品广告管理暂行办法》，组织企业对照《印刷品广告管理暂行办法》自查整改。城区三个工商所联合成立户外广告执法巡查组，开展每周一例行巡查。是年，查处各类违法广告案82件，罚没3.95万元，拆除各类违法路牌广告387个，查缴违法印刷品广告16000余个。市工商局获评省广告综合整治执法先进单位。

1998 年 1 月，市工商局开展广告经营资格检查和企业资质等级认定。全市 45 户广告经营单位，有 3 户资质不合格被注销经营资格。17 户提出资质等级认定申请，经调查核实，报绍兴市工商局核准认定；其中有 2 户被认定为 A 级、3 户被认定为 AA 级。9 月，市工商局商广科会同城区 3 个工商所对城区 245 户国有集体商场、个体工商户和 3 个专业市场的卷烟广告进行专项整治，收缴烟草灯箱广告 7 个，拆除烟草广告 149 个，清除烟草广告招贴 251 个。全年共查处违法广告案 55 件，罚没 1.7 万元。

1999 年 9 月，市工商局对全市店堂广告的发布情况进行检查。在春节期间，对新闻媒体发布的广告进行检查。

2000 年初，对全市 43 户广告经营单位的资质进行核查，重新确认 42 户广告经营单位的广告经营资格，有 1 户单位缓期确认，责令限期整改。3 月至 4 月，对全市旅游景点、旅行社等单位发布的户外广告和印刷品广告开展执法整治，查缴违法印刷品广告 10256 个，拆除违法广告牌 103 个，立案查处广告违法案 39 件。7 月 3 日至 8 月 10 日，结合全省百日执法大行动，开展广告执法整治，重点检查媒体广告中的电视直销广告以及药品、保健食品、医疗、房地产等广告。查缴违法印刷品广告 39530 个，拆除违法广告牌 185 个，立案查处 43 件。全年共查处广告违法案 164 件，罚没 6.2 万元。

2001 年 1 月，市工商局对全市 66 户广告经营单位进行资质核查，确认有 21 户广告经营单位符合资质，成为具有广告设计、制作、发布、代理资质的综合型经营单位；11 户达不到资质的广告经营单位被核减广告发布资质；5 户不具备广告经营资质的单位，被注销发布资质。2 月，开展保健食品广告执法整治，检查商场、药店 265 户，收缴违法印刷品广告 200 余个，立案查处广告违法案 10 件。对“三乱”（乱贴、乱涂、乱塞）广告和无证行医、性病治疗广告进行执法整治。会同市卫生部门捣毁非法行医窝点 4 个，查缴治疗性病的印刷品广告 1000 余份；立案查处乱写、乱涂广告的搬家公司 3 户。5 月 30 日，局建立广告监测中心，编写《广告监测信息》，每月向市委、市政府和新闻单位通报对电视、广播、报纸广告监测情况。6 月，开展房地产广告和“致富信息”广告执法检查。

2002 年，市工商局将户外广告审核登记职能委托工商所履行，各工商所建立广告巡查和登记制度。是年，重点打击欺诈虚假广告行为，立案查处 3 户广告经营单位发布的某产品、某生物医药有限公司、某保健品等虚假广告案。

2003 年，市工商局开展广告经营单位资质年检，开始实施广告经营单位信用评价，推行企业广告审查员计分管理制度。加强日常广告监测，全年监测媒体广告 11 万余条，编写《广告监测信息》报告 4 份，发出责令改正通知书 51 份。全年共查处违法广告案 61 件，罚没 35 万元。

2004年7月，广告登记改由市办证中心工商窗口承担。10月，市政府重新决定市工商局负责户外广告的监督管理，广告设置管理交由建设局负责。当年，市工商局聘请黄志峰等27人为广告管理工作社会监察员。全年查处广告违法案27件，罚没12万元。

2005年9月，市政府办公室和市工商局牵头，建立由市委宣传部、市公安局、监察局、卫生局、文广局、食药监局、电信局等部门参加的诸暨市整治虚假广告联席会议制度。全年查处违法广告案27件，罚没37万元，其中，查处某媒体违法发布医疗、药品广告案，罚没24万元。

2006年，市工商局与市广告协会联合推行诸暨市公路铁路沿线大型立柱广告行业自律公约。组织6户广告企业参加中国广告协会资质认定，获二级、三级广告资质各3户。监测各类媒体发布的广告5万余个，编写《广告监测信息》报告12份。

2009年，市工商局查处违法广告案21件（其中虚假广告案10件，非法经营广告案5件，其他6件），罚没14万元。

2010年，市工商局全年监测报纸广告3298个次、电视广告21776个次。对市内3户主流媒体广告发布单位的广告发布情况实行定时上报制度。

2011年，市工商局重点整治涉及人民群众健康安全的医疗、药品、食品、涉农广告，审查广告经营单位79户。是年，网络广告发展迅速，市工商局监测网站610户，监测网上广告1275个。全年查处违法广告案25件，罚没22.47万元。

2012年，市工商局开展虚假广告重点治理专项行动，向相关新闻媒体所属广告经营单位发出行政告诫书26份，涉及广告50余个。是年，监测广告32684个次，查处违法广告案80件，罚没50.64万元，其中药品违法广告案7件，罚没7.96万元；保健食品违法广告案4件，罚没1.29万元。

2013年8月，市政府建立诸暨市广告监管工作联席会议制度，广告监管实行以工商部门为主，相关部门齐抓共管的格局。10月，开展医疗、药品、医疗器械、保健食品广告集中整治。全年共查处违法广告案57件，罚没45.84万元，其中万元以上大案26件。

1988 年—2004 年度诸暨市（县）工商局查处广告违法案件情况统计一览

表 2-7-2

年 度	案件数（件）	罚没款(万元)	拆除违法广告（个）	清除乱张贴广告（个）	收缴违法印刷品（件）
1988	4	900	—	—	—
1989	11	660	—	—	—
1991	9	1690	—	—	1400
1992	3	600	558	4238	—
1993	22	0.35	—	2350	—
1994	34	0.59	—	—	—
1995	12	0.45	53	20	—
1996	45	4	320	—	20000
1997	82	3.95	387	—	150000
1998	55	1.7	536	251	100000
1999	164	7	—	—	—
2000	164	6.2	288	—	49786
2001	294	33.25	—	—	3000
2002	107	34.5	—	—	—
2003	61	35	—	—	—
2004	27	12	—	—	—

2005 年—2013 年度诸暨市工商局查处广告违法案件情况统计一览

表 2-7-3

年 度	查处案件总数(件)	其中按违法性质分（件）			罚没款（万元）
		虚假广告	非法经营广告	其 他	
2005	27	14	3	10	37.00
2006	28	9	15	4	19.00
2007	40	16	17	7	39.00
2009	21	10	5	6	14.00
2010	28	10	8	2	33.00
2011	25	24	—	1	22.47
2012	80	78	—	2	50.64
2013	57	53	—	4	45.84

第八节　商品交易市场监督管理

1985 年 9 月，县工商局对从事生猪、鲜肉经营的单位和个人实施“三证”（临时营业执照、纳税证、检疫证）管理，无证或缺证的单位和个人都不得从事生猪、鲜肉经营活动。

1986 年 2 月，县工商局对东湖、西门市场部分计量器具进行抽检，验秤 82 杆，收缴失准杆秤 2 杆。7 月 31 日，城区市场更换全部市制杆秤。12 月 17 日起，禁止使用非法定计量单位的计量器具。

1987 年 3 月至 7 月，县工商局对市场销售鲜肉 3 次实施限价。9 月，整顿屠工屠商。全县 2000 户屠商、4400 名屠工整顿缩减为 950 户屠商（国营 203 户，集体、个体 747 户）、350 名屠工，并核发由省工商局制发的屠商证、屠工证。

1988 年，县工商局根据省工商局部署，在全县市场开展“三化”（集市贸易法制化、规范化、制度化）管理。1988 年年底，省工商局局长曹天玷检查考察东湖农贸市场，对诸暨县工商局加强市管队伍建设，完善管理制度，加强市场三化管理等做法表示肯定。是年，共查处市场违法违章案 1666 件，其中无照经营案 248 件，短斤缺两案 1240 件，掺杂使假案 151 件，其他 27 件。

1989 年，东湖农贸市场固定摊位实行招投标制，按经营者投标额从高到低依次选择摊位。

1991 年，市工商局检查市场 126 个次、检查经营户 7231 户次，查处违法违章案 2842 件，罚没 3.7 万元。

1992 年 3 月，城关市场管理所规范浣纱中路、西施大街的 239 个夜市摊位设置。4 月，市工商局会同大唐轻纺市场向经营户配发物价标签 6 万余张，核发经营证 1237 本，制发信誉卡 1500 份。市场经营户做到亮证经营、明码标价、一货一签，出售商品时主动赠送信誉卡。5 月 22 日，市工商局会同市粮食局加强对粮食交易批发市场管理，在粮食市场实行“放而有度、管而有法、活而有序”的管理原则和“公开、公平、平等、互利”的交易原则。10 月 4 日，市工商局会同市标准计量管理局，开展计量允差试点工作，加强集贸市场计量管理。城关市场管理所在城关各集贸市场设立公平秤，对短斤缺两的经营者实行“缺一补二罚十”的处理办法。12 月 3 日，根据市政府加强诸暨小商品市场管理工作协调会议精神，市工商局选派 3 名干部常驻小商品市场，开展工商行政管理工作。是年，检查市场 49 个，共 372 个次，检查市场经营户 1158 户次，查处集贸市场违法违章案 1046 件，罚没 7.7 万元。

1993 年 12 月 28 日，市工商局向市政府递交关于建立健全市场规则、规范市场行为的报告，重申“城乡集贸市场行政管理的主管部门是工商行政管理机关。对有固定场所设施、有若干个经营者入场，集中、公开交易的各类市场（包括生活资料、生产资料和生产要素市场）实行工商部门统一登记注册。工商行政管理机关负责维护市场秩序，取缔非法经营，打击制售假冒伪劣商品行为，查处违法违章案件，保护合法经营；疏通商品流通渠道，促进商品生产发展”。是年，检查市场 48 个，市场经营户 14950 户次，查处集贸市场违法违章案 287 件，（其中掺杂使假案 89 件），罚没 2 万元。

1995 年 3 月，市工商局先后对江藻、草塔、大西、应店街、次坞、王家井、牌头等农贸市场进行整顿。合理设置摊位，商品划行归市，制定《经营者守则》，强化市场经营行为管理，打击假冒伪劣、缺斤少两、掺杂使假、欺行霸市等违法违章行为。4 月 26 日起，在东湖、南门等 15 个主要农贸市场推行“大众菜卖大众价”活动。推行零售商品交易指导价，要求经营者按指导价销售菜蔬。同时，在每个市场设立蔬菜直销区，鼓励菜农进场直销。是年，查处缺斤少两、掺杂使假案 6754 件，其中即时处罚 4560 件。

图 2-8-1 衡器校验

1996 年初，“大众菜卖大众价”活动向全市各农贸市场推开。各市场共向菜农提供直销摊位 3400 个。5 月 1 日起，在城区各农贸市场推行以上市蔬菜“三无三不准”（无根须、无泥土、无残叶，不准在市场内洒水、不准边清边卖、不准乱扔垃圾）为主要内容的“净菜上市”活动。规范生猪屠宰、鲜肉经营，重新核发屠工证 1105 本，在全市实施生猪定点屠宰、集中检疫、统一纳税、分散经营的屠工屠商管理制度。各市场相继实行上市鲜肉“三证一印”（查验定点屠宰证、完税证、检疫证和鲜肉胴体上加盖“验讫合格”印章）查验制度。是年，共检查市场 178 个次，即时处罚 5309 件，其中在春节市场执法大检查中，检查市场 47 个次，查处各类案件 367 件，罚没 7076 元。

1997 年 5 月 6 日起，市工商局与技监局联合在东湖、南门市场主营行业经营户中强制使用电子秤，一般行业使用度盘秤。是年，在湄池粮食市场查处无证贩运粮食案 15 件。

1998 年 6 月，市工商局对小商品市场部分经营户销售假冒伪劣商品行为开展专项整治，先后出动 62 名干部，组织 4 次检查。在珍珠市场组织 12 次专项打假活动，查处违法违章案 16 件。在大唐袜业市场查处假冒商标案 25 件。是年，立案查处商品交贸市场违法违章案 611 件，即时处罚 12165 件，罚没 11.1 万元。

1999 年 6 月起，市工商局开展百日执法大行动，检查专业市场 248 个次。

2000 年 10 月，市工商局推行“四个结合”，使市场商品管理工作与完善深化工商巡查制相结合，与建设星级市场工作相结合、与农贸市场综合整治相结合、与专业市场打假相结合，加强市场管理。

2001 年 6 月起，市工商局组织开展“群众评市场”活动。通过各工商所巡查，局评审小组成员日常检查，行风义务监督员和市人大政协领导不定期督查，社会各界评议打分，评出群众满意市场 4 个，不满意市场 2 个。市工商局召集全市 18 个重点农贸市场分管领导在枫桥农贸市场召开加强乡镇农贸市场管理现场会。是年，市工商局率先在东湖市场实施“放心菜”工程，设立放心菜检测点，定期不定期对上市商品进行检测，公布检测结果。

2002 年起，市工商局组织 40 个市场参与“群众评市场”活动，从市场主体管理、市场经营者管理、商品质量管理、环境卫生管理、维权管理等 5 个方面对各个市场的管理情况开展评议。评出群众满意市场 10 个（东湖市场、南门市场、大唐农贸市场、璜山农贸市场、店口综合市场、牌头农贸市场、珍珠市场、安华农贸市场、大唐轻纺袜业城、城东农贸市场）和群众不满意市场 3 个。

2003 年，市工商局在全市 77 个商品交易市场中，择取 12 个重点市场推行工商行政长效管理制度。选派 16 名干部到 8 个规模较大的市场驻场管理。主要管理内容有规范主体准入，进入市场 6 个月以上的经营者做到证照齐全，并实行计算机管理和公示、预警、告诫制度；实施“教育为先、处罚为后、规范为主”的监管方针，督促进入店口五金市场、大唐袜业市场的重点企业、重点经营户建立和完善商品备案制、信用记录登记制；实行上市商品质量抽检制度，在开通商品流动检测车流动检测的基础上，市工商局设立检测中心，并在东湖市场、南门市场、农副产品批发市场以及 4 户规模较大的商场（超市）设立检测室，形成“三位一体”的商品检测体系。

图 2-8-2　推进市场长效管理

2004 年，商品流动检测车在农贸市场抽检商品 16483 批次，在商场（超市）

抽检商品 243 批次。对 470 批次、7460 千克不合格商品分别采取销毁或责令退市措施。对销售不合格商品的 74 户经营企业、个体工商户立案查处。同时借助市场公告、新闻媒体及《商品质量检测信息》等载体向社会发布抽检信息。是年，在农贸市场设立的检测室增至 12 个，全年检测商品 12370 批次，有 339 批次不合格商品被检出退市。

2005 年 3 月至 8 月，市工商局组织开展荸荠、马铃薯、豆芽、腌菜等上市商品专项检测。抽检 41297 批次，检出不合格商品 385 批次，销毁不合格商品 6496.6 千克。查处违法案件 14 件，其中移送公安机关 7 件。检查农资市场 245 户，抽检农资商品 13 批次。颁发行政告诫 50 多份。取缔无照经营 4 户，查处违法违章案 6 件。

2006 年，市工商局获评全省流通领域商品质量安全快速定性检测工作先进典型。

2008 年 7 月，市工商局开展农村小菜场专项整治行动，查处市场违法案件 41 件，案值 32 万元，罚没 22.6 万元。

2009 年，市工商局查处市场违法违章案 35 件，案值 24 万元，罚没 13.54 万元。2010 年，查处市场违法违章案 20 件，案值 7 万元，罚没 6.34 万元。2011 年，查处市场违法违章案 30 件，案值 4 万元，罚没 7 万元。2012 年，查处市场违法违章案 71 件，案值 1.5 万元，罚没 10.9 万元。2013 年，查处市场违法违章案 35 件，罚没 98 万元。

第九节　企业信用监督管理

2001 年，市委、市政府开展“信誉诸暨美誉诸暨”建设。

2002 年 1 月 25 日，市工商局开展企业信用工程建设。明确企业信用工程的参与对象是各类市场主体，建设目标是打造“信誉诸暨美誉诸暨”，构建企业信誉体系，树立诸暨企业诚实守信形象，塑造“信用诸暨”品牌，提高企业综合竞争能力。市工商局建立企业信用公示、企业信用激励和企业信用警示惩罚等 3 项制度。4 月初，市工商局领导走访 32 户重点联系企业，各工商所领导深入企业开展信用教育，指导企业健全内部管理制度。6 月 24 日，市工商局会同市委宣传部、人民银行诸暨支行启动“信用示范企业”创建活动，明确参评“信用示范企业”须符合 8 项基本条件，即经济合同规范、工商年检合格、财务制度健全、银行信贷信用良好、劳动用工规范、遵纪守法、照章纳税、3 年内无行政处罚记录。7 月，各工商所全面启用经济户口综合监督管理系统，输入经济户口 7000 户，采集录入企业信用信息 3342 条，其中惩罚、警示信息 609 条。

2003年2月9日，经征询有关部门意见和媒体公示，市委宣传部、市工商局、中国人民银行诸暨市支行联合发文公布诸暨市首批信用示范企业46户，其中商贸流通企业10户、工业企业29户、建筑企业5户、服务业2户。

2月13日，市政府成立由市府办、市委宣传部、市工商局、人民银行诸暨分行等10个部门组成的诸暨市信用工程建设领导小组，办公室设在市工商局。企业信用工程建设由部门工作提升为市政府工作。3月27日，省工商局、省经贸委、省财政厅认定万安集团有限公司等7户企业为首批浙江省诚信示范企业。5月8日，市委宣传部、市工商局、诸暨日报社、祥生集团有限公司、市民营企业协会联合发起"祥生杯"企业信用工程建设大家谈征文比赛活动。活动收到稿件近100篇，在《诸暨日报》分期刊登，最后评出一、二、三等奖8名，鼓励奖10名，特别奖2名。

图2-9-1　深化企业信用工程建设

2003年诸暨市首批信用示范企业名录

表2-9-1

类　别	企业名称	法定代表人
制造业	盾安集团有限公司	姚新义
	浙江步森集团有限公司	陈能恩
	浙江大东南集团有限公司	黄水寿
	诸暨市密封件弹簧厂	楼近先
	浙江诸暨金盾链条制造有限公司	楼建军
	浙江华海机械制造有限公司	蔡华峻
	浙江侣光电器实业有限公司	赵铁英
	海亮集团有限公司	冯亚丽
	浙江丰球股份有限公司	何智慧
	浙江上峰包装集团有限公司	俞建虎
	浙江菲达环保科技股份有限公司	寿志毅
	浙江亚东制药有限公司	方其革
	富润集团有限公司	赵林中

续表 2-9-1

类　别	企业名称	法定代表人
制造业	天洁集团有限公司	边建光
	浙江枫叶置业有限公司	傅松权
	浙江双鹰企业集团有限公司	俞初樵
	浙江凯达机床集团有限公司	骆一峰
	浙江省诸暨市福利水泥厂	杨国建
	浙江新兴针织服饰有限公司	傅月英
	诸暨市缝制设备厂	陈培康
	浙江黑猫神蚊香集团有限公司	章林法
	浙江洁丽雅毛巾有限公司	石昌佳
	浙江诸暨上峰水泥总厂	俞岳忠
	浙江阮仕珍珠首饰有限公司	阮铁军
	浙江虹绢丝绸集团有限公司	黄水根
	浙江铁鎯电动工具有限公司	王晓冬
	浙江神鹰集团有限公司	朱百超
	万安集团有限公司	陈利祥
	浙江兆山建材集团有限公司	詹天云
商贸业	诸暨市第一百货商店	周相根
	诸暨雄城大厦股份有限公司	胡满朝
	浙江省诸暨市对外经济贸易有限公司	王建和
	浙江雄风电器有限公司	陈金迪
	浙江省诸暨市金宇外贸有限公司	鲁培宇
	浙江省诸暨市人民药店	杨柳诚
	浙江步人袜业有限公司	周秀美
	诸暨市特种原料有限公司	顾光良
	浙江新中义商贸股份有限公司	杨敏敏
	诸暨市农业生产资料有限公司	俞忠定
建筑业	浙江八达建设集团有限公司	王昌培
	浙江耀江建设集团股份有限公司	汪曦光
	八方建设集团股份有限公司	郦征宇
	浙江祥生房地产开发有限公司	朱国玲
	诸暨市政工程有限公司	楼丁明
服务业	中国银行诸暨支行	范奕萍
	诸暨市青年旅行社	何　斐

市工商局根据《经济户口管理实施办法》《经济户口综合监管工作职责》《经济户口综合监管运作制度》《经济户口综合监管信息录入管理制度》等经济户口管理制度，开展以经济户口为基础，集登记信息、法人信息、监管信息为一体的信息数据库搭建和信息整合规范化基础工作。

7 月下旬，市工商局根据录入的企业信用信息，对连续经营满一年以上企业的基本信用状况、信用资产积累水平、信用资产流失情况输入既定的信用评分体系软件，自动测评信用等级。按 A、B、C3 等和 3A、2A、A，3B、2B、B 和 C7 个等级评价标准，经市企业信用工程建设领导小组成员单位审查，于 28 日认定首批共 19 户工商企业为企业信用等级 3A 级企业，29 日在《诸暨日报》公示。这是全省县级市中最先开展的企业信用等级评价。

2003 年诸暨市首批工商企业信用 3A 级单位名录

表 2-9-2

企业名称	法定代表人
浙江菲达机电集团有限公司	寿志毅
步森集团有限公司	陈能恩
海亮集团有限公司	冯亚丽
上峰集团有限公司	俞建虎
万安集团有限公司	陈利祥
浙江祥生房地产开发有限公司	朱国玲
浙江凯达机床集团有限公司	骆一峰
浙江神鹰集团有限公司	朱百超
浙江富润进出口有限公司	赵林中
浙江省诸暨市对外经济贸易有限公司	王建和
浙江兆山建材集团有限公司	黄新华
浙江太子龙服饰有限公司	王培火
浙江八达建设集团有限公司	王昌培
浙江雄风电器有限公司	陈金迪
八方建设集团有限公司	郦征宇
浙江虹绢丝绸集团有限公司	黄水根
浙江省诸暨市金宇外贸有限公司	鲁培宇
浙江永新集团有限公司	金银焕
浙江步人袜业有限公司	周秀美

8月，市工商局以工商企业信用评价三等七级为依据，按“放心监管、适度监管、关注监管、重点监管”4个等级，实施相应监督管理。同时规定，4个不同监管等级企业在工商部门立信授信时享有不同权利。10月，市信用工程建设领导小组出台《诸暨市信用示范企业认定办法》。市工商局启动2003年度诸暨市信用示范企业申报工作。经企业申报，市信用办认定，浙江恒久机械集团等14户企业为2003年度“信用示范企业”。中央电视台播放了诸暨市企业信用工程建设和信用监管情况。

2003年年底，浙江大东南集团、海亮集团被省工商局、省民营企业协会认定为浙江省诚信民营企业。

2003年诸暨市首批工商信用示范企业名录

表2-9-3

企业名称	法定代表人
浙江恒久机械集团有限公司	寿锡伦
浙江太子龙服饰有限公司	王培火
浙江富润进出口有限公司	赵林中
浙江永新集团有限公司	金银焕
浙江袜业集团有限公司	洪冬英
浙江天洁水泥有限公司	陈照明
浙江宏磊集团有限公司	戚建萍
浙江露笑机械制造有限公司	李伯英
浙江征天印染有限公司	宣汉康
浙江嘉梦依袜业有限公司	金建明
浙江省诸暨市绿剑茶业有限公司	马亚平
诸暨市大雁服装厂	吕美良
东方建设集团有限公司	郦国敏
浙江开尔制衣有限公司	何志江

2004年3月，市政府将企业信用工程建设列为全市36项重点工作之一。省工商局在诸暨召开企业信用工作会议，讨论修改信用监管指标体系，将工商部门监管结果与其他部门监管结果相结合，以实现企业信用信息互联互通、信息征集与评价结果共享互动的动态监督管理。5月，市工商局、诸暨电视台联合摄制播出《努力打造企业信用名片》电视专题片。市工商局会同市委宣传部、诸暨日报社遴选一批信用企业作为重点宣传对象，并开展“诚信为我们带来了什么”的讨论，每月一期在《诸暨日报》上刊登。9月，市工商局开展全市8552户企业信用监管等级评价工作，从高到低分为

3A、2A、A、B、C、D 共 6 个等级。全市有 44 户企业获评 3A 级信用监管企业，488 户被列入信用监管 D 级企业。11 月，市工商局出台《实施企业信用监管暂行办法》，根据企业的信用状况施行不同的巡查频率及扶优罚劣措施。

2004 年，市工商局继续完善信息网络，充实信息库，结合企业年检、个体工商户验照收集企业信息。在 144 户工业规模企业、苗子企业、信用示范企业中设立信息联络员，扩大征信对象和范围。

2005 年 11 月 17 日，市工商局完成对全市 9519 户企业的信用评价，给每户企业贴上“信用标签”。对信用监管等级高的企业给予优先参评各项评优创先活动、企业年检免检等项奖励。同时，将 407 户拟吊销企业名单在《诸暨日报》上公示，列入信用 D 类监管，加强后续管理。是年，市信用工程建设领导小组认定盾安精工集团等 71 户企业为诸暨市信用示范企业。浙江雄风实业集团、市特种原料有限公司、浙江八达建设集团等 3 户企业被省工商局认定为浙江省民营诚信企业，22 户企业被绍兴市工商局认定为绍兴市诚信企业。浙江凯达机床集团、上峰集团、海亮集团等 55 户企业被绍兴市工商局认定为 2005 年度浙江省工商企业信用监管评价 3A 级企业。个体工商户首次纳入信用工程建设范畴，30 户个体工商户被认定为绍兴市诚信个体工商户。

2006 年 2 月 20 日，诸暨市信用建设工程领导小组认定兆山新星建设集团等 88 户企业为诸暨市信用示范企业。3 月 20 日，绍兴市工商局认定诸暨市市政工程公司等 17 户企业为绍兴市诚信企业；黄叶松等 38 户个体工商户为诚信经营户。12 月 12 日，绍兴市工商局认定兆山集团为浙江省工商企业信用监管评价 3A 级企业。是年，市政府拨款 100 万元，用于政府信用监管平台搭建。

2007 年 2 月 14 日，省工商局认定洁丽雅毛巾有限公司为省诚信民营企业。4 月 30 日，市工商局建立信用预警机制，实施信用预警工作方案。收集、披露工商部门及相关部门行政处罚等 5 类信息，为相关部门和单位提供定向的信用预警服务，建立社会化信用联合防范机制，减少企业交易风险。5 月，海亮、盾安精工被诸暨市信用工程建设领导小组认定为诸暨市首批信用管理示范企业。11 月 18 日，海亮、盾安精工获评省级信用管理示范企业。11 月 26 日，市工商局制发《实施信用预警暂行办法》。

2007 年，诸暨市信用工程建设领导小组认定盛名机电制造有限公司等 93 户企业为 2006 年度诸暨市信用示范企业。

2008 年 3 月 24 日，诸暨市信用建设领导小组认定冠军集团等 114 户企业为 2007 年度诸暨市信用示范企业。

2009 年 1 月 16 日，绍兴市工商局公布申科滑动轴承股份有限公司等 69 户企业为 2008 年度浙江省工商企业信用监管评价 3A 级企业。盾安控股集团、浙江宏磊铜业有限公司、太子龙控股集团、上峰集团被省工商局、省企业信用促进会认定为浙江省信用管理示范企业；店口五金机械（汽配）行业被认定为浙江省信用建设示范行业。3月，五泄景区内54户经营户纳入重点信用等级评价范围，市工商局依托监管软件加强网上监管、推行责任区强化属地监管、共建部门协作共管机制。全面推进景区旅游业信用监管体系建设，开展打造信用景区活动。4月4日，市工商局组织实施全市工商系统商品交易市场信用分类监管工作，全市有80个市场纳入信用监管，其中A级监管市场25个、B级监管市场12个、C级监管市场29个、D级监管市场14个。

2011年初，市工商局、市个体私营企业协会评定2010年度诚信民营企业49户、诚信个体工商户60户。5月10日，诸暨市信用工程建设领导小组、市委依法治市领导小组认定浙江天立环保工程有限公司等18户企业为2010年度诸暨市信用管理示范企业，齐鲤机械有限公司等37户企业为诚信守法企业。市工商局在珍珠企业中择定121户，设置评价指标、实时补充收集信息、公示信用评价等方式，实施珍珠行业信用监管工作。配合华东国际珠宝城制订并发布首个珍珠价格指数，设立“先行赔付”和“三包售后服务”制度。9月，市工商局在全省信用监管经验交流会上作“夯实基础，提升服务，扎实推进珍珠产业信用监管”的典型发言。10月，市工商局网监办完成1429户大唐袜业网平台企业的实名认证和网上亮照工作，并联合信用办对袜业协会会员企业采集信用信息；完成大唐袜业网站信用评价，大唐袜业网站加入“万企百业网”，成为首批中国行业网站信用联盟成员单位。

是年，省工商局确定诸暨市工商局为全省经济综合体信用监管11个试点单位之一。

2013年，市工商局在山下湖珍珠、大唐袜业开展信用综合体监管，创建省级信用管理示范企业11户、获评诸暨市信用管理示范企业335户。开展信用创新试点工作，会同有关部门编制发布五泄景区、店口五金水暖行业信用指数。店口五金水暖业、枫桥香榧业成为省级信用管理示范行业。

第十节　网络经济监督管理

2002年4月12日，市工商局成立信息化建设工作领导小组。8月4日，成立局信息管理办公室（挂信息中心牌子）。

2009年，市工商局信息中心配合企业监管科定期检查监管数据，按月发布责任区监管数据通报。局信息中心以网络为依托，通过综合监管、行政指导、行政处罚相结合等方式，监督管理网络经济，登记注册网店 7 户（其中 5 户为有限责任公司），建立网络主体档案 856 户。开展责任区网络经济主体巡查 4 次，巡查网站 2000 余个，浏览网页 2500 页。网络违法嫌疑搜索 77 次，立案查处网络虚假广告案 10 件，送达行政提示 160 份。

2010 年 8 月，市工商局开展“网络经济服务监管月”活动，走访网络经营主体 418 户，宣传网络经济法律法规，帮助企业提高网上经营行为的规范意识。健全网上巡查管理，建立局信息中心牵头，各工商所（分局）具体负责的网上巡查网络监管机制。与工商所责任区监管有机结合，实施网上网下两级巡查、综合监管。检查所有涉网户口，帮助改进网站 169 个，行政告诫 92 户，立案查处网络经营违法违章案 10 件，查获首件网上未亮照案。10 月 25 日，市工商局信息管理办公室更名为网络经营管理办公室（科），挂信息化办公室牌子，履行网络经济监管职能。2010 年，完善网络监管模式，定期利用网络经济智能搜索分析平台中的网络经营行为搜索功能进行排查，对发现的问题零延时处理。全年进行网络违法嫌疑搜索 80 次，巡查网站 4000 余户次，网络主体建档 964 户。

2011 年，市工商局加强网络经济行政指导工作，分解责任，落实到 7 个科室，形成网上经济监管工作齐抓共管合力。强化网络监管力量，将懂网络知识的年轻干部充实到局经检队，为每个工商所配备 1 名专职网络监管人员和相应网监设备，从事辖区网络经济日常巡查。

2012 年 8 月，市工商局开展以网上标识专项检查为主要内容的“亮网行动”和建档回头看活动，建档 105 户，办理网络标识 1420 户。开展“健网二号”和网络双打专项行动，通过网上年检、搜索引擎、微博等多种渠道发现案源，强化证据固定。2012 年，局网监办从网络工作中的搜索、建档、标识、巡查、办案 5 个环节入手，开展网络监管。工商所网监干部打破地域界限，协同发现和查处网络违法行为。全年立案 52 件，移送司法机关 6 件，其中，查获首件网络售假案，首件在微博认证中冒用公司名义案。结合走村入企大走访活动，走访 11 户网络交易平台、3 户团购网站，掌握各网络交易平台基本情况，实施“网络交易平台联系人制度”，明确工商端和企业端联系人责任。

2013 年初，市工商局开展网络线干部的现场勘查和电子数据取证知识培训。与局法规科、经检科合作，规范网络案件取证程序，制定《网络案件办理暂行规定》《网络案件取证手册》。4 月，对网监系统中 1700 个建档的主体网站建档质量、标识情况及网站内容进行逐一检查，对各项数据和存在问题汇总并通报。5 月，以网络交易平台、信用宝、行政指导和网络执法为重点，开展“健网三号”专项检查。6 月，对主体网站的建档和标识进行清查、规范。全年立案查处网络违法案 71 件，罚没 43.33 万元。

第十一节 食品安全监督管理

管理机构 2005 年 1 月，市政府决定由市食品药品监督管理局承担食品安全监管牵头职能。3 月，市政府成立食品安全工作领导小组。4 月 30 日，诸暨市食品安全委员会成立，市工商局为成员单位。

2006 年 12 月，市政府进一步明确各部门食品安全监督职能，餐饮、食堂等场所的食品加工、销售行为由卫生部门负责日常监管；商场、超市、集贸市场等场所的食品生产加工和销售行为由工商部门负责日常监管。

图 2-11-1 部署食品安全管理工作

2007 年 9 月，市产品质量和食品安全工作领导小组成立。

2011 年 9 月 28 日，市工商局设立食品流通监管科。10 月 14 日，局成立食品安全监管工作领导小组，办公室设在食品流通监管科。

2012 年 5 月 8 日，市工商局成立食品安全执法检查工作领导小组。

管理制度 2004 年 9 月，市工商局制发《诸暨市工商局食品质量快速反应机制工作方案》，对工作组织、责任区域、信息采集、食品质量问题的分类及启动步骤作出规定。

2006 年 2 月，市工商局制发《诸暨市流通领域食品质量安全预警方案》。6 月，开展工商所食品安全监督管理规范化建设，建立食品经营检查、食品举报投诉受理、食品企业信用分类监管、食品安全信息公示、食品安全应急、违法食品下柜、食品准入、片区责任、群众维权、执法责任追究等 10 项制度。6 月 26 日，出台《工商所食品安全执法责任追究制度》。各工商所在工商巡查的基础上落实干部责任，对辖区的食品经营单位、农村放心店、配送企业实行划段分片管理。

2008 年 10 月，市工商局为保证食品安全问题的可追溯性，实施食品总经销（总代理）备案制度，备案对象为取得某种食品地区总经销（总代理）资格且从事该种食品批发零售业务的企业。

2009 年 5 月，市工商局根据省工商局要求推行食品经营“一票通”台账制度，规范食品经营单位的销货凭证与食品零售单位的进货凭证的多联票据为同一内容，统一格式、统一内容，合而为一、关联使用。草塔工商所率先开展试点工作，然后，市工商局在全市推行。

2011 年，市工商局制订《流通领域食品安全事故应急预案（试行）》，对应急工作组织机构、应急响应、应急处置、监测预警、应急保障等方面作出规定。

2012 年 4 月 5 日，市工商局决定在全市深入推进食品安全“三员五化”管理模式。“三员”，从政府、企业、社会三个层面分别组建食品安全指导员、食品安全专管员、食品安全监督员；“五化”，在“三员一体”条件下，全面落实食品安全基础一体化、指向社会化、载体网格化、方式程式化、手段信息化。建立酒类食品经营主体特别标注、源头追溯、禁止退出、日常巡查等 4 项管理制度。5 月 31 日，制发《工商所（分局）食品安全巡查规程（试行）》，对责任区干部开展日常食品安全巡查工作作出具体规定，并将经营主体按经营和信用情况分为 5 个类别、4 个等级，对食品经营者实施分类巡查。6 月 27 日起，市工商局推行商场（超市）现场制售食品标准化管理，对主体资格、从业人员、环境和设备设施、制作食品原辅材料、制作销售方式等方面设立相应标准。

2013 年，市工商局开发并全面启用“流通环节食品经营者教育考试系统”，编录食品安全相关法规，分发食品经营者，把住食品经营者从业准入关，增强食品经营者第一责任意识和能力素质。

安全检查 2003 年 1 月 25 日，市工商局投入 30 余万元开通商品流动检测车，落实 3 名专职干部，1 名专职检测员。3 月 27 日开始，对市场商品实施流动检测。

2004 年 8 月，全市 10 户食品企业联合发出《积极创建食品安全无忧市场环境》的倡议。11 月，央视曝光兰溪、义乌等地制售假燕窝、假蜂蜜等食品、保健品的违法行为，市工商局立即对 63 户相关零售商店实施专项检查，未发现该类假冒产品。

图 2-11-2 食品安全检查

2005 年 1 月，市工商局会同有关部门开展春节食品市场联合检查，先后检查应店街三应村放心店、牌头镇屠宰场、

图 2-11-3 食品安全检查

王家井镇旺达福食品有限公司、南门市场、香江大酒店和雄城大厦等处的食品质量情况。4 月，检查全市 27 个街道、镇乡的各类食品经营店共 289 户，其中现场即时处理 65 户，先行登记暂扣食品 70 余种、1478 盒（包）。10 月，会同有关部门对桶（瓶）装饮用水生产企业食品卫生信誉度实施登记评价，确定年度食品卫生信誉度 A 级企业（卫生规范企业）6 户、B 级企业（卫生良好企业）9 户、C 级企业（卫生合格企业）6 户、D 级企业（卫生不合格企业）6 户，并按级别实施分类监管。

2006 年 3 月，市工商局会同卫生部门对全市 211 所中小学和幼儿园的饮用水卫生状况进行监督检查，城区 29 所学校中 21 份桶装饮用水合格，乡镇 182 所学校中 124 份桶装饮用水合格。5 月，对乡镇以上集中供水企业实施监督检测，检查 22 户。发现部分企业存在管网老化、制水工艺简单、水源被污染、消毒环节不过关等问题，责令有关企业整改。是年，对全市 174 户食品生产加工企业（其中，以生产黄酒为主的酒类生产企业 23 户，以生产瓜子、香榧为主的炒货食品生产企业 45 户，以生产桶装饮用水为主的饮料生产企业 29 户，以生产月饼、蛋糕等传统产品为主的企业 27 户）开展检查。在抽检的 323 批次食品中，合格 306 批次，合格率 94.7%。其中，抽检酒类产品 166 批次，合格 155 批次，合格率 96.9%；抽检桶装饮用水 43 批次，合格 36 批次，合格率 83.7%；抽检月饼蛋糕 45 批次，合格 43 批次，合格率 95.6%。

2007 年，市政府将食品安全工作作为民心工程、爱民工程，写入市党代会报告和市政府工作报告。3 月，市政府召开食品药品安全工作会议，提出“监管、信息、合力”要求，市工商局会同其他部门检查食品生产企业 185138 户次，关停违章企业 23 户，关闭非法屠宰场 3 户，查缴伪劣商品 1197.7 千克。抽检蔬菜、畜产品、水产品、水果、茶叶、粮食、油以及奶制品、保健品、饮用水等商品 23850 批次，合格 23626 批次，合格率 99.06%；生猪瘦肉精检测 3169 头，合格率 100%。当年，开展食品生产经营主体资格检查，清理出前置审批失效的市场主体 218 户，查处无照无证经营食品 200 余户。

2008 年，“三鹿”婴幼儿奶粉事件发生后，市食品安全委员会按重大食品安全事故应急预案要求，启动应急处理 I 级响应，市工商局成立专门的领导小组，组织排查。

2010 年，市工商局开展食品安全电子监管。对全市食品总经销、总代理经营的食品纳入市工商局食品安全电子监控平台，实行实时电子监控，建立落实食品安全监管长效机制。

2011 年 4 月，市工商局重点检查餐饮店使用“地沟油”等违法行为。市工商局会同卫生部门检查全市范围内的餐饮服务企业 1079 户次，未发现“地沟油”和不合格一次性筷子、一次性饭盒流入餐饮服务业。

2012 年，市工商局开展 46 类食品安全定量抽检工作，全年抽检食品 3608 批次，合格 3412 批次，合格率 94.57%，其中在种植养殖企业抽检食品 545 批次，合格率 100%；生产企业抽检食品 701 批次，合格 694 批次，合格率 99%；流通领域抽检 1698 批次，合格 1528 批次，合格率 89.99%；餐饮服务店抽检食品 664 批次，合格率 97.14%。

2013 年，市工商局规范各大商场、超市“临保食品”（指临近保质时限截止日期的食品）销售，敦促实施“四统一”（统一开辟“临保专柜”、统一界定食品临保期限、统一规范临保食品销售提示语、统一设置临保食品标记标识等）管理。135 户商场超市设立临保专柜。对全市 264 户农资经营户落实信用等级管理，其中 A 级 239 户、B 级 23 户、C 级 2 户。查处不合格化肥案 2 件，罚款 0.82 万元。

专项整治　1988 年，工商部门会同其他职能部门查处制售伪劣食品案 312 件，罚没 2.86 万元，没收销毁不合格食品 850.27 吨，停业整顿 92 户。

1989 年—2001 年，市（县）工商局查处违法违规食品案 1235 件，罚没 406.05 万元，没收销毁不合格食品 37.52 吨，责令限期整改 215 户次，取缔非法经营 11 户。

2003 年，市工商局开展农村食品卫生专项整治，整治对象主要为农村集贸市场及周边作坊式食品加工场所、食品批发企业、零售商店，查获不合格食品 500 千克。

2004 年 2 月，市外一些地区发生高致病性禽流感，市工商局根据上级部署，加强预防，组织开展市场巡查，严防疫区家禽和未经检疫的家禽上市。责成督促各市场家禽摊区每日消毒。4 月，安徽阜阳劣质奶粉事件发生后，对照公布的“黑名单”，查获劣质奶粉 515 包，同时对索证不齐或可疑奶粉暂控后送样检测，确认 5 种奶粉的 32 份样品不合格。6 月，开展黄酒生产经营企业专项整治，检查生产企业 36 户、经营企业 39 户和市场 1 个，查获食用酒精 750 千克、不合格袋装黄酒 35 千克。开展校园内外食品商店专项检查，检查商店 100 户次。查获无照经营 12 户，立案查处 4 户，责令整改 5 户。在学校食堂内抽检食品 30 批次，缴销过期劣质食品、“三无”食品 434 千克。7 月，开展夏令食品市场专项整治，检查各类市场 336 个次，食品经营企业 2880 户次，查获食品违法案 40 件，罚没 6.12 万元；缴销不合格食品 2840 千克。中秋前夕，开展月饼市场专项整治，查获不合格月饼 2000 盒。是年，查处违法违规食品案 346 件，取缔非法经营 75 户。

2005 年 3 月上旬，市工商局派出干部突击检查阮市西湖埂头村荸荠加工户，查获添加焦亚硫酸钠、连二亚硫酸钠的荸荠 3000 余千克，端掉非法加工点 7 个，7 名涉案人员被移送司法机关处理。3 月 16 日，开展销售有质量问题马铃薯的违法行为专项整治，查扣有质量问题的马铃薯 110 千克。6 月，开展批发市场豆芽经营户专项整治，发现 4 户存在掺拌、添加非法添加剂问题，当场查获掺拌焦亚硫酸钠豆芽 300 余千克，查缴非法添加剂 10 千克。8 月，枫桥工商所开展腌菜、榨菜经营户违法行为专项整治，查缴有质量问题腌菜 2200 千克，榨菜 1800 千克。是年，抽检食品 41297 批次，查扣不合格食品 385 批次，销毁不合格食品 6469.6 千克。

2006 年，市工商局以农村和城乡接合部为重点区域，以流动摊点、小作坊、小商店、小餐馆为重点对象，以区域特色食品、儿童食品、饮料、酒、米面、油、肉、蔬菜为重点品种，以元旦、春节、“五一”、国庆为重点时段，相继开展校园食品、珍珠粉质量、奶粉、饮料、奶制品等专项整治。在校园食品专项整治行动中，检查学校食堂 33 个，师生服务部 28 户，查获过期食品 5 千克。

2007 年，市工商局查处取缔无照经营食品 200 余户，快速检测食品 8430 批次，缴销不合格食品 66 批次计 172 千克，查获过期变质或“三无”食品 1000 余千克。查处食品违法违规案 19 件，其中 1 件移送司法机关处理。

图 2-11-4　食品安全检查

2008 年 1 月下旬至 2 月中旬，市工商局开展春节食品安全专项整治。3 月和 5 月，两次对调味品、饮料、酒类等食品作专项整治。7 月，对小食杂店开展整治与规范。9 月，三鹿奶粉事件发生后，市工商局立即启动应急处理 1 级响应，开展 4 次专项清查。查明国家公布的 22 户含有三聚氰胺婴幼儿奶粉企业名单中，在诸暨市销售产品的有 5 户。共下架有质量问题奶粉及液态奶 6902 千克，公开销毁有质量问题奶粉 3020 千克。2008 年，查处违法违规食品案 35 件，罚没 46.17 万元。

2009 年 7 月，市政府组织开展食品安全整顿。市工商局会同有关部门联合行动，开展打击违法添加非食用物质和滥用食品添加剂专项整治。是年，查处违法违规食品案 124 件，案值 87.72 万元，罚没 58.9 万元。

图 2-11-5　食品安全检查

2010 年初，市工商局继续开展打击违法添加非食用物质和滥用食品添加剂专项整治。检查企业 2303 户，重点食品 4 种，立案查处 10 件。6 月 20 日起，开展全市学校及周边区域食品安全专项整治。整治后，校园内经营的食品实行统一配送。开展问题乳品、含乳食品清查行动，检查 5387 户次，要求所有食品生产经营企业不存放、不销售、不使用、不藏匿有质量问题的奶粉以及含奶制品。是年，查处食品违法违规案 81 件，罚没 109.18 万元，其中，罚没 5 万元至 10 万元的大要案 3 件。

2011 年，市工商局开展元旦春节期间食品安全专项整治，重点检查粮、油、肉、禽蛋、奶制品等节日商品。检查食品经营户 1833 户，责令下架有质量问题的奶粉 15 千克，查缴过期饮料 1 批。5 月至 6 月，检查学校及周边食品经营户 1078 户，下发行政指导书 13 份、收缴过期食品 23.5 千克。7 月，开展乳制品市场专项整治，检查乳制品经营户 578 户，责令下架销毁有质量问题的奶粉 322 千克。9 月至 10 月，开展“地沟油”专项整治，检查食用油经营户 153 户，未发现问题。是年，查处食品违法违规案 104 件，案值 111 万元，罚没 121 万元，移送司法机关处理 1 人。

2012 年 1 月，市工商局开展“越剑一号”春节市场食品安全专项执法检查，继续打击流通领域食品非法添加和滥用食品添加剂、“瘦肉精”、地沟油等违法犯罪行为。检查食品经营户 7211 户次，查处食品违法违章案 70 件，罚没 60 万元。8 月，开展食品安全专项整治，责令下架有质量问题蜜饯 1056 千克、麻油 655 瓶；捣毁制售假麻油窝点 1 个，涉案人员被移送司法机关处理。全年为 130 户食品经销企业安装电子监管平台，查处食品违法违规案 1793 件，罚没 235.34 万元。

2013 年，市工商局开展家禽脱毛行业中涉嫌非法添加行为专项排查，检查农贸市场 56 个，经营户 107 户，立案查处 15 件。是年，查处食品违法违规案 62 件，罚没 73.6 万元，其中罚没 10 万元以上大案 1 件。

“放心店”工程建设

2004 年 11 月，根据省政府统一布署，市政府出台诸暨市农村消费安全建设方案，以大型商场（超市）批发配送企业为依托，在每个村设直销店，或选择一户商店，试点实施商品准入制度，建设“放心店”。“放心店”统一形象标识、统一商品售价、统一营销方式、统一管理模式，以特许加盟的形式统一商品配送。年底，市工商局在应店街镇开展农村放心店建设试点，同时确定雄城、一百两户规模流通企业参与“放心店”商品配送。“放心店”实施“一块牌匾、一套制度、一个标识、一本台账、一项承诺”的五统一模式，统一悬挂“浙江省百县万村放心店工程——示范商店”牌匾；执行进货验收备查制度、不合格商品下柜制度、消费者投诉处理制度；建立统一格式的送货台账，实施商品准入制，并实行消费安全承诺。

2005 年 3 月 14 日起，市工商局在全市农村全面开展“放心店”工程。出台相应配套措施：建立“放心店”商品备查制度，由“放心店”记录每种商品的供货单位、时间、数量、质量等信息，以备日常抽查；推进乡镇消费监督联络站、村消费监督联络员建设，参与“放心店”的监督；完善商品配送渠道，除雄城、一百参与配送渠道外，增加 6 户商品准入制度达标的副食品批发企业参与“放心店”商品辅助配送。4 月，在店口、次坞、山下湖、草塔等镇率先建成“放心店”70 余户。年底，全市 27 个镇乡完成 540 户“放心店”建设。

图 2-11-6　放心店

图 2-11-7　部署“放心店”建设工作

2006 年初，市政府把“放心店”工程建设列为年度八大实事之一。2 月，市工商局设立农村“放心店”监督管理中心，制订诸暨市农村“放心店”长效管理制度。对农村“放心店”建设提质扩面，评比出 58 户优秀“放心店”予以表彰，每户奖励1000元；对未按创建标准运作的5户予以摘牌，取消1户有违法行为配送店的配送资格；新增3户配送企业。3月，市工商局开展农资“放心店”建设，分三批创建农资“放心店”106户，并由诸暨市农村消费安全建设领导小组分批考核验收。4月10日，市工商局会同市教育局开展学校“放心店”建设，确定诸暨市教育后勤配货有限公司为学校放心店的统一配送企业。

截至2006年年底，新建农村“放心店”191户，全市农村“放心店”达745户，覆盖447个村，覆盖率95%。第一批15户校园“放心店”先后挂牌。

2007年，市工商局创建第4批农资“放心店”40户，全连锁、全配送的校园“放心店”82户。市工商局农村“放心店”监督管理中心通过对农村“放心店”的回访检查，对经营不规范的53户放心店予以摘牌。是年，省工商局对诸暨市工商局在“放心店”工程建设中作出的突出成绩予以表彰。

图2-11-8　查封劣质农资商品

2009年3月，经市工商局和市商贸办考评，认定暨阳街道市南超市等34户乡镇级超市、暨阳街道傅家“放心店”等195户村级店、雄风诸暨中学连锁店等57户校园店、暨阳街道城关庄稼医院等39户农资店为星级连锁放心示范店。

2010年，《中华人民共和国食品安全法》颁布，农村放心店建设终止。

第三章　服务经济

市工商局寓服务于市场监管中，运用工商职能，扶持个私经济发展，参与建设、完善市场体系，帮助培育知名品牌，促进地方经济总量扩张、质量提升。

第一节　扶持地方经济

政策扶持

1979 年，国家对个体经营依然有诸多政策限制，个体经营以商业、服务业为限，从业者须为城镇户籍。是年，全县有个体工商业户 14 户。

1985 年春，县政府提出“四个轮子（全民、集体、联合体、个体）一起转，千家万户促翻番”的经济工作思路，个体工商业开始较快发展。

1988 年 4 月，县工商局对个人合伙企业雇工情况开展调查。全县有个人合伙企业 3263 户，从业人员 30950 人，雇工 7485 人（其中，雇工 8 人以上的 409 户）；上年工业产值 5076.3 万元，间接出口创汇 52.9 万美元。同时，抽查乡镇集体所有制企业 231 户，核实属于私营企业性质的 87 户、个人合伙企业性质的 49 户、个体工商户性质的 61 户，真正属于集体所有制性质的仅有 34 户。5 月 17 日，县工商局提出放宽政策，支持个私经济发展，改善管理搞好服务的具体意见：不再控制网点布局，允许个体工业、手工业流动经营；允许一人多店（厂）办照；私人经营的商品种类及经营方式，适当放宽限制；服装、小百货、土副产品及国家放开的商品，能提供资金信誉证明的，允许搞批发经营；放宽个体工商户、个人合伙企业名称核准条件，个体工商户、个人合伙企业可以根据经营需要冠字号、刻印章；创汇额在 15 万元以上的个体工商户、个人合伙企业可冠县级字号名称；创汇额在 10 万美元以上的企业，可以转报绍兴市工商局核准冠绍兴市级字号名称。7 月 1 日起，县工商局按照《中华人民共和国私营企业暂行条例》，开展私营企业登记注册。这年末，全县有个体工商户 15996 户，其中工业 2538 户、建筑业 28 户、交通运输业 1841 户、商业 9230 户、餐饮业 794 户、服务业532户，其他1033户；私营企业87户。全县工业总产值144288万元，其中个体工业产值14982万元，占10.38%；私营企业工业产值25693万元，占18%。个私工业产值的总和已接近乡镇集体企业工业产值（58440万元）。个体私营商业网点9230个，占全县12540个零售商业网点的73.6%。

1989年4月1日起，县工商局推行企业法人联络员制度，先后在386户企业中确立企业法人联络员。联络员接受工商法规培训、反映企业要求、上报企业情况，沟通企业与工商部门的联系。9月，县工商局按县政府《关于调整联户企业管理权限的通知》精神，明晰产权，将210户挂名为乡镇集体而实属私营性质的企业摘帽正名，登记为私营企业。年末，全市有私营企业437户。

1990年初，市工商局对全市12个区（镇）、88个乡（镇）、1302个村的集体企业开展调查。其中762个村有集体企业1447户，工业总产值1.89亿元。分布情况为大西区213户、牌头区205户、湄池区195户、姚江区189户、枫桥区164户、陈蔡区110户、城关镇98户、璜山区87户、浣纱区75户、五泄区56户、三都区36户、大唐镇19户。这些企业中，名为集体、实为个体私营的挂牌企业536户，占总数的41.2%。市工商局采取“一转二歇三完善”的办法，企业产权在明晰的基础上，自愿转为个体私营的，办理个体工商户、私营企业登记；尚不符合集体企业条件，但要求继续按集体企业开办的，帮助完善条件后按集体企业登记；既不愿转个体工商户、私营企业，又不愿完善集体企业条件的，予以歇业注销。针对企业中普遍存在的产品滞销、资金缺乏、原材料紧缺等问题，市工商局主动与部分企业签订无偿提供法律服务的协议，帮助企业规范合同管理，解决生产经营困难。

4月10日，市工商局出台《关于进一步支持我市企业深化改革、稳定发展的意见》。在国家政策允许的前提下，经营范围核定时根据企业要求适当放宽；外出经营、推销产品、寻找销路的，工商部门出具外出经营证明；企业因生产经营需要组织原材料、重要生产资料，而营业执照未核定经营范围，按法规又不能增加这些经营项目的，凭合同或对方同意供货证明，给予办理一次性经营许可证；暂时停工停产而需由职工外出推销产品的，给予办理临时营业执照。

1991年，市工商局重点支持和服务570户全民所有制企业、6181户集体企业发展生产，运用工商登记管理职能支持企业调整产业结构。为161户企业开设网点提供证明，为13户企业办理一次性经营许可证，为7户企业出具一次性销售抵债物资证明。

继续放宽核准个体工商户、私营企业经营范围。属国家控制的行业和产品，只要不涉及国家专营、国家安全或人民群众人身财产安全，而有利于诸暨经济发展或不是诸暨企业生产过剩的，都给予变通办理登记注册手续，允许个体工商户、私营企业经营。先后放宽对木材、水泥等重要生产资料的经营限制。市工商局还重点引导发展外出经营户、为推销本地产品的长途贩运户和方便人民生活的服务业、农副产品加工业的个体工商户。是年，为2300余户长途贩运户开具外出销售证明，为2850户服务业、农副产品加工业个体工商户办理营业执照。

1992年5月6日，市工商局出台《进一步解放思想、拓宽思路，加快诸暨经济发展的服务措施》，鼓励集体经济薄弱地区发展个体私营经济；鼓励农村发展适宜于家庭分散经营的加工业、手工业和为全民、集体企业配套的产业，为农业产前、产中、产后服务的行业；鼓励在城镇发展为群众生活提供多样服务的行业。继续支持鼓励长途贩运，凡从事国家放开经营商品或为专业市场贩运商品的经营户，逐次发给贩运许可证。

6月，市工商局开展全市私营企业发展状况调查。9月，向市人大递交调查报告。报告分析了自1990年以后私营企业户数逐年下降的原因：私营企业处于起步阶段，经不起社会主义市场经济的风波，业主思想不稳定，怕政策变化；内部管理不善，技术力量薄弱，影响企业生存发展；有关部门给私营企业的政策没有完全到位，一些部门和领导“左”的思想依然存在，对私营经济发展心存疑虑，姓“社”姓“资”的问题没有完全解决。同时指出随着社会主义市场经济的确立和完善，私营企业将有一个大的发展。报告还提出进一步发展私营企业的对策措施。

11月5日起，市工商局简化个体工商户、私营企业登记办照手续。废止在行业控制、人员流动等方面对个体工商户、私营企业的不合理限制。企业富余人员根据市场需要自谋职业，可申办个体工商户、私营企业执照；行政事业单位的留职停薪、辞职、退职人员凭单位证明可申办个体工商户、私营营业执照；允许企事业单位职工利用业余时间从事夜市经营和从事为他人家庭、社会服务的第二职业；除工商部门外，其他部门的规定都不作为个体工商户、私营企业登记办照依据；废止此前新办个体工商户、私营企业须由村乡（镇）同意，新办个体工商户、私营工业企业须经市计经委审批等项规定；取消申请人资格审查表，允许个人凭户籍证明直接到工商所申办营业执照，法律法规没有作出明确规定的前置审批转为后置管理完善；鼓励外来人员在诸暨直接办理营业执照，从事个私经营活动。年末，全市有个体工商户23038户，从业人员44750人，总量跃升到全省第5位；私营企业226户，投资者477人，雇工3823人。但从发展情况看，私营企业中规模企业少，产值在100万元以上的仅23户，产值在500万元以上的5户，产值超千万元的3户；私营有限公司10户，科技型私营企业3户，外向型企业出口创汇额1700万元人民币。

是年，全市新设立乡、镇、村办集体企业4307户，其中为农服务的企业144户。

新发展服务业2250户、贩运户2000户，推销地方产品和农特产品的流动经营户6000户，出具外出经营证明2500份。为改变诸暨经济低小散格局，帮助壮大国有、集体经济，市工商局进一步出台服务措施，支持企业协作、联合发展。帮助组建诸暨市二轻集团、浙江大华工贸企业集团、浙江凯达机械电子集团、浙江凯恒轻纺集团、浙江征天集团等5户企业集团。企业集团数居绍兴市首位。

1989年—1992年度诸暨市私营企业变化情况统计一览

表3-1-1 单位：户

年　度	户　数	其中变化情况			
		歇　业	改集体	转个人合伙	转个体
1989	437	5	15	—	34
1990	366	133	4	1	7
1991	281	78	10	—	31
1992	226	58	5	—	28
合　计	1310	274	34	1	100

1993年初，市委、市政府制定优势扩张战略，把个体私营经济作为诸暨经济发展的重要增长点，提出不限制发展比例，不限制发展规模，不限制经营范围，不限制经营条件的“四不”限制措施，出台《关于扶持贫困山区经济发展的若干政策意见》。3月16日，市工商局召开个体私营经济工作会议，决定以“三个有利于”（有利于发展社会主义社会的生产力、有利于增加社会主义国家的综合实力、有利于提高人民生活水平）为标准，对个私经济发展提供全方位服务，并对发展个私经济实行“先放开、后规范”的原则。引导鼓励贫困山区农民发展个体私营经济，允许个私经营者在备案后从事经营活动，不发照、不收费，待条件成熟后再登记注册。简化个体工商户、私营企业的前置审批，减少审批环节。除特殊行业、生产型企业、外来经营户等由市工商局审批外，其他经营性个体工商户、私营企业委托工商所审批；允许个体工商户、私营企业开展批发、代购、代销等业务；放宽字号名称核准，私营企业有一定规模，可以挂市牌子；放宽核准《企业法人营业执照》的限制，注册资金3万元以上、雇工8人以上的生产型企业和注册资金10万元以上的商业企业，可核发《企业法人营业执照》。当年，13253户个体工商户分别在各工商所直接办理审批手续，219户由退休、停薪留职人员申请办理的企业获准开业，1100户个体工商户增加经营范围、经营方式或变更字号名称。

图 3-1-1　恒久集团

6 月 23 日，市委、市政府下发《关于鼓励个体私营企业上规模、上档次、上水平，提高自身素质和经济效益的政策意见》，鼓励个体工商户和私营企业增加投入、扩大规模，鼓励科技进步上档次，鼓励发展外向型经济，鼓励吸引人才、提高企业素质。规定年产值 500 万元以上或纳税额 15 万元以上的个体工商户、私营企业，在贷款、征地、用电等方面与集体企业一视同仁。确定一批市重点个体工商户、私营企业作为重点扶持对象。对为国家和地方经济发展作出较大贡献的个体工商户、私营企业给予奖励，有重大贡献的，给予市长特别奖。为有发展前途的私营企业发放绿卡。市工商局根据市委、市政府的政策意见，帮助指导和促进个体工商户、私营企业上水平、上规模。放宽私营有限责任公司审批条件，对注册资金不足 30 万元的生产型企业，允许先申请成立有限责任公司，在发展中逐步完善；放宽批发企业和科技型、外向型企业审批条件；确定年产值在 50 万元以上的个体工商户、年产值在 100 万元以上的私营企业，作为市工商局和各工商所的重点联系企业，落实联系干部，开展“一对一”帮扶。

是年，全市个体工商户首次突破 5 万户（52194 户），其中新增 18318 户，总量跃居全省第 3 位，总产值 2.9 亿元。私营企业户数走出 1990 年后下降徘徊态势，总数达 316 户（其中当年新增 161 户），年总产值 46 亿元；私营企业总数全省排名从上年的 20 余位跃升到第 12 位。全市有 20 户私营企业年产值超千万元。企业集团公司增加到 9 户（冠省名 6 户、列为省重点骨干企业 3 户）。

1994 年初，市政府首次邀请一批个体工商户、私营企业代表参加全市经济工作会议，确定 8 户私营企业为市重点企业，颁给绿卡。6 月初，市工商局再次简化个体工商户、私营企业登记审批手续。个体工商户、私营企业登记注册取消开业申请报告；下放审批权限，个体运输业、家庭工业、商场出租柜台个体工商户的登记，委托各工商所现场办理；继续放宽个体工商户、私营企业经营范围，除国家明令禁止的行业和专营商品外，其他均予核准登记；在经营方式上，生产、加工、经营给予一次性核准。

市工商局成立市个体私营经济协调小组，对全市个私经济发展情况作全面调查，并于 10 月 28 日向市人大常委会主任会议作专题汇报。调查报告肯定了全市个私经济取得较快发展，同时指出个体工商户、私营企业存在“单体规模与发展总量不相称，产值在千万元以上的企业偏少；内部管理处于低水平；部分块状产业大起大落现象严重”“市委、市政府发展个私经济的一些政策尚未完全落实到位，部门引导扶持力度不足”等问题。报告建议按照“放手与管理相结合、发展与提高并重”的思路，把加强管理引导贯穿于个私经济发展的始终，加大贯彻“三上一提高”政策力度，因地制宜培植好个私经济这一增长点。是年，全市个体工商户达54371户（新发展18000户），总量跃居全省第2位。私营企业1232户（新发展966户），总量跃升到全省第7位。个体私营工业总产值69亿元，占全市工业总产值的53%。年产值在千万元以上的私营企业有28户。个私经济占诸暨经济“半壁江山”的局面由此形成。

1995年8月，市工商局筹建“诸暨市个体私营企业互助基金”。10月12日，设立“互助金”管理办公室。11月，筹集互助基金达56万元。是年，市工商局制订“巩固成果、积极发展、强化管理、促进提高”的个私经济发展思路，重点发展农村运输业与家庭工业。

随着个私经济较快发展，与国有、集体经济的市场竞争日趋激烈，争夺经营人才、生产要素的现象频频发生。社会上对以发展国有集体经济为主还是坚持多种经济成分共同发展的问题再现争议。市工商局坚持多种经济成分共同发展的基本方针，注重在登记注册时按产权关系核定企业类别和经济性质，还企业本来面目，坚持发展个私经济。是年，新发展个体工商户11932户（其中家庭工业3100户、个体运输业2324户），总量达61053户，自有资金59486万元，从业人员113132人。新发展私营企业599户，总量1754户，注册资金76858万元，从业人员21578人。私营企业中产值超亿元的2户，超1000万元的60户。个私工业产值120亿元，占全市工业总产值的54%。

1996年，从一家一户起步的家庭工业，逐步发展形成区域性块状产业，在全市造就了众多家庭工业专业村、专业乡（镇）。市工商局组织人员，先后赴城关、店口、大唐、枫桥、三都、直埠等地，到年产值超亿元的专业村、专业乡（镇）开展调查，了解块状产业发展情况，听取当地政府、经营户对发展块状产业的意见和建议，继而出台支持家庭工业发展的优惠政策。规定办理家庭工业营业执照，可以以村为单位集体申请，不必提供分户经营场所证明、身份证复印件等资料，并由工商所上门集体办照、统一发照，同时减免工商管理费、换照费。

1997年5月，市工商局会同有关部门专程到三都、大西等地区，与当地贡缎企业商讨重振产业对策。帮助企业重组、调整产品结构、疏通销售渠道，支持行业开展协作发展。重组后的贡缎产业注册资金达2561万元，比上年同期增加8%，销售额增加7%。

7月16日，市工商局根据市委、市政府支持农业产业化经营思路，开展种养业工商登记，支持农民从当地实际出发，面向市场，兴办投资少、见效快、适合家庭和个人经营的加工业、种植业、养殖业。同时支持第三产业发展，鼓励个人在城镇以投入多种生产要素的形式，兴办满足人们多样化需求的商业、修理业、服务业等第三产业。新发展农村种养业 412 户，运输业 5100 户。

10 月，市工商局对全市第三产业发展情况开展调查，形成调查报告送市委、市政府。全市“三产”企业总数 37825 户，从业人员 68576 人；“三产”企业总数占全市产业群体总数的比例从 1992 年的 35% 跃升到 1997 的 64.4%；“三产”生产总值占全市生产总值的比例从 1992 年的 27.4% 增加到 1997 年的 31.2%；“三产”户均注册资本从 1992 年的 0.62 万元增加到 1997 年的 11.7 万元。“三产”中商业占主导地位，经营总值 13169 万元，占“三产”生产总值的 34.6%。个私经济在“三产”中占绝对份额，从事“三产”的个体工商户、私营企业达 33788 户，占“三产”总户数的 87%；实现经营总额 38 亿元，占全市生产总值的 31.2%；纳税总额 1.54 亿元，占全市财政收入的 46.9%。市工商局通过调查，提出加强对“三产”的引导管理，成立市一级第三产业管理领导小组；把第三产业的发展纳入经济社会发展的总体规划，为“三产”发展营造宽松环境，取消不符合国家规定的收费，减少审批环节，简化审批手续等加快第三产业发展的建议。

是年，根据下岗失业人员“再就业工程”要求，市工商局制订优惠措施，支持下岗人员加入个私经济从业队伍，在安排摊位、收取费用、提供信息等方面予以优先优惠。先后吸纳 2800 余名下岗职工从事个私经济。

1997 年诸暨市第三产业行业结构统计一览

表 3-1-2　　单位：户

行业	金融保险	商业	黄金加工	交通运输业	餐饮业	旅游业	广告业	修理业	娱乐业	信息中介	其他	总计
户数	261	24153	17	8342	1660	10	45	1179	129	30	1999	37825

1998 年 3 月 9 日，市工商局推出种养业登记管理办法，规范和支持种养业户发展。当年，发展种养业户 467 户。市工商局加强家庭工业登记管理，采用上门办照、优惠收费等措施，为 16000 余户偏远地区家庭工业、加工业户登记注册。通过主动介入、简化手续等方法，支持集体企业改制，先后为 128 户集体企业改制为私营企业，为 25 户企业转换经营机制，理顺内部关系提供帮助。

1999 年 6 月，市工商局在大西工商所召开科所长会议，专门研究支持发展家庭工业问题。会议确定“一年打基础、两年促发展、三年抓规范”的工作思路，促进家庭工业有序发展。是年，赵家、全堂、岭北等偏远乡村新增化纤布织机 800 余台。

2001 年 4 月 12 日，市工商局发出《关于进一步转变作风，增强服务意识、支持地方经济发展的若干意见》，继续按照先发展后规范的思路，支持农村块状经济发展。规定经济落后地区、边远山区的农户发展家庭工业，免收当年个体工商户管理费。

2002 年，诸暨跻身“浙江省发展个体工商户十强县（市）”行列。私营企业新增 1158 户，总数 3651 户，注册资金总额超 50 亿元，从业人员 30 万人。

2003 年，私营企业总数达 4491 户，注册资金总额 55.59 亿元，其中注册资金 500 万元至 1000 万元的有 184 户、1000 万元以上的有 103 户；从业人员超 1000 人的有 6 户。以自然人投资为主体的有限责任公司 2398 户，注册资金 49.22 亿元，分别占私营企业总数的 53%、注册资金总额的 88.55%。

2005 年，国民经济进行宏观调控。诸暨个私企业面临贷款收紧、国际上欧美设置贸易壁垒、人民币升值等困难，但诸暨个私经济仍保持快速增长。至 6 月底，全市个体工商户 68280 户，注册资金 20.71 亿元，同比分别增长 26.75% 和 7.02%。

2006 年 5 月 10 日，市工商局提出培育和规范发展农村经纪人的实施意见，允许农村经纪人实行先登记备案，后办理营业执照；允许登记后从事季节性经纪活动，除国家法律法规明令禁止的，农村经纪人经营范围不受限制；允许农村经纪人既从事农副产品购销，又从事经纪活动。农村经纪人免交工商管理费。

2008 年 9 月 1 日起，根据国务院决定，停收个体工商户管理费和集贸市场管理费。受国际金融危机等因素影响，诸暨经济面临保稳促调、转型升级的考验。9 月 11 日，市工商局落实市政府“共促创业创新、共谋企业发展”的要求，出台 18 条扶持措施，进一步放宽市场准入门槛，拓宽中小企业融资渠道，落实股权质押登记、企业资产抵押登记。是年，帮助企业融资近 80 万元。

图 3-1-2　企业“健康体检”

2009 年，经济形势依然严峻。4 月，邀请部分审计师、律师和乡镇政府领导，组成企业“健康体检小组”，对 298 户企业进行“健康体检”，出具 255 份“企业健康体检诊断报告”。发现企业各类问题 90 余个，作出行政指导 60 余条，提出企业发展建议 468 条。5 月 22 日，市工商局、市个私协会与绍兴市商业银行诸暨市支行联合举办助力中小企业融资对接会，百余名民营企业代表与会，当场签订“首期7亿元扶持中小企业发展合作项目授信协议”。

2010年，市委、市政府大力构建“6+2”产业（袜业、珍珠、铜加工和新型材料、机械装备、纺织服装、环保新能源以及现代农业、现代服务业）体系，支持“6+2”产业发展。6月2日，市工商局出台《关于助动服务民营经济发展若干意见》。属“6+2”产业新建扩建项目，工商部门提前介入，按“宜放则放，宜简则简”的原则，简化办事审批程序，缩短办理时限；企业需要工商部门帮助到上级部门办理有关手续的，给予全力支持，全程陪同服务。凡企业申请无行政区划名称的，市工商局报省工商局按“直通车”程序办理；鼓励达到一定规模的企业，按现代企业制度要求改造为股份有限公司的，市工商局帮助解决改制过程中涉及工商行政管理的有关问题。

是年，大唐袜业、山下湖珍珠、店口五金汽配管道、枫桥衬衫、陶朱贡缎、璜山轴瓦、草塔弹簧、次坞包装、暨阳电瓶灯、直埠鞋业等10大块状产业发展稳定。全市块状产业中，拥有“精”“大”“稀”车床2646台、普通车床10332台、仪表车床10332台、钻床7331台、冲压锻床6431台、熔铜炉351座。拥有织机108678台（其中剑杆织机59073台），牵经机3279台；织袜机127310台，（其中进口织袜机59016台）；加弹机3756台、橡筋机1124台；拥有缝纫机73681台、拷边机11001台；拥有珍珠打孔机30312台；拥有注塑成形机1288台；鞋底成形机械259台（套）、钉鞋机311台。

2012年2月28日，市工商局制订20条措施支持民营经济转型升级，帮助民营经济拓宽融资渠道，提升民营经济经营管理水平，营造民营企业良好发展环境。在企业名称登记条件方面，允许企业使用表明服务内容和服务方式的各类新兴行业用语作为行业表述；在经营范围核定方面，明确凡法律法规和政策未禁止的，根据企业申请，灵活核定体现行业特点的经营范围。6月20日起，市工商局着力帮助企业盘活存量资本，助解企业融资难题，放宽场所登记条件，破解发展场地瓶颈，改进行政审批服务，优化市场准入环境，放宽名称登记条件，提升企业竞争能力，支持实体经济发展。特别是在放宽场所登记条件方面，允许住所（经营场所）权属证明多元化，允许符合条件的住宅作为企业住所或经营场所，允许符合条件的车库、架空层登记为企业住所或经营场所。

2013年，全市在册私营企业17207户，雇工220366人，注册资本（金）761.79亿元；在册个体工商户72967户，从业人员159350人，自有资金57.46亿元。

助大促强

1993年，全市私营企业中，注册资金在50万元以上的45户，100万元以上的13户；年产值在千万元以上的20户；全市企业集团9户，其中冠省名的6户。

1994年2月28日，市工商局确定浙江大东亚塑胶集团、浙江大华工贸实业集团等40户有一定规模的私营企业为重点扶持企业。3月25日，市私营企业协会成立。4月12日，市工商局召开个私经济工作会议，表彰市重点私营企业81户，技改投入大户、纳税大户各10户。会议决定扩大重点扶持企业范围，确定有发展前途的私营企业30户，帮助筹集资金、搞技改、冠省牌、完善和健全内部管理机制。先后与有关部门召开协调会议20余次，解决企业在生产经营中的难题73个。5月，市工商局会同店口镇政府召开私营企业技改现场会，邀请分管工业副市长，市计经委、银行等9个部门领导，49户私营企业代表参加会议。会上对8户企业的9个技改项目进行论证，相关领导当场同意3个技改项目，总投入270万元。会后全市15%以上私营企业上技改项目，总投入6.19亿元。市电子防盗实业有限公司技改投入达2000万元，市步森制衣有限公司技改投入达380万元。是年，陈培祖、杨高忠、蔡葵明等3户个体工商户和市步森制衣有限公司、浙江诸暨毛绒玩具有限公司、市东兴大酒店、市白天鹅酒家、市电器有限公司、市纺织有限公司等6户私营企业分别被评为绍兴市重点个体劳动者、重点私营企业。

1995年初，市工商局提出“巩固成果、积极发展、强化管理、促进提高”的支持个私经济发展工作思路，实施“巨轮工程”。确定40户规模企业为重点扶持对象，帮助扩大规模，组建集团，在名称预核、变更登记事项、理顺企业集团内部资产关系等方面开展全程服务。

5月，市工商局会同市私营企业协会在全市私营企业中首次开展以“比投入、比纳税、比管理、比奉献”为主要内容的“诸暨市私营企业二十强”评选活动。51户企业报名参评。市工商局通过诸暨电视台、《诸暨日报》对参评企业进行专题宣传。7月，经社会公众和社会知名人士投票及评委综合评定，市工商局公布诸暨市私营企业二十强评选结果。浙江中义集团有限公司、市织成有限公司、市白天鹅实业发展有限公司、浙江华发玩具有限公司、浙江通用弹簧厂、浙江步森制衣有限公司、浙江情森制衣有限公司、浙江浣纱纺织有限公司、市弹簧总厂一分厂、浙江开尔制衣有限公司、市东兴大酒店、市大港服装有限公司、市溻王珠宝实业有限公司、市皮革机械厂、市新兴服装厂、市丝绸针织服装厂、市金大地饲料有限公司、浙江雄源服装玩具有限公司、市鸿事实业有限公司、市振兴机器厂为市私营企业二十强；市大元园艺有限公司、市电器有限公司、市弹簧制造有限公司、市鹏鸣时装有限公司、市套丝机厂、市成套纸箱厂、市茂达服装有限公司、市汤江工艺玩具厂、市摩托车配件厂、市歌星珍珠营养保健品厂为市优秀私营企业。年底，市委、市政府分别授予20户个体工商户、私营企业“三个一批”（一批支柱产业、一批大型集团、一批知名品牌）企业称号，14户企业获市长特别奖。市工商局组织推荐 8 户私营企业参加“中国 500 家最大私营企业”评选，浙江中义集团有限公司等 7 户企业入选。

当年，市工商局帮助组建企业集团公司 14 户，其中省批集团公司 9 户、市批集团公司 5 户。帮助组建股份合作制企业 89 户、有限责任公司 182 户，其中国有企业与国有企业组建 11 户、国有企业与集体企业组建 18 户，集体企业与集体企业组建 49 户、集体企业与个私企业组建 89 户。帮助 19 户老企业改建为有限责任公司。

1996 年 6 月，诸暨袜业、珍珠业、制衣业、五金业、制鞋业、贡缎业、灯具业等块状产业已初具规模，市工商局引导鼓励块状产业中的个体工商户、私营企业组建同行业“联合舰队”，走联合化、集团化发展道路，转变增长方式，增强竞争能力。确定块状产业中 37 户技改投入较大的私营企业为市工商局重点联系企业，先后给 28 户技改投入较大的企业发放互助金 300 余万元。是年，盾安等 6 户企业成功组建集团公司，13 户私营企业冠取省级字号名称，21 户个体工商户、私营企业联合组建以经销块状产业产品为主的供销型龙头企业。继续支持企业改组、改造、改建，理顺产权关系，强化内部管理，帮助界定产权、盘活存量资产，实现增量扩股。118 户企业组建成新的有限责任公司。

1994 年—1996 年诸暨市个私工业产值、纳税情况统计一览

表 3-1-3

年度	个私工业总产值（亿元）	在全市工业产值中所占比例(%)	个私企业纳税额（亿元）	在全市纳税额中所占比例（%）
1994	75.59	51.6	0.5258	25.9
1995	120.18	54	1.1	44.7
1996	184.1	57.9	1.43	48.4

1997 年 5 月，市工商局会同市工商联、市科委等部门在全市非公有制企业中开展以“讲文明、讲法纪、讲贡献”和“比科技进步、比产品质量、比经济效益”为主要内容的“双文明企业”评选活动。11 月，26 户非公有制企业被评为“双文明企业”。12 月，组织部分私营企业参加首届浙江省非公有制经济“双文明企业”评选活动，浙江中义集团有限公司榜上有名。是年，市工商局贯彻落实省委、省政府关于大力发展个体私营等非公有制经济的通知精神，着力提高个私经济整体素质。帮助组建以经销块状产业产品为主的供销型龙头企业 32 户，完成凯利达集团等 5 户集团的组建工作，支持 5 户私营企业冠取省级字号名称。为 75 户生产经营情况良好的私营企业发放扶助金 206 万元，落实技改资金 2000 万元。

是年底统计，全市个私工业总产值161.7亿元，年产值超千万元的私营企业数增加到82户。盾安集团有限公司、诸暨市华东布厂、步森集团有限公司的年产值超过亿元。盾安集团有限公司、步森集团有限公司等9户私营企业进入全国500强，另有11户私营企业进入绍兴市30强。

1998年初，市委、市政府针对块状产业低、小、散格局和私营企业单体规模不大的现状，提出了块状经济升级和个体工商户、私营企业“二次创业”的发展战略。2月，市工商局参与合力兴工，开展“三个一”活动。每位局领导、科所领导联系一户企业，每个科、所为企业或块状产业的发展出一个点子，每个科、所为经济发展办一件实事。3月，市工商局和科、所领导深入联系企业，开展调研活动，落实服务措施。4月，市工商局组织科技型私营企业参评“浙江省百强科技私营企业”。绍兴市有12户私营企业进入百强，诸暨市占了7户（浙江侣光电器实业有限公司、诸暨兴荣防火门窗厂、诸暨市电器有限公司、浙江金大地饲料有限公司、诸暨市动力弹簧厂、浙江盾安机械有限公司、浙江龙头弹簧厂）。另有13户企业被绍兴市政府评为综合实力三十强私营企业。年底，经市工商局综合考评后，报市委、市政府审定，15户“五个一批”（产业升级拉动一批、城镇化转移一批、农业现代化托起一批、区域协调发展带动一批、政府宏观调控帮扶一批）个体工商户、私营企业受市委、市政府通报表彰。浙江步森集团有限公司、浙江盾安集团有限公司、浙江中义集团有限公司为“贡献最大（纳税额150万元以上）企业”；浙江开尔制衣有限公司、诸暨市阮市建培纺织厂、浙江龙头弹簧厂为行业龙头企业。浙江新兴针织服饰有限公司、诸暨市富邦玩具厂、诸暨市华东布厂、浙江文体袜业集团、诸暨市金盾链条制造有限公司5户企业为技术进步企业；浙江金大地饲料有限公司、浙江海魄服饰有限公司、浙江情森制衣有限公司、浙江洲际橡胶集团有限公司3户企业为著名品牌企业。

是年，有51户私营企业办理自营进出口权的审批。步森集团有限公司、浙江文体袜业集团有限公司、浙江新兴针织服饰有限公司、浙江诸暨金盾链条制造有限公司、诸暨市五泄童袜厂获得自营进出口资格。15户私营企业实现出口创汇20258万元。企业集团新增2户（浙江文体袜业集团有限公司、浙江洲际橡胶集团有限公司）；97户私营企业组建为有限公司，注册资金1.64亿元。浙江中义集团有限公司进入产值超亿元的私营企业行列。

1999年初，市工商局召开贯彻绍兴市党代会精神、加快发展个体私营经济座谈会，提出“提升个私经济整体素质，培育大企业大集团”的工作措施。2月，建立个体工商户、私营企业重点联系服务点制度，确定重点联系服务对象83户。这些联系对象包括年产值（营业额）在1000万元以上的个体工商户、私营企业，研制开发产品处于国内或省内领先地位的个体工商户、私营企业，当年计划技改投入300万元以上的个体工商户、私营企业，与大专院校、科研单位有结对联姻意向的个体工商户、私营企业，已取得自营进出口权和基本具备自营进出口权条件的个体工商户、私营企业，种养面积在50亩以上、从事特色农产品生产经营的个体工商户、私营企业。确定规模企业35户、科技型企业14户、外向型企业18户、种养大户16户作为市工商局重点服务联系企业。局、科、所领导深入企业，帮助企业解决困难15件，提供科技信息14次，为18户私营企业与大专院校和科研单位建立联系牵线搭桥。10月，市工商局按照绍兴市工商局部署开展个体私营经济“520”培育工程和“5100”服务工程建设。主要内容有培育私营企业集团5户、培育绍兴市级以上著名商标5件、扶持科技型私营企业5户、帮助获得自营进出口权私营企业3户，培育个私经济园区或专业村镇4个。

是年，个私企业技改投入4.3亿元，其中千万元以上的项目11个，追加技改投入300万元以上的项目26个。浙江盾安集团有限公司、浙江步森集团有限公司、浙江中义集团有限公司、浙江洁丽雅毛巾有限公司、浙江诸暨金盾链条制造有限公司被评选为绍兴市非公有制经济“双文明企业”。寿彩凤（浙江步森集团有限公司董事长）、应军毅（浙江中义集团有限公司董事长）、

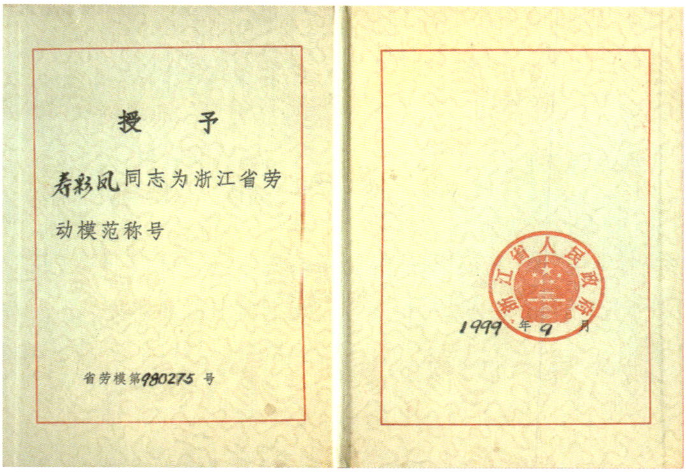

图3-1-3　省劳模证书

石昌佳（浙江洁丽雅毛巾有限公司董事长）被评为绍兴市非公有制经济“优秀企业家”。寿彩凤还被评为浙江省劳动模范，这是诸暨市首位被评为省级劳模的私营企业女企业家。在当年的绍兴市综合实力三十强评选中，步森集团、盾安集团、中义集团、开尔制衣有限公司、海魄服饰有限公司、情森制衣有限公司、浙江健力企业有限公司、浙江洲际橡胶集团有限公司、浙江新兴针织服饰有限公司等名列其中。诸暨企业入选数占三十强企业总数的三分之一。全市拥有科技型私营企业55户，比上年同期增加17%。14户私企与高等院校、科研机构建立业务联系，引进项目13个。私营企业从业人员中，中专以上文化程度5500人，大专以上1030人，本科300余人，有中级职称2500人，高级职称57人。私营企业中建立党支部88个，工会52个。市私营企业工会联合会成立。

2000年1月，浙江盾安集团和浙江步森集团寿彩凤分别被评为浙江省第二届非公

有制经济“双文明企业”和首批优秀私营企业家。2月，全市有7户私营企业入选“浙江省百强工业私营企业”和“浙江省二十强流通服务业私营企业”。其中浙江盾安集团有限公司排名第4位，浙江步森集团有限公司排名第24位，浙江情森制衣有限公司排名第65位，浙江海魄服饰有限公司排名第68位，浙江开尔制衣排名第82位，浙江洲际橡胶集团有限公司排名第87位；浙江中义集团有限公司排名省流通服务业私营企业20强中的首位。3月，省工商局表彰浙江省首批个体私营企业“文明经营示范户（单位）”，诸暨受表彰的个体工商户有：城关阿怀糖烟酒店方铁果、李宁牌专卖店鲁剑炯、鑫荣珠宝店李伟凤、城北少男少女服装店卢杭永；受表彰的私营企业有：白天鹅大酒店、海珠服装商场。9月，省工商局、省个私协命名浙江步森集团有限公司为1999—2000年度省级“光彩之星”。11月，市工商局、市个私协首次在全市个私企业中开展市级“光彩之星”评比活动，楼小华等22名个体工商户和傅月英、陈明君等20位私营企业主被授予“光彩之星”称号。市工商局会同市乡镇企业局、市袜业协会开展袜业龙头企业、骨干企业评选活动。经企业申报、有关镇乡推荐，通过调查、筛选、审核，认定浙江袜业有限公司、浙江中周实业有限公司、浙江文体袜业集团有限公司、浙江诸暨金田针织有限公司、诸暨五泄童袜厂、浙江诸暨海盛针纺织品有限公司等6户企业为诸暨市袜业龙头企业，诸暨市亿文针织有限公司等9户企业为诸暨市袜业骨干企业。28户私营企业拥有自营进出口权。

是年，个私企业技改投入16亿元，其中投入千万元以上的个体工商户、私营企业50户。97户私营企业出口创汇8.07亿元，比上年增长94.9%。

2001年1月20日，经市工商局和有关部门综合考评，市委、市政府审定，全市有58户企业为2000年度市级规模企业，其中工业规模企业42户，建安规模企业8户，流通规模企业8户。

2002年2月8日，经市工商局参与考评，市委、市政府公布56户2001年度市级规模企业名单，其中综合型规模企业2户，工业规模企业48户，建安规模企业8户，三产规模企业7户。是年，私营企业中注册资金在500万元以上的123户，1000万元以上的74户，亿元以上的12户。年产值超亿元的21户，资产超亿元的7户，纳税超1000万元的8户。全

图3-1-4　盾安集团

年出口创汇 12.24 亿元。浙江大东南集团有限公司、海亮集团有限公司、盾安控股集团有限公司进入 2002 年度浙江省百强非公企业行列。

全年私营企业技改投入 9.33 亿元，全市有民营科技企业 72 户，其中 37 户与 63 所大专院校、科研机构合作，设立各类研究所、科研服务中心等机构 30 个。是年，全市新认定国家级高新技术企业 4 户（历年累计 13 户），占全省同类企业的 8.9%。新认定省级高新科技企业 13 户（历年累计 24 户），占绍兴市同类企业的 26.1%。全市民营企业中，有国家级星火计划项目 53 个、省级星火计划项目 30 个，分布在机电、化工、建材、种养殖业、珍珠、电子材料、生物、医药、包装等 10 余个行业。浙江中元枫叶管业有限公司生产的燃气用埋地聚乙烯管材和给水用高密度聚乙烯管材、管件通过浙江省科技鉴定，被认定为“浙江省科技成果推广认可产品”，并先后被国家经贸委、建设部、科技部和浙江省科技厅列入“第二批国家重点改造双高一优导向计划项目”。

2003 年 1 月，市工商局在全市企业中建立工商联络员制度。企业工商联络员是受企业委托负责办理工商登记、企业动产抵押登记、商标注册、报送广告审核、建立和保管企业档案、宣传和贯彻工商法律法规、向工商行政管理部门反映企业的意见建议，并与工商行政管理机关保持经常联系的企业管理人员。经企业自愿申报，工商部门组织培训考核，聘任企业工商联络员 1340 人。根据省工商局“六千三百”工程实施要求，4 月 10 日，市工商局会同市民营企业协会召开非公企业民主管理现场会，引导私营企业逐步改革家族式管理模式，建立符合现代企业制度要求的管理模式。

图 3-1-5　海亮集团

是年，私营企业取得省级字号名称的有 102 户，冠无行政区划名称企业 5 户，组建企业集团 3 户。个体工商户私营企业申请转公司 812 户。私营企业中年产值超亿元的 21 户，总资产超亿元的 13 户。进入年度全省百强行列的 5 户，其中浙江大东南集团有限公司排名第 27 位、海亮集团有限公司排名第 28 位、盾安控股集团有限公司排名第 68 位、浙江八达建设集团有限公司排名第 85 位、浙江万达建设有限公司排名第 100 位。6 户企业入选绍兴市 50 强民营企业，其中海亮集团有限公司排名第 6 位、盾安控股集团有限公司排名第 22 位、浙江八达建设集团有限公司排名第 28 位、浙江万达建设有限公司排名第33位、李字实业集团有限公司排名第40位、天洁集团有限公司排名第44位。

全市私营企业全年投入技改资金10.93亿元，技改立项178个，开发新产品49个。全市有外向型私营企业172户，具自营进出口权企业94户，实现出口交货值14.98亿元（其中100万元以上110户，500万美元以上12户），占全市自营出口额的58%。

2004年3月，市工商局开展“访企业、学企业、帮企业、促企业”活动，在活动中“出一个点子、搞一个课题、访一批企业、当一回老师、编一本手册、出一份专报”，促使私营企业向规模化发展。全市5453户私营企业中，户均注册资金达12.95万元，其中注册资金500万元—1000万元的238户、1000万元以上151户。雇工超100人的130户，年产值超500万元的21户。全市有集团37户，其中私营企业集团20户。是年，浙江省百强企业名单中，浙江大东南集团、海亮集团、浙江耀江建设集团、盾安控股集团名列其中，浙江大东南集团、海亮集团进入中国企业500强。

2005年3月，市工商局选派6名中层干部赴海亮、太子龙、新兴、大东南、裕鑫、情怡等6户重点私营企业驻点帮扶，为企业办成实事80余件。6月，全市有以自然人投资为主体的有限责任公司3015户，占私营企业总数的54.07%。集团41户，其中私营企业集团24户。为破解贸易壁垒，步森、神鹰等企业把窗口设到境外，获得了更大的外贸主动权。泰荣针织有限公司、开泰袜业有限公司利用工艺袜、绣花袜产品优势，在东亚和南美、南非等地高端市场寻找商机。虹绢丝绸集团、浙江美邦针织有限公司等企业引进先进设备置换旧设备，提高企业产品质量和经济效益。

2008年，市工商局开通组建股份有限公司、企业集团“绿色通道”，实行全程跟踪服务，先后帮助露笑集团、李字集团、天洁集团等企业设立股份有限公司。全年帮助组建企业集团9户、冠省级字号名称公司138户、冠无行政区划名称企业5户。按照一厂一策方法，市工商局主要领导带队深入企业调研，为6户申请上市企业解决工商登记中的难题20余个。

2009年9月，市工商局挑选21户典型企业科学发展事例，编印《科学发展在民企》一书，发给全市民营企业，并在越美集团召开私营企业科学发展座谈会。当年，海亮、盾安跻身中国企业500强，在全省60个“典型促转型”浙商样本中，海亮、盾安、洁丽雅、越美榜上有名。

1999 年—2009 年诸暨市私营企业内涵发展情况统计一览

表 3-1-4

年 度	技改立项(只)	技改投入(亿元)	已开发新产品(只)	正在开发新产品(只)	新产品开发投入(万元)	通过 ISO 9000 认证(户)
1999	23	2.5	24	11	3260	9
2000	68	5.118	32	14	10500	17
2001	136	8.4358	45	12	170000	21
2002	150	9.33242	47	13	18848	28
2003	178	10.97	49	—	230000	17
2004	79	12	49	—	2335	21
2005	87	13.4	50	—	24810	—
2006	70	13.83	51	—	25590	—
2007	87	14	52	—	31300	—
2008	103	14.76	55	—	33600	—
2009	110	14.95	65	—	35654	—

1998 年—2009 年市工商局帮扶促个私经济情况统计一览

表 3-1-5

年度	鼓励发展外向型经济		实施名牌战略		
	获自由进出口权(户)	设立境外机构企业(户)	省著名商标培植对象(户)	认定省著名商标(件)	认定驰名商标(件)
1998	5	—	—	—	—
1999	7	1	7	—	—
2000	28	2	2	6	—
2001	50	5	3	—	—
2002	73	3	15	5	—
2003	94	1	—	4	—
2004	115	4	—	11	—
2005	136	10	—	29	3
2006	145	15	—	44	5
2007	197	21	—	68	40
2008	229	42	—	80	50
2009	247	45	—	92	72

1995年—2009年度诸暨市产值500万元以上私营企业数统计一览

表3-1-6 单位：户

年度	年产值				
	100万元—500万元	500万元—1000万元	1000万元—5000万元	5000万元—1亿元	1亿元以上
1995	98	2	30	2	2
1996	179	12	28	4	3
1997	162	21	24	3	4
1998	167	31	27	3	4
1999	160	44	50	3	6
2000	269	163	82	32	13
2001	298	181	95	36	15
2002	358	202	97	36	21
2003	437	320	113	36	21
2004	488	352	114	37	21
2005	625	327	118	33	33
2006	710	346	117	64	33
2007	792	383	191	74	41
2008	864	428	196	79	49
2009	992	441	198	79	4

1995年—2009年诸暨市个体私营企业与外商合资情况统计一览

表3-1-7

年　度	累计户数	本年新增户数	其中外商投资额（万美元）	其中新增投资额（万美元）
1995	16	7	203	130
1996	15	—	200.77	—
1997	14	1	182.17	20
1998	18	7	448.8	20.1
1999	20	2	511.25	78.25
2000	29	9	838.7	327.4
2001	123	88	7553	6371
2002	135	6	1182	313
2003	166	43	10380	3820
2004	208	42	14180	3800

续表 3-1-7

年　度	累计户数	本年新增户数	其中外商投资额（万美元）	其中新增投资额（万美元）
2005	240	32	16270	2090
2006	266	26	21770	5500
2007	287	21	25280	3510
2008	292	5	25780	500
2009	298	6	27496	1716

1995 年—2009 年诸暨市个体私营企业出口创汇情况统计一览

表 3-1-8

年　度	户　数	创汇额（万元）	其中创汇 100 万元以上	
			户　数	创汇额（万元）
1995	9	8000	6	7800
1996	8	5500	5	5300
1997	12	9720	12	9720
1998	15	20258	11	20228
1999	22	34547	20	34477
2000	97	80690	67	67340
2001	126	22482	81	97540
2002	120	99860	92	120513
2003	172	149824	110	145244
2004	203	174042	113	166200
2005	207	192800	115	187000
2006	267	233200	169	225100
2007	407	369800	182	349900
2008	409	378400	188	358400
2009	410	379250	186	357860

2010 年，市政府提出大力发展“6+2”产业，市工商局启动“6+2”企业信用工程建设，首先在店口铜加工产业中开展信用管理示范企业创建试点。是年，新增企业集团 14 户，冠省字号名称企业 301 户、冠无行政区划名称企业 13 户。海亮集团、盾安集团分别实现经营额 525.84 亿元、203 亿元。步森集团实现经营额 16 亿元，丹吉亚娅集团实现经营额 14.7 亿元。洁丽雅集团的“洁丽雅”品牌价值 33.31 亿元，入选“中

国500件最具价值品牌”榜，位居第247位。

2011年9月3日，市工商局受邀参加由中国国际中小企业博览会组委会和国家工商局主办的促进个体工商户发展中小企业转型升级研讨会。

2012年2月28日，市工商局在《关于促进民营经济发展提升的若干意见》中，再次重申支持企业兼并重组。组建集团的母公司最低注册资本放宽到1000万元，子公司数量放宽到3个，母公司和子公司合并注册资金放宽到3000万元；开展跟踪服务，帮助意向企业清理上市障碍；支持行业龙头企业、拥有知名品牌的企业到外地通过连锁经营、特许经营、设立专卖店等现代营销模式开拓市场。6月20日，市工商局在《关于促进实体经济发展意见》中明确“个人独资企业、合伙企业，个体工商户为扩大规模，申请设立为公司的，在出资人不变等情况下，允许保留原字号和行业用语”“国有企业、集体企业改制为公司的，允许名称中保留原有的厂、院、所等组织形式，后缀以‘有限责任公司’字样”“符合总部企业条件的，允许在企业名称中使用‘总部’‘地区总部’‘研发总部’等字样。”

10月29日，市工商局出台《个体工商户转型为有限责任公司登记操作规程》。11月，开展个体工商户转企业服务推进月工作。是年，有18户个体工商户或小微企业转为私营企业。

2013年，有1760户个体工商户或小微企业转为私营企业，其中，转为有限责任公司的比例为14.2%。诸暨市成为拥有市场主体93000户（其中个体工商户72976户、私营企业19177户），集团企业127户，上市企业14户，省知名商号50户，个私产值超千亿的经济强县（市）。

2004年—2013年诸暨市个体私营企业产值（销售额）统计一览

表3-1-9　　单位：万元

年度	2004	2005	2006	2007	2008	2009	2010	2011	2012	2013
数额	2103080	2312800	2545000	2819000	3109000	3358000	12624762	13935667	13768855	—

行政指导

2008年3月，市工商局首次提出以行政劝导、行政提醒、行政警告和行政建议为主要内容的行政指导制度。

2009年6月12日起，市工商局推进行政指导工作。8月26日起，加强网络经济行政指导工作。是年，市工商局创新行政指导手段，在全省率先试行驻企指导制度，变上门指导为驻企指导，变走访企业为走进企业，市工商局选派6名干部入驻浙江海亮集团等6户企业担任行政指导员。选择230户成长型企业开展企业健康检查，提出整改意见50余条，合理化建议123条。市工商局组织相关科室负责人、公职律师，聘请法院、律师事务所、会计事务所等单位专业人士组成企业法律援助团，为企业舒忧解难。

2010年，市工商局设定食品经营者业前培训，袜业、水暖汽配企业商标规范运用，诸暨市华东国际珠宝城珍珠及珍珠饰品三包规定制定及实施，依据“枫桥经验”深化农村维权监督网络建设等课题作为行政指导的重点项目。对全市71户袜业包装企业、35户商标印制企业、381户袜子销售经营户开展行政指导。店口工商所对15户从事外贸定牌企业、五金加工企业进行行政指导，防止商标侵权及傍名牌行为的发生。牌头工商所对新申领食品流通许可证的20多户个体工商户进行业前培训。

是年，牌头工商所“食品流通许可业前培训”和枫桥工商所“运用枫桥经验推进农村消费安全”行政指导项目被省工商局授予“行政指导示范项目”。大唐工商所“引导企业规范使用商标行政指导事例”被授予“行政指导示范事例”。大唐工商所被授予“行政指导示范单位”。

2011年，市工商局制订2个行政指导规范制度，确立重大行政指导项目422项。创新合同行政指导，帮助珍珠产业及中小企业拓宽融资渠道，实施仓单质押贷款模式，指导帮助企业办理仓单质押贷款54件，融资2.32亿元。开展林权抵押登记、办理动产抵押登记、股权出质登记58件，融资近60亿元。此举受到省委、省政府、省工商局、绍兴市、诸暨市等11位党政领导的多次批示肯定。一些科所开通官方微博，创建服务QQ群，及时与群众交流互动，答疑解惑，改善服务。

2012年，以工商所（分局）创建“行政指导达标单位”为载体，推动行政指导具体化、项目化。市工商局确定重点行政指导项目，其中商标价值评估及功能拓展项目被评为全省优秀行政指导项目。结合“进村入企”大走访活动，开展信用建设、商标创牌、“个转企”“小升上”等行政指导工作，得到市领导好评。

2013年，市工商局确立行政指导项目11个，每个科、所同时确立各自的行政指导项目，实现行政指导项目全覆盖。

教育培训

1988年初，县工商局印制《企业法人登记条例》14500份，《申请办理“企业法人营业执照”须知》7000份，《企业法人登记管理施行细则》400份，分发给企业、企业主管部门、区（乡）工办及有关单位。制订《个体工商户在经营活动中的行为准则》

《个体工商户守则》，分发给全县个体工商户。6 月，县工商局会同县科协、总工会、商业局组成诸暨县家用电器维修人员培训领导小组，组织开展家用电器及刻字、钟表修理、摄影等行业从业人员培训。经过理论和实际操作考核，成绩合格者发给合格证，作为从业的前置条件。县工商局在企业、个体工商户中召开商标广告、经济合同法律法规宣传教育会议 34 次，参加人员 565 人；开展工商法律法规讲座 36 次，参加人员 2857 人；举办培训学习班 12 期，受训 512 人。

图 3-1-6　爱心助学

1989 年 3 月，县工商局制发《企业登记管理条例》《企业登记管理实施细则》15000 份，分发给企业。举办企业法人代表、企业法人联络员培训班，受训 3200 人次。4 月，与诸暨报社联合举办企业法人登记管理法规知识竞赛，参赛者有厂长、经理、职工共 1000 余人。下半年，县工商局会同县个体劳动者协会（以下简称个协），在全县范围对个体工商户开展以坚定信念、遵守法规、文明经营为主要内容的党的基本路线教育、政治形势教育、职业道德教育，95% 以上个体工商户参与教育活动。是年，个体工商户、私营企业主为教育基金捐赠 8.25 万元，为亚运会体育场馆建设捐赠 2.85 万元。举办企业管理人员《经济合同法》培训班，受训 2054 人次。利用各类会议宣传商标、广告法律法规 13 次，举办讲座 15 次，制发宣传资料 800 余份。

1990 年 6 月，针对部分企业只注重口头合同、不重视书面合同，或合同签约不慎重不规范，自我保护意识不强，甚至随意变更解除合同等情况，市工商局选编经济合同法律法规基础知识 100 题，组织城关镇所属 113 户镇、村企业的厂长、经理、财务、供销人员共 212 人，开展近 2 个月的函授培训。7 月 1 日起，对个体工商户、私营企业主进行照前教育。凡申办营业执照的申请人，由分管干部发给有关个体工商户登记注册和生产经营法律法规等资料，并负责讲解，申请人测试合格后，予以办理营业执照。

1991 年 3 月，市工商局启动以守法经营好、照章纳税好、经营作风好，服务态度好、整洁卫生好为内容的“五好经营户”竞赛活动。全市分地区组织千人以上培训 6 场次，500 人以上培训 7 场次。城关工商所确定一批遵纪守法、经营作风好的个体工商户担任政治思想宣传员、自我监督管理员、计划生育管理员，对 6 个行业 342 户个体工商户开展活动情况抽查。陈蔡工商所在活动中重点提高经营户素质，针对假冒伪劣商品较多的情况，深入农村山区为个体工商户举办4次识别假冒伪劣商品知识讲座。偏远地区则由各工商所会同个协分会工作人员及个体工商户代表以巡回宣讲、分行业召开座谈会等形式进行。该项活动和市精神文明委员会“五星”单位评比结合，推动文明经商、礼貌待客。至1992年，全市有9610户个体工商户、私营企业主为“希望工程”、修桥铺路等社会公益事业捐资222万余元，为灾区捐款3.3万元。参加为民服务的个体工商户180人次，服务对象12100人次。个体工商户金银焕、黄妙耕被省工商局、省个体劳动者协会评为省级“五好经营户”。

1993年2月，《中华人民共和国商标法》颁布10周年，市工商局运用电视、广播、报刊以及举办培训会等形式向企业、个体工商户宣传商标法律法规12次，举办培训班16期，制发宣传资料2500余份，进420户企业宣传讲解。接受培训教育13000人次。4月，市工商局结合企业改制转制工作，先后在《诸暨报》上刊登10期《公司法》知识。会同诸暨报社、浙江亚东制药有限公司联合举办“回音必”杯《公司法》知识竞赛活动，共回收答卷1110份。5月27日，市工商局组织50余名厂长、经理参加《公司法》知识培训会。6月30日，组织浙江富润集团有限公司等6户规模企业共70余人参加《公司法》知识竞赛活动，并邀请市人大、市政府领导与会颁奖。

1995年7月，选送代表队参加绍兴市工商局、绍兴市个体劳动者协会组织的企业法律知识竞赛，获团体第一名。是年，市工商局为宣传《公司法》而举办的各类宣传、培训共18次，参训1500人次。召开落实《公司法》、推进企业现代制度建设经验交流会，50名企业经营管理人员与会。在个体工商户、私营企业中开展以《劳动法》为主要内容的法律法规培训5次，专题宣传12次。

1996年1月19日，市工商局召集41户广告经营单位负责人学习《广告法》。会同诸暨电视台拍摄和播放《广告法》实施一年来全市执行《广告法》的情况。举办“金沙鹭”杯《广告法》知识竞赛。1月22日，在《诸暨日报》刊登竞赛试题。截至1月31日，有工人、农民、干部、学生等共1201人参加答题，64人分获一、二、三等奖。9月，市工商局组织市内广告经营单位参与以“中华好风尚”为主题的公益广告竞赛活动，诸暨电视台等9户广告经营单位各选1则公益广告参加该项活动。

1997年9月，市工商局组织广告经营单位参加以“自强创辉煌”为主题的公益广告活动，宣传自尊、自强、自信和艰苦奋斗、励精图治、知难而进、自强不息的民族精神。是年，市工商局会同市个协、私协对个体工商户、私营企业开展《中华人民共和国反不正当竞争法》宣传教育活动，举办学习座谈会23次，法律知识培训班18期，分发宣传资料3.9万份。28600户个体工商户、私营业主参与。围绕“户户讲道德、店店无假货”要求，个体工商户、私营企业主签订“自觉抵制假冒伪劣商品责任书”，有800余户挂上“讲道德、创无假”示范牌。个体工商户、私营企业主通过自查、互查主动上交过期、变质、不合格商品57100余件。小商品市场副食品批发户吴建华，主动将价值8万元过期食品公开销毁，被省市多家新闻媒体报道。

1998年3月，市工商局开展纪念《中华人民共和国商标法》实施15周年系列活动。《诸暨日报》以整版篇幅宣传《中华人民共和国商标法》实施以来市工商局在开展创牌战略中取得的成果，刊登市工商局贯彻执行《中华人民共和国商标法》的长篇通讯；宣传表彰已被认定为浙江省，绍兴市著名商标的企业；连续10期刊登《中华人民共和国商标法》知识问答。在诸暨电视台和太平桥头电子显示屏上连续10天宣传商标法律法规，在城区及15个重点乡镇悬挂宣传横幅100余条，宣传标语500余幅。邀请市政府相关职能部门领导、省和绍兴市著名商标获得企业负责人共30余人参加《中华人民共和国商标法》实施15周年座谈会。商广科会同店口、山下湖、牌头工商所先后举办商标法律法规知识培训班，受训300余人。

继续以“自尊、自强、自爱”为主题，对个体工商户、私营企业开展思想政治和职业道德教育，举办培训班21期，邀请大专院校教授、专家授课2次，发放宣传资料4.6万份。

是年，个体工商户私营企业为特困户、灾区、慈善事业捐款588.43万元。浙江中义集团有限公司、个体工商户翁友生被评为浙江省热心社会公益事业先进单位和个人。

1999年1月，市工商局在个体工商户、私营企业中开展除隐患、保安全教育活动。张贴宣传标语685条，发放宣传资料8425份，出动宣传车15辆次。5月，会同市个协、市私协举办消防知识培训班，服装、纺织、灯具等行业80余名私营企业负责人参加培训。市工商局列出10余个行业企业作为重点宣传教育对象，会同有关部门深入812户企业检查，查出火灾隐患37处。城北个协举办“责任重于泰山”录像教育培训会，邀请市消防大队干部授课。10月，组织个体工商户私营企业开展《合同法》等法律法规知识竞赛活动，15户私营企业及5名个人分获集体或个人一、二、三等奖。

2000年2月，市工商局组织纪念《广告法》实施5周年法律法规咨询活动，发放宣传资料2500余份，接受咨询300余人次。在诸暨电视台新闻节目中连续3天播放宣传标语，播放有关《广告法》新闻4则。在《诸暨日报》连续4天刊登《广告法》内容。选送12件广告作品参加绍兴市优秀广告作品评选，丰球广告公司等3户广告企业制作的3件作品获奖。4月，会同市委宣传部、市个私协会开展以“致富思源，富而思进，促进个私经济新发展”为主题的教育活动。5月，推出一批“双思”先进典型在全市巡回演讲。推荐中义集团董事长应军毅作为诸暨市私营企业代表，参加中共中央总书记江泽民召集的81位非公经济代表座谈会。

是年，举办各类座谈会、研讨会、先进事迹巡回报告会48场，运用电视、报纸等新闻媒体刊播“双思”教育文章300余篇。在活动中还涌现出一批先进事迹：省“十大杰出个体劳动者”翁友生将精心研制、获国家多项专利的经济型炒茶用煤炉无偿奉献给山区茶农；湄池、山下湖个体工商户、私营企业为诸湄线、诸北线、枫湄线（公路）拓宽改造工程捐款300余万元，为教育事业捐款50万元；山下湖傅帮海等17户个体工商户为建造大桥捐款8万元。浙江新兴针织服饰有限公司选送5名中层管理人员分别到北京师范大学、华东师范大学、武汉时代科技专修学院深造。诸暨市大和服装有限公司选送2名员工进杭州丝绸工学院学习服装设计。当年，全市跨进大学校门深造进修的私营企业员工达40余人。

2001年4月，市工商局会同市委宣传部、市个私协会在个体工商户、私营企业中开展以“三个结合”（企业自身发展与国家发展结合，个人富裕与全体人民的共同富裕结合，遵循市场法则与发扬社会主义道德结合）为主题的教育活动。5月，建立主题教育示范点30个、示范街十条，制发宣传资料17000份，举行各类会议、巡回演讲51场次，运用报纸、电视、广播等宣传11次。11月，举办“加快个私经济发展论坛”，省、绍兴市工商局、诸暨市委、市政府领导以及300余位个私业主参加。

是年，中国加入世贸组织在即。市工商局为帮助企业入世后在国外运用品牌开拓市场，先后组织召开店口镇中小企业规范经营暨创牌动员会，蚊香行业、金银珠宝行业负责人培训会，袜业企业负责人《商标法》专题培训会，320余名个私业主与会受训。组织“WTO与企业商标战略”“WTO基本知识”培训，邀请浙江大学教授、知识产权保护法法律专家李永明，以及省非公经济研究所张宇和教授对个私企业主作专题辅导，受训500余人次。

2002年4月，市工商局举办“对外贸易规则”培训会，组织全市获得自营进出口权的私营企业、袜业规模企业、涉及对外贸易私营企业的相关人员共130人受训。

2003年10月，省工商局、省个私协实施“5511（在全省范围通过5年时间，完成5万名高层经理特训，50万名高级管理人员业务轮训，1000名总裁EMBA研修，1000万名技

图3-1-7　企业高管业务培训

术人员职业技能培训）培训工程”。市政府、市委组织部将“5511 工程”的实施纳入提升诸暨民营企业素质工程。2004 年初，市工商局、市个私协组织实施“5511 培训工程”。4 月 1 日，市工商局邀请国家行政学院、北京大学教授、博士生导师刘峰博主讲《领导力和执行力》，全市 230 余名民营企业高层管理人员首次参与“5511”培训。5 月 15 日，组织 10 名企业总裁入学浙江大学 EMBA 研修班。6 月，组织袜业企业网络统计员培训班，60 余位统计员接受法律法规及统计业务知识培训；聘请珠宝专家为全市珠宝企业技术人员进行珠宝鉴别知识培训。7 月，联合市政府信息中心、中国移动诸暨分公司组织 50 余户民营企业老总、高管举办信息化高峰论坛，探讨现代信息技术的应用及可能给企业带来的经济效益。9 月 13 日，组织 54 位民企老总入学南开大学 EMBA 研修班。南开大学 EMBA 研修试点班首次落户诸暨。10 月，分期组织 60 余名袜业企业经理、厂长培训 WTO 有关贸易规则和反倾销知识。

是年，“5511 培训工程”成效初显：浙江波来特电器有限公司副总通过数期 EMBA 培训学习，与企业老总商定，将原拟投资于旧设备改造的 1500 万元项目追加 1500 万元再上马新设备。璜山镇一户企业老总通过培训，将企业由“垂直型”管理体制转变为“矩形”管理体制，提升企业经营管理水平。

2005 年 7 月，市工商局派专人帮助海亮集团与中南大学联合开办 MBA 教育班，分设管理工程硕士班、高升本、专升本工商管理专业、材料专业等 4 个班，学制三年。海亮集团 100 余名中层以上企业管理人员入学。此举开创诸暨民营企业开办 MBA 教育班的先河。7 月 7 日，市个私协会、诸暨中专联合举办的培训基地挂牌，接纳企业员工职业技能培训。

2007 年，市工商局举办订单农业经营管理业务培训 5 期，受训 557 人次，制发宣传资料 5860 份。

2008 年 5 月 3 日，市工商局在市会展中心举办企业创业法律知识培训，53 户规模企业管理人员参加培训。绍兴市工商局企管处负责同志为与会人员讲授了公司股权出质登记知识和操作方法。6 月 2 日，市工商局会同市个私协组织 100 名民营企业主参加绍兴市首届民营企业峰会。7 月 22 日、26 日，会同市个私协会、市餐饮业协会、市劳动和社会保障局职业技能培训鉴定中心举办全市餐饮业厨师技能培训和考核鉴定，为 49 名厨师核发高级职业资格证书，为 8 名厨师核发中级职业资格证书。9 月 25 日，组织 200 名民营企业主参加市工商局、市民营企业协会组织的中小企业管理与创新知识讲座。11 月 7 日，组织 12 名民营企业主参加省民营企业峰会。是年，开展各类培训、教育 57 批次，受教 21000 人次。

2004 年—2008 年诸暨市“5511 培训工程”实施情况统计一览

表 3-1-10

年　度		2004	2005	2006	2007	2008
企业总裁 EMBA 研修班	期　数	2	2	—	—	—
	参加人数	64	104（其中 MBA100）	64	58	9
高层经理研修班	期　数	8	5	3	12	43
	参加人数	670	455	416	750	3185
部门经理、高级管理人员培训	期　数	15	26	17	15	—
	参加人数	1399	2022	2020	1017	—
技术人员培训班	期　数	—	—	33	47	53
	参加人数	7892	4985	5871	3672	8061
外出参观考察	期　数	7	18	13	—	3

2009 年 3 月，市工商局、市个私协会开展“科学发展观进民企”活动，在海亮集团先行试点基础上，向 200 户民营企业推开。活动中向私营企业发放“自觉践行科学发展观”倡议书 10000 份。收集国家、中央有关部委及省有关部门的政策措施，汇编成《特殊时期扶持政策汇编》，分发给民营企业，将各级政府提振经济、帮扶企业的政策信息传递到企业。8 月 21 日，市工商局举办深化网络经济服务、助动民营经济健康发展培训会。浙江工商大学教授、杭州市信息委员会副主任王光明作《发展电子商务、提升企业竞争力》专题讲座，已建成网站的民营企业负责人等 160 余人受训。

2011 年，市工商局市个私协会实施民营企业人文教育素质“1+3 培训工程”。举办精英大讲堂 10 期，受训 30 人次；举办高级经理特训班 3 期，受训 75 人次；举办经营管理培训班 3 期，受训 235 人次；举办职业技能培训 10 期，受训 2375 人次；举办国学教育 1 期，受训 70 人次。

图 3-1-8　电子商务培训

2013 年 6 月，市工商局、市个私协会携手阿里巴巴，开展电子商务培训。8 月 23 日，袜业专场培训会和珍珠专场培训会分别在大唐镇、山下湖镇举办，200余人受训；10月29日，再次会同阿里巴巴、市商务局、浙江暨阳电子商务有限公司举办以“跨境电子商务”为主题的讲座。同月，市个私协会创办的《财智诸暨》杂志首期制发，以免费赠送的方式分赠政府领导和部分会员。

2008年—2013年诸暨市农村经纪人培训情况统计一览

表3-1-11

年　度	2008	2009	2010	2011	2012	2013	合　计
培训班（期）	8	1	7	7	7	5	35
培训人数（人）	256	36	236	216	239	208	1191

服务网络经济

2002年4月12日，市工商局成立信息化建设工作领导小组。8月4日，市工商局信息管理办公室成立。

2009年初，市工商局会同市民营企业协会举办诸暨市企业网络经济培训会。已建企业网站的民营企业负责人等160余人与会。9月14日—11月13日，市工商局会同市外经贸局、阿里巴巴公司，先后在诸暨8个乡镇举办巡回培训班，培训内容有阿里巴巴相关业务推介、外贸形势、企业工商网上标识应用等电子商务应用业务知识。在阿里巴巴网站上开辟“诸暨特色产业电子商务专区”，统一推广诸暨特色产业产品。组织企业参与由阿里巴巴提供的中国供应商“诚信通”优惠服务和为期1年的“旺铺”电子商务体验活动。10月，市工商局实施企业网上年检，企业年检用数字证书登记和使用电子签章。

2010年10月25日，市工商局信息管理办公室更名为网络经营监督管理办公室（科）挂信息化办公室牌子（以下简称网监办），履行网络经济服务监管职能。是年，市工商局在继续开展电子商务培训的基础上，指导企业办理工商网上标识651件。全市拥有数字证书的企业达8000余户。市工商局将提高企业数字证书应用作为拓展企业上网用网的一个主要渠道，通过信息反馈、政策查询、网上亮照、网上年检等一系列应用实践，让企业充分享受到数字证书和网络带来的便捷。帮助华东国际珠宝城取得诸暨市首份网上交易登记证（http：// www.CPJcitg.com）；帮助华东国际珠宝城开通网上维权便利通道（http：// www.CPJcitg.com / compiaints.asp），及时化解消费者与网络卖家的纠纷，维护消费者权益。

2012年，网监办在网上设立“经济景气气象台”，开展诸暨企业经济景气调查，先后调查79户企业的经济运行数据。开展工商数据质量检查和纠错补录工作，共纠错补录各类数据50余万条。

2013年2月15日，网监办为诸暨5户团购网植入信用宝、消费维权链接，并在其中设立消费维权联络站。

创新融资服务

2009年5月7日，市工商局会同人民银行诸暨支行出台《商标专用权质押贷款管理办法》。是年，市工商局办理股权质押登记3件，帮助企业融资6300万元。

2010年5月10日，绍兴市工商局和诸暨市政府联合召开的绍兴市珍珠仓单质押合同帮农工作现场会在山下湖镇召开。省、绍兴市、诸暨市政府、市工商局领导出席会议，诸暨市工商局在会上介绍了推进珍珠仓单质押帮助企业融资的具体做法。是年，新登记小额贷款公司2户，办理股权出质登记8户。首期商标质押贷款成功签约，与建设银行诸暨支行签订授信合作协议，提供首期8亿元专项信贷资金。

2011年5月25日，省委常委，常务副省长陈敏尔在省工商局报送的《工商部门创新推进珍珠仓单质押模式助中小企业融资》的专报上批示：“这些年我省推进质押贷款方面做了许多探索，工商部门珍珠仓单质押融资是又一新成果，望继续完善总结，逐步推广到其他规模特色产业的融资中去，多渠道化解中小企业融资难问题。”绍兴市政府、绍兴市工商局领导也对此作出肯定。在市工商局向诸暨市委、市政府报送的《市工商局创新推进仓单质押融资促进珍珠产业稳定发展工作专报》上，市委书记王继岗肯定“市工商局推进仓单质押融资促进珍珠产业稳定发展的做法具创新性和实效性，推动了珍珠产业的培育和壮大”；市长钱三雄批示“市政府各部门要积极借鉴工商局的做法，结合好单位职能和诸暨现状，创新服务企业的方法，真正为诸暨的加快发展作出更大的努力”；副市长何鸿成鼓励工商部门“以此为契机，延伸到其他产业，进一步完善提高，更好地为地方经济、为中小企业服务”。

是年，市工商局继续探索珍珠仓单质押工作，帮助企业办理仓单质押54笔，融资金额2.32亿元；开展林权抵押登记相关工作，帮助1户企业获林权抵押贷款70万元。

2012年2月22日，市工商局在黑猫神集团召开小额贷款公司发展暨融资管理研讨会。省工商局直属分局，绍兴市工商局、民营企业协会领导，以及诸暨市工商局、市金融办、人民银行诸暨支行、银监办、财政局和民营企业协会领导与会，全市小额贷款公司负责人到会。7月20日，市工商局会同市民营企业协会举办商标权出质出资实务公示会暨融资项目签约仪式，诸暨市政府、绍兴市工商局领导出席。是年，市工

图 3-1-9　商标权出质出资

商局围绕“拓宽商标价值功能，助动民营经济新发展”的工作思路，帮助企业利用商标权开辟融资、投资新路径。92 户珍珠企业实施商标价值评估，4 户银行和 2 户小额贷款公司授信诸暨企业商标权质押贷款 8.6 亿元。8 月 1 日，市委书记钱三雄在市工商局《拓展商标功能，规范商标权出质出资为企业换取真金白银》的工作汇报上作出批示：“工商局的做法很好。”“各部门要向工商局学习，着力在扩大抵押范围、增加抵押值上积极有为。”“为企业雨中送伞，雪中送炭。”

是年，市工商局调研 300 户有代表性企业的融资情况，撰写调查报告被省政府专报录用；创设全省首笔小额贷款公司专项信贷资金，为涉农企业和小微企业授信 2 亿元。

2013 年 4 月，市工商局《诸暨市创新实施商标权质押贷款有效拓宽企业融资渠道的主要做法》获副省长朱从玖批示肯定。是年，深入推进商标权质押模式，建立“模板化运作、专人化指导、无缝化对接”的商标权质押指导机制，并实现由珍珠行业向店口制冷配件行业延伸，帮助店口企业利用商标权出质获得贷款 1.15 亿元。

支持种养业发展

1990 年，市工商局在《三产企业情况调查》中指出：诸暨有耕地 68.44 万亩，而且有香榧、红板栗、红心李等特产，可在开发种植、养殖业上引进优良品种，促进诸暨种养业再上一层楼。

1992 年 1 月 11 日，诸暨市工商局关于支持农村经济发展，发挥工商职能作用的材料，在全国工商行政管理工作会议上交流。

1994 年，诸暨农业逐步走向产业化，农业产业结构走出单一的粮食生产格局，花卉、苗木、珠蚌、特种淡水产（虾、蟹、甲鱼）、禽畜等种养专业户在各地涌现，市工商局试行种养业登记注册。

1996 年，全市种养业呈现规模化、区域化、专业化趋势，较大规模的种养户已达 10500 户，其中种植业 7500 户，养殖业 3000 户。种养户从自产自销的家庭副业，发展为规模经营，参与市场经营活动。种养业登记条件逐渐具备。

1997年4月20日，诸暨市工商局《种养业纳入登记管理的可行性思考》一文在国家工商局《工商调研》杂志上刊出。市工商局帮助种养业建立符合市场要求的产、供、销一体化发展体系，引导规范种养业发展。注重在商标注册、经济合同管理等方面做好服务工作；培育市场，帮助种养业户搞好产销衔接，在主要乡镇的农贸市场内划出部分场地，作为种养业户产品直销区。8月，局长马志大在《浙江工商行政管理》第8期上发表《关于对种养业走向市场的思考》一文。文章从诸暨种养业现状入手，在种养业走向市场的必要性、积极稳妥地引导种养业走向市场等方面提出对策措施。是年，全市新增种养专业户412户，各市场为从事种养专业户提供直销摊位4300个。

1998年，市工商局出台诸暨市种养业登记管理办法。各工商所上门为种养业户办理营业执照，帮助种养业主签订合同、申请注册商标，提供市场信息，开展广告宣传等。是年，有467户种养业户登记注册。

2006年，市工商局在山下湖镇开展培育和规范珍珠产业经纪人试点工作。2007年，出台《关于大力培育和规范发展农村经纪人的实施意见》。

2010年，新发展农民专业合作社167户。市工商局在全省率先开展土地承包经营权出资登记工作，发展以农村土地承包经营权为主要出资方式的农民专业合作社24户，涉及224户农户、675.6亩土地。是年，市工商局成立新农村服务站，优化帮扶机制，推动订单农业发展。全市订单农业种养业面积达10万余亩，涉及农业企业1470户、农户50000余户。

2011年，市工商局推动农户、农村专业合作社、农业企业与农贸市场、超市对接，指导签订供应合同450份，合同标的1.5亿元。通过合同帮农，支持发展订单农业，制定推广9种涉农合同示范文本，引导合同双方设立最低保护价，指导签约订单25720份，合同标的额逾16亿元。

支持就业和再就业

1992年后，随着国有、集体企业改革的深入，诸暨企业转制改制工作逐步开展，资产重组，员工分流，下岗职工逐年增加。

1997年3月22日，市工商局制订鼓励和支持下岗职工再就业的若干措施。支持企业通过多种形式的改组改造，扩大经营范围，拓宽生产领域，开办第三产业，搞多种经营，重新吸纳下岗职工就业。允许企业将内部服务机构分离出来，开办为社会有偿服务的非法人营业单位，登记费减半收取；鼓励下岗职工投资入股，组建或参与组建有限责任公司，进行自我安置；免费为下岗职工签订承包、委托经营合同。大力发展个私经济，凡持有下岗证明的职工，允许申领个体工商户、私营企业营业执照，新开业半年内免交管理费；鼓励企业吸纳下岗职工，凡私营企业招聘下岗职工占总数30%以上的，可适当减免管理费。配合劳动部门开展下岗职工的职业技能培训。在各市场中划出一定数量的摊位，优先安排下岗职工，适当减免市场管理费。支持培育劳务市场，沟通用工信息，提供就业机会。是年，市工商局调剂市场摊位安置下岗职工300名。在南门市场专门开辟一块区域，设立以下岗职工为主的小百货市场。为下岗职工提供就业信息3000余条，使1216名下岗职工获得再就业。

1998年7月14日，市工商局召开全市个体工商户、私营企业吸纳下岗职工暨招聘人才动员大会，100多户个体工商户、私营企业参加。8月，与市劳动部门配合，组织召开全市个体工商户、私营企业吸纳下岗职工暨人才招聘洽谈会。56户私营企业参加，52人当场达成就业意向。

1999年8月，市工商局组织个体工商户、私营企业参加下岗职工、大中专毕业生现场招聘洽谈会，92户与会个体工商户、私营企业推出工作岗位825个。2000余名下岗职工、大中专毕业生参与应聘，72户个体工商户私营企业与858名下岗职工、大中专毕业生达成用工意向。

2000年2月22日，市政府召开由市劳动局、市总工会承办的春季劳动力交流大会，市工商局组织136户个体工商户、私营企业主参加。招聘企业企业提供4317个岗位，5000余人参与招聘，现场达成劳动用工意向2365人，其中有下岗职工369人、技职校毕业生685人。9月中旬，市工商局、市个私协、市人事局共同组织私营企业选才招才洽谈会，102名大中专毕业生与私营企业达成就业意向。

2001年，市工商局组织个私企业参加全市劳动力市场人才招聘，100余名大中专毕业生、1594名下岗职工进入私营企业工作。

2002年2月，诸暨市劳动力市场开业典礼暨春季劳动力交流大会在城区举行，有56户企业、20户职业介绍所设摊招聘劳动力。市工商局、市个私协会组织35户个体工商户、私营企业参加，提供工作岗位4270个，达成用工意向315人。

2003年6月，市工商局贯彻落实下岗失业人员从事个体经营享受有关优惠政策，凡下岗失业人员办理个体工商户登记注册的，从核准登记之日起3年内免收个体工商户管理费、集贸市场管理费，免收个体工商户登记注册费和经济合同鉴证费、经济合同示范文本工本费。

2004年—2009年，市工商局支持7194名下岗职工进入个私经济从业人员队伍。其中从事个体工商业的1962人，被个体工商户吸纳为帮工的2111人；创办私营企业的384人，进入私营企业工作的2731人。

第二节　市场建设和发展

市场建设

20世纪80年代起，农业产业结构调整，农副产品日渐丰富，农民商品意识日渐增强，促成集贸市场的发展。集市、节会、庙会相继恢复，“三边”（路边、城边、河边）市场及其他露天交易场所不断涌现。加快市场建设步伐，引导农村商品经济发展成为当务之急。

1986年，县工商局在没有财政拨款的情况下，探索市场建设新路，提出区级以上市场由工商部门直接兴办，乡级以下采用“以市养市、以市建市、集资办市、分期建设、各个突破、逐步完善”的办法。至1987年，全县有东湖农贸市场等城乡集贸市场近30个。

1988年6月，县工商局向县委、县政府递交《集贸市场的建设与管理——诸暨县集贸市场的调查》报告。报告指出，全县有集贸市场61个，但市场设施落后，综合市场、专业市场规模小、数量少、发展慢。报告在分析大唐庵周边织袜业发展的状况后，建议在大唐庵筹建一个尼龙袜交易市场。10月27日，县工商局提出加快大唐庵镇市场建设的措施和具体规划，再次建议筹建大唐庵尼龙袜交易市场。

是年，由城关镇政府、暨一村共同投资1044万元建造的小商品市场竣工并投入运营，市场面积9200平方米，内设摊位1200个。这是诸暨首个大型专业市场。由县工商局投资建造的王家井、应店街农贸市场竣工，陈蔡、江藻农贸市场基础工程完成，汤家店、十二都等村级农贸市场扩建完工。是年，县工商局用于市场建设总投资118万元（其中市场管理费投入28万元，集资84万元，其他资金6万元），新建、扩建市场15个，总面积15158平方米，建棚屋5049平方米，其中新建市场6个，总面积12803平方米，棚屋2999平方米。当年，诸暨城区有东湖、西门、和济杨桥头3个农贸市场和小商品、水果、石灰、茶叶、小猪等专业市场。解放路夜市形成。城区市场总面积达14940.55平方米。

1989年初，县工商局在调查大唐庵、中央坂（南门）、枫桥、街亭等地的农贸市场后，向当地政府及有关部门提出新建、改建市场的建议。是年，县工商局新建外陈等3个农贸市场，总面积4046平方米，其中棚屋2015平方米。江藻、浬浦农贸市场一期工程完工，面积为4894.5平方米。扩建、改建城关水果市场、大唐庵农贸市场等4个市场，面积为2534平方米，其中扩建棚屋1549平方米。全年市场建设总投资91.36万元。（其中市管费投入68.27万元，集资2.2万元，其他资金20.99万元）。

1990年，大唐庵一带织袜业发展迅速，化纤丝等织袜原料交易随之兴旺。当地经营化纤丝的商店（摊位）由上年的7户猛增至129户。少部分经营户在大唐庵租房经营，但更多的经营户苦于无房可租，便在杭金公路两边设摊销售。市工商局调查后认为，建造袜业、轻纺原料市场的时机已经成熟。在城区，随着市区扩大、居民增多，菜篮子问题日渐突出。虽有一个东湖农贸市场，但居住在城区南面的居民深感不便。市工商局根据“一门产业孕育一个市场、一个市场促进一片经济”的建场思路和城区发展的实际，向市政府提议建造大唐庵轻纺市场和南门农贸市场（时俗称中央坂市场），得到市政府采纳，并列入1990年市政建设十项重点工程。

9月10日、13日，市政府召开大唐庵镇统一开发问题协调会，决定由市工商局与大唐庵镇政府两家联合建造大唐庵轻纺市场，市工商局负责轻纺市场建造的前期筹备工作及建成后的日常管理。市场建设所需资金由市工商局、大唐庵镇政府按6∶4比例投入，其中场内摊位集资款由市工商局负责筹集，按集资总额各半计入两家比例。10月4日，大唐庵轻纺市场筹建委员会成立。11月3日，市工商局、大唐庵镇政府签署《关于建设大唐庵轻纺市场协议》。12月，市场破土动工。南门农贸市场筹建工作同时启动。两个市场一期工程共投入资金700万元。

是年，为解决市场建设资金短缺的问题，市工商局提出了“乡（镇）出一点、经营者集一点、工商投一点”的建场方针，得到一些镇（乡）的支持。枫桥、街亭等5个镇（乡）为当地农贸市场建设无偿提供土地0.28公顷，资金18万元。当年，江藻农贸市场二期工程及街亭、同山、白门、大桥、草塔等6个农贸市场完工，建筑总面积13000平方米，其中棚屋4400平方米，总投资175万元。

1991年4月，浙江省工商局局长金连庆专程到诸暨考察市场建设工作，肯定诸暨发展珍珠市场、建造大唐庵轻纺市场的做法。5月，市工商局就加快大唐庵轻纺市场建设和新建诸暨建材市场等问题向市政府递交调查报告。同时，针对西江珍珠市场有30余户珍珠企业在场内交易，日均成交量已达1000千克、但市场场地狭小、设施简陋的实际情况，向市政府提议易址重建珍珠市场。6月5日，市政府决定，在山下湖大桥西北侧新建诸暨珍珠市场。9月24日破土动工。

是年，新建成市场4个，占地面积41747平方米，建筑面积31670平方米，其中棚屋9920平方米，营业房13392平方米。总投资1205万元，市工商局投入1070万元，占总投资的85.6%。占地0.23公顷、营业房500间的大唐庵轻纺市场于8月竣工；南门市场在12月20日建成。当年，投入15万元改建、维修市场7个，其中增修棚屋面积2184平方米。扩建营业房281平方米，摊位货台210个。

1992年1月1日，南门市场投入运营。5月6日，市工商局在《关于进一步解放思想，拓宽思路，加快诸暨经济发展的服务措施》中提出市场建设新思路：“管好管活现有专业市场，学习先进经验，引进企业经营机制，促使市场建设走上良性发展道路”“从诸暨块状经济发展实际和搞活农产品流通的需要出发，抓好全市性的、对诸暨经济有重要促进作用的各类专业市场和乡镇农贸市场建设”“支持物资、商业、供销、粮食、农业等部门，根据本行业特点兴办专业市场；鼓励通过多渠道集资兴办乡、村级农贸市场，工商部门参与管理”。该措施还首次提出市场建设“谁办场、谁得益”的原则。6月10日，市工商局向市委、市政府提交进一步加快城乡集贸市场建设的报告，要求市场建设纳入城镇建设总体规划，坚持“统筹规划，合理布局，发挥优势，讲求实效”的原则，多方支持和配合抓好市场建设；建议城建部门免收小区配套费，财税部门对各类专业市场免税两至三年；建议多渠道筹措资金，加快市场的培育与建设。市工商局还向市政府提交建立健全市场规则，规范市场行为的报告，提出首先培育有诸暨地方产品特色的专业市场，以专业市场为骨干，促进和带动其他市场的发展；市场建设发展要坚持统一政策、统一规划、统一管理、统一收费标准的“四统一”原则。7月，珍珠市场易址重建工程竣工。7月30日，市政府批复同意市工商局关于建立诸暨市拍卖市场的请示。

是年，全市新建区（镇）农贸市场3个（枫桥、浬浦、大唐庵农贸市场），改建、扩建汤家店、盛兆坞农贸市场。新建、扩建市场占地面积共31525平方米，建筑面积25300平方米，其中棚屋22527平方米，营业房2773平方米，合计摊位2384个。总投资1022万元。城关夜市场集中于浣纱中路和西施大街，浣纱中路原有小百货摊位215个，西施大街有夜排档24户；市工商局投入资金3万元，新增摊位80个。

1993年5月，城关镇政府、暨一村投入3000万元的小商品市场扩建工程竣工。市场新增建筑面积25119平方米，入场经营的个体工商户从开业初的900户增加到2200户。市工商局投入160万元新建阮市综合市场，占地面积9834平方米。

店口一带五金产业经10余年发展，个体工商户、私营企业达1200余户，从业人员15360人，专业商店500余户，个私工业产值占当地工业总产值的73%。店口镇政府适应当地五金业的发展，集资4500万元，建造店口五金城。

1994年3月，《诸暨报》刊载市工商局局长马志大《培育完善市场体系，适应中等城市发展需要》一文，阐述培育发展市场体系对诸暨经济社会发展的作用，分析市场体系培育中存在的问题和面临的困难，并对进一步培育发展市场体系提出了对策措施：在加强市场体系培育的统一规划方面，建议在城关地区培育好连接外地、辐射全市的重点市场，新建江东市场，改建东湖农贸市场，增强南门市场辐射能力；兴建诸暨建材市场；加快培育和完善信息、房地产、人才、劳务、技术等要素市场。市场建设、培育要实行社会化，建议按照“谁办场、谁投资、谁得益”的原则，政府应对市场建设采取优惠政策和激励措施，在征地、贷款、税收、城建等方面给予一定的政策倾斜。

10月18日，店口五金城建成开业，并更名为“中国南方五金城”。内设五金市场、商业服务中心及工业小区。五金城建设用地1.5平方公里，累计投入1.4亿元（含二次扩建），其中五金市场占地13.33公顷，有营业用房40000平方米，设五金门市部600余户。

1995年初，市委、市政府把发展市场作为经济发展新的增长点，市政府年度工作要点明确，市场发展从专业市场为主向布局和配套合理的市场体系拓展，加快信息、产权、房地产、人才、劳动力、技术市场以及中介机构的建设和发展，引导和发展一批农副产品、生产资料和生活消费品专业市场，以市场促进生产。3月，大唐镇政府投资2475万元建造的大唐商业城建成。商业城以经营袜成品为主，占地2.67公顷，建筑面积4500平方米，有营业房213间，摊位4030个。

10月，经市政府批准，诸暨市市场开发服务中心成立。12月1日，市工商局根据省政府要求，制发《诸暨市市场管办分离方案》，实行市场管办分离。此后，市场建设、维修等项工作由市场开发服务中心负责。

当年，全市新建、扩建、改建市场6个，其中新建市场23210平方米，扩建市场18000平方米，总投资2583万元。同时投入32万元，对13个市场的设施进行修缮。

1996年，东湖农贸市场易址重建项目列入市政府年度八大重点工程之一，并由市场开发服务中心承担易址重建工程。是年，全市按市场“创星”要求，新建改建市场9个，其中新建成的有朱公湖、山下湖、凰桐3个农贸市场，总投资4436万元，建筑面积40000平方米，共设摊位1500个。

1997年1月，占地13320平方米，建筑面积20000余平方米的新东湖市场在暨阳路原汽车站站址建成开业，新市场被国家工商局市场司的负责同志誉为“全国设施一流的大型农贸市场”。至此，诸暨城区及主要乡镇中心农贸市场已经全部改建（新建）成全封闭市场。是年，全市新设立生产要素市场2个，分别是市劳动力

图3-2-1　1997年1月，新东湖市场建成开业

市场（艮塔路145号）和旧机动车交易回收市场（安平张庄村）。

1998年，市工商局根据国家工商局“三定”方案和省政府关于“商品交易市场发展的着力点应从注重量的扩张转移到注重质的提高上来，控制总量，优化结构，完善功能，规范管理”的意见，严格控制新批市场。严格审批程序，申办市场须提交申请报告、可行性论证报告、土管部门用地许可证和市政府批准文件、市计经委立项报告等材料。是年，新批准开办的市场有国贸商城、东一轻纺市场、市五洲珠宝城等4个，总投资1500万元。新建成的市场有荷花市场（人民北路）、草塔小商品市场、大唐联托运市场。

1999年，诸暨市木材市场、祥生新世纪综合市场、枫桥全堂农贸市场、城区金鸡山后农贸市场建成营业。

2000年4月，珍珠市场再次易址重建，新场址在山下湖大桥东南侧，于11月28日建成开业（第五代珍珠市场）。市场由诸暨市市场开发服务中心与山下湖镇政府共同投资兴建，占地3.33公顷，建筑面积15336平方米，内设摊位1000个、精品屋100间，可容纳5000人同时交易。

2001年，城关镇政府和暨一村共同投入3000万元，在北环线北侧，占地6.66公顷的诸暨农副产品批发市场竣工，成为全市规模最大的农副产品集散地和批发处。

2003年，新建兴达家居市场、市家具市场、朱公湖市场。小商品市场投入资金1.14亿元增容扩建，占地面积27929平方米。

2004年12月7日，市政府办公室转发市工商局《诸暨市各类市场商业用房面积和基础配套设施最低标准指导意见》。规定农贸市场面积，城区市场不得少于2000平方米、乡镇市场不得少于500平方米；农副产品批发市场商业用房面积，城区市场不少于3000平方米，其他地区不得少于1000平方米；工业消费品市场和生产资料市场商业用房面积，城区市场不得少于2000平方米、其他地区不得少于1000平方米。同时规定各类市场基础配套设施最低标准。

2006年4月3日，省工商局召开全省重点市场改造提升现场工作会议，部署相关工作。4月18日，香港民生集团联合内地6户珍珠行业龙头企业共同投资建设的诸暨华东国际珠宝城奠基。珠宝城总体规划占地120公顷（1200000平方米），其中首期规划35.7公顷（约350000平方米）。总投资逾10亿元，首期投资2.3亿元。5月，诸暨市水果市场易址新建竣工开业，占地3.33公顷，总投入3000万元，建筑面积20000平方米，设果品摊位91间，办公室及其他用房52间。诸暨小商品市场又一次投入1.7亿元扩建市场。11月，市兴达家具广场扩建工程完成，投入2000万元，新增面积1500平方米，设精品房80间。草塔农贸市场易址新建，新市场面积8000平方米，设营业房、摊位300余个。

2007年1月，坐落于暨阳街道袁家村的诸暨市化学品市场建成，占地面积20580平方米，建筑面积9500平方米。市场分储存区（2250平方米）与展示营业区（6250平方米）两部分，储存区仓库114间，展示区营业房156间。12月6日，浙江祥生广场商贸有限公司投资1500万元建造的诸暨市祥生新世纪综合市场开业。市场建筑面积2500平方米，设营业房15间，摊位116个，配有800平方米停车场。市场按四星级标准建设，内设市场管理办公室、城监办公室、服务室、监控室、检测室，配有消防自动报警系统、防盗监控系统、广播设施。服务区设有公示栏、电子公平秤、导购图、价格行情显示屏等。12月12日，位于店口镇的浙江铭仕集团有限公司投资1.9亿元建造的集购物、餐饮、休闲、娱乐于一体的大型现代化广场——铭仕广场投入运营。市场占地2.87公顷，设有大型电子显示屏、露天舞池，周边设有超市、酒店宾馆、电影院等购物休闲设施。精品购物街入驻耐克、阿迪达斯、卡帕、欧度、雅戈尔等多个知名品牌经销商；餐饮服务吸纳诸如世纪联华、两岸咖啡、有意思等连锁名店进驻。

2008年4月18日，华东国际珠宝城首期工程竣工，建筑面积350000平方米，内设商铺、摊位2380个。

2009年下半年，大唐镇政府新建袜业城工程启动，该项目为大唐轻纺袜业城改造提升的首项工程。新袜业城位于大唐轻纺袜业城北侧，占地4.33公顷，建筑面积49000平方米，总投资1.8亿元。

2010年11月29日，副省长王建满到诸暨调研座谈，提出要研究市场的发展与振兴，促进市场可持续发展。

2011年，大唐袜业城（新袜业城）竣工投入运营，市场设11平方米标准摊位800余个，70平方米精品商铺60间，露天停车位160个，地下停车位30个，70平方米地下仓库30间。为全国最大的成品袜交易市场。

市工商局指导全市市场发展电子商务，大唐袜业城和国际珠宝城内新设立网上交易市场，网上交易市场共有注册会员19486人，经营户288户，当年成交175600笔，交易额14.29亿元。

2012年，在城区新设文化艺术品市场，占地3300平方米，营业面积2600平方米。

2013年，全市有市场104个，其中消费品市场80个，生产资料市场12个，生产要素市场4个，网上交易市场8个。市场总建筑面积172万平方米，建筑面积1万平方米以上的市场19个。市场建设累计投资37.79亿元。市场商（摊）位总数24236个。

1978 年—2013 年诸暨市（县）消费品市场建设情况统计一览

表 3-2-1

序号	市场名称	地　址	占地面积（平方米）	建筑面积（平方米）		建场时间（年·月）
				室内	棚顶	
1	诸暨市草塔农贸市场	草塔镇姚毛弄	3747	—	1200	1978.3
2	诸暨市直埠农贸市场	直埠镇直下村	2800	—	2000	1980.1
3	诸暨市江藻镇农贸市场	江藻镇	2400	—	420	1980.1
4	诸暨市赵家农贸市场	赵家镇赵一村	8700	—	1020	1983.1
5	诸暨市城北农贸市场	暨阳街道袁家村	8665	1000	4000	1983.10
6	诸暨市东湖农贸市场	暨阳路 7 号	13256	18500	—	1985.12
7	诸暨市湄池农贸市场	店口镇西林路	7000	2100	3000	1986.4
8	诸暨市五泄农贸市场	五泄镇狮象村	3500	—	650	1986.6
9	诸暨市牌头农贸市场	牌头镇市场路	3450	50	2350	1986.8
10	诸暨市盛兆坞农贸市场	浣东街道张家村	3335	—	885	1986.10
11	诸暨市陈宅农贸市场	陈宅镇陈宅村	600	170	330	1986.10
12	诸暨市墨城坞农贸市场	江藻镇墨城坞一村	3000	—	1400	1986.11
13	诸暨市阮市农贸市场	阮市镇阮市村	9000	—	1600	1986.12
14	诸暨市赵家埠农贸市场	陶朱街道赵家埠村	3420	250	1150	1987.5
15	诸暨市安华农贸市场	安华镇东街	2790	72	1600	1987.5
16	诸暨市十二都农贸市场	应店街镇十二都	389	—	389	1987.9
17	诸暨市汤家店农贸市场	浣东街道汤家店村	1500	—	1280	1987.11
18	诸暨市小商品市场	艮塔路 54 号	27306	34319	—	1988.1
19	诸暨市王家井农贸市场	王家井镇王家井村	3650	55	2500	1988.2
20	诸暨市外陈农贸市场	王家井镇外陈村	178	12	147	1988.6
21	诸暨市枫桥农贸市场	枫桥镇麻园路	7670	680	1600	1988.8
22	诸暨市十里牌农贸市场	浣东街道王家湖三村	7650	—	6000	1988.9
23	诸暨市应店街农贸市场	应店街镇应店街村	2325	—	2313	1988.10
24	诸暨市城南农贸市场	暨阳街道马村	1600	430	670	1988.12
25	诸暨市陈蔡农贸市场	陈蔡镇中蔡村	4736	571	1280	1989.1
26	诸暨市浬浦农贸市场	浬浦镇	3336	520	1482	1989.4
27	诸暨市水果批发市场	暨阳街道苎萝东路	9990	7000	—	1989.7
28	诸暨市双桥农贸市场	浣东街道廿里牌	1600	—	1200	1990.1
29	诸暨市街亭农贸市场	街亭镇街亭村	2600	200	420	1990.10

续表 3-2-1

序号	市场名称	地　址	占地面积（平方米）	建筑面积（平方米）		建场时间（年·月）
				室内	棚顶	
30	诸暨市白门农贸市场	陶朱街道白门中宅村	895	105	790	1990.11
31	诸暨市应山农贸市场	暨阳街道应山村	2000	—	1500	1990.11
32	诸暨市大桥农贸市场	次坞镇大桥村	771	—	256	1990.12
33	诸暨市新胜埂头农贸市场	街亭镇恒慕村	1000	—	600	1990.12
34	诸暨市同山农贸市场	同山镇高城头	1700	25	1575	1990.12
35	浙江诸暨珍珠市场	山下湖镇	33300	15336	—	1991.9
36	诸暨市店口农副产品综合市场	店口镇万安北路	6270	1116	1004	1992.1
37	诸暨市次坞农贸市场	次坞镇	2597	—	1280	1992.1
38	诸暨市璜山农贸市场	璜山镇	9000	—	8400	1992.1
39	诸暨市南门农贸市场	人民南路 81 号	10005	2091	10000	1992.1
40	诸暨市大唐农贸市场	大唐轻纺北路 138 号	6500	1500	500	1992.6
41	诸暨市三都农贸市场	暨阳街道前宅村	1450	250	1200	1992.6
42	诸暨市直埠姚公埠农贸市场	直埠镇姚中村	2000	—	400	1992.6
43	诸暨市电器灯具市场	暨阳街道孙陈村	19102	4000	—	1993.6
44	诸暨市草塔杨家楼农贸市场	草塔镇杨家楼	1500	80	520	1994.6
45	诸暨市大唐商业城农贸市场	大唐镇市场西路 100 号	2000	750	750	1995.3
46	诸暨市草塔青山农贸市场	草塔镇坎头村	1500	100	300	1995.10
47	诸暨市城东农贸市场	暨阳街道下坊门村	5315	1800	1000	1995.10
48	诸暨市朱公湖农贸市场	朱公湖路	20010	19998	—	1996
49	诸暨市山下湖农贸市场	山下湖镇山下湖村	1500	—	1200	1996.10
50	诸暨市次坞镇凰桐农贸市场	次坞镇凰桐村	1080	720	160	1996.12
51	诸暨市东和农贸市场	东和乡东一村	350	—	350	1997.7
52	诸暨市国贸商城	大桥路 16–18 号	2300	4008	—	1998.4
53	诸暨市蔬菜公司荷花市场	人民北路	2500	200	1000	1998.8
54	诸暨市草塔小商品市场	草塔镇府洲路	1300	—	1200	1998.10
55	诸暨市全堂农贸市场	枫桥镇全堂村	500	—	180	1999.1
56	诸暨市金鸡山后农贸市场	暨阳街道金鸡山后村	1200	—	1200	1999.1
57	诸暨市祥生新世纪综合市场	暨阳街道东安五区	2000	—	2000	1999.5
58	诸暨市斗门农贸市场	店口镇斗门村	2400	—	1000	2000.1
59	诸暨市璜山小商品市场	璜山镇建新路	800	—	1100	2001.4

续表 3-2-1

序号	市场名称	地　址	占地面积（平方米）	建筑面积（平方米）		建场时间（年·月）
				室内	棚顶	
60	诸暨市岭北镇农贸市场	岭北镇下新屋村	692	284	580	2002.9
61	诸暨市家具市场	大唐镇钟娄桥	3000	3000	—	2003
62	诸暨市兴达家居市场	浣东街道十里牌	29000	14367	—	2003
63	诸暨市农副产品批发市场	环城北路	66667	6300	28400	2003.6
64	诸暨市大唐商业城	大唐镇	1400	1400	—	2004
65	诸暨市枫桥石砩农贸市场	枫桥镇石砩村	270	—	270	—
66	诸暨市华能家具灯具市场	暨阳街道滨江南路	2800	2800	—	—
67	诸暨市牌头农贸市场	牌头镇站前路	—	—	—	2004.10
68	诸暨市茅渚埠农贸市场	暨阳街道郭家	—	—	—	2005.9
69	诸暨市旧货市场	暨阳街道徐家	—	—	—	2005.10
70	诸暨市铭仕商业广场	店口铭仕路 8 号	—	—	—	2007.12
71	诸暨市华东国际珠宝城	山下湖珍珠加工园区	—	—	—	2008.4
72	诸暨市侣东农贸市场	暨阳街道侣东村（陆村）	5000	4000	—	2009.6
73	诸暨市直埠紫草坞农贸市场	直埠镇紫草坞村	5670.0	2150.0	—	2009.10
74	诸暨市绿园农贸市场	店口镇露笑陆	9240.0	5200.0	—	2009.12
75	诸暨市新时代农贸市场	璜山镇璜山村	8000.0	5000.0	—	2010.10
76	诸暨市东旺农贸市场	陶朱街道三都村（前宅）	7549.0	4500.0	—	2011.1
77	诸暨市一百超市有限公司福田农贸市场	浣东街道苎萝东路 985 号	2400.0	2200.0	—	2011.1
78	诸暨大唐袜业城	大唐镇开明路 1 号	40148.0	33226.0	—	2011.9
79	诸暨市文化艺术品市场	暨阳街道环城北路 90 号	3300.0	2600.0	—	2012.10
80	诸暨市马剑镇农贸市场	马剑镇	2500.0	2500.0	—	2012.11

2013 年诸暨市生产资料市场建设情况统计一览

表 3-2-2

序号	市场名称	地　址	占地面积（平方米）	建筑面积（平方米）		建场时间（年·月）
				室内	棚顶	
1	浙江大唐轻纺袜业城	大唐开元西路 328 号	23300	16000	—	1991.10
2	浙江南方五金城	店口镇	120000	8000	—	1994.10
3	诸暨市建筑装潢材料市场	暨阳街道应山村	20000	3000	500	1995.10

续表 3-2-2

序号	市场名称	地　址	占地面积（平方米）	建筑面积（平方米）		建场时间（年·月）
				室内	棚顶	
4	诸暨市凰桐水运建材交易市场	次坞镇凰桐村	9551	303	—	1995.10
5	诸暨市旧机动车交易回收市场	暨阳街道张庄村	18000	15000	2000	1997.4
6	诸暨市木材市场	浣东街道绍大线旁	40000	700	—	1999.10
7	诸暨市废铁交易市场	枫桥镇新店湾村	6670	—	—	2001.7
8	诸暨市汽车摩托车交易市场	诸三路 19 号	40000	20000		2002.6
9	诸暨化学品市场	—	3300	—	—	2007.1
10	诸暨市越阳建筑装饰材料市场	—	24484.8	8000.6	—	2007.7
11	诸暨市二手车交易市场	—	—	—	—	2009.12
12	诸暨市华东汽配水暖城	—	261333	430000	—	2009.4

2013 年诸暨市生产要素市场建设情况统计一览

表 3-2-3

序号	市场名称	地　址	占地面积（平方米）	建筑面积（平方米）		建场时间（年·月）
				室　内	棚　顶	
1	诸暨市人才市场	永昌路 12 号	100	100	—	1993.7
2	诸暨市劳动力市场	艮塔路 145 号	120	100	—	1993.11
3	诸暨市暨阳技术市场	暨阳路 82 号	100	171	—	1993.12
4	诸暨市大唐劳动力市场	大唐轻纺南路 1 幢	500	180	240	1998.12

2013 年诸暨市网上交易市场一览

表 3-2-4

序号	市场名称	地址（网址）	建场时间
1	诸暨华东国际珠宝城网上交易市场	珠宝城 B1303 号 www.CPJS：ty.com	2010.6
2	浙江大唐轻纺袜业城网上交易市场	袜业城公共服务平台 http：//www.socksb2b.com	2010.6
3	浙江诸暨一百网上交易市场	暨阳街道丰南路 30 号	2012.12
4	诸暨暨阳百货网上交易市场	暨阳街道浣纱北路 48 号	2013.8
5	诸暨市家具市场网上交易市场	www.JIAJUSC.com	—
6	诸暨市兴达家居广场网上交易市场	www.XD--home.com	—
7	浙江省南方五金城网上交易市场	http：//bjscxx.com//market/	—
8	诸暨市华东汽配水暖城网上交易市场	http：//www.auto--ishcom / IMDEX.PHP	—

2004年—2013年诸暨市市场发展基本情况统计一览

表 3-2-5

年度	市场经营户总数(户)	经营户分类情况(户)				从业人员总数(人)	安置下岗职工人数(人)	市场建筑面积(万平方米)	建筑面积1万平方米以上的市场数(个)	市场摊位(个)		市场建设累计投资额(万元)	市场建设本期投资额(万元)	累计投资5000万元以上的市场数(个)	经营户注册商标(件)	市场注册商标(件)	开展外贸业务的市场(个)	开展外贸业务的经营户(户)	出口额(万元)
		个体工商户	内资企业	外资企业	农民自产自销户					摊位总数(含营业房)	500—2000个摊位的市场								
2004	17377	15184	301	20	1872	20425	916	49.80	11	19337	7	114802.0	24420.0	11	566	2	3	48	25500.0
2005	17908	15768	283	21	1836	20981	1229	57.00	14	19337	7	138502.0	23300.0	—	593	3	3	50	192906.0
2006	17963	15080	1618	21	1244	21508	615	100.30	16	19727	6	161477.0	22797.0	11	612	3	3	52	278243.0
2007	17168	13982	1143	18	2025	21126	350	100.80	16	19736	6	165722.0	4245.0	11	649	3	3	67	448077.0
2008	17760	11698	587	10	5465	18379	1440	115.00	17	19986	—	258889.0	93167.0	—	1491	3	3	159	388762.0
2009	17813	11614	676	10	5513	19263	103	158.00	17	21538	—	294797.0	35908.0	—	2005	3	4	173	376695.0
2010	19675	11752	169	15	7739	23610	26	162.5	18	21938	—	304297.0	9500	—	2632	3	4	202	392345.0
2011	18730	17644	736	82	269	24350	—	167.60	18	22688	—	358597.0	54300.0	—	2679	3	4	235	521585.0
2012	18956	17661	729	38	528	28097	—	171.00	19	23956	—	361365.0	2768.0	—	2959	4	6	303	539905
2013	19326	17469	723	41	1093	29136	—	172.00	19	24236	—	377915.0	16550.0	—	3235	12	6	408	559369.0

说明：编制依据为市场发展及管理基本情况统计表，市场发展和管理情况统计表

市场培育

五好市场、星级市场、市场改造提升 1985 年 12 月，东湖农贸市场建成开业后，县工商局按“执行政策好、管理好、服务好、秩序好、清洁卫生好”的“五好”市场创建要求，实施“三化”（基础设施规范化、管理制度化、工作制度化）管理。市场配备 5 名工商干部、19 名协管员，按《干部管理制度》《治安管理制度》《卫生管理制度》《协管员岗位责任制》运作和管理。统一制作防蝇防尘熟食柜 46 只、豆制品货竹框 76 只、干货架 22 只、肉墩 94 只、活鱼池 60 个；肉类、熟食、豆制品经营户统一配制白衣、白帽、白袖套；上市商品统一使用商品标价签，实施明码标价；设立服务台、公平秤，维护市场公平交易。1986 年，东湖农贸市场被县政府命名为文明单位。此后，市场创“五好”活动在全县各集贸市场推开。牌头农贸市场、枫桥中心市场率先参与活动。当年，有 6 个市场被县工商局授予县级“五好”市场称号，3 个市场被绍兴市工商局授予绍兴市级“五好”市场称号。1987 年 3 月 18 日，绍兴市工商局出台《五好市场评比细则》，自此，“五好”市场的评比按细则要求考核。

1988 年 3 月—4 月，东湖农贸市场、西门市场先后通过绍兴市标准计量试点单位验收。6 月，绍兴市爱国卫生运动委员会授予东湖农贸市场“卫生先进单位”称号。10 月，东湖农贸市场先后被省工商局、国家工商局授予“省级五好市场”“全国文明集贸市场”称号。

图 3-2-2 东湖市场内景

1991 年，按国家工商局要求，“五好”市场创建更名为“文明集贸市场”创建。市工商局按照“管理工作好、经营作风好、场容场貌好、市场效益好”四好标准，评选出 12 个县级文明集贸市场，占全市市场总数的

图 3-2-3 市政府部署农贸市场改造提升工作

19.7%。东湖农贸市场、大唐轻纺市场、珍珠市场获评省级文明集贸市场。

1997年，规范文明市场创建活动，按市场硬件建设、软件建设的档次，经市工商局考核报绍兴市工商局、省工商局认定不同星级。

2009年，市工商局按市政府《诸暨市城乡农贸市场改造提升实施意见》，将星级市场创建活动与市场改造提升相结合，把市场基础配套设施的最低标准纳入星级市场硬件评比条件。是年，全市12个市场改造提升工程完工。

2011年，市工商局完成41个农贸市场改造提升工作，改造总面积9.6万平方米。新大唐轻纺袜业城的建造及基础设施，按五星级市场标准设计施工。是年，诸暨市获评浙江省“十大商品市场强县（市、区）”，位列第4。大唐轻纺袜业城、店口华东水暖汽配城跨入全省百亿元大市场行列，被省政府确定为省重点培育市场；华东国际珠宝城成功创建五星级市场并获“省十大转型示范市场”和“中国商品市场百强”称号。

2012年6月，市政府再次出台《关于进一步推进全市农贸市场改造提升的实施意见》，决定连续两年，每年安排1000万元专项资金用于市场改造提升、星级市场创建和后续规范管理奖励。是年，市工商局完成改造提升的市场33个，新确定12个市场实施提升改造，投入资金2768万元，其中政府奖补金700万元。

2013年，全市完成市场改造提升14个，其中农贸市场13个。投入改造资金1655万元，其中政府奖补金1000万元。是年，全市有7个农贸市场通过省级文明规范市场验收。

1988年—2013年诸暨市（县）获国家级文明集贸市场名录

表3-2-6

市场名称	荣誉称号	授予单位	授予年份
东湖农贸市场	全国文明集贸市场	国家工商总局	1988
东湖农贸市场	全国文明集贸市场	国家工商总局	1990
大唐轻纺市场	全国文明集贸市场	国家工商总局	1993
珍珠市场	全国文明集贸市场	国家工商总局	1993
珍珠市场	全国文明市场	国务院	1996
华东国际珠宝城	全国诚信示范市场	国家工商总局	2013

1988 年—2013 年诸暨市（县）获省级文明规范市场（星级市场）名录

表 3-2-7

市场名称	荣誉称号	授予单位	认定时间
诸暨县东湖农贸市场	省级五好市场	浙江省工商局	1988 年
诸暨市东湖农贸市场 诸暨市大唐轻纺市场 诸暨市珍珠市场	省级文明集贸市场	浙江省工商局	1991—1992 年度
诸暨市东湖农贸市场 诸暨市大唐轻纺市场 诸暨市珍珠市场 诸暨南门市场 诸暨市小商品市场 诸暨市水果批发市场	省级规范化市场	浙江省工商局	1995 年
诸暨市浬浦农贸市场 诸暨市枫桥农贸市场 诸暨市店口农贸市场 诸暨市大唐农贸市场 诸暨市草塔农贸市场 诸暨市璜山农贸市场	省级规范化市场	浙江省工商局	1996 年
诸暨东湖市场 诸暨珍珠市场 诸暨市大唐轻纺原料市场 诸暨南门市场	三星级文明规范市场 三星级文明规范市场 二星级文明规范市场 一星级文明规范市场	浙江省工商局	1997 年
诸暨市水果批发市场 诸暨市牌头农贸市场 诸暨市店口综合市场	二星级文明规范市场	浙江省工商局	1999 年
浙江大唐袜业城 诸暨市东一轻纺市场	二星级文明规范市场 一星级文明规范市场	浙江省工商局	2000 年
江东综合市场 诸暨市草塔农贸市场	一星级文明规范市场	浙江省工商局	2001 年
诸暨市大唐农贸市场 诸暨市枫桥农贸市场	一星级文明规范市场	浙江省工商局	2002 年
中国店口南方五金城 诸暨市小商品市场	二星级文明规范市场 一星级文明规范市场	浙江省工商局	2003 年
浙江大唐轻纺袜业城	四星级文明规范市场	浙江省工商局	2004 年
诸暨东湖市场 诸暨珍珠市场 诸暨南门市场 诸暨市水果批发市场 诸暨市店口综合市场	四星级文明规范市场	浙江省工商局	2004 年（延认）

续表 3-2-7

市场名称	荣誉称号	授予单位	认定时间
诸暨市牌头农贸市场	三星级文明规范市场	浙江省工商局	2004 年（延认）
诸暨市家具市场 诸暨市兴达家居广场	三星级文明规范市场	浙江省工商局	2005 年
诸暨大唐农贸市场	二星级文明规范市场	浙江省工商局	2005 年
诸暨市祥生新世纪综合市场 诸暨市草塔农贸市场	一星级文明规范市场	浙江省工商局	2005 年（延认）
诸暨市小商品市场 诸暨市水果批发市场	二星级文明规范市场	浙江省工商局	2006 年
诸暨市枫桥农贸市场 诸暨市城东农贸市场 诸暨市朱公湖农贸市场 诸暨市农副产品批发市场	一星级文明规范市场	浙江省工商局	2006 年
浙江大唐轻纺袜业城	四星级文明规范市场	浙江省工商局	2007 年（延认）
诸暨东湖市场 诸暨珍珠市场	三星级文明规范市场	浙江省工商局	2007 年（延认）
诸暨市家具市场 诸暨市兴达家居广场	四星级文明规范市场	浙江省工商局	2007 年
诸暨市祥生新世纪综合市场	四星级文明规范市场	浙江省工商局	2009 年
诸暨市铭仕商贸广场	三星级文明规范市场	浙江省工商局	2009 年
诸暨市华东国际珠宝城	五星级文明规范市场	浙江省工商局	2010 年
诸暨华东汽配水暖城	四星级文明规范市场	浙江省工商局	2010 年
诸暨市家具市场 诸暨市兴达家居广场 诸暨市一百东湖农贸市场	四星级文明规范市场	浙江省工商局	2010 年（延认）
诸暨市祥生新世纪综合市场	四星级文明规范市场	浙江省工商局	2012 年（延认）
诸暨市铭仕商贸广场	三星级文明规范市场	浙江省工商局	2012 年（延认）
浙江大唐轻纺袜业城 诸暨市铭仕商贸广场	四星级文明规范市场	浙江省工商局	2013 年
诸暨市湄池农贸市场 诸暨市赵家农贸市场 诸暨市草塔农贸市场	三星级文明规范市场	浙江省工商局	2013 年
诸暨华东国际珠宝城	五星级文明规范市场	浙江省工商局	2013 年（延认）
诸暨市家具市场 诸暨市兴达家居广场 诸暨华东汽配水暖城	四星级文明规范市场	浙江省工商局	2013 年（延认）

2006年—2013年诸暨市获绍兴市级文明规范市场（星级市场）名录

表3-2-8

市场名称	荣誉称号	授予单位	认定时间
诸暨市小商品市场 诸暨市水果批发市场	二星级文明规范市场	绍兴市工商局	2006年
诸暨市朱公湖农贸市场 诸暨市农副产品批发市场	一星级文明规范市场	绍兴市工商局	2006年
诸暨市水果批发市场 诸暨市国贸商城 诸暨市祥生新世纪综合市场	二星级文明规范市场	绍兴市工商局	2006年
诸暨市南门市场 诸暨市牌头农贸市场	一星级文明规范市场	绍兴市工商局	2007年（延认）
诸暨市化学品市场	二星级文明规范市场	绍兴市工商局	2008年
诸暨市枫桥农贸市场 诸暨市城东农贸市场	二星级文明规范市场	绍兴市工商局	2008年（延认）
诸暨市朱公湖农贸市场 诸暨市农副产品批发市场	二星级文明规范市场	绍兴市工商局	2009年
中国店口南方五金城 诸暨市大唐农贸市场 诸暨市水果批发市场 诸暨市小商品批发市场 诸暨市国贸商城	二星级文明规范市场	绍兴市工商局	2009年（延认）

2013年诸暨市级文明规范市场（星级市场）名录

表3-2-9

市场名称	荣誉称号	授予单位	认定时间
诸暨市五泄农贸市场 诸暨市新时代农贸市场 诸暨市绿园农贸市场 诸暨市湄池农贸市场 诸暨市江藻农贸市场 诸暨市阮市农贸市场 诸暨市浬浦农贸市场 诸暨市同山农贸市场 诸暨市陈宅农贸市场 诸暨市十里牌农贸市场 诸暨市东旺农贸市场 诸暨市王家井农贸市场 诸暨市城南农贸市场	一星级文明规范市场	诸暨市工商局	2001年

市场服务

1988 年，县工商局编制《市场信息》21 期，其中有诸暨集贸市场主要商品日销量等信息，发往全省 83 个大型集贸市场，以利引缺泄余。

1989 年，继续收集与编发《市场信息》169 期。市场增设服务台、监督岗、公平秤，全年为消费者复称 67.5 万人次。组织长途贩运队伍，为各主要农贸市场引进各类商品 17680 吨，其中水产品 4897 吨、蔬菜 7050 吨、水果 5733 吨。东湖农贸市场及水果市场以充足货源优势而成为诸暨及相邻县的商品集散地。至 1990 年，《市场信息》的送发已扩展到全国 93 个市场，112 个单位。

1991 年，大唐轻纺市场投入运行后，市工商局参与制定由市政府发布的 12 条优惠措施，鼓励全民、集体所有制企业进场交易，优先安排摊位，无偿提供信息。年底，进场交易的企业有 128 户。枫桥印染总厂在进入大唐轻纺市场设摊交易后，短期内即销出原来严重积压的被面 2.5 万条，回笼积压资金近 20 万元。

市工商局在健全信息网络的同时，先后邀请新华社、中央电视台及省级新闻媒体到大唐庵轻纺市场、珍珠市场等专业市场采访，编制专题，宣传有诸暨特色的地方产品和功能齐全、设施配套的市场状况。信息刊播后，接待省内外高层次参观访问团人员 41 批，吸引全国 13 个省、市 167 户大中型纺织企业进场交易。西南、西北、东北等地客商络绎，日成交轻纺原料 100 万元，成品袜 20 万双，被面 3.1 万条。

1992 年 8 月，第四代珍珠市场建成。试营业后，按市政府要求，市工商局承担开业典礼暨经交会的筹备任务，投入 500 余人次，做好场地布置、客户接待和市场管理工作。轻纺市场运行周年时，为解决经营户托运难题，市工商局与有关部门联系，在市场周边增设 6 个货物托运站点，开通至全国各地的 13 条货物专运线。

提高市场知名度，在国家级、省级报刊、电视台刊播介绍诸暨轻纺市场的专题稿件 50 余篇；向全国 218 个专业批发市场发送《轻纺市场信息》2100 余份。是年，全国有 200 余户生产化纤丝的大中型企业与大唐轻纺市场建立了业务往来；辽宁、河北、山东等 17 个省市的 30 余个大型工业品批发市场客户前来轻纺市场采购轻纺产品。

1995 年 4 月，市工商局在东湖农贸市场、南门市场等 15 个农贸市场组织开展“大众菜卖大众价”活动。在市场中设立蔬菜直销区，鼓励菜农直接进场销售，实施“零售商品指导价”，经营户按指导价格销售商品，并对商品明码标价。

1996 年初，“大众菜卖大众价”活动向全市各乡镇农贸市场推开，各市场给邻近菜农提供蔬菜直销摊位 3400 个。7 月 1 日，以三轮文明城镇创建为契机，在城区所有农贸市场始行“三无三不准”（无泥土、无根须、无残叶，不准在市场内洒水、不准边清边卖、不准乱扔垃圾）为主要内容的净菜上市活动。市工商局先后两次召开市管工作会议，组织基层工商所干部考察城区市场净菜上市状况，推动提高镇（乡）农资市场的管理服务水平。

是年，珍珠市场内低档珍珠销售不畅。市场开发服务中心珍珠市场分中心先后召开市场内珍珠饰品、工艺品经营户座谈会7次，提供龙、狮、虎等工艺品模具，组织珍珠工艺品生产。此后，珍珠市场内陆续推出30余个珍珠工艺新品种，深受消费者欢迎。珍珠市场入选“中华之最”“全国最大珍珠首饰市场”。

1998年夏，市工商局会同珍珠市场筹备首届珍珠节，做好场徽征集、广告宣传、珍珠精品收集、展馆布置等一系列工作。10月8日，中国首届珍珠节在诸暨珍珠市场举办。

2001年，市工商局实施“放心菜”工程，出资5万元购置检测设备，开展上市商品检测。开展“群众评市场”活动，向社会各界邮寄意见测评表，征询对市场的意见，推进市场的文明规范建设。

2003年1月25日，市工商局开通商品质量流动检测车，建立食用类商品检测中心。在东湖市场、南门市场、农产品批发市场设立检测点，形成“三位一体”的商品检测体系。是年，对161个市场（包括超市）销售的926批次食品进行质量检测，检测结果向社会公布。

图 3-2-4　工商流动检测车进校园检测

2007年10月，市工商局帮助大唐轻纺袜业城建设公共服务平台，该平台下设一所四中心：袜业研究所、行业产品质量检测中心、企业科创中心、电子商务中心、办证中心。其中行业产品质量检测中心在当年升格为省级纺织品及袜子产品质量检测中心，检测能力覆盖轻纺原材料及成品，全年为企业服务8000余批次。

2010年，市工商局加大电子商务扶持力度，引导市场经营户借助电子商务创新交易模式。2011年，大唐袜业城、国际珠宝城分别设立网上市场。有288户企业入网交易，当年成交额14.29亿元。

2013 年，完成 14 个农贸市场改造提升工作。创建 7 个省文明示范农贸市场。当年，华东国际珠宝城获全国诚信市场称号；华东国际珠宝城、浙江大唐轻纺袜业城获中国商品市场百强称号。

知名市场

浙江大唐轻纺袜业城 20 世纪 80 年代初期开始，大唐庵及其周边地区织袜业兴起并快速发展。合溪口、大松、何村、箭路、大唐庵等村成为织袜专业村。为销售袜子，村民们以竹篮盛袜，上覆毛巾，在杭金公路边叫卖兜售。袜业的发展，同时带动了轻纺原料产业的兴起。商户们在村头路边赁屋销售，无屋可赁的更多商户，在公路边设摊销售。

1988 年 6 月，县工商局向县委、县政府提交集贸市场调查报告，建议“在大唐庵筹建一个尼龙袜交易市场”。11 月 4 日，大唐庵镇设立。1989 年 10 月 31 日，县政府批准大唐庵镇总体规划，为建设大唐庵轻纺市场提供了契机。当年尼龙袜在大唐庵综合市场大批量销售，日成交 10 万双以上。市场内销售尼龙丝、锦纶丝、氨纶丝的商户达 100 余户。

图 3-2-5 大唐庵轻纺市场

1990 年初，市政府将建设大唐庵轻纺市场列入市政建设十项工程。9 月 10 日和 13 日，市政府召开大唐庵镇统一开发协调会议，决定由市工商局与大唐庵镇政府联合建造大唐庵轻纺市场。工商局负责轻纺市场筹建和建成后的日常管理。建设所需资金由市工商局、大唐庵镇政府按 6：4 的比例投入，其中场内摊位集资款由市工商局负责筹集，按集资总额各半计入两单位投资比例。10 月 4 日，大唐庵轻纺市场筹建委员会成立。10 月 8 日，市计经委批准立项轻纺市场首期建设项目。11 月 3 日，市工商局、大唐庵镇政府签署《关于建设大唐庵轻纺市场协议》。12 月，市场首期工程破土动工。

1991 年 4 月 15 日，市计经委批复同意大唐庵轻纺市场二期工程建设。8 月 26 日，大唐庵轻纺市场一期工程竣工。市场管理办公室同时设立。市场位于杭金线、绍大线交叉口东南侧，总投资近 600 万元，占地 2.35 公顷，建筑面积 15216.34 平方米。正门面向杭金公路，门楼为面积 830 平方米的双层圆形建筑，门楼两边是曲尺形三层楼，市场中间为一排排营业房，内设针纺织品摊位（成品袜、被面）756个，轻纺原料（各类人造丝）营业房397间，可供外来客商住宿的生活用房169间。

8月27日，经营户进场试营业。10月10日，市场举行开业典礼，来自全国45个县（市）领导、75位县（市）工商局领导、全国著名化纤、人造丝企业负责人参加，自发参加开业典礼的群众达数万人。当年，有13个省市的167户大中型纺织企业进场交易。

1992年6月13日，大唐庵镇更名为大唐镇，诸暨市大唐庵轻纺市场同时更名为"诸暨市大唐轻纺市场"。撤销市场管理办公室，设立大唐轻纺市场工商所。8月，轻纺市场个协分会、个协党支部相继建立。是年，市场进入浙江省五大工业品市场行列，销售额名列浙江省工业品市场第五位。市场被评为"全国文明集贸市场"。市场内轻纺原料经营户由开业初119户增加到397户，成品袜摊位由374个增加到840个，总摊位从开业初的771个增加到1237个。全国17个省市的30余个大型工业品批发市场客户进场交易，与218个专业市场建立信息联系，与200余户生产化纤丝的大中型企业建立业务关系。配套服务系统逐步完善，金融、财税、公安部门先后驻场营业、办公。货物运输网络建立，先后开通全国各省（市）40余条公路货运专线，设置6个铁路快、慢件托运处。

1993年，市场投入20万元，扩大容量，改造摊区，拆除市场初建时的374个水泥搭建的摊位，统一配制铁箱摊柜，成品摊增至1515个。市场成交额首次突破10亿元。

1994年，诸暨市大唐轻纺市场更名为诸暨市大唐轻纺原料市场。

1995年，市场投入70余万元，新增营业房72间，并对原有营业房和生活用房作了修整。是年，市场内轻纺原料化纤丝销量大幅增加，占市场成交总额的60%。

1996年，轻纺原料成交额37.35亿元，比上年增26%，成品袜成交额18.24亿元，比上年增长30.49%。

1998年5月14日，市委、市政府召开市工商局、大唐镇政府和计经委、物价、财政等部门负责人及大唐商业城（大唐商业城由大唐镇政府投资，建造于1995年，以经营成品袜为主。1996年市场转让给张金灿等5个自然人）董事会成员会议，协调大唐轻纺原料市场、大唐商业城合并工作。6月，市委、市政府同意将大唐商业城并入大唐轻纺原料市场。8月26日，成立以大唐轻纺原料市场为主的浙江大唐袜业城和浙江大唐袜业城有限公司。自此，市场成为占地5.8公顷、建筑面积47000平方米，有营业房216间，摊位4000余个，总投资4325万元的大型专业市场。

1999年8月6日，浙江大唐袜业城被省工商局确定为浙江省区域性重点市场。10月6日，首届中国袜业博览会在大唐袜业城开幕。3天会期成交额突破10亿元。

2000 年初，浙江大唐袜业城投入 60 万元，新建精品屋 240 间。9 月 18 日，中国纺织协会主办，中国针织工业协会、诸暨市人民政府承办，市工商局、大唐镇政府协办的第二届中国袜业博览会在袜业城开幕。2000 余名领导、嘉宾、业内人士、袜子及相关产业的生产商、经销商云集大唐。至 20 日闭幕，现货成交 1.57 亿元，订立期货合同 697 只，合同标的 10.23 亿元，累计成交 11.8 亿元；签订外商投资项目 6 只，总投资 2362 万美元。

2002 年 7 月，大唐轻纺原料市场、浙江大唐袜业城、大唐联托运市场，迁入新建成的“浙江大唐轻纺袜业城”（第二代袜业城）经营。轻纺袜业城由大唐镇政府投入 1.8 亿元建造，是一个集轻纺原料、袜子成品、袜机配件、联托运（物流）于一体的大型市场，占地 26.67 公顷，建筑面积 12 万平方米，共有 1600 间营业房。9 月，袜业城迎来第三届袜博会，设展位 600 余个。12 个国家的客商及国内 17 个省市客商参加，现货成交 1.69 亿元，签订合同标的 10.05 亿元。是年，市场跻身于浙江省十大集贸市场行列。

2004 年，大唐轻纺袜业城轻纺原料销售 26.6 亿元，成品袜销售 27 亿双。其中轻纺原料有 40% 供应诸暨织袜户，30% 供应本省，30% 供应外省。市场被省工商局授予四星级文明规范市场称号。

1992 年—2004 年浙江大唐轻纺袜业城成交额统计一览

表 3-2-10　　　　单位：亿元

年度	1992	1993	1995	1996	1997	1998	1999	2000	2001	2002	2003	2004
轻纺原料成交额	6.1（袜业在内）	10.7（袜业在内）	30.9	37.35	37.75	38.03	40.15	40.8	41.51	65（袜业在内）	49.8	58.5
成品袜成交额	—	—	14.1	18.24	18.03	17.25	18.9	19.18	20.9	—	20	29.5

图 3-2-6　大唐袜业市场内景

2006 年，浙江大唐轻纺袜业城的成品袜市场有经营户 350 户，其中普通摊位 274 户，精品房 40 间 76 户。丹吉雅、浪莎、梦娜、与狼共舞等国内知名品牌，老人头、圣保罗、登喜路、华伦天奴等国际知名品牌，均在市场设立专卖店。

轻纺原料市场分A、B、C三区，全国250余户大型化纤及棉纺企业在市场设有窗口。袜机市场经营户近百户，共176间营业房，其中意大利罗纳地、马泰客、胜歌，韩国兄弟、富胜、明光及中国台湾尧顺、大康等知名品牌在市场设代理商或销售处，年销售各类袜机万台以上。联托运（物流）市场60余条货物托运线路连接全国各主要城市和集贸市场。是年，市场局域网开通，科技信息服务中心及时向商户提供最新市场行情和商贸信息。

2007年10月19日，设立浙江大唐轻纺袜业城公共服务平台。平台下设袜业研究所、行业产品质量检测中心、企业科创中心、电子商务中心、办证中心。研究所及检测中心有中高级科技人员21人。

2009年5月，《大唐袜业联盟标准》发布。10月，以品牌、时尚为主题的第九届袜业博览会在袜业城举办。大唐轻纺袜业城中国袜业网（www.socksb2b.com）设立，并与阿里巴巴支付宝公司签下绍兴区域战略合作协议。2009年下半年，大唐镇政府新建袜业市场。新市场位于浙江大唐轻纺袜业城北侧，占地4.33公顷，建筑面积4.9万平方米。市场设有11平方米标准摊位800余间，70平方米精品商铺60间；70平方米地下仓库30间；露天停车位160个，地下停车位300个。

2010年，浙江大唐轻纺袜业城成为集“全国文明市场”“全国百强市场”“四星级文明规范市场”“省重点市场”等荣誉于一身的大型专业市场。是年，市场成交总额100.6亿元，比上年同期增10.5%，其中成品袜销售33.5亿双，比上年同期增6.9%，成品袜成交36.3亿元，比上年同期增13%；原料市场成交额59.2亿元，比上年同期增9.4%，各类化纤原料销售27万吨，比上年同期增5%；袜机成交额5.1亿元，比上年同期增5.3%，销售各类袜机1.5万余台，比上年同期增4.1%。2011年9月，历时两年建设的新大唐袜业城（第三代袜业城）建成。

2013年7月，“大唐袜业”品牌通过考核验收，成为全国首批9个国家级出口工业品质量安全示范区之一。是年，浙江大唐轻纺袜业城经营面积达157375.3平方米，经营摊位2400个，经营户1557户。市场实现成交额122.49亿元，纳税（国地税）2415万元。市场网站注册会员26903人，其中开展网上交易880户，达成网上交易额4.26亿元。开展外贸业务42户，出口额28亿元。

2005 年—2013 年大唐轻纺袜业城市场发展情况统计一览

表 3-2-11

年度	市场成交额（万元）	营业面积（平方米）	经营户数（户）	上缴国地税总额（万元）	累计投资额（万元）	开展网上交易经营户数（户）	通过网络达成交易额（万元）	开展外贸业务经营户（户）	年出口额（万元）	星级文明市场等级	市场信用分类等级
2005	844719	120000	1045	770	19313	110	4500	30	180000	—	—
2006	869894	120000	1045	788	19313	110	3500	30	215000	—	—
2007	895330	120000	1045	921	19613	110	4500	35	240000	—	—
2008	901596	107100.8	1050	1280	19613	150	5500	36	23600	A	四
2009	910709	107100.8	1050	1325	19613	150	600	35	22500	A	四
2010	1005968	104100.8	1100	1550	19613	170	1500	35	23500	A	四
2011	1108317	157375.3	1557	1715	37813	630	29000	42	25200	A	四
2012	1166731	157375.3	1557	—	—	—	—	—	—	A	四
2013	1224886	157375.3	1557	2415	57813	880	42550	42	280000	A	四

珍珠市场　近代诸暨个体养蚌育珠，始于 1969 年冬。1980 年，山下湖珠农年产珍珠 88.2 千克。1984 年有珠农 4700 户，产珠 4000 千克。至 1987 年，珠农发展到 12000 户，产珠近百吨。但卖珠难题，始终困扰着广大珠农。

第一代珍珠市场（广山珍珠市场）　20 世纪 80 年代初，珍珠由外贸部门专营，私人不得随意交易，卖珠难成为珠农一大心病。西江乡广山村第四生产队队长詹仲华，较早从事养珠卖珠。1984 年 11 月，江苏吴县渭塘珍珠市场设立，詹仲华从中得到启发，决定创办珍珠市场，方便珠农交易。此想法得到第三生产队长詹忠钟、西江乡政府干部何理夫认同。1985 年春，3 人筹划创办珍珠市场，并吸收退休教师何灿尧参加，商定每人出资 1000 元作为启动资金。不久，一个用毛竹、油毛毡、石棉瓦搭建的简易市场在詹仲华家门口道地建成，设有摊位 50 个。市场定名为广山珍珠市场。6 月 20 日，县工商局批准广山珍珠市场开业，50 个珍珠摊位无一闲置。当地珠农“日中而市”，进行珍珠交易。福建、安徽、江苏等地珠商纷至沓来，日均参与交易约 500 人次。

1986 年 7 月，国务院批转外经贸部文件，规定珍珠须归口外贸部门统一经营，任何单位及个人均不得参与经营。广山珍珠市场于 1987 年 3 月被整治关闭。

第二代珍珠市场（西江农副产品交易市场）　国务院文件下达后，西江乡政府拟新建一个“农副产品”交易市场，取代广山珍珠市场。此举得到县工商局的支持。1986 年冬，西江乡政府和广山、尚山两村联办的市场动工，场址选在西江乡尚山村，筹建工

图 3-2-7　珍珠养殖基地

作由西江乡农科站长何桥江负责。1987 年 3 月，定名为“西江农副产品交易市场”的第二代珍珠市场开业，市场占地 1.8 亩，仍用毛竹、石棉瓦搭建，投资约 10 万元。这个市场对外宣称经营农副产品，实为珍珠交易，设有珍珠摊位 20 个。年底，珍珠摊位增加到 130 个，日均人流量由开业初期的 500 人次增加到 1000 人次。是年，市场成交珍珠 70 吨左右，成交额 6000 万余元。

第三代珍珠市场（西江珍珠市场）　1986 年 4 月，何桥江向国务院和省内外媒体发出《珠农的心声》一文，历数珍珠统一经营政策的弊端，分析珍珠产业对诸暨农村经济发展的重要意义。8 月，新华社内参以《珍珠统一经营使诸暨万余珠农陷入困境》为题发表何文。1989 年，省政府将珍珠纳入农副产品范畴，允许在省内销售等外珠，珍珠归口经营政策开始松动。当时，西江、泌湖一带珠农养蚌育珠面广量大，而西江农副产品交易市场场地狭小，设施简陋，扩建改造市场成为珠农们的迫切愿望。5 月，县工商局与西江乡政府商讨研究，决定建造第三代珍珠市场。第三代珍珠市场投资 53 万元，征用土地 0.27 公顷（场基面积 2720 平方米），于 1989 年底竣工，内设摊位 684 个，定名为西江珍珠市场。1990 年 1 月 1 日，市场开业。吸引了来自全国各地珍珠客商（包括中国香港、台湾地区）和印度等境外客商，日均进场交易达 2000 人次，日均成交珍珠 1.2 吨，当年成交珍珠 445 吨。是年，西江珍珠市场被评为诸暨市五好市场。珍珠市场引起各级领导重视。

1991 年，省委书记李泽民、省委副书记沈祖伦、省工商局局长金连庆先后考察西江珍珠市场。市场内珍珠项链、手镯、戒指、耳环等饰品，以及珍珠粉、珍珠口服液等产品受中外客商青睐。当年全市珍珠及其系列产品外贸出口超过亿元。

1985 年—1992 年珍珠市场交易情况一览

表 3-2-12

代　数	年　度	摊位（个）	日均人流量（人次）	年成交量（吨）	年成交额（万元）
第一代 1985.6—1987.3	1985	50	500	90	900
	1986	50	500		
第二代 1987.3—1989.12	1987	20—130	500	70	6000
	1988	250	1000	200	10000
	1989	350	1500	250	12000
第三代 1990.1—1992.7	1990	684	2000	445	8900
	1991	684	2000	—	—
	1992	684-1134	2000	340	15800

第四代珍珠市场（诸暨珍珠市场）　第三代珍珠市场虽有一定规模，但场址离诸湄公路山下湖大桥约有 1.5 公里，且从大桥到市场为狭小泥路，交通不便。1991 年 6 月 5 日，市政府在西江乡政府召开关于易址扩建珍珠市场协调会。会议决定兴建第四代珍珠市场，新场址选在山下湖镇山下湖大桥北侧、通往阮市、湄池岔路口处，场址交通较为便利。由市工商局、市珠宝首饰公司、西江乡政府三家联办，投资比例为工商局占 50%，珠宝首饰公司、西江乡政府各占 25%。7 月 13 日，三方签署第四代珍珠市场联办协议，同时成立筹建办公室。9 月 24 日，新市场破土动工，市场占地面积 1 公顷。

图 3-2-8　第四代珍珠市场外景

1992 年 6 月，诸暨珍珠市场按有限责任公司性质核准登记。市场董事会由市工商局、西江乡政府、市珠宝公司派员组成，日常管理由市工商局负责。7 月 18 日，新市场竣工。第四代珍珠市场投资 516.2 万元，占地面积 10200 平方米，内设摊位 1134 个，其中珍珠交易摊位 756 个，四周设营业房 79 间。场名由国务院副总理陈慕华题写。场内东面建有四层楼招待所，面积 1069 平方米，市场西南面设 940 平方米的停车场。

市工商局珍珠市场管理办公室负责日常管理，内设司秤组、摊位管理组、场外管理组、治安保卫组，配有工商干部10人、协管员19人、公安民警6人。

8月8日，诸暨珍珠市场试营业。8月15日，市政府主持召开珍珠市场管理发展等有关问题协调会，制定繁荣珍珠市场优惠政策。规定从迁入新市场之日起，领取营业执照的交易摊位两年内减半征收工商市场管理费，在新市场内交易的珍珠营业收入两年内免征营业税。国务院特区办研究室副主任林其辉、李先念同志夫人林佳楣先后考察诸暨珍珠市场。分别题词："珍珠市场大放光彩"和"珠光照诸暨"。

10月18日，诸暨市经济技术交易会暨珍珠市场开业典礼举行。是年，市场成交额首次突破1.5亿元。

1993年4月，市场内珍珠项链等饰品摊位由23个激增至113个。8月，新增设摊位132个。来自外地70余位客户的摊位、营业房优先安排，优惠收费。来场交易的外商增加，是年共接待日本、美国、新加坡、印度等国家，以及中国香港、台湾地区珠商61批次。市场日均人流量达3500人次。

1994年6月起，国际珍珠行业交易态势趋向疲软，市场内原珠销售量下滑，低档珠价格下跌。与此相反，市场内珍珠饰品、珍珠工艺品销势上升。以珍珠串缀而成的龙、狮、虎和塔等工艺品制作和销售量大幅上升。市场迅速调整摊位布局，至1995年，珍珠饰品、工艺品摊位扩展到381个，与原珠销售摊位数量相当。当年销售珍珠饰品、工艺品170万件，销售额占市场总销售额的50%左右。

图3-2-9　工艺品珍珠塔

是年，诸暨珍珠市场被省工商局认定为规范化市场，国务院授予珍珠市场"全国文明市场"称号，国务院发展研究中心市场经济研究所命名珍珠市场为"全国最大珍珠、珍珠饰品专业市场"。

1997年，诸暨珍珠市场被省工商局认定为"三星级文明规范市场"。市委、市政府决定举办首届中国珍珠节，市工商局具体负责筹备工作。做好场徽征集、形象宣传、展馆布置、客商邀请等工作。1998年10月8日，首届中国珍珠节在诸暨珍珠市场举办。

1999年11月，市珠宝首饰公司因自身改革需要，向诸暨珍珠市场董事会提交申请，要求转让拥有的股份。12月初，经市政府协调，诸暨市市场开发服务中心受让珠宝公司在珍珠市场的股份。当年，市场成交额接近10亿元大关，产品销往欧美、东南亚等多个国家和地区；珍珠市场网上交易起步，珍珠创汇总额超过2亿元。国内贩销网络基本成形，除销售本地珠外，当年从外地引进珍珠进行交易，达400吨左右，珍珠市场由产销型转为集散型。是年，省政府授予诸暨珍珠市场“浙江省重点市场”称号。

第五代珍珠市场　1999年，为适应日益增加的珍珠交易需要，市政府决定，由市场开发服务中心牵头筹建第五代珍珠市场。12月6日，筹建工作领导小组成立。

2000年4月，新市场奠基。新市场坐落于山下湖镇，占地3.33公顷、建筑面积15336平方米，由诸暨市市场开发服务中心和山下湖镇政府共同投资3500万元兴建。第五代珍珠市场主体建筑外形似河蚌，广场内标志物为直径24米的中空玻璃球，形似巨大珍珠。

11月28日，新市场建成。内置各类摊位1000个，精品屋100间，市场可同时容纳5000人交易。佳丽、阮仕、三水、山下湖等珍珠生产经营大型企业相继入市。第五代珍珠市场开业典礼暨第二届中国珍珠节开幕。来自美国、日本等国家及中国香港、台湾地区和内地10余个省（市、自治区）共1000余客商与会。累计成交额0.8亿元，其中成交珍珠饰品12万余件，珍珠工艺品7000多件，与外商签订合同或合作意向的项目10个，达成贸易合同标的6.3亿元。

是年，市场成交额首次突破10亿元大关。

2002年，诸暨珍珠市场成交额15亿元，约占全国珍珠交易总额的70%，全球珍珠市场份额的45%。诸暨珍珠市场成为全国最大珍珠、珍珠饰品交易中心。

1993年—2004年珍珠市场交易情况一览

表3-2-13

代　数	第四代（1993—2000）								第五代（2001—2004）			
年　度	1993	1994	1995	1996	1997	1998	1999	2000	2001	2002	2003	2004
成交额（亿元）	2.2	3.3	4.25	6.9	8.75	9.09	9.5	10.37	11.3	15	15.9	16.5
成交量（吨）	427	231.5	520	550	540	640	624	—	680	720	650	750

第六代珍珠市场（华东国际珠宝城）　2006年4月18日，由中国香港民生集团联合内地6户珍珠行业龙头企业共同投资开发的“华东国际珠宝城”奠基。珠宝城总体规划占地120公顷，计划投资逾10亿元，其中首期规划35.67公顷，投资2.3亿元。

图 3-2-10　让世界了解珠乡

2008年4月18日，华东国际珠宝城首期工程竣工，总建筑面积约350000平方米，营业面积106973平方米。内有商铺、摊位2380个。首批进场经营户638户。诸暨珍珠市场更名为“华东国际珠宝城”。

2009年10月，市场通过AAAA级旅游景区考核验收，成为继海宁皮革城、义乌中国小商品城后，浙江省第3个国家AAAA级旅游景区。2010年6月，珠宝城网上交易市场正式上线。实现实体市场交易和网络交易同步发展。

2011年，华东国际珠宝城实现成交额80亿元。经营户891户，比上年增22%。

2012年，经营户增加至1021户。交易商品由原单一珍珠业态（由珍珠原珠及珍珠一般饰品）拓展到珍珠深加工高档成品、首饰品、宝石、玉石、K金等上千个品种。市场销售辐射美国、日本、俄罗斯及东南亚等60余个国家和地区。

2013年，市场营业面积106973.45平方米，实际进场经营1021户，年成交额87.91亿元。开展网上交易经营户达360户，成交额9.98亿元。开展外贸业务的经营户115户，出口额14.78亿元。通过几年的规范管理，市场先后获得全国诚信示范市场、国际AAAA级旅游景区、全国优秀示范市场、中国百强商品市场、全国重点联系批发市场、浙商行业龙头市场、中国最具商品价值品牌市场50强、浙江省五星级市场、浙江省十大转型示范市场等荣誉称号。是年，市工商局在市场设立品牌（商标）服务指导室，指导帮助市场经营户注册商标、争创名牌。市场内经营商品中有注册商标96件，其中有千足、佳丽、天使之泪、阮仕、山下湖等5件驰名商标，华东国际珠宝城、千足、佳丽、天使之泪、阮仕、山下湖、思尔、长生鸟等8件浙江省著名商标，以及7件绍兴市著名商标，12件诸暨市著名商标。

2005 年—2013 年华东国际珠宝城（珍珠市场）市场发展情况统计一览

表 3-2-14

年度	市场成交额（万元）	营业面积（平方米）	经营户（户）	上缴国地税总额（万元）	累计投资额（万元）	开展网上交易经营户（户）	通过网络达成交易额（万元）	开展外贸业务经营户（户）	年出口额（万元）	星级文明市场等级	市场信用分类等级
2005	223586	15300	495	160	5420	—	—	8	12815	—	—
2006	302365	15300	511	180	5520	20	39012	8	63243	—	—
2007	390385	106973.45	544	190	—	—	—	—	—	—	—
2008	425519	106973.45	638	205	77727	43	49188	23	82762	A	三
2009	44728	106973.45	766	226	86970	48	55136	28	91695	AA +	三
2010	60013	106973.45	839	365	101275	105	65827	57	110345	AA +	五
2011	701047	106973.45	881	490	128140	318	81850	83	123585	AA +	五
2012	800693	106973.45	1021	—	—	—	—	—	—	—	—
2013	879060	106973.45	1021	745	128140	360	99800	115	147800	AA +	五

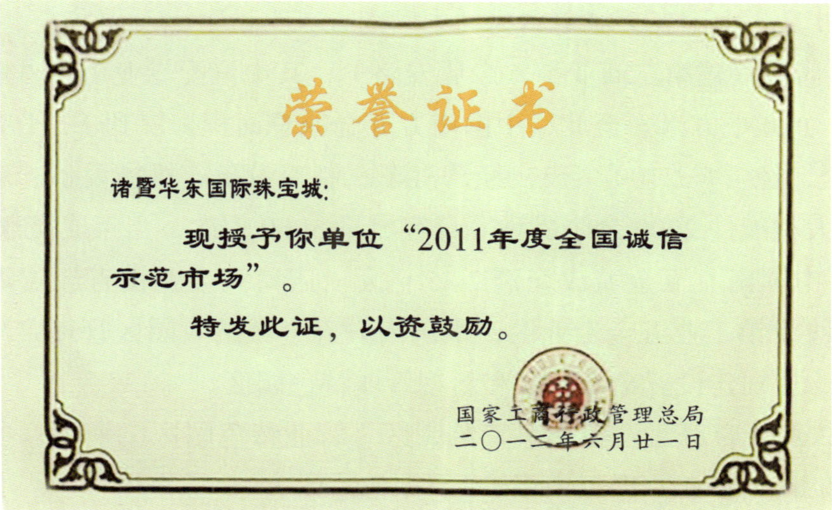

图 3-2-11　全国诚信示范市场荣誉证书

浙江南方五金城　店口五金业，始自 20 世纪 70 年代初。自店口新一村村民靠砍柴筹得 8500 元钱，办起“店口新一农机厂”后至 1975 年，店口已有五金厂 20 余户，其中店口公社直属 11 户。1983 年，店口六村村民陈章木在店口老街创办专营铜材与汽车配件的“店口五金厂门市部”。此后，这种前店后厂的经营模式，成为店口五金产业发展方向。

图 3-2-12 浙江南方五金城

1988 年，店口村口已形成长 400 米的前店后厂五金一条街。

1989 年，店口五金产业规模初具，拥有个体工商户、私营企业 1200 户，从业人员 15360 人，专营商店 500 余户。五金业成为日耗用铜材 50 余吨，年产值 3 亿元，年销售额 4.2 亿元的块状产业。五金业产值占当地工业总产值的 73%。

1993 年 5 月，店口镇政府集资 1.5 亿元，在店口镇下池园（今万安路）建设五金市场，其中汽配专业市场建筑面积 133400 平方米，商业服务中心建筑面积 106720 平方米。6 月，市政府批复同意店口五金市场报批为“中国五金城”。店口镇政府根据产业发展需要，再投入 5000 万元，扩建五金城，建筑面积 8000 平方米。

1994 年 10 月，中国五金城更名为“中国南方五金城”。

1995 年，店口兴建第二商业街（今盾安路），其中汽配专业市场占地 28000 平方米，营业面积 4000 平方米。至此，中国南方五金城总面积扩展到 1.5 平方千米。设有门市部 3600 个，经营户 2100 余户，经营汽车、制冷设备、机械设备、船舶、农机、水暖设施等八大类配件 2700 余个品种。日客流量 5000 人次，当年成交额 13 亿元。

2001 年，中国南方五金城成交额 24.5 亿元。店口五金业被省经贸委等 9 部门命名为第一批省级乡镇工业五金专业区，中国南方五金城纳入园区管理。当年，店口、湄池两镇合并，规划建设五金专业区和新型管业特色园区。

2002 年 12 月，店口建设新材料特色园区（管业特色园区二期），项目总建筑面积 38.30 万平方米，选址在工业园区内（属湄池片区）。

2013 年，由店口片区（五金专业园区）、湄池片区（新型管业特色园区）组成的店口五金管业区有个体工商户、企业 3434 户。其中，中国 500 强企业 2 户；年销售额达百亿元以上企业 2 户，年销售额达 10 亿元以上企业 5 户。

诸暨华东汽配水暖城 2009 年 4 月，由海亮集团独资建设开发，总投资 9.3 亿元，占地 26.13 公顷，建筑面积 43000 平方米的诸暨华东汽配水暖城建成并投入运行。市场共建房 56 幢，分汽配五金、水暖管材、商业与仓储物流 3 个交易区域。拥有营业房 1573 间，停车泊位 1500 余个。

2011 年，入驻诸暨华东汽配水暖城经营的商户有 667 户，市场成交额 102 亿元。是年，华东水暖汽配网建成。网站联合阿里巴巴、慧聪、中华汽配百度、GOOGIE 等行业网站，发布信息、开展网上交易。

2012 年，华东汽配水暖城汽配五金交易区汇集全国汽配行业最大贸易商，设有万向、二汽最大的配套公司湖北振亚科贸发展有限公司、二汽配货中心、中国重汽店口分公司、中国农机品牌总代理、温州电器总汇、河北汽配大全以及柳工、宜工、重工、上工等工程机械几千个品种。水暖区汇集知名品牌 87 个（除海亮铜管道、枫叶、铭仕外），还驻有浙江皇冠、浙江永德信、上海日高科技、杭州宏升塑胶等经营大户。配套从事物流经营的运输车队有大货车 200 辆。在商业区内，标志性建筑为 21 层楼高的海亮商务大酒店，其功能荟萃餐饮、办公、住宿、休闲、购物于一体。商业街全长 480 米，总建筑面积 5.5 万平方米，共有商铺 159 间。

图 3-2-13　华东汽配水暖城

2013 年，市场内 1573 个商（摊）位无一闲置，687 户经营户中有个体工商户 516 户，企业 171 户。市场网站经营户 504 户。是年，市场成交额 106.51 亿元，其中，通过网络达成交易额 4.7 亿元。开展外贸业务 125 户，年出口额达 11.6 亿元。物流中心占地 30000 平方米，其中仓储 25000 平方米，200 户物流经营户实现经营额 8.72 亿元。

东湖市场　诸暨城区主要农贸市场原设在城墙外（下水门至中水门）浣纱江边狭长的泥地上，全长不足百米，时俗称小菜场。上午营业，中午歇业。年长日久，遮风避雨的席棚破旧，设摊的地面泥泞。

1984 年底，县工商局筹建东湖农贸市场。1985 年 11 月竣工。市场位于城区健康路与东湖路交叉口东南侧，占地 4680 平方米，建有棚屋 2468 平方米。内设鲜肉、干货、熟食、豆制品、水产、禽蛋、蔬菜摊位 1140 个。12 月开业，全天营业，日交易人数 20000 人次。

1988 年 5 月，东湖农贸市场在全县农贸市场中首次实行招投标确定摊位的制度。12 月，市场南侧新建营业房 20 间，每间 6 平方米，熟食摊搬进营业房经营。是年，市场被省工商局授予省级五好市场称号。1989 年 7 月，市场经营户停止使用市斤制木杆秤，统一改用公斤制杆秤。

1990年，市场完善管理制度。实施“四公开”（办照公开、摊位招标公开、管理人员分工公开、处理违章结果公开）办事制度，落实“四定二包”（定人、定位、定地段、定时间、包秩序、包卫生）管理责任制。经营户实施八统一（摊具货台统一、分类指示牌统一、划行归市分类设摊统一、按行业服装统一、亮证经营统一、使用衡器统一、明码标价统一、熟食品“三防”统一）。市场设立“曝光台”，并在干货、熟食两个行业中施行信誉卡制度。

1991年2月，开展创建全国计量先进集贸市场活动，购置50台电子秤，供干货、熟食等较大固定摊位经营户使用。是年，市场被省工商局授予省级文明集贸市场称号。

1994年，东湖农贸市场成为辐射全市的“中心农贸市场”。全市主要集镇的菜篮子有相当部分源于东湖农贸市场批发。但棚屋结构的东湖农贸市场已不能适应城市发展的需要。建设一个设施现代化、管理现代化、商品供应充裕的大型室内农贸市场，成为当务之急。

1995年，市政府决定东湖农贸市场易址重建，并入选市政府八大重点工程之一。场址选定在大桥路、暨阳路交汇区西侧（原诸暨汽车站场地）。1月10日，市工商局成立东湖农贸市场易址重建工作领导小组，以诸暨市场开发服务中心名义投资3800万元建造。1996年2月，新东湖市场破土动工。

1988年—1996年东湖农贸市场成交额统计一览

表3-2-15　　单位：万元

年　度	1988	1989	1990	1991	1992	1993	1994	1995	1996
成交额	1065	3100	7400	9700	11400	13550	17100	26418	44200

1997年1月18日，新东湖市场开业。时被誉为在国内属于建造一流、规模一流、设施一流的农贸市场。市场占地面积13256平方米，建筑面积18500平方米；正门面向暨阳路，门内为一大型电子显示屏；一、二层为营业大厅，共设84组柜台、1070个摊位，分为蔬菜、鲜肉、水产等20余个行业经营区。设有4架电梯运送货物；营业大厅周边是熟食、豆制品、干货、海水产等行业营业房150间。一层以下地下室5000平方米用于停车并设有10多个冷库；市场主楼背面设有蔬菜批发区；场内设服务台、值勤台、广播台、投诉台、公平秤等服务设施；市工商局负责日常管理，公安、财税、卫生检疫等部门同步驻场管理。

面对焕然一新的经营环境，市场经营户实施“四个统一”（统一服装、统一商品陈列器具、固定摊位统一使用电子秤计量、统一垃圾袋装化）。3 月，再增"四个统一"：统一亮证经营、统一明码标价、统一佩证上岗、统一去皮计量。同月，制定和完善《经营者守则》等 27 项经营制度、15 项干部岗位职责。5 月，根据城区周边蔬菜基地由上年的 3500 亩增加到 4628 亩的具体情况，市场增加菜农直销摊位 120 个，本市产蔬菜占有量从 45% 提高到 70%。下半年，开展创建星级文明规范市场活动，东湖市场被省工商局命名为三星级文明规范市场。

2000 年，实施市场管办分离，东湖市场移交市政府。随着市农贸批发市场建成，东湖市场作为全市"中心农贸市场"的地位渐失。2007 年 8 月，诸暨市第一百货有限公司、诸暨弘光实业有限公司投入资金重组，成立浙江省诸暨一百购物中心有限公司。原东湖市场建筑经改造加高，地面以上部分改建为大型购物超市，地下建筑部分仍为农贸市场，经营面积大为减少。工商部门退出日常事务管理、市场交易逐渐萎缩。

1995 年—2002 年东湖市场引进商品一览

表 3-2-16　　单位：吨

年　度	1995	1996	1997	1998	1999	2000	2001	2002
海水产	1673	2886	3870	3782	5153	5080	5248	5405
淡水产	890	1700	2300	2015	2959	3010	3130	3690
家　禽	720	620	350	380	394.8	430	430	440
蛋	370	—	—	705	799.8	780	900	1050
牛　肉	270	400	430	500	712	780	966	987
生猪（头）	694	1200	2000	1800	2022	2130	2430	2480
干货咸腊制品	64	60	161	300	540	640	650	700
鲜　菜	1300	15000	15000	1450	17000	17840	—	—

1995 年—2002 年东湖市场年成交量统计一览

表 3-2-17　　单位：吨

年　度	1995	1997	1998	1999	2000	2001	2002
粮　食	1667	2855	3540	3970	4070	4070	4103
油脂油料	24	51	88	71	77	90	93
肉食禽蛋	5399	7187	8563	9875	10257	10522	10680
淡水产	2681	3555	3782	6166	6274	6517	6715
海水产	1673	3944	4192	5131	5080	5248	5405
鲜　菜	23476	37024	48360	59402	59460	59537	41461

续表 3-2-17

年 度	1995	1997	1998	1999	2000	2001	2002
干 菜	64	3231	3881	4140	4230	4754	4814
豆制品	3795	—	—	—	—	—	—
干鲜果	53	720	717	1080	1377	1452	1499
合 计	38842	58567	73123	89835	90484	92190	74775

1997 年—2002 年东湖市场年成交额统计一览

表 3-2-18　　单位：万元

年 度	1997	1998	1999	2000	2001	2002
粮 食	691	804.8	958.8	977.2	849.2	855.6
油脂油料	49.28	88.62	83.1	96.2	112.2	115
肉食禽蛋	10307.66	12780.5	13640.6	14037.64	14410.6	14690.81
淡水产	17218.56	11925.8	13338.7	13877.24	14729	15141.85
海水产	—	7764.0	10150.2	10007.8	10612.3	10921.85
鲜 菜	14981.34	14180.27	13599.5	14469.27	14911.08	10672.82
干 菜	—	1933.4	2151.8	2562.2	2364.13	2326.8
干鲜果	445.55	268.42	386.4	476.3	441	454.45
总 计	47500	49745.81	54309.2	56503.85	58430.51	55206.18

诸暨小商品市场　1986 年底，诸暨小商品市场由县计经委批准立项。1987 年 12 月，由城关镇政府、暨一村共同投资，众多个体工商户集资投入 1044 万元建造的首期工程竣工。市场建筑面积 9200 平方米，设摊位 1200 个。1988 年 1 月 1 日，小商品市场开始营业。

图 3-2-14　诸暨小商品市场全景

1993年5月，城关镇政府、暨一村投资3000万元的市场扩建工程完工。市场新增建筑面积25119平方米，摊位增加到2200个。市场内经营户从开业初的900户增加到2200户。

2002年8月，小商品市场再次扩容，投入1.14亿元，占地面积27929平方米，于2003年建成开业。市场扩建的区域在老市场西北侧，二者仅隔一条马路，通过天桥、走廊相连。

2013年，诸暨小商品市场拥有建筑面积6万平方米，营业摊位1135个，年成交额50亿元。

第三节 市场交易

1988年，全县61个集贸市场总成交额17713.89万元，比上年同期11884.4万元增长43.4%。其中，粮食类72.98万元，同比增长94.6%；油脂油料类53.68万元，同比增长294.7%；肉食禽蛋类6089.62万元，同比增长39.4%；水产类3396.14万元，同比增长54.3%；干鲜菜类3706.8万元，同比增长69%；干鲜果类1332.96万元，同比增长36.8%。是年，全县各主要农贸市场引进海水产750吨、鲜果瓜菜2180吨。城关镇政府在浣江村新辟蔬菜基地260亩，城区蔬菜基地增至1094亩（暨二村278亩、鹭鸶湾村157亩、浣江村399亩）。虽然这年气候反常，但市场蔬菜供应充足。

1989年10月7日，诸暨县首届商交会开幕，会期3天。设15个展馆、3000余平方米零售展销场地，日客流量达10万人（次）以上，其中来自县外全国各地的客户1938人（其中海外客商13人）。商交会成交总额24321万元，其中零售1569万元，现货批发3539万元，期货批发19213万元。

1990年，以块状产业为依托的市场交易开始兴盛。大唐庵及其周边地区织袜业发展迅速，年销售成品袜3亿双。织袜业的发展带动轻纺原料产业的崛起，大唐庵及杭金公路边销售尼龙丝、氨纶丝、锦纶丝等轻纺原料的商户129户，年销售各类人造丝1400吨，成交额2亿元。店口五金业有个体工商户、私营企业1200余户、从业人员10000余人，其中规模较大的集体、私营企业20户，专营门店500余户。日耗铜材50余吨，年产值3亿元，年销售额4.2亿元。山下湖第三代珍珠市场（西江珍珠市场）开业后，交易日趋兴盛，年交易额近亿元。珍珠粗加工行业渐兴，山下湖周边新设珍珠首饰厂 47 户、珍珠粉厂 17 户。西江乡长乐村共 213 户，有 649 人从事珍珠交易，年人均加工收入达 0.41 万元。

1991 年，全市集贸市场成交额 4.64 亿元，比上年增 34%。市工商局组织各市场贩运户引缺泄余，共引进各类干鲜蔬菜 9100 吨、水果 30144 吨、水产品 4270 吨。上市品种丰富，价格平稳，交易活跃。大唐庵轻纺市场 8 月试营业，当年成交额达 8705 万元，其中成品袜成交 879 万双，成交额 703 万元；被面成交 15 万条，成交额 225 万元。是年，进入大唐庵轻纺市场经营的有 101 户（经营原料 58 户、经营成品 43 户）。前几年产品严重积压的枫桥印染总厂进入市场后，在短期内销售被面 2.5 万条，回笼资金近 20 万元。西江珍珠市场全年成交额达 1.1 亿元，成为诸暨首个超亿元市场。

1992 年，全市农贸市场成交总额 12.6 亿元。全年贩入海水产 2660 吨、淡水产 1425 吨、牛羊肉 894 吨、活禽 516 吨、禽蛋 6640 吨、干货 92 吨、各类蔬菜 8660 吨、水果 27212 吨。全市专业市场成交额 9.4 亿元，其中大唐轻纺市场成交额 6.1 亿元，成交各类化纤丝 2 万余吨、成品袜 2 亿双。轻纺市场运行一年，与全国各地 200 余户生产化纤丝的大中型企业建立业务关系，吸引辽宁、河北、山东等 17 个省市 30 余个批发市场的客商前来采购轻纺产品，日成交额 120 万元至 150 万元，市场进入浙江工业品市场前五位行列。西江珍珠市场成交额 1.58 亿元。原珠交易由鸡冠珠向三角珠转化，珍珠项链等饰品趋向热销。

1993 年，随着城区范围扩大，居民增多，购买力提高，导致市场菜篮子供应趋紧，菜价上升。中秋前后，城关鲜肉价每千克达 15 元。城区市场采取相应措施，对鲜肉、水产等商品实行最高限价。开通鲜肉、蔬菜直销通道，安排 60 个摊位供养猪户、蔬菜种植户直销经营。鼓励贩运户贩进商品，全年引进水果 12884 吨、海水产 3092 吨、淡水产 1593 吨、牛羊肉 425 吨、禽蛋 1148 吨、干货 161 吨、蔬菜 7710 吨、鲜肉 845 吨，总货值 1.2 亿元。1993 年年底，鲜肉价回落至每千克 10 元。

是年，全市 72 个市场（农贸市场 49 个，专业市场 23 个）成交额 20.87 亿元，比上年增长 63.5%，占社会商品零售总额的 36.06%。成交额超亿元的市场增至 4 个。其中大唐轻纺市场成交额首次突破 10 亿元大关，继续保持全省十大市场称号。珍珠市场成交额 2.2 亿元，改变了近年来成交额在 1.5 亿元左右徘徊的状况。

1994 年，一直以经营汽配材料为主的中国南方五金城出现铝塑管、PPR 管交易。这种新型给排水管材，颇受用户欢迎，交易量增加较快。是年，珍珠市场内原珠销量下跌，珍珠饰品、珍珠工艺品热销。袜业发展良好，轻纺原料市场周边织袜企业拥有袜机 1.8 万台，年产袜 6 亿双，袜子花色品种由 6 种增加到百余种。集贸市场“菜篮子”供应渐趋丰富，全市农贸市场成交干鲜蔬菜 120475 吨、肉蛋禽 39060 吨、水产

50175 吨。这 3 项消费，按当年全市 103 万人口计算，人均每天 560 克，比上年人均每天 290 克增加近 1 倍。科技市场成交技术合同 196 项。劳务市场登记用工单位 550 户，求职 5000 余人。

1995 年，全市市场成交额 105.1 亿元，比上年增长 115%。全市年成交额超亿元市场增加到 7 个。其中轻纺原料市场成交 31 亿元，增幅为 71%；珍珠市场成交 4.2 亿元，增幅为 27%；小商品市场成交 23 亿元，增幅为 158%；大唐商业城成交 14 亿元，增幅为 150%；南方五金城成交 18.4 亿元；贡缎市场成交 1.4 亿元。

是年，在东湖、南门市场，分别建立蔬菜直销区，共安排 140 个摊位，用于菜农直接进场交易。东湖农贸市场年成交 2.6 亿元，比上年增长 44%。鼓励贩运户引进市场紧缺的鲜肉、禽蛋、水产、干鲜菜等共 40711 吨。

1996 年 12 月，上海联华超市有限公司设立，这是在诸暨市设立的首个超市。自此，众多商家纷纷仿效这种销售模式，改商场为超市。

是年，全市 78 个市场，成交总额 134.7 亿元。珍珠市场原珠销售疲软，但龙、狮、虎、塔等珍珠工艺品及珍珠饰品颇受顾客青睐，销势看好，交易活跃，年成交 6.9 亿元，比上年增长 64%。大唐轻纺原料市场在成品袜摊位搬至大唐袜业城的情况下，交易依然兴旺，年成交 37.35 亿元，比上年增长 20.8%。大唐袜业城成品袜年成交 10 亿双。

1996 年诸暨市消费品市场主要农副产品价格一览

表 3-3-1

品　种	商品计价规格	市场价（元 / 千克）		比上年同期增长率（%）	
		城市平均	农村平均	城市平均	农村平均
总水平	—	—	—	4	8
大　米	中　等	—	2.73	—	3
小　麦	中　等	—	1.95	—	7
玉　米	中　等	—	1.66	—	1
黄　豆	中　等	—	4.90	—	20
生花生米	中　等	7	6.70	0	–10
菜籽油	中　等	—	8.50	—	–10
猪　肉	中等去骨	15.25	15.28	4	6
牛　肉	中等去骨	22.50	20.71	4	6
羊　肉	中等去骨	—	—	—	—
鸡　蛋	鲜　蛋	8.45	9.12	15	16
活　鸡	中等 1 千克左右	23.50	17.55	7	10

续表 3-3-1

品　种	商品计价规格	市场价（元 / 千克）		比上年同期增长率（%）	
		城市平均	农村平均	城市平均	农村平均
活　鸭	中等 1.5 千克左右	14	14.45	12	29
鲫　鱼	中等 0.25 千克左右	24	20.45	−6	15
鲤　鱼	中等 0.75 千克左右	10.70	11.99	−9	8
鲢　鱼	中等 0.5 千克左右	5.95	6.27	−2	−5
草　鱼	中等 0.5 千克左右	11.00	10.50	0	0
带　鱼	中等 0.25 千克左右	16.8	16.5	7	22
鲳　鱼	中等 0.25 千克左右	32.00	—	33	—
白　菜	中等鲜菜	1.50	1.45	−25	−18
萝　卜	中等鲜菜	2	1.90	−25	−23
芹　菜	中等鲜菜	2.90	2.97	0	16
黄　瓜	中等鲜菜	3.75	4.50	7	29
青　椒	中等鲜菜	6	5.04	9	5
菠　菜	中等鲜菜	3.75	2.93	−15	−2
茄　子	中等鲜菜	6	5.65	−2	9
包心菜	中等鲜菜	1.40	2.30	−22	58
葱	中等鲜菜	2.80	4.75	−36	106
蒜　薹	中等鲜菜	7.0	6.50	0	12
韭　菜	中等鲜菜	2.40	3.80	−14	58
大　蒜	中等鲜菜	2.8	4.6	40	142
西红柿	中等鲜菜	4.10	4.16	−6	14
土　豆	中等鲜菜	2.30	2.61	−7	−8
生　姜	中等鲜菜	15.60	16.97	194	185
苹　果	当地主要品种	—	4.28	—	−8
梨	当地主要品种	—	4.61	—	−15
橘　子	当地主要品种	—	2.47	—	−10
广　柑	当地主要品种	—	5.60	—	0
西　瓜	当地主要品种	—	3.29	—	−6
桃	当地主要品种	—	3.60	—	−6
香　蕉	当地主要品种	—	5.45	—	9
甘　蔗	中　等	—	4.13	—	65
红　枣	中等干红枣	—	11.34	—	10
核　桃	中等干核桃	—	30	—	−9
糖	中　等	—	5	—	−3

1997 年 7 月，诸暨遭遇洪水侵袭，菜蔬种植受损严重，市场供应趋紧，城区供需矛盾尤为突出。东湖市场紧急组织个体贩运户引入菜蔬。全年引进蔬菜 15000 吨、淡水产 2300 吨、海水产 3870 吨、活禽 350 吨、牛肉 430 吨、干货 160 吨、生猪 15000 头。当年市场成交额 4.75 亿元，比上年增长 7.2%。与搬迁前相比，东湖市场商品供应量上升，猪肉增加 130 吨，鲜蛋增加 100 吨、家禽增加 90 吨、淡水产增加 108 吨、海水产增加 980 吨、蔬菜增加 2000 吨，分别比上年增长 5%、3%、14%、30%、34%、6%。

1998 年初，连降大雪，3 月—4 月雨多晴少，蔬菜生产受到严重影响，各市场鲜菜价格上扬。与上年相比，青菜价格上涨幅度达 100%。东湖市场组织贩运户紧急引进鲜菜，以缓解供需矛盾，平抑物价。至年底，全年共组织贩运户引进各类蔬菜 20300 吨、海水产 5295 吨、淡水产 2821 吨、活禽 532 吨、猪肉 2520 吨、牛肉 700 吨、各种咸腊干货 420 吨。

1997 年—1998 年（1—5 月）东湖市场青菜价格比较一览

表 3-3-2　　单位：元 /500 克

月　份	1	2	3	4	5
1997 年	1	0.8	0.6	0.5	0.5
1998 年	1.2	1.4	1.2	0.7	0.6

1997 年—1998 年（1—5 月）东湖市场夹心猪肉价格比较一览

表 3-3-3　　单位：元 /500 克

月　份	1	2	3	4	5
1997 年	7.6	8.5	7.8	7.5	7.5
1998 年	7.5	7.2	6.5	6	6

珍珠养殖业掀起第 3 波高潮，年产珠 20 万千克，占全国产珠量的 20%，产值 6.5 亿元，占山下湖镇工农业总产值的 56%。山下湖镇珍珠产业从业人员 12100 人，其中营销人员 3000 人，长期从事外销 300 人。珍珠市场日人流量突破 5000 人次，年成交 9 亿元。10 月 8 日，首届中国珍珠节在珍珠市场举办。

1999 年 10 月 5 日—9 日，城区举办大型秋季商交会，成交 450 万元。10 月 6 日—10 日，市工商局会同大唐镇政府在大唐袜业城举办“1999 中国袜业博览会”，首届袜博会设展位 840 个，参展企业 646 户。吸引了意大利、韩国、日本、美国和中国台湾地区等 10 余个国家和地区以及国内 20 余个省（市、自治区）的客商参加交易。袜博会现货成交 1.38 亿元，订立期货合同 659 份、标的 10.6 亿元。签订中外合资、合作项目 12 个，总投资 1270 万美元，协议利用外资 660 万美元。

是年，东湖市场商品供应量及成交量均比上年增长，其中鲜菜成交 59420 吨，增长 22%，肉食禽蛋成交 9875 吨，增长 15%，水产成交 11297 吨，增长 25%。价格趋降，油脂类、肉食禽蛋类、水产品类、鲜菜类价格分别下降 3%、6%、4%、1%。

2000 年 9 月 18 日—20 日，在大唐袜业城举办第二届袜博会，设展位 800 个，其中精品展位 200 个、普通展位 600 个。袜博会吸引了义乌“浪莎”袜业等市外众多知名袜业企业参加。韩国泰浩、意大利科龙等 17 户国外知名企业携国际最新袜业机械参展。袜博会现货成交 1.57 亿元，订立期货合同 697 份，标的 10.23 亿元。签订外商投资项目 6 个，投资总额 2362 万美元。

11 月 28 日—30 日，第二届珍珠节在珍珠市场举办，实现现货成交 0.8 亿元。有 10 个项目与外商签订合同或意向，达成贸易合同标的 6.3 亿元。

是年，全市成交额超亿元的消费品市场有 6 个，超 10 亿元的消费品市场 3 个，其中珍珠市场成交额首次突破 10 亿元。超亿元生产资料市场有 3 个，其中 2 个生产资料市场成交额超 10 亿元。全市市场成交额 137.4 亿元，比上年同期增长 8.5%。

2001 年，全市市场成交额 142 亿元，比上年同期增长 3.36%。

2002 年 9 月 28 日—30 日，在大唐轻纺袜业城举办第三届袜博会，设展位 600 余个。展会期间袜成品现货成交 0.47 亿元，原料现货成交 1.23 亿元。袜成品签订合同标的 3.52 亿元，原料签订合同标的 6.53 亿元。签订外商投资项目 26 个，总投资 4297 万美元，协议利用外资 2448.5 万美元。是年，轻纺袜业城年销售轻纺原料 18.5 万吨，成交额 42.6 亿元，其中 85% 销往外地。成品袜销售 21 亿双，成交额 22.4 亿元。外贸稳步增长，出口袜子品种多达 160 余种，出口交货值 22.21 亿元，出口创汇 3668.71 万美元。

10 月 28 日，举办第三届珍珠节。珍珠市场内高档饰品销势趋旺，由高档珍珠、铂金、钻石组合而成的挂件、耳环、戒指特受客商青睐，年成交 1 亿元。是年，市场内“阮仕”等五大珍珠经营户的成交额近 10 亿元，占市场年成交额的 60%。珍珠市场全年实现出口交货总值 7 亿元，其中仅出口韩国的交货值就达 3 亿元。

2003 年上半年，受“非典”和美伊战争影响，市场交易明显下跌。下半年市场复苏。9 月 20 日—22 日，在大唐轻纺袜业城举办了第四届袜博会。600 余个展位，吸引了来自美国、英国、德国、加拿大等 28 个国家和地区的客商。总成交（含现货交易和期货合同）15.7 亿元。签订外商投资项目 32 个，总投资 2.09 亿美元，合同利用外资 9803.6 万美元。轻纺袜业城的成品袜市场销售网络扩展，袜子远销俄罗斯、中东、非洲、东南亚、日本、韩国、欧美等 40 余个国家和地区，占国际市场份额的 35%，袜子品种多达 300 余种。轻纺原料交易出现新变化，到市场批发原料的外地客商明显增加，产品销往市外经营额占总销售额的60%。市场经营产品日益丰富，改变单一销售国产原料的情况，一些经营户引进美国、韩国、马来西亚等国外高质量原料进场交易。

大批珍珠进入珍珠市场，珍珠价格趋低，但有核珠、异形珠价格涨幅较大。为吸引顾客，珍珠饰品包装有明显改善，从单一的纸盒包装发展到用塑料、木材、玻璃、竹子、布艺等材料制作，包装外形趋向精美、高雅。珍珠市场的珍珠、珍珠饰品年成交量达850吨，成交15.9亿元。

2004年，全市市场成交额225.81亿元，其中消费品市场84.1亿元、生产资料市场126.53亿元。劳动力市场登记招聘企业3346户，招聘职数36305个，发布招工信息2545条，介绍和推荐求职人员13806人。技术市场签订合同93份，成交额1371万元。在生产资料市场中，大唐轻纺袜业城成交额80.53亿元，店口南方五金城成交额41亿元，珍珠市场成交额16.5亿元。

2005年，大唐袜业产业发展到全市17个镇乡，年产袜子88亿双，占国内市场份额65%，国际市场份额35%。是年，浙江大唐轻纺袜业城成交化纤原料25.6万吨，成交额55.3亿元；成交袜子28亿双，成交额29.1亿元。浙江南方五金城经营行业已扩展到五金、汽车配件、制冷设备、水暖管材管件，全年成交额52亿元，比上年增长26.8%。珍珠市场内经营户从上年的450户增加到503户（其中摊位增45户、营业房增8户）。全年珍珠及饰品成交额22.4亿元，比上年增长39.1%。市家具市场、兴达家具市场有经营户116户，营业额2.25亿元。

2005年全年市场成交总额234.14亿元，比上年增长11%。其中消费品市场成交额91.47亿元，比上年增长0.9%；生产资料市场成交额142.67亿元，比上年增长13%。

2006年4月，第五届中国珍珠节举办，30余个国家和地区的客商参加。会后温岭珍珠市场等外地经营户纷纷转到诸暨珍珠市场经营。是年珍珠市场摊位新增60个，营业房新增10间。

全市商品交易市场成交额241.05亿元，比上年增长3%，其中消费品市场成交额94.1亿元，比上年增长2.9%；生产资料市场成交额146.93亿元，比上年增长3%。是年，大唐轻纺袜业城销售袜子29亿双，比上年增长3.6%；成交额29.9亿元，比上年增长2.7%。轻纺原料成交量26.7万吨，比上年增长4.3%；成交额57.1亿元，比上年增长3.3%。城区5家大型超市开始设立蔬菜超市。农村蔬菜基地增多，蔬菜价格下跌，致农贸市场成交额比上年有所下降。劳动力市场登记招聘企业28976户，需求91430人，介绍和推荐求职人员60102人。

2008年春，肉食禽蛋、水产品、蔬菜、水果等价格大幅上涨，肉类尤甚。瘦猪肉由上年下半年的每千克 16 元，渐涨至每千克 30 元，牛肉由每千克 32 元渐涨至 48 元。8 月肉类价格回落，禽蛋价格依然有所上涨。蔬果类因需求量大而成倍上涨。粮价涨幅不大。是年，商品交易市场成交总额 200.38 亿元，消费品市场成交额占市场成交总额的 34%。国内、国际市场袜子产品销售下滑。大唐轻纺袜业城总成交额 90.2 亿元，其中成品袜子成交 31.1 亿元，与上年基本持平；轻纺原料成交 54.3 亿元，比上年同期下降 7%。华东国际珠宝城一期工程建成营业，当年成交 42.55 亿元，其中网上交易 1.02 亿元。这是珍珠首次尝试网上交易。市场内有 23 户经营户开展外贸业务，出口交易额 8.28 亿元。

图 3-3-1　市第九届袜业博览会

2009 年 10 月，第九届中国（国际）袜业博览会举办。这届袜博会以“品牌、时尚、科技”为主题，力促诸暨袜业产业国际化、品牌化。袜博会首次新增“名品进名店”对接活动，达成初步意向 96 个，采购金额 1550 万美元。签订外商投资项目 31 个，总投资 3.25 亿美元；签订国内合资项目 26 个，引进市外资金 14.43 亿元。是年，大唐轻纺袜业城总成交额 91 亿元，其中成品袜市场成交额 32.1 亿元，销售袜子 31.3 亿双；轻纺原料市场成交额 54.1 亿元，成交原料 25.7 万余吨；袜机市场成交额 4.9 亿元，成交各类袜机 1.4 万余台。大唐轻纺袜业城与阿里巴巴支付宝公司签下绍兴区域战略合作协议，将支付宝引进“中国袜业网”。

华东国际珠宝城从事外贸业务的经营户由上年 23 户增至当年的 28 户，出口交货值 9.17 亿元，比上年增 11%。网上交易平台买家、采购商资料库达 11 万户，网上交易额 1.09 亿元。

2010 年 6 月 3 日“诸暨华东国际珠宝城网上交易市场”完成域名注册，获得市工商局颁发的全市第一本网上交易市场登记证。是年，全市超亿元市场 12 个，超百亿元市场 2 个，大唐轻纺袜业城实现市场成交 122.57 亿元，华东汽配水暖城实现成交 110.77 亿元。

2011 年，入驻诸暨华东汽配水暖城的商户达 641 户，市场年成交额 102 亿。华东汽配水暖网构建，网站联合阿里巴巴、慧聪网、中华汽配网及百度、google 等行业网站实现信息发布、网上订货、网上交易。华东国际珠宝城扩容招商，入驻商户928户，上市交易商品有原珠、珍珠首饰、珍珠工艺品、珍珠美容保健品四大类1000余种，年成交额70.1亿元。

2012年，诸暨市木材市场成交额突破亿元。全市商品交易市场成交总额420.99亿元。

2013年10月8日—10日，第十一届袜博会在大唐袜业轻纺城举办，共设展位2000个，其中袜成品展位1000个、原料展位700余个，袜机展位200余个。总成交额24.86亿元。签约外商投资项目25个，总投资6.1亿美元，协议利用外资2.5亿美元；吸引内资项目25个，总投资57.7亿元，引进市外资金17.38亿元。是年，全市市场交易494.26亿元，比上年同期增长12%。其中，消费品市场成交204.38亿元、生产资料市场成交289.87亿元、网上市场交易3.29亿元。华东国际珠宝城成交额80.07亿元，比上年增长14%。交易总量已占全国的80%，占世界淡水珍珠交易总量的75%。大唐袜业城袜产品销往75个国家和地区，年成交额116.7亿元。华东汽配水暖城汇集全国汽配行业最大贸易商。水暖区汇集知名品牌87个，年成交额103.4亿元。诸暨小商品市场成交额50.01亿元。诸暨市农副产品批发市场成交额30亿元。

1995年—2004年诸暨市年成交额超亿元消费品市场超十亿元生产资料市场统计一览

表3-3-4　　单位：亿元

年 度	1995	1996	1997	1998	1999	2000	2001	2002	2003	2004
大唐轻纺原料市场	30.9	37.35	37.75	38.03	40.15	40.8	41.51	65（袜业在内）	70	80.53
珍珠市场	4.25	6.9	8.75	9.09	9.50	10.377	11.3	15	16	16.5
大唐袜业市场	14.1	18.24	18.03	17.25	18.90	19.18	20.9	统计在轻纺市场内	同左	同左
南方五金城	18.4	23.47	19.84	20.1	24.20	24.45	30.2	31.20	38	41
小商品市场	23	30.01	25.11	16.08	16.10	16.0	18.0	19.0	18	16.7
东湖农贸市场	2.6	4.42	4.75	4.97	5.40	5.60	5.80	5.90	6	6.3
贡缎市场	1.4	—	—	—	—	—	—	—	—	—
水果批发市场	—	—	—	—	1.35	1.20	1.216	1.24	1	1.1
枫桥农贸市场	—	—	—	—	—	1.13	1.109	1.20	—	—
东一轻纺市场	—	—	—	—	—	1.05	1.09	—	—	—
汽车摩托车交易市场	—	—	—	—	—	—	—	—	7	5

2005年—2013年诸暨市年成交额超亿元消费品市场超十亿元生产资料市场成交额统计一览

表 3-3-5　　单位：亿元

年　度	2005	2006	2007	2008	2009	2010	2011	2012	2013
大唐轻纺袜业城	84.47	86.99	89.53	90.16	91.07	122.566	110.83	116.67	122.4886
华东国际珠宝城	22.36	30.24	39.04	42.55	44.78	94.0594	70.10	80.07	87.9060
大唐农贸市场	1.25	1.30	1.35	1.36	1.10	—	1.20	1.15	1.10
浙江南方五金城	52.00	51.50	83.00	86.6	3.00	30.6122	28.00	29.04	30.2120
小商品市场	17.00	17.10	17.31	17.91	18.30	50.0328	50.00	50.01	50.0728
东湖农贸市场	5.25	5.03	5.43	—	—	—	—	—	—
水果批发市场	1.54	1.57	1.60	1.55	1.65	3.4656	1.93	2.11	3.3647
兴达家居市场	1.20	1.10	1.30	1.28	1.42	1.2567	1.54	1.32	1.2217
诸暨市家具市场	1.05	1.35	1.43	1.32	1.35	1.00	1.50	1.50	1010
诸暨大唐商业城	1.00	1.10	1.10	1.00	1.00	—	1.00	—	—
诸暨市农副产品批发市场	8.30	—	8.36	8.87	9.39	31.3559	30.25	30.00	30.4427
诸暨华东汽配水暖城	—	—	—	—	70.00	110.7673	102.01	105.01	106.5070

1988年—2013年诸暨市（县）城乡集贸市场成交量统计一览

表 3-3-6　　单位：吨

年　度	粮食类	油脂油料类	肉食禽蛋类	水产品类	干鲜菜类	干鲜果类	柴草类	大牲畜类（头）	家畜幼禽类
1988	715	261.2	11548	7015	165126	7680	3412	140	—
1989	1041	228	13340	11216	62129	14920	1603	736	—
1990	553.5	337.1	15321.7	8955.8	42841.8	21101.8	1030	196	—
1991	197	379	17216	8731	66590	24984	407	165	—
1992	1069	878	20965	11832	69100	35226	32	100	—
1993	2205	672	23352	14623	72443	29967	10	22	—
1994	15369	15048	39057	50175	120475	41990	—	—	—
1997	9409	3073	36533	31624	108118	59405	—	—	1059
1998	9404	2908	33807	30070	102202	44443	—	—	863
1999	21250	3432	37194	30073	122500	54900	—	—	67
2000	18496	2202	32734	30610	122977	49760	—	—	50
2001	16551	1956	44761	30998	160529	71459	—	—	—
2002	18206.0	2151.0	49237.0	34098.0	17658.2	78605.0	—	—	—
2003	19662.0	2271.0	53170.0	36825.0	190708.0	84893.0	—	—	—

续表 3-3-6

年　度	粮食类	油脂油料类	肉食禽蛋类	水产品类	干鲜菜类	干鲜果类	柴草类	大牲畜类（头）	家畜幼禽类
2004	19862	2370	58273	16848	246955	28071	—	—	—
2005	168364	1528	47767	34697	21336	953038	—	—	9
2006	119942	2047	49200	37972	352180	126690	—	—	—
2007	125340	1783	41773	45566	462231	131758	—	—	—
2008	8743	1791	30220	49135	358845	133385	—	—	—
2010	7541	1670	40653	48597	239684	95872	—	—	—
2011	6333	1988	38140	48758	221476	129824	—	—	—
2012	9409	2068	48713	64821	330631	151375	—	—	—
2013	7376	2647	61378	72600	324017	1412616	—	—	—

1988年—2013年度诸暨市（县）城乡集贸市场成交额统计一览

表 3-3-7　　单位：万元

年度	合计	粮食类	油脂油料类	棉烟麻类	肉食禽蛋类	水产品类	干鲜菜类	果类	日用杂品类	柴草类	饲料农具种苗类	大牲畜类	家畜幼禽类	工业品类	废旧品类	其他
1988	17713.89	72.48	53.68	—	6070.43	3398.24	3606.19	1333.77	115.94	93.76	129.69	4.41	1424.64	1089.08	2.0	319.58
1989	26480.22	186.87	72.46	—	9892.73	5263.87	4976.34	2480.44	219.26	40.49	184.61	69.7	2001.97	829.59	0.37	261.52
1990	33601.23	35.68	109.73	—	9919.45	9467.23	4754.14	3240.35	243.95	14.16	1335.35	24.83	1264.46	2368.56	0.05	773.29
1991	46359.64	37.21	120.19	8.65	10693.7	13801.68	6256.34	4364.18	288.1	32.52	191.34	23.86	1362.17	8822.26	20.0	337.44
1992	126114.45	125.33	175.02	—	13971.18	8518.58	7043.96	5527.57	593.6	14.76	174.19	13.79	1611.4	74363.6	27.0	13954.47
1993	208652.12	277.72	233.49	0.56	17343.3	12124.59	9453.5	6479.51	493.04	0.77	200.16	3.32	1630.31	138231.71	—	22180.14
1994	489748.72	2309.17	9412.86	5.67	38964.12	42916.38	21224.2	12566.57	1109.75	—	1415.08	—	3701.56	320080.3	—	36043.06
1996	751058	4531	2555	—	60414	44880	38325	21015	—	—	—	—	2651	488660	—	88027
1997	684527	5258	3094	—	50347	45065	32550	18508	—	—	—	—	1511	437233	—	90691
1998	572679	2596	2409	—	45132	42577	35379	13986	—	—	—	—	1414	427693	—	1493
1999	613278	5043	2490	—	47034	48734	35379	19502	—	—	—	—	55	454635	—	406
2000	665406	4450	2437	—	49630	56582	36323	23014	—	—	—	—	—	492970	—	—
2001	690249	3492	1595	—	50642	44695	39181	23853	—	—	—	—	—	406043	—	120748
2002	765713	38412.0	1770.0	—	56212.0	49567.0	43491.0	26477.0	—	—	—	—	—	446648.0	—	103136.0
2003	834000	41830	1927	—	61215	53978	4736	—	—	—	—	—	—	486845	—	112010
2004	841000	42001	1936	—	62017	58968	49391	28071	—	—	—	—	—	477598	—	121018
2005	914665	42091	1987	—	62098	58986	69401	98401	—	—	—	—	—	377989	—	203795
2006	941190	41980	2047	—	63960	60756	70436	101353	—	—	—	—	—	389235	—	211423

续表 3-3-7

年度	合计	粮食类	油脂油料类	棉烟麻类	肉食禽蛋类	水产品类	干鲜菜类	果类	日用杂品类	柴草类	饲料农具种苗类	大牲畜类	家畜幼禽类	工业品类	废旧品类	其他
2007	980686	43896	2140	—	66838	63793	73957	105407	—	—	—	—	—	404804	—	219878
2008	1044269	43921	1791	—	60441	63876	78946	106708	—	—	—	—	—	380100	—	308127
2010	—	7541	1670	—	40653	48597	239694	95872	—	—	—	—	—	—	—	—
2011	1702208	61456	3182	—	83908	87766	110738	142807	—	—	—	—	—	433252	—	779099
2012	1824826	63914	3309	—	87684	90750	115721	15137	—	—	—	—	—	433685	—	878424
2013	2043845	71583	3706	—	98206	101640	129607	169450	—	—	—	—	—	485727	—	983836

1996年—2013年诸暨市消费品批发市场成交额统计一览

表 3-3-8　　单位：万元

年　度	成交总额	其　中	
		工业品市场	农副产品市场
1996	561960	482525	79165
1997	534941	437233	97708
1998	433567	424213	9354
1999	462745	445363	17382
2000	478648	460868	17780
2001	529304	511025	18279
2002	593761	566726	27035
2003	646606	428069	218537
2004	841000	491567	315429
2005	914665	202301	318766
2006	941190	210752	325426
2007	980686	220381	339093
2008	3048059	380000	307652
2010	3701201	400551	325700
2011	4155425	62373	429959
2012	4413006	397201	451457
2013	4942566	444856	505632

1996 年—2013 年度诸暨市生产资料市场成交额统计一览

表 3-3-9　　　　单位：万元

年　度	成交额度	其　中		
		生产资料综合市场	工业生产资料市场	其　他
1996	596839	—	596839	—
1997	576464	—	576464	—
1998	581300	—	—	—
1999	656443	1079	242082	41382
2000	708958	2114	264628	442216
2001	730388	1767	728621	—
2002	777863	1881	775982	—
2003	848100	—	—	—
2004	1265346	—	1265346	—
2005	1426917	—	1426719	—
2006	1469267	—	1469267	—
2007	1855365	—	1855365	—
2008	2003790	1593699	410091	—
2010	2383791	1076791	1307000	—
2011	2453217	1144217	1309000	—
2012	2588144	1266054	1322090	—
2013	2898721	1417980	1480741	—

1998 年—2003 年诸暨市生产要素市场成交额统计一览

表 3-3-10　　　　单位：万元

年度	成交总额	其　中					
		房地产市场	劳动力市场/其中人才市场（人次）		技术市场	产权市场	其他要素市场
1998	241470	239650	—	—	530	—	1290
1999	138858	68300	—	—	610	—	69948
2000	158509	47890	—	—	730	—	109889
2001	272937	120578	—	—	730	23	151606
2002	442158	195337	—	—	1182	38	245601
2003	465100	205556	—	—	30	—	259514

1996 年—2003 年诸暨市超市发展情况一览

表 3-3-11　　单位：户

年　度	1996	1999	2000	2001	2002	2003
超市数	1	6	4	5	13	52

2013 年诸暨市在册大型商场、超市名录

表 3-3-12

企业名称	成立时间	地　址
上海联华超市有限公司	1996.12.27	—
诸暨市鹏程集团有限公司	1999.9.23	艮塔东路 97 号
诸暨雄城大厦百货有限公司	2002.8.5	艮塔路 46 号
杭州联华华商集团有限公司世纪联华诸暨连锁店	2002.10.23	暨阳路 181 号
浙江雄风百货广场有限公司	2003.2.2	艮塔路 28 号
华润万家生活超市（浙江）有限公司诸暨日森大厦生活超市	2003.5.28	暨阳路 168 号
诸暨一百超市有限公司	2004.2.16	丰南路 30 号
浙江雄风电器有限公司	2004.7.8	艮塔路 58 号
江苏乐天玛特商业有限公司诸暨店	2006.11.16	艮塔东路 66 号
诸暨大润发商业有限公司	2007.4.13	苎萝东路 195 号
浙江诸暨一百购物中心有限公司	2007.8.23	暨阳路 7 号
诸暨雄城数码家电有限公司	2008.9.26	—
浙江雄风电器有限公司江东分公司	2009.9.1	艮塔东路 9 号
浙江雄风永利商贸有限公司诸暨雄风新天地分公司	2012.9.5	苎萝东路 555 号

2011 年度诸暨市消费品市场主要农副产品价格一览

表 3-3-13

项　目	计量单位	商品计价规格	城市农贸市场	乡镇农贸市场
			月末价（元）	
晚籼米	千克	一　级	6.00	5.80
粳　米	千克	一　级	4.60	4.60
菜籽油	升	二　级	12.80	12.80
豆　油	升	中　等	12.80	12.80
鲜猪肉	千克	精瘦肉	32.00	32.00
		肋条肉	30.00	30.00

续表 3-3-13

项　目	计量单位	商品计价规格	城市农贸市场	乡镇农贸市场
			月末价（元）	
鸡　蛋	千克	鲜　蛋	11.00	11.00
活　鸡	千克	中等 1.5 千克左右	27.00	27.00
活　鸭	千克	中等 1.5 千克左右	28.00	28.00
活鲫鱼	千克	中等 0.25 千克左右	14.00	14.00
活草鱼	千克	中等 1 千克左右	15.00	15.00
带　鱼	千克	中等 0.25 千克左右	30.00	30.00
鲳　鱼	千克	中等 0.25 千克左右	52.00	52.00
青　菜	千克	中等鲜菜	3.20	3.00
萝　卜	千克	中等鲜菜	3.00	3.00
西红柿	千克	中等鲜菜	7.00	7.00

第四节　市场管办分离与办管脱钩

1995 年 7 月 3 日，国务院办公厅转发国家工商局《关于工商行政管理机关与所办市场尽快脱钩意见的通知》。指出随着社会主义市场经济的发展，工商行政管理机关既管市场又办市场，不利于做好市场监督管理和行政执法工作，不利于加强廉政建设，必须与所管市场脱钩。浙江省为稳定市场发展，根据浙江市场建设和管理实际，采取管办分离的做法：即工商部门与所办市场分离，成立隶属工商部门的市场开发服务中心，负责市场物业管理和日常管理工作。工商部门专注市场行政执法监督。诸暨市工商局需管办分离的市场 52 个，其中市工商局投资独办的 36 个、与其他部门联办的 16 个。10 月 31 日，诸暨市市场开发服务中心成立，职责为负责市场资产管理和市场建设、维修、改造。市工商局先在大唐轻纺原料市场、山下湖珍珠市场开展管办分离试点工作。12 月 1 日，根据市工商局《诸暨市市场管办分离方案》，在管办分离的市场分别设立工商行政管理办公室（隶属于市场所在地的工商所）和市场开发服务分中心，实行市场和机构分离、人员分离、职务分离、财务管理分离和资产分离。1996 年 2 月 7 日，在全省工商局长会议和市管工作会议上，诸暨市工商局介绍了市场管办分离的做法。

1998 年 2 月 16 日，市场开发服务中心东湖市场分中心成立。4 月 1 日，城东市场分中心成立。

1999 年 3 月 18 日，撤销“分中心”，成立城区、大唐、山下湖、璜山等 4 个基层市场开发服务中心，负责管理区域内市场物业管理和日常管理工作。6 月 30 日，将 1999 年 3 月底之前由市工商局独办、联办市场的资产，划转给诸暨市市场开发服务中心。

1999 年诸暨市工商局独办市场资产划转明细一览

表 3-4-1

序号	市场名称	用地面积（平方米）	建筑结构	建筑面积（平方米）	建筑时间	原建设投资额（万元）			修扩建再加投资（万元）	划转总额（万元）
						配套费用	工程价款	合　计		
1	东湖农贸市场	5255	框架 / 砖混	12267	1996.10	5322745.84	35492335.99	40815081.83	—	40815081.83
2	南门农贸市场	10005	框　架	12091	1992.01	588893.19	4498162.72	5087055.91	584357.85	5671413.76
3	阮市农贸市场	9257	钢　棚	2208	1994.01	106500.00	852557.71	959057.71	120922.83	1079980.54
4	白门农贸市场	895	钢　棚	895	1990.11	—	65000.00	65000.00	15170.00	80170.00
5	江藻农贸市场	2399	钢　棚	420	1991.01	—	67000.00	67000.00	129944.72	196944.72
6	牌头农贸市场	3450	框　架	2450	1986.08	—	375011	375011	272851.72	647862.72
7	草塔农贸市场	3747	钢　棚	1200	1990.10	—	130000.00	130000.0	268933.50	398933.50
8	浬浦农贸市场	3336	钢棚 / 框架	1708	1993.01	—	572736.64	572736.64	38000.00	610736.64
9	应店街农贸市场	2325	钢　棚	2313	1988.10	—	103959.95	103959.95	379837.16	483797.11
10	大桥农贸市场	771	钢　棚	746	1990.01	—	58500.00	58500.00	24428.41	82928.41
11	次坞农贸市场	2597	框　架	2313	1992.01	—	240884.21	240884.21	68171.30	309055.51
12	璜山农贸市场	9000	钢　棚	8400	1994.10	188298.60	2712345.43	2900644.03	191643.50	3092287.53
13	街亭农贸市场	2600	钢　棚	1200	1990.10	—	216307.60	216307.60	87849.00	304156.60
14	枫桥农贸市场	7530	框　架	2280	1996.05	58871.27	1253125.60	1311996.87	382158.85	1694155.72
15	城东体育路临时菜场	—	钢　棚	—	1996	—	88034	88034	15358	103392
合　计		63167	—	50491	—	6265308.90	46725960.85	52991269.75	2579626.84	55570896.59

1999 年诸暨市工商局联办市场资产划转明细一览

表 3-4-2

序号	市场名称	用地面积（平方米）	建筑结构	建筑面积（平方米）	建筑时间	投资比例	原建投资总额（万元）			工商股份划转金额（万元）
							实际投资额	工商	其他单位	
1	大唐袜业城	63500	砖混 / 框架	45000	1994.11	46%	2475	1125	1350	1125
2	珍珠市场	11391	框　架	8000	1992.08	50%	516	258	258	258
3	水果批发市场	9990	砖　混	7000	1989.07	35%	115	40.3	74.7	40.3
4	王家井市场	3650	框　架	2555	1988.02	50%	11.2	11.2	—	11.2
5	外陈农贸市场	178	钢　棚	159	1988.06	33%	8	2.6	5.4	2.6
6	市建筑装潢材料市场	20000	砖　混	3500	1995.10	20%	700	140	560	140
7	陈蔡农贸市场	1338	钢　棚	—	1997.08	40%	90.4	36.2	54.2	36.2
合　计		110047	—	62214	—	—	3915.60	1613.30	2302.30	1613.30

原说明：大唐袜业城股份 1125 万元，诸暨建材市场股份 107 万元，合计 1232 万元，已经在市场服务中心财务中入账，本次联办市场股份划转记账额应为 381.3 万元

2000 年 1 月 20 日，成立枫桥、牌头、王家井等 3 个基层市场服务中心。明确各服务中心的管辖范围：城区市场服务中心管辖东湖市场、南门市场、水果批发市场、建材市场、白门市场、体育馆市场。山下湖市场开发服务中心管辖珍珠市场、阮市市场、江藻市场。大唐市场服务中心管辖大唐袜业城、草塔市场。璜山市场服务中心管辖璜山市场、浬浦市场、街亭市场、陈蔡市场。枫桥市场开发服务中心管辖枫桥市场。牌头市场开发服务中心管辖牌头市场、王家井市场、外陈市场。大西市场服务中心管辖应店街市场、次坞市场、大桥市场。6 月 15 日，成立城东市场开发服务中心，管辖诸暨市建筑装潢材料市场、五一农贸市场，水果批发市场、体育馆市场划归城东开发服务中心管理。10 月，省工商局发出通知要求，各级工商行政管理机关的所有在职人员，不得在市场开发服务中心任职。

2001 年 11 月 3 日，国务院办公厅再次转发国家工商总局《关于工商行政管理机关限期与所办市场彻底脱钩有关问题的意见》，要求工商部门与所办市场彻底脱钩。12 月 14 日，市工商局与市政府签订《诸暨市市场管办脱钩协议》。市工商局将市场开发服务中心经营管理的独资、与乡镇（村）等合资开办的市场资产（包括债权、股权）全部移交给市政府。至此，工商部门不再直接承担建设市场的职责。

第五节　创牌工程建设

品牌培育

20世纪70年代，大部分企业对品牌建设不重视，认识不到品牌在发展企业、扩大产品知名度、增强市场竞争力、提高经济效益等方面的作用。1979年，全县仅有注册商标10件。1988年，注册商标增加到313件，但大部分企业为生产、经营的商品注册商标的概念依然缺乏，争创优质品牌的意识更加淡薄。

1989年5月，县工商局对全县拥有注册商标的企业进行回访，了解商标使用情况，宣传品牌在拓展产品市场、促进企业发展中的作用。

1990年，诸暨市百树服装厂申请注册商标，但申报的双凤、百树、百美达等商标均因与其他商标类同而被国家商标局驳回。1991年，市工商局派员陪同百树服装厂总经理陈能恩赴京联系商标注册事宜，国家工商局商标局按厂方意向设计了“步森”商标，由诸暨市百树服装厂申请注册。

1992年初，省工商局开展浙江省首届著名商标评选活动，诸暨市参评商标无一入选。5月，市工商局在加快诸暨经济发展的服务措施中，首次提出引导企业运用商标开拓市场扩大生产销售，支持鼓励企业注册商标、创优保名的品牌培育思路。出台《注册商标使用规范》《未注册商标使用规范》，引导企业增强创牌意识，正确使用商标。7月，“步森”商标被国家工商局商标局核准注册。同时，“永恒青春，来自步森”的广告通过各大媒体传播华夏大地。

1993年，市工商局开展商标法律法规宣传活动，增强企业商标意识，鼓励培育知名商标，运用商标拓展市场。制订品牌培育规划，明确提出诸暨企业要拥有省著名商标、驰名商标的创牌目标。市委、市政府全力支持，将“创牌工程建设”写入当年市政府工作报告，提出到2002年，全市争取拥有10件省著名商标的工作目标。创牌工程全面启动。

1994年初，启动诸暨市首届地方名牌商标评选活动。2月下旬，诸暨市地方名牌商标评选组委会成立，市政府分管领导任组委会负责人，市工商局、计经委、计量局等部门领导为成员。组委会办公室设在市工商局。3月，《地方名牌商标评选规则》出台，94件商标报名参评。评选活动采取社会调查、群众评选和组委会审定相结合的方法进行。3月15日至4月30日，诸暨电视台先后播出评选名牌商标新闻专题片5期、商标评选启示35期、“慧眼”奖评选办法18期、参评商标目录47期。《诸暨报》连续刊登商标知识和评选内容16期。诸暨广播电台开办商标评选专题节目。截至4月30日，组委员会共收到群众选票59.4万张，其中杭州、富阳、萧山、绍兴、上虞、嵊县、新昌、东阳、义乌、浦江等外地选票21万张。5月上旬，公布评选结果，

图3-5-1　绍兴市、诸暨市著名商标申报培训

丰球等15件商标被评为诸暨市地方名牌商标，斯风等15件商标被评为消费者满意商标。6月4日，在人民医院大礼堂举行授牌晚会，省工商局、绍兴市工商局和市委、市政府领导为获评企业授牌，诸暨电视台当晚播放了授牌会实况。

是年，浙江省举办第二届著名商标推荐认定活动，市工商局推荐15件商标参评，其中步森、李字、丰球、康琪雅、晶美等5件商标被认定为省著名商标，黑猫神等6件商标被评选为省满意商标。诸暨市省著名商标入选数为全省各县（市、区）之首。市政府领导在省第二届著名商标授证暨企业争创名牌经验交流会上介绍诸暨创牌工作经验。

1995年5月2日，市工商局公布浙江省丰球集团等50户单位为商标创牌重点联系单位。引导帮助企业提高商标意识，促进企业上档次，上规模发展；重点保护创牌企业商标专用权，与各联系单位建立打假协作网络，联手打击假冒商标侵权行为。6月，市工商局召开创牌服务工作经验交流会和企业创牌理论研讨会。会议鼓励企业注册防御商标、联合商标，实施商标全类注册。各工商所也分别确定3户创牌重点联系单位，在注册商标申请、使用、宣传、保护等方面实施全方位服务。

1995年诸暨市工商局商标创牌重点联系单位名录

表3-5-1

企业名称	商　标	企业名称	商　标
浙江通用弹簧厂	通　天	诸暨市丰山水泥厂	万　峡
诸暨钢板弹簧厂	87	诸暨市西施羽绒制品厂	西施鹅鸭
诸暨市第一沙发厂	柯　梦	上海毛巾廿厂诸暨分厂	五　洲
诸暨市弹簧总厂	三　A	诸暨化工日用品厂	李　字

续表 3-5-1

企业名称	商　标	企业名称	商　标
诸暨第一丝厂	吾　宝	诸暨市华昌铝制品厂	华　昌
诸暨市恒丰日用化工厂	猫	诸暨市链条总厂	团　结
诸暨市大侣电器厂	侣　光	诸暨市龙珠珍珠粉厂	越　翠
浙江亚东制药公司	回音必	诸暨市鹏鸣时装有限公司	鹏　鸣
诸暨市啤酒厂	西　施	诸暨市皮件一厂	兴　华
诸暨市链条设备厂	联　谊	诸暨市荧光灯具厂	益　光
诸暨市城北电器塑料厂	擎天柱	诸暨黑猫实业总公司	黑猫神
绍兴市枫桥酒厂	斯　风	诸暨上峰水泥总厂	上　峰
浙江黄金机械厂	山　灵	浙江双鹰水泥总厂	双　鹰
浙江步森制衣有限公司	步　森	诸暨市福利水泥厂	双　井
诸暨化肥厂	丰　盈	诸暨市健美珍珠粉厂	晶　美
浙江兆山建材集团	天　峰	诸暨市成套建筑材料厂	暨　阳
浙江康琪雅袜业公司	康琪雅	诸暨工程机械配件厂	五　达
诸暨市渴王保健品公司	渴	诸暨饲料工业公司	暨　大
浙江针织厂	富　润	诸暨市五特炉具厂	五　特
诸暨市健美宝营养品厂	健美宝	诸暨市茶果服务站	石　笕
诸暨市塑料电线厂	西　施	浙江丰球集团	丰　球
诸暨市电容器厂	五　峰	诸暨市磁性器材厂	永　配
诸暨市农用水带厂	泽　苗	诸暨市气门嘴厂	鼎　猫
诸暨市健美宝营养补品总厂	东方巨星	浙江万安实业有限公司	万　安
诸暨市正真保健品有限公司	真　真	诸暨市合金轴瓦厂	诸　工

1996 年初，市工商局制订“九五”期间诸暨创牌工作规划：争创驰名商标 1 件、省著名商标 10 件、绍兴市著名商标 20 件，诸暨地方名牌商标 50 件。4 月初，市工商局和诸暨电视台联合主办第二届地方名牌商标评选活动。全市 77 件商标申报参评。5 月，组委会收到消费者选票 53228 张，组委会成员对参评商标进行独立投票。评选采取消费者投票与组委会独立投票的方法按 7：3 的比例折合成综合分，以得分高低评选出黑猫神等 15 件地方名牌商标和 15 件消费者满意商标。7 月，市工商局组织 26 件商标参加绍兴市第二届著名商标认定，其中黑猫神、万安等 7 件商标被认定为绍兴市著名商标，侣光、鹏程等 7 件商标被评为绍兴市消费者满意商标。

是年，块状产业创牌取得初步成效，全市拥有的5件省著名商标中，有3件为块状产业产品的注册商标。省、绍兴市著名商标中，枫桥衬衫业有步森、海魄、开尔、情森商标；袜业有康琪雅商标；店口五金业有万安商标；珍珠业有晶美商标等。

1997年4月，市工商局将创牌工程作为落实省工商局“8·20”工程的重要内容。计划用3至4年时间，培育5件以上市级地方名牌商标；每年组织开展一次创牌企业商标战略座谈会；每年指导创牌企业注册防御商标不少于2件；保护创牌企业商标专用权。同时，市工商局商标创牌重点联系单位企业增加到60户。5月，开展《浙江省著名商标认定和保护条例》宣传月活动，召开省、绍兴市著名商标拥有企业负责人会议，要求企业按《条例》标准，查漏补缺，推进创牌工作。组织2户企业的代表赴杭州参加省工商局召开的贯彻《条例》座谈会，组织2户企业制作商标广告在省电视台播放。引导企业强化商标意识，鼓励和支持企业争创驰名商标，努力实现市委、市政府提出的“诸暨要有自己的驰名商标，三分之一的企业要有自己喊得响的商标”的战略目标。6月6日，绍兴市工商局公布诸暨上峰水泥总厂（上峰）等7户企业为绍兴市工商局创牌重点联系单位。6月，市工商局、工商所联动，在省、绍兴市著名商标企业和市属骨干企业中设立商标管理办公室15个，在诸暨地方名牌商标企业和重点联系单位中明确商标管理员60人。12月10日，经市工商局初审，绍兴市工商局向省工商局推荐申报浙江万安实业集团的万安、浙江省诸暨黑猫蚊香集团的黑猫神、浙江富润纺织集团有限公司的富润、浙江海魄服饰的海魄等4件商标参评浙江省著名商标。

1998年初，市政府通过市工商局起草的《诸暨市著名商标认定和管理办法》。明确诸暨市著名商标评选制改为认定制，以往发动群众评选，组织专家、领导评分的办法改为按商标管理规范认定，两年评选一次改为每年认定一次；并按企业自愿报名、各工商所推荐，评审委员会审核认定的方式进行。3月8日，市委、市政府公布《关于合力兴工，促进工业经济持续健康发展的若干政策意见》，将创牌工程建设列入重要内容。

5月20日，启动诸暨市第三届著名商标认定活动，诸暨市著名商标评审委员会同时成立。在对以前评选出的29件地方名牌商标重新认定的同时，新认定诸暨市著名商标30件。推荐13件商标参加绍兴市著名商标认定。8月3日，市工商局制订《诸暨市1998年—2000年培育著名、驰名商标规划》。提出到2000年，全市争取实现诸暨市著名商标70件、绍兴市著名商标35件、浙江省著名商标15件，驰名商标1—2件的目标。

是年，全市个体私营企业中拥有省著名商标4件，绍兴市著名商标11件，诸暨市著名商标20件。

1999年1月21日，加强对知名商标的保护工作，诸暨李字（蚊香）、晶美（珍珠粉）、康琪雅（袜）、黑猫神（蚊香）、富润（针织服装）等商标被列入绍兴市工商局保护名录。2月4日，绍兴市工商局推荐浙江黑猫神蚊香集团的黑猫神商标、诸暨市牌头李字商店的李字商标、浙江步森集团的步森商标列入省重点商标保护名单。4月，市工商局向绍兴市工商局推荐李字、步森两件商标参加驰名商标的认定，推荐“回音必”等12件商标参加浙江省著名商标认定。8月24日，诸暨市著名商标评审委员会认定诸暨市著名商标26件。12月28日，省工商局认定浙江亚东制药有限公司的回音必、浙江海魄服饰有限公司的海魄、浙江情森制衣有限公司的情森、浙江开尔制衣有限公司的开尔、浙江盾安集团的盾安、浙江侣光电器实业有限公司的侣光、浙江兆山建材集团的天峰等7件商标为浙江省著名商标。

2000年4月，市著名商标评审委员会认定诸暨市著名商标25件。市工商局在规模企业和块状产业中选择15件商标参与绍兴市第四届著名商标认定，推荐11件商标参加浙江省著名商标认定。6月，浙江大东南塑胶集团的西施等11件商标被认定为绍兴市著名商标。浙江省首家县（市）级商标协会——诸暨市商标协会，由李字集团、步森集团、亚东制药有限公司、万安集团等创牌重点商标企业发起成立。9月22日，市工商局、市商标协会公布浙江步森集团有限公司等86户企业为诸暨市商标创牌重点联系企业单位，落实5个方面的服务帮助内容：引导企业增强商标意识，建立健全商标管理制度，落实商标管理机构和人员；指导企业在商标的设计、申请、使用、印制、管理、保护等方面制定有效的制度和策略；为企业商标注册申请工作提供服务；在企业名称登记上进行保护；优先推荐创牌成绩显著的商标申请认定绍兴市著名商标、浙江省著名商标和驰名商标，帮助企业做好推荐工作。市工商局派员深入步森集团，指导规范创牌工作，协助做好参加驰名商标认定的准备工作。9月27日，国家工商局商标局认定浙江步森集团的步森商标为驰名商标，这是诸暨市首件驰名商标。

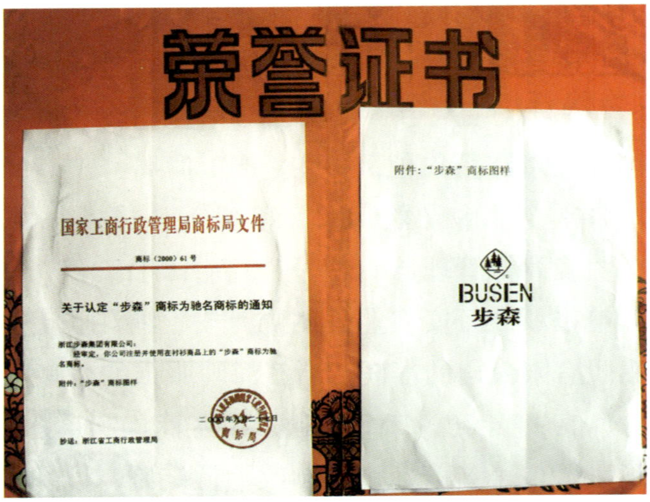

图3-5-2　驰名商标认定书

2001年5月，市著名商标认定委员会认定诸暨市著名商标35件。6月8日，市工商局制定“十五”期间诸暨创牌工程建设目标：培育驰名商标1至2件、浙江省著名商标15件、绍兴市著名商标30件、诸暨市著名商标70件。明确150户企业的商标作为培育重点。2001 年年底，市工商局推荐浙江大东南塑胶集团的西施等 7 件商标参加省著名商标认定。块状产业许多企业重视品牌建设。大唐袜业有诸暨著名商标 7 件、城关充电灯产业有 6 件、店口五金产业 4 件、浣东绣花机产业 1 件。

2002 年 3 月 20 日，省工商局认定 2001 年度浙江省著名商标，浙江大东南塑胶集团的西施等 5 件商标榜上有名。9 月 25 日，市著名商标认定委员会认定诸暨市著名商标 32 件。10 月 21 日，市工商局出台帮助企业加快创牌工程建设 10 项措施：搞好创牌宣传；编制驰名、著名商标宣传册，扩大商标知名度；加强驰名、著名商标的奖励机制，凡被认定为著名、驰名商标的企业，同时授予诸暨市“重合同守信用”单位称号；著名商标有效期内可以申请享受年审免检企业待遇；简化驰名、著名商标广告宣传审批程序，驰名、著名商标企业开展民墙、路牌、灯箱、横幅等户外广告宣传的，一律实行事后备案制；简化著名商标申报程序；放宽申报认定诸暨市著名商标的条件，凡被市政府命名为规模企业、苗子企业、纳税额连续两年在 300 万元以上的企业和行业龙头企业的注册商标，可随时申请要求认定为诸暨市著名商标；积极鼓励服务行业、高新技术产业、地方特色行业、外向型企业以及涉农企业创牌；加强对著名商标的跟踪管理，保证创牌质量；建立商标信用公示制度，规范和促进商标运用。

是年，市工商局依托经济户口管理，对企业的商标使用，商标信用，著名、驰名商标使用等情况进行监控和记录，对规范使用、合法经营的企业，实行公示，提高知名度。对使用商标不规范的著名商标企业，根据情节轻重予以警示乃至取消著名商标称号。对已认定的诸暨市著名商标，实行定期检查，三年一审，优存劣汰。有严重违法行为的、粗制滥造、影响质量的，一律摘牌处理。当年，市工商局向省工商局推荐 15 件商标申报 2002 年度省著名商标的认定。

2003 年 4 月初，市工商局组织开展十年创牌成果展示活动。开辟宣传专栏和专题，展示创牌企业的成功经验。宣传十年创牌给诸暨经济带来的辉煌成果，宣传党和政府对创牌工程的重视和支持，宣传市工商局在创牌工程中所做的工作。编印《十年创牌，十年辉煌》宣传画册 10000 份，分赠各级

图 3-5-3　市十年商标品牌工作总结表彰大会现场

党政领导、有关部门和知名企业。在《浙江日报》《诸暨日报》分别刊登“深入实施创牌工程，努力打造知名商标”专栏。市电视台摄制播放十年创牌工作回顾专题片。4月28日，召开诸暨市“十年商标品牌工作总结表彰大会”，绍兴市政府、绍兴市工商局领导、诸暨市四套班子领导及10个有关部门负责人、全市各乡镇（街道）领导、驰名（著名）商标企业负责人共250余人到会。会上表彰了7个商标品牌工作先进乡镇（街道）、步森等27户商标品牌先进企业。绍兴市领导对诸暨市深入实施创牌工程建设提出“思想要有新认识，服务要有新举措，工作要有新成效”的要求，诸暨市委提出“珍惜品牌，提升品牌”的工作目标。

是年，全市新增浙江省著名商标15件、绍兴市著名商标34件、诸暨市著名商标12件。

2004年6月，浙江洁丽雅毛巾有限公司的洁丽雅商标被国家工商总局商标局认定（以下简称行政认定）为驰名商标。这是继步森之后，诸暨市第2件驰名商标。9月23日，在西子宾馆举行隆重的授证仪式，浙江省、绍兴市工商局和上级有关行业协会、诸暨市四套班子的领导参加仪式。

图3-5-4　驰名商标授证仪式

是年，全市拥有驰名商标2件、浙江省著名商标47件，绍兴市著名商标96件、诸暨市著名商标193件。驰名商标及省著名商标总数位居全省县（市、区）首位。

2005年初，市工商局开展“品牌建设年”活动。8月，市工商局引导企业开展商标国际注册，确定外贸型企业和外贸潜力较大的企业作为重点帮扶对象，采取集中授课、个别培训等方式，组织有关企业的人员学习掌握申报商标国际注册的规则和程序。11月23日，市政府出台《诸暨市重点区域品牌发展规划（2006—2010年）》，要求将品牌工作重点放在大唐袜业、山下湖珍珠、店口铜加工、枫桥服饰和浣东电脑刺绣机等具有区域特色的集群产业企业上。当年，步森、丰球、情森3件商标被国家商务部确定为2005年—2006年重点培育和发展出口品牌。“太子龙”经国家工商总局商标局认定为驰名商标，全市新增省著名商标11件。

2006年2月27日，市工商局针对部分企业中存在的只注重争创品牌，不重视挖掘品牌内涵，甚至获得荣誉后出现忽视产品质量等损害品牌声誉的现象，组织开展各

图 3-5-5　部署争创驰名商标工作

级著名商标后续管理工作，强化企业品牌意识，规范企业对著名商标的使用，纠正忽视产品质量等行为。4月20日，以市政府名义发布市工商局起草的《诸暨市“十一五”驰名（著名）商标发展规划》。是年，大唐袜业城成为诸暨首个省级商标品牌基地；店口水暖管道、山下湖珍珠被绍兴市工商局认定为专业商标品牌基地。绿海、千足、冠军商标先后被国家工商总局商标局认定为驰名商标。

2007年，块状产业创牌成效显著。山下湖珍珠业有驰名商标3件（千足、佳丽、天使之泪）。大唐袜业拥有驰名商标7件（丹吉娅、步人、美邦、嘉梦依、情怡、裕鑫、珂丽）。服装产业有驰名商标2件（步森、太子龙）。山下湖珍珠成功创建省级专业商标品牌基地。诸暨市商标品牌综合实力在全国商标发展百强县（市）中排名第7位。

2008年，店口水暖五金业创建省级专业商标品牌基地通过验收。是年新增驰名商标15件（其中国家工商总局商标局认定2件），诸暨市入围“全国商标发展百强县”。

2009年5月7日，市工商局与中国人民银行诸暨分行出台《诸暨市商标专用权质押贷款管理办法》。7月24日，市工商局建立品牌（商标）服务制度，设立由所长任站长的品牌（商标）服务指导站。11月9日，诸暨市商标品牌综合实力在全国商标发展百强县（市）中获评第6位。是年，新增行政认定驰名商标11件。诸暨市拥有的驰名商标数与省著名商标数均列中国商标发展百强县第一位。“洁丽雅”商标获全国60件“最具市场竞争力商标”称号，店口水暖五金业认定为省级专业商标品牌基地。

2010年3月8日，诸暨赵家香榧被省工商局认定为省级专业商标品牌基地。

2011年9月，市政府发布《诸暨市“十二·五”商标发展规划》。是年，全市拥有驰名商标21件，是“十一·五”初期的7倍，拥有省著名商标111件，绍兴市著名商标170件，诸暨市著名商标221件。浣东电

图 3-5-6　著名商标申报培训

脑刺绣被省工商局认定为省级专业商标品牌基地。全市拥有省级、绍兴市级专业商标品牌基地各5个。

2012年7月，市政府发布《进一步加强商标战略实施工作的意见》。市工商局将企业创牌文化的内容集结成册，组织编撰《商标品牌之诸暨》，注重商标建设文化内涵，总结提炼商标品牌文化和创牌经验。创建"品牌诸暨"QQ群，有190户企业加入。

2013年3月30日，国家工商总局商标评审委员会、中国商标协会调研组专程到诸暨市调研驰名商标运营情况。在调研洁丽雅集团等驰名商标拥有企业后，肯定诸暨市在提升企业品牌意识、拓展品牌价值等方面所做的工作和取得的成绩，并要求进一步整合区域特色的品牌优势，抓好企业商标维权，发挥商标在促进地方经济转型升级中的重要作用。市工商局打造品牌服务综合实体，开展"示范品牌指导站"创建，陶朱街道品牌指导站荣获首批"浙江省示范品牌指导站"称号。

是年，行政认定驰名商标新增3件，累计27件，总数居全省各县（市）首位；省著名商标新增11件，累计118件，总数居全省县（市）第2。省级专业品牌基地6个（大唐袜业、山下湖珍珠、店口水暖五金、赵家镇香榧、浣东电脑刺绣、枫桥香榧）。

知名商号

2004年2月19日，省工商局首次认定浙江省知名商号。诸暨市有步森、盾安、菲达、富润、丰球、海亮等6户企业商号被认定。12月31日，海越、祥生、兆山、洁丽雅、万安、上峰、太子龙、天洁等8户企业商号被省工商局认定为浙江省知名商号。

2005年9月28日，省工商局认定虹绢（丝绸）、新兴（针织服装）、情怡（袜业）、宏磊（铜业）、李字（蚊香）、阮仕（珍珠）、越美（纺织）、山下湖（珍珠）为浙江省知名商号。

2007年7月16日，市政府转发市工商局《诸暨市知名商号认定办法》。市工商局会同有关部门组成知名商号评审委员会，负责诸暨市知名商号认定和管理。12月15日，经诸暨市知名商号评审委员会认定露笑等35户企业商号为首届诸暨市知名商号（有效期3年）。

2009年4月29日，省工商局认定雄城、双双、海讯、征天、佳丽、铭仕等6户企业商号为省知名商号，延续认定海越等16户企业商号为省知名商号。5月7日，经诸暨市知名商号评审委员会认定美邦等11户企业商号为诸暨市知名商号（有效期6年）。

2011年，省工商局认定瑞远、裕鑫、八达等6户企业商号为浙江省知名商号。

2012年，省工商局认定八方、锦源恒博、永利（房地产）、全兴精工等4户企业商号为省知名商号。

2013年，省工商局认定永新等5户商号为省知名商号。

2004年—2013年诸暨市知名商号名录

（认定日始有效期六年）

表3-5-2

企业商号	企业名称	认定时间	延续时间
步 森	步森集团有限公司	2004.2	2013
盾 安	盾安控股集团有限公司	2004.2	2013
菲 达	菲达集团有限公司	2004.2	2013
富 润	富润控股集团有限公司	2004.2	2013
丰 球	丰球集团有限公司	2004.2	2013
海 亮	海亮集团有限公司	2004.2	2013
海 越	浙江海越股份有限公司	2004.12	2008
祥 生	祥生实业集团有限公司	2004.12	2008
兆 山	浙江兆山建材集团有限公司	2004.12	2008
大东南	浙江大东南包装股份有限公司	2004.12	2008
洁丽雅	浙江洁丽雅毛巾有限公司	2004.12	2008
万 安	万安集团有限公司	2004.12	2008
上 峰	上峰集团有限公司	2004.12	2008
太子龙	太子龙控股集团有限公司	2004.12	2008
天 洁	天洁集团有限公司	2004.12	2008
虹 娟	浙江虹娟丝绸集团有限公司	2005	2008
新 兴	浙江新兴针织服饰有限公司	2005	2008
情 怡	浙江情怡袜业有限公司	2005	2008
宏 磊	浙江宏磊集团有限公司	2005	2008
李 字	李字实业集团有限公司	2005	2008
阮 仕	浙江阮仕珍珠股份有限公司	2005	2008
山下湖	浙江山下湖珍珠集团股份有限公司	2005	2008
越 美	浙江越美集团有限公司	2005	2008
绿 剑	浙江省诸暨市绿剑茶业有限公司	2007	2013
步 人	浙江步人袜业有限公司	2007	2013
雄 风	雄风集团有限公司	2007	2013
雄 城	浙江雄城商贸股份有限公司	2008	—
双 双	双双集团有限公司	2008	—

续表 3-5-2

企业商号	企业名称	认定时间	延续时间
海　讯	海讯集团有限公司	2008	—
征　天	浙江征天集团有限公司	2008	—
佳　丽	浙江佳丽珍珠首饰有限公司	2008	—
铭　仕	浙江铭仕管业有限公司	2008	—
露　笑	露笑集团有限公司	2009	—
美　邦	浙江美邦纺织有限公司	2009	—
冠　军	冠军集团有限公司	2009	—
瑞　远	浙江瑞远机床有限公司	2010	—
裕　鑫	裕鑫集团有限公司	2010	—
八　达	浙江八达建设集团有限公司	2011	—
东　旺	浙江东旺投资有限公司	2011	—
丹吉娅	丹吉娅集团有限公司	2011	—
神　鹰	浙江神鹰集团有限公司	2011	—
八　方	八方控股集团有限公司	2012	—
恒　博	锦源恒博集团有限公司	2012	—
永　利	诸暨市永利房地产开发有限公司	2012	—
精　工	全兴精工集团有限公司	2012	—
暨　诸	暨诸管业有限公司	2013	—
永　新	浙江永新集团有限公司	2013	—
诸　安	浙江诸安建设集团有限公司	2013	—
华　城	华城地产集团有限公司	2013	—
鼎　峰	浙江鼎丰市政园艺有限公司	2013	—

知名商品

2009 年 4 月 9 日，根据《中华人民共和国反不正当竞争法》和有关规定，市工商局制发《诸暨市知名商品认定和保护暂行办法》。同时，市工商局成立知名商品认定委员会，负责诸暨市知名商品认定工作。5 月 4 日，诸暨市 2009 年度知名商品认定工作启动，这是首次在诸暨开展知名商品认定工作。

10 月 9 日，由企业提出认定申请，经市工商局审核，诸暨市知名商品认定委员会评审，认定绍兴市枫桥酒厂的“斯风”酒等 17 件商品为诸暨市知名商品（有效期 2 年）。

2009年诸暨市首批知名商品一览

表 3-5-3

企业名称	商　标	商　品
绍兴市枫桥酒厂	斯　风	酒
浙江东方缘针织有限公司	东方缘	袜　子
浙江华星管业有限公司	华　星	地暖管件
浙江锦宇枫叶管业有限公司	乾　宇	管材、管件
浙江开倜服饰有限公司	赛柯赛斯	袜　子
浙江茂阳牧业有限公司	茂　阳	生　猪
浙江申丰管业有限公司	申　丰	铝塑复合管
浙江省诸暨市壮太饲料有限公司	壮　泰	饲　料
浙江嵊峰针织有限公司	嵊　峰	袜　子
浙江天伟生化工程有限公司	天　伟	结冷胶
浙江亿达珍珠有限公司	图　形	珍　珠
诸暨市老何土特产有限公司	枫桥老何	音　榧
诸暨市申塑管业有限公司	申　塑	管材、管件
诸暨市伟锋防水材料有限公司	天　驰	防水保暖材料
诸暨市叶蕾卫生用品有限公司	叶　蕾	卫生纸
诸暨市盈丰食品厂	盈	月　饼
诸暨市羽剑茶业专业合作社	羽　剑	茶　叶

11月16日，诸暨市工商局向绍兴市工商局推荐绍兴市枫桥酒厂的“斯风”酒等13件商品为绍兴市知名商品，同时推荐浙江锦裕针织有限公司的“锦裕”袜子等8件商品延续认定为绍兴市知名商品。

2010年6月22日，绍兴市工商局认定绍兴市枫桥酒厂的“斯风”酒等12件商品为绍兴市知名商品（有效期2年）。6月23日，延续认定浙江锦裕针织有限公司的“锦裕”袜子等8件商品为绍兴市知名商品（有效期2年）。

2010年诸暨市经绍兴市工商局认定的知名商品一览

表 3-5-4

商品名称	企业名称
斯风酒	绍兴市枫桥酒厂
东方缘袜子	浙江东方缘针织有限公司

续表 3-5-4

商品名称	企业名称
赛柯赛斯袜子	浙江开倜服饰有限公司
嵊峰牌袜子	浙江嵊峰针织有限公司
天伟牌结冷胶	浙江天伟生化工程有限公司
乾宇牌管材管件	浙江锦宇枫叶管业有限公司
申丰牌铝塑复合管	浙江申丰管业有限公司
枫桥老何香榧	诸暨市老何土特产有限公司
华星牌分水器、PE-RT 地暖专用管材	浙江华星管业有限公司
天驰牌防水保暖材料	诸暨市伟锋防水材料有限公司
叶蕾卫生纸	诸暨市叶蕾卫生用品有限公司
羽剑白茶	诸暨市羽剑茶业专业合作社

2010 年诸暨市经绍兴市工商局延续认定的知名商品一览

表 3-5-5

商品名称	企业名称
锦裕袜子	浙江锦裕针织有限公司
中横牌铝合金复合门窗	诸暨市中横窗业有限公司
长生鸟纳米珍珠粉	浙江长生鸟药业有限公司
上峰瓦楞纸、纸箱	上峰集团有限公司
龙越 PP-R 管件	浙江龙越管业有限公司
百强 PP-R 管材	浙江百事得塑胶有限公司
冠军香榧	冠军集团有限公司
皇中皇燃气灶具	浙江皇中皇电器有限公司

品牌效益

1993 年后，李字、黑猫神等蚊香业品牌注重广告宣传，以品牌拓展市场，成为相关行业公认的骨干企业。

2001 年，步森商标以品牌战略拓展服装市场，成为全国知名服装品牌，当年实现销售额达 3.65 亿元，跻身全国民营企业 500 强行列、中国服装行业“双百强”企业。

2005 年，步森、丰球、情森 3 件商标被国家商务部确定为 2005 年—2006 年重点培育和发展出口品牌。

2007年,全市省级以上品牌产品销售收入和利税分别达到300余亿元和30余亿元,分别占全市规模以上工业企业的27.8%和31.7%。

2009年，诸暨市商标品牌综合实力居全国第6位。

2010年，店口镇被省政府授予“浙江省商标品牌战略十大示范乡镇”称号。大唐袜业、山下湖珍珠业进入全省八大产业集群行列。全市在拥有省级以上著名商标企业中，年销售收入1亿元以上企业91户，10亿元以上企业19户，有18户企业进入全国行业前5位。洁丽雅、步森、太子龙商标跻身中国500件最具有价值品牌排行榜；洁丽雅商标成为国内毛巾行业第一品牌。

2011年9月，商标品牌企业对全市国民经济增长的贡献率从“十一·五”初的50%，跃升到当年的61.5%。

2012年，市工商局遴选一户具有商标价值评估资质的中介机构，按统一评估标准、评估流程、结合信用评价体系，在珍珠产业中率先实施商标价值评估,千足、天使之泪分别获评估值51147.93万元、43551.27万元；有4户银行和2户小贷公司授信诸暨企业商标权质押贷款8.6亿元。

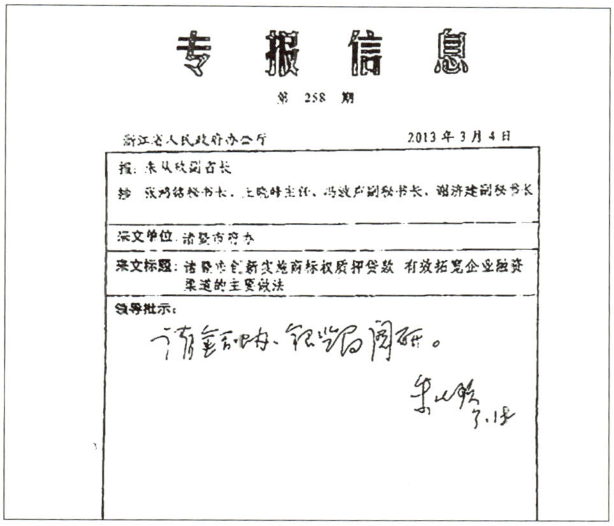

专报信息

第 258 期

浙江省人民政府办公厅　　2013年3月4日

报：朱从玖副省长

抄：张鸿铭秘书长、王晓峰主任、冯波声副秘书长、谢济建副秘书长

来文单位：诸暨市府办

来文标题：诸暨市创新实施商标权质押贷款 有效拓宽企业融资渠道的主要做法

领导批示：

图 3-5-7　副省长朱从玖批示

2013年，市工商局继续开展商标价值功能拓展工作。在山下湖珍珠产业商标价值评估、质押成功试点的基础上，向店口镇制冷产业延伸，完成对浩海、亿霸、恒森、三普、富豪等制冷企业的5件商标的价值评估，合计评估价值6.35亿元。

2000年—2013年诸暨市经国家工商总局商标局认定的驰名商标名录

表3-5-6

序号	商　标	核准使用商品	企业名称	认定时间
1	步　森	服　装	浙江步森集团有限公司	2000.9
2	洁丽雅	毛巾系列产品	浙江洁丽雅毛巾有限公司	2004.6
3	太子龙	服　装	浙江太子龙服饰有限公司	2005.6
4	绿　海	塑料包装制品	浙江大东南惠盛塑胶有限公司	2006.6

续表 3-5-6

序号	商　标	核准使用商品	企业名称	认定时间
5	恒　久	传动链、防滑链	浙江恒久机械集团有限公司	2007.9
6	盾　安	截止阀、限压阀	盾安控股集团有限公司	2008.3
7	飞　鹰	缝纫机等	浙江飞鹰缝制设备有限公司	2008.3
8	阮　仕	珍珠（珠宝）	浙江阮仕珍珠股份有限公司	2009.4
9	丹吉娅	袜　子	浙江袜业有限公司	2009.4
10	上　峰	纸箱、瓦楞原纸	上峰集团有限公司	2009.4
11	万　安	汽车制动器	浙江万安科技股份有限公司	2009.4
12	上　峰	水　泥	浙江上峰水泥集团有限公司	2009.4
13	开　尔	衬　衫	浙江开尔制衣有限公司	2009.4
14	铁　鎯	电动圆锯等	铁鎯电动工具有限公司	2009.4
15	VIE	汽车制动器配件	浙江万安科技股份有限公司	2010
16	情　森	服　装	浙江情森制衣有限公司	2010
17	YUEMEI	布	越美集团有限公司	2010
18	大东南	食品用塑料装饰品	浙江大东南集团有限公司	2010
19	步　人	袜、服装	步人集团有限公司	2011
20	千　足	珍　珠	浙江山下湖珍珠集团股份有限公司	2011
21	海　亮	—	浙江海亮股份有限公司	2011
22	枫叶 FENG YE	塑料杆、塑料条、塑料管	枫叶控股团有限公司	2012
23	情怡 Qingyi 及图	袜	浙江情怡袜业有限公司	2012
24	TENDIER	服　装	浙江新兴针织服饰有限公司	2012
25	天使之泪	珍　珠	浙江天使之泪珍珠股份有限公司	2013
26	龙　越	管道（卫生设备部件）	浙江龙越管业有限公司	2013
27	黑猫神	蚊香、灭虫剂、灭蚊片	黑猫神日化股份有限公司	2013

2006 年—2009 年诸暨市经司法认定的驰名商标名录

表 3-5-7

序　号	商　标	商　品	企　业	时　间
1	冠　军	香　榧	浙江冠军食品有限公司	2006
2	佳　丽	珍　珠	浙江佳丽珠宝有限公司	2007.2
3	海　亮	铜　管	海亮集团有限公司	2007.2
4	富　润	丝　绸	富润控股集团有限公司	2007.4

续表 3-5-7

序　号	商　标	商　品	企　业	时　间
5	步　人	袜　子	浙江步人袜业有限公司	2007.4
6	情　森	服　装	浙江情森制衣有限公司	2007.4
7	宏　磊	铜　管	宏磊集团有限公司	2007.3
8	展　旺	刺绣机	浙江强盛机电有限公司	2007.4
9	丹吉娅	袜　子	丹吉娅集团有限公司	2007.5
10	情　怡	袜　子	浙江情怡袜业有限公司	2007.5
11	美　邦	袜　子	浙江美邦纺织有限公司	2007.5
12	野　珍	香　榧	浙江野珍食品有限公司	2007.6
13	恒　森	冷热器材	诸暨市恒森冷热器材有限公司	2007.6
14	何　字	瓜　子	浙江何字食品有限公司	2007.6
15	越　美	布	浙江越美集团有限公司	2007.6
16	海　讯	纱、线	海讯集团有限公司	2007.6
17	铭　仕	管　件	浙江铭仕管业有限公司	2007.6
18	天　峰	水　泥	浙江兆山建材集团有限公司	2007.7
19	虹　绢	丝　绸	浙江虹绢丝绸集团有限公司	2007.8
20	裕　鑫	纱、线	裕鑫集团有限公司	2007.8
21	上　峰	纸　箱	上峰集团有限公司	2007.9
22	露　笑	绝缘铜线	露笑集团有限公司	2007.9
23	永　新	纱、线	浙江永新集团有限公司	2007.10
24	锦　裕	袜　子	浙江省诸暨市锦裕袜业有限公司	2007.10
25	TENDIER	服　饰	浙江新兴针织服饰有限公司	2007.10
26	华　海	纺织机械	浙江华海机械制造有限公司	2007.10
27	绿　剑	茶　叶	浙江省诸暨绿剑茶业有限公司	2007.10
28	天使之泪	珍　珠	浙江天使之泪珠宝有限公司	2007.10
29	齐　鲤	粮　机	浙江齐鲤机械有限公司	2007.11
30	盛　名	绣花机	浙江盛名机电制造有限公司	2007.10
31	丰　球	水　泵	丰球集团有限公司	2007.11
32	团　结	链　条	诸暨链条总厂	2007.11
33	胶　友	竹胶板	浙江诸暨光裕竹业有限公司	2007.11
34	国　立	机　床	浙江凯达机床集团有限公司	2007.11
35	绿　剑	香　榧	浙江省诸暨绿剑茶业有限公司	2007.10
36	珂　丽	袜　子	浙江安丽工贸有限公司	2007.12
37	中　德	管　件	浙江中德如日管业有限公司	2007.12

续表 3-5-7

序号	商标	商品	企业	时间
38	赛柯赛斯	内衣	浙江开倪服饰有限公司	2008.1
39	黑猫神	蚊香等	浙江黑猫神蚊香集团有限公司	2008.1
40	华港	链条	浙江华港链传动有限公司	2008.2
41	山下湖	珍珠	浙江山下湖珍珠集团股份有限公司	—
42	海魄	服装	浙江海魄服饰有限公司	2008.5
43	诸盾	链条	浙江诸暨金盾链条制造有限公司	2008.7
44	东伟	服装	东伟纺织集团有限公司	2008.7
45	通运	袜子	浙江通运针织有限公司	2008.7
46	蓝凯	服装	浙江天洋控股集团有限公司	2008.8
47	艾默樱	水暖	浙江艾默樱零部件有限公司	2008.10
48	东方缘	袜业	浙江东方缘针织有限公司	2008.11
49	波来特	充电灯	诸暨市威明电器厂	2008.12
50	上冠	鞋	直埠第二工艺鞋厂	2008.12
51	楠丰	水暖	浙江楠丰管道工业有限公司	2009.4
52	枫桥老何	加工过的农产品	诸暨市老何土特产有限公司	2009.4
53	龙越	管道	浙江龙越管业有限公司	2009.4

说明：司法认定是指经法院判决认定的驰名商标

1994 年—2013 年诸暨市获浙江省著名商标名录

表 3-5-8

序号	商标	商品	企业名称	认定时间	延认时间
1	步森	衬衫	浙江步森集团有限公司	1994	1997.11.21
2	李字	蚊香	诸暨市化工日用品厂	1994	2001 年因故取消
3	丰球	水泵	浙江丰球集团公司	1994	2001.1.12 2009 2012
4	晶美	珍珠粉	浙江省诸暨市健美珍珠粉厂	1994	—
5	康琪雅	袜	浙江省诸暨市康琪雅袜业总公司	1994	2001.1.12、2013
6	黑猫神	蚊香、杀虫剂	诸暨黑猫神蚊香集团有限公司	1998	2001.11.19 2008.1.17、2013
7	万安	汽车制动器	浙江万安实业集团有限公司 浙江万安科技股份有限公司	1998	2001.11.19、 2008.1.17、2013
8	富润	针织服装、袜类	浙江富润纺织集团有限责任公司 富润纺织集团有限责任公司	1998	2001.11.19、 2013

续表 3-5-8

序号	商标	商品	企业名称	认定时间	延认时间
9	海魄	衬衫、领带、西服	浙江海魄服饰有限公司	1999	2002、2009.3.9、2012
10	回音必	新药、成药（含片）	浙江亚东制药有限公司	1999	2002
11	情森	衬衫、领带、西服	浙江情森制衣有限公司	1999	2002、2006、2009.3.9、2012
12	开尔	服装	浙江开尔制衣有限公司	1999.12.28	2002、2006、2012
13	盾安	截止阀	浙江盾安集团有限公司	1999	2002
14	天峰	水泥	浙江兆山建材集团	1999	2002、2009.3.9
15	侣光	应急灯、书写灯	浙江侣光电器实业有限公司	1999	2002、2009.3.9
16	菲达	输灰机械	浙江菲达机电集团有限公司	2001	2012
17	双鹰	水泥	浙江双鹰水泥总厂 浙江双鹰集团有限公司	2001	2009、2012
18	洁丽雅	毛巾	浙江洁丽雅毛巾有限公司	2001	2009、2012
19	枫叶	钢塑管、自来水管	浙江枫叶管业有限公司	2002	2008.1
20	铁鎯	磨光机、电动工具	浙江省诸暨电动工具厂 铁鎯电动工具有限公司	2002	2008.1、2013
21	西施	塑料薄膜	浙江大东南塑胶集团公司	2002	—
22	上峰	水泥	浙江诸暨上峰水泥总厂 浙江上峰控股集团有限公司	2002	2008.1、2013
23	太子龙	服装	浙江太子龙服饰有限公司	2002	2008.1
24	八方	水泥	诸暨八方水泥有限公司	2003	2004、2009.3
25	何字	瓜子	浙江何字食品有限公司	2003	2006、2009.3
26	丹吉娅	袜	浙江袜业有限公司	2003	2006.1、2009.3
27	海亮	铜管	海亮集团有限公司	2003	2006、2013
28	飞鹰	缝纫机械	诸暨市缝制设备厂	2003	—
29	亨哥尔	服装	浙江神鹰集团有限公司	2003	2009.3
30	步人	袜、袜裤	浙江步人袜业有限公司	2003	2007.2、2009
31	广友	鞋	浙江省诸暨市广友鞋业有限公司	2003	2007、2009
32	冠军	香榧	浙江冠军食品有限公司	2003	2009
33	绿海	薄膜	浙江惠盛塑料有限公司	2003	—
34	恒久	链条	诸暨链条设备总厂	2003	2003
35	绿剑	茶叶	浙江省诸暨绿剑茶业有限公司	2003	2007、2009

续表 3-5-8

序号	商　标	商　品	企业名称	认定时间	延认时间
36	上　峰	纸箱、纸板、瓦楞原纸	上峰集团有限公司	2003	2007、2009
37	虹　娟	纱、绢、各种绸缎	浙江虹娟丝绸集团有限公司	2003	2009
38	盛　名	电脑刺绣机、缝纫机	浙江盛名机电制造有限公司	2003	2007、2009
39	图　形	电除尘、气输送烟气脱硫	浙江菲达环保科技股份有限公司	2003	2007、2009
40	图　形	水　泵	浙江丰球集团有限公司	2003	2007、2009
41	李　字	蚊香、灭蚊药水、灭蟑螂药片	李字实业集团有限公司	2004	2008
42	宏　磊	铜管、铜棒	浙江宏磊集团有限公司	2004	2008
43	露　笑	漆包线	浙江露笑机械制造有限公司	2004	2008
44	VIE	汽车制动系统	万安集团有限公司	2004	2008
45	永　新	包覆纱	浙江永新集团有限公司	2004	2008
46	情　怡	袜	诸暨市情怡袜业有限公司	2004	2008
47	嘉梦依	袜	浙江嘉梦依袜业有限公司	2004	—
48	美　邦	袜	诸暨市美邦针织有限公司	2004	2008
49	榧　皇	香　榧	诸暨市榧皇食品有限公司	2004	2008
50	康琪雅	袜	浙江海盛针纺织品有限公司	2004	2008
51	建　培	白布等	浙江建培纺织有限公司	2006	2009
52	TENDIER 泰迪	服饰等	浙江新兴服饰有限公司	2006	2009
53	兆　山	水泥等	兆山新星集团有限公司	2006	2009
54	壮　泰	饲料等	诸暨市壮太饲料有限公司	2006	2009
55	双　盛	袜子等	浙江双双袜业有限公司 浙江双双集团有限公司	2006	2009
56	诸　盾	链条链轮轴器	浙江金盾链条制造有限公司	2006	2009
57	天　利	活动物等	诸暨市粮油畜产外贸公司	206	—
58	华　松	袜子等	浙江华松袜业有限公司	2006	—
59	图　形	袜　子	浙江阿思首针纺有限公司	2006	—
60	华　佳	钢管、金属棒	浙江华佳机械有限公司	2006	—
61	宏　磊	电缆、绝缘铜线	宏磊控股有限公司浙江宏磊铜业股份有限公司	2008	2013
62	SF	袜、裤袜	浙江嵊峰针织有限公司	2008	—

续表 3-5-8

序号	商 标	商 品	企业名称	认定时间	延认时间
63	国 立	金属切削机床	浙江凯达机床集团有限公司	2008	2013
64	图形字母	管 道	浙江海亮股份有限公司	2008	—
65	图 形	冷却塔	诸暨市金菱制造设备有限公司 浙江金菱制冷工程有限公司	2008	2013
66	佳 瓦	珍珠（珠宝）	浙江佳丽珍珠首饰有限公司	2008	—
67	永 成	汽车、电车及其零部件	浙江永成机械有限公司	2008	2013
68	大东南	食品塑料装饰品	浙江大东南集团有限公司	2008	—
69	图字母	纱、长丝	海讯集团有限公司	2008	—
70	申佰利	袜、裤袜	浙江申佰利袜业有限公司	2008	2013
71	锦 裕	袜	浙江省诸暨市锦裕袜业有限公司	2008	2013
72	图 形	绝缘用材料	浙江万安塑料有限公司	2008	—
73	上 峰	水 泥	浙江上峰水泥集团有限公司	2008	—
74	太子龙	服 装	太子龙控股集团有限公司	2008	—
75	图 形	服 装	富润控股集团	2008	—
76	盾 安	截止阀 冷凝器	盾安控股集团有限公司	2009	—
77	山下湖	珍珠 珍珠装饰品	浙江山下湖珍珠集团有限公司	2009	—
78	三 水	珍珠 珍珠装饰品	浙江三水珠宝有限公司	2009	—
79	康 亿	无缝钎焊铝塑复管、塑料管	浙江中亿管业有限公司	2009	—
80	同 正	非金属硬管	绍兴市同正塑胶管业有限公司	2009	—
81	津 旺	氨纶、涤纶包复纱涤纶	浙江津旺化纤有限公司	2009	—
82	稽 峰	加工过的香榧、花生、坚果仁	诸暨市稽峰土特产食品厂	2009	—
83	图 形	梨、杨梅、樱桃	诸暨市花果山庄有限公司	2009	—
84	齐鲤图形	砻谷机、碾米机	浙江齐鲤机械有限公司	2009	2012
85	五 峰	电容器	浙江五峰电子有限公司	2009	—
86	恒 森	冷冻管道	诸暨市恒森冷热器件有限公司 浙江恒森实业集团有限公司	2009	2013
87	亿 霸	保护机器零件用橡胶套、保洁用非导热材料、玻璃纤维保洁板和管	诸暨市亿霸龙保洁材料有限公司	2009	2012
88	枫桥老何	加工过的香榧、瓜子	诸暨市老何土特产有限公司	2009	2012
89	图 形	建筑、铺路、室内外油漆	浙江八达建筑集团有限公司	2009	2013

续表 3-5-8

序号	商　标	商　品	企业名称	认定时间	延认时间
90	三峰 SAN FENG	11/ 冷却设备和装置	浙江三峰集团有限公司	2009	2013
91	铭仕 MIEN	11/ 卫生设备用水管、水龙头	浙江铭仕管业有限公司	2009	—
92	中伟 ZHONGWEI	12/ 气泵（车辆附件）	浙江中伟汽车部件有限公司	2009	2012
93	三中	12/ 汽车配件	浙江三中机械有限公司	2009	—
94	Ruan's 阮仕	14/ 宝石（珠宝）、项链（宝石）、珍珠（珠宝）	浙江阮仕珍珠股份有限公司	2009	2012
95	TEARS OF ANGEL 天使之泪	14/ 珍珠（珠宝）、人造琥珀制珍珠	浙江天使之泪珍珠股份有限公司	2009	2012
96	千足	14/ 珍珠（珠宝）、装饰品（珠宝）	浙江山下湖珍珠集团股份有限公司	2009	2012
97	JIAOYOU	19/ 地板胶合板、三合板	诸暨市光裕竹业有限公司	2009	2012
98		20/ 木制家具、金属家具	浙江省诸暨市斯宅家具制造有限公司	2009	2013
99		24/ 布、印花棉布、纺织织物	越美集团有限公司	2009	2013
100	東偉	25/ 服装、针织服装、衬衫	东伟纺织集团有限公司 东伟集团有限公司	2009	2013
101		25/ 袜、袜裤	浙江通运针织有限公司	2009	2009
102	龙　越	管道、冷却设备和装置	浙江龙越管业有限公司	2009	2012
103	思尔图形	珍珠、装饰品	浙江思尔珠宝首饰有限公司	2009	2012
104	三马图形	纺织用弹性纱和线、弹力丝	浙江三马锦纶科技有限公司	2009	2012
105	裕鑫图形	纱、线、长丝	裕鑫集团有限公司	2009	2012
106	信胜图形	刺绣机	浙江信胜缝制设备有限公司	2009	2012
107	华港图形	链　条	浙江华港链传动有限公司	2009	2013
108	图　形	纱、线	海汛集团有限公司	2009	2013
109	嵊峰图形	袜、袜裤	嵊峰集团有限公司	2009	2013
110	京必舒新	医用药丸	浙江京新药业股份有限公司	2009	2013
111	长生鸟	珍珠层粉、药用胶囊中药成药	浙江长生鸟药业有限公司	2010	2013

续表 3-5-8

序号	商　标	商　品	企业名称	认定时间	延认时间
112	中　强	布、牛津布	诸暨市中强纺织有限公司	2010	2013
113	华海图形	纺织机、织袜机	浙江华海合力科技股份有限公司	2010	2013
114	南丰图形	管　道	浙江南丰管道工业有限公司	2010	2013
115	图　形	咸蛋、皮蛋	诸暨市仁财禽蛋专业合作社	2010	2013
116	图　形	活动物、展出动物	诸暨市国伟禽业发展有限公司	2010	2013
117	图　形	布、灯芯绒、纺织织物	浙江四通纺织有限公司	2010	2013
118	创路图形	焗油膏	诸暨市贝丝特日用化学有限公司	2011	—
119	蓝博牌图形	普通金属网、网板	浙江蓝博空调网业有限公司	2011	—
120	浩海图形	空气调节装置热水器	诸暨市浩海空调器制造有限公司	2011	—
121	灵　敏	管道、水暖装置用管道零件	浙江灵铭管道科技有限公司	2011	—
122	海润丰	纺织用弹性纱和线	浙江海润丰化纤有限公司	2012	—
123	阿杰邦尼	服　装	浙江阿杰邦尼服饰有限公司	2012	—
124	图　形	电脑绣花机、纺织机、纺织工业用机器	浙江乐佳机电有限公司	2012	—
125	英其尔	袜子、手套、服装	诸暨市英其尔针织有限公司	2012	—
126	天地润珍珠	14／宝石（珠宝）、珍珠（珠宝）贵重金属制首饰盒	浙江天地润珍珠有限公司	2013	该商标有两个注册号：5391658、5391647
127	嘉美诗	03／香皂、药皂	浙江嘉美日用化工有限公司	2013	—
128	红霞图形	07／（机器、发动机或马达部件）、阀（机器零件）	浙江红霞铜业有限公司	2013	—
129	路润图形	袜、袜裤、袜套	诸暨市九阳袜业有限公司	2013	—
130	华球图形	食品包装机、液压机、阀（机器零件）	浙江华球机械制造有限公司	2013	—
131	久鱼图形	袜、针织服装、内衣	诸暨市久渔针织厂	2013	—
132	图　形	水龙头、水净化设备和机器	东大水业集团有限公司	2013	—
133	图　形	袜	浙江赛乐袜业有限公司	2013	—
134	茂阳图形	活动物、新鲜蔬菜、鲜水果	浙江茂阳农发集团有限公司	2013	—
135	富浩图形	水暖装置用管子接头、水分配设备、卫生设备用水管	浙江富浩管业有限公司	2013	—

1994年—2013年诸暨市获绍兴市著名商标名录

表 3-5-9

序号	商　标	商　品	企业名称	确认时间	延认时间
1	李　字	蚊　香	诸暨市化工日用品厂	1994	2003
2	西　施	啤　酒	浙江省诸暨市啤酒厂	1994	2003
3	晶　美	珍珠粉	诸暨市健美珍珠粉厂	1994	—
4	五　特	蜂窝煤饼炉	浙江省诸暨市五特炉具厂	1994	—
5	康琪雅	袜	浙江省诸暨市康琪雅袜业有限公司	1994	—
6	丰　球	水　泵	诸暨水泵厂	1994	—
7	海　魄	衬　衫	浙江诸暨茂达服装有限公司	1996	2000
8	黑猫神	蚊　香	诸暨市蚊香厂	1996	2000
9	开　尔	衬　衫	诸暨市开尔制衣有限公司	1996	2000
10	情　森	衬　衫	诸暨市情森制衣有限公司	1996	2000
11	暨　阳	水　泥	诸暨市成套建筑材料厂	1996	2000
12	万　安	汽车制动器	浙江万安实业有限公司	1996	2000
13	上　峰	水　泥	诸暨市上峰水泥厂	1996	—
14	侣　光	充电灯	浙江侣光电器实业有限公司	1998	—
15	斯　奥	家　具	诸暨市斯奥藤业有限公司	1998	2003
16	广　友	鞋	诸暨市广友鞋业有限公司	1998	2003
17	团　结	链　条	诸暨市链条总厂	1998	2003
18	戈蕾雅	服　装	浙江戈蕾雅服饰有限公司	1998	2003
19	派　昂	服　装	浙江派昂制衣有限公司	1998	2003
20	斯　风	酒	绍兴市枫桥酒厂	1998	2003
21	洲　际	轮　胎	诸暨市橡胶总厂	1998	2003
22	三　A	弹　簧	诸暨弹簧总厂有限公司	1998	2003
23	盾　安	冷却装置	浙江盾安集团有限公司	1998	—
24	回音必	药　品	浙江亚东制药有限公司	1998	—
25	西　施	塑料薄膜	浙江大东南塑胶集团公司	2000	—
26	枫　叶	钢塑管自来水管	浙江枫叶管业有限公司	2000	—
27	菲　达	输灰机械	浙江菲达机电集团有限公司	2000	—
28	洁丽雅	毛　巾	浙江洁丽雅毛巾有限公司	2000	—
29	何　字	炒　货	浙江何字食品有限公司	2000	—
30	太子龙	服　装	浙江太子龙服饰有限公司	2000	—

续表 3-5-9

序号	商　标	商　品	企业名称	确认时间	延认时间
31	丹吉娅	袜	浙江袜业有限公司	2000	—
32	海　亮	铜棒铜管	浙江海亮铜业集团有限公司	2000	—
33	亨哥尔	服　装	浙江神鹰工贸集团公司	2000	—
34	皮　皇	服　装	浙江皮皇制衣有限公司	2000	2003
35	中　周	袜	浙江中周实业有限公司	2000	2003
36	步　人	袜	浙江步人袜业有限公司	2003	—
37	绿　剑	茶　叶	浙江诸暨绿剑茶业有限公司	2003	—
38	冠　军	香榧、瓜子	浙江冠军食品有限公司	2003	—
39	绿　海	包装用塑料膜	浙江惠盛塑胶有限公司	2003	—
40	上　峰	水　泥	上峰集团有限公司	2003	—
41	恒　久	链　条	诸暨链条设备总厂	2003	—
42	虹　绢	绢纺绸	浙江虹绢集团有限公司	2003	—
43	盛　名	缝纫机	浙江盛名机电有限公司	2003	—
44	HA	金属线、网、带	诸暨大东南金属制品有限公司	2003	—
45	老何图形	香榧、瓜子	诸暨市老何土特产有限公司	2003	—
46	露　笑	电线、电话线	浙江露笑机械制造有限公司	2003	—
47	宏　磊	钢管铜条	浙江省诸暨市宏磊铜业有限公司	2003	—
48	嘉梦依	袜	诸暨市嘉梦依袜业有限公司	2003	—
49	美　邦	袜	诸暨市美邦针织有限公司	2003	—
50	高　山	纯净水	诸暨市高山泉纯净水有限公司	2003	2007
51	菲尔诺	衬　衫	浙江菲尔诺服饰有限公司	2003	—
52	斯　宅	木制家具	诸暨市城关斯宅家具厂	2003	2013
53	中　伟	汽　配	诸暨市中伟汽车部件有限公司	2003	—
54	波来特	充电灯	诸暨市威明电器厂	2003	—
55	华　港	链　条	浙江华港链传动有限公司	2003	—
56	上　冠	鞋	诸暨市直埠第二工艺鞋厂	2003	2007
57	兴　荣	防火防盗门	诸暨市兴荣防火门窗厂	2003	—
58	宏　大	袜	浙江省诸暨市宏远袜业有限公司	2003	—
59	舒　乐	充电灯	诸暨市街亭塑料电器厂	2003	—
60	浣　纱	充电灯	诸暨市浣纱机电厂	2003	—
61	蓝　博	空调丝网	诸暨市空调筛网厂	2003	2007
62	永　新	氨纶包覆纱	浙江永新化纤有限公司	2003	—

续表 3-5-9

序号	商　标	商　品	企业名称	确认时间	延认时间
63	丹柯娜	袜	浙江凯利达集团有限公司	2003	—
64	华　豹	家　俱	诸暨市华豹家私制造有限公司	2003	—
65	壮　泰	饲　料	浙江省诸暨市壮太饲料有限公司	2003	—
66	天　珍	香榧、茶叶	诸暨市天珍香榧土特产厂	2003	2007
67	情　怡	袜	诸暨市情怡袜业有限公司	2003	—
68	VIE	汽车配件	浙江万安实业集团有限公司	2003	—
69	天　洁	水　泥	浙江天洁水泥有限公司	2003	2007
70	诸　盾	1 链条	浙江金盾链条制造有限公司	2004	—
71	五　峰	电容器	诸暨市五峰电容器有限公司	2004	—
72	兆　山	水　泥	浙江兆山新星水泥集团有限公司	2004	—
73	健　立	钢管、轴承	浙江健力企业有限公司	2004	—
74	绿　球	糕点、酱醋	浙江绿球食品有限公司	2004	2004
75	金　帆	车辆离合器、磨擦片、刹车片	诸暨市金德利磨擦材料有限公司	2004	2004
76	擎天柱	电瓶灯	诸暨市擎天柱灯业有限公司	2004	2004
77	中　德	水分配设备	浙江如日管业有限公司	2004	—
78	津　旺	纱	诸暨市津旺包覆纱厂	2004	—
79	榧　皇	炒　货	诸暨市榧皇食品有限公司	2004	—
80	兰　若	服　装	诸暨市大雁服装厂	2004	—
81	双　盛	袜	浙江双双袜业有限公司	2004	—
82	阿　土	香　榧	诸暨市阿土香榧有限公司	2004	—
83	征　天	布	浙江征天印染有限公司	2004	—
84	胶　友	竹制品	诸暨市光裕竹业有限公司	2004	—
85	金　喜	空调网	诸暨金海三喜空调网业有限公司	2004	—
86	野　珍	香　榧	诸暨市枫桥宣六九土特产厂	2004	—
87	盛　大	饲　料	诸暨市盛大实业有限公司	2004	—
88	图　形	袜	诸暨市良龙袜业有限公司	2004	—
89	创　路	日　化	诸暨市贝丝特日用化学有限公司	2004	—
90	侠　士	鞋	诸暨市步得福鞋业有限公司	2004	—
91	华　松	袜	浙江华松袜业有限公司	2004	—
92	神　牛	链条、链轮	诸暨市滚子链条制造有限公司	2004	—
93	天　利	活动物	诸暨市粮油畜产外贸有限公司	2004	—

续表 3-5-9

序号	商　标	商　品	企业名称	确认时间	延认时间
94	三　峰	阀　门	浙江三峰集团有限公司	2004	—
95	鹏　鸣	服　装	诸暨市鹏鸣时装有限公司	2004	—
96	绿　剑	茶　叶	诸暨绿剑农产品有限公司	2004	—
97	JENDIER	—	浙江建培纺织有限公司	2005	—
98	阮　仕	珍珠（珠宝）	浙江阮仕珍珠股份有限公司	2005	—
99	裕　鑫	—	浙江裕鑫化纤有限公司	2005	—
100	TENDIER	服　装	浙江新兴针织服饰有限公司	2005	—
101	海　讯	—	浙江海讯实业集团有限公司	2005	—
102	越　美	布	浙江越美集团	2005	2013
103	雄　风	商业辅助管理	浙江雄风集团有限公司	2005	—
104	山下湖	珍　珠	浙江山下湖珍珠集团股份有限公司	2005	—
105	千　足	珍　珠	浙江山下湖珍珠集团股份有限公司	2005	—
106	天使之泪	珍　珠	浙江天使之泪珠宝有限公司	2005	2013
107	恒　森	管道阀门类	诸暨市恒森冷热器材有限公司	2005	—
108	铭　仕	管道阀门	浙江铭仕管业有限公司	2005	—
109	年年乐	家具沙发	诸暨市第一沙发厂	2005	—
110	双　马	咸蛋皮蛋	诸暨市双马禽蛋有限公司	2005	—
111	huahai	纺织、织袜机械	浙江华海机械制造有限公司	2005	2013
112	飘　蓝	—	浙江四通纺织有限公司	2005	2013
113	榧乡村	香　榧	浙江冠军食品有限公司	2005	2013
114	玉　芽	农产品	诸暨市东和农贸市场	2005	2013
115	齐　鲤	粮食机械	浙江齐鲤机械有限公司	2005	2013
116	稽　峰	香　榧	诸暨市稽峰土特产食品厂	2005	—
117	东　伟	纺织服装	浙江东伟纺织服饰有限公司	2005	2013
118	万　佳	刺绣机	诸暨市万佳电子刺绣机制造有限公司	2005	—
119	图　形	服　装	浙江通运针织有限公司	2005	—
120	沉　鱼	—	诸暨市沉鱼土特产有限公司	2005	2013
121	国　立	机　床	浙江凯达机床集团有限公司	2005	—
122	圣尼娅	蚊香杀虫剂	浙江黑猫神蚊香集团有限公司	2005	—
123	建成发	弹　簧	浙江建成发弹簧制造有限公司	2005	—
124	鹤　翔	—	诸暨市新鹏纺织有限公司	2005	—
125	宏　宇	除尘器等	诸暨非达环宇环保设备有限公司	2005	2013

续表 3-5-9

序号	商　标	商　品	企业名称	确认时间	延认时间
126	海子仁	食　品	诸暨市海子晨食品有限公司	2005	—
127	珂　丽	—	浙江安丽工贸有限公司	2005	—
128	灵　龙	管道阀门	浙江灵龙管业有限公司	2005	2013
129	老八辈	香　榧	诸暨市老八辈土特产有限公司	2005	2013
130	宝　达	—	诸暨市宝达水暖有限公司	2005	2013
131	军　马	铝制品、军用水壶	诸暨市城关铝制品厂 浙江军马铝业有限公司	2005	2013
132	双井牌	水　泥	浙江省诸暨市福利水泥有限公司	2005	—
133	福　特	服　装	浙江三马针织有限公司	2005	—
134	三　中	阀门管道等	诸暨市三中制动阀有限公司	2005	—
135	今日风	服　装	诸暨市陶朱针织厂	2005	—
136	猴哥牌	水　果	诸暨市花果山庄有限公司	2005	2013
137	中横图形	钢制滑轮百叶窗	诸暨市中横窗业有限公司	2005	2013
138	图　形	金属管道配件	诸暨市神通机电有限公司	2005	2013
139	申科图形	轴承、滚珠轴承	申科滑动轴承有限公司	2005	2013
140	图　形	空气过滤设备	浙江东方环保设备有限公司	2005	2013
141	三普图形	冷冻机、冷冻设备和机器	浙江三普制冷配件有限公司	2005	2013
142	越兴图形	龙头、管道	诸暨市全民机械有限公司	2005	2013
143	吕丰图形	水暖管作	诸暨市吕丰管道有限公司	2005	2013
144	雪孩子图形	珍珠、耳环	诸暨诗诺尔易宝首饰有限公司	2005	2013
145	开　达	非金属管道接头	浙江开达管业有限公司	2005	2013
146	锦事达	丝线、弹力丝	浙江锦事达化纤有限公司	2005	2013
147	图　形	布、织物	浙江天洋控股集团	2005	2013
148	日驰尼	服装、鞋	浙江雷奇服装有限公司	2005	2013
149	图　形	高粱烧酒	诸暨市同山高粱酒有限公司	2005	2013
150	舒馨图形	美容、理发	诸暨市舒馨休闲理容有限公司	2005	2013
151	大东南	食品用塑料袋	浙江大东南集团有限公司	2006	—
152	佳　丽	珍珠饰品	浙江佳丽珍珠首饰有限公司	2006	—
153	山　水	珍珠饰品	浙江三水珠宝有限公司	2006	—
154	迪安虎	休闲裤	浙江迪安虎服饰有限公司	2006	—
155	永　成	五金机械配件	浙江永成机械有限公司	2006	—
156	L	管件管材	浙江三龙管业有限公司	2006	—

续表 3-5-9

序号	商　标	商　品	企业名称	确认时间	延认时间
157	华　佳	汽车配件	浙江华佳机械有限公司	2006	—
158	双　第	弹　簧	浙江双第弹簧有限公司	2006	—
159	图　形	冷却塔	诸暨市金菱制冷设备有限公司	2006	—
160	SPKAEYAE	袜	浙江凯云针织有限公司	2006	—
161	国　申	布	浙江省诸暨市国申织造厂	2006	—
162	锦　裕	袜　子	浙江省诸暨市锦裕袜业有限公司	2006	—
163	众　擎	起重机	浙江众擎起重机械制造有限公司	2006	—
164	鑫　兴	汽车动力转向泵	浙江全兴机械制造有限公司	2006	—
165	灵　铭	管件阀门	诸暨市灵铭管件有限公司	2006	—
166	笔峰春	茶　叶	浙江东白山农业开发有限公司	2006	—
167	阿杰邦尼	童　装	诸暨市阿杰邦尼制衣厂	2006	—
168	嵊　峰	袜	浙江嵊峰针织有限公司	2006	—
169	精　铭	电脑刺绣机	诸暨市精铭机械制造有限公司	2006	—
170	紫　藤	照明灯具	诸暨紫藤电器厂	2006	—
171	信　胜	刺绣机	浙江信胜缝制设备有限公司	2006	—
172	龙　勇	工程机械、汽配	诸暨市东风汽车配套厂	2006	—
173	莎啦啦	加工过的瓜子	诸暨市莎啦啦食品有限公司	2006	—
174	YSSY	袜　子	诸暨市五泄童袜厂	2006	—
178	佳　易	袜、袜裤	诸暨市佳易袜业有限公司	2007	—
179	思　尔	珍珠、小饰物	浙江思尔珠宝首饰有限公司	2007	—
180	超　越	电脑绣花机	诸暨超越机电设备制造有限公司	2007	—
181	潇　丽	袜子、裤袜	诸暨市丽成针织厂	2007	—
182	中　强	布、毛料布	诸暨市中强纺织有限公司	2007	—
183	倍斯特	羽绒服装	浙江诸暨倍斯特羽绒制品有限公司	2007	—
184	云　剑	茶	诸暨市云剑茶业有限公司	2007	—
185	楠　丰	管道、排水管道设备	浙江楠丰管道工业有限公司	2007	—
186	天士乐	太阳能热水器	诸暨市中天太阳能设备制造有限公司	2007	—
187	七色鹿	浓色塑料色粒	浙江七色鹿色母粒有限公司	2007	—
188	亿　霸	保温用非导热材料	诸暨市亿霸龙保温材料有限公司	2007	—
189	塞柯赛斯	袜　子	浙江开倜服饰有限公司	2007	—
190	申　丰	管道、水暖配量用管件	浙江申丰管业有限公司	2007	—
191	鑫　立	蓄电池、照明电池	浙江鑫立电源有限公司	2007	—

续表 3-5-9

序号	商　标	商　品	企业名称	确认时间	延认时间
192	开　耀	袜、裤袜	诸暨市开耀袜业有限公司	2007	—
193	申佰利	袜、裤袜	浙江申佰利袜业有限公司	2007	—
194	恒　升	棉纱、纱	浙江恒冠化纤有限公司	2007	—
195	八　达	建　筑	浙江八达建设集团有限公司	2007	—
196	康　亿	管　道	浙江中亿管业有限公司	2007	—
197	易　晓	织袜机	诸暨市大唐叶晓针织机械厂	2007	—
198	长生鸟	珍珠粉	浙江长生鸟药业有限公司	2007	—
199		弹　簧	诸暨市康宇弹簧有限公司	2008	—
200	YUEMEI	电脑刺绣机及配件	浙江越隆缝制设备有限公司	2008	—
201		07/ 链条	浙江神牛机械制造有限公司	2008	—
202		07/ 绣花机	诸暨市现代缝制设备制造有限公司	2008	—
203		07/ 织袜机	浙江叶晓针织机械有限公司	2008	—
204	中　德	11/ 管道、水暖装置用管子零件	浙江中德如日管业有限公司	2008	—
205		11/ 空调调节器	诸暨市浩海空调器制造有限公司	2008	—
206		11/ 水管、龙头	浙江派普汽配有限公司	2008	—
207		11/ 冷却设备和装置、热交换器	诸暨市中天工业有限公司	2008	—
208	DDWI	11/ 水龙头、水净化设备和机器	浙江东大水业有限公司	2008	—
209	鸿森	11/ 制冷闸门、制冷配件	浙江鸿森机械有限公司	2008	—
210		12/ 刹车片、汽车零件	诸暨市金德利摩擦材料有限公司	2008	—
211		23/ 弹力丝、纱线	诸暨绍弹化纤有限公司	2008	—
212	津旺	23/ 纱、丝纱	浙江津旺化纤有限公司	2008	—
213	三 SanMa 马	23/ 锦纶丝	浙江三马锦纶科技股份有限公司	2008	—
214	征天	24/ 布	浙江征天印染有限公司	2008	—

续表 3-5-9

序号	商　标	商　品	企业名称	确认时间	延认时间
215	鹏鸣	25/ 服装	浙江省诸暨市鹏鸣时装有限公司	2008	—
216	锦　源	25/ 袜、裤	锦源恒博集团有限公司	2008	—
217	东方缘	25/ 袜	浙江东方缘针织有限公司	2008	—
218	天珍	香　榧	浙江天珍食品有限公司	2008	—
219	绿剑	香榧、花生、瓜子	诸暨绿剑农产品有限公司	2008	—
220		醋、酱油	绍兴市国标酿造厂	2008	—
221	勤＋缘	广告、广告代理	诸暨市勤＋缘礼仪广告有限公司	2008	—
222	祥生	建　筑	祥生实业集团有限公司	2008	—
223	KTM	金属管道配件	浙江海珠管业有限公司	2012	—
224	海博 HaiBo	金属架	浙江海博塑胶有限公司	2012	—
225	富羽 FuYu	安全阀门系列	浙江富羽阀门制造有限公司	2012	—
226	绅仕镭	电脑绣花机	浙江绅仕镭集团有限公司	2012	—
227	兆　山	电脑绣花机	兆山集团有限公司	2012	—
228	创加	电脑绣花机	诸暨创加电子设备有限公司	2012	—
229	ROSHOW	绝缘铜线、磁线	露笑科技股份有限公司	2012	—
230	W	冷却设备和装置、空气调节装置	浙江万金机械有限公司	2012	—
231	graCe	珍珠（珠宝）	浙江佳丽珍珠首饰有限公司	2012	—
232		珍珠（珠宝）	浙江唐萃珠宝有限公司	2012	—
233	YONGBAO	珍珠（珠宝）	浙江永宝珍珠有限公司	2012	—
234	KEDALI 科达利	软管、垫圈	浙江科达利实业有限公司	2012	—
235	暨 诺	非金属管道	浙江暨诺管业有限公司	2012	—
236	亚枫 YAFENG	非金属管道	浙江中统管业有限公司	2012	—
237		餐具柜、盥洗台（家具）	诸暨市捷佳家具有限公司	2012	—
238		纺织用弹性纱和线	诸暨市凯信化纤有限公司	2012	—

续表 3-5-9

序号	商　标	商　品	企业名称	确认时间	延认时间
239	YB	纺织用涤纶丝	浙江宇邦纤维有限公司	2012	—
240	久渔 JiuYu	袜	诸暨市久渔针织厂	2012	—
241	路润 RURUN	袜、袜裤	诸暨市九阳袜业有限公司	2012	—
242		香　榧	诸暨市城东坑口高山香榧经营部	2012	—
243	茂阳 MAOYANG	活动物、新鲜蔬菜	浙江茂阳农发集团有限公司	2012	—
244	SOFU	服装、袜	浙江开倜服饰有限公司	2013	—
245	美得来 Mei De Lai	水果饮料（不含酒精）、矿泉水（饮料）、饮料制剂	浙江蓝美实业有限公司	2013	—
246		弹簧、分离器、减震器	浙江华纬弹簧有限公司	2013	—
247		滑动轴承	申发集团有限公司	2013	—
248	可龍	纱、纺织线和纱、绢丝	浙江雅迪纤维有限公司	2013	—
249	Bu Yu	服装、裤子	诸暨市华帛羽绒服饰有限公司	2013	—
250	锋美	袜	浙江省诸暨市锋美袜业有限公司	2013	—
251	SPESE 斯贝斯	瓷器、陶器（茶具酒具除外）、陶的工艺品	浙江金贝陶瓷有限公司	2013	—
252	鑫勤	裤袜、长袜、袜	浙江鑫勤针纺织品有限公司	2013	—
253		金属门、金属门板、金属门框	浙江中兴人防设备有限公司	2013	—
254	KTG	螺丝扳手（手工具）、镊子、剪刀	浙江何仕汽车工具有限公司	2013	—
255	兴成	带盖的篮、竹编制品（不包括帽、席垫）、竹工艺品	诸暨市兴成竹业有限公司	2013	—
256	军逸	金属管道配件、五金器具	浙江军联铜业有限公司	2013	—
257	盾运 DUNYUN	金属水管阀、金属管道接头	浙江盾运实业有限公司	2013	—
258	全能e家	非金属软管、非金属管道接头、塑料管	浙江全能丰禾塑业有限公司	2013	—
259	HOYAT 恒亚通	非金属套管、塑料管、非金属管道接头	浙江亚通管业有限公司	2013	—

续表 3-5-9

序号	商　标	商　品	企业名称	确认时间	延认时间
260		车辆刹车闸瓦	浙江诸暨东港液压机械有限公司	2013	—
261	JIN XIANG	建筑用非金属砖瓦	浙江大象新型材料有限公司	2013	—
262	ZHAOYU 朝裕	活动物	浙江朝晖种猪有限公司	2013	—
263	花明 HUAMING	鲜水果、新鲜的园艺草木植物、自然花	浙江明泉农业科技有限公司	2013	—
264		骨灰盒	浙江东申工艺品有限公司	2013	—
265		鞋	诸暨市振良鞋厂	2013	—
266	劲踏 JinTa	袜、袜裤	诸暨市诺贝尔袜业有限公司	2013	—
267	家宁	自来水设备的调节和安全附件、水分配设备	浙江港龙消防机械有限公司	2013	—
268	CHANGYU	项链（首饰）、珠宝（首饰）、珍珠（珠宝）	浙江长裕珍珠有限公司	2013	—
269	圣洪 SHENGOI	通风和空调设备用非金属管	浙江永杰管业科技有限公司	2013	—
270	永业建工	建　筑	永业建工集团有限公司	2013	—

1994 年—2013 年获诸暨市著名商标名录

表 3-5-10

序号	商　标	商　品	企业名称	认定时间	延认时间
1	丰　球	水　泵	诸暨水泵厂	1994	1998
2	西　施	啤　酒	诸暨市啤酒厂	1994	1998
3	李　字	蚊　香	诸暨市牌头李字商店	1994	1998
4	天　峰	水　泥	浙江兆山水泥总厂	1994	1998
5	晶　美	珍珠粉	诸暨市健美珍珠粉厂	1994	1998
6	双　鹰	水　泥	浙江双鹰水泥总厂	1994	1998
7	石　笕	茶　叶	诸暨市茶果服务总站	1994	1998
8	山　灵	矿山机械	浙江黄金机械厂	1994	1998
9	步　森	衬　衫	浙江诸暨市步森制衣有限公司	1994	1998
10	康琪雅	袜	诸暨市康琪雅袜业总公司	1994	1998
11	富　润	针织服装、袜	浙江针织厂	1994	1998
12	五　特	煤饼炉	诸暨市五特炉厂	1994	1998

续表 3-5-10

序号	商　标	商　品	企业名称	认定时间	延认时间
13	侣　光	电瓶灯	诸暨市大侣电器厂	1994	1998
14	丰　盈	化　肥	诸暨化肥厂	1994	1998、2004
15	发一发	—	诸暨市健美宝营养补品厂	1994	—
16	黑猫神	蚊　香	诸暨市蚊香厂	1996	1998
17	上　峰	水　泥	浙江诸暨上峰水泥总厂	1996	1998
18	海　魄	衬　衫	浙江诸暨茂达服装有限公司	1996	1998
19	万　安	汽车制动器	浙江万安实业有限公司	1996	1998
20	斯　奥	家　具	诸暨市斯奥藤业有限公司	1996	1998
21	暨　阳	水　泥	诸暨市成套建筑材料厂	1996	1998
22	广　友	鞋	浙江省诸暨市广友鞋业有限公司	1996	1998
23	情　森	衬　衫	浙江情森制衣有限公司	1996	1998
24	开　尔	衬　衫	浙江开尔制衣有限公司	1996	1998
25	鹏　鸣	服　装	诸暨市鸿达制衣厂	1996	1999、2001、2004
26	浣　纱	电瓶灯	诸暨市浣纱机电厂	1996	1998、2001
27	圣　凯	袜	浙江袜业有限公司	1996	1998
28	团　结	链　条	诸暨市链条总厂	1996	1998
29	双　井	水　泥	诸暨市福利水泥厂	1996	1998、2004
30	丹吉娅	袜	浙江袜业有限公司	1998	—
31	浣　纱	磷　肥	诸暨市磷肥厂	1998	—
32	同　高	酒	诸暨西施醇酒厂	1998	—
33	斯　风	酒	绍兴市枫桥酒厂	1998	—
34	亨哥尔	服　装	浙江神鹰工贸集团公司	1998	—
35	太子龙	服　装	浙江太子龙服饰有限公司	1998	—
36	戈蕾雅	服　装	浙江戈蕾雅服饰有限公司	1998	—
37	派　昂	服　装	浙江派昂制衣有限公司	1998	—
38	华　豹	床　垫	诸暨市华豹家私制造公司	1998	2001
39	年年乐	床　垫	诸暨市第一沙发厂	1998	2001、2004
40	三　一	链条设备	诸暨链条设备厂	1998	2001、2004 年未延续
41	回音必	药　品	浙江亚东制药有限公司	1998	—
42	三　A	弹　簧	浙江省诸暨弹簧总厂	1998	—

续表 3-5-10

序号	商　标	商　品	企业名称	认定时间	延认时间
43	誉　球	化纤涤纶仿真布	诸暨织造总厂	1998	—
44	普　华	绸　缎	浙江诸暨市绸厂	1998	2001、2004 年未延续
45	洲　际	轮　胎	诸暨市橡胶总厂	1998	—
46	螺　峰	纸制品	浙江上峰包装有限公司	1998	—
47	盾　安	截止阀	浙江盾安机械有限公司	1998	—
48	天　珍	香　榧	诸暨市天珍香榧土特产厂	1998	2001
49	枫　桥	香　榧	诸暨市赵家工贸实业总公司（浙江枫桥香榧有限公司）	1998	2001、2004、2010
50	鲨　鱼	车　床	诸暨机床厂	1998	—
51	嘉梦依	袜	诸暨市嘉梦依袜业有限公司	1998	2001
52	中　周	袜	浙江中周实业有限公司	1998	—
53	铁　鎯	电动工具	诸暨电动工具厂	1998	2001
54	盛　大	饲　料	诸暨市福利配合饲料厂	1998	2001、2004
55	飞　鹰	电脑绣花机	诸暨市缝制设备厂	1998	2001
56	洁丽雅	毛　巾	浙江洁丽雅毛巾有限公司	1998	—
57	东方巨星	速溶珍珠粉	诸暨市健美宝营养补品总厂	1998	2001、2004
58	凤　珍	珍珠饰品	诸暨市凤桥工艺品厂	1998	2001、2004 年未延续
59	国　立	金属切削机床	诸暨机床厂	1999	2002
60	八　方	水　泥	浙江诸暨八方水泥有限责任公司	1999	2002
61	海　亮	铜棒铜管	浙江海亮铜业集团有限公司	1999	—
62	K8	真丝织物	诸暨丝织印染总厂	1999	2002
63	恒　久	链　条	诸暨市链条设备总厂	1999	2002
64	枫　叶	钢塑管自来水管	诸暨市枫叶铝塑管业有限公司	1999	—
65	凌　宇	冷冻设备	诸暨市凌宇制冷企业有限公司	1999	2002
66	金沙鹭	服　装	诸暨市银沙鹭服饰制衣厂	1999	2002
67	绅　开	服　装	浙江省绅开制衣有限公司	1999	2002
68	皮　皇	服　装	浙江皮皇制衣有限公司	1999	—
69	皮　克	服　装	浙江越丹制衣有限公司	1999	—
70	菲尔诺	服　装	诸暨市菲尔诺服装有限公司	1999	2002
71	绅　戈	服　装	诸暨市绅戈服饰有限公司	1999	2002

续表 3-5-10

序号	商标	商品	企业名称	认定时间	延认时间
72	海莱富	服装	诸暨市海莱富制衣有限公司	1999	—
73	曼瑞	衣服	浙江省诸暨衬衫厂	1999	2002
74	冠军	香榧	诸暨市枫桥香榧加工厂	1999	2002
75	阿土	香榧	诸暨市枫桥阿土土特产厂	1999	2002
76	灵龙	蜂窝煤饼炉	诸暨市灵龙炉具厂	1999	2002
77	华港	链条	诸暨市工业链条厂	1999	—
78	范蠡	充电灯	诸暨市城关西施电器厂	1999	2002.9.25
79	五峰	电容器	诸暨市电容器厂	1999	2002.9.25
80	益光	荧光灯管	诸暨市荧光灯具厂	1999	2002、2005 未延
81	泽苗	涂塑软管	诸暨市农用水带厂	1999	—
82	天洁	水泥	诸暨市交通水泥有限责任公司	1999	2002.9.25
83	圣宫	水泥	诸暨市墨城水泥厂	1999	2002、2005 未延
84	上冠	鞋	诸暨市直埠第二工艺鞋厂	1999	2002.9.25
85	菲达	输灰机械	浙江菲达机电集团有限公司	2000	—
86	上峰	纸、纸箱	浙江上峰包装集团有限公司	2000	—
87	绿剑	茶叶	诸暨市优质农产品综合开发总公司	2000	—
88	何字	炒货	浙江何字食品有限公司	2000	—
89	榧皇	炒货	诸暨市枫桥仙山土特产加工厂	2000	2004.5.19
90	图形	炒货	诸暨市东溪土特产加工厂	2000	—
91	绿芽	腌制蔬菜	工贸联营诸暨市出口食品厂	2000	2004、2007、2010
92	丰发	充电灯	诸暨市丰发电器有限公司	2000	2004.5.19
93	波来特	充电灯	诸暨市威明电器厂	2000	—
94	虹娟	布	诸暨市华东布厂	2000	—
95	越富	服装	浙江新兴针织服饰有限公司	2000	未延续
96	森福	服装	浙江森福服饰有限公司	2000	2004、2007 未延
97	征天	布	诸暨市征天印染厂	2000	2004.5.19
98	勿忘我	袜	诸暨市亿文针织厂	2000	2004.5.19、2007、2010
99	侠士	鞋	诸暨市步得福鞋业有限公司	2000	2004.5.19
100	兴荣	防火防盗门窗	诸暨市兴荣防火门窗厂	2000	—
101	斯宅	家具	诸暨市城关斯宅家具厂	2000	—
102	蜂神	蚊香	浙江蜂神实业有限公司	2000	未延续

续表 3-5-10

序号	商　标	商　品	企业名称	认定时间	延认时间
103	侣　灵	灭蚊片、灭蚊剂	诸暨市侣灵蚊香厂	2000	未延续
104	天　助	电机、电动产品	浙江巨星微特电机有限公司	2000	未延续
105	神　牛	链条、链轮	诸暨市滚子链条制造有限公司	2000	2004.5.19
106	金　海	过滤网	诸暨市金海双鹰救生设备有限公司	2000	未延续
107	露　笑	塑料包装容器	浙江露笑机械制造有限公司	2000	—
108	越　枫	黄酒、白酒	诸暨市祥和酒厂	2000	2004、2007 未延
109	JDD	饲料、添加剂	诸暨金大地饲料有限公司	2000	未延续
110	步　人	袜、袜裤	诸暨市大唐袜行	2001	—
111	瑞　鹿	袜	浙江诸暨朝晖针织有限公司	2001	2004、2007
112	丹柯娜	袜	浙江凯利达集团有限公司	2001	—
113	情　怡	袜	诸暨市情怡袜业有限公司	2001	—
114	浩　琦	袜	浙江省诸暨市浩军针织有限公司	2001	2004、2007 未延
115	季　诺	袜	浙江虹羽针织有限公司	2001	2004、2007 未延
116	图形（瑞诺尔）	袜	浙江省诸暨市良龙袜业有限公司	2001	2004.5.19
117	侣　明	充电灯	诸暨市大侣蓄电灯厂	2001	2004、2007、2010
118	金　泽	充电灯	诸暨市城东塑料配件厂	2001	2004、2007
119	擎天柱	手提式充电灯	浙江省诸暨市擎天柱灯业有限公司	2001	2004.5.19
120	侣　登	手提式充电灯	浙江省诸暨市侣灯电器有限公司	2001	2004.5.19
121	步　信	充电灯	诸暨市鹰王电器厂	2001	2004、2007 未延
122	舒　乐	充电灯	诸暨市街亭塑料电器厂	2001	—
123	灵　龙	给水管及管接头	浙江省诸暨市灵龙管业有限公司	2001	2004.5.19
124	海　普	铝塑复合管及管接头	浙江永鑫荣管业有限公司	2001	未延续
125	兰　诺	服　装	诸暨市大雁服装厂	2001	2004.5.19
126	中　伟	车辆用液压系统、制动泵	诸暨市中伟汽车部件有限公司	2001	—
127	金　帆	车辆离合器摩擦片、刹车片	诸暨市机械磨擦材料厂	2001	2004.5.19
128	诗泰尔	服　装	浙江省诸暨市诗泰尔制衣有限公司	2001	未延续
129	宏　观	服　装	诸暨市宏观制衣厂	2001	2004、2007、2010
130	信　友	通信电缆	浙江友谊电缆厂	2001	未延续
131	翔　鹰	电　线	诸暨市浬浦电线厂	2001	未延续

续表 3-5-10

序号	商　标	商　品	企业名称	认定时间	延认时间
132	五　泄	弹　簧	诸暨市动力弹簧厂	2001	2004、2007 未延
133	沉　鱼	香　榧	浙江省诸暨市香榧特产经营部	2001	2004.5.19
134	美得福	加工过的瓜子、花生、松子	诸暨市阮市天子山炒货厂	2001	未延续
135	越　翠	珍珠粉、蚊香	浙江省诸暨市越翠实业有限公司	2001	未延续
136	圣妮娅	卫生巾、失禁用尿巾	浙江黑猫神蚊香集团有限公司	2001	2004
137	勤 + 缘	广　告	诸暨市勤 + 缘礼仪广告有限公司	2001	未延续
138	越　凤	啤　酒	诸暨越凤西施酒业有限公司	2001	未延续
139	梦　发	家具、沙发	诸暨市大唐镇家具沙发厂	2001	未延续
140	鑫　顺	鞋	浙江省诸暨市鑫顺工贸有限公司	2001	2004、2007、2010
141	盛　名	电脑刺绣机	诸暨市盛名刺绣机厂	2001	—
142	双　力	链　条	诸暨市特种链条厂	2001	2004、2007 未延
143	军　马	背水壶、饭盒	诸暨市城关铝制品厂	2001	2004.5.19
144	金　宝	弹　簧	浙江省诸暨市金宝汽车弹簧制造厂	2001	2004、2007
145	健　立	钢　管	浙江健力企业有限公司	2002	—
146	蓝　博	空调筛网	诸暨市空调筛网厂	2002	—
147	绿　球	糕点、酱醋	浙江绿球食品有限公司	2002	—
148	超　波	织物补偿器	诸暨市织物热膨胀补偿器厂	2002	—
149	旺　润	金属锁	浙江诸暨润通铝品有限公司	2002	—
150	方　明	软　膏	诸暨市方明皮肤药物研究所	2002	2005 未延
151	宏　磊	铜管铜条	浙江宏磊铜业有限公司	2002	—
152	宝　达	水管设备	诸暨市宝达水暖有限公司	2002	2005
153	芭蕉扇	充电灯	诸暨市满意电器有限公司	2002	2005、2008
154	通　玲	软管及管件	诸暨市通灵实业有限公司	2002	2005、2008
155	高　山	饮用水	诸暨市高山泉纯净水有限公司	2002	—
156	宏　宇	污水（物）处理设备	诸暨市宏宇环保机械有限公司	2002	2005、2008
157	精　益	鞋	诸暨市精益鞋业有限公司	2002	2005 未延
158	欢　合	珍珠粉	浙江诸暨市华泰医药保健品有限公司	2002	2005、2008
159	泰　和	充电灯	诸暨市双桥灯具厂	2002	2005、2008
160	图形（金菱）	冷冻设备	诸暨市金菱制冷设备有限公司	2002	2005
161	玉　芽	笋　干	诸暨市东和农贸市场	2002	2005

续表 3-5-10

序号	商　标	商　品	企业名称	认定时间	延认时间
162	三　峰	阀　门	浙江三峰阀门有限公司	2002	—
163	卡　莉	服　装	诸暨市智多星服装厂	2002	2005
164	永　新	纱	诸暨市新义实业有限公司	2002	—
165	云　剑	茶　叶	诸暨市云剑茶业有限公司	2002	2005
166	（图形）骑士	鞋	浙江省诸暨市骑士鞋业有限公司	2002	2005
167	如　中	水分配设备	诸暨市如日管业有限公司	2002	2005 未延
168	津　旺	纱	诸暨市大唐津旺包履纱厂	2002	—
169	宏　大	袜	浙江省诸暨市宏运袜业有限公司	2002	—
170	双　口	马赛克	浙江省诸暨市双环马赛克厂	2002	2005 未延
171	白玉兰	马赛克	诸暨市浙花玻璃马赛克厂	2002	2005
172	健　立	轴　承	浙江健力企业有限公司	2002	—
173	超　前	水　泵	诸暨市万利达特泵厂	2002	2005 未延
174	双　盛	袜	诸暨市双双袜业有限公司	2002	—
175	神　龙	塑料管	诸暨市维塑管厂	2002	2005 未延
176	天　利	活动物	诸暨市粮油畜产外贸有限公司	2002	—
177	绿　海	塑料膜	浙江惠盛塑胶有限公司	2003	—
178	美　邦	袜	诸暨市美邦针织有限公司	2003	—
179	胶　友	竹制品	诸暨市光裕竹业有限公司	2003	—
180	壮　泰	饲　料	诸暨市壮大饲料有限公司	2003	—
181	齐　鲤	粮食机械	诸暨市粮油机械厂	2003	—
182	旺达福	食　品	诸暨市旺达福食品有限公司	2003	2006 未延
183	创　路	日　化	诸暨市贝斯特日用化学有限公司	2003	—
184	三　龙	水　管	诸暨市三龙管业有限公司	2003	—
185	鑫　立	充电灯	诸暨市鑫立电器有限公司	2003	2006、2009
186	诸　盾	链　条	诸暨市金盾链条制造公司	2003	2006
187	裕　昌	化　纤	诸暨市裕昌化纤有限公司	2003	—
188	兆　山	水　泥	浙江兆山新星水泥集团有限公司	2003	2006 未延
189	腾　冠	鞋	诸暨市腾冠鞋业有限公司	2003	—
190	阮仕 RUANS	珍珠饰品	浙江阮仕珍珠首饰有限公司	2003	2006 未延
191	嵊　峰	袜	诸暨市嵊峰针织有限公司	2004	—
192	晨　霸	照明灯	诸暨市塑料电器配件厂	2004	—
193	裕　鑫	纱　丝	浙江裕鑫化纤有限公司	2004	—

续表 3-5-10

序号	商　标	商　品	企业名称	认定时间	延认时间
194	康　宇	弹　簧	诸暨市康宇弹簧有限公司	2004	—
195	鹤　翔	纱　丝	大唐杭霞轻纺原料门市部	2004	—
196	三　中	汽　配	诸暨市三中制动阀有限公司	2004	—
197	天使之泪	珍珠饰品	浙江天使之泪珠宝公司	2004	—
198	JIANPEI	布	浙江建培纺织有限公司	2004	—
199	马剑芳	蛋	诸暨市双马禽蛋有限公司	2004	—
200	华　松	袜	浙江华松袜业有限公司	2004	—
201	都市猎人	服　装	诸暨市申佳制衣有限公司	2004	—
202	野　珍	香　榧	诸暨市宣六九土特产厂	2004	—
203	双　第	弹　簧	浙江双第弹簧有限公司	2004	—
204	南　新	管　道	诸暨市南新塑胶有限公司	2004	—
205	今日风	袜	诸暨市陶朱针织厂	2004	—
206	泰尔戈	充电灯	诸暨市泰尔戈电器有限公司	2004	—
207	恒　森	阀　门	诸暨市华腾空调器附件厂	2004	—
208	温　暖	鞋	诸暨市温暖鞋业有限公司	2004	—
209	龙　勇	汽　配	诸暨市东风汽车配件厂	2004	—
210	飘　篮	布	浙江四通纺织品有限公司	2004	—
211	明　峰	弹　簧	浙江明峰弹簧有限公司	2004	—
212	科　源	袜	诸暨朝晖针织有限公司	2004	—
213	MOSES	豆制品	诸暨市嘉宝食品厂	2004	—
214	绿　剑	香　榧	诸暨大自然农产品开发有限公司	2004	—
215	通之运	袜	浙江通用针织有限公司	2004	—
216	越　美	布	诸暨越美纺织品有限公司	2004	—
217	海　讯	纱　丝	诸暨市海讯化纤有限公司	2004	—
218	千　足	珍珠首饰	浙江千足珍珠股份有限公司	2004	—
219	建成发	弹　簧	浙江建成发弹簧有限公司	2004	—
220	通之运	袜	浙江通运针织有限公司	2004	—
221	海　讯	纱　丝	诸暨市海讯化纤有限公司	2004	—
222	千　足	珍珠首饰	浙江千足珍珠股份有限公司	2004	—
223	山下湖	珍珠首饰	浙江山下湖珍珠集团有限公司	2005	—
224	东方之星	汽车配件	诸暨市东星机械有限公司	2005	—
225	老八辈	香　榧	诸暨市老八辈香榧经营部	2005	—

续表 3-5-10

序号	商　标	商　品	企业名称	认定时间	延认时间
226	永　成	汽车配件	浙江永成机械有限公司	2005	—
227	榧香春	茶　叶	浙江冠军食品有限公司	2005	—
228	HH 华海	纺织机械	浙江华海机械制造有限公司	2005	—
229	铭　仕	水　管	浙江铭仕管业有限公司	2005	—
230	福　特	袜	浙江三马针织有限公司	2005	—
231	TENDIER	服　装	浙江新兴针织服饰有限公司	2005	—
232	通　球	管　道	浙江通球环保管业有限公司	2005	—
233	笔峰春	茶　叶	浙江东白农业开发有限公司	2005	—
234	墨　城	水　泥	浙江墨城水泥有限公司	2005	2008
235	雄　风	商　业	浙江雄风实业集团有限公司	2005	—
236	傅　爱	充电灯	浙江傅爱电器有限公司	2005	—
237	YSSN	袜	诸暨市五泄童袜厂	2005	—
238	盈	糕点糖果	诸暨市盈丰食品厂	2005	—
239	佳　易	袜	诸暨市佳易袜业有限公司	2005	—
240	南　龙	杯、酒具	诸暨市南湖塑料机电有限公司	2005	—
241	汕　星	充电灯	诸暨市华光照明灯具厂	2005	2008
242	信　胜	刺绣机	诸暨市信胜缝制设备有限公司	2005	—
243	万　佳	刺绣机	诸暨市万佳电子刺绣机制造有限公司	2005	—
244	浩　海	空调冰箱	诸暨市浩海空调器制造有限公司	2005	—
245	稽　峰	香　榧	诸暨市稽峰土特产食品厂	2005	—
246	鹰　王	充电灯	诸暨市鹰王电器厂	2005	—
247	海子仁	炒　货	诸暨市海子晨食品有限公司	2005	—
248	桂　花	玻璃马赛克	诸暨市璜山玻璃马赛克厂	2005	—
249	阿杰邦尼	服　装	诸暨市浬浦阿杰邦尼制衣厂	2005	—
250	双　井	水　泥	诸暨市福利水泥有限公司	2005	—
251	六　峰	高粱烧酒	诸暨市同山高粱烧酒厂	2005	2008
252	潇　丽	服装、袜	诸暨市丽成针织厂	2005	—
253	纳　川	钢丝金属线	诸暨市海纳特钢有限公司	2005	2008
254	越　翠	袜	诸暨市佳艺袜业有限公司	2005	2008
255	珂　丽	袜、服装	浙江安丽工贸有限公司	2005	—
256	力　狮	鞋	诸暨市直上鞋厂	2005	2008
257	东　伟	服　装	浙江东伟纺织服饰有限公司	2005	—

续表 3-5-10

序号	商　标	商　品	企业名称	认定时间	延认时间
258	SPKAEYAE	袜	诸暨凯云针织有限公司	2005	—
259	佳　丽	珍珠、珍珠饰品	浙江佳丽珍珠首饰有限公司	2005	—
260	大东南	食品用塑料制品	浙江大东南集团	2006	—
261	山　水	珍珠、珍饰品	浙江三水珠宝有限公司	2006	—
262	灵　铭	管件、阀门	诸暨灵铭管件有限公司	2006	2009
263	不　凡	化妆品	诸暨生命之光珍珠有限公司	2006	2009
264	精　铭	刺绣机	诸暨市精铭机械制造有限公司	2006	—
265	陈　林	—	诸暨市陈林炒货厂	2006	2009
266	派　派	—	诸暨市天星食品有限公司	2006	2009
267	国　申	织物、布	诸暨市国申织造厂	2006	—
268	七色鹿	色　母	浙江七色鹿色母有限公司	2006	—
269	莎啦啦	炒　货	诸暨市莎啦啦食品有限公司	2006	—
270	紫　藤	照明灯具	诸暨市紫藤电器厂	2006	—
271	七　彩	刺绣机	诸暨市鲁班机电制造有限公司	2006	—
272	绿　化	玻璃马赛克	诸暨市玻璃马赛克厂	2006	—
273	迪安虎	休闲裤	浙江迪安虎服饰有限公司	2006	—
274	锦　裕	袜、服装	诸暨市锦裕袜业有限公司	2006	2009
275	大　昌	纱、丝	诸暨市草塔大昌加弹厂	2006	—
276	盾　翔	水龙头	诸暨市盾翔机械有限公司	2006	—
277	华　佳	汽车配件	浙江华佳机械有限公司	2006	—
278	科利达	垫圈、软管	浙江科利达管业有限公司	2006	2009
279	鑫　兴	汽车泵	浙江全兴机械制造有限公司	2006	—
280	玉　王	电容、变压器	浙江玉王电器有限公司	2006	—
281	众　擎	起重机械	浙江众擎起重机械制造有限公司	2006	—
282	大　明	充电灯	诸暨市侣灯电器有限公司	2006	—
283	图　形	弹　簧	浙江金昌弹簧有限公司	2006	—
284	暨阳龙	雨　衣	诸暨市天龙雨衣厂	2006	—
285	之　星	热水器、取暖器	诸暨市爱迪电器厂	2006	—
286	叶　蕾	纸制品	诸暨市叶蕾卫生用品有限公司	2006	—
287	中　强	布、丝绸	诸暨市中强纺织有限公司	2006	—
288	贾　桥	水果、蔬菜	牌头镇贾桥村经济合作社	2006	—
289	同　华	水　果	诸暨市同华牌樱桃基地	2006	—

续表 3-5-10

序号	商　标	商　品	企业名称	认定时间	延认时间
290	升　鑫	室内外装潢	诸暨市升鑫铝业有限公司	2006	—
291	长生鸟	药用胶囊	浙江长生鸟药业有限公司	2006	—
292	宅润丰	纱、丝	浙江海润丰化纤有限公司	2006	—
293	新　环	润滑油	浙江省诸暨市润滑油有限公司	2007	2010
294	申　科	轴　承	浙江申科滑动轴承有限公司	2007	—
295	展　旺	绣花机	浙江强盛机电制造有限公司	2007	—
296	YUEMEI	绣花机	浙江越隆缝制设备有限公司	2007	2010
297	BLL	缝纫机	浙江大宇缝制设备制造有限公司	2007	—
298	三　净	电除尘器	浙江三净环保工程有限公司	2007	—
299	超　玉	刺绣机	诸暨超越机电设备制造有限公司	2007	2010
300	佳　达	水冷却装置	诸暨市中天工业有限公司	2007	—
301	SHIELD	金属管道接头	诸暨市神通铸铜厂	2007	—
302	永　杰	空气调节器	诸暨市永杰空调附件厂	2007	—
303	奇　峰	水管龙头	诸暨市奇峰水暖有限公司	2007	—
304	DDWI	水净化装置	浙江东大水业有限公司	2007	—
305	鸿　森	空气调节装置	诸暨市鸿森机械有限公司	2007	—
306	奇　爱	水暖管零件	浙江奇爱管业有限公司	2007	—
307	康　亿	管道、水管龙头	诸暨市中亿管业有限公司	2007	—
308	申　丰	水龙头	浙江申丰管业有限公司	2007	—
309	工　正	分配阀总成	诸暨市工正汽车配件厂	2007	—
310	雪孩子	珍珠饰品	诸暨诗诺尔珍珠饰品有限公司	2007	—
311	思　尔	珍珠饰品	诸暨市思尔珠宝首饰有限公司	2007	—
312	亿　霸	保温用非导材料	诸暨市亿霸龙保温材料公司	2007	—
313	龙　越	非金属软管	浙江龙越管业有限公司	2007	—
314	三　马	纱	浙江三马锦纶科技有限公司	2007	—
315	恒　升	纱	浙江恒冠化纤有限公司	2007	—
316	江南浪子	服　装	诸暨市亿力服饰有限公司	2007	—
317	赛柯赛斯	服　装	浙江开倜服饰有限公司	2007	—
318	开　耀	袜	诸暨市开耀袜业有限公司	2007	—
319	倍斯特	羽绒服装	浙江诸暨倍斯特羽绒制品有限公司	2007	2010
320	向阳花	鞋	诸暨市振良鞋厂	2007	—
321	申佰利	袜、袜裤	浙江申佰利袜业有限公司	2007	2010

续表 3-5-10

序号	商　标	商　品	企业名称	认定时间	延认时间
322	枫桥老何	加工过的香榧	诸暨市老何土特产有限公司	2007	—
323	科　富	鲜水果	诸暨市农业科技实验基地	2007	—
324	万阳红	鲜水果	诸暨市浣东街道东兴村经合社	2007	—
325	笑阿欢	果　汁	诸暨市齐欢饮料食品厂	2007	—
326	凌　风	广告设计制作	诸暨市凌风广告有限公司	2007	2010
327	勤+缘	广告设计制作	诸暨市勤+缘礼仪广告有限公司	2007	—
328	图　形	建　筑	浙江八达建设集团有限公司	2007	—
329	金海三喜	空气净化	诸暨市金海三喜空调网业有限公司	2007	2010
330	舒　馨	公共卫生浴	诸暨市舒馨休闲理容有限公司	2007	—
331	绍　弹	丝、纱	诸暨绍弹化纤有限公司	2008	—
332	金　剑	非金属软管	诸暨市上丰五金厂	2008	—
333	锦事达	丝、纱	浙江锦事达化纤有限公司	2008	—
334	千色花	袜　子	诸暨市星辰袜业有限公司	2008	—
335	开　达	管件、管道	浙江开达管业有限公司	2008	—
336	沪　洁	管件、管道	诸暨市店口建欣管件厂	2008	—
337	越　兴	管道、龙头	诸暨市全民机械有限公司	2008	—
338	爱水宝	管道、龙头	浙江爱水宝管业有限公司	2008	—
339	A M Y	管道、龙头	浙江艾默樱零部件有限公司	2008	—
340	福　日	热气装置	浙江福日散热器有限公司	2008	—
341	伟　半	管道、水暖装置	浙江伟丰塑业有限公司	2008	—
342	钟　爱	管道、水暖装置	浙江钟爱管业有限公司	2008	—
343	佳　华	汽　配	诸暨市佳华汽车部件厂	2008	—
344	国　伟	家禽、蛋	诸暨市国伟禽业发展有限公司	2008	—
345	红　博	服装、羊毛衫	诸暨市红博羊毛衫厂	2008	—
346	祥　生	建　筑	浙江祥生房地产开发有限公司	2008	—
347	图形商标	过滤、净化设备	浙江东方环保设备有限公司	2008	—
348	古天龙	服装、鞋袜	诸暨市阿迪太子服饰有限公司	2008	—
349	永利房产	建筑项目开发设计	诸暨市永利房地产经营有限公司	2008	—
350	JIN MEI	缝纫机等	诸暨市杰宇机电有限公司	2008	—
351	LIAN HE	绣花机	诸暨市现代缝制设备制造有限公司	2008	—
352	正　涛	纺织品	诸暨市雅美纺织有限公司	2008	—
353	嘉美诗	香皂、牙膏	浙江嘉美日用化工有限公司	2009	—

续表 3-5-10

序号	商　标	商　品	企业名称	认定时间	延认时间
354	中　横	钢制滑轮百叶窗	诸暨市中横窗业有限公司	2009	—
355	绅仕镭	电脑绣花机	浙江绅仕镭机电有限公司	2009	—
356	华　球	食品包装机、制丸机	浙江华球机械制造有限公司	2009	—
357	双　杰	弹簧（机器零件）	浙江双杰工程机械有限公司	2009	—
358	兆　山	刺绣机滑板、缝合机	浙江兆山建材集团有限公司	2009	—
359	顺　安	电除尘器、布袋除尘器	浙江顺安环保科技有限公司	2009	—
360	鑫　犇	织机（机器）、织布机	诸暨鑫犇机械有限公司	2009	—
361	通　业	印刷机、胶印机	浙江通业印刷机械有限公司	2009	—
362	洁　宇	水暖装置用管子	浙江军联铜业有限公司	2009	—
363	申　塑	水龙头、暖气装置	诸暨市申塑管业有限公司	2009	—
364	一帆风顺	水龙头、水管龙头	诸暨市风帆管业有限公司	2009	—
365	巨　港	PP-R 直接、弯头	浙江东川管业有限公司	2009	—
366	白塔湖	水龙头、水暖装置	浙江白塔湖管业有限公司	2009	—
367	三　普	冷冻机、冷冻设备	浙江三普制冷配件有限公司	2009	—
368	东方绿色	气体净化装置	浙江东方环保集团有限公司	2009	—
369	胜　汇	灯、电筒	诸暨市城东塑料电器厂	2009	—
370	东神（图形）	弹簧制动气室	诸暨市东神汽车零部件制造厂	2009	—
371	亿达（图形）	珍珠（珠宝）、戒指	浙江亿达珍珠有限公司	2009	—
372	花　王	玛瑙、珍珠	屠国良	2009	—
373	图　形	塑料管、浇水软管	浙江华星管业有限公司	2009	—
374	乾　宇	建筑用塑料管、塑料板	浙江锦宇枫叶管业有限公司	2009	—
375	惠尔利	纱、人造丝	诸暨市惠利氨纶制品厂	2009	—
376	—	弹力丝、棉线、	诸暨日胜化纤针织有限公司	2009	—
377	天洋图形	布、织物	浙江天洋控股集团有限公司	2009	—
378	—	长筒袜、吸汗长筒袜	诸暨市宏鹰袜业有限公司	2009	—
379	Dhprincely 及图	服装、针织服装	浙江诸暨达亨制衣有限公司	2009	—
380	—	袜、袜裤	浙江省诸暨市金仁针织有限公司	2009	—
381	日驰尼	游泳衣、雨衣	浙江雷奇服装有限责任公司	2009	—
382	路仁行	鞋、皮鞋	浙江赛乐袜业有限公司	2009	—
383	—	鞋、帽	泰荣针纺集团有限公司	2009	—
384	—	蛋黄、咸蛋	诸暨市马大康禽蛋有限公司	2009	—
385	天伟牌 + 英文	食品用胶、果冻	浙江天伟生化工程有限公司	2009	—

续表 3-5-10

序号	商　标	商　品	企业名称	认定时间	延认时间
386	越　都	加工过的瓜子、香榧	诸暨市越都栝楼专业合作社	2009	—
387	原　礼	食用葡萄	浙江诸暨黄花医药科技有限公司	2009	—
388	—	茶	诸暨市羽剑茶业专业合作社	2009	—
389	玉　芽	茶、冰茶	诸暨市东和农贸市场	2009	—
390	长生元图形	珍珠粉、珍珠首饰	浙江长生元珍珠有限公司	2009	—
391	茂　阳	活动物活家禽	浙江茂阳牧业有限公司	2009	—
392	BAI TA HU	活动物、贝壳类动物	国营诸暨市白塔湖鱼场	2009	—
393	—	酒	绍兴市古煌酿酒有限公司	2009	—
394	COMSTAR（神鹰）	去污剂	浙江神鹰集团有限公司	2012	—
395	巍峰	金属材料	浙江友谊特种钢有限公司	2012	—
396	三峰瑞朵	金属阀门	浙江三峰集团有限公司	2012	—
397	LANBO（蓝博）	普通金属网	诸暨市蓝博空调网业有限公司	2012	—
398	五　泄	弹　簧	诸暨市动力弹簧厂	2012	—
399	瑞　远	车　床	浙江瑞远机床有限公司	2012	—
400	嘉力宝	滚齿机	浙江嘉力宝机械有限公司	2012	—
401	图形（创加）	刺绣机滑板	诸暨创加电子设备有限公司	2012	—
402	图形（众磊）	起重机	浙江众磊起重设备制造有限公司	2012	—
403	红　霞	阀	浙江红霞铜业有限公司	2012	—
404	T&K	织袜机	浙江罗伯特针织电脑有限公司	2012	—
405	图形（乐佳）	织袜机	浙江乐佳机电有限公司	2012	—
406	超　杰	气动焊接设备	诸暨市超杰五金电器厂	2012	—
407	康　宇	电　缆	浙江康宇电缆有限公司	2012	—
408	诸　安	灭火器	浙江福兴消防设备有限公司	2012	—
409	能加能	车辆用蓄电池	浙江能加能电源业有限公司	2012	—
410	东　琛	车辆用蓄电池	诸暨市东升电器制造有限公司	2012	—
411	澳　亚	灯	浙江澳亚光能科技有限公司	2012	—
412	富　浩	卫生设备用水管	浙江富浩管业有限公司	2012	—
413	洁利斯	水分配设备	浙江洁利斯机械制造有限公司	2012	—
414	柯　森	卫生设备用水管	浙江万金机械有限公司	2012	—

续表 3-5-10

序号	商 标	商 品	企业名称	认定时间	延认时间
415	JINLINGA ONE（金菱）	水冷却装置	浙江金菱制冷工程有限公司	2012	—
416	富 华	水管龙头	浙江富华管业有限公司	2012	—
417	洁 球	暖气装置	浙江中瑞管业有限公司	2012	—
418	飞 旺	双腔刹车总泵	诸暨市飞旺汽车制动器厂	2012	—
419	捷 灵	汽车或货车零件	浙江捷灵开关有限公司	2012	—
420	天地润珍珠、图形	贵金属合金、珍珠	浙江天地润珍珠有限公司	2012	—
421	水中宝	小饰物（珠宝）	浙江星宝珍珠首饰有限公司	2012	—
422	图形（铭记）	珍珠（珠宝）	浙江铭记珠宝有限公司	2012	—
423	雄 城	纸制品	诸暨雄城大厦百货有限公司	2012	—
424	全 民	龙 头	浙江全民管业有限公司	2012	—
425	冠 军	塑料管	浙江金格管道有限公司	2012	—
426	中 洁	非金属管道	浙江中洁管道有限公司	2012	—
427	巨 运	建筑用塑料管	浙江巨运管业有限公司	2012	—
428	鑫 河	非金属水管	浙江中鑫管业有限公司	2012	—
429	华 伊	非金属管道	浙江华亿管业有限公司	2012	—
430	恒 泰	棉线和棉纱	诸暨市恒泰针纺织品有限公司	2012	—
431	凯 信	棉线和棉纱	诸暨市凯信化纤有限公司	2012	—
432	荣 森	装饰织品	诸暨市荣森针纺有限责任公司	2012	—
433	珞 依	服 装	诸暨市阿罗美针织有限公司	2012	—
434	胖 丁	鞋	诸暨市城北宏雨鞋厂	2012	—
435	久 渔	袜	诸暨市久渔针织厂	2012	—
436	凯 云	服 装	浙江凯云针织有限公司	2012	—
437	婷 丽	袜	浙江爱荣针织有限公司	2012	—
438	大双君	鞋	诸暨市直埠双君鞋厂	2012	—
439	英其尔	服装	诸暨英其尔针织有限公司	2012	—
440	劲 踏	袜	诸暨市诺贝尔袜业有限公司	2012	—
441	森威活力	袜	诸暨市森威特针织厂	2012	—
442	山代果	加工过的香榧	诸暨市天野食品有限公司	2012	—
443	金沙峰	茶	诸暨市金沙农业休闲山庄	2012	—
444	图形（华东国际珠宝城）	—	诸暨华东国际珠宝城有限公司	2012	—

续表 3-5-10

序号	商　标	商　品	企业名称	认定时间	延认时间
445	永　业	建筑信息	永业建工集团有限公司	2012	—
446	康　吉	清洁建筑物	诸暨市康吉服务有限公司	2012	—
447	宝　丽	印　刷	诸暨市宝丽彩印包装有限公司	2012	—
448	开　耀	袜	诸暨市开耀袜业有限公司	2012	—
449	宏　观	服装	诸暨市宏观制衣厂	2012	—
450	勿忘我	袜	诸暨市亿文针织厂	2012	—
451	婷　丽	袜	诸暨市爱荣针织有限公司	2012	—
452	向阳光	鞋	诸暨市振良鞋厂	2012	—
453	温　暖	鞋	诸暨市温暖鞋业有限公司	2012	—
454	鑫　顺	鞋	浙江省诸暨市鑫顺工贸有限公司	2012	—
455	珞　依	服装、袜	诸暨市阿罗美针织有限公司	2012	—
456	图形（三净）	电除尘器	浙江三净环保工程有限公司	2012	—
457	笑阿欢	含乳饮料	诸暨市齐欢饮料食品厂	2012	—
458	YONGBAO	贵重金属合金	浙江永宝珍珠有限公司	2012	—
459	龙　哥	未加工 或半加工贵金属	诸暨市山下湖镇大龙饰品商行	2012	—
460	TLS	贵重金属合金	浙江蒂尔斯珠宝有限公司	2012	—
461	驻　春	未加工 或半加工贵金属	诸暨市山下湖驻春珠宝商行	2012	—
462	甜甜猫	削铅笔机	诸暨市波斯猫文具有限公司	2012	—
463	斯瑞克	塑料管	浙江斯瑞克塑胶有限公司	2012	—
464	全能 e 家	非金属管道接头	浙江全能丰禾塑业有限公司	2012	—
465	鑫沃特	塑料管	浙江诸暨鑫沃特管业有限公司	2012	—
466	塑料管	美　净	浙江美净管业有限公司	2012	—
467	百事得	塑料管	浙江百事得塑胶有限公司	2012	—
468	昭　星	书包 / 旅行包（箱）	诸暨富润宠物用品有限公司	2012	—
469	暨　诺	非金属管道	浙江暨诺管业有限公司	2012	—
470	亚　枫	非金属管道	浙江中统管业有限公司	2012	—
471	圣　淇	非金属管道	浙江永杰管业科技有限公司	2012	—
472	JIN XIANG	砖 / 波形瓦	浙江大象新型材料有限公司	2012	—
473	金　相	砖 / 波形瓦	浙江大象新型材料有限公司	2012	—
474	甲天下	波形瓦	浙江大象新型材料有限公司	2012	—
475	兴　成	非金属盘	诸暨市兴成竹业有限公司	2012	—

续表 3-5-10

序号	商 标	商 品	企业名称	认定时间	延认时间
476	万家·格琳	凳子（家具）	诸暨市捷佳家具有限公司	2012	—
477	天 鹰	纱 线	诸暨市草塔张裕化纤加弹厂	2012	—
478	YB	弹力丝（纺织用）	浙江宇邦纤维有限公司	2012	—
479	康富美	纺织织物 / 布	浙江康富美实业有限公司	2012	—
480	路 润	袜 / 袜裤 / 袜套	诸暨市九阳袜业有限公司	2012	—
481	皮艾萨	服装、裤子	浙江西格玛服饰有限公司	2012	—
482	兴 娜	袜 / 短统袜	诸暨金宏润纺织有限公司	2012	—
483	追新族	鞋 / 领带	诸暨市新星袜厂	2012	—
484	雅格希	服装 / 袜	诸暨市伊美特服饰有限公司	2012	—
485	ZhiLai	金属门	诸暨市品位门业有限公司	2012	—
486	恩 宝	金属钱盒 / 保险柜	浙江海博塑胶有限公司	2012	—
487	美香诺	金属焊条 / 螺丝母	浙江万金机械有限公司	2012	—
488	KTM	金属管道接头	浙江海珠管业有限公司	2012	—
489	Racoon	挖掘机机器铲	浙江濠泰机械有限公司	2012	—
490	伽 马	电脑刺绣机及配件	诸暨市伽马机电制造有限公司	2012	—
491	YIBANG	压路机	浙江易邦机械有限公司	2012	—
492	中环昆仑	电芯机	浙江昆仑环保设备有限公司	2012	—
493	柯莱特	切断机（机器）	浙江柯莱特机械有限公司	2012	—
494	弘 达	刺绣机、滑板	诸暨市金鸿达机械制造有限公司	2012	—
495	齐 鲤	农业机械	浙江齐鲤机械有限公司	2012	—
496	雷 邦	红外线热像仪	浙江雷邦实业有限公司	2012	—
497	日月旺	太阳能电池	浙江日月旺光能科技有限公司	2012	—
498	灿 明	变压器	诸暨市灿明电子电缆有限公司	2012	—
499	HC	电池极板	浙江弘晨光伏能源有限公司	2012	—
500	力 丰	水龙头	诸暨市三力日丰管业有限公司	2012	—
501	玖利达	空气调节设备	诸暨市玖利达空气处理设备有限公司	2012	—
502	大唐双双	冷藏室 （制冷设备和装置）	双双集团有限公司	2012.1.15	—
503	富 羽	阀（机器零件）	浙江富羽阀门制造有限公司	2012	—
504	中德如日	管道 （卫生设备部件）	浙江中德如日管业有限公司	2012	—
505	WX	车辆底盘	浙江万鑫动力机械有限公司	2012	—
506	SEAJCO	机动车减震器	浙江诸暨东港液压机械有限公司	2012	—

续表 3-5-10

序号	商　标	商　品	企业名称	认定时间	延认时间
507	东　意	未加工或半加工贵金属	浙江东意珍珠有限公司	2012	—
508	明　洋	贵重金属合金	诸暨市明洋珠宝商行	2012	—
509	佳丽珍珠	珍珠（珠宝）	浙江佳丽珍珠首饰有限公司	2012	—
510	唐　萃	珍珠（珠宝）	浙江唐萃珠宝有限公司	2012	—
511	ZhiLai	衬衣 / 裤子	浙江枝来服饰有限公司	2012	—
512	恩　宝	袜 / 服装	诸暨市荣珅针纺织厂	2012	—
513	美香诺	加工过的瓜子	诸暨市美香诺食品有限公司	2012	—
514	坑口高山	精制坚果仁	诸暨市城东坑口高山香榧经营部	2012	—
515	圣　友	茶 / 茶叶代用品	诸暨市圣友农作物专业合作社	2012	—
516	茂　阳	活动物 / 鲜水果	浙江茂阳农发集团有限公司	2012	—
517	东白湖	甲壳动物	诸暨市牛人园生态龟鳖场	2012	—
518	一　百	商业行情代理	浙江诸暨第一百货有限公司	2012	—
519	驿　路	广告传播 / 广告	诸暨市驿路广告有限公司	2012	—
520	绿如蓝	建筑施工监督	浙江绿如蓝工程建设有限公司	2012	—
521	嘉　米	香皂、洗衣剂	浙江嘉美日用化工有限公司	2013	—
522	罗　速	纺织工业用机器	浙江罗速设备制造有限公司	2013	—
523	Crafab	泵、电机、鼓风机	浙江格美机电科技有限公司	2013	—
524	洁　达	清洁用除尘装置	浙江吉达环保集团有限公司	2013	—
525	飞　峰	空气压缩泵、液压元件	浙江飞峰阀门有限公司	2013	—
526	大　越	剑	绍兴大越文化发展有限公司	2013	—
527	美固龙	剪　刀	诸暨市美固龙机械有限公司	2013	—
528	伟　焕	数据处理设备	浙江伟焕机械制造有限公司	2013	—
529	荣　怀	污水处理设备、空气过滤设备	浙江荣怀环保科技有限公司	2013	—
530	新科利	水管、龙头	浙江新科利管业有限公司	2013	—
531	博　亨	管　道	浙江鑫牛管业有限公司	2013	—
532	缇　贝	珍珠（珠宝）项链（首饰）	诸暨市山下湖缇贝珠宝商行	2013	—
533	东方恒洋	珍珠（珠宝）	诸暨市恒洋珠宝有限公司	2013	—
534	雄　风	纸、卫生纸、复写纸	雄风集团有限公司	2013	—

续表 3-5-10

序号	商　标	商　品	企业名称	认定时间	延认时间
535	银　生	珍珠（珠宝）、贵重金属艺术品	诸暨市银生珍珠养殖有限公司	2013	—
536	绿精方	非金属套管	浙江恒发管业有限公司	2013	—
537	鑫豪锐	合成橡胶、非金属套管	浙江豪锐科技有限公司	2013	—
538	金　优	非金属套管	浙江金优科技有限公司	2013	—
539	图形（鑫联朔）	塑料管、非金属软管、合成橡胶、非金属管道接头	诸暨鑫联朔管业有限公司	2013	—
540	海　普	非金属排水管	浙江海普管业有限公司	2013	—
541	三毛红	竹木工艺品、骨灰盒	浙江东申工艺品有限公司	2013	—
542	图形（汉诺）	布、纺织品壁挂、床单	诸暨市汉诺纺织有限公司	2013	—
543	男左女右	袜	浙江男左女右服装有限公司	2013	—
544	樱 &恋	服装、袜	浙江开倜服饰有限公司	2013	—
545	图形（华帛）	服装、裤子	诸暨市华帛羽绒服饰有限公司	2013	—
546	图形（良龙）	袜	浙江省诸暨市良龙袜业有限公司	2013	—
547	雄　风	袜、袜裤、袜套	雄风集团有限公司	2013	—
548	浪　缇	袜	浙江欣阳袜业有限公司	2013	—
549	樱姿美	袜	诸暨市棋棋袜业有限公司	2013	—
550	星期袜	袜	诸暨市标榜服饰有限公司	2013	—
551	曼斯特丽	袜	峰峰集团有限公司	2013	—
552	传　步	袜	诸暨市如海针纺有限公司	2013	—
553	丝雨柔	袜、服装、婴儿全套衣	浙江卡特兰纺织有限公司	2013	—
554	安华果园	鲜水果	诸暨市勤丰葡萄专业合作社	2013	—
555	米　蓝	水果饮料（不含酒精）	浙江蓝美实业有限公司	2013	—
556	恒丰泰	酒、饮料	诸暨市恒丰泰同山烧有限公司	2013	—
557	宜佳向阳	商业管理辅助	浙江宜佳向阳超市有限公司	2013	—
558	暨　阳	废物处理（变形）	诸暨市暨阳保洁服务有限公司	2013	—

续表 3-5-10

序号	商　标	商　品	企业名称	认定时间	延认时间
559	永利房产	建筑项目的开发、室内装饰设计、建筑制图	诸暨市永利房地产开发有限公司	2013	—
560	天地润珍珠图形	宝石(珠宝)、珍珠、贵重金属首饰盒	浙江天地润珍珠有限公司	2013	—
561	嘉美诗 GEEMAX	香皂、药皂	浙江嘉美日用化工有限公司	2013	—
562	红霞（图形）	泵（机器、发动机或马达部件）、阀（机器零件）、空气冷却器	浙江红霞铜业有限公司	2013	—
563	路神（图形）	袜、袜裤、袜套	诸暨市九阳袜业有限公司	2013	—
564	华球（图形）	食品包装机、液压泵、阀（机器零件）	浙江华球机械制造有限公司	2013	—
565	久鱼（图形）	袜、针织服装、内衣	诸暨市久鱼针织厂	2013	—
566	图　形	水龙头、水净化设备和机器	东大水业集团有限公司	2013	—
567	图　形	袜	浙江赛乐袜业有限公司	2013	—
568	茂阳（图形）	活动物、新鲜蔬菜、鲜水果	浙江农发集团有限公司	2013	—
569	图　形	水暖装置用管子接头、水分配设备、卫生设备用水管	浙江富豪管业有限公司	2013	—

附录　块状产业选介

大唐袜业　大唐镇，明时称黄荆。清乾隆四十八年（1783 年）《大唐庵碑记》记载：“吾地正三十都黄荆塔（埭），古建大唐庵。”碑记描述了当时大唐一带黄荆丛生、庵堂冷落的景象。立碑人当然不会想到，200 多年后，这块曾经满是黄荆的土地，竟出现了一个 21 世纪“最具成长性的十大国际性产业集聚区”，成为黄金遍地的“中国（国际）袜都”。

1979年春，大唐庵一带有钟家织袜厂、城山织袜厂等3户集体企业生产加工袜子。20世纪80年代初，城山织袜厂技术员张金灿与师傅张乃春合伙，到浦江等地收购旧袜机，经修理改装后，分发给亲朋好友，偷偷摸摸织袜子。后来的一段日子，张金灿虽然因“投机倒把”而尝尽了铁窗滋味，但这一带的织袜业却并未因此而偃旗息鼓，反而日渐兴盛。户带户、村带村，织袜业迅速发展。20世纪80年代中期，大唐庵一带已有手摇袜机670台，产品多为尼龙袜。

为销售袜子，村民们将袜子装入竹篮，上覆毛巾，游弋于杭金公路边，向过往车辆中的司机、乘客叫卖兜售。当时政策尚未完全开放，私人卖袜，屡被打击。卖袜人一见那些套着红袖章、骑着摩托车的打办（打击投机倒把办公室）人员，便逃之夭夭，躲进路边桑园、苎麻地里。

尽管在“割资本主义尾巴”的刀锋下，这门行当风险重重，但曾为民办教师的洪冬英、拉板车的金银焕，还是舍弃了原来的营生，成为这支队伍中的成员。后来，大唐庵人变得聪明起来，白天织袜，每当入夜，手提肩挑，上公路边卖袜。当时卖一双袜子，只能赚几分钱，但日积月累，也是一笔不小的收入。有一段时间马路市场被取缔，“提篮小卖”无法维持，织袜户们便把袜子卖到义乌。义乌小商品市场建成后，到义乌卖袜的近30位大唐庵人成义乌小商品市场的第一批主人。义乌的部分商贩也陆续到大唐庵收购袜子，运到义乌小商品市场销售。

1990年，大唐庵一带袜机数量急剧增加，并辐射周边乡镇。计有袜机5275台，其中2153台是从上海等地买来并经修理改造的旧电动袜机。大唐庵、合溪口、大松、何村、箭路等村，成了织袜专业村，其中合溪口村286户，有袜机336台，户均达1.2台。当年，与织袜业紧密相关的人造丝加工及销售应运而生，大唐庵及周边有加弹机45台，整经车8台；销售人造丝的个体工商户从80年代末不足10户增加到129户。是年，大唐庵一带生产袜子3亿双，销售人造丝1400吨。

1991年10月，大唐庵轻纺市场开业后，袜子销售渠道畅通，原料供应充足，进一步促进织袜业发展。据当地金融部门统计，当年大唐庵镇存款额从上年的812.9万元增加到2560.37万元，现金进出总额从2.9亿元增加到6.03亿元。当地农民人均年收入从1267元猛增到1451元。

1992年6月，大唐庵镇更名为大唐镇。是年，从3台手摇袜机起家的洪冬英创办“浙江袜业有限公司”，注册了“丹吉雅”商标。企业当年产袜逾亿双，销售额逾3亿元。金银焕创办的永新化纤有限公司袜业原料生产起步。张金灿创办的诸暨市第二袜厂注册资金已达2258万元。

1993年，市委、市政府出台“三上一提高”政策。大唐一些袜业企业抓住机遇，增加技改投入，引进先进设备，扩大企业规模。洪冬英的浙江袜业有限公司筹资 500 万元，率先引进 37 台电脑袜机。金银焕的永新化纤有限公司分两次投入 520 万元，从韩国进口 150 台氨纶包覆纱机。龙头企业带动，中小企业紧跟，整个袜业产业开始了生产设备更新换代。此后，随着设备更新，袜子质量提高，花式品种增加，外销市场迅速扩大。1996 年，大唐生产的袜子出口欧美、中东、非洲等地和日本、韩国、新加坡等国家，出口额占大唐袜业总销售额的 35%。1997 年，袜产业有织袜企业 5711 户，袜机 15651 台，其中电脑袜机 565 台；年产袜 17.1 亿双，产值 12.45 亿元。

1992 年—1997 年大唐袜业发展情况一览

表 3-5-11

年　度	1992	1993	1994	1995	1996	1997
袜机数（台）	2911	4562	8712	12005	14115	15651
其中电脑袜机（台）	—	37	350	454	578	565
产量（亿双）	3.79	5.09	9.57	13.31	15.30	17.41
产值（亿元）	0.54	0.78	2.25	3.46	6.73	12.45

1992 年—1997 年大唐袜业技改投入、产业发展情况一览

表 3-5-12

年　度	1992	1993	1994	1995	1996	1997
投入资金（万元）	1515	3562	6711	8212	9141	12510
扩展至乡镇（个）	5	7	8	9	12	15
家庭织袜户（户）	970	1512	2712	3455	4012	5711

1998 年，全市上下合力兴工，促进块状经济升级。以经营袜成品为主的大唐商业城并入轻纺市场，进一步带动袜业产业发展。当年，全市袜产业有袜机 5 万余台，年产袜子 48 亿双，产值 56 亿元。其中大唐镇拥有袜机 3 万余台。民谣称“大唐人均一台机，国人平均三双袜”。

1999 年 10 月，首届袜博会召开，17 户国外企业带来具有国际先进水平的袜业机械。织袜企业投入资金，纷纷引进国外上千台袜业生产设备。是年，大唐袜业转型升级加快，手摇、电动袜机淘汰，整个产业已拥有电脑袜机 7000 余台，占袜机总量的 10.8%；产袜 50 亿双，产值 90 亿元，其中外贸出口占 35%。

2000 年 10 月，市委、市政府规划 33.33 公顷土地用于开辟袜业工业园区。是年，

袜业技改投入上千万元的项目 18 个，占全市 75 个工业技改项目的 24%。新增电脑袜机 1500 余台。产值在 100 万元以上的制袜企业，建立染整一条龙配套生产工序，产品生产成本下降，附加值提高。浙江袜业有限公司、浙江中周袜业有限公司、虹羽袜业有限公司、情怡袜业有限公司等企业集聚家庭作坊式织袜户组成松散型联合体。全市整个袜产业实现产值 85 亿元，销售 81.65 亿元。全市有自营进出口权的织袜企业 9 户，整个袜业外贸出口 11.79 亿元。但与义乌袜业相比，诸暨织袜企业单体规模偏小，龙头企业不多，品牌知名度不高，年产值 1000 万元以上的企业仅 30 户；86 件注册商标，正常使用者较少，知名商标更少。中小企业缺少染整等后道工序，不得不以半成品（白坯袜）销售给义乌商贩进行再加工，使 30% 的利润拱手让人。一位记者曾撰一联："诸暨袜业规模不小，多为嫁衣；品牌稀少名声欠响，只赚小钱。"说明当时袜业生产的窘境。

2001 年，袜业工业园区中 18 个技改项目，当年完成 16 个。11 户企业进驻园区建厂，其中 4 户当年竣工投产。袜业企业厂房扩建、设备更新等资金投入共 2.5 亿元，其中大唐镇占 1.5 亿元。另有 1000 余户中小企业及家庭织袜户实施技改投入。是年，全市有袜业原料加工企业 500 余户，原料经销商 550 余户，印染业 5 户，机械配套企业 5 户。产业拥有袜机 64267 台，其中进口电脑袜机 13190 台。袜业总产值 90.11 亿元，销售额 87.6 亿元。产值在 1000 万元以上的企业 35 户。市海盛针织品有限公司、浙江文体袜业有限公司先后通过 ISO9001 国际质量体系认证。获自营出口权企业增至 14 户。

2002 年，全年产袜 70 亿双，占全国产量的 65%、全球的 35%，品种多达 300 余个。"中国（国际）袜都"初具规模。袜业年产值 150 亿元，其中大唐镇占 107 亿元。工业增加值 22.3 亿元，占全市生产总值的 11%。实现利润 10 亿元，税收 1.75 亿元，占全市财政收入的 12.5%。有 72 户企业落户大唐袜业特色工业园区。境外 16 户企业到大唐投资，投资金额 3000 万美元。8 户企业与外商签约，引进外资 1615 万美元，协议利用外资 855 万美元，实际利用外资 81 万美元。此外，获自营出口权企业 36 户，出口创汇 1207 万美元；有 30 余户袜业企业与省内外 20 余户外贸公司建立业务往来。全年引进具有国际先进水平的生产线 92 条，其中化纤生产线 68 条，合计投入资金 2 亿元。

2003 年，全市拥有袜机 87000 台，其中进口电脑袜机 10000 台，前后道配套设备 18000 台。织袜业以大唐镇为中心，辐射全市 18 个镇乡、120 多个村，有家庭织袜户近万户。有袜业企业 3300 户，其中中小型袜业企业 2453 户。原料销售企业超过 1000 户，缝头卷边企业 312 户，其他配套企业如印染、定型、包装、袜机配件、联托运服务等一应俱全。大唐袜业从原料生产、半成品制造到产品后道整理及包装运输的产业链形成。是年，全市产袜88亿双，实现产值140亿元，销售收入136亿元。

2003年诸暨、义乌袜业产业比较一览

表3-5-13

名称	企业（户）	产值（亿元）	设备（万台）	其中进口设备（万台）	主要品牌
诸暨	3300	136	7	1.8	丹吉娅、步人、宏运
义乌	1000	40	6	4	浪莎、梦娜、芬莉、宝娜丝

2004年12月24日，美国《纽约时报》刊载戴维·巴博扎的文章《中国经济呼啸前进》（《参考消息》同年12月31日第八版转载）。文章称：大唐“这个位于中国东部沿海省份浙江的以一座工厂为主体的小城镇”“每年生产袜子的数量令人瞠目结舌——90亿双，给地球上每个人一双还有余。整个诸暨市有织袜企业8700多家，是国内最大的袜业生产基地。这里的人非常亲切地将这座小城镇称为‘袜都’。这里举行的一年一度的‘袜子节’，每年都能吸引来自世界各地的10万左右的买家。”

是年，全市在册袜业企业9103户，袜机92759台，其中进口电脑袜机27812台。袜业企业固定资产59.03亿元，其中资产在500万元以上企业73户，5000万元以上企业8户，亿元以上企业4户。省著名商标、绍兴市著名商标各新增3件。

2004年末诸暨市注册资金达800万元以上的袜业企业名录

表3-5-14

名　称	负责人	注册资金（万元）
浙江大唐轻纺袜业城有限公司	吕朝阳	2700
浙江袜业有限公司	洪冬英	3080
浙江文体袜业有限公司	赵汝芳	3180
诸暨市第二袜厂	张金灿	2258
浙江中周实业有限公司	周伟潮	1000
浙江双双袜业有限公司	陈晓美	3080
浙江安丽工贸有限公司	朱扬安	1180
浙江嘉梦依袜业有限公司	金建明	888
浙江三马针织有限公司	何旭梅	1130
浙江通运针织有限公司	陈永平	1018
浙江永新集团有限公司	金银焕	5018
浙江海讯实业集团有限公司	楼海飞	9100

续表 3-5-14

名　称	负责人	注册资金（万元）
诸暨市情怡袜业有限公司	何建涛	812
诸暨市虹盛工贸发展有限公司	陈建洪	2580
诸暨市宏运袜业有限公司	石海云	810
诸暨市华星化纤工贸有限公司	寿建英	1000

2005 年 4 月 10 日，美国《洛杉矶时报》记者考察大唐袜业后，发表题为《中国的战略使它在袜都之战中占上风》的文章（《参考消息》同年 4 月 20 日转载）。文章称："美国的佩恩堡从 1907 年开始生产袜子，一度以全球 8 双袜子中就有 1 双产自这里而自豪。但去年大唐生产了 90 亿双袜子，而佩恩堡的产量还不到 10 亿双""中国大唐镇与美国佩恩堡都自诩为'世界袜都'。从近年两座小镇一荣一衰表明，中国在全球市场上的优势已远不止于廉价的设备，原材料和劳动力，它对于产业集群化的利用是美国完全不能望其项背。"

《洛杉矶时报》把"世界袜都"的桂冠由美国的佩恩堡易主到中国诸暨大唐。

图 3-5-8　袜业市场一角

是年，以大唐袜业特色工业园区为核心，杭金线为轴线，横跨大唐、暄阳、草塔、安华、牌头、五泄等镇乡（街道），总面积逾 150 平方千米的袜业生产加工专业区形成。袜机总量 10.4 万台，其中全自动电脑织袜机 3.76 万台；年产袜子 116 亿双，实现产值 235.6 亿元，占全市工业产值的 20%。自营出口 2.51 亿美元，占全市自营出口总额的 18.68%。在有自营出口权的 90 户袜业企业中，年出口交货值 300 万美元以上的 25 户，500 万美元以上的 14 户，1000 万美元以上的 4 户，2000 万美元以上的 1 户。

大唐袜业产业链"前延后伸"，引进先进的织袜生产线，提高原料档次，提升包装、印染等后整理能力，营造产业整体优势。浙江袜业有限公司与东华大学合作，研发袜子款式设计软件。设计一只袜子所需时间，从以前的七、八个小时，缩短到十几分钟。永新集团、日兴隆公司从国外引进包覆丝机，生产的包覆丝柔韧性强，每吨包覆丝产品价格比普通包覆丝高出 1 万元。华海集团投资 6.5 亿元上马氨纶丝生产线，成为全国最大氨纶丝生产企业之一，结束了大唐袜业企业氨纶丝须外购的历史。

产业集群优势成为大唐袜业的特色，整个袜业区拥有万余户袜业企业。为织袜业配套的企业发展也很快，有印染厂 5 户、定型厂 112 户、包装厂 305 户、机械配件供应商 208 户、袜成品营销商 635 户、联托运企业 103 户。

2006 年，全市产袜 118.92 亿双，实现销售收入 272.5 亿元。拥有各类织袜机 10.4 万台，其中电脑袜机 3.99 万台。是年，大唐镇工业总产值 278.06 亿元，90% 来自袜业。全镇农民 90% 的年收入来自袜业，农村 90% 的劳动力就业依靠袜业。大唐镇以袜业经济为依托跻身全国千强镇第 12 位。

2007 年，袜业已形成规模总量大、产业结构完整、技术装备先进、品牌集聚和市场集聚五大优势。全市有各类袜机 12.12 万台，其中进口电脑袜机 5.55 万台，后道配套设备 2 万余台。年产袜子 134.5 亿双，占全国袜产量的 65%、全球袜产量的 1/3。实现总产值 328 亿元，占全市工业产值的 20.5%，其中，大唐镇产袜近 119 亿双，产值 278.06 亿元，销售 272.5 亿元。袜业企业中，年销售 500 万元以上企业 126 户、1 亿以上企业 21 户；具自营出口权袜业企业 83 户，自营出口额 4.6 亿美元。其中，出口交货值 500 万美元以上 20 户。

在大唐，任何一款先进的袜机和配件都可以买到，任何一款袜子都可以生产，任何一种原料都可以生产与配置。从原料、机器设备到产品销售不出大唐就能完成。《洛杉矶时报》记者曾将美国佩恩堡的罗宾公司和中国大唐的三星公司作了比较：罗宾公司的织袜机坏了，新配件要等上一两个月；三星公司的织袜机坏了，一个电话，不出 10 分钟，就会有人把配件送上门来。袜产业已形成包括化纤、织袜、机械及配件、染整、营销、运输等贯穿袜业产业全过程的一条完整产业链。拥有丹吉娅等驰名商标 11 件（含司法认定驰名商标），浙江省著名商标 12 件。“大唐袜业”被省工商局认定为浙江省区域品牌。

2008 年 11 月 2 日，大唐 69 户袜业企业参加 104 届广交会，设置 152 个摊位展示袜产品。3 日，“浙江省诸暨市投资环境暨大唐袜业推介会”在广州举行，大唐镇政府以“国际袜都，魅力大唐”为主题对大唐袜业作专题推介。在推介会上举行项目签约仪式，5 个项目达成合作意向，总投资逾 3 亿元。12 月，大唐镇举行袜业升级座谈会，以建设袜业“国际中心、产业集群”为突破口，推动袜业产业转型升级。当年，在土地、设备、劳动力价格上升，企业运营成本不断增加的形势下，一批袜业规模企业率先转型升级，提升产品附加值，降低成本。浙江开倜服饰有限公司将 80 台织袜机全部卖掉，把产品订单委托给 2000 户中小企业加工生产，集中精力搞新产品研发，企业利润增加 30 倍；步人袜业有 80% 的订单外发加工；浙江袜业有限公司在湖北新建生产基地，公司总部和东华大学合作研发以大豆纤维作原料的袜子新品，附加值是常规袜子的3倍。在产业转型升级中，大唐袜业减少一线织袜工人近4000人，实现土地供给零增长，而产值同比增50亿元。市委、市政府顺应袜业产业升级新趋势，出资数百万元，建立公共技术服务平台，聘请专家，就袜业企业遇到的普遍性技术难题开展研究，为企业提供免费支持和服务。是年，大唐袜业已建有袜业研究所5个，轻纺产品检测中心2个，厂办研究所30多个。

2009年，国际金融危机袭来，袜业企业以科技创新应对国际金融危机。浙江袜业有限公司研发出一款运动袜后，成为美国某客商在亚太地区的唯一生产企业，上半年出口额同比增长56%，单价同比增长19.86%。浙江锦裕针织有限公司在香港聘用多个国籍专业科技人员组成设计工作室，研发时尚女袜，开发出10多个系列2000余款新产品，成为欧洲流行品种。是年，诸暨市袜业协会制订出台袜业联盟标准。

2010年，大唐镇政府落实市政府“6+2”现代产业体系建设，编制《诸暨市袜业发展规划》。全市10070户袜业企业生产袜子170.12亿双，实现产值442.73亿元（其中年产值500万元以上的214户），比上年增长22.47%；销售419.56亿元（其中年销售1亿元以上的17户），比上年增长22.62%，利润36.04亿元，比上年同期增长22.63%；自营出口9.17亿美元，比上年同期增长39.69%。大唐镇政府组织41户袜企赴美国拉斯维加斯举办为期4天的会展，设置展位53个，计477平方米，与259户外商达成合作意向（其中美国客户235户），落实订单15笔，合同标的额9000万美元。

是年，大唐袜业被列为浙江省第二批现代产业集群转型升级试点产业，转型升级加快。华海集团投资10.5亿元，新增纳米氨纶生产线。浙江袜业有限公司投资2亿元，新增丝袜生产线，先后开发500余个袜子新品种，其中有使用防弹衣原料生产，专门供消防、伐木等特殊行业使用的耐磨袜子；有500多幅设计样稿被欧洲客商买走。浙江骄狮汇袜业有限公司先后攻克生态增氧、中药植入纤维等多项技术难题，开始生产不含抗菌剂，无生物毒性的袜产品。产品含有天然中药成分，具有一定的防臭止痒功效，并获4项国家发明专利，成为全球唯一进驻上海世博会联合国馆的生态纺织精品指定生产企业。裕鑫集团投资1.38亿元，上马差别化锦纶化纤项目。

2011年6月3日，浙江申佰利袜业有限公司在马来西亚吉隆坡获“全球品牌企业金品奖”，成为世界针织服装企业25类产品中唯一获奖的企业。6月8日，诸暨首份产业专刊《大唐袜业》首发，每周一期，四开八版，每周三出版。刊物立足大唐袜业，发布市场信息，介绍企业发展典型事迹，交流创新经验，弘扬袜业文化。

是年，大唐袜业产袜193.05亿双，实现产值555.64亿元，比上年增加25.5%，其中年产值500万元以上企业273户；销售额539.83亿元，比上年增加28.67%，其中年销售1亿以上企业19户；利润46.36亿元，比上年增加28.63%；自营出口11.46亿美元，比上年增加22.6%。袜业企业增至11623户，从业人员100370人；各类织袜机13.24万台，其中进口电脑袜机8.84万台，加弹机3968台，橡筋机1148台。

2012年，大唐袜业拥有织袜机17.82万台，其中进口电脑袜机8.48万台，加弹机6516台，橡筋机1642台。年产袜205.9亿双，产值649.4亿元，销售额634.8亿元，利润54.3亿元，自营出口额12.6亿美元。全球首个袜业价格指数在大唐发布。

2013年，大唐袜业有袜子生产企业11000余户、配套企业3500余户，从业人员25万余名，每秒钟能生产袜子365双。是年，全市袜业出口额14.29亿美元，同比增长13.3%，占全市出口额的30.9%，比上年提高4.3%。34户规模较大企业出口7923万美元，同比增长8.40%，占全市袜业出口额的55.8%。

山下湖珍珠业 珍珠，淡如晓月，晶莹剔透，圣洁典雅，质地华贵。《国朝三修诸暨县志》载：西施之母“浴帛于溪，明珠射体感而孕”。两千多年前，在越国古都，珍珠孕育了绝代佳人西施；如今，诸暨又营造了“珍珠如土金如铁”的富贵之乡。

近代诸暨私人养殖珍珠，始于20世纪60年代末。地处白塔湖畔的姚湄地区水网密集，具有养蚌育珠的天然优势。1969年，山下湖长乐村农民何木根，从江苏来的挖蚌人口中听说“一个河蚌能养出十几元钱的珍珠”后，动了养蚌育珠的心思。1970年，何木根在自家屋后的湖面围出133平方米水面，偷偷养下300只蚌。但一年过去，一颗珍珠也没收获。1971年，何木根在江苏武进县洛阳镇学到了养蚌育珠技术，返乡继续试养。1972年，何木根首次收获625克珍珠。为了卖掉这些珍珠，他多方奔走，几经周折，终于在浙江医药公司杭州门市部换得令他心惊肉跳的一笔“巨款”——497元钱。消息传开，当地几个胆大的农民冒着可能把钱打水漂的风险，也开始养蚌育珠。自此，近代珍珠养殖在诸暨山下湖启动。时值非常时期，珠农们只能在湖边塘角偷偷摸摸少量养殖。因此，20世纪70年代，诸暨山下湖珍珠的产量一直徘徊在100千克左右。中共十一届三中全会后，水面承包，农村产业结构调整，当地农民开始扩大面积养蚌育珠。

20世纪80年代初，白塔湖畔95%农民投身珍珠产业，初步形成幼蚌养殖、珍珠接种、育珠管理、产品转化的珍珠产业链。1985年6月，广山珍珠市场建成后，为原来必须肩背手提，北上东三省、南下广东卖珠换钱的珠农，增添一个近便的交易场所。是年，山下湖一带养蚌育珠农户近万户，年产珍珠近10000千克，珍珠产业形成第一次发展高潮。

1986年7月，国家规定珍珠归口外贸公司统一经营。经营刚满一年的广山珍珠市场被迫关闭。各地工商、公安等部门在车站、码头设卡，加强管理，制止珍珠随意流通。

而外贸公司限于财力，至多只能收购山下湖珍珠总量的20%。珠农手中的珍珠大量积压，珍珠产业和广大珠农陷入困境。当时山下湖一带珠农家中，坛坛罐罐装满珍珠。一些珠农无奈之下冒险外出卖珠，但经常遭扣遭罚。据不完全统计，当年山下湖珠农至少有100余万元价值的珍珠被各地有关部门查扣。珠农资金周转困难，珍珠产业发展受阻。

1988年前诸暨县珠农产珠情况一览

表3-5-15

年　度	1970—1979	1980	1982	1984	1985	1987
珠农（户）	30	200	1000	4700	10000	12000
年产珠（千克）	100	88.2	1500	4000	9500	2260

1988年初，时任西江乡农科站站长的何桥江写了一篇《农民的心声》的长文，发往省内外各主要媒体。文章认为，农民"发展养蚌育珠生产，不需要国家投资，简易方便，见效又快，既可使农民致富，又可使国家增加外汇"。文章列举长乐村养蚌育珠前后的发展变化，说明珍珠产业对农村经济发展的作用。长乐村原有60%农户住"草披"屋，发展珍珠养殖后新造四层楼2幢、三层楼15幢，二层楼66幢。全村农户拥有彩电99台、摩托车28辆。文章建议政府将珍珠列为农副产品，允许珠农自由贸易。8月，新华社内参以《珍珠统一经营使诸暨万余珠农陷入困境》为题，刊登了何桥江的文章。

1989年，珍珠流通政策开始放宽，浙江省政府允许在省内销售等外珠。当时珠农所养珠蚌多为鸡冠蚌，育出的珍珠珠形偏小、质量偏低，而国际市场上低档珠价格下跌，高档珠需求量增加，价格上扬。为寻求低档珠出路，珠农们根据改革开放以后人们爱美之心复苏、珍珠药用价值渐为人知的情况，办起珍珠加工企业，将低档珠加工成珍珠粉，将珠形偏小的珍珠打孔穿缀，制成珍珠戒指和头饰、胸饰等饰品在市场上销售。是年，山下湖周边新开办珍珠首饰厂47户、珍珠粉厂17户。珍珠粗加工行业的起步，使珠农们寻得一条增收新路。当年西江乡长乐村213户、649人，人均珍珠交易和加工收入达0.41万元。

山下湖珠农为改善珍珠质量，在山下湖创办河蚌交易集市，改良品种。同时从江苏南部引进三角蚌养殖。三角蚌对水质要求极高，至1990年，随着山下湖水质老化，蚌病频发，致使珍珠养殖产量锐减。何桥江再次提笔上书市政府，呼吁有关部门成立珍珠研究所，服务珍珠产业。此建议得到市委、市政府领导的支持。市农业局、珠宝公司联合组建珍珠研究所，所址设于城关太平桥头大桥旅馆内。由于研究所离养蚌育珠的基地较远，不能很好解决珠农的实际困难，不久便“无疾而终”。是年，家在山下湖畔建华村的珠农王力苗，从苏南购进三角蚌，在枫桥骆家桥进行大规模养殖，并取得成功。

1992年，何桥江在山下湖镇再组珍珠研究所，自任所长。这个民办研究所与浙农大、浙江新产品开发研究所、湖南水产研究所、无锡水产研究所合作，开展育蚌防病、珍珠加工转化和产品开发研究，同时接受珠农咨询、组织养蚌防病培训。当年，养蚌面积达600公顷，产珠20000千克。山下湖周边涌现了10余个珍珠养殖、加工专业村，从事养蚌育珠或赴外地指导育蚌者不下万人，第二轮珍珠养殖高潮形成。

是年底，国家经贸部取消淡水珍珠许可证管理制度，珍珠出口放开。珍珠交易由单一的原珠交易转向原珠交易、饰品交易两者齐头并进。珍珠加工也由粗加工走向深加工。一位经营者从秦皇岛市场带回一串塑料项链，珍珠市场的经营者受此启发，把珍珠以珠径分类，打孔后用丝线串缀成珍珠项链。珍珠衫、珍珠领带、珍珠塔相继开发。当年新开设珍珠深加工企业近100户，年消化珍珠量100余吨。山下湖全镇珍珠加工产值8300余万元。

1993年，山下湖珍珠养殖走上产业化发展的道路。珍珠项链、珍珠塔等产品开始在市场走俏，销售额与原珠销售额相当，珠农获前所未有的高利润。王力苗在骆家桥养殖的珍珠获丰收，一颗颗珍珠体大个圆，在珍珠市场赢得香港珠商青睐。阮市镇何家山头村珠农何小法，开始大规模成蚌再养。他先后创办诸暨市山下湖珍珠有限公司和一个珍珠加工厂，在浙江、江苏、湖北、福建等地设立10余个珍珠养殖场。此举开创了诸暨人到外地租赁水面、大规模养殖珍珠的先河。在何小法影响下，山下湖珍珠养殖业从原先的小户零星养殖向大户集约化、规模化养殖转变。

1994年，国际市场低档珠趋于饱和，价格一路狂跌。当时山下湖珠农所育的珍珠中，高档珠只占全部珍珠产量的5%左右。在低谷中，21岁的詹伟建，在珍珠市场对面化60余万元买了一幢营业房，开设诸暨市佳丽珍珠有限公司。这位17岁开始打工（给珍珠养殖户接种珠贝）的尚山村青年，曾借得5万元钱在珍珠市场做小生意，到此终将他的小摊位发展成为专业的珍珠生产销售公司。

1995年6月始，原珠销售日渐疲软，诸暨珍珠养殖与原珠销售再次陷入低谷。詹伟建借着香港珠宝展的机会，持旅游护照，在香港珠宝市场，挨家挨户收集名片，这是他为进入香港珠宝市场小心翼翼地探路。

1996年，一位工艺美术师为珍珠市场经营户设计制作了内为布坯，外缀小颗粒珍珠的龙、狮、虎等工艺品。一个偶然的机会，一条用料不足250克的珍珠工艺龙，被一位台湾客商看中，以4000元的价格买走。此后，山下湖附近迅速形成了珍珠工艺品的加工制作热潮。珍珠深加工拓展了新品种，珍珠工艺品也由俏销渐入热销。

1996 年—1998 年诸暨珍珠工艺品加工制作及销售情况一览

表 3-5-16

年　度	1996	1997	1998
加工户数	30	55	90
产量（件）	6500	12000	18000
销售额（万元）	19500	36000	39600

说明：此表根据何桥江回忆制作，仅供参考

1998 年上半年，国际市场珍珠价格止跌回升。珠农们重新启用本地休复数年的水面开展养殖。珍珠市场中实力雄厚的经营大户也开始涉足养殖业。珍珠养殖面积快速增加，且养殖区域拓展，养殖基地外移。当年，山下湖珠农共养蚌 2233 公顷，其中 65% 的养殖面积在湖南、湖北、江苏、安徽、江西、福建、海南等地。这是珍珠养殖的第 3 次高潮。珍珠产业前两次养殖中，有散、小、少的弱点，珍珠养殖分散在千家万户，规模小，数量少。而这波养殖却是点少量大，集中联片，规模养殖。其中养殖面积在 33.33 公顷水面以上的有 40 户、66.67 公顷水面以上的有 15 户、333.33 公顷水面以上的有 4 户，总投资达 2 亿元。至年底，山下湖镇珍珠产业从业人员 12100 人，占全镇劳动力的 68%，其中营销人员 3000 人，长期从事市外销售的 300 人。年产珠 200 吨，占全国产珠量的 20%；产值 6.5 亿元，占山下湖镇工农业总产值的 56%。

1999 年 9 月 23 日，香港会展中心举办秋季珠宝钟表展。由于受海洋赤潮等环境污染的影响，当年海水珠几乎绝收。参展的 150 个珍珠摊中，淡水珠摊位有 100 余个。珠商来自内地及中国台湾、香港地区和美国、日本、韩国等地。内地珠商共 50 余人，其中山下湖珠商 38 人。从交易量看，山下湖珠商的珍珠占 80%。淡水珍珠产业已基本形成山下湖珠商→香港珠商→国际珍珠市场→消费者这一销售圈。但令山下湖珠商羡慕的是，他们提供的珍珠经香港珠商增白漂白、着色上光、造型设计包装后，售出的珍珠饰品，价格可上扬 10%—30%。

2000 年上半年，列为省重点建设项目，占地 23.33 公顷、投入 1.98 亿元的山下湖珍珠特色工业园区启动建设。8 月，浙江阮仕集团珍珠科研中心成立。在引进先进的珍珠加工设备与技术的同时，不断吸纳硕士、博士等人才，开始与外地科研机构合作，实施原珠漂白、增光等 3 个科研项目。此举使阮仕珍珠在业界迅速脱颖而出。9 月，浙江山下湖珍珠养殖有限公司、浙江佳丽珍珠首饰有限公司先后在香港创立珠宝公司。

是年，山下湖珠农在市域内外珍珠养殖面积达7000公顷，产珠250吨，产值15亿元。养殖户大多收购成蚌再养，高档珠比例从前几年的5%上升到10%左右，其中直径在8毫米以上的珍珠占高档珠中的30%—40%。按中国古代对珍珠“七珍八宝”（“七珍”指7毫米以上的珍珠，“八宝”指8毫米以上的珍珠，为珍宝）的评判标准，山下湖珠农所育的珍珠有相当数量可归入“珍宝”行列。王力苗在萧山基地养殖的一批珍珠，创下了平均每22只蚌产1千克珍珠，3万只蚌所产珍珠卖出2000万元的历史最高纪录。其中，最大的一颗直径达到1.7厘米，号称当时最大的淡水珍珠。

图3-5-9　直径1.7厘米

1998年—2000年诸暨市珍珠养殖情况一览

表3-5-17

年　度	1998	1999	2000
养殖面积（万亩）	4	8	10.5
外地养殖基地（个）	20	25	30

2001年10月，阮仕集团珍珠科研所在所长、复旦大学经济学博士阮华军带领下，攻克“固液双相吸附氧化漂白增光和染色工艺技术”，打破了外商对这项技术的垄断。这是一项具有自主知识产权的漂白增光双重功能先进技术。经这一工艺加工的珍珠，光泽度增加1—2级，透明度也显著增加。浙江省科技厅组成的科技成果鉴定委员会认为，这一成果在珍珠加工理论与技术上具有重大创新，填补了国内珍珠精加工的一项空白，主要技术指标已经达到国际先进水平。诸暨珍珠业真正踏进了精加工门槛。是年，阮仕集团用新工艺加工原珠，自营出口创汇100万美元，实现诸暨珍珠自营出口零的突破。

2002年6月5日，山下湖珍珠有限公司出资130万美元成立英法行珍珠有限公司，专事珍珠系列产品的出口业务，市场拓展到欧洲、中东地区和美国等地。公司同时紧盯国内市场，大规模设计、加工淡水珍珠饰品，推出了“千足”珍珠首饰品牌，先后在义乌福田市场和杭州、宁波等地开办10多户专卖店。投入5000多万元，在山下湖珍珠工业园区征地3.67公顷，扩建生产基地2.5公顷。公司还投资2300万元，引进先进漂白增光技术，产品质量更上层次。还在洞庭湖建立 666.67 公顷养殖基地，稳定和扩大珍珠供应。当年，公司实现销售 1.05 亿元，淡水珍珠的销量占全国总销量的 35%。

8 月，诸暨珍珠业省级科技创新服务中心在阮仕集团公司挂牌。为广大不具备自主研发能力的珍珠养殖加工户提供蚌种优化、蚌饲料开发、蚌病防治、珍珠精加工开发等多项支持与服务。阮仕集团也因此跻身浙江省高新技术企业、国家火炬计划重点高新技术企业行列。继浙江山下湖珍珠有限公司、浙江佳丽珍珠首饰有限公司之后，阮仕集团也挺进香港市场。公司老总阮铁军评为浙江省青年星火带头标兵。

阮仕集团推出自己的品牌阮仕后，先后投入数百万元用于推广品牌。Ruan's（阮仕）珍珠被推荐为中国珠宝首饰行业驰名品牌。阮仕集团的“高亮泽珍珠”列入中国高新技术产品出口名录。品牌建设赢得阮仕的长足发展，公司在江、浙、皖等地拥有 20 多个大型珍珠养殖场，珍珠养殖水面近 1333 公顷，并以龙头→基地→农户的模式，联结全国各地的珍珠养殖水面 2667 公顷，为 6000 余户珍珠养殖户解决加工、销售等后续出路问题。当年，阮仕公司实现产值 3 亿余元，自营出口创汇 2000 多万美元，在国际淡水珍珠业界确立了自己的地位。

是年，诸暨珠农珍珠养殖面积达 12000 公顷，其中诸暨境内 4666 公顷。全市珠农 3000 余户，从业人员 1.5 万人。珍珠加工企业 344 户，加工产值 25 亿元。年加工珍珠 10 吨以上的企业 16 户、100 吨以上企业 5 户。销售收入超亿元的企业 5 户。

2003 年春，总投资 5000 多万元，占地 10.67 公顷，充满现代绿色生态设计理念的阮仕珍珠工业园，在山下湖珍珠特色工业园区动工兴建。9 月 30 日，由陈夏英、陈海军等 6 名自然人组成，注册资金 5000 万元的山下湖珍珠集团股份有限公司成立。

是年，珍珠特色工业园区有 27 户企业入驻，其中中外合资企业 7 户，当年建成投产的 8 户。珍珠养殖面积 15300 公顷，其中诸暨境内占三分之一。年产珍珠 180 吨，产值 25 亿元。诸暨珍珠产业市场份额约占中国大陆市场的 60%、香港市场的 70%。

2004 年末诸暨市注册资金达 550 万元以上珍珠企业名录

表 3-5-18

企业名称	负责人	注册资金（万元）
浙江诸暨珍珠市场有限责任公司	蔡林权	3000
浙江佳丽珍珠首饰有限公司	詹伟建	1280
浙江阮仕集团有限公司	阮铁军	10000
浙江三水珠宝有限公司	王力苗	680

续表 3-5-18

企业名称	负责人	注册资金（万元）
浙江山下湖珍珠有限公司	陈夏英	880
浙江七大洲珠宝有限公司	戚鸟定	550
诸暨市旺达珍珠有限公司	何伟永	1053
浙江山下湖珍珠集团股份有限公司	陈夏英	5000

2005 年，市委、市政府作出“把山下湖打造成国际一流的珠宝产、加、销中心”的战略定位。珍珠产业实现产值 39.9 亿元，比上年增长 24%。

2006 年，山下湖珍珠产业拥有驰名商标 2 件（千足、佳丽），浙江省著名商标 4 件（欢合、千足、佳丽、天使之泪），绍兴市著名商标 8 件；中国珠宝玉石首饰行业协会授予驰名品牌 5 个。诸暨珍珠产业省级区域科技创新服务中心和 8 户企业研发中心，分别开展一批国家级、省、市、地级项目技术研究，其中有高亮泽珍珠加工工艺开发（国家级）、珍珠贝活性饵料开发（国家级）、珍珠养殖模式优化研究及示范（省级）、淡水有核珍珠养殖技术开发（省级）、珍珠漂白工艺和染色技术应用（省级）、珠宝级珍珠增光漂白改善工艺技术研制（省级）、淡水珠蚌移地再养技术开发与推广（地市级）等。

为解决科技创新的人才短缺难题，佳丽公司把设计、营销部放在深圳。三水珠宝有限公司和老牌企业老凤祥合作，开发珍珠和贵金属的结合工艺，为企业产品注入新的元素。长生鸟珍珠生物科技有限公司和科研院校合作，研制纳米级珍珠粉。是年，珍珠产业实现产值 51.8 亿元，比上年增长 30%。

2007 年 9 月 25 日，山下湖珍珠集团股份有限公司正式在深圳证券交易所上市，成为中国境内第一户上市的珍珠企业。是年，全市珍珠产值 75.2 亿元，比上年增长 45%。

2008 年，诸暨年产珍珠 2000 吨，达到历史最高峰。中国特产之乡推荐暨宣传组委会将山下湖命名为“中国珍珠之都”。世界著名的珠宝权威杂志《亚洲珠宝》评价“山下湖已成为世界淡水珍珠的市场霸王”。

图 3-5-10　珍珠制北京奥运会纪念品

珍珠行业有200余款珍珠首饰品被奥运会组委会选中。佳丽公司设计、制作，拥有自主知识产权的1万件珍珠饰品成为北京奥运会的特殊纪念品。这款饰品样式为一对天然生长的珠贝上，嵌有两个北京奥运会会徽，周边镶衬数百颗质地均匀的白色珍珠，组成象征吉祥如意的中国结。这是佳丽公司用3年时间，把刻有北京奥运会会徽的模具殖入20万只河蚌中自然生长而成。

阮仕集团用异型珍珠制作高品质产品，养殖成功的有核奇形珍珠，每颗直径均在15毫米以上，形状不一，光润晶莹，年产量50千克—100千克。由这种珍珠加工的项链，平均价格每条5000美元，其中一条由19颗奇形珍珠组成、颗颗光彩夺目的珍珠项链，在一个国际展会上竟以20万美元卖出。长生鸟珍珠生物科技有限公司用低档珍珠加工成纳米级珍珠粉，每千克卖到2500元。东方神州珍珠集团开发成功珍珠自动化分选设备，能实现对6毫米至14毫米不同规格淡水珍珠的光洁度、形状、光泽度、颜色等指标自动分类，速度为每秒钟2粒，单日产量60千克，分选准确率95%。

由中国珍珠玉石首饰行业协会、国家标准化技术委员会与珍珠产业园区内4户龙头企业共同研制的淡水珍珠国家标准样品获批推广。该标准确定了颜色、光泽、光洁度3个系列，大小为9毫米，形状为圆形，选择最普遍、最具有共性的白色、红色、紫色3个色系作为参考标准，而光泽、光洁度为强制执行的国家标准。

2009年，浙江诸暨珍珠产业创新服务平台由省政府批准建立，与浙江师范大学、绍兴文理学院签订深化合作协议，诸暨珍珠产业园区管委会同时成立。是年，因珍珠快速扩养带来品质下降、水质污染。各地抬高养殖门槛，市内外养殖面积减少一半，珍珠产量下降到1300吨。

2010年9月19日，央视新闻频道《每周质量报告》栏目曝光诸暨部分企业用贝壳粉假冒珍珠粉问题，在诸暨珍珠行业中引起巨大震动。有关部门组织力量对全市珍珠粉生产和销售的各环节进行检查，责令5户涉嫌造假的企业和2家贝壳粉生产企业停产整顿并封存产品；对疑似“问题珍珠粉”作出暂扣及下架处理，对涉嫌虚假标注和宣传“纳米珍珠粉”的企业进行了行政处罚。市工商局、质监局等部门整顿与规范同时推进，选定7户管理规范、注重质量的企业作为示范单位。对其他珍珠粉企业做到验收一户，达标一户，放行一户；对珍珠粉从原料采购到上架的整个流程进行监控，实行珍珠粉经营企业索票和亮照亮证制度，建立进货销货台账制度。指导诸暨市珍珠粉生产经营企业联合订立《诸暨市珍珠粉行业诚信公约》。12月，诸暨珍珠粉销售全线回暖，浙江长生鸟珍珠生物科技有限公司的淘宝店珍珠粉单日销售额连续超过20万元。

是年，珍珠产量800吨。珍珠产业产值65亿元，完成销售额53.93亿元，比上年增长 43.35%；实现利润 7.95 亿元。

2011 年，山下湖镇政府落实市政府 6+2 现代产业体系建设。1 月 6 日，投资 4000 万元，由山下湖镇政府、珍珠企业、浙江大学联合组建的诸暨珍珠产业技术创新服务平台正式启用。6 月—7 月，采用新技术培育的第一批直径大于 10 毫米的大珍珠出水，每颗利润相当上万颗普通珍珠。

是年，珍珠产业产值 75.2 亿元，比上年增长 27%。有 19 户企业通过 ISO 9000 质量体系认证，15 户企业通过 ISO 14000 环境体系认证。华东国际珠宝城实现成交额 80 亿元，比上年增长 29%；出售、租赁商铺 928 个，比上年增长 11%；拥有经营户 859 户，比上年增长 22%；接待旅游人数 23 万人次，来市场的外地自驾车平均每天达 50 多辆。

2012 年，山下湖拥有珍珠养殖和深加工企业 300 余户，珍珠贸易企业近 200 户，其中销售额超过 5000 万元的有 20 多户，销售额超亿元的企业近 10 户。年珍珠加工量 500 余吨，生产珍珠首饰 3000 多万件、珍珠工艺品 800 多万件、珍珠胶囊 200 余吨、珍珠化妆品 80 余万件。当年全球淡水珍珠年产量 1500 吨，山下湖珍珠产业占 75%。

2013 年，珍珠行业拥有驰名商标 4 件、浙江省著名商标 7 件、获原产地标记产品称号 3 件。珍珠产业中省级以上品牌产品销售产值占集群同类产品的 40% 以上。当年，珍珠产业园区珍珠产值 39.86 亿元，华东国际珠宝城成交额 87.9 亿元。

店口五金业 店口，地处诸暨最北端，东、西、北三面环山。坐落在店口西北面的铜井山，因有古铜矿井而得名。山南侧有良戈舍村，传为越王勾践抗吴备战，冶铜铸剑之地。2500 年前，店口人已与铜业结下了姻缘。如今，店口人不仅把店口打造成全国最大的铜业加工基地，还营造了汽车部件、制冷设备、电线电缆、新型管材等多产业共同发展的格局，使店口再次闪耀起金属的光芒。

20 世纪 70 年代初，店口人一个劳动日分红仅 2 角 7 分。在余姚税务局工作（原籍店口新一大队）的陈茂炯，痛心于乡亲们过着薄粥草棚的贫困生活，在回家探亲时，向大队党支部传递了余姚人正在开发五金产业的信息。支部书记即指派两个人赴余姚参观。回村后，新一大队决定创办五金厂。

为筹集办厂资金，新一大队组织村民上山砍柴。历经 1 个月，砍取 25 万公斤松柴，卖得 8500 余元钱，办起“店口新一农机厂”。这是店口第一户五金厂。然而铜材是国家统配物资，不得随便买卖，面对原料供应困难的窘境，农机厂员工一面向走村串户的换糖小贩购铜，一面与余姚人打交道调剂铜材。生产出第一批简单的汽车配件——铜螺丝、铜接管后，厂内仅有的 8 名工人，变身为供销员，南下北上，推销产品、承接业务、采购原料、了解信息，然后再回厂生产。以后，又逐步生产技术要求较高的汽车喇叭开关、油箱开关、铜衬套等产品。一年下来一算账，竟然赢利 3 万余元。当年新一大队 200 余农户、1000 余人口，年人均收入从上年的 100 元提高到 130 元。

1975 年，店口公社先后创办五金厂 20 户，其中公社直属 11 户，但没有一家专营商店。1983 年，店口六村的陈章木，在店口老街横街弄办起了专营铜材和汽车配件的“店口五金厂门市部”，结束了店口人创业 13 年来只办厂不开店的历史。

1985 年，改革开放处于“早春二月”。一些经历了 10 余年锻炼的店口村办企业的员工们，先后离开社办、村办企业，在店口老街、村口街、桥下街开出了近千户前店后厂的家庭作坊式加工企业，产品基本上是汽车铜配件。当时流传两首民谣：“一户人家一爿厂，全家老小派用场，会计出纳自己上，盈盈亏亏自管账”“自敲铜锣自做媒，天南海北独往来，销掉产品赚来钿，草厂（诸暨人称草披房为‘草厂’或‘草披’）拆掉洋房建。”

从 20 来户企业发展到近千户，店口村办、乡办集体企业经受了市场竞争的考验，促使他们调整思路，开发较高层次的产品。创办于 1973 年的“诸暨第一汽车配件厂”，更为名“诸暨汽车制动器厂”，当年产出汽车双管路制动部件 35 套，产值 1200 万元。

20 世纪 80 年代末，店口镇拥有个体工商户、私营企业 1200 余户，从业人员 10000 余人，专营门市部 500 余户。店口成为日耗铜材 50 余吨、能产出 1000 多个品种的汽配产品，年产值 3 亿元的经济强镇。店口五金产业逐渐形成金字塔型的发展态势，上层是实力雄厚、产品科技含量较高的 20 余户集体企业和规模较大的私营企业，引领开发新产品，提供技术咨询和产品检测服务，中层是一批中小型私营企业，下层是一大批个体工商户。

1993 年，店口镇个体工商户、私营企业掀起技改热潮，技改总投资 2000 万元。投资超 50 万元的有 12 户，其中最大一个项目投资 300 万元。是年，店口镇五金业有个体工商户和私营企业近 2000 户，其中 100 万元资产的企业 400 户、50 万元资产的 800 余户。专营商店近 600 户。从业人员 13000 余人。实现五金工业产值 6.4 亿元。

龙头企业和经营大户在这一时段相继崛起。陈利祥任厂长的诸暨汽车制动器厂，升级为浙江万安实业公司。1994 年公司改制。1997 年成立浙江万安实业集团有限公司，注册资金已达 7158 万元。2001 年，公司升格为万安集团。是年，万安集团已经是国家重点高新技术企业，产品从单一的汽车制动系统，扩展为离合器操纵系统、动力转向系统、电涡流缓速自动调整臂等。创办于 1987 年、从 900 元资金起家的店口拖拉机配件厂，至 1999 年发展成为拥有 6 亿元资产的盾安集团。1989 年 8 月创办，生产铜管铜棒的诸暨铜材厂，当时仅有 10 余个员工，到 2000 年发展成为拥有 10 余个分公司、3000 余名员工，集工业、贸易、教育、科研于一体，跨地区、跨行业的海亮集团，其主导业铜加工产量居世界第5位。创办于1985年的店口皮革机械配件厂，于1996年开发新型管材，企业更名为浙江枫叶管业有限公司，2003年成立浙江枫叶集团有限公司。浙江枫叶集团在本身开发新型管材的同时，引领100余户中小型企业发展管材新产业，使店口五金块状产业拓展到管材管件的新领域。

2003年，全镇形成铜加工、新型管材管件、制冷配件、制冷设备、汽车部件等主导的多元化产业格局，其中铝塑复合管件产量占全国的70%。盾安、海亮、万安、枫叶等大企业大集团成为产业的龙头，灵龙、三峰、盾翔、中伟等中型企业发展壮大，成为中小企业中的骨干，众多的个体工商户、私营企业构建了店口五金业管材业的坚实基础。是年，店口五金管材产业有个体工商户4000余户、私营企业600余户，其中年销售500万以上企业200余户，超亿元企业7户，超10亿元企业2户，超20亿元企业1户。从业员80000余人。实现产值176.18亿元。拥有国家级高新技术企业5户，省级高新技术企业2户；拥有国家级实验室3个，省级研究中心1个，国家行业标准起草单位3个。海亮集团销售额突破30亿元，万安集团进入全国百佳汽车零部件供应商行列。枫叶集团引进1.6米口径PE管生产线。露笑集团新上涡轮增压器项目。三峰集团与阿里斯顿、海尔等大型企业建立紧密的合作关系。

2003年店口镇主要大集团、大企业情况一览

表3-5-19

企业名称	发展轨迹	主要产品	年产值（亿元）	员工（人）	资产（亿元）	备　注
董事长：姚新义 盾安控股集团	1987：店口振兴弹簧厂 1994：轻工机械配套厂 1996：浙江盾安集团有限公司 2001：盾安控股集团	制冷配件、制冷设备	18	5200	8	1999年浙江省百强工业私营企业第4位 2002年浙江省百强非公（民营）企业第4位 2002年中国民营企业500强第48位
董事局主席：冯海亮 海亮集团	1989：诸暨市铜材厂 1995：浙江海亮铜业集团有限公司 2000：海亮集团	铜材、铜加工、机械设备	31	3000	16	2002年度全国大型工业企业第394位、浙江省百强非公（民营）企业第21位、全国民营企业500强第68位 2003年度中国民营企业科技企业创新奖、中国成长企业100强第46位

续表 3-5-19

企业名称	发展轨迹	主要产品	年产值（亿元）	员工（人）	资产（亿元）	备　注
董事长：陈利祥 万安集团	1973：店口公社五金塑料厂 1979：诸暨县第一汽车配件厂 1985：诸暨汽车制动器厂 1992：浙江万安实业公司 1994：浙江万安实业有限公司 1997：浙江万安实业集团有限公司 2001：万安集团	汽车制动系统、离合器操纵系统、动力转向系统、电涡流缓速器、自动调整臂	4	1200	—	2001 年国家重点高新技术企业 2002 年省“五个一批”重点骨干企业
董事长：傅志权 浙江枫叶集团	1985：店口皮革机械配件厂 1996：浙江枫叶管业有限公司 2003：浙江枫叶集团有限公司	新型管材	—	1200	5.3	2001 年浙江省高新技术企业

2005 年，店口五金业从推进技术创新，管理创新、实施品牌战略入手，渐次从“店口制造”向“店口创造”转变。是年，店口企业技改投入 24.13 亿元，比上年增长 14%。当年新获国家创新基金项目 3 个，省级以上高新技术产品 7 件，省级以上创新基金 6 个，省级以上火炬项目 3 个，省级高新技术企业 2 户，新获专利 50 多件，新批省重点技改项目 4 个。新增浙江省著名商标 1 件。135 户企业与 50 多所高校、科研机构建立长期紧密的合作关系。引进高级人才 800 余名。海亮集团聘请中国工程学院、俄罗斯科学院的两位院士为企业高级顾问，负责技改项目的论证、把关、关键工序的技术创新；盾安、万安等将科研机构搬到杭州、上海等科技人才聚集地。万安集团研发的盘式制动器，使汽车散热快、噪声小、制动力强，达到国际先进水平，但价格仅为德国产品的三分之一。露笑公司生产的漆包线可在 200 摄氏度高温下连续运转 2 万小时不熔化，每吨产品加工费比普通漆包线高出 6000 元。盾安集团每年把 2% 的销售收入用于科研，进行中央空调试验检测设备二期技改，技改后的检测设备能给空调制冷、能耗、噪声等技术指标作全方位定位。

图 3-5-11　万安集团

当年，店口五金管业实现产值 295.6 亿元，比上年同期增 23%。海亮、盾安分别进入中国企业 500 强和制造业 500 强。

2006 年，店口五金业和管材业实现产值 349.65 亿元。拥有企业 3000 余户，其中产值在 500 万元以上的企业增至 300 余户。店口五金片区有汽配、船舶、空调、水暖等八大类别 2700 多种产品。有 2010 户五金门市部、6000 多人的销售队伍。

2007 年，海亮集团实现销售收入 80.2 亿元，在中国企业 500 强排行榜上名列 186 位；在国家统计局公布的中国大企业集团竞争力 500 强名单中，位居第二。“海亮股份”成功上市，首发 5000 万股。盾安集团实现销售收入 55.5 亿元；在当 年民营企业 500 强中排名第 119 位。“盾安环境”完成定向增股 9000 万股。

是年，店口五金（含管业）产业实现产值 423 亿元，比上年同期增长 21%。

2008 年，万安集团先后联合 100 余户中小企业为其配套生产，并在北京等地设立创新研发机构，投入销售总额的 5% 资金进行新技术、新成果的研究开发；集团先后申报专利 160 余项，其中 130 项获得授权。枫叶集团建成国内唯一的最大口径管道生产线。露笑集团成为在国内首户自主研发成功船用涡轮增压器的企业。有 8 户企业独立或参与起草行业标准 15 个，仅万安集团就参与 3 个全国性行业标准的制订。

2009 年，受国际金融危机影响，店口的一些实体企业，海外业务一度下滑。铜加工企业普遍采用“电解铜价格 + 加工费”（当年电解铜价格从每吨 5.8 万元跌到每吨 2 万元）的定价模式，以降低铜价格波动的风险。依靠区域内采购、物流、生产综合成本低廉的优势，店口的企业间彼此协作，抱团取暖，共御风险。海亮集团成立小额贷款公司，支持小企业。农业银行店口分行为盾安、军联铜业等企业发放贷款 4300 余万元。省工行店口分行为新上项目的荣英汽车零部件有限公司贷款 500 万元。绍兴商业银行、民生、浦发、华厦等商业银行发放贷款 8 亿元。

当年，店口成功创建省级管业科技创新服务中心、省水暖五金专业品牌基地。店口 5 户企业年销售超亿元，200 余户企业年销售超 500 万元，年销售 100 万元以上的企业有 1000 户左右。

2010 年 1 月，投资 1000 多万元的汽车转向系统形式实验室在浙江全兴机械制造有限公司投入使用，时为国内唯一一个能完成产品疲劳测试、爆破测试、高低温测试等全套 14 项测试的实验室。全兴机械开发 600 多种不同规格的汽车转向助力泵，远销美国、德国、巴西等国家。美国最大卡车制造商耐维斯塔国际公司认定，全兴机械为该公司大排量、高压力、大流量汽车转向助力泵（这种助力泵生产工艺极严，结构件误差不能超过 0.005 毫米，相当于一根头发丝的 1/10）的供应商。当年店口全镇有汽配生产企业 412 户，其中年销售 500 万元以上的 23 户。全兴机械成为国内最大汽车转向助力泵生产企业。

3月，露笑集团8台高速拉丝机投入生产。1台设备每4小时—5小时就能生产出一盘重量为200千克重的超微漆包线。这种漆包线，只有头发丝的八分之一粗，主要用在风能、核能、太阳能等新能源设备上。该项技术打破了国内新能源领域所使用的同类漆包线90%以上都依赖进口的局面。露笑的产品一上市就供不应求，产品附加值提高10倍以上。海亮集团在国内率先批量生产0.18毫米空调用铜管，像纸一样薄的内壁上布满瘦高齿内螺纹，使管内表面积增加2至3倍。与传统产品相比，不仅能节约40%的原材料（1台一匹空调的用铜量，用传统铜管需要5千克，用海亮的铜管只要3千克），且使热传导率提升30%以上。

图3-5-12　露笑集团

4月，亚洲唯一生产大口径聚乙烯管道的枫叶集团，投资5.3亿元、年产20万吨高科技新型建材生产线项目投产。盾安集团中标秦山核电站项目与福清核电站项目，成为国内首户为核电站配套生产核级冷水机组的企业，打破了国外企业的垄断。

是年，核级满液式螺杆冷水机组、新能源漆包线、风力发电机组总成、木塑复合材料、海水淡化保安滤器设备等等新产品，出现在店口的产品目录中。海亮、盾安产值首次突破百亿元；铜加工及新型材料产值首次突破500亿元。

2011年，海亮集团新能源有限公司与中国航天第八研究院、中科院等联合攻关，研发出用装有配方液体的真空铁管进行热传导的新产品。这个由48根导热管组成的“余热”回收装置主要应用于印染行业定型加工中排放的超过200摄氏度的废气回收利用。该设备能使一台定型机每天节省标准煤500千克。短短几个月，海亮能源便为全国各地印染企业安装10000余套，实现销售额3亿余元。浙江艾默樱控股集团生产的阀门产品，进入几乎所有类别的水、电、气设备制造领域，成为AQ史密斯、西门子、海尔等知名企业的主要供货商。

是年，店口实现工业产值649亿元。店口形成以2户中国500强企业、6户上市企业和6户产值10亿以上企业为龙头、300余户规模以上企业为骨干、4000余户中小企业为支撑的产业群体。

2013年，店口镇综合经济实力稳居绍兴市第1，居全省27个小城市培育试点镇的前列，跻身全国千强镇前20位，成为联合国开发计划署试点城镇，全国发展改革试点镇，浙江“资本市场”第一镇。

枫桥衬衫和诸暨服装业 枫桥服装（衬衫）业起步于20世纪80年代初。这些企业，多由一户或几户农户出资，自备缝纫机，雇请家庭妇女，组成少则数人、多则数十人的家庭式小作坊。生产风衣、滑雪衫、防寒服等产品。

1984年11月，诸暨服装工业总厂（区办集体企业）创立，厂址设于枫桥镇人民大会堂内（枫桥镇东溪桥）。招收职工120人，厂方与职工共同筹资12万元，从上海引进两条衬衫生产流水线。1985年1月1日投产，日产树脂领衬衫1000件，当年产值100万元。这是枫桥首家现代化衬衫流水线生产企业。

1986年，诸暨县百树服装厂在枫桥镇紫薇村创立，启动资金仅1000元。为上海佳丽百货商店加工“佳丽”牌衬衫，产品通过国营商业批发部经销。“百树”创始人寿彩凤不甘心为他人作嫁衣，在装箱单上附上了诸暨县百树服装厂的真实厂名厂址和电话号码。不久，沈阳、大连、南京、济南等地客户纷至沓来，直接到厂订货，百树厂由此走上了自主生产经销的道路。

1987年，诸暨服装工业总厂和上海开开百货公司联营，在枫桥海觉寺新建上海开开诸暨衬衫厂，成为上海开开百货公司专门生产“KK牌”衬衫的3个定点厂之一。枫桥镇上一些制衣企业纷纷仿效，建立衬衫流水线。

1989年，诸暨新兴服装厂设立。

1992年7月，步森商标经国家工商局商标局核准注册。百树——步森，企业从百树步入森林。同时，“永恒青春，来自步森”的广告通过各大媒体覆盖华夏大地。步森衬衫供不应求。

1993年，百树服装厂更名为步森制衣有限公司。枫桥衬衫业开始量的扩张，在短时间内，枫桥衬衫企业从10余户，发展至24户。

图3-5-13 百树服装厂老厂址（原枫桥水文站）

1994年11月，步森商标被认定为浙江省著名商标。步森的成功使其他企业认识到要让产品占领和拓展市场，就需要叫得响的品牌，枫桥衬衫企业纷纷开始申请商标注册。步鑫、情森、开尔、派昂、戈蕾雅等商标相继注册。其中浙江戈蕾雅服饰有限公司在企业设立登记的同时，就向国家工商局商标局提出商标注册申请。规范的管理，精细的工艺，上乘的质量，合理的价位，使枫桥衬衫风靡神州。《中国工商报》以《枫桥，一个崛起的衬衫王国》为题，用整整一版的篇幅介绍了枫桥衬衫业的发展盛况，为枫桥衬衫做了1个免费广告。枫桥衬衫誉满全国，国内多数地级以上城市都设有枫桥衬衫的批发部。是年，开尔衬衫被中国服装协会评为“中国精品衬衫”，位列全国十大精品衬衫的榜首。

1995年5月，市工商局组织“诸暨市私营企业二十强”评选，浙江步森制衣有限公司、浙江情森制衣有限公司、浙江开尔制衣有限公司、市大港服装有限公司、市新兴服装厂、市丝绸服装厂榜上有名。3户枫桥衬衫企业获市长特别奖。9月，浙江太子龙服装有限公司成立。

1996年10月，步森商标在12个国家和地区注册40个大类的保护商标。年末，枫桥衬衫业有注册商标65件，上报商标注册申请79件。31户枫桥衬衫企业，拥有衬衫流水线80条，日生产衬衫6万件，年产值6亿元。高投入，高起点导致这些企业一开始就展现强大动力。

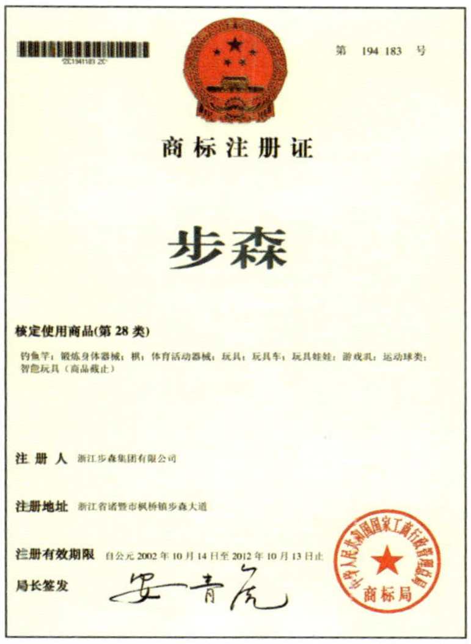
第　194 183　号

商标注册证

步森

核定使用商品(第28类)

钓鱼竿；锻炼身体器械；棋；体育活动器械；玩具；玩具车；玩具娃娃；游戏机；运动球类；智能玩具（商品截止）

注 册 人　浙江步森集团有限公司

注册地址　浙江省诸暨市枫桥镇步森大道

注册有效期限　自公元2002年10月14日至2012年10月13日止

局长签发

中华人民共和国国家工商行政管理总局商标局

图3-5-14　步森商标注册证

1997年，步森以“变”拓市场，走品牌延伸发展提升之路。从日本进口锁眼机、钉扣机等设备，装备2条西裤生产线，在短短4个月内就生产西裤5万条，产值300余万元。这是枫桥衬衫业首次延伸和拓展产业链。步森进入中国服装行业“百强企业”行列，名列全国服装行业纳税总额第8名。

1990年—1996年10月枫桥衬衫业注册商标情况一览

表3-5-20

商标名称	注册核准日期	商标持有者
玛瑙（羊毛衫、衬衫）	1990.5.30	诸暨县永宁综合福利厂
凯　仙	1990.6.10	浙江皮皇制衣有限公司
步　森	1992.7.20	浙江步森集团有限公司
恒　森	1994.9.28	浙江步森集团有限公司
步　鑫	1995.5.28	诸暨市天恣制衣有限公司
情　森	1995.5.28	浙江情森制衣有限公司
步　亨	1995.9.21	诸暨市三友纺织衬衫厂
越　丹	1995.12.14	浙江越丹制衣有限公司
顶呱呱	1995.12.28	浙江省诸暨市顶呱呱制衣有限公司
小天竺	1995.12.28	诸暨市丰誉制衣有限公司
两得利	1995.12.28	浙江皮皇制衣有限公司
枫　桥	1996.1.7	诸暨市丰誉制衣有限公司

续表 3-5-20

商标名称	注册核准日期	商标持有者
三颗树（图形）	1996.1.14	浙江步森集团有限公司
海　魄	1996.2.14	浙江海魄服饰有限公司
开　尔	1996.3.7	浙江开尔制衣有限公司
风　港	1996.3.7	浙江风港制衣有限公司
派　昂	1996.4.7	诸暨市开达制衣有限公司
步　晶	1996.4.14	诸暨市国民制衣厂
丹　美	1996.4.14	诸暨市国民制衣厂
戈蕾雅	1996.5.14	浙江戈蕾雅服饰有限公司
丰　誉	1996.6.14	诸暨市丰誉制衣有限公司
康富得	1996.10.21	诸暨市康富得制衣有限公司
恩　莱	1996.10.21	诸暨市康富得制衣有限公司
皮　卡	1996.10.21	诸暨市康富得制衣有限公司
皮　克	1996.10.21	浙江越丹制衣有限公司

1998 年，枫桥服装衬衫企业增加 3 户，服装年销售额 8.8 亿元。仅步森衬衫、西裤销售额就达 1.5 亿元。

1999 年，各企业单体规模进一步扩大，衬衫年销售额 11.66 亿元。当年，全国衬衫销售总量为 17 亿件，枫桥衬衫销售量为 3300 万件，约占全国销售总量的 2%。销售量与上年相比，增幅达 31.7%。外贸出口起步，衬衫出口交货值 318 万元，其中自营出口额 18.97 万美元。是年，枫桥衬衫业新增“海魄”“情森”“开尔”3 件省著名商标。

2000 年，继步森之后，开尔、海魄、情森等衬衫生产企业先后实施品牌延伸战略，生产领带、西服、西裤、休闲裤、T 恤等系列产品。当年，16 条生产线生产西裤 71.8 万条，销售 65.3 万条。衬衫出口收入 3720 万元，为上年的 10 倍。是年，步森商标被认定为驰名商标，步森公司进入全国民营企业 500 强行列。至此，枫桥衬衫块状产业中有驰名商标 1 件、浙江省著名商标 4 件、绍兴市著名商标 6 件、诸暨市著名商标 13 件。

2001 年，步森集团发展成为下设 7 个分公司、5 个销售分公司及 2 个海外贸易公司，总资产 2.9 亿元，员工 3500 余名的规模企业。当年完成产值 3.65 亿元，位居绍兴市私营企业综合实力 30 强首位，属浙江省政府“五个一批”重点骨干企业、中国服装行业“双百强”企业。情森制衣有限公司拥有资产 3200 万元，员工 780 人，实现产值 1.2 亿元，为全国 500 户最大私营企业之一，并连续 3 年获市长特别奖。海魄服饰有限公司实现产值 1.5 亿元，年产西服衬衫等服装 300 万件（套）。

2002 年，枫桥镇被中国纺织工业协会、中国服装协会命名为“中国衬衫名镇”。枫桥服装衬衫企业推进技改，步森集团投入 5968 万元，设立针织内衣、西裤生产线，新增 2 条西服流水线。情森扩建西裤生产线。太子龙从意大利、德国、日本等国引进一流生产线及先进生产工艺。

是年，市工商局出台《关于进一步帮助企业加快创牌工程建设十大措施》。浙江太子龙服饰有限公司的“太子龙”商标被认定为浙江省著名商标。至此，全市服装行业拥有步森、海魄、情森、开尔、太子龙等 5 件省著名商标，其中枫桥占 4 件。

2003 年，枫桥共有服装衬衫企业 37 户，衬衫流水线 128 条，西裤流水线 22 条，西服流水线 6 条，从业人员 10998 人。年生产服装 3245 万件，其中衬衫 2984 万件、西服 28 万件、西裤 357 万条、领带 9 万条。当年，实现销售收入 16.1 亿元，同比增长 20.2%。实现利润 2 亿元。

图 3-5-15　新上的西服流水线

以步森、太子龙、海魄、情森、开尔、新兴等企业为主的诸暨服装衬衫企业分布于枫桥、暨阳、陶朱、璜山、牌头等乡镇（街道），总户数 776 户（其中年产值 500 万元以上企业 68 户），从业人员 43938 人，各类缝纫设备 49118 台。年产各类服装 15531 万件（套），产值 49.4 亿元，销售收入 46.5 亿元，利润 4 亿元，自行出口创汇 13801 万美元，成为全市自行出口创汇规模最大的行业。

2004 年枫桥镇注册资金 500 万元以上衬衫企业名录

表 3-5-21

名　称	负责人	注册资本（万元）
浙江老人头服饰有限公司	陈建飞	500
浙江派昂制衣有限公司	金大进	508
浙江森福服饰有限公司	楼新明	508
浙江保罗工贸有限公司	王永祥	508
浙江海魄服饰有限公司	陈剑枫	510
浙江三琴针织有限公司	杨金永	518
浙江绅开制衣有限公司	骆楚官	519

续表 3-5-21

名　称	负责人	注册资本（万元）
浙江皮克服饰有限公司	楼建华	520
浙江情森制衣有限公司	郭菊新	520
浙江戈蕾雅服饰有限公司	陈冬华	528
浙江皮皇制衣有限公司	王　璇	588
浙江菲尔诺服饰有限公司	寿桂凤	1000
浙江开尔制衣有限公司	何志江	2000
步森集团有限公司	陈能恩	6668

2005 年，以枫桥镇为主的衬衫制造业成为全国三大衬衫服饰生产基地之一，当年生产衬衫 6637 万件，实现产值 34.71 亿元，销售收入 29.49 亿元，实现利润 3.7 亿元。

是年，太子龙服饰有限公司的太子龙商标被国家工商总局商标局认定为驰名商标，成为继步森后诸暨市服装行业第 2 件驰名商标。太子龙服饰有限公司有员工 2000 余人，其中中高级管理技术人才 350 余人，在全国 20 多个省市的各大城市设有分销中心、下设 1700 余个分销网点。太子龙服饰有限公司成为中国服装行业竞争力前 10 强、中国服装行业双百强企业。

浙江新兴服装有限公司（前身为诸暨新兴服装厂，设立于 1989 年）是集服装、织造、绣花于一体的外向型企业，产品远销欧美、中东、南非和中国港澳特区，当年实现销售收入 2.06 亿元。为浙江省百强出口创汇企业。公司的“泰迪”商标被认定为浙江省著名商标。

2006 年，枫桥服装（衬衫）实现产值 42.4 亿元，销售 40.5 亿元。

2007 年，枫桥服装（衬衫）实现产值 48.7 亿元，销售 50.3 亿元。全市服装行业中有驰名商标 5 件，浙江省著名商标 10 件。

2008 年，枫桥服装衬衫业依然占据全市服装业的主导地位，产值 53 亿元，销售额 51.61 亿元，实现利润 6.48 亿元。在全市 6 户“中国服装行业百强企业”中，枫桥占 4 户（步森、海魄、情森、开尔）。

2010 年，枫桥服装衬衫业实现产值 37.04 亿元、销售 36.31 亿元、利润 2.49 亿元。

2011 年 4 月 12 日，步森股份在深圳中小板上市，发行量 2334 万股，首发每股 16.88 元，总募集资金 39397.92 万元。是年，步森公司注册资金 9334 万元，总资产 8 亿元，拥有 5 个全资子公司，在全国设有近千户专卖店，市场网络覆盖各省会城市及一部分市（县）级城市。

2012 年，诸暨市服装企业生产各类服装 37974 万件，实现产值 177.4 亿元，比上年增长 5.48%；销售 170.9 亿元，比上年增长 2.25%；利润 10.81 亿元，比上年增长 3.82%；自营出口 8.2 亿美元，比上年减少 8.1%。

图 3-5-16　步森集团入围服装百强

2013 年，步森集团实现产值 16.69 亿元、销售收入 16.18 亿元、利润总额 7052 万元。浙江新兴针织服饰有限公司的 TENDER 商标被国家工商总局商标局延续认定为驰名商标。至此，诸暨市服装产业拥有驰名商标 12 件（其中行政认定 6 件、司法认定 6 件）。

城关充电灯业　位于诸暨城区东北郊的大侣湖畈，是诸暨著名的产粮区。当地农民们“春种一粒粟，秋收万斛粮”之余，扪鱼捉黄鳝也是传统的“业余”收入。年年“桃花流水鳜鱼肥”的时节，每当夜晚，田畈上就会“渔火点点”。一些农民手提灯火，肩背鱼笼，游弋于田埂塘边。

20 世纪 80 年代初，干电池手电筒代替了灯笼火把，但电筒连续使用耗费电能，摸黑回家是常事。1984 年，大侣郦村村民赵铁英制成第一只充电式电瓶灯。几乎同时，孙陈村的孙其欢也试制成功电瓶灯。这些电瓶灯外形很土、性能上也有许多缺陷。历经两年多的外型美化，性能改善。1987 年 5 月，第一批侣光牌半封闭式充电灯摆上了诸暨县第一百货公司的柜台。几乎同时，赵铁英创办大侣电器厂的申请得到县工商局的核准，侣光商标也同时被核准注册。当年销售侣光充电灯 300 余只，次年销售 2000 余只。但销售区域还未走出诸暨。

1989 年上半年，侣光充电灯被几个到广东捕鱼的诸暨人带到广东南雄瀑布电站。当地一位电站职工看中了这只新型灯具，竟然弃掉“铁饭碗”，在广东、海南一带做起了销售充电灯的生意。侣光充电灯在广东、海南一炮打响，诸暨充电灯销售首次走出了“家门”。下半年，孙陈村、袁家村的几户家庭作坊也投入了充电灯制作。

1992 年初，大侣乡有制作充电式电瓶灯的小家庭作坊 167 户。这一带成了远近闻名的充电灯生产专业村。孙陈村 62 户农户中，有 30 户从事充电灯或配件生产，从业人员多达 1123 人。充电灯的销售点遍及除西藏、台湾外的全国各地。

1993 年—1996 年诸暨市充电灯业产值一览

表 3-5-22　　单位：亿元

年　度	1993	1994	1995	1996
产　值	0.8	1.2	2	3

1994 年，威明电器厂设立。生产厂长蔡友来发现第一代电瓶灯产品存在许多缺陷："半封闭式"的充电灯在运输和使用中很容易使电解液逸出，安全系数低；使用一段时间，须添加蒸馏水，用户极不方便。经反复试制，一种全封闭、免维护的波来特牌手提式充电灯在威明电器厂问世。与第一代产品相比，第二代产品自漏电减少，使用寿命增加，产品性能提升了一个档次。

1995 年，充电灯产业延伸到邻县浦江，对诸暨电瓶灯的市场冲击不小。同时，诸暨的充电灯产业一哄而上，鱼目混珠，假冒伪劣产品时有出现。1996 年下半年起，充电灯销售滑坡，一些家庭作坊相继关闭歇业，但规模企业在市场中站稳了脚跟。

1997 年，充电灯生产企业下降至 45 户，其中年产值在 1000 万元以上的企业 15 户，年产值 2500 万元以上的企业 9 户。1998 年，45 户电瓶灯企业总资产达 1.2 亿元，年生产灯具能力 2500 万只，从业人员 2619 人，全年实现产值 5.7 亿元，45 户企业中资产在 300 万元以上，年生产能力 80 万只的企业 15 户。

1999 年，城关镇政府邀请市工商局、乡企局、技监局等 12 个单位领导与充电灯行业 14 户骨干企业厂长经理座谈，把脉问计，共商发展良策。确立"质量立市、科技兴灯"的二次创业思路。浣纱电器有限公司、肖流灯业有限公司、侣明电器有限公司、丰发电器有限公司、波来特电器有限公司等企业先后成立。在行业内形成"私营企业唱主角，个体企业敲边鼓"的格局。是年，诸暨市灯具行业协会成立，协会凝聚各企业合力，把关产品质量，形成"形散神聚、联合作战"的行业发展格局。

加大技改投入，开发新产品成为产业中各企业的共识。是年，技改立项 14 只，投入资金 1584 万元。浙江侣光电器实业有限公司与浙大、新疆环境科学院等高等院校联姻合作，开发灯具以外的新产品。双桥灯具厂的手电筒式充电灯、肖流灯业有限公司的带收音机充电灯、泰尔戈电器有限公司的节能灯先后问世，这是灯具产业的第三代产品。"向质量要效益，以品牌求发展"，各充电灯企业的创牌意识随着市场竞争的日趋激烈而提高。2000 年，充电灯企业拥有注册商标 27 件，其中，省著名商标 1 件，绍兴市著名商标 1 件，诸暨市著名商标 5 件。

2003 年下半年起，电力供应紧张，拉闸停电频繁。充电灯行业顺应时势，抓住商机，开发第四代产品。一种容量大、输出电压 12 伏的充电灯应运而生。这种 12 伏充电灯与 12 伏荧光灯管匹配，解决了停电时居民的夜间照明；同时，与 12 伏灯相配的低压电风扇也在各企业投产。2004 年，以暨阳街道、浣东街道为主有充电灯企业 58 户，年生产能力 3500 万只。

2004 年诸暨市注册资金 80 万元以上充电灯企业名录

表 3-5-23

名 称	负责人	注册资本（万元）
浙江侣光电器实业有限公司	赵铁英	500
浙江波来特电器有限公司	陈明君	500
浙江傅爱电器有限公司	袁国忠	500
浙江天邦电器有限公司	楼法林	500
诸暨市浣纱电器有限公司	孙乃新	88
诸暨市海力电器制造有限公司	丁钟明	80
诸暨市侣灯电器有限公司	赵丽华	88
诸暨市侣明电器有限公司	孙金伟	80
诸暨市泰尔戈电器有限公司	孙烈虎	88

1994 年—2004 年诸暨市充电灯产业创牌情况一览

表 3-5-24　　单位：件

年 度	1994	1998	1999	2000	2001	2002	2003	2004
诸暨市著名商标	1	2	3	5	11	13	14	16
绍兴市著名商标	—	1	1	1	1	1	4	5
浙江省著名商标	—	—	1	1	1	1	1	1

2005 年，广东产的充电灯外形、性能、价格均优于诸暨产充电灯。诸暨充电灯产品市场占有率下跌。是年，诸暨市舒乐电器有限公司申报并获批国家蓄电池生产许可证，填补诸暨市蓄电池行业国家级许可证的空白。自此，舒乐等企业转产电动自行车用蓄电池。

2006 年，浣纱、肖流、天邦电器有限公司等具有一定规模的企业先后转产电动自行车用蓄电池。这些企业的生产能力从初投产的每日 300 只渐次上升。至 2008 年，达到日产电动自行车用蓄电池 1500 只左右。

2011 年 4 月，因生产过程中铅、酸等化学物质对环境的污染，该行业被市政府叫停。

第四章　组织机构

行政管理体制随着社会经济体制变化发展而相应变革。工商行政管理部门初始实行地方和上级部门“双重管理，地方为主”的体制。随着社会主义市场经济发展，转变为省以下实行垂直管理。后为加强食品安全工作，又实行“双重管理，地方为主”的管理体制。局行政内设机构随工商行政管理职能调整而不断改设、增设、归并。党的基层组织由属地管理转工商系统党委管理。

1988 年，县工商局机关从浣纱路 56 号（今浣纱南路 16 号）搬迁至东湖路 33 号。1995 年 11 月 18 日，市工商局机关从东湖路 33 号搬迁到艮塔路 22 弄 1 号。

图 4-1　诸暨市工商行政管理局艮塔路 22-1 号办公大楼

第一节　管理体制与职能

1988 年 5 月 4 日，国务院办公厅转发国家工商局关于加强工商行政管理几个问题的报告，重申地方各级工商局正副局长的任免、调动，需在征得上一级工商局的同意后，再按干部管理权限办理手续；工商行政管理工作，以条条领导为主；下级工商局对违法违章案件的处理，有不符合国家政策、法律和法规的，上级工商行政管理局有权纠正；基层工商所作为县级工商局的派出机构，人员编制、经费开支、干部管理都属县级工商局管理；工商所主要按经济区划设置。9 月 22 日，国家工商局印发经国务院批准的

《国家工商行政管理局“三定”方案》，明确工商行政管理机关是各级政府的直属机构，是经济监督管理部门，也是行政执法机关。规定工商行政管理机关的主要职能为依法确定各类工商企业和个体工商业的合法生产经营地位，监督管理或参与监督管理市场上的各种经济活动，检查处理投机倒把和其他违法违章行为，保护合法经营，取缔非法经营，维护正常的市场秩序，保证社会主义商品经济的健康发展。

1997 年 4 月 26 日，市委、市政府批准《诸暨市工商行政管理局职能配置内设机构和人员编制方案》。明确改革企业登记管理制度，将审批设立制度转变为依法核准登记注册制度；拓宽监督管理范围，从侧重于监督管理集贸市场和消费市场转换为监督管理或参与监督管理各类市场；调整行政执法对象，从重点打击投机倒把活动转变为依法规范市场交易行为，查处垄断和不正当竞争各类经济违法活动，保护公平竞争；提高管理层次，从侧重于具体业务管理转变为运用法律和行政手段进行宏观监督管理。实行市场管办分离，工商行政管理机关将原来承担的市场建设职能，交市场建设服务机构承担；经济合同仲裁由行政仲裁转为民间仲裁。

1998 年 11 月，国务院批转国家工商行政管理局工商行政管理体制改革方案，决定对省以下工商行政管理机关实行垂直管理体制。

1999 年 1 月 25 日，省政府同意省工商局对省以下工商行政管理机关实行垂直管理体制的实施意见，规定县（市、区）工商行政管理局为上一级工商行政管理局的直属部门，工商行政管理所为县（市、区）工商行政管理局的派出机构。省、市（地）、县（市、区）工商行政管理局内设机构和工商行政管理所的设置、变更和撤销，由省工商行政管理局提出意见，报省编委审核。

实行垂直管理体制后，诸暨市工商局编制及领导职数由地方编委核定改为省工商局报请省编委核定。市工商局正副局长（包括同级非领导职务干部）在征求诸暨市委意见后由绍兴市工商行政管理局任免。市工商局党组（委）正副书记和成员，以及纪检组长（纪检书记）在征求诸暨市委意见后，由绍兴市工商局党委任免。诸暨市工商行政管理局局长、党组（委）书记的任免，还需报经省工商局党委审批同意。局机关党的关系实行属地管理，工商所的党组织隶属于市工商局党组织。工商行政管理体制垂直后，财务仍由地方财政负责管理。

2000 年 6 月 29 日，省政府办公厅印发省工商行政管理局“三定”方案，市工商局指导广告业发展的职能划交市经济贸易委员会，市场培育发展、布局规划的职能划交给市场开发中心，引导个体私营经济发展的职能划交市个体劳动者协会和私营企业协会。

2001 年 8 月 7 日，根据国务院办公厅通知要求，市工商局划入原由市质量技术监督局承担的流通领域商品质量监督管理职能。

2010年11月15日，省工商局制发诸暨市工商局“三定”方案，重新划入原经贸委承担的指导广告业发展的职责；取消商品展销会登记事项；不再直接办理与企业、个体工商户有关的评比达标活动和广告业技术人员职业水平评价工作，承担扩权强县改革中规定应当交由市工商局具体实施的事项；承担上级工商行政管理机关授权或委托的部分行政审批权限和日常工作；加强流通环节食品安全监督管理，强化检测、预警和信息引导，服务社会经济发展，保护经营者、消费者合法权益；加强和完善工商行政执法、构建市场监督管理长效机制。

2011年10月10日，国务院办公厅发出《关于调整省级以下工商、质监行政管理体制，加强食品安全监管有关问题的通知》，决定将省级以下工商行政管理部门垂直管理改为地方政府分级管理。这一《通知》精神并未执行。

2013年12月9日，省政府印发《关于改革完善市县食品药品监督管理体制的意见》。决定省以下工商行政管理局和食品药品监督管理局合并，组建市场监督管理局，并划入质量技术监督局的食品安全监管职责。落实《中华人民共和国食品法》食品安全由地方政府负总责的要求，加强食品安全监管。

2014年1月29日，市委、市政府召开市工商局、市食药监局中层以上干部会议，宣布市委《关于撤销市食品药品监督管理局党组等党组织，建立市市场监督管理局党组及吴建等同志任职的通知》，撤销市工商行政管理局党委、纪委，撤销市食品药品监督管理局党组，设立诸暨市市场监督管理局党组。4月11日，市委办公室、市政府办公室印发《关于改革完善食品药品监管体制的实施意见》，组建市市场监督管理局，为市政府工作部门，业务接受上级业务部门的指导和监督，领导干部实行双重管理，以地方管理为主，职务任免事先征求上级业务主管部门的意见。不再保留诸暨市工商行政管理局、食品药品监督管理局机构，食品安全委员会办公室单独编制（保留市工商行政管理局、市食品药品监督管理局牌子，加挂市食品安全委员会办公室牌子）。4月18日，市机构编制委员会印发《关于诸暨市市场监督管理局主要职责内设机构和人员编制规定的通知》，诸暨市市场监督管理局为主管全市工商行政管理、食品药品监督管理的市政府工作部门，挂诸暨市工商行政管理局、诸暨市食品药品监督管理局、诸暨市食品安全委员会办公室牌子。

2018年3月17日，第十三届全国人大第一次会议批准国务院机构改革方案，将国家工商行政管理总局的职责，国家质量监督检验检疫总局的职责，国家食品药品监督管理总局的职责，国家发展和改革委员会的价格监督检查与反垄断执法职责，商务部的经营者集中反垄断执法以及国务院反垄断委员会办公室等职责整合，组建国家市场监督管理总局，作为国务院直属机构。同时组建国家药品监督管理局，由国家市场监督管理总局管理。

第二节　行政机构

局机关内设机构

1988年初，县工商局机关设有人事秘书股、企业管理股、个体经济管理股、市场管理股、经济合同管理股。4月10日，增设经济检查队。

1989年4月10日，个体经济管理股更名为个体私营经济管理股。

1991年3月10日，撤销人事秘书股，分设人事监察股和办公室。

1992年3月2日，增设商标广告管理股。

1993年3月18日，增设外商投资企业登记管理股。6月16日，内设机构由“股”称谓更改为“科”称谓。

1995年3月1日，增设法制科。

1996年7月9日，经济检查队更名为经济检查大队。11月，根据市委、市政府《关于诸暨市党政机关改革方案的实施意见》和《诸暨市市级机关“三定”工作实施意见》，工商局机关设置办公室、人事监察科、法制科、企业登记管理科、外资企业登记管理科、市场监督管理科、经济合同监督管理科、个体私营经济监督管理科、商标广告监督管理科、经济检查监督科（大队）等10个职能科室。

2000年1月19日，外商投资企业登记管理科与企业登记管理科合署办公。9月30日，个体私营经济监督管理科和企业登记管理科、外商投资企业登记管理科实行3科合署办公，更名为企业注册监督管理科，同时设立工商局驻市办证中心办事处（亦称工商窗口）。

2001年11月30日，根据省工商局《关于印发诸暨市工商行政管理局职能配置、机构改革和人员编制规定的通知》精神，局机关设置办公室、人事教育科、法规科、市场规范管理科、企业注册监督管理科（市办证中心工商窗口）、经济检查科（经济检查大队）6个职能科室。

2002年1月9日，根据省工商局的统一规定，局机关设增监察室。8月4日，增设工商信息管理办公室（挂信息中心牌子）。

2004 年 2 月 3 日，企业注册监督管理科增挂外资企业注册科牌子，市场规范管理科分设为市场合同监督管理科和商标广告监督管理科。3 月 9 日，成立局机关效能监察投诉中心，设在监察室。

2007 年 4 月 3 日，增设消费者权益保护科。

2008 年 10 月 21 日，设立行政审批服务科，与市办证中心工商窗口合署办公，一套班子，两块牌子。

2010 年 11 月 15 日，省工商局印发《诸暨市工商行政管理局主要职责内设机构和人员编制的规定》。2011 年 9 月 28 日起，市工商局机关内设机构有办公室、法规科、市场合同监管科、商标广告监管科、经济检查科（与经济检查大队合署）、人事教育科。工商信息管理办公室（信息中心）更名为网络经营监督管理办公室（信息化办公室）。“12315”举报申诉指挥中心更名为消费者权益保护分局（挂 12315 举报申诉指挥中心牌子）。新设食品流通监督管理科，原企业注册监管科分设为企业注册科、个体私营经济监管科（挂企业监管科牌子），其中企业注册科与注册分局（挂行政审批科牌子）合署办公。

2013 年，市工商局内设机构有办公室、人事教育科、法规科、企业注册科（挂外商投资企业登记管理科牌子）、个体私营经济监督管理科（挂企业监督管理科牌子）、市场合同监督管理科、商标广告监督管理科、食品流通监督管理科、网络经营监督管理办公室（挂信息化办公室牌子）、消费者权益保护分局（挂 12315 举报申诉指挥中心牌子）、经济检查大队（挂经济检查科牌子）。其中，企业注册科与注册分局（挂行政审批科牌子）合署办公。

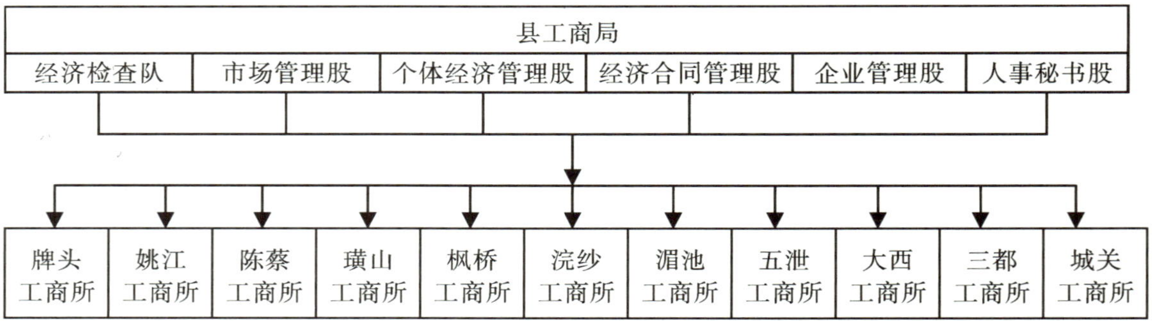

图 4-2-1　1988 年诸暨县工商局机构设置一览

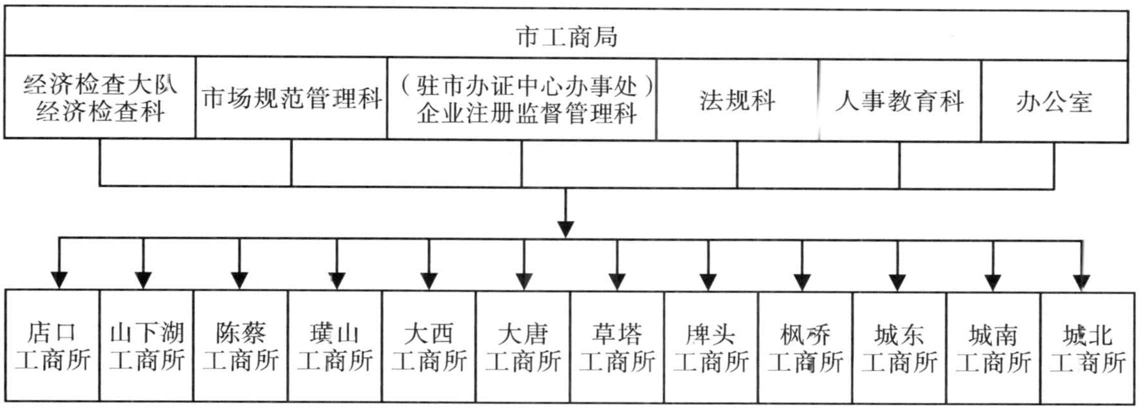

图 4-2-2　2001 年诸暨市工商局机构设置一览

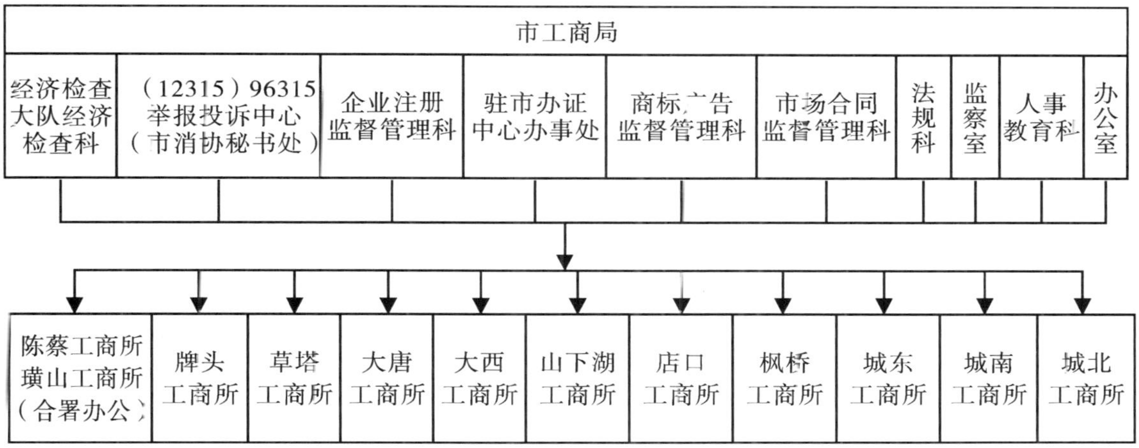

图 4-2-3　2004 年诸暨市工商局机构设置一览

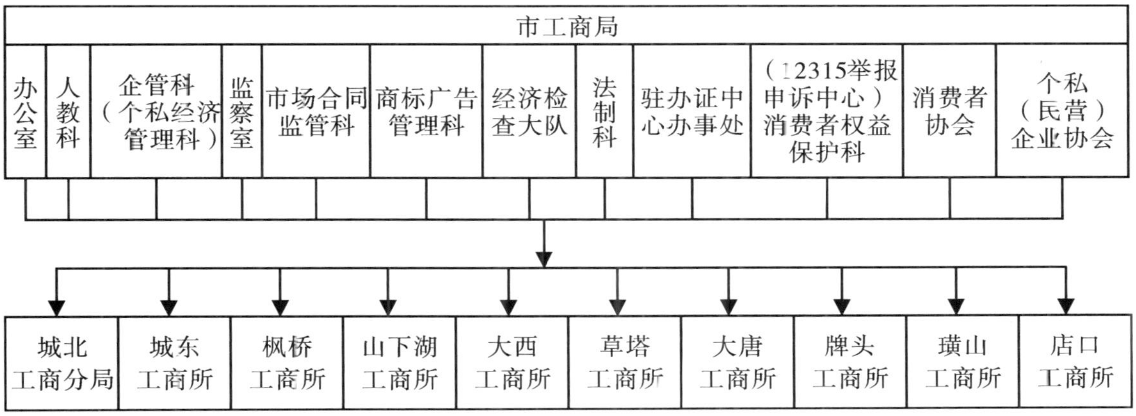

图 4-2-4　2009 年诸暨市工商局机构设置一览

说明：编制依据为“2009 年机构沿革”表

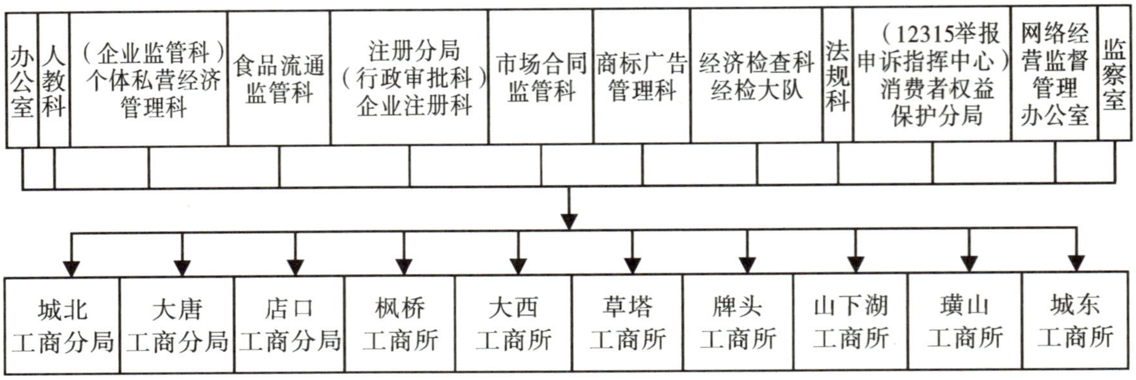

图 4-2-5　2011 年—2013 年诸暨市工商局机构设置一览

说明：1. 企业注册科增挂外商投资企业管理科牌子

2. 编制依据：诸工商〔2011〕61 号文《转发省工商局关于制发诸暨市工商行政管理局主要职责内设机构和人员编制规定的通知》

1987 年—2013 年诸暨市（县）工商局负责人更迭一览

表 4-2-1

职　务	姓　名	任职时间	职　务	姓　名	任职时间
局　长	王光田	1987 年 5 月—1993 年 4 月	副局长	詹汉忠	1987 年 5 月—1993 年 5 月
	马志大	1993 年 4 月—2005 年 1 月		翁锡表	1987 年 5 月—2000 年 9 月
	方维远	2005 年 1 月—2011 年 8 月		汪木伦	1992 年 6 月—1993 年 5 月
	吴　建	2011 年 8 月—2014 年 1 月		赵松才	1993 年 5 月—1994 年 1 月
				寿光益	1994 年 3 月—2003 年 1 月
				宣满琪	1994 年 3 月—2008 年 8 月
				方维远	2000 年 9 月—2003 年 6 月
				薛　白	2003 年 1 月—2008 年 4 月
				赵新建	2003 年 1 月—2005 年 3 月
				陈伟钧	2005 年 1 月—2007 年 6 月
				傅　斌	2007 年 6 月—2014 年 1 月
				周建伟	2008 年 4 月—2014 年 1 月
				王　坚	2008 年 8 月—2011 年 10 月
				陈晓明	2011 年 10 月—2014 年 1 月
				陈朝晖	2011 年 10 月—2014 年 1 月
			局长助理	何鸿成	1998 年 4 月—1998 年 11 月
				施宇钧	2008 年 5 月—2009 年 10 月
				陈朝晖	2011 年 3 月—2011 年 10 月

续表 4-2-1

职　务	姓　名	任职时间	职　务	姓　名	任职时间
市市场监督管理局局长	吴　建	2014 年 1 月—2015 年 12 月			
	方　铭	2016 年 3 月—			

附：1992 年 12 月 21 日，市委同意陈兴奎离职休养，享受处（县）级政治生活待遇
1993 年 6 月 9 日，市委组织部根据绍兴市委组织部通知，詹汉忠享受副（县）级政治生活待遇
1993 年 12 月 21 日，詹汉忠任副局级调研员
1999 年 4 月 9 日，绍兴市工商局党组明确翁锡表为正局级
2002 年 2 月 20 日，市工商局转发省工商局党委决定：马志大任绍兴市工商局助理调研员
2011 年 4 月 18 日，省工商局党委任命方维远为中共绍兴市工商局党委委员、纪委书记

1988 年—2013 年诸暨市（县）工商管理局内设机构负责人更迭一览

（1993 年 6 月 16 日，“股”改称“科”）

表 4-2-2

机构名称	职　务	姓　名	任职时间	说　明
办公室	主　任	宣满琪	1991 年 3 月—1994 年 3 月	1991 年 3 月，设立办公室 马国权 1989 年—1991 年 2 月任秘书（副股级） 俞科真 1991 年 3 月任秘书
		张吉明	1994 年 3 月—2002 年 1 月	
		俞科真	2002 年 1 月—2012 年 5 月	
		葛　浩	2013 年 4 月—2014 年 5 月	
	副主任	张吉明	1991 年 3 月—1994 年 3 月	
		卞泉江	1993 年 3 月—1993 年 7 月	
		俞科真	1993 年 7 月—2002 年 1 月	
		孟根贤	1996 年 2 月—1999 年 6 月	
		倪建荣	1999 年 6 月—2002 年 1 月	
		周　序	2002 年 1 月—2006 年 2 月	
		陈六美	2002 年 1 月—2014 年 5 月	
		詹飞（女）	2006 年 2 月—2007 年 7 月	
		许　斌	2008 年 6 月—2010 年 3 月	
		葛　浩	2012 年 5 月—2013 年 4 月（主持工作）	
		李国女	2012 年 5 月—2014 年 5 月	
法规科	科　长	蒋　平	1997 年 9 月—2000 年 1 月	1995 年 3 月，设立法制科 2001 年 11 月，更名法规科
		李林标	2000 年 1 月—2005 年 3 月	
		蔡志文	2005 年 3 月—2012 年 5 月	
		郦　威	2013 年 4 月—2014 年 5 月	

续表 4-2-2

机构名称	职　务	姓　名	任职时间	说　明
法规科	副科长	蒋　平	1995 年 3 月—1997 年 9 月（主持工作）	
		赵　宁	1996 年 1 月—1999 年 6 月	
		宣东亮	1999 年 6 月—2001 年 4 月	
		楼笑峰	2002 年 1 月—2008 年 6 月	
		郦　威	2012 年 5 月—2013 年 4 月（主持工作）	
市场合同监管（股）科	科（股）长	楼校夫	1986 年 10 月—1988 年 6 月	1984 年 5 月，设立市场管理股 2001 年 11 月，更名市场规范管理科 2004 年 2 月，更名市场合同监管科
		方孟夫	1988 年 6 月—1992 年 3 月	
		楼校夫	1992 年 3 月—1995 年 2 月	
		宣顺焕	1995 年 2 月—1997 年 9 月	
		吴君安	1997 年 9 月—1999 年 6 月	
		黄伟光	1999 年 6 月—2002 年 1 月	
市场合同监管科	科（股）长	马国权	2002 年 1 月—2004 年 2 月	2001 年 11 月，市场管理科更名为市场规范管理科 2004 年 2 月，更名为市场合同监管科
		冯伟峰	2004 年 2 月—2005 年 3 月	
		蔡伯煌	2005 年 3 月—2014 年 5 月	
	副科（股）长	侯仲灿	1988 年 2 月—1989 年 5 月	
		赵　宁	1993 年 3 月—1996 年 1 月	
		宣东亮	1996 年 1 月—1999 年 6 月	
		孟根贤	1999 年 6 月—2000 年 1 月	
		宣军贵	2000 年 1 月—2002 年 1 月	
		宣　峰	2002 年 1 月—2014 年 5 月	
		边　钧	2002 年 1 月—2004 年 2 月	
经济合同管理（股）科	科（股）长	蔡伯煌	1984 年 7 月—1991 年 2 月	1984 年 5 月，设立经济合同管理股 2002 年 1 月，归入市场规范科
		宋建大	1991 年 2 月—2002 年 1 月	
	副科（股）长	蒋　平	1993 年 3 月—1994 年 3 月	
		周建伟	1995 年 3 月—1996 年 2 月	
		宣　峰	2000 年 1 月—2000 年 9 月	
		宣东亮	2001 年 4 月—2002 年 1 月	
商标广告监管（股）科	科（股）长	马国权	1992 年 3 月—1995 年 2 月	1992 年 3 月，设立商标广告管理股 2002 年 1 月，并入市场规范管理科 2004 年 2 月，设立商标广告监管科
		楼校夫	1995 年 2 月—2000 年 1 月	
		周建伟	2000 年 1 月—2000 年 9 月	
		蒋　平	2000 年 9 月—2002 年 1 月	

续表 4-2-2

机构名称	职　务	姓　名	任职时间	说　明
商标广告监管（股）科	科（股）长	马国权	2004 年 2 月—2005 年 3 月	
		黄伟光	2005 年 3 月—2008 年 6 月	
		赵丰民	2008 年 6 月—2012 年 5 月	
		胡工进	2012 年 5 月—2014 年 5 月	
	副科（股）长	宣军贵	1994 年 3 月—1995 年 3 月	
		周建伟	1995 年 3 月—1996 年 2 月	
		黄国成	1996 年 1 月—2000 年 1 月	
		宣东亮	2001 年 4 月—2002 年 1 月	
		边　钧	2004 年 2 月—2005 年 3 月	
企业监管（股）科	科（股）长	陈景奎	1984 年 7 月—1995 年 2 月	1984 年 5 月，设立企业（个体经济）管理股 2000 年 1 月，外资科并入，企业个私、外资科合署办公。更名为企业注册监督管理科 2010 年 11 月，更名为个体私营经济监管科（挂企业监管科牌子）
		赵晓堂	1995 年 2 月—2000 年 1 月	
		蒋　平	2000 年 1 月—2000 年 9 月	
		施宇钧	2000 年 9 月—2005 年 3 月	
		陈旭晖	2005 年 3 月—2009 年 2 月	
		方春均	2009 年 6 月—2014 年 5 月	
	副科（股）长	吴国伟	1987 年 5 月—1988 年 2 月	
		马国权	1991 年 2 月—1992 年 3 月	
		杨伯祥	1993 年 3 月—1994 年 3 月	
		施宇钧	1994 年 3 月—1998 年 11 月	
		宣军贵	1995 年 2 月—2000 年 1 月	
		葛世佳	2000 年 1 月—2001 年 4 月	
		寿仲达	2002 年 1 月—2008 年 6 月	
		徐　翔	2002 年 1 月—2004 年 2 月	
		赵　宁	2004 年 2 月—2005 年 3 月	
		赵启盛	2008 年 6 月—2014 年 5 月	
		方春均	2009 年 2 月—2009 年 6 月（主持工作）	
经济检查科（经济检查大队）	科长（大队长）	方孟夫	1988 年 6 月—1991 年 2 月（兼）	1988 年 6 月，设立经济检查队 1996 年 7 月，更名经济检查大队 2001 年 11 月，更名经济检查科（经济检查大队）
		吴国伟	1991 年 2 月—1993 年 7 月	
		罗　海	1993 年 7 月—1997 年 9 月	
		马国权	1997 年 9 月—2002 年 1 月	
		陈旭晖	2002 年 1 月—2005 年 3 月	
		詹　飞	2006 年 2 月—2008 年 6 月	
		何海斌	2008 年 6 月—2014 年 5 月	

续表 4-2-2

机构名称	职　务	姓　名	任职时间	说　明
经济检查科（经济检查大队）	教导员	张祖恩	2000 年 9 月—2002 年 1 月	
	副科长（副大队长）	黄国成	1988 年 7 月—1993 年 7 月	
		宣军贵	1993 年 7 月—1994 年 3 月	
		周建伟	1994 年 3 月—1995 年 2 月	
		楼保卫	1995 年 2 月—2000 年 1 月	
		倪建荣	1997 年 9 月—1999 年 6 月	
		赵　宁	1999 年 6 月—2004 年 2 月	
		周丽清	2000 年 1 月—2000 年 9 月	
		徐　翔	2000 年 1 月—2002 年 1 月	
		郦　威	2002 年 1 月—2003 年 1 月	
		黄文军	2003 年 1 月—2004 年 2 月	
		徐　翔	2004 年 2 月—2005 年 3 月	
		边　钧	2005 年 3 月—2007 年 4 月	
		何海斌	2005 年 3 月—2006 年 2 月（主持工作）	
		郑伟力	2010 年 4 月—2011 年 9 月	
人事教育科	科（股）长	寿光益	1988 年 4 月—1993 年 1 月	1984 年 5 月，设立人事秘书科 1991 年 3 月，改设人事监察科 2001 年 11 月，更名人事教育科
		赵晓堂	1994 年 2 月—1995 年 2 月	
		周丽清	1995 年 2 月—1997 年 9 月	
		魏国君	1997 年 9 月—2014 年 5 月	
	副科（股）长	马国权	1989 年 2 月—1991 年 2 月（秘书）	
		赵晓堂	1993 年 3 月—1994 年 2 月	
		卞泉江	1993 年 7 月—1993 年 12 月	
		周丽清	1993 年 12 月—1995 年 2 月	
		蒋　平	1995 年 2 月—1995 年 3 月	
		杨仕功	1996 年 1 月—1999 年 10 月	
		冯伟峰	2001 年 1 月—2002 年 1 月	
		杨仕功	2002 年 1 月—2004 年 2 月	
网络经营监督管理办公室（信息化办公室）	主　任	冯铁江	2013 年 3 月—2014 年 5 月	2002 年 8 月，设立信息化办公室 2010 年 12 月，更名网络经营监督管理办公室（挂信息化办公室牌子）
	副主任	冯铁江	2008 年 6 月—2011 年 9 月	
			2011 年 9 月—2013 年 3 月（主持工作）	

续表 4-2-2

机构名称	职　务	姓　名	任职时间	说　明
消费者权益保护分局（12315 举报申诉指挥中心）	科长（主任）	陈旭晖	2002 年 4 月—2004 年 2 月	1998 年 3 月设立“96315”消费者举报投诉中心，2000 年 6 月，“96315”改为“12315” 2004 年 2 月，“96315”消费者举报投诉中心与经检队分离，与市消协合署办公 2007 年 4 月，设立消费者权益保护科。8 月，市消费者协会秘书处更名为市消费者权益保护委员会秘书处 2011 年 9 月 28 日，更名为消费者权益保护分局（“12315”举报申诉指挥中心）
		罗海（兼）	2004 年 2 月—2005 年 3 月	
		黄文军	2005 年 3 月—2007 年 4 月	
		边　钧	2008 年 2 月—2014 年 5 月	
	副科长（副主任）	黄文军	2002 年 4 月—2005 年 3 月	
		葛世佳	2004 年 3 月—2005 年 3 月	
		黄玉龙	2005 年 3 月—2007 年 4 月	
		徐　翔	2005 年 3 月—2008 年 6 月	
		边　钧	2007 年 4 月—2008 年 2 月（主持工作）	
		袁建高	2008 年 6 月—2009 年 2 月	
		黄建民	2009 年 2 月—2012 年 5 月	
食品流通监管科	副科长	郑伟力	2011 年 9 月—2014 年 5 月（主持工作）	2011 年 9 月，设立食品流通监察科
企业注册科（驻市行政服务中心办事处）	科长（主任）	杨伯祥	2000 年 9 月—2005 年 3 月	2000 年 9 月，设立工商局驻市办证中心办事处（亦称工商窗口） 2008 年 10 月，设立行政审批服务科，与工商窗口合署 2010 年 11 月，更名企业注册科（挂外商投资企业登记管理科牌子），与注册分局（挂行政审批科牌子）合署
		施宇钧	2005 年 3 月—2008 年 6 月	
		楼笑峰	2009 年 6 月—2014 年 5 月	
	副科长（副主任）	宣　峰	2000 年 9 月—2002 年 1 月	
		葛世佳	2001 年 4 月—2004 年 3 月	
		詹飞（女）	2002 年 1 月—2006 年 2 月	
		陈顺新	2004 年 3 月—2014 年 5 月	
		楼笑峰	2008 年 6 月—2009 年 6 月（主持工作）	
个私经济监督管理（股）科（挂企业监管科牌子）	科（股）长	吴国伟	1989 年 2 月—1991 年 2 月	1988 年 2 月，设立个体经济管理股，1989 年 4 月，更名为个体私营经济管理股 2000 年 9 月，企业、个私、外资三科合署办公
		蒋成木	1991 年 2 月—1994 年 3 月	
		方维远	1994 年 3 月—1997 年 9 月	
		杨伯祥	1997 年 9 月—2000 年 9 月	
	副科（股）长	吴国伟	1988 年 2 月—1989 年 2 月	
		方维远	1991 年 2 月—1991 年 11 月	
		宣军贵	1993 年 3 月—1993 年 7 月	
		施宇钧	1993 年 12 月—1994 年 3 月	
		黄国成	1993 年 7 月—1996 年 1 月	
		蒋　平	1994 年 3 月—1995 年 2 月	

续表 4-2-2

机构名称	职　务	姓　名	任职时间	说　明
个私经济监督管理（股）科（挂企业监管科牌子）	副科（股）长	葛世佳	1995 年 2 月—2000 年 1 月	
		倪建荣	1996 年 1 月—1997 年 9 月	
		寿仲达	1997 年 9 月—2002 年 1 月	
		陈顺新	2000 年 1 月—2000 年 9 月	
外商投资企业登记管理（股）科	科（股）长	寿光益	1993 年 1 月—1994 年 3 月	1993 年 1 月，设立外商投资企业登记管理股 2000 年 1 月，与企管科合署
		杨伯祥	1994 年 3 月—1997 年 9 月	
		周丽清	1997 年 9 月—2000 年 1 月	
监察室	主　任	俞水根	2002 年 1 月—2003 年 2 月	1988 年 11 月，设立监察员制度 1991 年 3 月，设立人事监察股 2002 年 1 月，设立监察室 2004 年 3 月，设立机关效能监察投诉中心
		赵　坚	2003 年 2 月—2005 年 3 月	
		冯伟峰	2005 年 4 月—2007 年 4 月	
		魏国君（兼）	2007 年 4 月—2009 年 2 月	
	监察员（副所级）	宣满琪	1988 年 11 月—1991 年 3 月	
		赵晓堂	1991 年 3 月—1993 年 3 月	
监察室	副主任	杨仕功	1999 年 10 月—2002 年 1 月	
		黄玉龙	2007 年 4 月—2009 年 2 月	
		黄玉龙	2009 年 2 月—2014 年 5 月（主持工作）	
		陈忠良	2012 年 5 月—2014 年 5 月	

说明：1.1997 年 9 月 17 日，市工商局决定“根据推行国家公务员制度的要求，原由市工商局任命的中层干部和所级调研员职务一律自行免除，不再另行公布”
2.2014 年 5 月 29 日，诸暨市市场监督管理局党组制发《关于葛浩等同志任职的通知》，公布市市场监督管理局内设机构派出机构负责人名单、职务。原市工商局、市食药监局中层干部担任的职务同时免去
3. 机构名称按 2011 年 9 月 28 日诸暨市工商局转发的《省工商局关于诸暨市工商行政管理局主要职责内设机构和人员编制规定》的通知中的名称标注；已归并的按原标注；机构沿革在说明栏附注

派出机构（工商行政管理所、工商分局）

1988 年，县工商局下设城关、三都、大西、五泄、湄池、浣纱、枫桥、璜山、陈蔡、姚江、牌头 11 个工商所。

1989 年 5 月 17 日，增设大唐庵工商所。8 月 21 日，增设城关市场管理所。

1991 年 10 月 29 日，增设大唐庵轻纺市场管理办公室，隶属大唐庵工商所。

1992 年 6 月 13 日，根据全市撤区扩镇并乡实际，浣纱工商所更名为城东工商所，五泄工商所更名为草塔工商所，姚江工商所更名为江藻工商所，大唐庵工商所更名为大唐工商所，同时，撤销大唐庵轻纺市场管理办公室，增设大唐轻纺市场工商所。6 月 15 日，设立山下湖珍珠市场管理办公室。

1993 年 7 月 22 日，增设店口工商所。

1994 年 1 月 6 日，城关工商所更名为城北工商所，城关市场管理所更名为城南工商所。

2000 年 11 月，根据省工商局缩减市场管理专业工商所，撤并乡（镇）小型工商所，重组中心城镇工商所，优化城区工商所结构，科学设置工商所内设机构、探索区别于机关职能部门设置模式的基层监管分工模式等要求，撤销轻纺市场工商所，设市场办公室，隶属大唐工商所。

2002 年 1 月，调整全市工商所设置，撤销三都、湄池、江藻 3 个工商所，所辖区域分别并入城北、山下湖、店口工商所；保留城北、城南、城东、枫桥、牌头、草塔、大唐、大西、璜山、陈蔡、山下湖、店口 12 个工商所。

2003 年 1 月，璜山、陈蔡两个工商所合署办公，办公地址设在璜山工商所。

2006 年 2 月 20 日，城北、城南工商所合署办公，对外以城北工商所名义统一行使工商行政管理职能。

2008 年 1 月 31 日，城北工商所更名为城北工商分局。

2011 年 3 月 29 日，店口工商所更名为店口工商分局。

2012 年 6 月 18 日，大唐工商所更名为大唐工商分局。

2013 年，市工商局设置的派出机构有城北、店口、大唐等 3 个工商分局；城东、山下湖、枫桥、牌头、璜山、草塔、大西等 7 个工商所。

图 4-2-6　大唐工商所改设大唐工商分局授牌仪式

图 4-2-7　枫桥工商所新址

枫桥工商所旧址

图 4-2-8　牌头工商所新址

牌头工商所旧址

图 4-2-9　大西工商所新址

大西工商所旧址

图 4-2-10　大唐工商所新址　　　　大唐工商所旧址

图 4-2-11　山下湖工商所

图 4-2-12　店口工商所新址　　　　店口工商所旧址

图 4-2-13　璜山工商所新址

璜山工商所旧址

图 4-2-14　草塔工商所新址

草塔工商所旧址

图 4-2-15　城南工商所

图 4-2-16　城东工商所

2004年诸暨市工商局工商所业务管辖区域一览

表 4-2-3

所　别	干部数（人）	所　址	辖区面积（平方千米）	辖区人口（人）	业务管辖区域
城北工商所	26	暨阳街道东湖路33号	164	131258	暨阳街道所辖区域的浦阳江以西，大桥路中心线以北，人民中路266弄，光明路139弄中心线以北陶朱街道、直埠镇
城南工商所	15	暨阳街道浣纱南路16号	22	44100	暨阳街道所辖区域的浦阳江以西，大桥路中心线以南，人民中路266弄，光明路139弄中心线以南、原王家井镇划入的杨蔡村、石门槛村、潘家村、红桥村、毛村、楼城村、新光村、王湖村、王阮村
城东工商所	22	暨阳街道福门新村19幢	221.99	110869	暨阳街道所辖区域的浦阳江以东地区，街亭镇、浣东街道
枫桥工商所	19	枫桥镇	321	132926	枫桥镇、赵家镇、东和乡
店口工商所	18	店口镇	106	58800	店口镇
山下湖工商所	16	山下湖镇	153.53	93353	山下湖镇、江藻镇、阮市镇
大西工商所	16	应店街镇	2151	88400	次坞镇、应店街镇
草塔工商所	15	草塔镇	247	85000	马剑镇、五泄镇、草塔镇
大唐工商所	23	大唐镇	56.1	33000	大唐镇
牌头工商所	16	牌头镇	263	150809	同山镇、安华镇、牌头镇、王家井镇
璜山工商所 陈蔡工商所 合署办公	16	璜山镇	528.08	140071	璜山镇、岭北镇、陈宅镇 浬浦镇、陈蔡镇、斯宅乡

2013年诸暨市工商局各工商所（分局）业务管辖区域一览

表 4-2-4

所　别	干部数（人）	办公地点	辖区面积（平方千米）	辖区人口（万人）	业务管辖区域
城北工商分局	36	暨阳街道东湖路33号	236.12	25.11	暨阳街道、陶朱街道、直埠镇
大唐工商分局	36	大唐镇	53.08	10.35	大唐镇
店口工商分局	17	店口镇	176.13	10.5	店口镇、阮市镇
城东工商所	24	暨阳街道福门新村19幢	194.36	7.55	浣东街道、街亭镇
山下湖工商所	15	山下湖镇	88.28	5.72	山下湖镇、江藻镇

续表 4-2-4

所　别	干部数（人）	办公地点	辖区面积（平方千米）	辖区人口（万人）	业务管辖区域
枫桥工商所	17	枫桥镇	327.34	12.7	枫桥镇、赵家镇、东和乡
牌头工商所	14	牌头镇	256.40	13.83	牌头镇、王家井镇、同山镇、安华镇
草塔工商所	14	草塔镇	241.67	7.98	草塔镇、五泄镇、马剑镇
大西工商所	13	应店街镇	215.10	8.60	应店街镇、次坞镇
璜山工商所	11	璜山镇	530.91	12.23	璜山镇、陈宅镇、浬浦镇、东白湖镇、岭北镇

说明：辖区面积、人口数，源自 2014 年版《诸暨年鉴》

1988 年—2013 年诸暨市（县）工商局派出机构（工商所、工商分局）负责人更迭一览

表 4-2-5

工商所名称	职　务	姓　名	任职时间	说　明
城关工商所	所　长	蒋成木	1984 年 12 月—1991 年 2 月	1979 年 7 月，设立城关镇工商所 1985 年 1 月，更名改称城关工商所 1994 年 12 月，更名为城北工商所
		蔡伯煌	1991 年 2 月—1992 年 6 月	
		杨信桥	1992 年 6 月—1994 年 12 月	
	指导员	方孟夫	1987 年 2 月—1988 年 6 月	
	副所长	叶光贤	1989 年 10 月—1993 年 7 月	
		陈旭晖	1991 年 2 月—1994 年 12 月	
		杨章祥	1993 年 7 月—1995 年 1 月	
城北工商所	所　长	杨信桥	1994 年 12 月—1995 年 2 月	2006 年 2 月，城北、城南工商所合署办公 2008 年 1 月，更名为城北工商分局
		吴君安	1995 年 2 月—1997 年 9 月	
		方维远	1997 年 9 月—2000 年 9 月	
		周建伟	2000 年 9 月—2003 年 1 月	
		俞水根	2003 年 1 月—2005 年 3 月	
		陈晓明	2005 年 3 月—2008 年 1 月	
	副所长	陈旭晖	1994 年 12 月—1996 年 1 月	
		杨章祥	1994 年 12 月—1995 年 2 月	
		宋志光	1995 年 2 月—2001 年 10 月	
		方汉波	1995 年 7 月—2003 年 1 月	

续表 4-2-5

工商所名称	职　务	姓　名	任职时间	说　明
城北工商所	副所长	周建伟	1996 年 1 月—2000 年 1 月	
		蒋明法	2000 年 1 月—2003 年 1 月	
		何国昌	2000 年 9 月—2001 年 10 月	
		郑建华	2001 年 10 月—2008 年 1 月	
		许可伟	2002 年 1 月—2006 年 2 月	
		郦　威	2003 年 1 月—2008 年 1 月	
		赵启盛	2006 年 2 月—2008 年 1 月	
		方汉波	2006 年 2 月—2008 年 1 月	
城关市场管理办公室	主　任	方孟夫	—1989 年 2 月	1989 年 7 月，设立城关市场管理所
	副主任	宣顺焕	1988 年 7 月—1991 年 2 月	
城关市场管理所	所　长	宣顺焕	1991 年 2 月—1994 年 12 月	
		宣顺焕	1989 年 8 月—1991 年 2 月（主持工作）	
	副所长	方维远	1989 年 8 月—1991 年 2 月	
		罗　海	1991 年 2 月—1993 年 7 月	
		倪建荣	1991 年 2 月—1994 年 12 月	
城南工商所	所　长	宣顺焕	1994 年 12 月—1995 年 2 月	1994 年 12 月，城关市场管理所更名为城南工商所 2006 年 2 月，城北、城南工商所合署办公
		马国权	1995 年 2 月—19997 年 9 月	
		罗　海	1997 年 9 月—2000 年 1 月	
		陈旭晖	2000 年 1 月—2002 年 1 月	
		蔡伯煌	2002 年 1 月—2005 年 3 月	
		杨伯祥	2005 年 3 月—2006 年 2 月	
	副所长	倪建荣	1994 年 12 月—1996 年 1 月	
		杨章祥	1995 年 2 月—1999 年 7 月	
		陈旭晖	1996 年 1 月—2000 年 1 月	
		冯伟峰	2000 年 1 月—2001 年 1 月	
		陈晓明	2000 年 1 月—2001 年 10 月	
		毛伟新	2001 年 1 月—2006 年 2 月	
		何国昌	2001 年 10 月—2003 年 1 月	
		方汉波	2003 年 1 月—2006 年 2 月	

续表 4-2-5

工商所名称	职　务	姓　名	任职时间	说　明
城北工商分局	分局长	陈晓明	2008. 年 1 月—2008 年 8 月	2008 年 1 月，城北工商所更名为城北工商分局
		詹　飞	2008 年 8 月—2011 年 11 月	
		蔡志文	2011 年 11 月—2014 年 5 月	
	副分局长	赵启盛	2008 年 1 月—2008 年 6 月	
		方汉波	2008 年 1 月—2014 年 5 月	
		郦　威	2008 年 1 月—2012 年 5 月	
		郑建华	2008 年 1 月—2008 年 6 月	
		郑伟力	2008 年 6 月—2010 年 4 月	
		徐　翔	2008 年 6 月—2012 年 5 月	
		葛　浩	2010 年 4 月—2012 年 5 月	
		郑建华	2012 年 5 月—2014 年 5 月	
		张　勇	2012 年 5 月—2014 年 5 月	
		冯伟峰	1993 年 7 月—2000 年 1 月	
店口工商所	所　长	冯伟峰	1993 年 7 月—2000 年 1 月	1993 年 5 月，设立店口工商所 2011 年 3 月，更名为店口工商分局
		詹　飞	2000 年 1 月—2000 年 9 月 2001 年 12 月—2006 年 2 月	
		冯晓勇	2006 年 2 月—2011 年 3 月	
	副所长	虞国林	1993 年 7 月—1994 年 7 月	
		何鸿成	1994 年 7 月—1995 年 2 月	
		赵启盛	1995 年 2 月—1996 年 1 月	
		冯晓勇	1996 年 1 月—2000 年 1 月	
		葛　浩	2000 年 1 月—2000 年 9 月 2001 年 12 月—2008 年 6 月	
		方春均	2001 年 12 月—2008 年 6 月	
		陈忠良	2008 年 6 月—2010 年 3 月	
		周仁云	2008 年 6 月—2011 年 3 月	
		王　颖	2008 年 6 月—2011 年 3 月	
		冯晓勇	2011 年 3 月—2014 年 5 月	
		周仁云	2011 年 3 月—2014 年 5 月	
		王　颖	2011 年 3 月—2014 年 5 月	
店口工商分局	分局长	冯晓勇	2011 年 3 月—2014 年 5 月	
	副分局长	周仁云	2011 年 3 月—2014 年 5 月	
		王　颖	2011 年 3 月—2014 年 5 月	

续表 4-2-5

工商所名称	职　务	姓　名	任职时间	说　明
大唐工商所	所　长	侯仲灿	1989 年 5 月—1993 年 6 月	1989 年 4 月，设立大唐庵工商所 1992 年 6 月，更名为大唐工商所 2012 年 6 月，更名为大唐工商分局
		俞水根	1993 年 7 月—2002 年 1 月	
		冯伟峰	2002 年 1 月—2004 年 2 月	
		郭剑波	2004 年 2 月—2006 年 8 月	
		童文正	2006 年 8 月—2012 年 6 月	
	副所长	俞水根	1991 年 2 月—1992 年 3 月	
		杨炳友	1992 年 3 月—1993 年 3 月	
		杨新江	1993 年 3 月—1994 年 7 月 1997 年 9 月—2012 年 6 月	
		侯贤孟	1994 年 7 月—1994 年 8 月	
		杨美丽	1995 年 2 月—2001 年 10 月	
		郭剑波	2001 年 10 月—2004 年 2 月	
		祝伟新	2002 年 1 月—2004 年 2 月	
		何海斌	2004 年 3 月—2005 年 3 月	
		周仁云	2006 年 2 月—2008 年 6 月	
		葛　浩	2008 年 6 月—2010 年 4 月	
		王　鹤	2008 年 6 月—2012 年 6 月	
大唐工商分局	分局长	童文正	2012 年 6 月—2014 年 5 月	
	副分局长	杨新江	2012 年 6 月—2014 年 5 月	
		王　鹤	2012 年 6 月—2014 年 5 月	
浣纱工商所	所　长	骆增福	1983 年 4 月—1992 年 6 月	1979 年 7 月，设立浣纱区工商所 1985 年 1 月，更名为浣纱工商所
	副所长	陈海龙	1988 年 2 月—1992 年 6 月	
城东工商所	所　长	骆增福	1992 年 6 月—1993 年 7 月	1992 年 6 月，更名为城东工商所
		叶光贤	1993 年 7 月—2002 年 1 月	
		蒋　平	2002 年 1 月—2012 年 5 月	
		黄永祥	2012 年 5 月—2014 年 5 月	
	副所长	陈海龙	1992 年 6 月—1995 年 2 月	
		陈士千	1995 年 2 月—2003 年 1 月	
		方　炎	1995 年 2 月—2004 年 2 月	
		毛伟新	1998 年 2 月—2001 年 1 月	
		杨章祥	2001 年 1 月—2003 年 1 月	
		蒋明法	2003 年 1 月—2004 年 2 月	

续表 4-2-5

工商所名称	职　务	姓　名	任职时间	说　明
城东工商所	副所长	郑伟力	2004 年 3 月—2008 年 6 月	
		许建华	2004 年 3 月—2006 年 2 月	
		楼灿信	2006 年 2 月—2014 年 5 月	
		郑建华	2008 年 6 月—2012 年 5 月	
		赵利谦	2008 年 6 月—2014 年 5 月	
		陈红军	2012 年 5 月—2014 年 5 月	
山下湖工商所	所　长	宣信传	1992 年 12 月—1993 年 7 月	1992 年 6 月，设立山下湖工商所
		寿仲达	1993 年 7 月—1997 年 9 月	
		何鸿成	1997 年 9 月—1998 年 11 月	
		施宇钧	1998 年 11 月—2000 年 9 月	
		赵启盛	2000 年 9 月—2006 年 2 月	
		黄建民	2006 年 2 月—2008 年 6 月	
		胡卫进	2009 年 6 月—2012 年 5 月	
		黄文军	2012 年 5 月—2014 年 5 月	
	副所长	郦　威	1993 年 3 月—1994 年 7 月	
		何国昌	1994 年 7 月—1995 年 2 月	
		黄文军	1994 年 7 月—2000 年 1 月	
		楼勇为	1995 年 2 月—2000 年 1 月	
		冯晓勇	2000 年 1 月—2003 年 1 月	
		张靖杰	2000 年 9 月—2002 年 5 月	
		赵利谦	2003 年 1 月—2008 年 6 月	
		楼灿信	2003 年 1 月—2005 年 3 月	
		王　鹤	2006 年 2 月—2008 年 6 月	
		胡卫进	2008 年 6 月—2009 年 6 月（主持工作）	
		骆寅生	2008 年 6 月—2014 年 5 月	
		戚中圻	2008 年 6 月—2014 年 5 月	
枫桥工商所	所　长	张佳荣	1987 年 8 月—1989 年 3 月	1979 年 7 月，设立枫桥区工商所 1985 年 1 月，更名为枫桥工商所
		汤可达	1989 年 12 月—1997 年 7 月	
		蔡伯煌	1997 年 9 月—2002 年 1 月	
		黄伟光	2002 年 1 月—2005 年 3 月	
		赵　坚	2005 年 3 月—2008 年 6 月	
		詹飞（女）	2008 年 6 月—2014 年 5 月	

续表 4-2-5

工商所名称	职　务	姓　名	任职时间	说　明
枫桥工商所	副所长	杨炳友	1987 年 8 月—1989 年 3 月	
		骆侠文	1990 年 3 月—1995 年 8 月	
		李林标	1991 年 2 月—1992 年 3 月	
		赵仲山	1992 年 10 月—1997 年 9 月	
		陈永利	1996 年 1 月—1997 年 9 月	
		赵启盛	1997 年 9 月—1999 年 3 月	
		郑伟力	1999 年 3 月—2004 年 3 月	
		黄文军	2000 年 1 月—2002 年 4 月	
		郦建生	2002 年 1 月—2006 年 2 月	
		傅京生	2004 年 3 月—2008 年 6 月	
		张　勇	2006 年 2 月—2012 年 5 月	
		孙滋光	2008 年 6 月—2014 年 5 月	
		楼　政	2008 年 6 月—2014 年 5 月	
		杨向荣	2012 年 5 月—2014 年 5 月	
牌头工商所	所　长	蔡云泉	1986 年 5 月—1992 年 3 月	1979 年 7 月，设立牌头区工商所 1985 年 1 月，更名为牌头工商所
		章杨敏	1992 年 3 月—1995 年 2 月	
		周瑞昌	1995 年 2 月—2000 年 1 月	
		楼勇为	2000 年 1 月—2003 年 1 月	
		黄建民	2003 年 1 月—2006 年 2 月	
		何海斌	2006 年 2 月—2008 年 6 月	
		黄永祥	2009 年 6 月—2012 年 5 月	
		宣良福	2013 年 3 月—2014 年 5 月	
	副所长	郭建根	1984 年 7 月—1992 年 3 月	
		骆国祥	1991 年 2 月—2001 年 10 月	
		周瑞昌	1994 年 8 月—1995 年 2 月	
		郭友成	1995 年 2 月—死亡	
		许建华	2000 年 1 月—2004 年 3 月	
		蔡志文	2001 年 10 月—2005 年 3 月	
		潘冬宝	2002 年 1 月—2003 年 1 月	
		周仁云	2004 年 3 月—2006 年 2 月	
		胡卫进	2006 年 2 月—2008 年 6 月	
		黄永祥	2006 年 2 月—2008 年 6 月 2008 年 6 月—2009 年 6 月 （主持工作）	

续表 4-2-5

工商所名称	职　务	姓　名	任职时间	说　明
牌头工商所	副所长	季伯达	2008 年 6 月—2012 年 5 月	
		宣良福	2008 年 6 月—2012 年 5 月 2012 年 5 月—2013 年 3 月（主持工作）	
		张明星	2010 年 6 月—2010 年 12 月（绍兴市工商局下派）	
		徐炬松	2012 年 5 月—2014 年 5 月	
		蔡　武	2012 年 5 月—2014 年 5 月	
璜山工商所	所　长	许永根	1985 年 7 月—1997 年 9 月	1979 年 7 月，设立璜山区工商所 1985 年 1 月，更名璜山工商所 2003 年 1 月，璜山工商所、陈蔡工商所合署办公
		黄伟飞	1997 年 9 月—2001 年 10 月	
		陈晓明	2001 年 10 月—2005 年 3 月	
		童文正	2005 年 3 月—2006 年 8 月	
		赵丰民	2006 年 8 月—2008 年 6 月	
		潘冬宝	2009 年 6 月—2014 年 5 月	
	指导员	张宝福	1986 年 4 月—1988 年 4 月	
	副所长	黄建民	1991 年 2 月—1995 年 2 月	
		蔡志文	1995 年 2 月—2001 年 10 月	
		董文正	2001 年 10 月—2005 年 3 月	
		楼灿信	2002 年 10 月—2003 年 1 月	
		许　斌	2004 年 3 月—2008 年 6 月	
		郦建生	2007 年 4 月—2008 年 6 月	
		潘冬宝	2008 年 6 月—2009 年 6 月（主持工作）	
		方　圻	2008 年 6 月—2014 年 5 月	
		毛建江	2008 年 6 月—2014 年 5 月	
草塔工商所（五泄工商所）	所　长	杨信桥	1986 年 9 月—1992 年 6 月	1979 年 7 月，设立五泄区工商所 1985 年 1 月，改称五泄工商所 1992 年 6 月，五泄工商所更名为草塔工商所
		赵仕仁	1993 年 7 月—2003 年 1 月	
		赵幼产	2003 年 1 月—2008 年 6 月	
		傅京生	2009 年 6 月—2014 年 5 月	
	副所长	邵秉贤	1981 年 5 月—1993 年 7 月	
		郦　峰	1991 年 2 月—1992 年 6 月 1992 年 6 月—1993 年 7 月（主持工作）	
		侯贤孟	1993 年 7 月—1994 年 7 月	
		杨新江	1994 年 7 月—1995 年 2 月	

续表 4-2-5

工商所名称	职　务	姓　名	任职时间	说　明
草塔工商所（五泄工商所）	副所长	赵幼产	1995 年 2 月—2000 年 1 月	
		赵　坚	1998 年 3 月—2003 年 1 月	
		黄玉龙	2000 年 1 月—2004 年 3 月	
		潘冬宝	2003 年 1 月—2008 年 6 月	
		张　勇	2004 年 3 月—2006 年 2 月	
		季伯达	2006 年 2 月—2008 年 6 月	
		傅京生	2008 年 6 月—2009 年 6 月（主持工作）	
		周　杰	2008 年 6 月—2014 年 5 月	
大西工商所	所　长	章扬敏	1986 年 4 月—1992 年 3 月	1979 年 7 月，设立大西区工商所 1985 年 1 月，改称大西工商所
		郦良灿	1994 年 7 月—2000 年 1 月	
		赵幼产	2000 年 1 月—2003 年 1 月	
		冯晓勇	2003 年 1 月—2006 年 2 月	
		詹飞（女）	2008 年 2 月—2008 年 6 月	
		袁建高	2009 年 6 月—2014 年 5 月	
	指导员	陈川良	1986 年 4 月—1993 年 7 月	
	副所长	孟连法	1992 年 3 月—1998 年 3 月	
		赵利谦	1992 年 3 月—1994 年 7 月	
		张月明	1994 年 7 月—2000 年 1 月	
		傅京生	2000 年 1 月—2004 年 3 月	
		赵利谦	2002 年 1 月—2003 年 1 月	
		王　鹤	2003 年 1 月—2006 年 2 月	
		袁建高	2004 年 3 月—2008 年 6 月	
		郦建生	2006 年 2 月—2007 年 7 月（主持工作）	
		詹飞（女）	2007 年 7 月—2008 年 2 月（主持工作）	
		方春均	2008 年 6 月—2009 年 2 月（主持工作）	
		郭　峰	2008 年 6 月—2014 年 5 月	
		王贤江	2008 年 6 月—2011 年 8 月	
		袁建高	2009 年 2 月—2009 年 6 月（主持工作）	
		季伯达	2012 年 5 月—2014 年 5 月	

续表 4-2-5

工商所名称	职　务	姓　名	任职时间	说　明
大唐轻纺市场办公室	主　任	楼保卫	1991 年 10 月—1992 年 3 月	1991 年 10 月，设立大唐庵轻纺市场办公室，隶属大唐庵工商所 1992 年 6 月 13 日，撤销办公室，成立大唐庵轻纺市场工商所 1995 年 11 月，撤销轻纺市场工商所，恢复市场办公室，隶属于大唐工商所
		李林标	1992 年 3 月—1992 年 6 月	
	副主任	俞水根	1992 年 3 月—1992 年 6 月	
轻纺市场工商所	所　长	李林标	1992 年 6 月—1995 年 11 月	
	副所长	俞水根	1992 年 6 月—1993 年 7 月	
		赵幼产	1993 年 7 月—1995 年 2 月	
		杨新江	1995 年 2 月—1995 年 11 月	
三都工商所	所　长	杨炳友	1989 年 3 月—1992 年 3 月	1979 年 7 月，设立三都区工商所 1985 年 1 月，改称三都工商所 2000 年 9 月，并入城北工商所 2002 年 1 月 25 日，发文公布撤销
		蔡云泉	1992 年 3 月—1995 年 2 月	
		何国昌	1995 年 2 月—2000 年 9 月	
	副所长	陈旭晖	1986 年 4 月—1988 年 7 月（主持工作）	
		赵岩忠	1988 年 2 月—1989 年 3 月	
		郦　峰	1988 年 7 月—1991 年 2 月	
		孟连法	1991 年 2 月—1992 年 3 月	
		郦　峰	1993 年 7 月—2000 年 9 月	
江藻工商所	所　长	杨蓁勤	1986 年 5 月—1992 年 3 月	1979 年 12 月，设立姚江区工商所 1985 年 1 月，改称姚江工商所 1992 年 6 月，更名江藻工商所 2002 年 1 月 25 日，公布撤销
		宣信传	1992 年 3 月—1992 年 11 月	
		冯伟峰	1992 年 11 月—1993 年 7 月	
		宣信传	1993 年 7 月—1995 年 2 月	
		何鸿成	1995 年 2 月—1997 年 9 月	
		张祖恩	1997 年 9 月—2000 年 9 月	
	副所长	骆侠文	1988 年 7 月—1990 年 3 月	
		赵仲山	1991 年 2 月—1992 年 10 月	
		黄文军	1992 年 12 月—1994 年 7 月	
		虞国林	1994 年 7 月—1996 年 1 月	
		赵启盛	1996 年 1 月—1997 年 9 月	
		陈永利	1997 年 9 月—2000 年 9 月	
		张靖杰	2000 年 1 月—2000 年 9 月	

续表 4-2-5

工商所名称	职　务	姓　名	任职时间	说　明
湄池工商所	所　长	宣信传	1985 年 6 月—1992 年 3 月	1979 年 7 月，设立湄池区工商所 1985 年 11 月，更名为湄池工商所 2002 年 1 月 25 日，公布撤销
		杨蓁勤	1992 年 3 月—1995 年 2 月	
		郦　威	1995 年 2 月—1999 年 3 月	
		赵启盛	1999 年 3 月—2000 年 9 月	
		詹　飞	2000 年 9 月—2001 年 12 月	
	副所长	冯绍泉	1986 年 5 月—1993 年 7 月	
		郦　威	1994 年 7 月—1995 年 2 月	
		黄志明	1995 年 2 月—1999 年 3 月	
		詹　飞	1999 年 3 月—2000 年 1 月	
		方春均	2000 年 1 月—2001 年 12 月	
		葛　浩	2000 年 9 月—2001 年 12 月	
陈蔡工商所	所　长	吴君安	1990 年 11 月—1995 年 2 月	1979 年 7 月，设立陈蔡区工商所 1985 年 1 月，改称陈蔡工商所 2003 年 1 月，与璜山工商所合署办公
		黄建民	1995 年 2 月—2003 年 1 月	
	副所长	吴德苗	1983 年 1 月—1990 年 11 月（主持工作）	
		吴德苗	1990 年 11 月—1995 年 2 月	
		钟纪法	1984 年 7 月—1990 年 3 月	
		黄伟飞	1995 年 2 月—1997 年 9 月	
		赵仲山	1997 年 9 月—2000 年 1 月	
		王　鹤	2000 年 1 月—2003 年 1 月	

附录　诸暨市工商行政管理局房产资产统计

2013 年诸暨市工商行政管理局房产统计一览

表 4-2-6

原使用部门	建筑物所在地	建筑物名称	层　次	建筑面积（平方米）	投资总额（万元）	竣工时间
城东工商所	暨阳街道福门新村 13 幢	办公楼	五层	800	29.8	1990 年
城南工商所	暨阳街道人民南路 81#	办公楼	四层	1704	123	1991 年
城南工商所	浣纱南路 16#	办公楼	四层	919	5.9	1980 年
城北工商所	暨阳街道东湖路 33#	办公楼	六层	1—2 层 610	14.82	1988 年

续表 4-2-6

原使用部门	建筑物所在地	建筑物名称	层　次	建筑面积（平方米）	投资总额（万元）	竣工时间
城北工商所	陶朱街道三都	综合楼	五层	1098	21.12	1988 年
大西工商所	应店街镇	办公楼	四层	1419.3	153.57	1998 年
草塔工商所	草塔镇	办公楼	五层	1949	404.84	1999 年
大唐工商所	大唐镇轻纺北路	办公楼	四层	3600	270	1999 年
牌头工商所	牌头镇	办公楼	四层	2705	300	2003 年
璜山工商所	璜山镇	办公楼	四层	2715	300	2003 年
陈蔡工商所	陈蔡镇	办公楼	三层	719	28	1990 年
枫桥工商所	枫桥镇枫北路	办公楼	四层	2710	270	2000 年
店口工商所	店口镇政安西路	办公楼	三层	770	60	1995 年
店口工商所	店口镇	办公楼	二层	211.76	1.4	1980 年
店口工商所	店口镇	办公楼	三层	1519	234.21	1999 年
山下湖工商所	山下湖镇	办公楼	四层	1713	492.46	2000 年
山下湖工商所	江藻镇	办公楼	五层	1095	28.97	1989 年
诸暨市工商局	暨阳街道艮塔路 22 弄 1#	办公楼	七层	4277.17	872.78	1995 年
大西工商所	应店街镇	住宅楼	五层	2099	215	1998 年
牌头工商所	牌头镇	住宅楼	—	1780	78	1989 年
璜山工商所	璜山镇	住宅楼	—	1010.48	18.2	1988 年
陈蔡工商所	陈蔡镇	住宅楼	四层	1272	30	1993 年
枫桥工商所	枫桥镇	住宅楼	五层	2525	135	2000 年
店口工商所	湄池镇南塘路	住宅楼	五层	1498	43.8	1989 年
店口工商所	店口镇政安西路	住宅楼	—	1036.4	52	1995 年
山下湖工商所	山下湖镇	住宅楼	—	1785	造价统计在办公楼内	2000 年
草塔工商所	草塔镇	营业房	二层	673	造价统计在办公楼内	1999 年
大唐工商所	大唐镇轻纺北路	营业房		144	造价统计在办公楼内	1999 年
枫桥工商所	枫桥镇枫北路	检查站	二层	145	2.9	1980 年
诸暨市工商局	暨阳街道南庠路 20 间	营业房	一层	173.1	—	1995 年
诸暨市工商局	暨阳街道南市路 15 间	营业房	—	231.9	—	1991 年
诸暨市工商局	暨阳街道（36 洞）	营业房	—	260	—	—
城北工商所	—	车　库	—	70	1.02	1988 年
草塔工商所	草塔镇	车库食堂	—	239.75	—	—
大唐工商所	大唐镇	车库食堂	—	200	—	1999 年

续表 4-2-6

原使用部门	建筑物所在地	建筑物名称	层　次	建筑面积（平方米）	投资总额（万元）	竣工时间
牌头工商所	牌头镇	车库食堂	—	—	—	—
璜山工商所	璜山镇	车库食堂	58	120	—	—
陈蔡工商所	陈蔡镇	车库食堂	—	75	1.8	1996 年
店口工商所	店口镇　湄池镇	车库食堂	—	258	11.5	1995 年
山下湖工商所	山下湖镇	食堂传达室	—	225	—	2000 年
山下湖工商所	江藻镇	食堂	—	110	4.13	1989 年

2013 年诸暨市工商局固定资产统计一览

表 4-2-7　　单位：元

使用部门	房屋、建筑物和土地	交通工具	一般设备	图书及陈列品	其他固定资产	合计
局机关	10656134.73	2212057.00	608149.48	—	25680.00	18975368.21
城北所	251601.41	664110.00	671588.00	—	—	1587299.41
城东所	15467500.00	506587.50	493630.00	—	—	16467717.50
店口所	4170722.00	566657.00	589345.00	—	31600.00	5358374.00
大唐所	2706875.00	521200.00	599444.00	—	19700.00	3847219.00
草塔所	4063412.00	484982.00	507317.00	—	1100.00	5056811.00
枫桥所	7050669.27	489982.00	682018.00	—	16559.00	8234228.27
牌头所	6407984.75	489682.00	572340.00	600.00	6200.00	7476807.25
山下湖所	5255610.00	484982.00	589882.00	—	30800.00	6361274.00
璜山所	6389052.44	358200.00	734320.00	—	33400.00	7514972.44
大西所	3685742.00	424657.00	424714.00	825.00	9900.00	4545828.00
合　计	66105353.00	7198096.50	11946094.00	1425.00	174939.00	85425909.08

第三节　中国共产党基层组织

局党（组）委

1988 年，设有中共诸暨县工商行政管理局党组。

2000 年 8 月 14 日，市委同意将中共诸暨市工商行政管理局党组改为中共诸暨市工商行政管理局委员会（以下简称市工商局党委），同时，撤销市直机关工委下属的中共诸暨市工商行政管理局直属机关委员会。9 月 22 日，绍兴市工商局党委根据省以下工商行政管理系统实行垂直管理体制管理权限，重新任命诸暨市工商局党委组成人员。10 月 19 日，建立中共诸暨市工商局纪律检查委员会。

2014 年 1 月 29 日，中共诸暨市委印发《关于撤销市食品药品监督管理局党组等党组织，建立市市场监督管理局党组及吴建等同志任职的通知》，决定撤销市食品药品监督管理局党组和市工商行政管理局党委、纪律检查委员会，建立诸暨市市场监督管理局党组。

中共诸暨市工商行政管理局委员会（党组）成员更迭一览

表 4-3-1

职　务	姓　名	任职时间
党组书记	王光田	1987 年 5 月—1993 年 4 月
	马志大	1993 年 4 月—2000 年 9 月
党委书记	马志大	2000 年 9 月—2005 年 1 月
	方维远	2005 年 1 月—2011 年 8 月
	吴　建	2011 年 8 月—2014 年 1 月
党委副书记	翁锡表	2000 年 9 月—2011 年 3 月（兼纪委书记）

职　务	姓　名	任职时间
党组成员	詹汉忠	1985 年 1 月—1993 年 5 月
	翁锡表	1987 年 5 月—2000 年 8 月
	汪木伦	1992 年 6 月—1993 年 5 月
	赵松才	1993 年 5 月—1994 年 1 月
	寿光益	1994 年 1 月—2000 年 8 月
	宣满琪	1994 年 1 月—2000 年 8 月
	魏国君	1997 年 11 月—2000 年 8 月
党委委员	寿光益	2000 年 9 月—2003 年 1 月
	方维远	2000 年 9 月—2003 年 6 月
	宣满琪	2000 年 9 月—2008 年 8 月
	魏国君	2000 年 9 月—2014 年 1 月
	薛　白	2003 年 1 月—
	赵新建	2003 年 1 月—2005 年 3 月
	陈伟钧	2005 年 1 月—2007 年 6 月
	傅　斌	2007 年 6 月—2014 年 1 月
	周建伟	2008 年 4 月—2014 年 1 月
	王　坚	2008 年 8 月—2011 年 10 月
	陈朝晖	2011 年 3 月—2014 年 1 月
	陈晓明（纪委书记）	2011 年 3 月—2011 年 10 月
	施宇钧（纪委书记）	2011 年 10 月—2014 年 1 月
	冯晓勇	2013 年 4 月—2014 年 1 月

附　中共诸暨市市场监督管理局党组成员更迭一览

表 4-3-2

职　务	姓　名	任职时间
市市场监督管理局党组书记	吴　建	2014 年 1 月—2016 年 2 月
	方　铭	2016 年 3 月—
副书记	斯旭明	2014 年 1 月—2014 年 11 月
	周建伟	2014 年 11 月—
成　员	张建明	2014 年 1 月—
	马纪良	2014 年 1 月—
成　员	周建伟	2014 年 10 月—2014 年 11 月
	傅　斌	2014 年 1 月—
	许国峰	2014 年 1 月—
	陈晓明	2014 年 1 月—
	施宇均	2014 年 1 月—
	詹　飞	2014 年 1 月—
	钱伟江	2014 年 1 月—
	俞科真	2014 年 5 月—

局机关党委

1999 年 5 月 6 日，市委决定建立中共诸暨市工商行政管理局直属机关委员会（以下简称工商局机关党委），隶属于市直机关党委，负责管理市工商局机关、各工商所及局其他直属单位党组织。

图 4-3-1　局机关党委成立

2000 年 8 月 14 日，市委批复同意将市工商局党组改为中共诸暨市工商行政管理局委员会，同时撤销市直机关党委下属的中共诸暨市工商行政管理局直属机关委员会。

2012 年，工商局机关党委建制恢复，并于 6 月 26 日召开局机关党委成立大会，选举产生新一届局机关党委会。

中共诸暨市工商局直属机关委员会成员更迭一览

表 4-3-3

书　记	副书记	委　员
寿光益 1999 年 7 月—2000 年 8 月	魏国君　杨章祥 1999 年 7 月—2000 年 8 月	张吉明　马国权 1999 年 7 月—
周建伟 2012 年 7 月—2014 年 1 月	陈旭晖 2012 年 7 月—2014 年 1 月	方春均　冯晓勇　葛　浩 楼笑峰　蔡志文

党支部

1988 年，县工商局机关建有党支部，隶属于中共诸暨县级机关委员会领导，各工商所党支部分属工商所所在地区党委领导。

1999 年 5 月 6 日，成立市工商局党委。全局党员组织关系转入市工商局机关党委，各党支部直属工商局机关党委领导。8 月 17 日，市工商局党委批准建立市场开发服务中心党支部和离退休干部党支部。

2000 年 10 月 19 日，市工商局党委同意增设诸暨珍珠市场管理办公室党支部。12 月 1 日，同意增设市工商局经济检查大队党支部。

2001 年 12 月 26 日，湄池、江藻、三都 3 个工商所党支部随着工商所的撤销而撤销。

2002 年 7 月 17 日，市场管办脱钩后，市工商局党委决定撤销诸暨珍珠市场管理办公室党支部。11 月 1 日，增设市工商局协会联合党支部。

2003 年 1 月，璜山、陈蔡两所合署办公，陈蔡工商所党支部随之撤销。

2004 年 12 月 9 日，撤销局经检大队党支部。

2006 年 3 月 2 日，市工商局党委决定将局机关党支部分设为第一、二、三、四 4 个党支部。

2012 年 9 月，增设局机关第五党支部。

2013 年，市工商局党委所属党支部有局机关第一、二、三、四、五党支部，离退休党支部，协会联合党支部、城北、店口、大唐工商分局党支部，城东、山下湖、枫桥、牌头、璜山、草塔、大西工商所党支部。

1988 年—2013 年中共诸暨市（县）工商局委员会（党组）所属党支部委员会成员更迭一览

表 4-3-4

党支部名称	书　记	副书记	委　员	说　明
局机关党支部	寿光益 1988 年 6 月— 王光田 1989 年 4 月— 魏国君 1999 年 12 月—2002 年 3 月—	寿光益 1989 年 4 月— 葛世佳 1999 年 12 月— 俞科真 2002 年 3 月—	方孟夫、宣满琪、蔡伯煌 1989 年 4 月— 黄伟光、周丽清、倪建荣 1999 年 12 月— 马国权、施宇钧、楼笑峰 2002 年 3 月—	2006 年 3 月 2 日，局机关党支部分设为局机关第一、二、三、四党支部 2012 年 9 月，增设局机关第五党支部
局机关第一党支部	俞科真 2006 年 3 月— 葛　浩 2012 年 9 月—	—	黄伟光 2006 年 3 月— 赵丰民 2008 年 7 月— 葛　浩、胡卫进、李国女 2012 年 9 月—	
局机关第二党支部	魏国君 2006 年 3 月—2012 年 9 月—	—	冯伟峰 2006 年 3 月— 魏国君、郦　威、何海斌 2012 年 9 月—	
局机关第三党支部	施宇钧 2006 年 3 月— 楼笑峰 2008 年 7 月—2012 年 9 月—	—	寿仲达 2006 年 3 月— 赵启盛 2008 年 7 月— 楼笑峰、赵丰民、方春均 2012 年 9 月—	—
局机关第四党支部	詹　飞 2006 年 3 月— 蔡志文 2008 年 7 月— 黄玉龙 2012 年 9 月—	—	楼笑峰 2006 年 3 月— 何海斌 2008 年 7 月— 黄玉龙、冯铁江、何春风 2012 年 9 月—	
局机关第五党支部	边　钧 2012 年 9 月—	—	边　钧、郑伟力、周海玲 2012 年 9 月—	
市场开发务中心党支部	李林标 1999 年 12 月— 赵晓堂 2000 年 2 月—	—	方汉波、楼勇为 1999 年 12 月—	1999 年 8 月成立，2006 年 3 月撤销
离退休党支部	骆增福 1999 年 12 月— 杨蓁勤 2004 年—2012 年 9 月—	—	杨蓁勤、马传法、方孟夫 2012 年 9 月—	1999 年 8 月成立
协会联合党支部	叶光贤 2002 年 11 月—	—	陈顺新、蒋成木 2002 年 11 月—	2002 年 7 月成立
珍珠市场党支部	黄伟大 2000 年 10 月— 冯晓勇 2001 年 8 月—	—	—	2000 年 10 月成立。2002 年 7 月撤销

续表 4-3-4

党支部名称	书　记	副书记	委　员	说　明
经检大队党支部	张祖恩 2000 年 12 月— 陈旭晖 2002 年 3 月—	—	马国权、赵　宁、徐　翔 2000 年 12 月— 赵　宁、郦　威 2002 年 3 月—	2000 年 12 月成立。2004 年 12 月撤销
城北工商分局党支部（城北工商所党支部）	方维远 1999 年 12 月—	—	宋志光、周建伟 1999 年 12 月—	—
	周建伟 2000 年 10 月—	—	何国昌、宋志光、蒋明法 2000 年 10 月—	
	俞水根 2003 年 4 月— 陈晓明 2005 年 6 月— 2006 年 4 月— 詹　飞 2008 年 6 月— 蔡志文 2012 年 9 月—	—	郦　威、许可伟 2003 年 4 月— 赵启盛、郦　威、方汉波 2006 年 4 月— 蔡志文、方汉波、张　勇 2012 年 9 月—	—
城南工商所党支部（城关市场管理办公室党支部）	罗　海 1999 年 12 月— 陈旭辉 2000 年 2 月— 蔡伯煌 2002 年 3 月— 杨伯祥 2005 年 6 月—	—	陈旭晖、陈晓明 1999 年 12 月— 何国昌、毛伟新 2002 年 3 月—	2006 年，与城北工商所合署办公
城东工商所党支部（浣纱工商所党支部）	叶光贤 1999 年 12 月— 蒋　平 2002 年 3 月— 2004 年 4 月— 黄永祥 2012 年 9 月—	—	陈仕千、毛伟新 1999 年 12 月— 陈士千、杨章祥、方　炎 2002 年 3 月— 许建华、郑伟力 2004 年 4 月— 郑伟力、楼灿信 2006 年 4 月— 赵利谦 2008 年 7 月— 黄永祥、楼灿信、赵利谦 2012 年 9 月—	—
大唐工商所党支部	俞水根 1999 年 12 月— 冯伟峰 2002 年 3 月— 郭剑波 2006 年 9 月— 童文正 2006 年 9 月— 2012 年 9 月—	—	杨美丽、杨新江 1999 年 12 月— 杨新江、郭剑波、祝伟新 2002 年 3 月— 周仁云 2006 年 2 月— 葛　浩、王　鹤 2008 年 7 月— 童文正、杨新江、黄　鹤 2012 年 9 月—	—

续表 4-3-4

党支部名称	书记	副书记	委员	说明
店口工商所党支部	冯伟峰 1999 年 12 月— 詹　飞 2002 年 3 月— 冯晓勇 2006 年 4 月— 2012 年 9 月—	—	方春均、葛　浩 2002 年 3 月 周仁云、王　颖、陈忠良 2008 年 7 月— 冯晓勇、周仁云、王　颖 2012 年 9 月—	—
山下湖工商所党支部	施宇钧 1999 年 12 月— 赵启盛 2000 年 10 月— 黄建民 2006 年 4 月— 胡卫进 2008 年 7 月— 黄文军 2012 年 9 月—	—	冯晓勇、张靖杰 2000 年 10 月 王　鹤　2006 年 4 月— 骆寅生、戚中圻 2008 年 7 月— 黄文军、骆寅生、戚中圻 2012 年 9 月—	—
枫桥工商所党支部	蔡伯煌 1999 年 12 月— 黄伟光 2002 年 3 月— 赵　坚 2005 年 6 月— 詹　飞（女） 2008 年 7 月— 2012 年 9 月—	—	郑伟力、郦建生 1999 年 12 月— 郑伟力、郦建生、黄文军 2002 年 3 月— 张　勇 2006 年 4 月— 孙滋光、楼　政 2008 年 7 月— 孙滋光、杨向荣 2012 年 9 月—	—
牌头工商所党支部	周瑞昌 1999 年 12 月— 楼勇为 2000 年 2 月— 黄建民 2003 年 4 月— 何海斌 2006 年 4 月— 黄永祥 2008 年 7 月— 宣良福 2012 年 9 月—	—	骆国祥、许建华 1999 年 12 月— 许建华、蔡志文 2002 年 3 月— 许建华、蔡志文 2003 年 4 月— 黄永祥、胡卫进 2006 年 4 月— 季伯达、宣良福 2008 年 7 月— 宣良福、蔡　武、徐炬松 2012 年 9 月—	—
草塔工商所党支部）（五泄工商所党支部）	赵仕仁 1999 年 12 月— 2002 年 3 月— 赵幼产 2003 年 4 月— 傅京生 2008 年 7 月— 2012 年 9 月—	—	赵幼产、赵　坚 1999 年 12 月— 赵　坚、黄玉龙 2002 年 3 月— 黄玉龙、潘冬宝 2003 年 4 月— 季伯达 2006 年 4 月— 郦建生、周　杰 2008 年 7 月— 傅京生、周　杰、郦建生 2012 年 9 月—	—

续表 4-3-4

党支部名称	书　记	副书记	委　员	说　明
大西工商所党支部	郦良灿 1999 年 12 月— 赵幼产 2002 年 3 月— 冯晓勇 2003 年 4 月— 郦建生 2006 年 4 月— 詹飞（女）2007 年 8 月— 方春均 2008 年 7 月— 袁建高 2009 年 2 月— 2012 年 9 月—	—	傅京生、赵利谦 2002 年 3 月— 傅京生、王　鹤 2003 年 4 月— 郭　峰、王贤江 2008 年 7 月— 郭　峰、季伯达 2012 年 9 月—	—
璜山工商所党支部	黄伟飞 1999 年 12 月— 陈晓明 2002 年 3 月— 童文正 2005 年 6 月— 赵丰民 2006 年 9 月— 潘冬宝 2008 年 7 月— 2012 年 9 月—	陈法章 1999 年 12 月— 2002 年 3 月—	蔡志文、吴永新 1999 年 12 月— 童文正 2002 年 3 月— 方　昕、毛建江 2008 年 7 月— 潘冬宝、方　昕、毛建江 2012 年 9 月—	—
江藻工商所党支部	张祖恩 1999 年 12 月—	—	张靖杰、傅成欢 1999 年 12 月—	2001 年 12 月 26 日撤所
三都工商所党支部	何国昌 1999 年 12 月—	—	—	2001 年 12 月 26 日撤所
陈蔡工商所党支部	黄建民 1999 年 12 月—	—	—	2003 年 1 月与璜山所合署
湄池工商所党支部	赵启盛 1999 年 12 月— 詹　飞 2000 年 10 月—	—	詹　飞、方春均 1999 年 12 月—	2001 年 12 月撤所

第四节　中国共产主义青年团基层组织

1987 年 8 月 10 日，共青团诸暨县工商行政管理局总支委员会（以下简称工商局团总支）成立，下设 4 个支部。

1992 年 4 月 25 日，市工商局团总支决定将团支部设置由 4 个调整为 8 个，按第一至第八数列命名。

1993 年 12 月 15 日，市工商局团总支根据各科、所团员人数变动情况，对各团支部组成作出调整。

1995 年 11 月 20 日，市工商局团总支决定将团支部由 8 个调整为 10 个，分别为共青团工商局机关、枫桥、湄池、店口、山下湖、江藻、大西、大唐、牌头、陈蔡支部。

1997 年 11 月 14 日，撤销市工商局团总支，成立共青团诸暨市工商行政管理局委员会（以下简称市工商局团委）。

2002 年 4 月 10 日，由于团员数量减少，经团市委批准，撤销市工商局团委，建立共青团诸暨市工商行政管理局支部，隶属市直机关团工委领导，原各工商所团支部同时撤销。2013 年，市工商局团支部支委由詹飞（女）、吕学萍、周明建组成，詹飞（女）任书记。

共青团诸暨市（县）工商行政管理局组织及成员更迭一览

表 4-4-1

名　称	书　记	副书记	委　员
总支委员会 1987.8 —1997.11	蔡伯煌 1987.8—1990.12 方维远 1990.12—1992.4 相学军 1993.11—1995.8 周国裕 1995.8—1997.11	陈　斌 1987.8— 相学军 1992.4—1993.11 黄文军 1993.11—1996.4 潘　骏 1995.8—1997.11 黄伟光 1997.7—1997.11	陈　伟　郦　峰 杨　隽　陈　斌 1987.8—1990.12 周国裕 1993.11—1995.8 胡卫进 1993.11—1997.7 陈　枫 1993.11—1997.7 方春均 1996.4—1997.11 何东蕾 1996.4—1997.7 赵　坚 1997.7—
工商局团委 1997.11—2000.4	周国裕 1997.11—1998.4 黄伟光 1998.4—	黄伟光 1997.11—1998.4 潘　骏 1997.11—2002.4	方春均 1997.11—2002.4 赵　坚 1997.11—2002.4
支部委员会 2002.4	詹　飞（女） 2002.4—2013	—	吕学萍 2002.4— 周明建 2002.4—

共青团诸暨市工商局各支部组成情况一览

表 4-4-2

名　称	建立时间	组成所别	书　记	团员数
第一团支部	1992.4	局机关、城关、市管、浣纱	陈六美	11
第二团支部		湄池	王友茂	7
第三团支部		姚江	黄文军	9
第四团支部		三都、大西	陈　伟	3
第五团支部		五泄	孙滋光	3
第六团支部		大唐庵、轻纺市场	陈　枫	5
第七团支部		牌头	胡卫进	6
第八团支部		璜山、陈蔡	吴永新	6
第一团支部	1993.12	局机关、城关、市管、城东、枫桥	周国裕	7
第二团支部		湄池、店口	王友茂	8
第三团支部		江藻	黄文军	5
第四团支部		山下湖	郦　威	6
第五团支部		三都、大西、草塔	孙滋光	11
第六团支部		轻纺市场、大唐	陈　枫	8
第七团支部		牌头	胡卫进	8
第八团支部		陈蔡、璜山	吴永新	8
机关团支部	1995.11	局机关	潘　骏	6
枫桥团支部		枫桥	郑伟力	3
湄池团支部		湄池	方春均	3
店口团支部		店口	王友茂	4
山下湖团支部		山下湖	何东蕾	5
江藻团支部		江藻	杜　文	4
大西团支部		大西	俞可尚	4
大唐团支部		大唐、草塔	赵　坚	7
牌头团支部		牌头	寿可利	4
陈蔡团支部		陈蔡	王　鹤	5
机关团支部	1997.8	局机关	潘　骏	5
枫桥团支部		枫桥	张彩霞	4
湄池团支部		湄池	方春均	4
店口团支部		店口	葛　浩	5
山下湖团支部		山下湖	何东蕾	6
江藻团支部		江藻	杜　文	5
大西团支部		大西	俞可尚	5
大唐团支部		大唐、草塔	赵　坚	8
牌头团支部		牌头	寿可利	5
陈蔡团支部		陈蔡	徐小菊	6
局团支部	2002.4	全局	詹　飞	17

第五节　人员编制

1988 年，县工商局在职人员 190 人（含以工代干人员）。

1997 年 11 月，省人事厅、省编委、省工商局核定诸暨市工商局工商所行政编制人员 221 名。

1998 年 3 月，省编委、省工商局新增给诸暨市工商局经检大队（“96315”消费者举报投诉中心）行政编制人员 5 名。9 月，市工商局根据省人事厅、省工商局《关于浙江省工商行政管理所推行国家公务员制度职位分类、人员过渡实施意见》精神，进行职位分类和职位设置，并按照人员过渡标准与条件，通过资格审查、岗位培训考试考核评定，全局 286 人过渡为国家公务员。

2000 年 9 月，浙编办追加诸暨市工商局工商所专项编制人员 59 名。

2001 年 11 月，省以下工商行政管理系统实行垂直管理，省编委、省工商局按照职能配置、机构设置和人员编制的规定，核定诸暨市工商局机关行政编制人员 26 名，配局长 1 名，副局长 3 名，纪委书记 1 名，工商所专项行政编制人员 275 名，共计行政编制人员 306 名。

2007 年 1 月 5 日，省工商局核定诸暨市工商局公务员 278 人，其中在职人员 276 人，离岗退养人员 2 人。

2013 年，全局核定公务员编制 305 人，实有在职公务员 261 人，其中女性 70 人。年龄结构为：30 岁以下 43 人、31—40 岁 46 人、41—50 岁 106 人、50—60 岁 66 人。按学历状况分：研究生 4 人、大学本科 169 人、大学专科 67 人、中专及以下 21 人。有硕士 4 人、学士 77 人、非领导职务 255 人。

1988 年—2013 年诸暨市（县）工商局人员编制情况一览

表 4-5-1　　　　单位：人

年　份	人员总数	其中女性	年龄结构			
			30 岁以下	31—40 岁	41—50 岁	51—60 岁
1988	190	23	81	54	40	15
1989	208	27	84	65	41	18
1990	219	29	91	69	37	22
1991	224	29	94	70	41	19

续表 4-5-1

年　份	人员总数	其中女性	年龄结构			
			30 岁以下	31—40 岁	41—50 岁	51—60 岁
1992	239	34	96	76	50	18
1993	254	37	95	85	57	17
1994	263	40	101	92	57	13
1995	273	46	88	99	64	22
1996	287	47	73	101	90	23
1997	305	52	81	105	81	38
1998	315	58	98	101	87	29
1999	311	58	90	91	97	33
2000	305	56	70	86	75	74
2001	304	54	65	103	75	61
2002	283	49	55	111	73	44
2003	282	51	52	113	73	44
2004	277	51	90	47	94	46
2005	277	—	—	—	—	—
2006	277	—	—	—	—	—
2007	274	—	—	—	—	—
2008	272	53	44	57	90	81
2009	272	—	—	—	—	—
2010	262	57	15	72	97	78
2011	263	56	24	65	88	86
2012	259	—	—	—	—	—
2013	261	70	43	46	106	66

说明：2004 年统计表中，年龄结构共分 6 档，前两档分别为：35 岁及以下，36—40 岁；41—50 岁档分 41—45 岁 43 人，46—50 岁 51 人，此表中合并计 94 人；51—60 岁档分 51—54 岁 32 人，55 岁以上 14 人，此表中合并计 46 人

第五章　队伍建设

市工商局以“抓队伍、促业务”为总体思路，开展队伍政治思想建设、行风廉政建设、业务能力建设，不断提高工商行政管理队伍的政治素质和依法行政能力，为工商行政管理工作提供组织保障。

第一节　制度建设

队伍管理制度

1988年6月，县工商局修订1984年制定的《诸暨县工商行政管理系统规章制度》。8月，制定《机关工作人员职责》《干部职业道德规范》。是年，县工商局出台《基层工商所考核评分标准》，始行工商所年度考核。省《工商行政管理》杂志介绍了诸暨县工商局的做法。

1989年1月，县工商局为保持干部廉政勤政，出台10条规定，同时制定《政治思想教育实施细则》。3月，制发《关于加强廉政建设的意见》，各工商所相应配置廉政建设监督联络员。9月8日，县工商局对暂扣物资及财物管理处理作出明确规定。是年，市工商局先后向社会公开《工商干部职责》《工商干部纪律》等规章制度，设立举报电话，完善内外监督机制。

1991年1月，市工商局推行《干部交流轮岗制度》。是年，《日常工作制度》实施，内容包括各种会议、请示报告、宣传报道、文书管理、财产管理、请销假、保密、信访、考勤、值班和卫生等有关制度。制发《关于文件拟审和印发的有关规定》等相关制度。

1992年1月27日，市工商局始行《基层工商所文书管理制度》《基层工商所文书管理员职责》。4月30日起，实施《会计岗位职责》《企业登记管理人员岗位职责》《个体私营经济管理人员岗位职责》《经济检查人员岗位职责》《仲裁庭办案工作规范》《商标广告管理人员岗位职责》《市场管理人员岗位职责》《驾驶员职责》等一系列工作制度。是年，《兼职监察员汇报制度》出台。

1993年5月5日，市工商局制定《诸暨市工商行政管理局工作规则》《局长办公会议制度》《局务会议制度》。是年，根据市场建设发展需要，协管员队伍扩大，市工商局重新修订《协管员招聘辞退制度》。完善党支部“三会一课”（党小组会、党支部会、民主生活会和党课）制度。

1995年2月，市工商局制发《诸暨市工商行政管理局干部廉洁自律十条规定》《廉政建设制度》。6月19日，制发《管理费收缴程序规定》。

1996年5月，根据国家工商局关于开展工商形象建设年活动和省委关于开展行风评议活动的要求，市工商局出台《办事首问责任人制度》《文明管理十条要求》《文明用语和服务忌语》。

1997年4月15日，市工商局为严格执行省工商局颁发的“着装令”“禁酒令”“禁购令”，制发《违反“三令”处理办法》。5月5日，制发《工作人员廉政守则》，同时制发《监督检查组职责》《保密范围规定》。是年，市工商局设立由局长任组长的监督检查组，检查督促各科、所、协会及市场服务中心各项制度的落实。

1998年5月12日，市工商局制定《机关干部考核暂行办法》，始行机关干部年度考核制度。8月10日起，实施《政务承诺制度》《政务公开制度》。1999年11月15日，市工商局转发省工商局《干部廉洁从政十条纪律》。

2000年，市工商局下发《工商巡查车使用规定》。4月6日，始行《监察制度》。7月13日，市工商局党委制定《关于进一步加强党委成员自身建设的决议》。

2001年7月31日，市工商局为加强和改进思想政治工作，出台《工作人员年度考核实施意见》《关于对干部实施黄牌警告、待岗制度的有关规定》。10月26日起，实行“票款分离”管理制度。“票款分离”即实行“单位开票，银行代收，财政统管”的管理体制。个私管理费、市场管理费的收取实行公开、公正、“三分离”原则（调查人不定费、定费人不收费、收费人不定费），建立完善三者相互监督、相互分离的内部约束机制。10月27日起，首次实行中层干部竞争上岗、一般干部双向选择的人事管理制度。

2002年4月3日，市工商局制定《监督检查制度》。4月29日，修订《市工商局工作规则》。4月30日，局党委制定《党委议事规则》。5月9日，实施《干部谈话戒免制度》。10月18日，制发《干部八小时以外时间监督制度》。

2003年3月10日，市工商局制发《干部（中层以上）重大事项报告制度》《局领导班子成员联系点制度》。8月23日，出台《纪律制度督查考核办法》。11月10日，制定《诸暨市工商局国家公务员季度考核实施意见》。是年，局领导班子成员实施定点联系科所制度。

2004年4月1日，市工商局实施《中层正职任期经济责任制审计制度（试行）》。8月24日，制发《实施行政许可过错责任追究制度》。

2005年7月14日，市工商局制发《诸暨市工商局招投标管理制度》。10月20日，出台《关于构建反腐倡廉防范体系的实施意见》。

2006年3月16日、21日，市工商局分别制发《纪律作风管理办法》《诸暨市工商局监督检查制度》。4月14日，出台《机关干部绩效考核意见》。

2007年，市工商局实施中层干部诺廉制度。

2008年7月1日，市工商局对公务接待工作作出明确规定。7月3日，制订《诸暨市工商局财务管理制度》。

2009年5月4日，市工商局制发《涉案物资保管员职责》。6月23日起，始行局务公开制度。8月19日，制发《纪检监察员工作规定》。

2010年7月30日，市工商局制发《语言规范化管理制度》。9月26日，制发《档案管理办法》。12月1日，下发《诸暨市工商局严禁酒后驾车的通知》。

图5-1-1　换装仪式

2012年3月22日，市工商局制发《督查督办工作规程（试行）》。5月3日，制发《中层副职干部选拔任用实施意见》。7月30日，制发《诸暨市工商局公务卡使用及报销管理制度》。

2013年4月18日，市工商局制发《创新课题项目化管理办法（试行）》。5月6日，实施《诸暨市工商局考勤管理制度（试行）》。11月19日，制发《编制外合同职工管理办法》。是年，出台《年轻公务员导师制实施意见》。

第二节　思想政治教育

1988年7月，县工商局开展“我为工商作贡献，我为国徽添光彩”教育活动，组织召开以“我爱工商”为主题的演讲会。11月，根据县委《关于加强干部管理教育的暂行办法》，出台《关于进一步加强思想工作，加强职业道德建设》的规定，召开中层以上干部参加的思想政治教育工作会议。

1989 年，县工商局组织全系统干部学习中共十三届四中全会精神，开展以“争做合格工商干部”为主题的教育活动，要求全体干部做到“政治上靠得住、业务上过得硬”。9 月 3 日，《中国工商报》头版头条对此作了报道。

1990 年 2 月—4 月，市工商局围绕中共中央“稳定大局、治理整顿、深化改革”的要求，组织开展形势任务教育，坚定社会主义信念。4 月 28 日起，开展以学先进、赶先进为主要内容的“三学、三比、三对照”（学马列主义毛泽东思想、学法律法规、学雷锋。比贡献，比谁为争创一流成绩作出的贡献大、比谁为振兴诸暨经济的贡献大；比进步，比谁在思想政治、专业技术、文化知识上的进步快；比服务，比谁为工商企业的服务好。对照在本职岗位上是否尽心尽职、对照同志之间是否团结协作、对照自己是否遵纪守法）活动。是年，国家工商局局长刘敏学、中国社会科学院副院长刘国光到诸暨市工商局考察。刘敏学在牌头工商所考察时指出“基层所就是要搞成这个样子。”刘敏学为诸暨市工商局题词：“秉公执法、依法管理。”刘国光为诸暨市工商局题词：“加强工商管理，繁荣诸暨经济。”国家工商局副局长曹天玷率领国家工商局部分司局长和各省工商局、计划单列市工商局局长、人教处长、工商学校校长一行 65 人到枫桥工商所考察。曹天玷在考察后说：“我在全国跑过 100 多个工商所，你们搞得比较好的。”并为枫桥工商所题词：“搞好工商所廉政建设，为发展地方经济服务。”

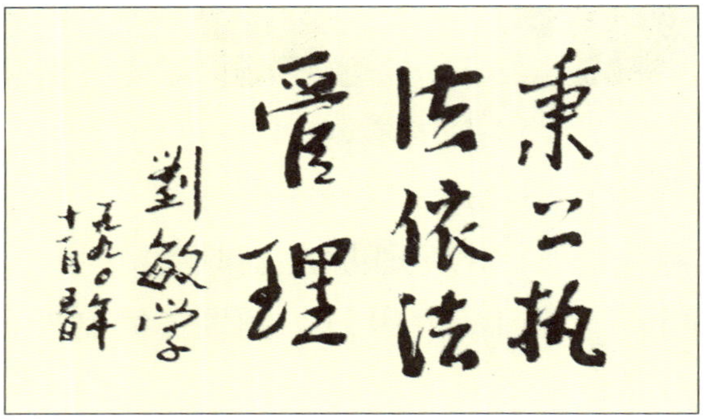

图 5-2-1　国家工商局局长刘敏学考察诸暨市工商局时的题词

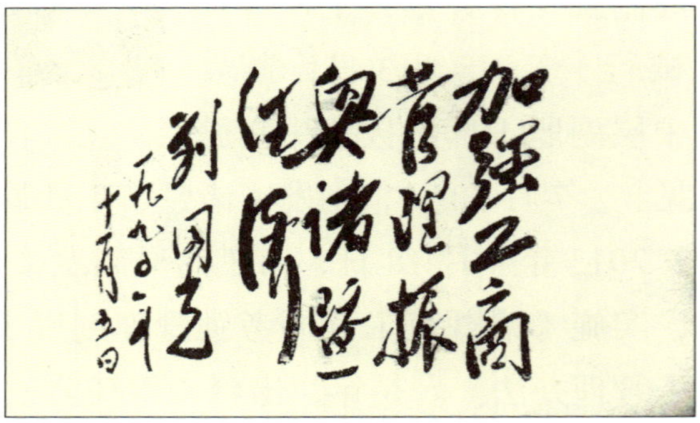

图 5-2-2　中国社会科学院副院长刘国光考察诸暨市工商局时的题词

1991 年 4 月，市工商局为落实绍兴市工商局“争优夺杯”竞赛活动，市工商局组织开展“我为工商增光彩”为主题的思想作风教育和“岗位学雷锋，行业树新风”荷花杯竞赛活动，为企业办实事，做好事。5 月 26 日，大西工商所所长章杨敏参加绍兴市工商局组织的先进事迹报告团，在绍兴市工商系统巡回宣讲。

1992 年 5 月—11 月，市工商局在全系统干部中开展社会主义思想道德教育，以“五爱”“四有”为基本内容，分阶段组织学习并进行书面考试。当年，市工商局组织干部学习《中共中央关于加强党同人民群众联系的决定》、中共十四大精神和邓小平南方谈话，进行党的基本路线再教育，开展解放思想大讨论。

1993 年初，市工商局组织全局干部开展政治业务学习教育，每周六全天或下午学习社会主义市场经济理论、职业道德、行风建设等相关内容。11 月，开展《邓小平文选》第三卷的学习。

1994 年，市工商局机关建立理论学习中心组。局党组成员、调研员和科（室、队）正职及协会秘书长参加，开展每周一次的学习或研讨活动。组织“树立工商新形象”教育活动和结对子竞赛活动。16 个工商所组成 8 个对子，机关科室与之挂钩，三者组成竞赛团体。对子所之间开展“比工作、比贡献、比成绩”的竞赛活动，加强联系，互帮互促，交流经验。年底统计，当年各对子间共开展各类活动 30 余次，为管理对象做好事 50 余件，干部思想建设涌现典型事例 20 余件，推广工作经验 20 余条。通过考核，评出前三名：第 1 名为城南工商所、城东工商所、合同科、消协，第 2 名为店口工商所、陈蔡工商所、个私科、个协，第 3 名为大唐工商所、璜山工商所、人事监察科。

1995 年 4 月，市工商局组织全局干部收看孔繁森同志事迹报告会录像，全体干部结合实际撰写心得体会并进行相互交流。举行“学英模，树新风”演讲比赛。选派代表参加市直机关党委组织的演讲比赛，获第 2 名。11 月，在湄池工商所开展思想作风教育试点，12 月在各工商所全面推开。经过学习教育、对照检查、总结整改，重点解决干部队伍中存在的对政治理论学习不够重视，工作主动性、责任心和组织纪律性不够强等问题。

1996 年 4 月，市工商局以“工商形象建设年”为主线，实施教育、廉政、规范、凝聚、礼仪五大工程建设。教育工程建设要求干部政治理论学习参加率达 95% 以上，政治理论和专业知识考试合格率达 100%；廉政工程建设要求杜绝违法违纪行为，经得起各种行风廉政建设的评议和检查；规范工程建设要求规范行政行为，公平、公正、依法行政；凝聚工程建设要求调动全体干部的工作积极性，营造心往一处想，劲往一处使，团结奋斗的氛围；礼仪工程建设要求树立文明礼貌、举止端庄的办事形象，树立为人民服务的公仆意识。

6 月，市工商局召开全系统大会，组织干部开展向冯绍泉学习活动。冯绍泉同志是湄池工商所干部，1980 年调入工商行政管理部门工作。他爱岗敬业乐于奉献，在平凡的工作岗位上作出了不平凡的业绩。1992 年，患肾功能衰竭症，先后两次换肾手术失败，只能靠每月做两次血液透析维持生命，但仍兢兢业业，脚踏实地奋斗在工商行政管理第一线。诸暨市委、绍兴市工商局、省工商局相继作出决定，号召全市干部、全省工商干部向冯绍泉学习。国家工商局、国家人事部授予冯绍泉“全国工商行政管理系统优秀工商行政管理人员”称号。

7月，市工商局团总支开展创建“青年文明号”活动，大唐、江藻、店口、牌头4个工商所的青年岗位被共青团诸暨市委授予“青年文明号”称号。

1997年初，市工商局组织全局干部学习中共十五大精神，以“队伍建设展新姿、业务工作展新貌、项项工作争上游”为主题，开展思想政治教育。3月，市工商局团总支组织开展学习冯绍泉同志征文比赛。7月，市工商局举办为期5天的中层干部教育培训班，邀请上级领导、先进人物、专家学者作辅导。

1998年8月，市工商局组织党员干部学习党性、党纪、政纪的理论，观看《百年恩来》等专题片，举办“学习周恩来，做人民好公仆”征文比赛。邀请绍兴市社科院院长作邓小平理论学习专题讲座，诸暨市党史办领导上党课。局领导撰写个人党性分析材料，剖析存在问题，制定整改措施。8月25日始，市工商局领导开展广泛谈心活动，组织全局干部开展“我为工商献计策”活动。

图5-2-3　国家工商局局长王众孚（中）考察诸暨市工商局时题词

1999年4月1日，国家工商局局长王众孚到诸暨工商局检查指导工作，并到大西工商所考察。7月，市工商局开展“讲政治、促行风、强素质教育月”活动。组织学习毛泽东的《为人民服务》《反对自由主义》、邓小平的《坚持四项基本原则》、江泽民的《努力建设高素质的干部队伍》等文章，每位干部结合自己的思想和工作实际找出薄弱环节，开展自查自纠。各科室、工商所自查问题，提出整改方案，落实整改措施。

图5-2-4　党员活动日

2000年2月中旬至3月中旬，市工商局开展以“新世纪、新形象”和“致富思源、富而思进”为主题的教育活动。在“双思”教育中，开展组织一次学习，开展一次讨论，撰写一篇学习心得，组织一次党日活动，解决一个具体问题的“五个一”系列活动。

2001年2月，市工商局成立领导小组，并派工作组到各科室、工商所，组织干部开展自查自纠，寻找工作作风、工作纪律、服务态度、思想领域等方面存在的倾向性、苗头性、突出性问题，制定整改措施。5月中旬，局党委根据市委的统一部署，开展“三个代表”重要思想教育。工商所干部参加所在地乡镇的教育活动，局机关干部参加市级机关教育活动。全系统干部用60个学时学完规定的内容，摘笔记，写心得，集中听取有关领导3次辅导报告，参加书面理论考试。每个干部在广泛听取有关部门、镇乡、企业、个体工商户、私营企业主、人民群众意见和建议的基础上，联系自己的思想和工作实际，进行自我剖析，自我反思，查摆问题，写出剖析材料。然后召开民主生活会，相互交流思想，开展批评与自我批评，制订并落实整改措施。7月，结合学教活动，制发《关于加强和改进思想政治工作的若干意见》《关于进一步转变作风，增强服务意识支持地方经济发展的若干意见》。开展“假如我是服务对象”征文比赛活动，有两篇文章分别获市级机关征文比赛二等奖和三等奖。是年，市工商局被评为绍兴市“三个代表”学教活动先进单位。

2002年1月，市工商局开展“三个代表在工商，红盾形象在浙江”教育活动，引导干部树立4种观念、强化4种意识（树立理论学习观念，强化思想政治意识；树立宗旨公仆观念，强化爱岗敬业意识；树立勤政廉洁观念，强化廉洁自律意识；树立勤奋学习观念，强化提高业务水平的意识）。4月，市工商局党委组织开展《浙江省公民道德规范》学习教育活动，内容有：“三德”（社会公德、职业道德、家庭美德）教育、“五心”（忠心献祖国、爱心献社会，诚心献客商、真心献朋友、孝心献父母）教育和“警示”（通过案例剖析和观看警示片、警示录）教育。5月，组队参加绍兴市工商系统运动会，30个参赛项目获得14个第一名，金牌总数和团体总分均为参赛队第一。10月，根据省工商局部署，市工商局开展“学榜样为先导、正形象为重点、树形象为主线、促工作为目的”的“红盾工程”学教活动。市工商局被评为全省工商系统实施“红盾工程”建设先进单位。11月，结合“企业评部门”活动中的反馈意见和平时掌握的情况，建立和完善中层以上干部廉政、政绩档案，始行干部谈话告诫制度；全面实行中层干部竞争上岗，一般干部双向选择的人事制度。

2003年3月，市工商局开展中共十六大精神主题教育活动，邀请市委宣传部领导作辅导报告，邀请市委党校老师作《在新形势下党员要再立新功，再创辉煌》讲座。4月，举行中共十六大精神知识竞赛，局机关和工商所的12支代表队共36名干部参加，局机关获一等奖，山下湖工商所获2等奖，草塔、璜山工商所获三等奖。组织开展“更新观念、创新工作、强化服务监管”大讨论和征文比赛。9月，市政府办证中心工商窗口先后推出即办服务、引导服务、上门服务、全方位服务、延时服务。推行接待办事群众“告知一口清、资料一手清”的“双清”制度。开展登记质量全程跟踪评测，在发放申请登记表格时，同时将《登记服务质量全程跟踪评测表》发给办事群众，请群众打分测评。10月，组织开展“建功在基层，形象在工商”“学习郑培民，执政为人民”教育活动。组织干部进行队列训练，在绍兴市工商系统队列会操中，获团体第二名。

2004年3月，市工商局开展“访企业、学企业、帮企业、促企业”活动，在活动中“出一个点子、搞一个课题、访一批企业、当一回老师、编一本手册、出一份专报”。

2005年1月，市工商局开展保持共产党员先进性教育，组织干部“访千户群众、进百家企业、办十件实事”。3月，在自愿报名、双向选择、择优录用原则下，挑选7名中层干部到企业帮助工作。

2006年3月24日起，市工商局围绕省工商局部署开展的“红盾风采—阳光工商”主题活动，开展“纪律作风建设年”活动。组织干部学习国家工商局《六项禁令》、浙江省效能办《四条禁令》、省工商局《二十条规定》，采取“编一本册子、写一篇心得、说一句警语、听一堂报告、提一次醒”的“五个一”方式，开展学习教育。每月一次开设“科长课堂”，由一名科长结合实际谈纪律作风建设和体会。召开人大代表、行风监督员、民营企业家代表等参加的座谈会3次，由局党组成员带队走访大中型企业35户，发放意见函530份，征求听取对纪律作风方面的意见建议。是年，诸暨市工商局党委被省工商局党委命名为“红盾风采—优秀领导班子”。

图5-2-5　文娱活动

图5-2-6　乒乓球赛

2007年3月23日起，市工商局开展以“弘扬新风正气，彰显红盾风采”为主题的红盾作风建设年活动，学习中共十七大精神和《中国共产党章程》等党内法规，举办“构建社会主义和谐社会”专题辅导讲座，开展以“弘扬八种作风，树立良好形象”

为主题的大讨论。

2008 年 5 月，市工商局开展人文精神教育活动。汶川大地震发生后，组织全局干部为抗震救灾捐款 31.08 万元，全体党员还缴纳了“特殊党费”。10 月，开展以“为和谐站岗、为发展助力”为主题的教育活动。

2009 年 3 月，市工商局开展学习实践科学发展观活动，邀请市委领导给全局党员集中授课，局领导干部作专题宣讲，各党支部交流学习体会。4 月，局党委开展以坚持以人为本，关注民生，完善食品安全机制研究为主题的专题调研。

2010 年 4 月，市工商局开展“能力提升年”活动，组织全体干部开展“一月一法”学习。8 月，开展创优争先活动，举办工商法律知识竞赛。

2011 年 12 月，市工商局开展“双争”（争创人民满意工商、争做为民服务标兵）活动。

图 5-2-7 篮球赛

2012 年，市工商局开展“工商文化建设年”活动。3 月，开展“我们的价值观”大讨论。4 月，按照“政治素质为根本、业务素质为重点、文化素质为基础”的要求，采用“读书月”“周一夜读”等形式，全面开展教育培训，举办各类培训班 24 期。在全面征集和讨论的基础上，形成“忠心、担当、拓新、致和”的诸暨工商价值观核心词。

2013 年，市工商局开展“基层基础建设年”“执行力建设深化年”和“新政风、优化服务”主题活动，实施“按需施教、学用相长”的分层分类教育培训。组织开展“诸暨木柁精神”大讨论、“中国梦”征文比赛和各类竞赛 20 余次。

图 5-2-8 退休老干部欢度重阳节

第三节　行风党风廉政建设

1988年11月，县工商局制发《监察员制度》，规定局、所配备监察员。

1989年初，县工商局《保持廉政建设十条规定》《工商干部纪律》《办照须知》《收费标准、依据》等规定在局办公大楼、各工商所办公楼大厅等醒目位置上墙公布，接受群众监督。在市场管理股设立举报电话，工商所设置举报箱，配备兼职监察员13人。召开廉政工作座谈会，听取镇乡政府和有关部门的意见。

图 5-3-1　廉政教育

1990年3月，市工商局组织开展纠正行业不正之风、制止“三乱”现象活动，完善“两公开一监督”制度，在重要地段设立举报箱23只。把行风廉政建设列入干部岗位责任制考核。实施干部考察制，局领导带队组成干部考察组，采取访、听、谈等方式，对全体干部的德、能、勤、绩进行全面考察。

1991年3月，市工商局采用听、查、访的办法，对乱收费、乱罚款和“吃、喝、拿、要、赊”等情况开展检查，全面了解全系统干部的勤政廉洁状况。办案实行检查、审理、量罚“三交叉”，收费实行定费、收缴、管理“三分离”，办照实行受理、调查、审核“三段式”制度。市场摊位择定实行公开招标。各工商所在当地党委、政府、企业、个体工商户中聘请义务监察员共48名，使工商部门监察网络全覆盖。增设举报箱24只，意见簿43本，外发征求意见表385份。9月，接受市人大对工商行政管理工作的评议。根据评议反馈意见，落实5条整改措施。

1992年，市工商局在市人大、政协、监察局、企业等10个单位中聘请义务监察员12名，并建立监察员汇报制度。各工商所分别召开义务监察员座谈会32次。

1993年4月，市工商局配合市纪委、市监察局对工商所廉政建设情况进行检查，走访28个乡镇44户企业、36名个体工商户，与119名工商干部分别座谈，了解工商系统行风廉政建设工作。

1994 年 7 月，市工商局开展以“开拓进取，公正廉洁、务实高效”为主题的行风廉政教育，要求干部树立开拓进取、廉洁奉公、勤政务实、秉公执法、优质服务五大形象。各工商所改善服务，帮助企业办实事。草塔工商所成功调解草塔某厂长期拖欠第一丝厂 48 万元原料款纠纷案。城东工商所为某残疾个体工商户收割晚稻。大唐轻纺市场工商所帮助 100 多户经营户组成联合体，成立大唐轻纺实业总公司。璜山工商所保护外地客商利益，为山东一花生贩运户落实摊位。山下湖工商所为 3 名遭受火灾的个体工商户解决经营场所，并组织捐款 3 万元。店口工商所支持五金产业发展，派出 30 余人次帮助清理拖欠款项，催讨应收款 22 万余元、落实信贷资金 30 万元。江藻工商所用 3 个月时间，为供销社调解经济纠纷 2 起，收回资金 10 万余元。枫桥工商所派员赴河北省石家庄市查处假冒“步森”服装，保护名牌商标专用权。城关市场所组织城关地区 147 名贩运户，从全国各地引进蔬菜 3611 吨、牛羊肉 544 吨、干货 178 吨、水果 2.6 万吨，丰富市场供应，平抑市场物价。市工商局机关组织开展以反映工商干部为民、为企业办实事、秉公执法、廉洁自律等方面的“工商好新闻”评选，评出一等奖 1 篇（《换店》在《中国工商报》上刊出），二、三等奖和优秀奖共 12 篇。

1995 年，市工商局发出《关于严禁参与赌博嫖娼等违法违纪活动的通知》和《干部廉洁自律十条规定》，转发国家工商局《关于工商行政管理人员不准接受可能对公正执行公务有影响的宴请的规定》《关于工商行政管理人员不准参加用公款支付的高消费娱乐活动的规定》和《违反“两个规定”的处理办法》。市工商局与各工商所、各工商所与每名干部签订行风廉政建设责任书。局领导走访全市 35 个镇乡党委、政府领导，走访个体工商户、私营企业 120 余户次，全面了解工商部门的行风廉政情况。

1996 年初，市工商局根据省纠风办关于对全省公安、财税、工商、邮电系统开展行风评议的要求，做好迎接评议工作。围绕讲政治、正行风、树形象 3 个基本要求，制订《办事首问责任人制度》《文明管理十条要求》《文明用语和服务忌语》《财务人员职责》等制度。局机关和各工商所在办照大厅出台便民服务措施，设立咨询服务台、休息室等。并对需要到绍兴市工商局、省工商局办照的企业，开展全程陪同服务。是年，市工商局被省纠风办评为行风建设先进集体，城东工商所被绍兴市纠风办评为行风建设先进集体，店口工商所被绍兴市工商局评为行风建设先进集体。叶光贤等 4 人被绍兴市工商局评为行风建设先进个人。城东、店口、陈蔡工商所被诸暨市纠风办评为行风建设先进集体。方孟夫等 8 人被诸暨市纠风办评为行风建设先进个人。

1997 年 4 月，市工商局按照省工商局《着装令》《禁酒令》《禁购令》（简称“三令”）制发《三令卡》，发给干部人手一份。向社会公开“三令”具体内容，接受群众监督。干部执行“三令”情况由各工商所每月定期检查 1 次，不定期检查全年不少于 6 次，列入年度考核。9 月，开展全系统干部违规配置通信工具清理工作。

1998 年 5 月上旬，市工商局开展行风建设和民主评议行风“回头看”活动，对各科所的行风廉政建设情况开展督查。6 月和 9 月，分别召开行风评议情况通报会，交流“回头看”活动的情况。10 月，采取问卷调查方式，向全市各界发出信函 350 封，征求对工商系统行风建设的意见建议。

1999 年，市工商局党组制发《诸暨市工商局落实党风廉政建设责任制工作计划》，召开党风廉政建设状况分析讨论会，党员廉洁自律专题民主生活会，领导班子专题民主生活会。每位党员对照《诸暨市党风廉政建设责任制考核细则》，在礼品登记、大事报告、接待制度、通讯费使用、工程招投标、收支两条线管理、会务费使用、外出参观考察、政务公开、民主集中制等方面制度和规定执行情况作自我检查。是年，城北工商所被绍兴市纠风办评为 1999 年度绍兴市行风建设先进集体。

2000 年 4 月，市工商局成立督察队，督察全局干部在风容风纪、办公秩序、工作纪律、服务群众等方面的表现。邀请市政协领导和行风义务监察员对全系统的行风廉政建设情况进行明察暗访。是年，市工商局人监科被评为诸暨市行风建设先进集体，有 2 名干部被评为诸暨市行风建设先进个人。

2001 年 7 月，市工商局组织全体干部观看反腐败斗争电教片。邀请市委党校、市纪委领导作行风廉政建设辅导报告，在全系统干部中开展行风廉政知识书面测试。是年，有 2 名干部被评为诸暨市行风建设先进个人。

2002 年 8 月，开展基层工商所行风评议活动。市工商局向市人大代表、政协委员发出行风廉政建设问卷调查表 470 份，征求对工商所工作的意见建议。邀请镇乡人大、纪委及部分企业界代表，召开行风评议座谈会，对工商所干部的服务意识、办事效率、思想作风、廉洁自律等方面打分评价。在各工商所随机选定数名干部，进行行风廉政建设知识书面测试竞赛。加强督察查处，对 4 名参加赌博的干部分别作出黄牌警告 6 个月和纪律处分；对 6 名存在轻微违纪行为的干部进行谈话诫勉。11 月，结合“企业评部门”的反馈意见和平时掌握的情况，建立和完善中层以上干部廉政、政绩档案。

2003 年 3 月，市工商局实施干部重大事项报告制度，规定中层正职以上干部发生违法违纪行为或工作失误等 8 类情况，应书面向组织报告。8 月，组织中层干部培训，特邀市纪委领导作反腐倡廉讲座。组织全体干部开展“看警示、记警句、设警戒、敲警钟”为主要内容的“四警”教育活动，全体干部人人写体会，个个创箴言，评出优秀心得体会一篇，优秀廉政箴言 10 句。局、所组织人员上门走访行政处罚案件当事人 120 人次，走访镇、乡领导、企业代表、行风监察员 200 人次，接待群众来信来访 20 人次，征求社会各界对工商部门的意见建议。是年，市工商局获“企业评部门（单位）”第 5 名（满意率 95.66%）。办证中心工商窗口被市政府办证中心评为“示范窗口”“免考窗口”，被共青团绍兴市委评为“青年文明号”，有 4 位干部被评为“示范标兵”。同时根据评议结果，对 1 名干部实行待岗处分，2 名干部给予党纪政纪处分，3 名干部实施黄牌警告。

2004 年 3 月，市工商局开展效能建设活动，完善制度建设，优化工作机制，提高办事办案水平。开展政治思想教育，设立局效能监察投诉中心，负责受理对全系统机关效能和行风问题的投诉，监督检查局机关及工商所的工作效能、服务质量。4 月，制发《中层正职任期经济责任审计制度（试行）》，有 2 名所长调任时按制度接受审计。6 月，修订《关于对干部职工实施黄牌警告、待岗制度的有关规定》和《纪律制度督查考核办法》。开展“开门纳谏”活动，走访 300 户企业、300 户个体工商户、60 位被行政处罚对象、60 位消费者投诉代表和有关部门、乡镇，征求对工商部门意见建议，制定相应整改措施。

2005 年 8 月，市工商局开展工商廉政文化教育活动，组织干部撰写工商廉政文化论文。11 月，开展以“活跃廉政文化、构建和谐系统”为主题的演讲，5 人获演讲优胜奖。

2006 年 3 月，市工商局出台《纪律作风管理办法》《监督检查制度》。4 月，开展“学党章、知荣辱、铭告诫、算好账”专题教育活动，组织党员干部学习《中国共产党章程》和《中华人民共和国公务员法》。6 月，开展“我是一名共产党员，执政为谁”专题讨论，组织全系统中层干部、各工商所办案组长、经检干部等 90 余人到浙江省第二监狱接受警示教育。10 月，组织党员干部开展党风廉政知识竞赛，全局 261 名干部参赛，参赛率 92%，其中 208 人获 95 分以上。对干部的着装风纪、效能作风、廉洁自律等方面实施每周一查，每月抽查，有 5 人因违纪违规受黄牌警告。

是年，店口工商所在市政府“企业群众评基层站所”活动中满意率 78.23%，排名第 2。大唐工商所获“人民满意基层站所”称号。市工商局在“企业群众评部门（单位）”活动中满意率为 96.3%，排名第 10；在效能建设、行风建设工作考评中获 98.39 分，排名第 3，并获“人民满意站所”称号。

图 5-3-2　签订党风廉政建设责任书

2007 年 3 月，市工商局实施

中层以上干部诺廉活动。6位局领导、22位中层正职领导的廉洁从政承诺上墙公示。4月起，组织10次“工商开放日”活动，邀请社会各界代表走进工商局机关、工商所、注册窗口、12315消费维权受理窗口、案件办理现场，体验工商执法办案、调处消费纠纷、商品质量检测等项工作的全过程，听取对改进有关工作的意见建议。7月25日起，开展群众满意工商所（办事窗口）创建活动。市办证中心工商窗口被市政府评为免考窗口、1—3季度先进示范窗口。

2008年8月起，市工商局组织开展工商所行政执法干部向社会述职述廉评议活动。经过广泛征求行风义务监督员、乡镇（街道）及管理服务对象的意见建议，年底在各工商所召开专门会议，组织行政执法干部向社会各界述职述廉。对评议中反映的突出问题，局纪检监察部门负责调查、核实和处理。

图 5-3-3　局领导述职述廉

2009年8月，根据省工商局统一部署，市工商局在各工商所（分局、队、工商窗口）设立副股级纪检监察员。9月，全面应用电子监察软件，对登记注册、干部电脑使用等进行实时监控。是年，市工商局结合“工商开放日”活动，向120户企业、行风监督员发放书面评议表200多份。通过问卷调查、个别谈话、设立意见箱、召开座谈会等方式征得意见建议21条。

2010年初，市工商局推行党风廉政建设“三书”制度。局党委制发党风廉政建设工作任务书、工作函告书、落实党风廉政建设工作意见书，落实党风廉政建设工作按时督查、专项检查、年底考查的“三查”制度。加强科室、工商所（分局）党风廉政建设工作，做到年

图 5-3-4　所领导述职述廉

初制订计划、年中分析情况、年底总结报告。4月，利用局域网在全系统干部中推出“一月一法考、一月一片教”活动。6月，邀请市检察院领导作反腐倡廉、预防职务犯罪为主要内容的专题报告。开展岗位风险点防范管理工作。在行政许可、行政执法、队伍管理、内务管理等方面排查廉政风险点和履职风险点122个，编制《岗位风险管理防范工作手册》。市工商局的做法在市纪检委召开的相关会议上作了交流。是年，在企业群众评部门活动中，市工商局取得第4名，比上年提升8个位次。在基层评站所活动中，工商所（分局）的平均位次为第5位，平均满意率91.46%，为历年最好。在办事人员评窗口活动中，市办证中心工商窗口满意率98.65%。

2011年初，市工商局深化廉洁从政承诺活动，采取党员“组团式”承诺、网上签名公示承诺、召开承诺大会、编印承诺手册等方式，开展党员诺廉活动。全年11次在局域网上播放党风廉政教育片、先进人物宣传片、民主监督纪实片，党员干部在工作之余自行收看。组织23名中层正职领导到绍兴市参观全国检察机关惩治和预防渎职侵权犯罪警示教育。实施行政执法监察，对行政处罚金额在1万元以上的216件行政处罚案件实行回访。继续开展基层执法干部述职述廉活动。在城北工商分局、店口工商分局、大唐工商所3个单位行风述职述廉活动中，参评代表提出12条书面意见和建议，有10位代表参与质询提问。

2012年7月，枫桥工商所争创廉政建设风险防范工作示范点，配合市工商局办公室编制行政执法、行政许可、队伍管理和事务管理4个方面的规章制度综合文本。是年，市工商局15次检查干部行风效能，发出督查、督办通报6次，1人因违反公务员管理条例被辞退。

2013年4月28日，市工商局和市检察院共同组建店口工商分局检察联络办公室，完善工商行政执法与刑事司法衔接配合工作，预防工商执法人员职务犯罪的发生。10月，制定出台行政执法案件全程监督制度。市工商局监察室对2件由经检大队调查处理的行政执法案件实施提前介入，全程监督执法人员依法行政、文明执法。

是年，对局重点工作、中心工作落实情况和干部纪律作风开展4次综合督查，发现问题23个，发出通报6次，扣奖处理8人次。

第四节　业务教育与学历教育

业务教育

1989 年 6 月，县工商局举办副股长、副所长业务知识培训班。7 月，举办外单位新调入干部岗前业务培训。8 月，举办青年干部业务知识培训。10 月，举办工商行政管理知识竞赛，陈蔡工商所获团体第 1 名。

1990 年 7 月 5 日至 7 日，市工商局举办《中华人民共和国行政诉讼法》培训。中层以上干部、业务骨干、经检队干部共 70 余人参加。9 月 29 日，举办《中华人民共和国行政诉讼法》知识竞赛，39 名干部参赛，平均成绩 73.02 分。是年，全局大中专毕业生分配、外单位调入干部共 92 名，市工商局根据不同对象举办不同形式、不同层次、不同内容的培训 8 次。

1991 年，市工商局召开全局专业技术人员业务工作交流会，6 位不同技术职称、不同岗位工作的同志交流学习心得、工作经验。组织全局 37 名干部参加全国经济员资格考核，组织 9 名股所长参加绍兴市工商行政管理局岗位职务培训。

1992 年 5 月 30 日，市工商局组织《工商行政管理所条例》知识竞赛，42 名干部参赛。市场管理所、浣纱工商所、大西工商所获团体前 3 名。6 月 20 日，举办个私经济分管干部业务知识考试，市场管理所、城东工商所、大唐轻纺市场工商所分获团体前 3 名。9 月，对新进工商部门的干部进行集中培训。是年，组织 21 名干部分两批赴绍兴市工商局参加岗位培训。在全局开展“二五”普法教育，组织干部学习《中华人民共和国宪法》《中华人民共和国民事诉讼法》等 10 部法律。

1993 年 11 月，市工商局对 1991 年以来进工商行政管理系统工作的大中专生进行集中培训。是年，组织 25 名干部分批赴绍兴市工商局参加岗位培训。

1994 年 3 月，市工商局举办分管经检工作的所长、业务干部参加经检业务培训，学习《中华人民共和国反不正当竞争法》。7 月 6 日，举办《中华人民共和国公司法》《中华人民共和国反不正当竞争法》《中华人民共和国消费者权益保护法》知识竞赛，团体前 3 名为城东、陈蔡、草塔工商所，2 人获个人一等奖，4 人获二等奖，5 人获三等奖。

1995 年 9 月 5 日和 13 日，市工商局分别举办商标广告管理、个体私营经济管理、企业管理、经济检查等业务的分管所长和分管干部培训班，学习工商行政管理行政处罚程序等方面的知识和《中华人民共和国商标法》《中华人民共和国广告法》《城乡个体工商户管理暂行条例》《私营企业暂行条例》《企业法人年度检验办法》等法律法规。是年，全局有 8 名干部参加绍兴市工商局组织的业务知识培训，25 名干部参加市人事局举办的计算机操作应用培训，全体公务员参加市人事局统一组织的业务知识培训和考试。

1996 年 7 月，市工商局组织 1990 年以来参加工商行政管理工作的 51 名大中专毕业生业务培训。全年举办公务员岗位职务必备知识和基本技能的培训 114 次，组织全系统干部学习省工商局统一编写的《工商行政管理概论》《企业登记注册管理》《公平交易监督管理》《市场监督管理》《个体私营经济管理》《商标广告管理》《中华人民共和国行政处罚法》等法律法规知识。

1997 年 5 月上旬，市工商局举行工商法律知识对抗赛，各工商所组队参加，从中择定 3 名干部参加绍兴市工商局举办的“红盾杯”工商法律知识对抗赛，获团体第一名。在《中华人民共和国行政处罚法》实施一周年之际，市工商局组织召开座谈会和经检执法研讨会，邀请省、绍兴市工商局业务处领导和诸暨市法制局领导作辅导讲座。开展“三五”普法教育，学习《中华人民共和国行政处罚法》《中华人民共和国刑事诉讼法》《中华人民共和国刑法》等有关法律，组织干部进行两次书面考试。各业务科室和工商所分类举办各种形式的法律法规知识培训 57 期，受训 1258 人次。

1998 年 5 月，市工商局组织 1995 年以来参加工作的 38 位青年干部举办为期 3 天的培训。是年，科所相对集中时间，采取自学、集体讨论、案例分析、集中辅导或业务组长轮流上辅导课等形式，组织各类业务知识交流和法律法规培训 78 次，受训 1625 人次。组织 5 名所长参加省工商局举办的岗位资格培训，15 名干部参加绍兴市工商局举办的初任干部上岗资格培训。全体公务员参加市人事局组织的公务员知识更新培训和电脑操作应用培训。

1999 年 6 月，市工商局干部参加省工商局组织的全省工商行政管理系统首次执法资格等级考试，64 人报考初级执法资格课目，合计实考课目 141 门次，合格率 86.5%。7 月，在全系统集中开展市场经济法律知识普法教育。8 月，组织开卷考试，公布成绩，不及格者组织补考，同时为参考干部填发社会主义市场经济法律知识成绩登记卡。

2000 年上半年，市工商局举办省工商系统执法资格等级考试辅导班，邀请省工商学校老师、省工商局人员作专门辅导。组织学习和培训 42 期，受训 3009 人次。组织干部参加执法资格等级考试，上半年参加考试 139 人，合计参考课目 282 门次，及格率 97.5%；下半年参加考试 243 人，合计参考课目 504 门次，及格率 92.7%。组织“三五”普法教育，通过诸暨市、绍兴市人大组织的“三五”普法验收。9 月，市政府法制局集中全市 37 个行政执法部门开展法律法规知识竞赛，市工商局选派 5 名干部参加，获团体第一名；有 3 名干部进入个人前 10 名，受到通报表彰。组织 7 名所长参加省工商局举办的岗位资格培训班。

图 5-4-1　中层干部读书会

2001 年，市工商局组织干部学习《浙江省实施〈消法〉办法》《浙江省反不正当竞争条例》和《中华人民共和国产品质量法》等法律法规，举办培训班 73 期，受训 1213 人次。组织 414 人次参加执法资格等级考试，参考课目 656 门次，及格率 92.7%。组织开展“四五”普法教育活动。

2002 年，市工商局组织干部学习《中华人民共和国商标法》以及 WTO 与工商行政管理知识、行政诉讼证据规则等办案业务知识。共举办各类培训班 65 期，受训人员 1090 人次。全局干部通过 WTO 有关知识考试。142 人参加执法资格等级考试，及格率 90%。至此，全局共有 272 人通过省执法资格等级考试，其中取得初级执法资格 51 人，取得中级执法资格 221 人。

2003 年 2 月至 4 月初，市工商局组织开展计算机应用技能培训。6 月，全局 211 人参加局计算机上机实务考试、25 人参加计算机应用考试，合格率为 100%。8 月，绍兴市工商局举行“红盾工程——注册监管业务知识竞赛”，诸暨市工商局代表队获团体一等奖。9 月，在全省工商系统“红盾工程——注册监管业务知识竞赛”中，诸暨市工商局 2 名干部代表绍兴市工商局参赛，获团体一等奖，1 名干部获个人优胜奖。10 月至 11 月，市工商局举行登记注册操作能手、办案能手、案件核审能手等业务操作技能竞赛活动，分别评出登记注册能手 6 名、执法办案能手 5 名、案件核审能手 3 名。这年，组织干部学习《中华人民共和国行政诉讼法》和最高人民法院《关于行政诉讼证据若干问题的规定》等法律知识，共举办培训 74 期，受训 1197 人次。

2004 年 2 月至 5 月，市工商局组织干部学习《中华人民共和国行政许可法》，6 月上旬，组织全系统干部参加《中华人民共和国行政许可法》知识考试。6 月下旬，以局机关和工商所为单位，举办《中华人民共和国行政许可法》知识竞赛。

2005 年，市工商局组织 45 周岁以下公务员参加市人事局组织的国家公务员公共管理基础课程考试，组织全局公务员参加《中华人民共和国公务员法》测试。全年举办各类干部培训班 85 期，受训 1289 人次。

2006 年 4 月 8 日，市工商局组织《中华人民共和国公司法》知识竞赛，各工商所、办证中心工商窗口、企管科等 11 支代表队共 58 名干部参加。璜山、大唐、草塔工商所分获团体第 1、2、3 名。办证中心工商窗口邀请省法学专家授课指导《中华人民共和国公司法》学习，并在绍兴市工商系统《中华人民共和国公司法》竞赛中获团体和个人两项第 1。有 3 名干部参加绍兴市“注册能手”竞赛，其中 1 名干部代表绍兴市工商局参加全省“注册能手”竞赛。7 月，组织开展“亮剑”精神为主题的征文活动，共征集论文 21 篇，评出一等奖 1 篇、二等奖 3 篇、三等奖 5 篇。

2007 年，市工商局组织干部参加绍兴市工商局登记注册知识竞赛，获团体第 2 名。

2008 年 3 月 24 日，市工商局设立法制工作、执法办案、登记注册、信息报道、计算机应用等专门人才库。是年，诸暨市工商局选送 10 篇说理性文书参加省工商局评选，获三等奖。

2010 年 9 月 20 日，市工商局组织登记注册业务知识竞赛。大唐、牌头、草塔工商所分获团体前 3 名。10 月 13 日，组织各所（分局）、有关业务科室干部举行工商法律知识竞赛，枫桥、店口、牌头工商所分获前 3 名。在诸暨市“永大杯”法律知识竞赛中，市工商局代表队获二等奖。

2011 年，市工商局组织开展注册、办案、移动执法终端应用等业务培训演练及比武竞赛。有 7 名干部被省工商局、绍兴市工商局认定为业务能手，7 名干部在绍兴市注册业务知识竞赛中进入前 10 名，诸暨市工商局代表队获团体总分第 1 名。

2012 年，市工商局开展“岗位练兵”等教育培训，举办各类竞赛 24 次，全局有 10 名干部先后被省、绍兴市工商局认定为业务能手；1 人获全省工商系统登记注册业务竞赛第 1 名。

2013 年 11 月 19 日始，市工商局推行年轻公务员导师制，发挥优秀业务骨干的“传、帮、带”作用，帮助指导年轻干部掌握岗位业务技能，提升岗位履职能力。

学历教育

1988 年，县工商局 190 名干部，具有大学本科学历的 7 人、大学专科学历的 19 人。分别占总数的 3.7% 和 10%。

1989 年，市工商局鼓励支持干部学历教育，制订了学习经费按规定报销、学习时间给予保障、毕业后享受相应待遇等 3 条措施。部分干部参加高校函授、进修或参加自学考试，取得大学本科学历。截至 1990 年 10 月，全局有各类专业人员 76 人，占总数的 34.7%；大专以上文化程度 47 人，占总数的 21.5%。

1998 年 9 月，市工商局 286 名行政编制人员过渡为国家公务员。随着国家公务员考试招聘政策实施，新招录工商行政管理人员必须取得大专以上学历。

2013年，市工商局有公务员261人，其中硕士研究生4人，本科学历169人，大学专科学历67人。分别占总数的1.5%、68%、26%。

1988年—2013年诸暨市工商局干部学历状况统计一览

表5-4-1

年度	人员总数	研究生	大学本科	大学专科	中专	高中	初中
1988	190	—	7	19	31	82	51
1989	208	—	12	20	38	83	55
1990	219	—	15	33	41	80	50
1991	224	—	17	36	48	79	44
1992	239	—	17	58	64	75	25
1993	254	—	18	48	60	80	48
1994	263	—	17	51	64	84	47
1995	273	—	20	85	85	59	24
1996	287	—	21	127	84	55	—
1997	305	—	36	131	70	53	15
1998	315	—	38	141	68	59	9
1999	311	—	39	139	76	51	6
2000	305	—	39	163	63	34	6
2001	304	—	46	168	51	34	5
2002	283	—	47	165	44	24	3
2003	282	—	51	178	32	18	3
2004	277	—	68	150	38	21	
2005	277	—	101	121	中专及以下：28		
2006	277	—	117	105	27		
2007	274	—	127	96	23		
2008	272	—	131	91	50		
2009	272	—	137	90	45		
2010	265	1	141	83	40		
2011	263	1	147	80	35		
2012	259	2	156	73	28		
2013	261	4	169	67	21		

第五节　创优达标

规范化工商所（局）创建达标

1992 年 6 月 5 日，根据省工商局的统一部署，市工商局组织开展工商所规范化建设达标活动。主要创建内容包括干部岗位职责规范、工作目标管理规范、党风廉政建设规范、工作程序规范、工作制度规范，考核奖惩规范，干部能力素质良好，所风所貌文明等。市工商局确定璜山、城关市场、山下湖等 3 个工商所作为工商所规范化建设达标活动的试点单位，按照队伍素质、组织机构、规章制度、业务工作、所风所貌、基本设施等 6 项具体达标内容及标准，开展创建活动。年底，3 个试点所通过考核验收，被省工商局命名为首批规范化工商所。

1993 年 4 月，市工商局在璜山工商所召开规范化工商所创建现场动员会，部署全面开展创建工作，璜山工商所负责人介绍创建试点情况。6 月 15 日，规范化工商所创建达标活动在全局各工商所开展。8 月 7 日，局机关开始规范化创建达标活动。年底，诸暨市工商局被省工商局命名为浙江省首批规范化工商局，江藻、草塔、城东、陈蔡、牌头、三都、枫桥、城关、大西、大唐、湄池工商所和大唐轻纺市场管理所被命名为规范化工商所。

1994 年，店口工商所被命名为规范化工商所。

1995 年 4 月，省工商局对诸暨市工商局机关，城南、城东、枫桥工商所进行了抽检复查，合格率为 100%。

文明规范工商所（局）创建达标

1998 年 3 月，在开展规范化创建基础上，市工商局根据省工商局部署，开展文明规范工商所（局）创建达标活动。这一轮创建标准要求提升，提出了建设高素质工商行政管理干部队伍和有权威的市场监督管理与行政执法机构的目标。城东、店口、大西、牌头 4 个工商所率先试点创建。3 月 12 日，市工商局制发《文明规范工商所（局）基本标准》。4 月 22 日，在牌头工商所召开创建文明规范工商所（局）动员大会，局机关和各工商所按创建要求，完善管理制度，抓文明管理、优质服务，提升干部政治业务素质，转变工作作风。在创建中组织干部开展“学习周恩来，争做好公仆”教育活动，开展上街咨询义务为民活动。市工商局机关在大厅设立咨询服务台，开展“坐堂门诊”，为来局办事的同志“引路”。注册窗口为方便群众办照，制发《登记注册服务提示书》，营业执照办理推行“五优先”（农业开发企业优先、下岗职工优先、边远山区群众优先、外地来诸暨投资者优先、伤残人员优先）。为外资企业申办营业执照实行全程指导、全程服务，做到随到随办、特事特办、急事急办。年底，诸暨市工商局和城东工商所、店口工商所被省工商局首批命名为文明规范工商局（所）；陈蔡、大西、牌头、城北工商所第2批被命名为文明规范工商所。

2000年，大唐、浬池、山下湖、草塔工商所被省工商局命名为文明规范工商所。

2002年，枫桥、璜山工商所被省工商局命名为文明规范工商所。

2007年7月，市工商局根据省工商局部署，开展星级文明规范工商所创建活动。7月25日，制发《星级文明规范工商所创建规范》。至2008年12月，省工商局认定店口工商所为四星级文明规范工商所，大唐、璜山、牌头、枫桥工商所为三星级文明规范工商所。

2013年，全局有五星级文明规范工商所3个（店口、大唐工商分局和枫桥工商所），四星级文明规范工商所5个（城北工商分局和城东、牌头、大西、璜山工商所），三星级文明规范工商所2个（草塔、山下湖工商所）。

红盾风采——领导班子、工商所、文明规范窗口、数字化工商所、财务管理规范化工商所的创建

2003年，市工商局根据省工商局部署，开展“红盾风采——优秀领导班子、文明规范工商所、文明规范窗口”的系列创建活动，先后组织5个工商所开展创建省级“红盾风采——文明规范工商所”、创建数字化工商所和工商所档案管理达标活动。局领导班子成员开展以“团结同心、协作齐心、互帮诚心、互学虚心、处事公心”为内容的班子“五心”建设。年底，省工商局授予诸暨市工商局领导班子“红盾风采——优秀领导班子”称号，授予市办证中心工商窗口、“12315”消费者投诉中心“红盾风采——文明规范窗口”称号；授予店口、枫桥、城东、大西、璜山等工商所“红盾风采——文明规范工商所”称号。

2004年6月30日，店口工商所被省工商局命名为“红盾风采——数字化工商所”。

2005年9月21日，省工商局命名大唐工商所为“红盾风采——数字化工商所”。

2006年1月7日，省工商局党委命名诸暨市工商局党委为2005年度“红盾风采——优秀领导班子”。5月29日，璜山、大西工商所被省工商局命名为“红盾风采——数字化工商所”。

2007年1月19日，省工商局党委命名诸暨市工商局党委为2006年度“红盾风采—优秀领导班子”。

2008 年 1 月 24 日起，诸暨市工商局组织开展“红盾风采——财务管理规范化”达标创建活动。12 月，省工商局命名诸暨市工商局为“红盾风采—财务管理规范化”达标单位。

2009 年，市工商局按照“加强报账管理、加强经费管理、加强软件管理、加强工作考核”等 4 个方面要求深化工商所财务管理规范化建设达标工作。

2010 年 5 月，市工商局党委开展“红盾风采——优秀领导班子创建活动”，落实注重理论学习、加强能力素质提升、密切联系基层群众、解放思想务实创新、团结协作、和谐融合、公道正派、任人唯贤、勤政廉政廉洁自律等措施。

文明单位创建

1989 年，依照文明单位标准，局所联动，制订计划、落实措施，开展文明单位创建达标活动。至 1999 年底，市工商局及 13 个工商所均被市委、市政府先后命名为诸暨市级文明单位。

2000 年，诸暨市工商局被绍兴市委、市政府命名为绍兴市级文明单位。璜山、城东工商所被命名为绍兴市级文明单位。

2002 年，诸暨市精神文明建设委员会对全市已命名的文明单位全面复评。除江藻、三都、湄池工商所因单位撤销而被自然取消诸暨市级文明单位称号外，市工商局及城北、牌头、店口、草塔、大西、城南、陈蔡、山下湖、大唐、枫桥 10 个工商所均通过复评，继续保持诸暨市级文明单位称号。

2005 年 1 月 5 日，省委、省政府命名诸暨市工商局为省级文明单位。2009 年 3 月，复评确认。

综合档案室升级达标

1989 年 6 月，县工商局建立综合档案室。

1991 年，市工商局按照《中华人民共和国档案法》要求，开展综合档案室升级达标工作，制订档案管理员工作职责以及档案管理、借阅等多项制度；整理个体工商户、私营企业、国有集体企业档案共计 4 万余卷，编制档案索引，建立档案计算机管理系统。年底，市工商局综合档案室接受市档案局升级达标考核验收，得 100.5 分，被认定为诸暨市一级综合档案室。

1994 年，市工商局综合档案室对局所的办公楼、住宅楼、所办集贸市场的基建资料，分类整理归档。当年，各工商所开始建立综合档案室。

1995年11月18日，局综合档案室由健康路搬至艮塔路22弄1号市工商局新大楼内。是年，规范企业档案保管移交制度，明确企管科、工商所和档案室职责。

1996年，全市企业、公司档案输入计算机管理系统，书式档案重新整理规范。在省工商局、绍兴市工商局组织的检查中，诸暨市工商局档案室名列绍兴市工商系统前茅。

1997年，市工商局档案室开展省二级档案室达标创建活动，按要求重新整理档案资料，编制全引目录。是年，市工商局档案室收藏综合类档案364卷、特种体裁类档案6卷、业务专题类档案73587卷、基建档案27卷、财会档案2464卷。省档案局和省工商局联合对诸暨市工商局档案室进行考评验收，认定诸暨市工商局档案室为省二级档案达标单位。

2003年，市工商局实施登记档案资料查询规定，规范操作流程。

2004年3月16日，市工商局会同市档案局在全市工商所开展基层工商所档案工作目标管理市级认定活动，有9个工商所档案室被认定为市一级档案室。城南、城北工商所档案室被认定为市二级档案室。

2010年，市工商局档案室成功创建为浙江省一级目标管理档案室。

2012年6月，市工商局开展数字化档案创建工作，建立电子文件归档管理、安全保密、查询利用等7项制度，安装“泰宇”档案管理软件系统，添置软件配套服务器和存储设备；重新调整档案编目，开展数据档案备份与恢复应急演练。10月，完成数字档案室创建工作。

附录　各级先进集体、个人名录

1988年—2013年诸暨市（县）工商局获国家级先进集体名录

表5-5-1

授予单位	授予时间	获授单位	获授荣誉
人事部　国家工商局	1992	市工商局	全国工商行政管理系统先进集体
人事部　国家工商局	1996	市工商局	全国工商行政管理系统先进集体
国家工商局个体私经济监管司	1996、1997、1998、2000、2002	市工商局	全国工商行政管理系统个体私营经济管理工作先进联系点
国家工商局	1999	市工商局	粮食市场监督管理工作先进单位
国家工商局	2000	大唐工商所	全国工商行政管理系统先进工商所
国家工商局个私经济监管司	2004	市工商局	2004年度全国个体私营经济监管调研工作先进单位

续表 5-5-1

授予单位	授予时间	获授单位	获授荣誉
国家人力资源和社会保障部、国家工商总局	2008	市工商局	全国工商行政管理系统先进集体
国家工商总局个体私营经济监管司	2010、2012、2013	市工商局	全国个体私营经济监管调研工作先进联系点

1988 年—2013 年诸暨市（县）工商局干部获国家级先进个人名录

表 5-5-2

授予单位	授予时间	获授个人	荣誉名称
国家工商局	1996	冯绍泉	全国工商行政管理系统优秀工商管理人员
国家工商局 全国消费者协会	1997	吴国伟	全国保护消费者合法权益先进工作者
国家工商局商标局	1997	楼校夫	全国商标管理先进个人
国家工商总局 全国消费者协会	2001	宣信传	全国消费者权益保护十佳人物
国家工商总局	2004	杨伯祥	全国工商行政管理系统优秀工商管理人员
国家工商总局	2008	边　钧	全国产品质量和食品安全专项整治工作先进个人
国家工商总局	2011	傅　斌	双打工作先进个人

1988 年—2013 年诸暨市（县）工商局获省级先进集体名录

表 5-5-3

授予单位	授予时间	获授单位	获授荣誉
省工商局	1988	湄池工商所	全省工商行政管理系统先进集体
省工商局	1990	市工商局、湄池工商所	1989—1990 年度先进集体
省工商局	1993	市工商局	1991—1992 年度先进集体
省工商局	1993	市工商局	全省工商行政管理系统 1991—1992 年度财会工作先进集体
省工商局	1993、1994、1995	市工商局通联发行部	全省工商行政管理系统通讯报道和征订发行先进单位
省工商局	1995	璜山工商所	全省工商行政管理系统先进工商所
省工商局	1995	市工商局经检队	全省工商行政管理系统打假治劣保优先进单位
省工商局	1996	市工商局	全省工商行政管理系统个体私营经济管理工作先进工商局

续表 5-5-3

授予单位	授予时间	获授单位	获授荣誉
省工商局	1996	市工商局	全省工商行政管理系统个私行业经营规模管理先进单位
省工商局	1997	市工商局	全省工商行政管理系统广告综合执法先进单位
省工商局	1997	市工商局	省级文明规范工商局
省工商局	1998	市工商局	“经济卫士”（集体）
省工商局	1998	市工商局	全省工商行政管理系统第三期、第四期“红盾行”打假系列宣传竞赛活动优胜单位
省工商局	1998	市工商局	全省工商行政管理系统“打假保节日”宣传竞赛活动优胜单位
省工商局	1999	市工商局	全省工商行政管理系统“百日执法大行动”先进集体
省工商局	1999	市工商局	全省工商行政管理系统“百日执法大行动”宣传报道先进集体
省工商局	2000	市工商局经检队	全省工商行政管理系统“百日执法大行动”先进集体
省工商局	2001	草塔工商所	“经济卫士”（集体）
省工商局	2002	市工商局	全省工商系统“三个代表在浙江、红盾形象在工商”主题教育活动先进单位
省工商局	2003	市工商局	浙江省商标品牌工作先进单位流通领域商品准入工作先进集体
省工商局	2003、2005	市工商局领导班子	红盾风采—优秀领导班子
省工商局	2003	市办证中心工商窗口	文明规范窗口
省工商局	2003	12315 举报中心	文明规范窗口
省工商局	2003	枫桥工商所 璜山工商所	文明规范工商所
省工商局	2003	店口、枫桥、城东、大西、璜山工商所	红盾风采—文明规范工商所
省工商局	2003	市工商局	全省工商系统创新工作典型单位
省工商局	2004	店口工商所	红盾风采—数字化规范工商所
省工商局	2004	市工商局	流通领域商品准入工程先进集体，全省工商消费安全百日百县联合大行动新闻大奖赛集体、2004 年度全省工商系统创新工作先进单位
浙江省委、省政府	2005.1、2009.3 复评	市工商局	省级文明单位

续表 5-5-3

授予单位	授予时间	获授单位	获授荣誉
省工商局	2005.1.18	大唐、草塔、山下湖、牌头、南工商所	红盾风采—文明规范工商所
浙江省委、省政府	2006.1.6	市工商局	“农村放心店”建设先进单位
省工商局	2006.1	市工商局	2005 年度红盾风采—优秀领导班子
浙江省委、省政府	2006.1.7	城北工商所	2005 年度“红盾风采—文明规范工商所”
省工商局	2006.1.17	市工商局	2005 年度全省政务信息工作先进集体
省工商局	2006.3	市工商局	商品质量快速定性检测工作先进典型
省工商局	2006.5	大唐工商所	依法行政工作先进集体
省工商局	2006.5	璜山、大西工商所	红盾风采—数字化工商所
省工商局	2007.1	市工商局	2006 年度红盾风采—优秀领导班子
省工商局	2007.1	市工商局	政务信息工作先进集体
省工商局	2007.1	市工商局	2006 年度全省宣传工作先进集体
省工商局	2007.1	市工商局	万村放心店工程建设通报表彰
省工商局	2008.1	市工商局	2007 年度工作突出单位
省工商局	2008.1	市工商局	2007 年度新闻宣传工作先进集体
省工商局	2008.1	市工商局	2007 年度信息调研工作先进集体
省工商局	2008.1.8	市办证中心工商窗口	星级文明规范注册窗口
省工商局	2008.1.9	店口工商所	星级文明规范工商所
省工商局党委	2008.1.18	市工商局经检大队	红盾风采—文明规范经检队
省工商局	2008.12.25	市工商局	“红盾风采—财务管理规范化”达标单位
省工商局	2008.12.29	大唐、枫桥、牌头、璜山工商所	2008 年度文明规范工商所
省工商局	2009.1	市工商局	2008 年度红盾风采—优秀领导班子
省人力资源和社会保障厅、省工商局	2009.11.6	办证中心工商窗口	省工商行政管理系统先进集体
省政府、省工商局	2010.11.25	市工商局综合档案室	省一级档案室
省工商局	2011.1.26	市工商局	集体二等功
省工商局	2011.12.8	市工商局	2011 年度省级五优工商窗口
省工商局	2011	市工商局财务科	财务工作先进单位

续表 5-5-3

授予单位	授予时间	获授单位	获授荣誉
浙江省全面推进依法行政工作领导小组	2012.1	市工商局	省依法行政示范单位
省工商局	2013.1.25	店口分局 山下湖工商所	商标品牌建设示范工商所（分局）
省工商局	2013.2.28	市工商局	整治利用格式条款侵害消费者合法权益专项整治行动先进单位

1988 年—2013 年诸暨市（县）工商局干部获省级先进个人名录

表 5-5-4

授予单位	授予时间	获授单位	获授荣誉
省工商局	1988	翁锡表	全省工商行政管理系统先进工作者
省工商局	1988	陈景奎	《浙江工商行政管理》杂志积极通讯员
省工商局	1990	王光田	全省工商行政管理系统先进工作者
省工商局	1993	卞泉江　陈景奎	全省工商行政管理系统优秀通讯员积极通讯员
省工商局	1994	俞科真　陈景奎	全省工商行政管理系统通讯报道先进个人
省工商局	1995	马志大	全省工商行政管理系统先进个人
省工商局	1996	冯绍泉	全省工商行政管理系统“经济卫士”
省工商局	1997	马志大　叶光贤	全省工商行政管理系统“经济卫士”
省工商局	1998	俞水根	全省工商行政管理系统“经济卫士”
省工商局	1998	郭剑波	全省工商行政管理系统红盾打假竞赛先进个人
省工商局	1999	翁锡表	全省工商行政管理系统“经济卫士”
省工商局	1999	马国权　蒋明法	全省工商行政管理系统百日执法大行动先进个人
省工商局	2000	汤可达	全省工商行政管理系统“经济卫士”
省工商局	2000	陈晓明　周序	百日执法大行动先进个人 宣传报道先进个人、政务信息工作先进个人
省工商局	2000	马国权	粮食收购、供应“四好”“四满意”先进个人
省工商局	2001	马国权	全省工商行政管理系统“经济卫士”
省工商局	2002	杨伯祥	全省工商行政管理系统“经济卫士”
省工商局	2003	李林标	全省工商行政管理系统“红盾风采—经济卫士”
省工商局	2003	杨伯祥	全省工商行政管理系统“红盾风采—经济卫士”
省工商局	2004	周明建	优秀通讯员

续表 5-5-4

授予单位	授予时间	获授单位	获授荣誉
省工商局	2005.1	郦建生	全省消费安全百县百日执法活动先进个人
省工商局	2005.4	张雪梅	全省流通领域商品质量快速定性检测工作先进
省工商局	2006.1	郭剑波	2005 年度“红盾风采—经济卫士”
省工商局	2006.1	詹　飞	全省政务信息先进个人
省纪委、监察厅、纠风办	2007.12	施宇钧	行风建设先进个人
省工商局	2008.1	陈忠良	全省工商行政管理系统优秀调研论文三等奖
省工商局	2008.1	陈晓明	2007 年度“红盾风采—经济卫士”
省工商局	2008.1	郭　峰	省级办案能手
省工商局	2008.1	周明建	2007 年度新闻宣传先进个人、信息调研先进个人
省审计厅	2008.2	陈六美	内部审计先进工作者
省工商局	2008.4	徐　翔	省工商系统“三网”建设先进个人
省工商局	2008.4	何国昌	食品安全专项整治先进个人
省工商局	2010.1	方维远	记三等功
省工商局	2011.12	詹　飞	全省工商系统“十佳工商所长”
浙打传联	2013.7.19	傅京生	2012 年打击传销工作成绩突出

1988 年—2013 年诸暨市（县）工商局获绍兴市级先进集体名录

表 5-5-5

授予单位	授予时间	获授单位	获授荣誉
绍兴市工商局	1988	诸暨市工商局	经济合同管理先进集体
绍兴市工商局	1990	湄池工商所	“两外”人员计生管理达标单位
绍兴市工商局	1993、1994、1998、1999、2002	诸暨市工商局	“两外”人员计生管理达标单位
绍兴市工商局	1996	诸暨市工商局	集体三等功
绍兴市工商局	1997	大唐工商所	青年文明号
绍兴市团委	1997	大唐工商所团支部	先进团支部
绍兴市委、市政府	2001	诸暨市工商局	绍兴市“三五”普法教育先进集体
绍兴市工政府	2001	诸暨市工商局	绍兴市“九五”计划生育先进集体
绍兴市工商局	2003	诸暨市工商局 12315 投诉举报中心	绍兴市行风建设先进集体

续表 5-5-5

授予单位	授予时间	获授单位	获授荣誉
绍兴市工商局	2005.12	店口工商所	全市工商系统行风示范窗口
绍兴市工商局	2006.1.17	城北工商所	集体三等功
绍兴市行风建设领导小组	2006.1	大唐工商所	2005 年基层工商所行风优胜单位
绍兴市工商局	2006.7	诸暨市工商局代表队	《中华人民共和国公司法》《公司登记管理条例》知识竞赛团体第一名
绍兴市工商局	2007.1	大唐、城北、山下湖工商所	2006 年度政务信息先进集体
绍兴市工商局	2007.2.8	大唐、城北、山下湖工商所	2006 年度政务信息和宣传工作先进集体
绍兴市工商局	2008.1	诸暨市工商局	2007 年度工作创新奖
绍兴市工商局	2008.8	诸暨市办证中心工商窗口	2008 年度星级行风建设示范窗口（一星级）
绍兴市工商局	2009	诸暨市工商局	2008 年度工作责任制目标考核优胜单位 2008 年度工作责任制目标考核综合优胜单位 2008 年度工作责任制目标考核单项优胜单位
绍兴市工商局	2009.1	枫桥工商所	2008 年度集体通报奖
绍兴市工商局	2010.7	枫桥工商所	创新"枫桥经验"维权模式集体嘉奖
绍兴市工商局	2012.1	枫桥工商所	创新社会管理，指导消费维权集体嘉奖
绍兴市纠风办	2012.8.8	枫桥工商所	2011 年度"十佳群众满意基层站所"

1988 年—2013 年诸暨市（县）工商局干部获绍兴市级先进个人名录

表 5-5-6

授予单位	授予时间	获授个人	获授荣誉
绍兴市工商局	1990	王光田　宣信传	绍兴市工商行政系统先进工作者
绍兴市工商局	2001	周建伟	绍兴市工商行政系统先进工商所长
绍兴市工商局	2001	徐翔　方志均	优秀维权工作者
绍兴市工商局	2002	马志大	绍兴市工商行政系统优秀公务员
绍兴市工商局	2002	詹　飞	绍兴市工商行政系统先进工商所长
绍兴市工商局	2003	郦建生　何海斌	红盾风采—十佳办案能手
绍兴市工商局	2005.1	黄伟光	红盾风采－先进工商所长
绍兴市工商局	2006.7	吴永新　许斌	《中华人民共和国公司法》《公司登记管理条例》知识竞赛个人第一、第二名

续表 5-5-6

授予单位	授予时间	获授个人	获授荣誉
绍兴市工商局	2006	詹飞（女）	信息工作先进个人、调研论文优秀
绍兴市工商局	2007.1	詹飞（女）、周明建、陈红军	2006 年度政务信息十佳
绍兴市工商局	2008.1	郭峰　方昕	绍兴市工商系统办案能手

1988 年—2013 年诸暨市（县）工商局获诸暨市级先进集体名录

表 5-5-7

授予单位	授予时间	获授单位	获授荣誉名称
诸暨市计生委	1989	枫桥、五泄工商所	计划生育先进集体
诸暨市政府	1990	市工商局	普法工作先进集体
诸暨市计生委	1991、1992、1993、1995、1997、1998	市工商局	计划生育先进集体
诸暨市政府	1992	市工商局	市长奖励基金
诸暨市委	1993、1996、1997	市工商局机关党支部	先进基层党支部
诸暨市政府	1995、1996	法制科	法制工作先进集体
诸暨市团委	1995	市工商局团总支	共青团工作先进集体
诸暨市团委	1997	市工商局团委	1997 先进团委
诸暨市团委	1997	大唐、店口、江藻、牌头工商所个私经济管理组	青年文明号
诸暨市政府	2000	市办证中心工商窗口	十佳文明示范窗口
诸暨市政府	2000	市工商局	政务工作信息三等奖
诸暨市委、市政府	2001	市工商局	打假治劣目标管理责任考核先进集体 党委系统信息工作先进单位
诸暨市委、市政府	2003	市工商局	开放型经济服务工作先进集体 市级机关招商引资工作先进单位
诸暨市委、市政府	2003	市工商局	2002 年度行政执法责任考评先进单位
诸暨市委	2006.6	市工商局党委	五好基层党组织
诸暨市委	2007.1、2007.2	市工商局	2006 年度党委系统信息工作先进单位 2006 年度全市政务信息工作先进单位
诸暨市委	2007.2、2008.2	市工商局	2006 年度机关岗位目标责任制考核一等奖

续表 5-5-7

授予单位	授予时间	获授单位	获授荣誉名称
诸暨市政府	2007.3	市工商局	2006 年度行政执法责任制考评优秀单位
诸暨市委	2007.1	市工商局	创建省文明示范城市先进单位
诸暨市委	2007.2	市工商局	2006 年度平安创建先进集体
诸暨市委	2007.2	城东工商所	2006 年度平安创建五个“十佳”
市效能办	2008.2	店口工商所	2007 年度人民满意基层站所
诸暨市委	2009.2	店口工商所	2008 年度平安创建先进集体
市效能办	2008.2	市工商局	十佳服务企业工作亮点

1988 年—2013 年诸暨市（县）工商局干部获诸暨市（县）级先进个人名录

表 5-5-8

授予单位	授予时间	获授个人	获授荣誉名称
诸暨县政府	1988	宣信传	诸暨县劳动模范
诸暨县政府	1988	王光田	诸暨县先进工作者
诸暨市政府	1989	蔡伯煌	诸暨市先进工作者
诸暨市政府	1989	宣信传	诸暨市计划生育先进工作者
诸暨市政府	1990	蔡伯煌	诸暨市普法工作先进工作者
诸暨市政府	1991	蒋成木、宣锋	诸暨市计划生育先进工作者
诸暨市政府	1992	蒋成木	诸暨市计划生育先进工作者
诸暨市政府	1993	马志大	诸暨市计划生育先进工作者
诸暨市政府	1994	方维远	诸暨市先进工作者
诸暨市政府	1965	马志大	诸暨市先进工作者
共青团诸暨市委	1996	潘　骏	诸暨市优秀共青团员
共青团诸暨市委	1996	周国裕	诸暨市十佳岗位能手
中共诸暨市委	1997	郦良灿	诸暨市优秀共产党员
诸暨市政府	1997、1998、1999	蒋　平	诸暨市法制工作先进个人
共青团诸暨市委	1997	徐小菊	诸暨市优秀共青团员
诸暨市政府	1999	詹丽华	诸暨市计划生育先进工作者
诸暨市政府	2000	周明建	诸暨市政务工作先进个人
中共诸暨市委	2001	翁锡表	诸暨市优秀党务工作者
中共诸暨市委	2001	杨蓁勤	诸暨市优秀共产党员
诸暨市政府	2001	马志大、周丽华、张吉明	诸暨市计划生育先进工作者

续表 5-5-8

授予单位	授予时间	获授个人	获授荣誉名称
中共诸暨市委	2003	李林标	诸暨市优秀共产党员
诸暨市政府	2003	冯伟峰	诸暨市抗击非典先进个人
诸暨市政府	2003	詹丽华	诸暨市计划生育先进工作者
诸暨市审计局	2005	陈六美	诸暨市审计先进工作者
诸暨市委	2005.6	杨伯祥	诸暨市优秀共产党员
市政府办证中心	2006.1	施宇均	2005 年度办证中心先进个人
诸暨市委	2006.6	魏国君	优秀党务工作者
诸暨市委	2007.1	詹　飞	2006 年度信息工作先进个人
诸暨市政府	2007.2	周明建	2006 年度政务信息工作先进个人
诸暨市政府	2007.3	詹飞、黄文军、周明建	2006 年度优秀调研论文
诸暨市委	2008.1	宣　峰	2007 年度平安创建先进个人
市效能办	2008.2	赵仕仁	2007 年度优秀驻村工作指导员

附录　先进集体奖牌（部分）

图 5-5-1　国家级先进集体奖牌

文明單位
中共浙江省委
浙江省人民政府

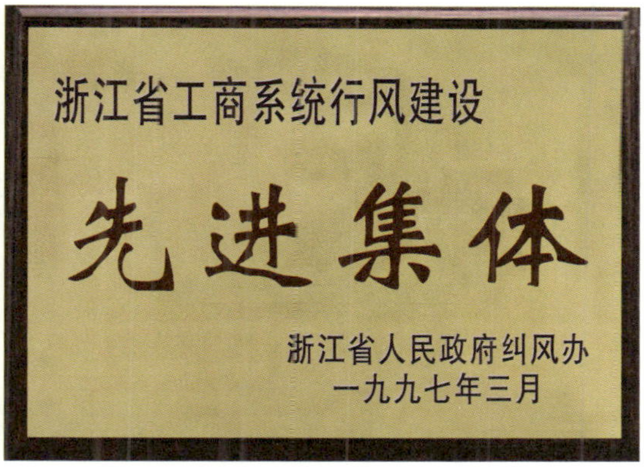
浙江省工商系统行风建设
先进集体
浙江省人民政府纠风办
一九九七年三月

1991
1992
先进集体
浙江省工商行政管理局
浙 江 省 人 事 厅

规范化工商局
浙江省工商行政管理局

红盾
风采
文明规范窗口
浙江省工商行政管理局

文明规范工商局
（省级）
浙江省工商行政管理局

图 5-5-2　省级先进集体奖牌

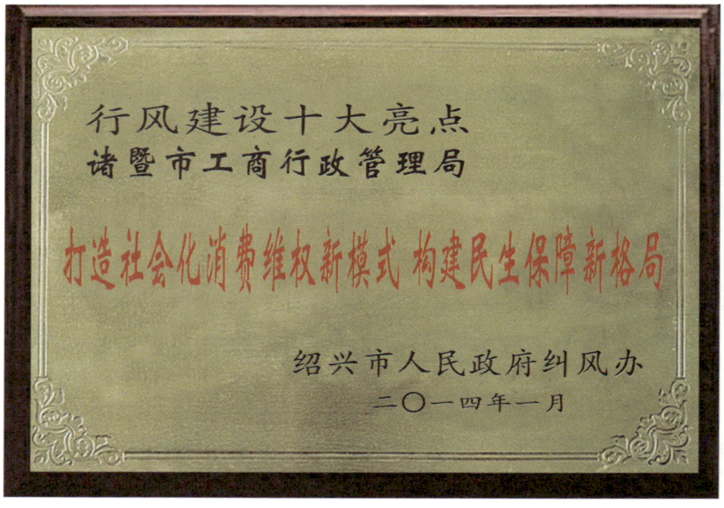

图 5-5-3　绍兴市级先进集体奖牌

图 5-5-4　诸暨市级先进集体奖牌

第六章　法制工作

市工商局内设法制机构，主要职责是对行政许可、行政处罚的程序、规则的细化、量化，强化行政许可、行政处罚的事前规范、事中审核、事后监督，为工商行政管理依法行政提供保障。

第一节　法制机构与工作职责

1988年，县工商局未设统一负责法制工作的独立机构，法制工作由相关股（队）和各工商所分别承担。各工商所经办以工商局名义作出的行政处罚案件，按案件性质分别送局相关股（队）编号、核审，报分管局长审核批准，由局统一制作行政处罚决定书。相关办案机构负责处罚决定书送达、案件执行和案卷归档。

1995年3月6日，市工商局设立法制科。3月8日，市工商局制发《诸暨市工商局行政处罚案件核审工作规定（试行）》。行政处罚案件核审分为法制科、有关业务科（队）、工商所三方进行。法制科负责核审业务科（队）和工商所以局名义经办的行政处罚案件，并对其他案件进行监督检查。业务科（队）负责对工商所按审批权限规定，报市工商局批准的相关行政处罚案件的初审及备案、监督工作；工商所负责对经办以局名义作出的行政处罚案件的调查取证、报批、执行以及承办以工商所名义作出的行政处罚案件。各科、所（队）经办的以工商局名义作出的行政处罚案件，其案号仍由各业务科（队）分头编定，案件调查终结后，送法制科核审后报分管局长审批。

8月15日，市工商局制发《诸暨市工商局法制工作规定（试行）》，建立由局领导、法制科、业务科（队）、工商所组成的法制工作网络，法制科统一负责法制工作。各业务科（队）和工商所配备法制员，负责日常核审工作。业务科法制员由分管监督管理的副科长兼任，工商所法制员由所长或分管副所长兼任。各科（队）、所还配备法制联络员，负责具体法制工作。《规定》明确法制工作的职责为行政执法监督、行政许可行为监督、行政案件复议、行政案件应诉、抽象行政行为初审、法制宣传培训。法制员的职责为协调落实本单位各项法制工作，负责本单位案件的审核工作，受领导委托承办有关行政复议和应诉工作，法制宣传、培训的组织、协调、实施工作，开展法制工作调查研究，承办领导和法制机构交办的法制工作其他事项。

1996 年 7 月 29 日，市工商局设立行政处罚案件听证工作委员会，协调处理听证工作中的重大事项。法制科具体组织并承担行政处罚案件的听证工作。

1997 年 5 月 5 日，成立诸暨市工商局行政执法责任制领导小组。11 月，成立依法治局领导小组。

1998 年，市工商局成立行政处罚案件审理委员会。

1999 年 10 月 14 日，制发《诸暨市工商局案件审理委员会工作规则》。

2001 年 11 月 30 日，市工商局法制科更名为法规科。

2003 年 2 月 25 日，市工商局决定，法制员不再由所长兼任，同时不再配置法制联络员。

2006 年 9 月 5 日，市工商局建立商标侵权认定委员会，负责各办案机构难以认定的涉嫌商标假冒侵权行为的定性工作。

2007 年 7 月 16 日，市工商局确定法规科为局行政处罚案件审理委员会的办事机构，具体负责日常事务。

2008 年，市工商局成立由律师及行政执法人员组成的应诉团，协助处理行政复议及行政诉讼案件的应诉。

2009 年初，市工商局明确局长为依法行政工作第一责任人。6 月 24 日，成立诸暨市工商行政管理局行政许可审理委员会，负责协调处理疑难行政许可事项。

2013 年 6 月 9 日，市工商局制发《案件联办和重案协作办法（试行）》，指定局经检科为各办案机构和协办案件的牵头单位。

第二节　办案程序与案件核审

1988 年初，县工商局根据《浙江省工商行政管理机关办案程序》规定，案件分两级立案。一般违法案件经所长批准由工商所立案；有重大违法事实或有重大嫌疑线索的案件，经局长批准由县工商局立案。案件的处罚实行分级负责，凡作价收购物品价值在 100 元以下，没收或罚款（包括没收物资）在 50 元以下，由工商所批准；超过上述限额的处罚，由县工商局批准。重大案件和涉及机关团体、国营企事业单位、党政干部、民主人士的大案及涉外案件，报县政府或绍兴市工商局批准。立案处理的案件，处罚决定书由县工商局名义下达，工商所不能行文。凡情节轻微简单、事实清楚，作价收购或罚没金额很小的，采取简易程序办案。需要作小额经济处罚的，采取简易程序处理，填写《案件处理单》，经工商所批准后，开具《罚款（没收）处理收据》或《违法物资收购凭证》，填写《违法案件处理通知书》，连同处理收据一并交当事人。3 月，县工商局转发省工商局制发的《处理投机违法案件分级审批权限暂行规定》，明确“凡罚没处理 200 元或非法获利 200 元，作价收购物品价值 500 元、非法经营额 1000 元以下的一般违法案件由工商所（包括同级检查站、经济检查队）按照简易程序规定处理，并报县工商局备案。罚没处理 200 元至 5 万元或非法获利 200 元至 5 万元，作价收购物品价值 500 元至 20 万元、非法经营额 1000 元至 20 万元、倒卖粮票 5 万公斤以下的投机倒把和违法案件，以及不足上述数额的投机倒把案件，由县级工商局批准处理”。

1991 年，国务院批准《工商行政管理所条例》，规定工商所可以以自己的名义作出的具体行政行为为：（一）对个体工商户违法行为的处罚；（二）对集市贸易中违法行为的处罚；（三）法律、法规和规章规定工商所可以以自己的名义作出的其他具体行政行为。（一、二两项处罚不包括吊销营业执照）。9 月 25 日，市工商局制发《企业监督管理办法》，商标、广告的监督管理参照执行。办法规定：“对企业的处罚，根据违法事实分为不立案查处和立案查处两类。”

不立案查处的行政处罚案件办理的程序为：

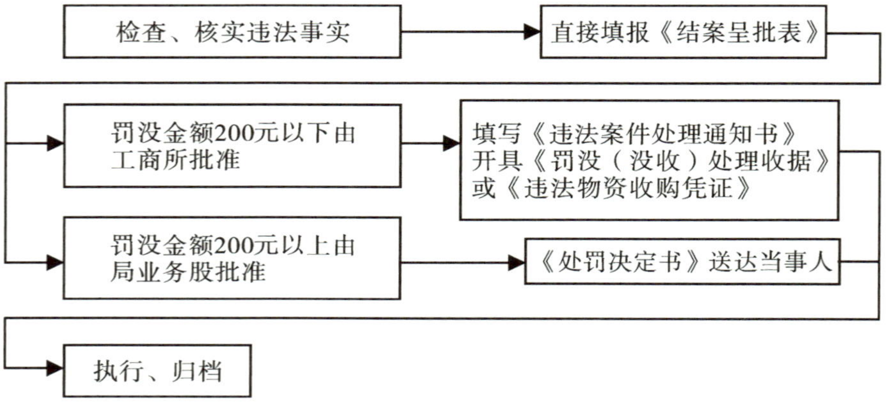

图 6-2-1　行政处罚案件办理程序（一）

立案查处的行政处罚案件办理的程序为：

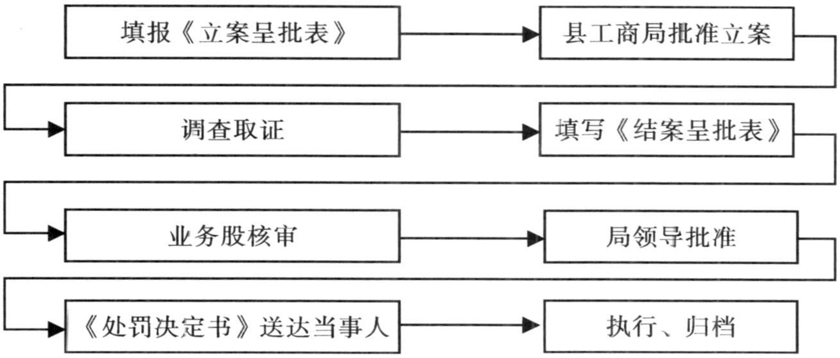

图 6-2-2　行政处罚案件办理程序（二）

1993 年，市工商局根据国家工商局发布的《工商行政管理机关行政处罚程序（试行）》重申，工商所以自己名义作出决定的案件审批权限定为“处罚金额在200元以下的”行政处罚案件。

1995 年 3 月，市工商局成立法制科，制发《行政处罚案件审核工作规定》《行政处罚案件审核登记表》《行政处罚案件审核意见表》《行政处罚案件补正提示表》，行政处罚一般程序调整为：

工商所有行政处罚权的行政处罚案件办理的一般程序为：

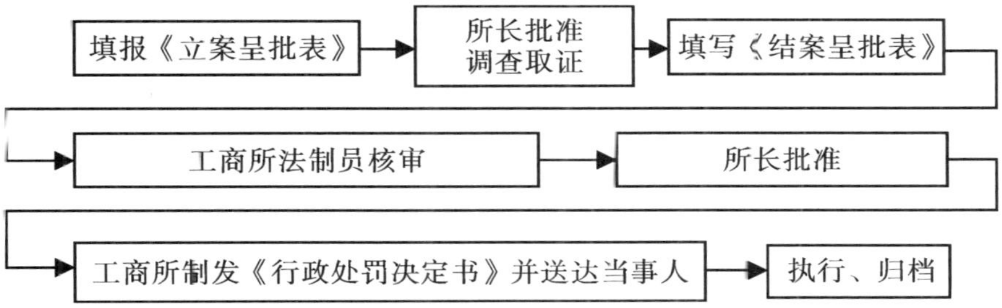

图 6-2-3　行政处罚案件办理程序（三）

工商所承办由工商局发文的行政处罚案件办理的一般程序为：

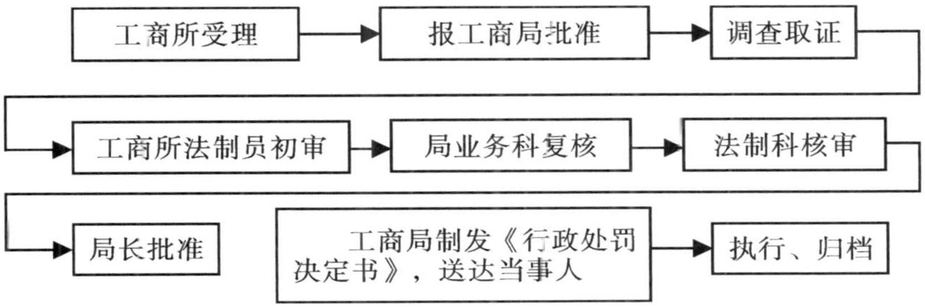

图 6-2-4　行政处罚案件办理程序（四）

局业务科、经检队承办的按一般程序办理的案件也由法制科核审后报批。

5月11日，市工商局转发《浙江省工商行政管理机关行政处罚简易程序规定（试行）》，全局按简易程序办理的行政处罚案件统一使用省工商局制发的《处罚决定书》和财政部门印制的《浙江省当场处罚决定书》。

是年，全局有关科（队）审结以局名义作出的行政处罚案1069件。在审核过程中，退回补证4件，提出书面修改意见159件，改变处罚幅度130件。当事人提请行政复议案1件，经上级业务部门复议维持原处罚决定。

1996年7月8日，根据《中华人民共和国行政处罚法》要求，市工商局对历年来制发的11件有关行政执法的规范性文件进行清理。同时，参照省工商局经检文书格式制定全局统一的办案文书。8月，城北、城南、城东、大唐4个工商所开展按《中华人民共和国行政处罚法》规定的告知、宣告、送达等行政处罚程序的试点，9月1日起在全局推行。10月1日起，除“罚缴分离”因银行原因未能实行外，全局行政处罚案件均按《中华人民共和国行政处罚法》规定程序实施。是年，市工商局被国家工商局指定为县级法制工作联系点，同时被省工商局和诸暨市政府确定为省、市实施行政执法责任制试点单位。

《中华人民共和国行政处罚法》实施后，行政处罚案件办理的一般程序为：

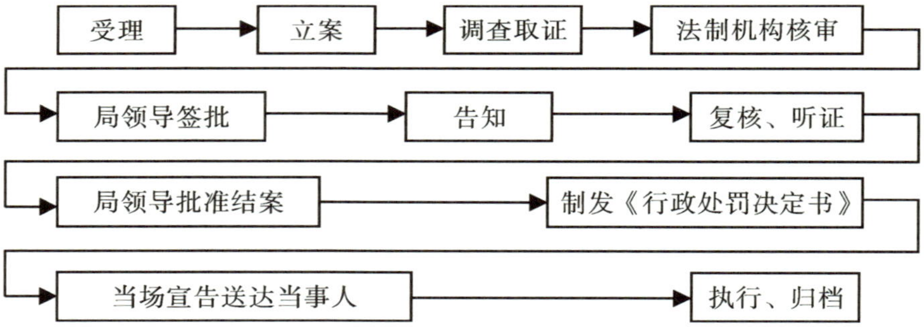

图6-2-5 行政处罚案件办理程序（五）

1997年2月19日，市工商局调整以局名义适用一般程序行政处罚案件审批权限，委托工商所可以以局名义办理“对公民、个体工商户处以警告、罚款和没收违法所得合计金额在1000元以下，没收违法物品或强制收购物品价值在1000元以下的案件。对法人或其他组织处以警告、罚款和没收违法所得在1500元以下、没收违法物品或强制收购物品价值在2000元以下的案件。”（不正当竞争、利用合同进行的违法行为、商标侵权及法制科认为需报局审批的案件除外）。工商所以局名义作出的行政处罚案件由工商所法制员负责核审，《行政处罚决定书》以局名义制作，并加盖市工商局印章。

1999年1月1日起，市工商局正式使用由国家工商局统一制发的《工商行政管理机关行政处罚文书（试行）》。从9月1日起，实行罚款决定与罚款收缴相分离（俗称罚缴分离），由银行代收代缴。

2000年8月10日，市工商局贯彻落实行政告诫制度，对违反工商行政管理法律、法规和规章，但没有造成严重后果的轻微违法行为实行行政告诫，不再给予其他行政处罚。

2001年1月1日起，市工商局将以局名义办理行政处罚案件的立案、结案分为局、所两级管理。案件立案号、结案号由原业务科分散编发改由局法制科统一编定，案件结案时交相关业务科审查并签署意见后再交法制科核审。工商所以工商局名义作出的行政处罚案件由工商所自行负责管理。

2002年1月30日，市工商局修订《行政处罚案件审批权限的规定》和《行政处罚案件集体讨论制度》，对工商所以自己名义作出的行政处罚、工商所以局名义作出的行政处罚以及需要局、所集体讨论决定的行政处罚案件，在处罚范围、处罚种类和幅度方面作出明确界定。

2003年2月18日，市工商局制发《行政处罚案件时效制度》，并对《行政处罚案件审批权限的规定》再次作出修订。明确以工商所名义作出处罚的范围遵照省工商局《工商行政管理所处罚职权暂行规定》的有关规定、处罚种类和幅度遵照《浙江省取缔无照经营条例》的有关规定。7月24日，市工商局决定工商所以自己名义直接作出行政处罚的案件，不再冠以市工商局名义。

是年，核审行政处罚案件1410件，其中局法规科核审420件，工商所法制员核审990件，组织听证18件，移送司法机关处理2件。1件案件获评诸暨市“十佳行政处罚优质案件”。

2004年7月1日起，按照《中华人民共和国行政许可法》要求，市工商局启用统一制发的受理决定书、行政许可委托代理书、不予行政许可决定书、不予受理决定书等法律文书。7月2日，市工商局制发《案件查办协调制度》，办案机构、法制机构在案件调查、核审过程中遇到新、疑、难等复杂问题，有重大分歧或争议问题，采取召开协调会议的办法讨论决定。

是年，局法制机构核审行政处罚案件1103件，改变处罚决定内容31件，退回补证325件，违法事实不能成立建议撤销立案19件，纠正错误适用《中华人民共和国反不正当竞争法》案5件，纠正违规扣收罚款额度案16件。

2005年3月1日起，市工商局启用省工商局案件管理系统软件，全局所有行政处罚案件均通过案件管理系统办理。案件管理系统启用后，实行“一案两档”（书式档案和电子档案），在案件管理系统制作的笔录、相关文书经履行相关确认手续后制作书式案卷保存。局内部程序性文书经相关科室和局领导在案件管理系统中审批后，审批打印稿直接进入书式案卷，不再另行补签。局内部机构公章，在案卷立卷归档时统一补盖。是年，局法规科核审案件786件，其中改变处罚决定内容15件、退回补证381件、销案21件。

2006年7月10日，市工商局决定调整行政处罚审批权限，各类经济违法案件由分管经检工作的副局长统一审批，未参加年检吊销营业执照案件由分管企业监管工作的副局长审批；对公民处以3万元以上、对法人或其他组织处以5万元以上的处罚，由局案件审理委员会集体讨论决定。11月14日，市工商局制发《行政处罚案件核审工作制度》，局法规科负责核审以局名义适用一般程序调查终结的行政处罚案件和需要报请上级工商行政管理机关审批的行政处罚案件。工商所法制员负责核审工商所有决定权的一般程序行政处罚案件，初审需上报局法规科核审的案件。

市工商局依托省工商局案件管理系统，规范执法行为。行政处罚案件实行立案、调查、核审、执行“四分离”。设置案件管理系统使用权限，规定只有持有《工商行政管理机关行政执法证》的办案人员才能使用管理系统。群众投诉、工商巡查等发现的案件线索，经办案机构法制员或局法规科审查后报局领导批准取得立案号，办案人员才能开展案件调查取证。法律文书通过案件管理系统制作。案件调查终结，经法制机构核审，案件管理系统自动生成行政处罚决定书文号，办案人员才能制作正式行政处罚决定书。

是年，试行案件主办人制度。

2007年6月1日起，市工商局推行案件主办人制度。规定行政处罚案件由一名案件主办人带领1名或若干名案件协办人组成办案组。一般情况下，1个案件确定1名案件主办人和1名案件协办人。重大、疑难案件，确定多名案件主办人或多名案件协办人。推行案件格式文书，罚款1万元以上的大案和要案、疑难案件，按照绍兴市工商局规定制作文书。推行行政处罚决定说理性文书，并列入案件主办人员任职资格的考核范围。

2008年，市场监管强化，案件数量相应增加，市工商局把罚没款在1万元及以下的案件核审权限下放到各办案机构。市工商局选送的说理性行政处罚决定文书在省工商局组织的优秀说理性行政处罚决定文书评选中获二等奖。全年组织行政复议案件3件，参与行政诉讼10件；当年处理的7件行政诉讼案，无一败诉或被撤销。

2009年6月12日，市工商局制发《关于全面推行行政指导工作的实施意见》和《全面推行行政指导工作的实施方案》。8月，与公安、检察机关建立行政执法与刑事司法信息共享平台，实现行政处罚与刑事处罚司法即时对接。当年输入行政执法信息 81 条。建立由工商、检察、法院、公安等机关参加的行政执法与刑事处罚联席会议制度，定期探讨解决行政执法中的难点疑点问题。出台商标侵权案件移送司法机关处理指导意见，统一移送标准和口径。

2010 年 12 月 30 日，市工商局规范执法文书号、 行政处罚决定书文号，规定行政处罚案件经局领导签发后，到法规科统一编制结案文号，经检队所办案件单独编号。工商所以自己名义作出的行政处罚决定书按统一格式自行编号。是年，推出说理性文书“示范文本”。市政府《法制信息》单独编发市工商局推行说理性文书的经验做法。当年，省工商局授予诸暨市工商局“法制工作先进集体”称号。

2012 年 9 月 28 日，市工商局实施《行政强制实施规定》，规范行政强制工作流程和操作办法。

2013 年 4 月 18 日，市工商局出台《创新课题项目化管理办法（试行）》，推出行政指导项目 11 个，其中实施商标权质押贷款，有效拓宽企业融资渠道的主要做法获副省长朱从玖等领导批示与肯定。《商标价值评估及功能拓展》获评省优秀行政指导项目。6 月 9 日，市工商局根据《中华人民共和国行政处罚法》《工商行政管理机关行政处罚程序规定》，制发《案件联办和重案协作办法（试行）》，指定局经检科为各办案机构联动办案和协办案件的牵头单位，各办案机构为联动办案和协办重案的具体承办单位。12 月 5 日，制发《网络案件办理暂行规定（试行）》。是年，局法制机构核审行政处罚案件 704 件，组织办理行政处罚案件听证 5 件，行政复议 5 件。

1995 年—2013 年诸暨市工商局法制机构行政处罚案件核审情况一览

表 6-2-1　　单位：件

年　度	案件审核数	审核意见			听证案件数	复议案件数	起诉案件数
		不予处罚	退回补查	修　正			
1995	1069	—	4	289	—	1	—
1996	1576	7	38	417	—	1	1
1997	1805	6	5	—	2	2	—
1998	1818	8	8	—	—	6	—
1999	2222	2	1	—	10	2	1
2000	4064	3	155	13	—	5	—
2001	4292	5	168	26	5	4	2
2002	2353	64	136	24	5	5	3

续表 6-2-1

年度	案件审核数	审核意见			听证案件数	复议案件数	起诉案件数
		不予处罚	退回补查	修正			
2003	1410	20	353	23	18	7	2
2004	1103	19	325	—	20	31	6
2005	786	21	381	—	9	2	8
2006	888	—	—	—	—	3	1
2010	660	—	—	—	5	1	—
2012	600	—	—	—	2	1	—
2013	704	—	—	—	5	5	—

1996 年—2013 年诸暨市工商局行政处罚案件情况统计一览

表 6-2-2

年度	案件数(件)				其中:大要案数							移送司法机关	
	立案件数	结案			件数	罚没金额5(含)—30万元以下(件)	罚没金额30(含)—50万元以下(件)	罚没金额50(含)—100万元以下(件)	罚没金额100万元以上(件)	罚款(万元)	没收款(万元)	件数	人数
		总数	一般程序案件	简易程序案件									
1996	—	1729	—	—	—	—	—	—	—	172.46	183.96	—	—
1997	1722	1707	—	—	—	—	—	—	—	129.44	256.23	—	—
1998	1609	1547	—	—	—	—	—	—	—	162.93	441.64	1	—
1999	1728	1702	—	—	—	—	—	—	—	76.75	65.00	—	—
2001	4292	—	—	—	84	3	—	—	—	286.92	34.83	4	—
2002	2748	2748	2353	395	136	5	—	—	—	394.81	63.25	—	—
2003	—	1510	1410	100	—	—	—	—	—	—	—	2	—
2004	1174	1174	1103	71	304	—	—	—	—	—	—	5	6
2005	824	803	786	17	273	—	—	1	—	781.23	22.27	8	—
2006	936	898	888	10	314	38	1	—	2	961.11	251.77	1	1
2009	354	562	559	3	184	12	—	—	—	399.03	0.25	1	1
2012	646	648	648	—	237	26	4	—	—	798.65	2.18	4	4
2013	751	704	704	—	287	26	—	—	—	717.20	86.06	4	4

1995 年—2013 年诸暨市工商局行政应诉案件情况统计一览

表 6-2-3

年度	原告方		被告方		复议后应诉情况										未经复议直接应诉情况							
	个体工商户(公民)	法人	工商所	县级工商局	应诉数		应诉机关		审理与判决						应诉数		审理与判决					
					旧存	新收	原行为单位	复议机关	撤诉	维持	撤销	变更	限期履行	未审结	旧存	新收	撤诉	维持	撤销	变更	限期履行	未审结
1998	—	1	—	局	—	—	局	—	—	—	—	—	—	—	—	1	1	—	—	—	—	—
1999	1	—	—	局	1	—	局	—	—	1	—	—	—	—	—	—	—	—	—	—	—	—
2000	—	1	—	局	—	—	局	—	—	—	—	—	—	—	—	1	—	1	—	—	—	—
2004	5	1	—	局	—	5	局	—	—	3	—	—	2	—	—	1	—	—	—	—	—	—
2005	1	6	—	局	—	1	局	—	—	1	—	—	—	—	—	6	1	—	—	—	—	—
2006	1	—	—	局	—	1	局	—	—	1	—	—	—	—	—	—	—	—	—	—	—	—

说明：无行政应诉案件的年度不列表

1996 年—2013 年诸暨市工商局行政处罚案件听证情况统计一览

表 6-2-4

年度	属于听证范围的案件数（件）				申请听证的案件数（件）	案件处理结果（件）		
	立案数	吊销执照	停产整顿	较大数额罚款		维　持	变　更	撤　销
1996	333	—	—	—	—	—	—	6
1997	34	13	—	21	—	—	—	—
1998	26	2	—	24	—	—	—	—
1999	1	1	—	9	—	—	—	7
2003	—	—	—	—	18	—	—	—
2004	287	—	—	—	20	15	4	1
2005	239	—	—	—	9	9	—	—
2006	261	—	—	—	3	2	—	1
2009	202	—	—	—	3	—	—	—
2010	345	—	—	—	5	—	—	—
2011	317	—	—	1	3	1	—	—
2012	288	—	—	5	1	1	—	—
2013	263	—	—	—	5	—	—	—

说明：由于历年表式统计口径不一，一些项目缺佚

第三节 执法制度

1995 年 3 月，市工商局设立法制科。8 月 15 日，制发《诸暨市工商行政管理局法制工作规定》。

1996 年 11 月 13 日，市工商局制订《诸暨市工商局依法治局五年规划》。

1997 年 5 月 5 日，市工商局制定《行政执法责任制方案》。10 月 9 日，制发《诸暨市工商行政管理局行政处罚案件集体讨论制度》《行政处罚案件核审工作规定》《违法物资保管处置监督暂行办法》。10 月 10 日，制发《诸暨市工商行政管理局行政执法责任制考核办法》。

1998 年 8 月 10 日起，市工商局推行《行政执法公示制度》。

1999 年 8 月 17 日，市工商局制定《诸暨市工商局行政处罚案件质量评定暂行规定》和《行政处罚案件质量评分标准》。8 月 31 日，下发《实施罚款决定与罚款收缴分离的通知》。10 月 14 日，制定《诸暨市工商局案件审理委员会工作规则》。

2000 年 8 月 10 日，制定《诸暨市工商局行政告诫制度》。12 月 1 日，修订《行政处罚案件集体讨论制度》《行政处罚案件质量评定规定》。

2001 年 7 月 16 日，市工商局制定《办案行为规范》。

2002 年 2 月 23 日，市工商局制定《行政执法过错责任追究施行办法》。

2003 年 2 月 18 日，市工商局制定《诸暨市工商局行政处罚案件办理时效制度》，修订《行政处罚案件权限的规定》和《行政执法过错责任追究施行办法》。4 月 24 日，制发《行政处罚重点案件（回访）实施办法》。

2006 年 3 月 15 日，市工商局制定《诸暨市工商局行政处罚罚款幅度自由裁量规定》。4 月 19 日，制定《行政处罚案件监督回访制度》。6 月 26 日，制定《工商所食品安全执法责任追究制度》。7 月 10 日，制定《关于调整行政处罚审批权的规定》。7 月 20 日，修订《诸暨市工商局行政处罚罚款幅度自由裁量规定》。9 月 25 日，制定《诸暨市工商局涉案物品管理办法》。11 月 14 日，制定《诸暨市工商局案件核审工作制度》。

2007 年 5 月 30 日，制定《诸暨市工商局案件主办人制度（试行）》。6 月 13 日，下发《关于规范商标侵权涉案物资处置的通知》。

2008 年 7 月 29 日，制发《诸暨市工商局罚没款催缴执行制度》。10 月 29 日，制订《诸暨市工商局首长出庭应诉暂行规定》。

2009 年 5 月 4 日，制订《诸暨市工商局涉案物资保管员职责》。

2010年3月17日，制发《2010年度基层工商所（分局）岗位目标（行政执法）责任制》。10月14日，制发《关于移动执法系统使用的有关规定》。12月30日，制发《关于规范执法文书号的通知》。

2011年11月8日，制发《诸暨市工商局流通领域食品安全事故应急预案（试行）》。

2012年9月3日，市工商局制发《诸暨市工商局非行政处罚行政执法行为监督暂行办法（试行）》。9月28日，制发《诸暨市工商局行政强制实施规定》。10月24日，制发《诸暨市工商局未检企业吊销纠错审查监督规则（试行）》。是年，市工商局调整案件审理委员会，建立联合督查督办制，限时办结制、实名通报制等一系列制度。

2013年6月9日，制发《诸暨市工商局案件联办和重案协作办法（试行）》。8月1日，再次修订制发《诸暨市工商局行政处罚罚款幅度自由裁量规定》。9月25日，制发《诸暨市工商局行政执法案件全程监督制度》。12月5日，制发《网络案件办理暂行规定（试行）》。

第四节　执法监督

1991年9月25日，市工商局制发《诸暨市工商局企业监督管理办法》，对企业监督管理的内容、方法、形式和结果处理等作出具体规定。

1996年3月，市工商局组织开展1995年下半年办结的行政处罚案件质量检查，随机抽调以局名义作出的行政处罚案卷25宗，以工商所名义作出的行政处罚案卷310宗，根据“事实清楚、证据确凿、定性准确、处罚适当、程序合法”的办案原则，检查行政处罚案件的合法性和适当性。11月，再次抽查当年1月—9月办结的123宗行政处罚案件及38宗有限责任公司、10宗户外广告的登记档案。对检查中发现的问题，法制机构及时反馈给办案机构或登记机关进行整改。是年，绍兴市工商局对各县（市）工商局的行政执法主体资格和规范性文件清理、法制机构建设、案件核审制度执行、案件质量等进行检查，诸暨市工商局获97.71分，名列各县（市）工商局第1。

1997年5月，市工商局实施经市政府批准的《诸暨市工商局行政执法责任制实施方案》，召开实施行政执法责任制动员大会，局与科所、科所与每个干部分别签订《行政执法责任书》。9月，《行政处罚案件集体讨论制度》《违法物资保管处置监督暂行办法》等规章制度相应实施。是年，市工商局聘请105位社会各界人士为行政执法义务监督员。

1998年8月，市工商局落实《诸暨市工商局违法物品保管处置监督暂行办法》，规定对涉案物资在处理前由办案机构提出处置意见，法制科对处置的方式进行核审并提出意见后报局领导审批；物品在处理时，由法制科、人监科、办公室临场监督。是年，完善和规范执法监督工作，规定法制科负责全局执法监督，各工商所、科法制联络员负责本单位执法监督，健全听证、违法物资保管、过错追究等一系列制度。聘请市人大、纪委等领导和部分企业负责人共19人担任市工商局法制工作义务监察员。是年，诸暨市法制局对全市各行政执法部门的案件质量进行检查评比，市工商局的1件行政处罚案件获一等奖。

1999年10月，市工商局开展优质案件评比，邀请市法制局、绍兴市工商局法制处同志参与。城北工商所等13个办案机构的18件案件被评为优质案件。

2000年，市工商局重新修订完善15项行政执法制度，其中《违法物资保管处置监管暂行办法》《法律法规教育培训制度》《制定规范性文件暂行规定》等3项制度被市法制局转发全市各行政执法部门参照使用。是年，市法制局再次对全市行政执法部门的案件质量检查评比，市工商局的1件行政处罚案件获二等奖。

2001年，市工商局通过审阅检查案卷、回访行政处罚当事人和举报人等方式，加强对案件核审后告知、决定、送达、执行等环节的监督检查，全局有4件行政处罚案件因执行不规范被责令改正。

是年，采取随机抽调案卷的方式进行优质案件评选，各工商所法制员、监管组负责人中集对抽取的案卷进行互查互评、公开打分，有6个办案机构的9件案件被评为优质案件，城北工商所获集体一等奖，牌头工商所获个案一等奖。在市法制局组织的全市行政处罚案件评比中，市工商局有1件行政处罚案件获二等奖。

2002年2月23日起，市工商局推行行政执法过错责任追究制，对干部在行政处罚、行政许可中出现的过错或行政不作为追究责任。有2个单位的2件行政处罚案件受到通报批评。9月，市工商局随机抽取60宗案卷进行评查，优秀13件、良好33件、合格14件。其中，山下湖工商所获集体一等奖，牌头工商所获获个案一等奖。是年，市法制局评选诸暨市行政执法优质案件，市工商局的1件行政处罚案件入围。

2003年2月18日，市工商局制发《行政处罚案件办理时限制度》，对行政处罚案件从立案到办结归档各个环节的办理时限作出具体规定。对逾期未办结案件的承办单位发出督办通知49份。4月24日，开展行政处罚重点案件回访，对查处的无照经营、制假窝点、侵犯他人注册商标专用权、不正当竞争、违法设置广告或利用广告欺诈消费者，以及其他涉及危害人体健康生命财产安全等案件进行回访，了解罚没款收缴，执法行为规范等情况。案件回访由办案机构组织实施，法制机构负责对办案机构落实监督检查。9月，市工商局开展案件质量评选，评出案件质量优秀案件37件、良好案件18件。大西、山下湖、城东、草塔、城北等5个工商所被评为案件质量优胜单位，城东工商所获个案一等奖。市工商局推荐优质案件参加市政府法制办组织的评选，1件案件评为市十佳行政处罚优质案件。

2004年，市工商局把办案时限制度落实情况列入行政执法责任制考核，规定一般案件办案时限不得超过2个月、复杂案件办案时限不得超过4个月。对46件即将逾期案件发出督办通知书。是年，强化案件执行监督，向人民法院申请强制执行当事人未能自觉履行行政处罚决定案43件，执行金额49.59万元。市工商局评出城北、城东、城南、山下湖、大唐等5个工商所为案件质量优胜单位，9件个案分获一、二、三等奖，其中城东工商所经办的1件案件获个案一等奖。市工商局1件个案被市法制局评为“十佳行政处罚优秀案件”。

2005年，市工商局采用邀请上级和横向部门评查、法制科检查、工商所互查等方式，组织开展案件质量检查，评出案件质量优胜单位5个，优质个案9件。是年，在全市47个行政执法部门中，市工商局被市法制局评为2005年度行政执法优胜单位。

2006年4月19日，市工商局制发《行政处罚案件监督回访制度》。7月，随机抽取各工商所上半年办结的行政处罚案10件，经逐案审查评定，城北、大唐工商所并列案件质量第1。11月，邀请绍兴市工商局法制处、诸暨市法制局、市人民法院行政庭专业人员参与，评出行政处罚案件质量优胜单位5个、行政处罚优质案件10件。是年，市工商局获评2006年度诸暨市“十佳办案规范化单位”，1件个案获评诸暨市“十佳行政处罚案件”。

2007年4月，市工商局组织开展工商所2006年度办结的行政处罚案件档案专项检查，进一步规范行政处罚案卷归档、保管工作。10月，评出案件质量优胜单位5个、优质案件10件。是年，市政府评定市工商局为2007年度依法行政工作优秀单位。

2008年，局法规科会同监察室开展行政处罚案件案卷归档工作检查。受检的2007年度工商所办结的案件共828件，其中销案31件、未执行案39件、涉案物资未处置88件，责令相关工商所整改。法规科参与局注册机构联合处理的行政许可类疑难诉讼案9件，督促完成未执行案7件，清理未处置涉案物资82件。组织开展行政处罚案件中法律适用、证据调取、事实认定等问题研讨。在《浙江工商行政管理》杂志上发表案例分析1篇，另有1篇案例分析入选省工商局编写的《案例选编》。是年，市工商局通过绍兴市政府考评验收，成为首批绍兴市依法行政示范单位。

2009 年，市工商局与各个执法机构签订依法行政责任书，建立执法过错追究制度。有 6 名干部被追究行政处罚过错责任。先后 2 次组织行政处罚案件质量检查，3 次开展行政许可质量检查，对检查中发现的问题给予通报批评。是年，市工商局获评绍市政府依法行政示范单位，诸暨市政府行政执法优胜单位。

2010 年，根据市政府部署，市工商局清理 2001 年后制发的规范性文件，清理结果为：废止 7 件，失效 17 件，保留 17 件，修改 1 件。市工商局选送的行政处罚案件决定书入选省政府汇编的《优秀行政处罚文书集》，该案件同时被绍市政府评为行政执法质量优秀案件。是年，根据行政执法中出现的新情况，修订《行政处罚幅度自由裁量规定》，增加对商业搭售行为行政处罚自由裁量规定，修改无照经营行政处罚自由裁量的一些条款。

2011 年，市工商局规定“罚没款数额在 5 万元以上”等 4 类行政处罚案件列为必须回访范围，“行政执法人员出示有效执法证件”等 6 种执法行为列为案件回访的主要内容。是年，开展案件回访 105 件次，行政许可质量监督 4 次，行政处罚案件质量检查 3 次。

2012 年，按省工商局部署，市工商局开展非行政处罚行为监督试点工作，建立非行政处罚行政执法行为监督办法，制定联合监督、限时办结、实名通报等一系列制度。

2013 年，市工商局实行行政执法案件全程监督制度，再次修订《行政处罚罚款自由裁量规定》。省工商局、绍兴市工商局对诸暨市工商局行政处罚案件开展质量抽查，获得较好评价。是年，组织案件听证、行政复议答辩各 5 次。

第七章　社团组织

诸暨市（县）个体劳动者协会、市私营企业协会、市民营企业协会以及诸暨市袜业协会等行业协会，是适应诸暨经济发展而由个体劳动者或私营企业主联合组成的社会团体组织，承担自我管理、自我服务、自我教育的职能。市（县）消费者协会（市消费者权益保护委员会）由市工商局、物价局、标准计量所等部门发起成立，通过调处消费纠纷、配合职能部门工作等方式维护消费者合法权益。

第一节　市个体劳动者协会

组织机构

诸暨市（县）个体劳动者协会（以下简称市（县）个协）是由诸暨市（县）个体劳动者联合组成的社会团体。

代表大会　1984 年 7 月 6 日召开首次代表大会。1986 年，召开第二次代表大会。

第三次代表大会　1989 年 10 月 20 日召开，与会正式代表 185 人，其中个体工商户代表 168 人，由全县个体工商户分区域、行业自下而上选举产生；拟兼任协会职务的工商干部代表 17 人。大会主要议程有：审议和通过主任詹汉忠代表县个协二届委员会所作的工作报告，选举产生县个协第三届理事会。

第四次代表大会　1992 年 10 月 29 日—10 月 30 日举行。与会正式代表 189 人，其中个体工商户代表 171 人，拟兼任协会职务的工商干部代表 18 人。大会主要议程有：审议和通过会长王光田代表第三届理事会所作的题为《坚持团结、教育和引导，为使诸暨市个体经济迈上新台阶而努力》的工作报告，选举产生市个协第四届理事会，聘请市人大常委会主任俞关华为市个协名誉会长，并向全市个体劳动者发出了《倡议书》。

第五次代表大会　1995 年 10 月 25 日召开，参加会议的正式代表 245 人，特邀代表 20 人。大会主要议程有：审议和通过会长马志大代表第四届理事会所作的题为《振奋精神、图强奉献，为促进我市个体经济再上新台阶而努力》的工作报告，修改并通过《诸暨市个体劳动者协会章程》《市个协财务收支情况报告》，选举产生市个协第五届理事会。

第六次代表大会 2001年4月3日召开，与会正式代表200人。大会主要议程有：审议并通过会长马志大代表第五届理事会所作的工作报告，詹汉忠所作的《财务收支情况报告》，修改通过《诸暨市个体劳动者协会章程》，选举产生市个协第六届理事会。

第七次代表大会 2012年12月21日召开，与会代表189人。大会审议并通过第六届理事会工作报告、财务收支情况报告、修改个协章程说明，选举产生市个协第七届理事会；聘请钱三雄等5位市领导为市个协名誉会长；聘请赵林中等8人为协会顾问。

理事会

第三届理事会由16名理事组成，会长王光田，副会长詹汉忠、陶烈勤，秘书长杨仲根（1989.10—1992.3）、方孟夫（1992.3—1992.10）。

第四届理事会有理事17人组成，其中常务理事5人，会长王光田（1992.10—1993.6）、马志大（1993.6—1995.10）。副会长詹汉忠（1992.10—1993.6 1994.5—1995.10）、赵松才（1993.6—1994.05.10）、陶烈勤。秘书长方孟夫。

第五届理事会有理事20人组成，会长马志大，副会长翁锡表（常务，2000.3.8—2000.12.25）、方维远（常务，2000.12.25—2001.4）、詹汉忠、陶烈勤（1995.10—1998.12）、金银焕（1998.12—2001.4），秘书长方孟夫（1995.10—2000.3.8）、罗海（2000.3.8—2001.4）。

2001年1月，市个体劳动者协会、市私营企业协会合署办公，两块牌子、一副班子。

第六届理事会有理事16人组成，其中常务理事7人。会长马志大，副会长方维远（常务 2001.4—2002.6）、赵新建（常务 2002.6）、金银焕、俞浩忠、蒋国泽，秘书长罗海（2001.4—2002.1.29）、叶光贤（2002.1.29—2005.3），俞水根（2005.3—2008.6）、陈旭晖（2008.6—2012.5）、赵丰民（2012.5—2012.12），副秘书长陈顺新（2001—2003.4）、葛世佳（2004.3—2008.6）、黄玉龙（2004.3—2012.12）、黄建民（2008.6—2012.12）。

第七届理事会有理事66人组成。会长吴建（2012.12—2.13.8）、陈晓明（2013.8—），常务副会长陈晓明（2012.11—2013.8），副会长方海亮、方海峰、吕鑫富、汪立锋、张华君、杨栎夫、蒋国文、蒋国泽。

个协分会

1988 年，县个协按区（镇）设有城关、浣纱、五泄、牌头、三都、大西、璜山、陈蔡、湄池、枫桥、姚江等 11 个基层分会。

1992 年 9 月，根据国务院发布的《社会团体登记管理条例》规定和中央对“社会团体进行清理整顿”的精神，市民政局为城关镇、城关市场、大唐镇、大唐轻纺市场、大西、湄池、江藻、枫桥、三都、城东、草塔、牌头、陈蔡、璜山等 14 个区（镇）级个协组织登记注册，名称也由“分会”改称“协会”。同年，设立“驻昆明螺蛳湾市场诸暨个体劳动者协会”。

1995 年 1 月，原城关镇个协会改称城北个协会，城关市场个协会改称城南个协会。

2000 年 7 月，根据《社会团体登记管理条例》有关规定，注销基层个协会，市个协、市私协在同一地域内共同设立一个分支机构，其名称为：“诸暨市个私企业协会某某分会”。重新登记注册的有：城北、城南、城东、大唐、大唐轻纺市场、大西、湄池、店口、江藻、山下湖、枫桥、牌头、草塔、璜山、陈蔡等 16 个分会。

2002 年，撤销三都、湄池、江藻 3 个分会。

2013 年，市个协下辖暨阳、陶朱、浣东、大唐、枫桥、店口、牌头、大西、山下湖、轻纺市场等 10 个分会。

主要工作

自我教育　1988 年，市个协在全县个体工商户中开展以“七法一例”为基本内容的宣传教育活动，并请工商、财税、司法等部门的专家为个体工商户讲课。

1990 年 3 月 5 日，为纪念毛泽东“向雷锋同志学习”题词发表 26 周年，市个协提出“请社会理解个体工商户，让个体工商户心里有人民”的口号，开展学雷锋为民服务活动。此后，每年 3 月 5 日，协会都组织会员开展此类活动。

1991 年，市个协开展“五好经营户”竞赛活动。1992 年 8 月，市个协开展的“社会主义思想教育”试点工作经验在省个体劳动者教育工作座谈会上作了介绍。1993 年，市个协城关分会获“全省个体劳动者社会主义思想道德和法制教育先进单位”称号。

1994 年，市个协获“绍兴市先进社团组织”称号。

1995 年，市个协会同有关部门在个体工商户中开展《中华人民共和国环境保护法》《中华人民共和国劳动法》《中华人民共和国税法》《中华人民共和国反不正当竞争法》等法律培训。在绍兴市工商局、个协组织的“四法”知识竞赛中，诸暨市个协代表队获团体总分第 1 名。是年，市个协被中国个协评为“全国个体劳动者协会先进单位”。

1996 年，市个协组织会员参加绍兴市“树形象、展新姿”演讲比赛，获团体总分第一名，3 名个人分获一、二、三等奖。

1997 年，市个协组织“迎回归”为主题的系列活动，举办“喜迎香港回归、共创美好未来”为主题的征文比赛，会同市工商局举办“庆回归”法律、法规知识竞赛。

1998 年初，市个协在会员中先后举办 9 场中共十五大精神报告会。组织会员参加《中华人民共和国反不正当竞争法》《中华人民共和国刑法》《中华人民共和国价格法》知识竞赛。当年，市个协被绍兴市工商局、个协授予 1997 年—1998 年度先进集体称号。1999 年，举办“纪念中华人民共和国建国五十周年”征文比赛。

2000 年，市个协开展致富思源、富而思进“双思”教育，引导个体工商户、私营企业主回报社会。当年，市个私协会被绍兴市工商局、个私协授予“先进集体”称号。

2001 年，市个私协会获评全国首批规范化建设先进单位。

2002 年，市个协配合市工商局开展企业信用工程建设，并把“五好经营户”评选改为“诚信经营户”评选。是年，市个协再次被评为“全国个协私协系统先进单位”。

2003 年，市个协开展中共十六大精神主题教育活动。在《诸暨日报》上开辟以“民营企业发展的又一个春天”为主题的专版，发出“学习领会十六大精神、我为诸暨经济发展献一策”倡议书。

2005 年，市个私协会同市职业技能培训中心组织电工、汽车修理、美容美发、保健按摩等行业技能培训。配合劳动部门对 8223 名个私企业从业人员开展职业技能鉴定，其中鉴定为初级技术职称的 5210 人，中级技术职称的 2024 人，高级技术职称的 998 人。

2006 年，市个协组织开展以“八荣八耻”为主要内容的社会主义荣辱观教育和相关法律法规主题教育。

2007 年，市个协会同市劳动局、社会保障局对 35 名餐饮业服务人员进行职业技能培训、资格鉴定，会员中获国家高级职业资格证书 16 人，中级职业资格证书 19 人。

2008 年，市个协开展以“五五普法、诚实守法”为主要内容的宣传教育活动。当年，4 名个体经营者被评为省级“诚信经营户”，26 名个体经营者被评为绍兴市级“诚信经营户”，50 名个体经营者被评为诸暨市“诚信经营户”。

2011 年，市个协组织学习宣传国务院新修订的《个体工商户条例》活动，印制新条例，分发个体劳动者会员。

2013 年 8 月，市个协举办阿里巴巴、诸暨产业带电子商务袜业专场、

图 7-1-1　电子商务培训

珍珠专场培训会。

自我管理　1988 年，市个协制定《个体工商户在经营活动中的行业准则》，重新制发《个体工商户守则》。

1990 年，全市个体工商户以经营地域为单位建立 75 个大组，310 个小组，选举 450 名会员分别担任大组长、小组长、守法监督员、计生协管员、政治思想宣传员。

1992 年 2 月，市个协与市工商局联合制发《诸暨市个体流动经营户计划生育管理制度》。1994 年，市个协被绍兴市工商局、个协命名为“两外”（外出务工、外出经商）人员计生管理达标单位。

1996 年，市个协组织全市 28600 多户个体工商户开展“户户讲道德，店店无假货”活动，800 多户获“讲道德、创无假”示范牌。通过自查、互查，全市清理上缴过期变质、不合格商品 57100 余件。

1997 年，市个协配合市政府抓好城区“双禁”（禁毒、禁赌）工作。协会制发《“双禁”倡议书》26400 份，与理事、大小组长签订《双禁责任书》730 份。

1998 年，市个协组织“两帮一”结对活动，个体工商户开展互学、互帮、互查、互纠，并先后抽查 75 个批发点、12 个集贸市场、853 户商店，全市个体工商户主动上缴、销毁过期变质和不合格商品 13500 多件。市个协分别被绍兴市民政局、诸暨市社团管理工作领导小组评为先进社团。

2000 年 12 月 12 日，市个协会同市工商局、市司法局建立个体和私营企业矛盾纠纷调解中心，协调个体工商户、私营企业在生产经营中的矛盾纠纷，开展法律咨询服务。

2001 年，市个协建立 9 个行业协会（专业委员会），先后制订袜业、蚊香、金银饰品，灯具等 4 个行业的行规行约。

2013 年，市个协利用年检、会员登记等途径掌握个体工商户（市场经营户）党员动态数据，开展党建推进季工作。在全市个体工商户中开展先锋指数考评工作。

自我服务

选拔培训　1988 年，市个协在对理发、照相、服装、烹调 4 个行业进行技术考评的基础上，选送会员参加省、市比赛，金旭明获绍兴市照相比赛第 1 名，吴伟德获省理发比赛第 3 名。1990 年，组团参加乒乓球、象棋、围棋、书画、摄影赛，获绍兴市乒乓球赛男女团体一等奖，葛斌获省个体工商户书法比赛三等奖。1992 年，市个协组织“绿叶杯”发型大奖赛。1996 年，中国个协在广州举行“1996 年全国个体工商户、私营企业发型化妆大赛”，赵伟芳获 2 项化妆优秀奖。11 月，在绍兴市举行的烹调师等级考核暨操作比赛中，黄欣获二等奖，并由三级中式烹调师晋升为二级中式烹调师。

会同劳动部门举办美发、美容、中式烹调3个行业的培训班，182名会员获得技术等级资格证书。

图 7-1-2 送交救济款

扶贫济困 1989年全市51户个体工商户遭受“7·23”“8·22”特大暴雨袭击，市个协发放救济款2.3万元及粮食等物资。1990年，十五号台风过后；发给受灾会员救济款12225.78元；全年发放病、灾会员生活困难补助5.4万元。1994年“6·16”洪灾，市个协组织“无灾助有灾，轻灾助重灾”活动，1092名会员捐款4.8万元，城区3个协会组织30余名个体修理业户赴灾区帮助修复各种生产器具930多件，折合服务金额1.2万元。1996年，市个协设立“凝聚力工程基金”，当年筹集基金25.8万元；开展“访贫解困送温暖”活动，走访35个乡镇、117户困难会员，发放资助款26120元。1997年，走访12户特困户、57户困难会员和106名“三老人员”，发给补助2.6万余元；城北个协牵头联系下岗职工80多人，组建中江服装城。1998年，资助12户特困户、82户困难户和105户“三老人员”，共计3.51万元。2001年，建立会员联系点96个，扶贫点164个，服务点87个，结成科技联姻31对。至2004年，个协会员共捐各类善款489.06万元。

2006年，开展“访个体、帮个体、促个体、爱个体”活动。协会走访金融部门，探讨在法律允许前提下，采用“联户担保”方式解决个体融资难问题，全市1500余户个体企业参加，为90余户个体企业融资2700余万元。

图 7-1-3 抗洪救灾、重建家园

维权服务　1990 年，市个私协制止侵犯个体工商户合法权益事件 13 起。1991 年，聘请两名律师担任协会常年法律顾问，为个体工商户解决场地纠纷 13 起，制止乱收费 5 起。1995 年，为 17 名会员成功维权，索赔金额 12.5 万元。1996 年，为 128 名会员成功维权，挽回经济损失 19.22 万元。1998 年，调查全市个体工商户缴费情况，对其中 15 种收费项目、标准及使用票据提出质疑，27 户有重复、超标收费的情况得到纠正，为会员追回债款 37 万元。2001 年，下属 13 个分会分别成立“维权服务联络站”，当年受理并帮助解决会员被侵权事件 127 起。2003 年，受理各类投诉 210 起，为企业挽回经济损失 50 余万元，市个私协被省个私协评为“维权工作先进单位”。2004 年，帮助会员解决侵权案件 201 起，挽回经济损失 102.13 万元。

2012 年，协会累计接待会员来信来访 1754 人次。

第二节　市私营企业协会

组织机构

诸暨市私营企业协会（以下简称市私协）是全市私营企业联合组成的社会团体。成立于 1994 年 3 月 25 日。首届代表大会选举产生 22 人组成的理事会，马志大任会长，詹汉忠、周立雄、洪冬英、寿彩凤、尉百斤、陈中青任副会长，蒋成木任秘书长。1998 年 11 月 17 日，市民政局批复同意市私协由非法人社会团体变更登记为社会团体法人。第二次代表大会于 2001 年 4 月 10 日召开，选举产生 16 人组成的第二届理事会。会长马志大，副会长方维远（常务）、陈能恩、黄水根、洪冬英，秘书长罗海，常务理事 7 人。

私协分会　1994 年 9 月，市私协店口分会成立。1995 年，先后成立璜山、枫桥、牌头、城东、城南、大唐、城北、草塔、山下湖、大西、湄池、江藻等 12 个分会。1996 年，成立三都、陈蔡分会。

2001 年 1 月起，市私协与市个协合署办公。

主要工作

自我教育　1994 年，市私协采取登门宣传、制发简报，案例讲解等方式，开展社会主义市场经济理论学习培训和《消费者权益保护法》《中华人民共和国反不正当竞争法》《中华人民共和国合同法》《中华人民共和国劳动法》等法律知识培训，引导会员树立社会主义市场经济意识，确立发展是硬道理的观念，树立“三上一提高”的经营思想。

1997 年，市私协向会员发放中共十五大文件资料，组织“树形象、创大业、我为九五作贡献”的主题教育活动，开展“三爱、三讲、三比”活动。全市有 26 户私营企业被市委、市政府命名为“双文明”企业；开展“学历史、迎回归”活动，步森集团出资 6 万元，会同宣传部、诸暨日报社举办“步森杯”迎回归知识竞赛，中义集团团委举办暨阳儿女万人签名“迎回归”活动。

1998 年，市私协组织“海魄杯”祖国颂卡拉 OK 演唱会。市私协分别被绍兴市民政局、诸暨市民政局授予 1996 年—1997 年度先进社团称号。

1999 年，市私协组织学习第九届全国人大第二次会议通过的《中华人民共和国宪法修正案》；选学《个体、私营企业法律法规服务指南》，组织 150 名私营企业厂长（经理）参加法律知识竞赛；组织企业工会主席赴省总工会干校学习《浙江省集体合同条例》；配合市工商局开展企业“安全生产周”活动，组织《消防法》培训。

2000 年，市私协组织学习“三个代表”重要思想，开展“双思”（致富思源、富而思进）教育活动。2001 年，组织 5 户示范企业代表到个私企业较为集中的乡镇巡回演讲 5 场次。

2002 年，市私协组织中共十六大文件学习，配合市工商局开展企业信用工程建设，制发信用示范户标准及评选方案，和 16 户规模企业联合发出《讲诚实守信用》倡议书 2 万份。

2003 年，市私协组织民营企业家在《诸暨日报》上发表学习中共十六大报告的体会文章；组织非公企业推进民主管理现场会、座谈会，浙江凯达机床集团等 3 户企业作了介绍。

2005 年—2008 年，市私协在私（民）营企业中实施“5511”培训工程。参加企业总裁 EMBA 研修班 299 人次，参加高层经理研修班 5476 人次，参加部门经理、高级管理人员培训班 6458 人次。

2009 年—2010 年，市私协开展“科学发展观进民企”主题教育活动，发出《“自觉践行科学发展观”倡议市私协书》。组织开展电子商务知识培训。

2011 年—2013 年，市私协实施民营企业人文教育素质“1 + 3 培训工程”，创办《财智诸暨》杂志，免费赠送会员。

自我管理 1994 年初，浙江省中义实业公司率先在企业中组建党支部、工会、妇联等组织，浙江步森制衣有限公司、浙江通用弹簧厂党支部相继成立。

1995年，市私协倡导以“讲管理、讲质量、讲公平、讲信誉”为主题的“提高产品质量，抵止制售假冒伪劣商品”活动；组织41户私营企业参加全市私营企业经营管理经验交流会。

1996年7月，诸暨市私营企业工会联合会成立，成为浙江省首家县级私营企业工会组织。首次开展创建“青年文明号”“光彩服务周”活动，全市有22户私营企业申报争创“青年文明号”岗，有6个岗位通过验收。

1997年，市私协组织全市私营企业中的47个单位负责人参加的培训班，制订争创“青年文明号”岗考核标准。浙江海魄服饰有限公司机缝一车间等8个岗位被评为1997年度“青年文明号”岗。

1998年，市私协开展“企业爱职工、职工爱企业”“评爱企业的优秀职工、评爱职工的优秀厂长（经理）”的“双爱双评”活动，首次评出爱职工优秀厂长（经理）10名、爱企业优秀职工52名。

2000年，市私协配合有关部门开展安全生产、劳动保护宣传周活动。先后对个私企业的劳动用工、消防、安全生产进行专项检查。对美容美发、娱乐服务、易燃易爆等行业进行专项整治，消除隐患98处。

自我服务　1994年下半年，市私协开始在全市私营企业中组织开展技术职称评定工作。1998年，请温州市体改委主任传授个私企业推进二次创业的经验；举办私营企业人才招聘洽谈会，组织参加中国投资贸易洽谈会、广西凭祥边境贸易展销会、广西国际学生用品展销会，14户企业和2个市场30多个产品参展，成交额126万美元。

1999年，市私协建立联系点22个。围绕科技创新的发展路子，为企业牵线搭桥，促成企业与大专院校、科研单位联姻4对。

2000年，市私协举办个私企业人才招聘会，帮助大中专毕业生和下岗职工就业。

2001年，全市13个私协分会全部成立维权服务联络站。协会聘请资深律师1名，受理并帮助会员解决侵权案127件。在全市私营企业中建立职工（代表）大会制度。当年，市私协被命名为全国首批规范化建设先进单位。

2002年，市私协发起成立全省首家县级民营企业协会。配合市工商局开展“企业信用工程”建设活动。

2005年，市私协组织55户企业自建培训机构，当年组织培训94批次7335名员工。

2006年，市私协组织企业的骨干外出考察学习13批次209人。组织17户企业参加浙江省民营企业峰会。

2007年，市私协组织106户企业与106个村结对帮护，为新农村建设出资1634万元。吸纳549名失地、失业农民和大中专毕业生在私营企业就业。

2008 年，市私协配合工商部门在私营企业中开展创牌活动，全市私营企业拥有驰名商标 54 件、省著名商标 83 件、绍兴市著名商标 119 件。开展民营经济发展调研，分析民营经济发展中存在的问题，探寻解决对策。市私协撰写的《加强协会建设，发挥协会作用的思考》在绍兴市工商局民企信息网上发表。

2010 年，市私协组织 30 户民营企业负责人到绍兴市电视台参加“民企突围之策——绍兴民营企业转型升级论坛”。组织企业参加“2010 香港——浙江周”“首届民营企业经贸合作——台浙港论坛”“浙江省应用技术创新与民企转型升级高峰论坛”。促成洁丽雅公司投入 35 亿元在新疆阿克苏建立新生产基地；促成越美集团和中国香港荣华集团投资 1.1 亿美元，合资成立浙江越美轻纺（市场）有限公司。

2011 年，市私协组织开展“就业再就业服务周”活动，456 户会员企业参与，投入活动经费 9.76 万元，组织招聘会 4 场次，提供工作岗位 18483 个，达成就业意向 5887 人。会同市人力资源和社会保障局、市工商局参加校企合作技能人才供需洽谈会，110 户企业参与，签订校企合作意向书 137 份，达成供需意向 2100 余人。

2013 年，市私协组建 23 个行业专业委员会。农民专业合作社专业委员会筹建信息平台，强化信息交流发布；制冷（暖）专业委员会组团参加招聘会；袜业、珍珠行业专业委员会开展电子商务知识培训；制冷（暖）和袜业、珍珠行业专业委员开展商标价值评估与商标质押融资。

第三节　诸暨市民营企业协会

2002 年 5 月 20 日，由万安、盾安、海亮、步森和市个协、私协 6 个单位联合发起成立的诸暨市民营企业协会是全省最早成立的县级民营企业协会，业务主管单位为市工商局。

第一次代表大会于 2002 年 7 月 5 日召开，出席大会的正式代表 140 人，其中民营企业代表 137 人，政府部门代表 3 人，特邀代表 28 人。大会审议并通过马志大代表协会筹建组所作的《诸暨市民营企业协会筹建工作报告》《诸暨市民营企业协会章程》，选举产生由 35 名理事组成的第一届理事会。会长马志大，副会长方维远、陈能恩、冯亚丽、陈利祥、陈金迪、骆一峰、俞建光。秘书长叶光贤，副秘书长陈顺新。2004 年，补选洪冬英为副会长。

第二次代表大会于2012年12月21日召开，出席大会的正式代表214人。大会审议并通过第一届理事会报告、民营企业协会章程修改说明、财务收支情况报告。选举产生第二届理事会，会长吴建，常务副会长陈晓明，副会长王培火等23人，秘书长赵丰民。聘请市委书记钱三雄等5位市领导为名誉会长，赵林中等8人为协会顾问。

2013年8月，吴建辞去第二届理事会会长职务，陈晓明任第二届理事会会长。

图7-3-1　代表大会主席台

第四节　市消费者协会

市(县)消费者协会由县工商局、物价局、卫生局、标准计量所发起，经县政府批准，于1989年4月20日成立，是保护消费者合法权益的非营利性社会团体。1998年10月，由普通社团登记变更为法人社团登记。

组织机构

理事会　第一届理事会于1989年4月20日召开，与会理事77名，由各区（镇）、人民团体和有关部门推荐的人员和消费者代表组成。会议审议通过翁锡表代表协会筹建组所作的《诸暨县消费者协会筹备工作情况的报告》《诸暨县消费者协会章程》，选举产生19名常务理事，聘请了协会名誉会长和顾问。

第二届理事会于1993年9月24日召开，与会理事67名。会议审议通过会长翁锡表代表第一届理事会所作的工作报告，选举产生第二届常务理事18名，聘请名誉会长和顾问。

第三届理事会于1998年8月27日召开，与会理事77名。会议审议通过马志大代表第二届理事会所作的工作报告，修改并通过《诸暨市消费者协会章程》，选举产生第三届常务理事20名，聘请协会名誉会长。

第四届理事会于2003年11月11日召开，与会理事66名。会议审议通过马志大代表第三届理事会所作题为《着眼发展，开拓创新，全面推进消费者权益保护事业》的工作报告，修改并通过《诸暨市消费者协会章程》，选举产生第四届常务理事11名和会长、副会长、秘书长人选，聘请名誉会长。

2004年2月4日起，市消协秘书处和市工商局12315投诉举报中心合署办公，实行一套班子、两块牌子的运作模式，工作机制实行联动。

2007年5月22日，诸暨市消费者协会更名为诸暨市消费者权益保护委员会。8月15日，市消费者协会秘书处更名为诸暨市消费者权益保护委员会秘书处。

1988年—2003年诸暨市（县）消协历届组织机构人员更迭一览

表7-4-1

届次	会　长	副会长	名誉会长	顾问	秘书长	副秘书长
第一届	翁锡表	杨松樵、王仲六 洪雅蓉、郭武泉	董士元	俞关华 陈伯明 寿　威	楼校夫 1989.4—1992.3 杨仲根 1992.3—1993.7 吴国伟　1993.7	寿贤灿、杨陆军 郭承荫、张吾洋
第二届	傅铁明 1993.9.24—1996.5.13 马志大 1996.5.13	翁锡表（常务） 1993.9—1995.3 詹汉忠（常务） 1995.3— 李友根、杨松樵 马纪良、王仲六 傅　彩　1997.5	杨　胜	孔向东 马礼畏	吴国伟 1993.9—	杨陆军 1993.9—1997.5 郭承荫 1993.9—1997 郭钦瑞 1997.5— 曹　阳 1997.5—1998.8
第三届	马志大	詹汉忠（常务） 1998.8—2000.1 寿光益（常务） 2000.1— 杨育信、陈光金 鲁伟军 1998.8—2002.2 袁岳军　2002.2— 傅彩英	杨　胜 马礼畏 俞杨芳	—	吴国伟 1998.8—2000.1 周丽清 2000.1—2002.2 罗　海 2002.2	—

续表 7-4-1

届次	会　长	副会长	名誉会长	顾问	秘书长	副秘书长
第四届	马志大	薛　白、黄逸忠 袁岳军、傅彩英 张国华	杨　胜 俞杨芳 黄灿荣	—	罗　海	陈江涛、王红霞 蒋晓燕、厉保安 黄文军、葛世佳 2003.11

消协分会　监督联络站　1991 年 9 月 28 日，市消协在各工商所所在地区（镇）和东湖农贸市场设立 13 个消费者协会监督联络站（以下简称消联站），办公室设在当地工商所内。

1992 年 7 月 10 日，市消协在商业企业中建立消费者协会监督联络站，第一百货商店、东湖商场、百货商场、百货公司家电商场、华侨商店、人民药店、火车站食品商店、西施商场、大桥商场、环城商场、龙山商场、城北商场首批建立消联站。全市撤区并乡后，增设大唐轻纺市场、山下湖消费者协会监督联络站。

1993 年 5 月 25 日，增设店口消费者协会监督协会联络站。

1994 年 12 月 27 日，增设城北、城南消费者协会监督联络站。

1995 年初，工商所所在地一级的消费者协会监督联络站更名为消协分会。全市有城北、城南、城东、枫桥、店口、湄池、山下湖、江藻、三都、大西、草塔、大唐轻纺市场、牌头、璜山、陈蔡等 15 个分会。12 月，撤销消协轻纺市场分会。在市供销社批发公司、雄城大厦、五洲商场、摩托车经营总公司、长江商厦设立消联站，撤销火车站食品商店、龙山商场、城北商场消联站。在全市乡（镇）政府中设市消协联络小组，在 1301 个村和城区居委会中各设 1 名联络员，消协分会负责指导日常工作。

1996 年，增设百货大楼、长城鞋庄、湄池供销商城消联站。

1997 年 10 月 22 日，市消协公布各消协分会所属的 42 个消联站和村级联络员名单。增设邮电局消联站。

1998 年，增设中义摩托车公司、华能超市消联站。

1999 年，增设东方宾馆、供销超市、鲁抗民生大药房、农资总公司、大地酒店消联站，撤销西施商场、华能超市摩托车经营总公司、大桥商场消联站。

2000 年，邮电局消联站分设为邮政、电信 2 个消联站，增设人民医院、华联超市、伟义家电、移动通讯有限公司、家友超市、日森购物中心消联站。

2001 年 11 月 29 日，市消协重新确认直属消联站，有一百商店、人民药店、雄城大厦、雄城商贸交家电公司、电信、东湖农贸市场、中义集团、西子宾馆、国贸商城、东方宾馆、供销超市、鲁抗大药房、农资总公司、大地酒店、邮政、人民医院、华联超市、移动通讯诸暨分公司、家友超市、日森购物中心消联站。

2002 年，增设祥生房地产开发有限公司、市旅游投资发展有限公司、诸暨珍珠市场、大唐轻纺袜业城、店口五金城消联站，撤销华联超市消联站。同时，在暨阳、陶朱、浣东 3 个街道办事处设立消联站，在街道所属 18 个居委会分别建立联系点。

2005 年，在 27 个街道、镇（乡）设立消联站。在城区规模较大的事业单位、集贸市场设立直属于消协的消联站 34 个。市工商局重新公布明确雄风百货等 60 个消联站名单。

2007 年 5 月，市消协更名为市消费者权益保护委员会。

第五节　市工商局工会　工商行政管理学会

图 7-5-1　工会会员代表会

市工商局工会　诸暨市工商局工会首次会员代表大会于 1990 年 12 月召开，选举产生工会主席詹汉忠、副主席宣满琪。第二次会员代表大会于 1994 年 4 月召开，选举产生工会主席宣满琪、副主席张吉明。第三次会员代表大会于 2000 年 3 月召开，选举产生工会主席宣满琪、副主席张吉明。2002 年 3 月，工会改选，工会主席方维远、副主席俞科真。2006 年 4 月 26 日，市工商局工会第四次代表大会召开，选举产生第四届工会委员会，工会主席翁锡表、副主席俞科真。第五次代表大会于 2012 年 9 月 7 日召开，选举产生工会主席周建伟、副主席葛浩。

局工会的主要活动是开展政治教育，组织文艺会演和篮球、乒乓球、拔河、棋牌、书画等比赛。组织参加绍兴市工商局和诸暨市政府组织的运动会、篮球赛，连续两次获诸暨市全运会系统组篮球赛冠军。1996 年，市工商局工会被市级机关工会联合会评为先进“职工之家”。

工商行政管理学会　诸暨市工商行政管理学会由市工商局办公室、人教科、监察室、市消费者协会、市个私协、市民营企业协会等6个单位发起成立。第一次会员代表大会于2003年12月8日召开。选举产生第一届理事会，会长宣满琪，副会长俞科真，秘书长周序。业务主管部门为市工商局。

学会的主要工作是研究工商行政管理工作中的问题，组织会员撰写论文，推荐会员参加上级举办的研讨会和论文交流活动等。

2006年1月5日，市工商局工商行政管理学会被省工商行政管理学会评为2003年—2005年先进单位。

第六节　行业协会

诸暨市蚊香行业协会

诸暨市蚊香行业协会是由市私协发起成立的具有法人资格的社会团体，业务主管部门为诸暨市工商局。

第一次会员大会于1999年8月19日召开。出席大会的正式代表31人，其中团体会员代表26人、个人会员代表5人，列席代表45人。大会审议并通过了《诸暨市蚊香行业协会章程》，选举产生第一届理事会。会长李经春，副会长章林法（常务）、周国君、徐双喜、詹汉忠；秘书长蒋成木，副秘书长张国华、孙方沙。聘请马志大，吴纪录为名誉会长。协会开展的主要活动有：编写《蚊香协会通讯》，制订《诸暨市蚊香行业“十五”发展规划》，举办蚊香企业经营管理培训班，组织会员学习《中华人民共和国消费者权益保护法》《中华人民共和国专利法》《中华人民共和国反不正当竞争法》等。

诸暨市袜业协会

诸暨市袜业协会是由市个协、市私协、市工商局个私经济管理科、浙江文体袜业集团、浙江中周实业有限公司等5个单位发起成立的具有法人资格的社会团体。业务主管部门为诸暨市工商局。

第一次会员代表大会于1999年11月5日召开。出席大会的正式代表80人，其中团体会员代表75人、个人会员代表5人。会议审议并通过了《诸暨市袜业协会章程》，选举产生第一届理事会。马志大任会长，翁锡表、洪冬英、周伟潮、赵建义、寿伟林、周长根、顾建平任副会长；杨伯祥为秘书长，金汉良、陈顺新为副秘书长；聘请黄灿荣、俞杨芳为名誉会长；聘请吴纪录、汪木伦、寿纪祥、邱水录、楼启甫、郭浩良、应明焕为协会顾问。

2001 年，诸暨市袜业协会大唐、牌头、城南、草塔 4 个分会先后成立。

2003 年 6 月 3 日，调整和增补第一届理事会和协会领导班子。赵新建、徐仙苗、金利顺、何煊赫、张晓镇任理事、副会长，增补 7 人为理事。会议聘请寿纪祥等 9 位领导任协会顾问。

袜业协会开展的主要活动有：编写《袜业经济动态》，制定《诸暨市袜业发展规划》《诸暨市袜业生产、销售活动暂行规定》；评选“诸暨市袜业龙头骨干企业”；组织部分协会成员先后赴义乌浪莎、梦娜袜业、上虞正元袜业、海宁叶氏、华越袜业及步森集团公司等知名企业学习考察，组织召开全市袜业企业经营管理经验交流会；举办《中华人民共和国商标法》等法律、法规和《对外贸易规则》等知识培训。

诸暨市市场协会

诸暨市市场协会是由市工商局市管科、市场服务中心、东湖市场 3 个单位发起成立的具有法人资格的社会团体。业务主管部门为诸暨市工商局。

第一次会员代表大会于 1999 年 12 月 3 日召开。出席大会的正式代表 58 人，其中团体会员代表 19 人，个人会员代表 39 人。大会审议并通过《诸暨市市场协会章程》，选举产生第一届理事会。会长宣满琪，副会长黄伟光、李林标、寿祖尧。秘书长黄伟光（兼）；副秘书长方汉波、楼勇为、祝伟新。聘请黄灿荣、周纪泽、俞杨芳为协会顾问。

2006 年 12 月，理事会改选，会长由陈伟均担任。

诸暨市金银珠宝饰品行业协会

诸暨市金银珠宝饰品行业协会是由市一百商店、老凤祥珠宝行、金鑫金行、雄城大厦、鑫荣珠宝行、越王珠宝行等 6 个单位发起成立的具有法人资格的社会团体。业务主管部门为诸暨市工商局。

第一次会员大会于 2000 年 4 月 4 日召开。出席大会的团体会员代表 30 人，个人会员代表 9 人；列席代表 16 人。大会审议并通过《诸暨市金银珠宝饰品行业协会章程》，选举产生第一届理事会。会长方维远，副会长罗海、宣锡芳；秘书长蒋成木，副秘书长曹阳、陈伟、金汉良。聘请马志大、楼启甫为名誉会长，周相根、胡满潮为顾问。

协会开展的主要活动有编发《金银珠宝饰品行业协会通讯》，制定《诸暨市金银珠宝饰品加工、销售活动行业规范》和《关于消费者在本市购买黄（铂）金饰品退、换、修工作的办法（试行）》；组织学习《中华人民共和国消费者权益保护法》《中华人民共和国反不正当竞争法》和《浙江省实施〈消法〉办法》《浙江省反不正当竞争条例》等法律、法规；组织会员企业赴宁波学习考察。

诸暨市商标协会

诸暨市商标协会是由李字、步森、亚东、万安和市工商局商广科等 5 个单位发起成立的具有法人资格的社会团体。业务主管部门为诸暨市工商局。

第一次会员代表大会于 2000 年 6 月 28 日召开。出席大会的正式代表 103 人，其中团体会员代表 85 人，个人会员代表 18 人。大会审议并通过《诸暨市商标协会章程》，选举产生一届理事会。会长宣满琪，副会长李经春、陈能恩、王大冲、陈利祥。秘书长周建伟。聘请黄灿荣、俞杨芳为顾问，马志大为名誉会长。

诸暨市广告协会

诸暨市广告协会是由诸暨日报社、市广播电视台电视节目中心、凌风广告有限公司、丰球广告有限公司、市工商局商广科等 5 个单位发起成立的具有法人资格的社会团体。业务主管部门为诸暨市工商局。

第一次会员代表大会于 2001 年 11 月 23 日召开。出席会议的正式代表 67 人，其中团体会员代表 64 人、个人会员代表 3 人。大会审议并通过《诸暨市广告协会章程》，选举产生第一届理事会。会长宣满琪，副会长吴江辉、斯旭明、钱星江、杨书农。秘书长蒋平。

附录　文件辑存

【一】中共诸暨市委　诸暨市人民政府关于鼓励个体私营企业“三上一提高”的政策意见

改革开放以来，我市个体、私营经济迅猛发展，已成为国民经济的重要组成部分。为进一步贯彻落实党的十四大精神和省委办〔1993〕4号文件，抓紧有利时机，切实实施市委、市府提出的优势扩张战略，鼓励个体、私营企业尽快上规模、上档次、上水平，提高自身素质和经济效益，特制订以下政策意见。

1. 鼓励增加投入，扩大规模。年销售2000万元以上或上交工商税在50万元以上，财务制度和管理措施健全的，所得税减半征收。当年技改投入在50万元以上，纳税在10万元以上的，在年税收递增10%的前提下，超过部分给予减免税照顾二年；生产性企业，产品适销效益好，技改投入在30万元以上，当年纳税有困难，可报批减免税照顾。对年产值500万元以上，纳税在15万元以上的企业，银行要在贷款额度上给予优惠，利率与集体企业相同。企业一次性技改投入在100万元以上的，可列入市长技改项目办公会议，由市计经委行文，各部门给予支持。个体工商户、私营企业因提高档次，扩大规模、进行技术改造和新建、扩建厂房所需土地，建设规划和土管部门应按集体一样予以办理。鼓励个体、私营企业在镇乡工业小区办厂，享受当地镇乡工业小区优惠政策。

2. 鼓励科技进步上档次。账证健全的个体、私营企业购买专利技术，引进技术成果，进行技术改造，年销售收入达500万元以上，可享受集体企业一样的减免税优惠。在市经济开发区、镇工业小区新办经市科委认定属高新技术或产品填补省、绍兴市空白的个体、私营企业，除享受该小区规定的优惠政策外，营业税、所得税优惠可延长1—3年。属个体、私营企业所有的专利技术成果，经市科委认定，以入股形式在市、镇工业小区兴办企业的，三年内免征所得税；专利技术成果的转让收入，三年内免征个人收入调节税。凡通过省级鉴定的新产品，与集体企业同样享受新产品减免税照顾。对拥有专利产品、驰名商标、有较大生产经营规模、出口创汇或国营、集体联营的个体、私营企业，允许冠以市名或争取报批绍兴市名、省名。

3. 鼓励发展外向型经济。个体、私营企业开展“三来一补”业务，其来料、来件部分占产品原辅材料和零部件20%以上的，其取得的工缴费收入，可在当年减免增值税、所得税；个体、私营企业到境外开办独资、合资或合营企业，有关出国考察、项目洽谈等，各有关部门要按政策给予办理。

4. 鼓励吸引人才，提高企业素质。鼓励、支持从市外引进专业技术人才帮助或直接参与发展个体、私营经济，凡经市人才交流中心、劳务市场介绍（在职人员按绍市府〔93〕11号文件精神办理）去个体、私营企业就业的大中专毕业或专业技术人才，原有干部身份不变，工龄照算，正常的调薪晋级进入档案工资，调入全民、集体单位的，劳动人事部门要给予办理手续；个体工商户、私营企业的专业技术人员，可以评定技术职称。

5. 鼓励推行股份合作制和集约化经营。个体、私营企业新办有限责任公司，可以提高雇工和从业人员的计税工资标准，允许与集体企业一样提取技术开发基金和固定资产折旧等费用。个体、私营办有限责任公司或股份合作制企业，经批准，从开办之年起所得税免交一年，第二年减半征收。

6. 确定一批市重点个体、私营企业。市重点个体、私营企业标准：(1) 年纳税 50 万元以上；(2) 产品适销对路，有注册商标。(3) 财务制度、管理措施健全，照章纳税，遵纪守法。(4) 安全文明生产。市重点个体、私营企业两年评定一次，先由各镇乡按上述标准推荐上报市府办，由市农经委牵头组织工商、财税、乡企局等有关部门审核，再由市府组织统一评审命名。个体、私营企业的认定，由工商局按工商登记口径确定。上交税收为当年实交数。

重点个体、私营企业的优惠政策：（1）市政府发放绿卡，物资、电力、通讯、运输等有关部门对其正常的经营活动要视同集体企业，积极支持，优先解决。（2）开户银行切出一块资金，按照存、贷 1 ∶ 1.5 的比例发放流动资金贷款。（3）税收实行“核定基数，按年递增，超交减免”的办法，即以 1992 年应交税收为基数，按年递增 10% 的幅度，超交减免。（4）实行优先供电。根据企业技改投入资金和上交税金，当年可一次性分给优惠电量。（5）进行技术改造，其项目列入全市技改计划，优先列项。并可免交地方集资办电贴费、小区配套费、自来水集资费。

7. 对为国家和地方经济发展作出较大贡献的个体、私营企业主给予奖励。凡符合下列条件者，实行市长特别奖励。

（1）年纳税超 50 万元，安排（本人、配偶、子女）农转非两名；年纳税超 30 万元，安排（本人、配偶、子女）农转非一名。

（2）1993 年起，年出口交货值超过 3000 万元，纳税超 40 万元，安排（本人、配偶、子女）农转非两名；年出口交货值超过 1000 万元，纳税超 15 万元，安排（本人、配偶、子女）农转非一名。

（3）从 1993 年起，当年技改投入 500 万元，销售达到 2000 万元，纳税 30 万元以上，安排（本人、配偶、子女）农转非两名。

（4）对全市技改投入前10名进行表彰。

（5）重复得奖，不合并计奖，自选一项。个体、私营办“三资”企业，在法定优惠政策年度内，享受优惠政策靠一头。

8. 凡中央、省、绍兴市以及上级工商、财税等部门已经出台的关于鼓励个体、私营经济发展的政策，要保证落实到位，有关单位、部门不得以任何借口打折扣或阻挠。要根据当地实际创造性地用好、用活、用足政策。要坚决清除名目繁多、不合时宜的收费项目，对原来行之有效的政策、办法，要进一步改革完善，加大力度，以有利于我市个体、私营经济又快又好地发展。

（1993年6月26日市委〔1993〕35号文件发布）

【二】浙江省工商局关于在全省工商行政管理系统开展向冯绍泉同志学习的决定

冯绍泉同志是诸暨市工商行政管理局湄池工商所干部，1964年参加工作，1966年加入中国共产党。自1980年调入工商行政管理部门工作以来，他十几年如一日，爱岗敬业，清正廉洁，秉公执法，勤政为民，乐于奉献，在平凡的工作岗位上做出了不平凡的业绩。特别是他在1992年患肾功能衰竭症，先后两次换肾手术失败，只能靠每周做两次血透来维持生命的情况下，以顽强的毅力与死神搏斗，依然兢兢业业，踏踏实实地奋斗在工商行政管理基层第一线，用自己的实际行动，谱写了一曲感人肺腑的奉献之歌，展示了新时期工商行政管理人员高尚的道德情操和良好的精神风范。

为了学习宣传冯绍泉同志的模范事迹，弘扬其奉献精神，省工商行政管理局决定，在全省工商行政管理系统开展向冯绍泉同志学习活动。省工商局号召全省工商行政管理人员学习他自强不息、顽强拼搏的思想境界；学习他爱岗敬业、忘我工作的奉献精神；学习他秉公执法、无私无畏的执法风范；学习他严于律己，清正廉洁的高尚情操；学习他鞠躬尽瘁、全心全意为人民服务的崇高品德。全省工商行政管理干部职工要以冯绍泉同志为榜样，牢固树立正确的世界观、人生观和价值观，自觉抵制拜金主义、享乐主义、个人主义侵蚀，刻苦学习，勤奋工作，勇于创新，自觉奉献，把有限的生命投入到无限的为人民服务事业中去，在工商行政管理岗位上建功立业，做一个让党和国家放心，让人民群众满意的国家公务员。

各级工商行政管理部门要深入学习贯彻党的十四届六中全会和江泽民同志关于建立一支高素质干部队伍的讲话精神，切实把精神文明建设和工商行政管理队伍建设作为一项重要的战略任务来抓，努力提高工作人员的政治素质和业务水平，弘扬正气，倡导奉献精神，增强公仆意识、法制意识、廉政意识和服务意识，充分调动和激发全体人员的工作积极性、主动性和创造性，廉洁自律，秉公执法，无私奉献，创一流业绩，为建设一支高素质的工商行政管理队伍和有权威的市场监督管理和行政执法机构，为建立和维护良好的社会主义市场经济秩序而努力奋斗。

附件：冯绍泉同志先进事迹

（1996年12月23日浙工商基〔1996〕87号文件发布）

附：冯绍泉同志先进事迹

诸暨市工商局湄池工商所干部冯绍泉同志，身患尿毒症四年，却依然凭着一个共产党员的责任感和使命感，坚持在平凡的工作岗位上无私奉献，用自己的实际行动，谱写了一曲工商干部执着追求理想的赞歌。

一、勤政为民，在平凡的岗位上辛勤耕耘。

冯绍泉同志当过兵，党的培养、军营生活的锻炼，造就了他顽强的斗志和开拓进取的精神。1980 年 6 月，冯绍泉从省地质勘探从队调至姚江工商所工作。当时，工商所租用了老百姓的两间房子，全所同志吃住在一起，交通不便，工作辛苦，生活艰苦。然而冯绍泉不顾这一切，以百倍的热情拼命工作。两年后，他以出色的工作担负起了姚江工商所领导的重任。在老冯带领下，在不到一年时间里，工商所翻建了办公楼，成立了姚江个体劳动者协会，指导个体户创办联购分销服务部……一项项工作，均走在了全市工商系统的前头，姚江所的面貌发生了根本改变。

姚江乡农民素有养殖珍珠的传统，为帮助当地农民尽快富起来，促进姚江经济发展，冯绍泉又和所里干部一起帮助当地 4 位农户搞论证，选场址，订规划，经短短几个月努力，一个简易的珍珠市场在广山村办了起来。有谁能想到，如今，这个简陋的第一代珍珠市场已发展到第四代，成为全国最大的珍珠市场。

1986 年 6 月，冯绍泉调至湄池工商所任副所长，分管市场、个体私营企业一摊工作，他抓的第一件事是尽快建成阮市农贸市场，结束了该地“以街代市”的现象。为建好市场，保证在春节前开业，老冯索性吃住在工地，他要办理各种手续，要在施工现场督查，要组织货源繁荣市场……整整三个月，没有一天休息日，没有睡过一个安稳觉。出色地完成了市场建设和搬迁任务。

二、清政廉洁，在名利面前保持党员本色。

老冯淡泊名利。在他担任工商所领导的十余年里，始终保持共产党员本色，清正廉洁，不谋私利。

1983 年，老冯在负责筹建第一代珍珠市场时，集资的 4 位老板为感谢老冯，硬要给老冯算上一股，每年给 1 万元的红利。被老冯回绝了。并动情地对他们说“只要你们好好经营尽早使市场红火起来，便是对我老冯的最好感谢。”如今，当年他扶持起来的经营户大多成了腰缠万贯的“富翁”，而老冯一家 4 口仍安守清贫。

1988 年，湄池工商所建造办公大楼，负责基建工作的老冯忠于职守，与建筑队一起奋战。建筑队开工到天亮，他就陪同监督到天亮。建筑队为示谢意，送不进烟、酒和钞票，就想出给老冯老家砌个围墙的办法。却又一次被老冯拒绝了。

担任工商干部多年，老冯负责的基建项目有五六个。但每次基建搞下来，他从不拿公家一砖一瓦、一钉一铁。

不应该获得的，老冯坚决不取，而有些该得到的，老冯主动放弃了。

1985 年 9 月，老冯妻子为了更好地照顾丈夫的生活，携带两个儿子从湄池医院调到江藻医院。可没过一年，组织上又要调老冯去湄池工商所任副所长。当时，老冯心里也犯嘀咕：和家属团聚不到一年，又要去湄池工作，两地分居，生活有诸多不便。他妻子也要他“找找组织吧。”老冯在心里折腾了几天，在事业与家庭的天平上，老冯更多地想到了作为一名党员、一名基层干部的责任。就这样，他没给组织提一点要求，愉快地服从调动。老冯一调走，还主动退掉了在姚江工商所的住房，自己出钱租用当地一产农民房，把妻子和两个儿子留在江藻。这种颠来倒去的日子直到 1987 年 9 月才结束。

老冯生病的消息不胫而走后，这几年，来看望他的人很多。可他自己却从接受管理和服务对象赠送的钱物，哪怕是一包烟、一条鱼。一天，一位受过老冯帮助的个体户送来了 500 元钱，放下就跑，老冯硬是撑着病体，连夜直赶 10 里路把钱退了回去……

三、鞠躬尽瘁，把工作当成生命的延续。

老冯两袖清风，甘守清贫，乐于奉献，廉洁为民，体现着工商干部、共产党员的崇高人格。

1992 年 1 月冯绍泉终于累倒了，被送进了医院。经检查，被确诊为慢性肾炎转尿毒症。尿毒症，尚属不治之症。如果肾移植不能成功，就意味着生命只能靠换血来延续了。1992 年 10 月和 1994 年 9 月，组织一两次送他去上海做肾脏移植手术，均因病变严重，两次手术都失败了。

面对生与死的人生思考，老冯想得很多很多……但他想得最多的是组织的关怀，还有工商行政管理事业。

生命有限，应更加倍工作，活着也要活得有质量，老冯是这样想的，也是这样做的。经过一段时间的休息，老冯回到了所里。考虑到老冯的身体，又拗不过老冯执意要求工作的强烈愿望，所里安排他搞内勤工作，做一些文件收发、资料装订等较轻松的活。然而，老冯却静不下来。他把内勤工作放到晚上休息时间来做。白天，别人去验照检查，他也跟着去，别人去整顿市场，他又跟着去，哪里有事，他去那里，哪里有工商干部出现，那里一定可以看见老关的身影。同事们要阻拦他，老冯有他的理由：“我认识的人多，办事情要比你们年轻人顺手方便，反正我闲着也是闲着。”然而，他每出去一次，稍不留神，一受累，一股殷红的血水就顺着鼻孔汩汩流出，头脑发晕。每当此时，他就掏出手帕，不经意地擦去鲜血，拿出他身上常年备着的“止血包”，用药棉把鼻孔堵上。

休息一会儿，又出发了。白天看上去老冯还支撑得住，可一到晚上，老冯腰酸腿痛不止，只好俯身睡觉。

老冯每周一、四要去人民医院做血液透析。遇以血透日，他总是早晨4点多钟起来，5点坐中巴车直奔城里。早晨7:30至下午1点钟，整整5个半小时，躺在病床上换血。饿了，就啃馒头。此时此刻，老冯才像是休息的样子了。血透完毕，最早要到下午3:30回到湄池。此时老冯不是直接回家，而是直奔办公室为经营户办照。老冯就这样，带病坚持为1048户船户办理了营业执照。

所领导不忍心老冯如此折腾来折腾去，就提出要用小车专程接送老冯上医院。老冯却说："让驾驶员跑上跑下，太浪费他的时间，也为所里增加负担。别为我一个人拖累了大家，影响了工作。"看着日渐消瘦、日益憔悴的老冯，做妻子的暗自流泪。她常常劝老冯："你都身患重病，早点退休吧。你这样下去，叫我心里不好受，啊。"而每每此时，反而是老冯做劝说工作："这几年，你受苦了，可我能工作的时间已经不长了，你看，同志们都那么忙，维护经济秩序是我们的职责，我得尽力干啊！"

满怀"尽力干"的心愿，如今老冯迈着蹒跚而坚定的步履，依然行进在工商行政管理的第一线。他曾说："在我身患绝症的时候，是党和政府无微不至的关怀、同志们的热忱照顾，使我的生命得以延续。如果没有党和政府，没有上级领导的关怀，我一百个、一千个冯绍泉也不存在了。我要在有生之年，尽我的微薄之力，为党的事业多作贡献。为我们工商部门争光。"冯绍泉同志以自己的实际行动，为全体工商干部树立了一个光辉的榜样。

【三】诸暨市著名商标认定和管理办法

第一章　总　则

第一条　为规范诸暨市著名商标的申请、认定和管理工作，根据《浙江省著名商标认定和保护条例》，结合本市实际，特制定本办法。

第二条　诸暨市著名商标的申请、认定和管理工作适用诸暨市著名商标认定和管理办法（以下简称办法）。

第三条　诸暨市著名商标的认定应当遵循公正、公平、公开、科学的原则。

第四条　市工商行政管理局主管诸暨市著名商标的认定和管理工作。

第五条　诸暨市著名商标评审委员会由市工商行政管理局会同有关部门组成，人数为九至十一人，按单位确定。评审委员会设主任、副主任，评审委员会办公室设在市工商行政管理局，负责著名商标认定等日常事务。

第二章　认　定

第六条　申请认定诸暨市著名商标应当符合下列条件：

1. 本市范围内依法成立的企业、事业单位、社会团体、个体工商户的注册商标；

2. 该商标核准注册之日起实际使用期限已满一年；

3. 商标核准使用的商品在同类或同档商品中具有良好的市场声誉和较高的公众认知程度；

4. 商标核准使用的商品产量、销售额、利润、市场占有率等主要经济指标在本市同行业中领先；

5. 商标所有人有严格的商标使用管理制度和保护措施。

第七条　诸暨市著名商标认定的具体标准由评审委员会办公室拟定，并经评审委员会审议通过。

第八条　申请认定诸暨市著名商标，应填报《诸暨市著名商标认定申请表》，同时提交下列申请材料：

1. 营业执照或其他同等有效的资格证明的复印件；

2. 商标注册证复印件；

3. 企业创立著名商标的简要情况介绍；

4. 企业质量（服务）管理方面的设备投入及概况介绍；

5. 在质量管理部门组织的统检、抽检、定期和日常监督中的情况和结果；

6. 前一年度使用该商标的商品产量、销售额或产值、市场占有率、利润等量化指标说明，并附依据；

7. 商品销售区域情况；

8. 企业内部商标管理机构、人员情况；

9. 其他相关材料。

第九条　诸暨市著名商标的评审采取先由市评审委员会办公室调查审核，再由市评审委员会委员投票表决的方式进行。经评审委员会全体委员三分之二以上多数通过，才可认定为诸暨市著名商标。

第十条　凡认定为诸暨市著名商标的，在诸暨市媒介上予以公告并授予证书。

第十一条　在审核过程中，发现有下列情形之一的，不予认定：

1. 申请人弄虚作假的；

2. 申请人注册商标被他人以“注册不当”向国家商标局请求撤销正在审理的；

3. 违反评审程序的。

第十二条　依照本《办法》认定的诸暨市著名商标期满后申请延续的，应填报《诸暨市著名商标延续申请表》，向市著名商标评审委员会办公室提出申请，并提交本《办法》第八条规定的材料。市著名商标评审委员会经审查后作出延续与否的决定。

第十三条　《办法》施行前评定的诸暨市地方名牌商标，按本《办法》规定重新认定。

第三章　管　理

第十四条　诸暨市著名商标有效期三年，自公告之日起计算。

第十五条　诸暨市著名商标所有人可以在其商标注册核准使用的商品及其包装、装潢、说明书、广告上使用“诸暨市著名商标”的字样、标志，其他任何单位和个人不得在其商品及其包装、装潢、说明书、广告上使用“诸暨市著名商标”的字样、标志，违者按有关法律、法规处理。

第十六条　市工商行政管理部门应加强对诸暨市著名商标的管理，监督诸暨市著名商标的使用，保护其商标的注册专用权。

第十七条　被认定为诸暨市著名商标的，优先推荐参加省著名商标、绍兴市著名商标的认定。

第四章　附　则

第十八条　本《办法》由市工商行政管理局负责解释。

第十九条　本《办法》自公布之日起施行。

（1998 年 5 月 17 日诸政发〔1998〕29 号文件发布）

【四】诸暨市企业、个体工商户登记注册并联审批具体操作办法

为压缩办证时间，减少办事环节，提高工作效率，根据诸暨市人民政府《关于制发〈诸暨市政府办证中心联办事项并联审批实施意见〉的通知》（诸政发〔2000〕69号）精神，按照“一门受理、抄告相关、同步审批、限时完成”联办事项并联审批工作原则，特制定诸暨市企业、个体工商户登记注册并联审批具体操作办法。

一、受理范围：

全市范围内凡需申办内资企业、个体工商户营业执照，其经营范围涉及三个以上（含三个）部门前置审批的，均属本通知受理范围。

二、操作程序：

1. 办证中心窗口单位受理。市办证中心接受办证申请，实行“一门受理”，设立工商并联审批专窗，负责接受申请人提出的开办申请、登记注册的法律法规及办证业务咨询，负责发放《并联审批申请须知》和不在中心设立窗口的联审部门的专项资料、申请表格。

具体操作办法：专窗工作人员根据企业和个体工商户登记法律、法规对可进入并联审批受理登记申请进行初审。其审核内容包括：

（1）对申请报告进行审核。对经营范围中涉及前置审批的项目，对照前置联审部门的标准要求进行审核；

（2）对名称进行预先核准登记。对申请人提出的内资企业、个体工商户营业执照的名称字号进行核批；

（3）对登记注册申请材料进行审核。对申请人提交的有关登记申请材料的齐全性、合法性进行初审。

上述各项条件已基本具备、可进入审批程序的，由申请人一式二份填写《诸暨市企业（个体工商户）登记注册并联审批申请书》，专窗工作人员对其进行审核后，一份专窗存档，一份交申请人。工商并联审批专窗立即开具《诸暨市企业（个体工商户）登记注册并联审批项目情况抄告单》送至中心的各办证窗口，未在中心设窗口的联审部门通过传真的方式送达，实现“抄告相关”。

2. 联审部门同步审批。联审窗口在接到工商并联审批专窗送达的抄告单后，向申请人发放专项资料、申请表格（未在中心设窗口的联审部门资料由工商并联审批专窗代为发放），并按照“同步审批，限时完成”的原则，在七个工作日内完成审批事项

的审批工作。

办证中心接到工商并联审批专窗送达的《诸暨市企业（个体工商户）登记注册并联审批项目情况抄告单》后，经审核认为需联合踏勘的，确定时间、组织有关部门现场踏勘，应参加踏勘而不参加的，作同意论处，严禁未经中心同意，单独组织踏勘。申请人应在联合踏勘现场向联审部门提供审批所需的准备齐全的专项资料、申请表格。不组织联合踏勘的，在各联审部门踏勘时提交资料。

各项资料经审核符合条件的，各联审部门窗口负责人（或部门办证负责人）在《抄告单》回执上签署同意意见并加盖公章，并将《抄告单》回执在规定期限内送工商并联审批专窗，工商并联审批专窗通知申请人在通知期限内到各联审部门领取专项许可证并缴纳规费；对不符合条件的，各联审部门在《抄告单》回执上注明原因，在规定期限内送工商并联审批专窗，由工商并联审批专窗报中心审定后终止审批程序，超出规定期限未送达回执的，经中心批示，视作同意。

各联审部门的内部审批涉及分级审核审批的，由各部门在并联审批期限内自行协调办理。对工商并联审批专窗抄送的《抄告单》，必须实行“专人负责、一个口子收发”制度。

3. 工商并联审批专窗核准发照。通过前置并联审批的申请人，在备齐登记注册所需的有关材料后，工商并联审批专窗正式受理，并自受理之日起三个工作日内作出审核决定，符合条件的，核发营业执照。如被中心审定为重大、重要事项的或因特殊情况暂不能发证的，只要进入本程序，经中心同意，申请人在书面作出一个月内办理完登记注册的所有许可手续的承诺后，采取“先照后证”（即先发营业执照，后补办专项许可证）的办法予以办理，未领取许可证的，申请人一律不得开展经营活动。审批程序完毕，取得营业执照和许可证，投资人具有经营资格。

（2001 年 4 月 9 日诸办证〔2001〕7 号文件发布）

【五】诸暨市工商局基层工商所建立经济户口制度实施方案

一、建立经济户口制度总体目标

建立起以登记注册数据为基础，以计算机的开发应用为依托，以深化工商巡查为重点，以全面反映辖区内各类市场主体整体面貌为目标的经济户口管理体系。提高监督执法效能，实现对市场主体及其行为的全方位监督。

二、经济户口管理制度主要内容

经济户口管理制度主要包括以下几方面内容：

（一）市场准入的管理：市场主体准入的动态情况，包括开业、变更、注销登记等情况；个体工商户、企业的户数情况和法定代表人的情况。

（二）市场交易行为的管理：生产经营情况，包括企业资产、主营产品、经营状况等情况；商标注册使用、广告发布、合同签订等情况。

（三）市场竞争行为的管理：市场信誉情况，包括违章违法、纳税缴费、社会机构评价、消费者投诉、参与社会公益事业获得的荣誉或因违法违章受到的惩处等情况；监督管理情况，包括日常巡查、年检、验照、实施处罚、警示及评价等备案情况。

（四）收费管理实现微机化操作。

（五）以计算机网络为依托，以微机管理为手段，建立完善的“经济户口”书式档案和机读档案。

（六）建立起登记与巡查之间环环相扣，链条式、循环式运行制度，包括登记情况录入、巡查使用、巡查结果录入等。

三、建立经济户口制度的方法、步骤

（一）调整机构设置，建立综合监管体系。工商所改变按线单一管理、各自为战的管理模式，由专门管理向综合管理转变，由静态管理向动态管理转变。各所可根据本辖区内实际，因地制宜调整内设机构。可参照模式有：

1.“两组分设”的监管模式。即：登记收费内务管理组，具体负责工商所内勤、法制、受理登记、年检、验照、投诉受理、收费、经济户口的录入、监管动态情况的输入、统计档案管理以及经济户口卡片的制作等。基础监管组，负责市场巡查和行政执法，对无照、违法行为进行行政告诫；对严重违法违章现象按规定查处；催交规费，对开业情况、案件查办后整改情况进行回访等，全面掌握市场主体的基本情况。

2.“三组分设”的监管模式。即：登记收费内务管理组，负责所内勤、法制、受理登记、年检验照、受理投诉、收费、经济户口录入、监管动态情况的输入、统计、档案管理以及经济户口卡片制作等。基础管理组，负责催交管理费，对新设立企业、个体工商户以及查处后企业、个体工商户整改情况的回访，企业、个体工商户生产经营情况和市场信誉情况的调查。巡查办案组，负责违法违章的查处和投诉案件处理。

（二）抓好市场主体普查，采集经济户口的信息。各所要对已登记的所有市场主体，进行地毯式的普查，列出名单，集镇以路段为标志，农村以村为单位，建立起经济户口监督卡，将普查情况经过梳理核对后输入计算机。在计算机网络尚未应用之前，各所要整理好书式档案和经济户口卡片，待网络完成之后，输入计算机，书式档案与机读档案要相一致。对涉及安全、健康、环境等特殊市场主体的重点经济户口，可按不同类型输入计算机，制作重点监督卡片，以便进行重点巡查。

（三）建立起环环相扣、循环运作的管理体系。各所在具体运作过程中，必须建立健全相应的配套制度。一是建立保障整体效能的工作制度。定岗定人，落实责任，明确考核标准，使经济户口管理工作开展有规可依，有责可究。二是建立工作程序和制度。登记收费内务组要及时录入市场主体的各类信息，提供准确可靠的登记信息为所领导决策和市场巡查服务。专管员要定期及时将企业、个体工商户的信息进行反馈，巡查办案组要及时把巡查情况和处理结果传输到登记收费内务组。三是建立效能督查制度。检查每个组以及责任人的职责、任务的执行情况，检查结果与干部的考核、奖惩等挂钩。

（四）搞好静态管理与动态管理的衔接。建立经济户口制度后，巡查组可按照经济户口反映出来的情况，有目的地抓好巡查，做好检查记录，发现问题，及时提出处理意见，并将处理结果及时反馈给登记组，输入电脑，存入档案。

（2001 年 8 月 20 日诸工商〔2001〕45 号文件发布）

【六】诸暨市工商局企业登记注册“一审一核制”实施办法（试行）

第一条　为改革和完善企业登记制度，进一步提高办事效率，规范登记程序，特制定企业登记注册“一审一核制”实施办法。

第二条　本办法所称的“一审一核制”是指投资人申请登记注册的文件，经局审查员依法受理、审查，报局核准员依法予以核准或驳回后，即发生法律效力的企业登记注册审核制度。

“一审一核制”适用于在局登记注册的各类企业的设立、变更、注销登记及备案。

第三条　“一审一核制”由局统一管理协调，具体由企业注册监管科组织实施。实施“一审一核制”应当遵循“依法高效”的原则。

第四条　企业登记注册审查员和核准员实行资格确认制度。凡取得企业登记注册审查员、核准员资格的人员经局聘用后方可上岗。受聘的审查员、核准员由局长明确授权范围和聘用期限。

第五条　审查员、核准员按照“相对固定、适当流动、保留骨干”的原则，有计划地进行岗位轮换。聘用期内无过失或过错的，不得无故调离所在岗位。

第六条　企业登记审查员的职责：

审查员对企业登记材料是否齐全，内容是否符合有关企业登记管理的法律、行政法规的规定及时进行审查，并签署受理审查意见。具体为：

（一）受理各类企业的注册申请，对符合受理条件的，予以受理；

（二）简易事项的登记申请，及时完成审核并签署核准或驳回意见；

（三）对一般登记事项、特殊登记事项的登记申请，及时完成审查并报送核准员审核；

（四）局规定的其他职责。

第七条　企业登记核准员的职责：

企业登记核准员负责对审查员的意见进行复核，并及时签署核审意见。具体为：

（一）及时完成一般登记事项文件的审核并签署核准或驳回意见；

（二）及时完成特殊登记事项的会审并签署意见；

（三）参加企业登记疑难事项的会审会议；

（四）局规定的其他职责。

第八条　企业登记简易事项是指情况简单、能即时完成审查的登记事项，包括变更企业法人、住所、经营期限，未涉及前置审批的经营范围；个人独资企业、合伙企业、非独立核算分支机构等不具备法人资格企业的设立、变更。

特殊登记事项是指登记情况复杂、疑难，或具有重大社会影响，或登记不慎可能会造成重大后果的登记事项。

疑难登记事项是指核准员认为难以把握，需经会审会议集体讨论决定的特殊登记事项。

除以上三种情况外的登记事项为一般登记事项。

第九条　对注册资本1000万元以上企业登记申请需经三名核准员会审并签署意见，如有不同意见报分管局长最后审定。

第十条　会审会议由分管局长召集，经办审查员、全体核准员等参加。

第十一条　局定期组织人员对企业登记案卷进行评审。检查中如发现有错误的，应要求核准员、审查员及时补救或纠正。评查结果作为公务员年终考核和岗位聘用的主要依据之一。

第十二条　本办法由局负责解释。

第十三条　本办法自发文之日起施行。

（2002年1月21日诸工商综〔2002〕10号文件发布）

【七】商品准入工程监督管理办法

为全面推进“商品准入工程”建设，切实加强对重点流通企业的监督管理，特制定本办法。

第一条　凡是纳入绍兴市、诸暨市商品准入工程的经营者，适用本办法。

第二条　本办法由经营者、工商机关共同组织实施。

第三条　经营者的义务和责任

（一）加强内部管理，建立企业商品质量管理机构和制度，推行全员质量意识教育，切实把好上柜商品质量准入关；

（二）经常性开展自检（查）、自管、自律工作，并有记录，对存在问题能及时纠正；

（三）在商场或超市显著位置设立消费警示牌，对于被举报或有关部门查处的假冒伪劣商品要及时下柜，并将商品名单记录在案；

（四）限期追回经检测为不合格或可能危及消费者人身财产安全的商品；

（五）在进货时严格按规定向供货者索取相关证件，做到一户一档或一品一档；

（六）指定专人为“商品准入工程”工作联络员；

（七）配合工商机关做好“商品准入工程”的各项工作；

（八）建立有以下内容的商品质量管理档案：

1. 商品名称、规格、数量；

2. 商品生产者或供货者名称和地址及企业法人及负责人姓名、联系电话；

3. 本企业商品经营状况，商品质量检测、检查、投诉以及处理情况等。

（九）遵守国家的法律法规，遵循诚实守信的商业道德，把保护消费者的合法权益放在重要位置；

（十）其他义务和责任。

第四条　工商机关的义务和职责

（一）帮助指导经营者制定相关制度；

（二）开展法律咨询服务，相互沟通情况，解答有关问题。督促经营者遵守法律法规；

（三）建立联席会议制度，联席会议一般每季度召开一次，互相交流，共同促进，整体推进；

（四）查处假冒伪劣商品行为，建立不合格商品“黑名单”制度，将查处的假冒伪劣商品名单通报销货者或供货商；

（五）责令停止销售经检测为不合格的商品，督促经营者限期追回经检测为不合格或可能危及消费者人身财产安全的商品；

（六）建议撤销其“消费者信得过单位”；

（七）组织经营者进行互相交流、检查等；

（八）开展对经营者的日常检查和巡查，走访投诉较多的经销商或供货商；

（九）对商场、超市待销商品实行随机专项抽查，一般每年不少于二次，对于抽查中发现的问题及处理结果，向社会进行通报；

（十）其他义务和职责。

第五条　奖惩办法

（一）符合下列条件，经检查考核验收合格的经营者，给予一年工商企业的免检：

1. 切实开展商品准入工程工作，实施到位；

2. 制度落实到位；

3. 商业信誉好，全年商品质量投诉较少的；

4. 商品抽检合格率达 100%。

本条作为商场（超市）评选“消费者信得过单位”的必备条件。

（二）两年保持工商企业免检的，第三年起可免流通领域商品质量抽检，并授予免检证书和牌匾；

（三）对于供货单位明晰、索证齐全的，如发现有较轻违法行为的，不予行政处罚，予以责令改正；

（四）对于供货单位不明晰、索证不齐全的，如发现有违法行为的，将按有关法律法规予以处罚；

第六条　对纳入诸暨市“商品准入工程”的经营者索证商品暂定为二类：

（一）关系到消费者人身财产安全的食品、药品、化妆品、保健品、家用电器、摩托车、自行车等必须按规定索取相关证件并遵守有关规定；

（二）有条件的可将经营的所有商品列入索证范围。

第七条　本办法自发文之日起正式实施。

（2003 年 6 月 10 日诸工商综〔2003〕45 号文件发布）

【八】商品进货索证管理办法

为大力推进整顿和规范市场经济秩序工作，积极创建“四无”市场环境活动，切实国强对流通领域商品质量监管，全面实施“商品准入工程”，规范重点流通企业经营行为，让消费者放心消费。制定本办法。

第一条　本办法所称的索证是指导经营者在进货过程中向供货者索取相关证件。

第二条　相关证件是指导在进货过程中应向供货者索取《商品准入工程索证目录》中所列的相关证件。

第三条　商品的包装装潢、标识标注、广告宣传应符合《产品质量法》《广告法》等法律法规的规定。商品本身标注或商品来源处已具备的证件必须索到。

第四条　经营者应有专人负责，明确职责，规范操作，制度上墙。

第五条　供货者未能提供相关证件，经营者不得进货并上柜销售。

第六条　经营者索取的相关证件应合法、有效、明晰、有关联性。

第七条　经营者索取的在关证件应分门别类，做到一户一档或一品一档。

档案由经营者统一存放或以柜组存放并建立相应的登记册。

第八条　实行货物配着的商场（超市），其相关资料由货物采购中心备案，各经营者应备有商品清单，做好相关资料的衔接工作并能随地提供商品清单。

第九条　相关证件已到期或即将到期应通知供货者及时补证。

第十条　全部或部分退柜商品的相关证件存放一年以上，以备查。

第十一条　凡在同城进货的，也应遵守本办法。

第十二条　本办法自发文之日起正式实施。

（2003年6月10日诸工商综〔2003〕45号文件发布）

【九】企业（个体工商户）网上注册管理办法

第一条　为了进一步贯彻《行政许可法》，创新登记方式，拓宽审批渠道、提高办事效率，优化发展环境，特制定本办法。

第二条　本办法所称的网上注册，是指申请人通过工商行政管理部门在互联网上的服务平台——诸暨市工商红盾信息网（HTPP：// www.zjzjgs.gov.cn），运用数码交换方式向办证中心工商窗口和工商所申报有关登记材料，办证中心工商窗口、工商所按职责对申报材料进行受理、审核、发照，完成注册审批工作的过程。

第三条　本办法适用于诸暨市范围内各类内资企业和个体工商户的名称预备核准登记、设立登记、变更登记、撤销登记、备案登记和注销登记。

第四条　网上注册实行"一审一核"制度。审查员、核准员应持有省工商局核发的资格证书，并由局统一聘用。受聘后的审查员、核准员应相对固定，未经局同意不得随意调动。

第五条　网上注册的工作职责

（一）网上名称预先核准登记。个体工商户、个人独资企业、合伙企业法人及其分支机构的企业预先名称核准登记由办证中心工商窗口负责受理审核。

（二）内资企业、个体工商户网上登记注册。

1. 各工商所负责本辖区内网上申请的个体工商户、个人独资企业、合伙企业设立登记、变更登记和注销登记进行受理、审核、发照。

2. 办证中心工商窗口负责对网上申请的有限公司、非公司企业法人及其分支机构的设立登记、变更登记、撤销登记、备案登记和注销登记进行受理、审核、发照。

第六条　网上注册的基本审核程序分为外网审核和准入系统审核两部分。

（一）名称预先核准网上注册流程

1. 申请人登录诸暨市工商红盾信息网，点击"网上审批"栏，登记"名称登记"平台，进入网上名称预先核准系统，按照提示进行名称查重，名称不重复且允许使用的进入企业名称登记页面，按照提示要求填写企业名称预先登记材料，确认无误后提交工商部门审核。

2. 企业名称预先核准申报数据从网上提交到工商部门业务平台，审查员在规定时间内进行受理审核。

3. 名称预先核准登记网上申请被审核通过的，审查员以短信方式通知申请人携带与网上填写内容一致的申请材料原件及有关证件复印件在一周内到指定的工商窗口办理名称核准手续，领名称预先核准通知书。系统将自动为申请者保留拟核定的名称 10 天（如申请人未在规定时间内到指定的窗口办理核准手续，系统自动删除企业拟使用的名称及申报的数据）。

4. 不符合受理条件的，予以驳回，以短信方式通知申请人。申请人可以根据提示，重新进行申报。

（二）企业（个体工商户）网上注册流程

1. 申请人登录诸暨市工商红盾信息网，进入“网上审批”平台，选择“网上审批”登记类型，根据开业、变更、注销等需要进入相关的网上登记管理系统，按照有关提示填写登记材料，确认无误后提交工商部门审核。

2. 登记注册材料从网上提交到工商部门业务平台，审核员在规定时间内进行审核。

3. 网上登记注册申请被审核通过的，审查员以短信方式通知申请人携带与网上申报内容一致的申请材料原件，在 15 个工作日内到指定注册窗口办理复核手续（如企业未在规定时间内到工商局办理复核手续，系统自动删除填写的信息），经核对与网上申报内容一致的，转入准入系统进行审核、发现。

4. 对不符合受理条件的，予以驳回，以短信方式通知申请人，申请人可根据提示重新进行申报。

第七条　审查员每天上班开机时，应登录监听系统，对申请人提交的申请应在两个工作日内查看，以确保对申请信息的及时审核。

第八条　对网上申请名称登记注册的，应当在 1 个工作日内作出是否受理的决定。网上申请企业，个体工商户设立、变更、注销登记的，应当在五个工作日内作出是否受理的决定。

第九条　审查员应对提交的申请认真审查，对存在的问题或需补交的材料应在每个页面的“意见描述”栏中详细填写。审查员认为不予受理的申请，应将材料提交核准员审查，在综合核准员的意见后，将驳回理由详细填写在基本信息页的“意见描述”栏中，并由审查员向申请人发出短消息。对决定受理的申请，统一由审查员及时将受理信息发送给申请人。

第十条　核准员在填写名称登记书式申请表上的核准日期时，应与网上审批的核准日期一致，同时认真审查申请人提供的其他资料上的填写日期顺序是否正确。实行网上审批的企业、个体工商户的书式档案核准日期为网上审批日期。

第十一条　为保证名称数据库的及时性和完整性，对网上申请的名称登记，在决定受理之日起 1 个工作日内，审查员由后台管理转入准系统的审批流程，提交核准员并核准完成。

第十二条 对于设立申请中填写企业名称的和变更申请中涉及名称变更的，审查员应对申请的名称进行查等以免重复。

第十三条 对于网上申请的个体工商户、各类内资企业，申请人直接到窗口提交书式资料的，审查员应对申请人提交的书式资料与网上申报的资料内容进行认真核对审查。审查通过的，再由后台转入准入系统提交核准员进行核准，核准员应当场审核完成。

第十四条 为保证准入系统登记资料的完整性，审查员应对转入准入系统后的应填未填资料进行补充填写。

第十五条 个体工商户、个人独资企业、合伙企业的企业名称核准通知书和营业执照由各工商所打印、发放。有限公司、非公司企业法人及其分支机构的企业名称核准通知书、营业执照由办证中心工商窗口打印、发放。

第十六条 审查员应加强对书式登记材料的整理和保管，不得遗失登记资料。严禁在登记核准后擅自调换、修订登记资料。

第十七条 审查员、核准员应注意对本人的用户名、密码和登记数据的保密。在未经局书面许可的情况下，不得将登记数据信息提供给任何单位和个人。

第十八条 按照“谁审批、谁负责”的原则，办证中心工商窗口、工商所应认真组织实施网上审批工作，切实加强领导。核审员、核准员应当认真履行职责，严格依照法定程序和法定条件登记，确保登记质量。

第十九条 对未在规定期限内办结登记或因违法登记而造成不良后果的，局将按照有关规定予以处理。网上审批工作将列入年终局对各工商所岗位目标考核内容。

第二十条 本办法由市办证中心工商窗口负责解释。

第二十一条 本办法自发布之日起施行。

（2006 年 4 月 27 日诸工商综〔2006〕42 号文件发布）

【十】诸暨市工商局加强工商所食品安全监督管理规范化建设实施方案

为认真贯彻落实国家工商总局《工商行政管理所食品安全监督管理工作规范》和省工商局、绍兴市工商局有关文件精神，以及绍兴市工商所食品安全监督管理规范化建设工作会议精神要求，充分发挥工商所在流通领域食品安全日常监督管理中的基础作用，及时有效预防和处置食品安全突发事故件，切实维护消费者合法权益，局决定开展工商所食品安全监督管理规范化建设，特制订如下工作方案：

一、工作目标

以科学监管观为统领，以“标本兼治、防打结合、分类监管、综合治理”为原则，以构建食品安全长效监管机制为目标，认真贯彻落实国家工商总局《工商行政管理所食品安全监督管理工作规范》，通过加强制度建设，进一步落实监管责任，提升监管水平，规范监管行为，提高消费者意识，为建设社会主义新农村，构建和谐社会，打造“平安诸暨”作出新的贡献。

二、工作内容

（一）建立组织机构。局成立以局长方维远为组长，副局长薛白为副组长，办公室、经检科、市场合理科、商广科、企业科、12315中心主要负责人及各工商所长为组员的食品安全监督管理规范化建设领导小组，加强对此项工作的领土各所要成立相应的机构，落实具体人员，明确相关职责。

（二）制订实施方案。各所要根据辖区的实际，以工商所食品安全监管“十项制度”为核心内容，结合商品准入工程、农村放心店长效监管、农村消费维权网长效监管等内容，制订切实可行、具有较强操作性的工作实施方案。

（三）落实十项制度。各所对照国家工商总局、省工商局、绍兴市工商局有关文件要求，按照《工商所食品安全监督管理规范化建设工作计划和考核验收表》（见附件）的要求，建立健全工商所食品安全监督管理“十项制度”。

1. 建立健全食品经营检查制度。主要包括三个方面的内容：一是日常巡查制度。按照《工商行政管理所食品安全监管工作规范》第十条规定的“六查六看”的要求，由执法人员定期对辖区食品经营单位进行分类巡查，对发现的轻微违法行为及时进行警示和责令改正，严重违法行为按照行政处罚程序的规定进行立案查处。二是专项检查制度。根据上级机关的工作部署，在一定时间内集中人力和物力，对辖区局部或部分食品进行检查，检查除巡查的基本内容外，主要是对局部区域或部分食品存在的问题有针对性地检查，并采取具有措施进行治理整顿。三是参与食品质量监测工作。工商所应配合上级机关做好流通领域商品质量抽检工作，加强抽检后续处理工作，并运用快速检测设备（如检测箱等）对辖内流通领域食品进行定性检测，及格发现和查处不合格食品。

2. 建立健全食品举报、申诉受理制度。一是除了工商所在办公场所设立 12315 举报申诉站外，还要在商场、超市、集贸市场、批发市场等场所设立 12315 举报申诉联络站，与消协已建成的网络并用，并须设 12315 提示标志。二是工商所应及时受理并处理消费者关于食品的咨询及投诉，按照程序及时处理食品消费纠纷。对涉及人员伤亡及群访群诉的，应当立即报告局，并依法查处。三是对食品质量不符合保障人体健康和人身、财产安全要求或者法律规定的举报，应当及时进行现场调查，对当场能够认定的，依法采取措施，控制涉嫌食品的流通；对当场难以认定的、制作现场检查记录和询问笔录，及时按程序进一步调查处理。四是工商所在调查处理中，发现违法食品的来源或流向以及违法行为涉及其他地方的，应当及时报请局通报相信地方的工商行政管理机关。对于不属于本所管辖或者难以处理的重大、复杂食品安全问题，也应及时报请局处理。

3. 建立健全食品信用分类监管制度。一个是加强对食品经营者的经济户口管理。结合国家工商总局关于清理食品企业主体资格的文件要求，进一步建立健全辖区食品经营者的经济户口档案，并运用食品安全监管动用软件对辖区食品经营者经济户口进行网络化管理。食品经营者的经济户口档案应当包括登记注册和行政许可的基本情况、主要经营情况和诚信守法情况。二是积极推行信用分类监管。按照国家工商总局有关企业和个体工商户信用分类监管要求，突出重点加强监管。三是结合市场巡查、专项检查、案件查处和受理消费者举报申诉工作，建立和完善对辖区食品经营者的动态监视档案，将食品经营者登记事项遵守情况、自律制度建立和落实情况、经营活动守信情况、经营行动守法情况等有关信息及时、准确地记入食品经营者的监管档案。

4. 建立健全食品安全信息公示制度。工商所应根据政务公开和执法信息公示相关政策规定的要求，及时公示食品安全信息，指导消费。一是在办公场所、社区和农村消费维权监督点宣传窗内设置“食品安全信息公示栏”，及时将食品安全信息进行转载公示，并按规定公示监督检查中发现的辖区内食品安全重大信息。二是指导、监督辖区内经营食品的商场、超市、集贸市场和批发市场等食品经营场所重点设置“食品安全信息公示栏”，向消费者公示食品安全相关信息，及时进行消费警示和提示。三是建立食品安全信息公示档案和《食品安全信息公示记录簿》，保存异公示的所有信息，方便有关单位和消费者咨询。

5. 建立健全食品安全应急制度。工商所应认真落实《诸暨市流通领域食品质量安全预警方案》和《诸暨市工商局食品质量快速反应机制工作方案》，制订食品安全重大事件预警和处置预案，当辖区内发生制售有毒有害食品致人伤害或死亡、区域性销售危害人身健康的假冒伪劣食品及其他引起市场波动或者严重危及公共利益和社会稳定的食品安全事件时，应按照预警方案的要求，立即报告局，并在第一时间奔赴现场，迅速进行现场调查，有效控制违法食品流通，防止危害后果发生或尽可能减少损失，维护消费安全。

6. 建立健全违法食品下柜制度。发现禁止入市的食品，工商所应当依照《产品质量法》《消费者权益保护法》等法律法规，立即依法培处，并迅速在辖区范围内进行清查，追查违法食品的来源和流向，通知辖区食品经营者立即停止销售。及时将违法食品清退出市场，仅仅是表示违法但仍然可以食用的，责令经营者退回供货方改正后可以重新入市销售；不能入用的，应当依法予以销毁。对退市下柜食品及其经营者，工商所应进行回访和跟踪监督管理，防止其改头换面重新上市。

7. 健全和深化食品准入制度。通过教育和执法监督相结合的方式，指导、监督辖区内食品经营者按照商品准入工程的有关要求建立并执行食品准入制度。一是按照商品准入制度“提质扩面”的要求，食品批发企业必须全部实施商品准入制度，已实施商品准入制度的单位重在提质，在完善五项制度（进货把关验收制度、建档备查制度、质量明示制度、信用担保制度、不合格商品下柜销毁制度），落实专职人员以及电脑化操作管一系列环节上进行整治、提高。二是结合食品安全监管专用软件中信用分类对农村副食品批发源头实行分档定级、分类监管、按照《诸暨市农村放心店长效监管制度》，每个工商所确定1—2家规模较大的食品批发企业参加商品准入工程考核验收，其他规模较小的、批零兼营的食品批发企业在店堂张贴《不销售假冒伪劣承诺书》，公布举报电话，做好副食品批发源头的整治工作。三是在食品批发市场建立市场开办者食品质量责任制度、食品质量自检制度和食品退市制度等。四是按要求继续拓展农村小商店商品准入工程覆盖面，加强农村消费维权监督员的指导和监督作用。

8. 建立健全片区责任制度。工商所应将辖区内的食品经营者按照地域划分为若干区域，每个区域确定若干名干部负责，并落实监管责任。实施“两图一书”式管理，即工商所辖区食品经营布局图、监管人员责任分布图、工商所与食品经营者签订的《食品安全责任书》，并逐步推进电子地图和数字化监管模式。

9. 建立健群众维持制度。一是进一步加强农村维权“群众监督网”制度建设，探索实践“一员多用”。充分调动消费维权监督员的积极性，发挥其宣传员、监督员、联络员、信息员、调解员五大员的作用。二是扩大“群众监督网”的覆盖面，在工业园区、社区、校区等全方位推进群众维权制度建设。三是努力实现执法监管、群众监督和行业自律的有机结合，确保消费者的食品安全合法权益。

10. 建立健全执法责任追究制度。工商所负责人为辖区食品安全监管工作的第一责任人，分管领导具体负责；工商所应通过签订责任书等形式落实监管责任人，并明确执法人员在食品安全监管工中应当追究责任的十种违法、违纪行为。

三、工作步骤

（一）组织实施阶段（7 月 15 日前）。各所要针对辖区的实际，按照上级有关文件和局规范化建设方案明确的内容，搞好宣传发动，统一思想认识，制定实施方案，明确人员职责，学习试点所的经验，与相关职能部门沟通联系，扎实组织开展各项工作。

（二）完善提高阶段（7 月 15—25 日）。局按工商所食品安全监督管理规范化建设考核的要求，对各所组织实施阶段开展建设工作进行考核验收，及时总结、整改、完善问题和不足，推广好的经验做法，提高工作水平。

（三）总结验收阶段（7 月 30 日前）。系统总结实施工作，做好迎接绍兴市工商局考核验收的准备工作。

四、工作要求

（一）提高认识、加强领导

开展工商所食品安全监督管理规范化建设，是新形势下增强工商行政能力，提高工商执法水平，维护社会稳定的重要举措，是建设“平安诸暨”实际行动，全局上下要统一思想，认识到开展此项工作反不正当竞争法重要性和紧迫性。各所要加强对此项工作的组织领导，落实责任，落实措施，扎实开展规范化建设各项工作。

（二）稳定推进，争取实效

此项建设工作在7月底前完成验收，时间紧，工作量大。各所要克服困难，讲究方法，提高建设效力，确保五个到位：工商所食品经营者经济户口管理和信用分类监管到位；市场监管责任区、责任人和市场巡查到位；食品质量监管和监督经营者建立与落实自律制度到位；查办食品违法案件和取缔无照经营到位；受理处理消费者举报申诉和预警与应急处置到位。同时，工商所食品安全监督管理规范化建设要与基层各业务工作有机结合，即与经济户口和取缔无照经营相结合，与食品经营主体资格清理规范工作和信用监管相结合，与食品安全专项执法整治和受理举报申诉相结合，与商品准入工程和农村放心店长效管理工作相结合，切实做好资源整合、工作规范和业务延伸三篇文章，扎实推进规范化建设工作，创造更为安全的食品消费环境。

（三）强化宣传，总结提高

各所要广泛开展宣传教育工作，通过各种渠道加强宣传，营造食品安全监管，消费的良好社会氛围。同时，有关业务科室、各所要及时总结在规范化建设中出现的问题和经验，不断加以完善，切实提高工作水平，确保食品安全监管规范化建设持久长效。

（2006年6月20日诸工商〔2006〕60号文件发布）

【十一】诸暨市工商行政管理局行政处罚案件核审工作制度

第一条 为加强行政执法监督，进一步规范工商行政管理机关的行政处罚行为，促进依法行政，根据《中华人民共和国行政处罚法》第54条、《工商行政管理机关行政处罚程序暂行规定》和《浙江省工商行政管理机关行政处罚程序细则（试行）》规定，结合本局实际，制定本制度。

第二条 本局各办案机构适用一般程序立案查处的案件，在作出行政处罚前，应当按照本制度规定送案件核审机构核审。

本制度所称行政处罚案件核审，是指案件核审机构对办案机构适用一般程序立案调查，并已调查终结提出具体处理意见的行政处罚案件，进行书面审查复核，并提出书面意见或建议的一种内部执法监督制度。

第三条 核审案件应当以事实为依据，以法律为准绳，并以“事实清楚、证据充分、定性正确、处理适当、程序合法”为标准，实行书面审查制度。

第四条 本制度所称的案件核审机构大本局法规部门，案件核审人员指法规科工作人员及工商所法制员。

局法规科负责以局名义适用一般程序调查终结的行政处罚案件的核审，以及需要报请上级工商行政管理机关审批的行政处罚案件的核审，并提出书面核审意见。

工商所法制员负责对本所有决定权的适用一般程序的行政处罚案件的核审，以及需要上报局法规科核审案件的初审，并提出书面核审意见。

第五条 案件核审人员负责对行政处罚案件的合法性和合理性进行审核。

第六条 案件核审人员与本案当事人是近亲属或者与当事人有其他利害关系，可能影响案件公正审核的，应当回避。

第七条 局法规科的工作职责：

（一）负责局名义一般程序行政处罚案件的核审工作，提出核审意见；

（二）对本局制发的行政处罚决定书进行审核、修改；

（三）负责对所办案件的日常检查及指导工作；

（四）承办行政处罚案件陈述申辩的复核工作，组织参与听证工作，做好听证案件的记录工作；

（五）承办、参与行政处罚案件复议工作，参与行政诉讼案件应诉工作；

（六）受理、审核行政赔偿申请，提出行政赔偿案件的处理意见；

（七）负责对归档案件能否归档的审核；

（八）负责对涉案物资处理的法制监督；

（九）其他相关工作。

第八条　工商所法制员的工作职责：

（一）负责对办案机构的案件进行登记、立案、及时完成案件统计工作；

（二）负责对各类行政处罚案件质量评分的初评工作；

（三）负责对行政处罚案件的初审、核审工作，提出核审意见；

（四）负责督促办案人员按规定时效办理案件相关审批手续；

（五）负责经对初审的行政处罚案件填制案件核审表后，向局法规科报送案件材料；

（六）负责督促办案人员按规定执行入住处罚决定，对无法执行的案件，及时督促办案人员向人民法院提交强制执行申请书及有关材料复印件，并对申请强制执行的案件报法规科备案；

（七）负责对草拟的处罚决定书的修改；

（八）负责督促办案人员完成行政处罚案卷的装订、归档工作；

（九）负责督促办案人员对被处罚当事人的回访工作，并建立回访记录；

（十）其他工作。

第九条　办案机构在案件调查终结，写出调查终结报告，经办案机构负责人审批后，应将所有与本案有关的案卷材料移交案件核审机构核审。

第十条　办案机构送交核审的行政处罚案件应具备下列条件：

（一）适用一般程序，并整理有序；

（二）宫案卷材料齐全，并整理有序；

（三）案件已调查终结，有符合规定的案件已查终结报告；

（四）案件办理移交手续。

对不符合上述条件之一者，厂予核审。

第十一条　案件核审工作程序：

（一）由办案机构向案件核审机构办理案卷移交手续；

（二）案件核审人员核审案卷材料并提出书面核审意见或建议；

（三）案件核审机构将核审意见反馈办案机构，并将案卷交还办案机构。

第十二条　需报局法规科核审的案件实行初、复审制度。经工商所法制员初审、办案机构负责人签署意见后，送法规科进行复审，并报局长（含副局长）审批。法规科认为案件情节复杂或者重大违法行为需要给予较重行政处罚的案件应当建议局长提请案件审理委员会集体讨论决定。

以局名义由工商所决定或工商所以自己名义作出处罚的案件，案件承办人员在调查取证结束后，应将与本案有关的所有案卷材料移交法制员审核，由办案机构负责人审批决定。

第十三条　案件核审以阅卷审理为主，案件核审机构依据有关工商行政管理法律、法规、规章对案件进行书面核审，必要时可以向办案机构人员了解情况，也可以根据案情单独听取当事人的陈述与申辩。重大疑难案情经局领导同意，可以提前介入。

第十四条　案件核审机构接到办案机构送交的案卷材料后，应予以登记，指定具体承办人员负责核审，并在收到案卷的次日起 7 个工作日内案件核审工作。特殊情况需要延长案卷审核时限的，应报负责法制工作的局长批准，但延长时限不得超过 5 个工作日。退回补正的案件，办案机构应要求补正后重新送交核审，再次核审的时限为 5 个工作日。

第十五条　核审案件以有关法律、法规、规章为依据，主要包括以下内容：

（一）是否具有案件管辖权。

（二）当事人的基本情况是否清楚。当事人是否是该行政违法行为的主任认定是否准确；当事人的姓名、住址、经营场所等是否正确无误；当事人是否具有法定的行为能力和责任能力。

（三）案件是否清晰，证据是否确凿无疑。当事人违法行为的时间、地点、手段、危害后果等情节是否清楚；是否有足以证明违法事实的书证、物证、视听资料、证人证言、鉴定结论、现场笔录等证据，证据是否真实、合法、有效。证据之间是否具有关联性；对违法所得或非法经营额的计算认定是否准确、有据。

（四）对违法行为的定性是否准确无误。是否将性质较轻的违法行为认定为性质较重的违法行为；或者把性质较重的违法行为认定为性质较轻的违法行为。

（五）适用法律、法规、规章是否准确。有无适用未生效或已失效的法律、法规、规章；适用法律、法规、规章是否正确，适用条、款、项、目是否明确。

（六）处罚是否恰当。处罚的种类、幅度是否符合法律、法规的规定；是否根据违法情节的轻重合理量罚；是否符合局制定的行政处罚罚款幅度自由裁量规定；有无畸轻畸重、显失公正的情况。

（七）程序是否合法，手续是否完备。有无履行立案审批手续；采取或解除封存、暂扣则物等行政强制措施是否有法律、法规依据，是否按规定报批、出具单据或法律文书；有无按规定写出案件调查终结报告；有无处罚决定书文稿；有无经办机构负责人签署意见；其他必须经过的程序或履行的手续。

（八）处罚决定书文稿格式是否规范，表述是否准确，用词是否严谨，语句是否精炼，有无概念不清或其他容易引起误解和争议的情形，救济途径是否明确。

（九）其他应核审的事项。

第十六条　案件核审人员对行政处罚案件核审后，根据不同情况提出以下意见和建议：

（一）具有管辖权、当事人确定、事实清楚、证据充分、定性准确、适用法律正确、处理适当、程序合法、手续完备，处理决定等文书制作规范的行政许可，同意办案机构意见，建议报领导批准后告知当事人。

（二）对无管辖权的行政处罚案件，建立撤销立案，依法移送有管辖权的行政机关处理。

（三）对事实不清，证据不足的行政处罚案件，建议办案机构补充。

（四）对办案程序不规范、不合法的案件，建议办案机构纠正。

（五）对定性不准、适用法律不当、处罚不当、手续不全、处罚决定书文稿格式不规范等情形的案件，视具体情况直接予以修正或建议退回办案机构予以修改。

（六）对涉嫌构成犯罪的案件，建议依法移送司法机关追究刑事责任。

（七）对超过行政处罚时效、违法事实不能成立或确有违法事实存在，但违法行为情节轻微的案件，建议办案机构不予行政处罚，作销案处理。

第十七条　案件核审人员核审案卷应制做《行政处罚案件核审意见表》，经法制机构负责人审定后，连同案卷一起交还办案机构。

《行政处罚案件核审意见表》一式两份，一份存入案卷，一份存入核审档案备查。

第十八条　按规定需上报上级工商行政管理机关审批的案件或者需要移送司法机关处理的案件，应按本制度规定核审后，经局领导批准后上报或者移送。

第十九条　根据执法监督、行政复议决定或行政诉讼判决，需对原处罚决定撤销重作的案件，在作出新的处罚前，应按本制度送局法制科核审。

第二十条　案件履行告知手续后，当事人有陈述、申辩意见的，由办案机构进行复核，并提出复核意见。如需改变案件的定性处罚等重要事项，案件应重新送交案件核审人员核审，案件核审人员应重新填写《行政处罚案件核审意见表》提出核审意见，并按程序报批。

符合听证条件的案件，当事人要求听证的，法规科组织听证后应在听证报告中表明对案件的处理意见。

第二十一条　案件核审过程中核审机构与办案机构就案件出现意见分歧，按下列方法处理：

经法规科审核的案件，一般性分歧由分管局长协调、决定，重大分歧提交案件审理委员会集体讨论决定。

工商所有决定权的案件，一般性分歧由所长协调、决定，重大分歧交所集体讨论决定。

第二十二条　案件核审完毕后，案件核审人员应将行政处罚案件核审意见表、处罚决定书有关资料装订整齐，形成案件核审档案，备查。

第二十三条　本制度由局负责解释。

第二十四条　本制度自发文之日起实施。

（2006 年 11 月 14 日诸工商〔2006〕88 号文件发布）

【十二】诸暨市商标专用权质押贷款管理办法

第一条　为了进一步发挥商标品牌带动效应，增强自主创新能力，服务企业稳定发展，支持具有商标品牌的企业拓宽融资渠道，根据《中华人民共和国物权法》《中华人民共和国担保法》《中华人民共和国商标法》等有关法律法规的规定，制定本《管理办法》。

第二条　商标专用权质押贷款是指借款人以合法拥有的注册商标专用权作为债权的担保，从银行业金融机构（以下简称贷款人）申请获得贷款的融资活动。

第三条　根据贷款人的要求，商标专用权借款人应将其在同一类别核定使用同一种或类似商品上注册的相同或近似商标的专用权一并作为质押物，一件商标有两个以上共同所有人的，借款人为该商标的全体共有人。借款人不是商标专用权合法所有人、借款人商标专用权归属不明确或有其他不符合法律法规规定的，不得申请商标专用权质押贷款。

第四条　借款人向贷款人申请商标专用权质押贷款，应向贷款人提出书面申请。同时应提交拟质押商标专用权的《商标注册证》、借款人主体资格证明以及贷款人所需的其他相关材料。

开办商标专用权质押贷款的贷款人应负责拟制并向借款人提供统一的商标专用权质押贷款格式化申请书。

第五条　贷款人收到借款人的借款申请资料后，除对借款人的借款用途，资信情况、偿还能力等进行审查外，还应重点审查以下内容：拟质押商标使用情况、质押商标权证的真实性及有效性、实现商标质押权的可行性等。必要时可向工商行政管理部门查阅相关资料。

第六条　借款人与贷款人达成初步贷款意向的，质押商标的无形价值可由借款人与贷款人协商评估，也可由借贷双方委托双方认可的有资质的中介机构开展商标价值评估，出具商标价值评估报告。

第七条　贷款人应合理确定质押贷款金额，质押贷款额度原则上不得超过商标评估价值。商标专用权质押贷款利率按中国人民银行公布的法定贷款利率加点上浮小于百分之三十以内执行。

第八条　借款人与贷款人应当订立书面商标专用权质押合同，并于订立书面合同之日起 15 日内，通过填报《商标专用权质押登记申请书》（中国商标网 www.SBI.

SAIC.POV.CN 下载）向国家工商行政管理总局申请商标专用权质押登记手续，也可以委托商标代理机构办理。

第九条　商标专用权质押合同应当包括以下内容：

（一）借款人与贷款人的名称（姓名）、地址；

（二）质押的原因和目的；

（三）质押的商标及质押的期限；

（四）质押商标专用权的价值及借款人和贷款人共同认可的商标评估机构的评估报告；

（五）当事人约定的与该质押有关的其他事项。

第十条　贷款人应在办妥商标专用权质押登记，取得国家工商行政管理总局出具的《商标专用权质押登记证》后，方可发放贷款。

第十一条　商标专用权质押期间，商标专用权借款人未经贷款人书面同意，不得以任何形式处置被质押的商标专用权。

第十二条　贷款人在发放商标专用权质押贷款后，应关注商标专用权借款人的经营状况，影响质押商标权的市场价值因素，持续评估质押商标专用权的价值，采取有效措施防范和控制信贷风险。

第十三条　质押登记事项发生变更以及因主债权转移或者其他原因而发生质押转移的，当事人应当及时向国家工商行政管理总局申请办理商标专用权变更登记、补充登记或者重新登记手续。

第十四条　借款合同约定的还款期限届满，借款人到期未履行还款义务或者发生当事人约定的实现质权的情形，贷款人可以依法行使质权，拍卖或变卖质押商标，并从所得价款中优先获偿。贷款人从拍卖或变卖质押商标所得价款中优先受偿后，有剩余金额的，退还借款人。优先受偿后，不足以偿还借款本息的，贷款人有权对不足部分金额向借款人追偿。

第十五条　主债权消失、质押实现、质权人放弃质权或法律规定的其他原因，导致质押权消灭的，借款人和贷款人应当及时到国家工商行政管理总局申请办理商标专用权注销登记，贷款人应同时将《商标注册证》等相关证明资料交还借款人。

第十六条　对已经国家工商行政管理总局认定的驰名商标和经浙江省工商行政管理局认定的浙江省著名商标的专用权作为抵押的，各贷款人应当优先予以办理。

第十七条　贷款人应当切实加强商标专用权质押贷款管理，建立健全商标专用权质押贷款业务操作流程和风险管理体系，严格按照规定做好贷前调查、贷时审查、贷后管理工作，在风险可控的前提下积极稳妥开展商标专用权质押贷款业务。

第十八条　贷款人应将商标专用权质押贷款有关信息及时上报人民银行诸暨市支行，并加强与其他贷款人的信息交流。

第十九条　知识产权评估机构应遵循独立性、公平性、科学性、重要性、真实性等原则对商标专用权价值进行评估。对知识产权评估机构故意提供虚假材料的，或因重大过失提供有遗漏的报告而给银行造成损失的，各级工商行政管理部门应当依照有关法律法规进行严厉查处，对情节严重的依法移交有关部门追究刑事责任。

第二十条　诸暨市工商行政管理局应当积极支持和协助借款人办理商标专用权质押登记手续，及时将商标专用权质押登记情况报绍兴市工商行政管理局备案。

第二十一条　贷款人向工商行政管理部门征询质押商标权状况等信息的，工商行政管理部门应当积极配合。

诸暨市工商行政管理局和中国人民银行诸暨市支行要建立健全信息交流构通机制。诸暨市工商行政管理局应当定期向中国人民银行诸暨市支行和各贷款人通报驰名商标、浙江省著名商标认定情况。各贷款人应当及时将借款人违约情况向中国人民银行诸暨市支行报告并抄送诸暨市工商行政管理局。

第二十二条　贷款人可根据本《管理办法》制定实施细则和操作程序。

第二十三条　本《管理办法》由诸暨市工商行政管理局、中国人民银行诸暨市支行负责解释。

第二十四条　本《管理办法》自发布之日起实施。

（2009 年 5 月 7 日诸暨市工商局、中国人民银行诸暨市支行文件诸工商〔2009〕37 号文件发布）

【十三】工商所（分局）食品安全巡视规程（试行）

第一条　为发挥工商所（分局）在流通环节食品安全监管中的作用，明确监管责任，规范监管方式，优化监管流程，规避监管风险。根据《中华人民共和国食品安全法》《流通环节食品安全监督管理办法》《浙江省实施〈中华人民共和国食品安全法〉办法》等法律法规，制定本规程。

第二条　工商所依照法律法规和国家工商总局、省工商局的有关规定，对辖区内流通环节食品经营者开展巡，进行监督管理。工商所食品安全监督实行所长负责制，副所长协助所长承担分工工作，责任区监管人员负责岗位分工工作。

第三条　工商所责任区干部依据自身职责，对辖区内流通环节的食品经营者的主体资格、制度规范、经营条件、食品质量等进行日常巡查。

第四条　工商所根据流通环节食品经营主体性质和经营规模，将食品经营主体分为以下五类：

（一）食杂店（从事食品零售经营活动，经营面积在 100 平方米以下）；

（二）商场超市（从事食品零售经营活动，经营面积在 100 平方米以上）；

（三）食品批发经营者；

（四）食品示范店；

（五）校园及周边（距学校大门 200 米范围内）食品经营者。

第五条　工商所应根据流通环节食品经营者的经营和信用情况，划分为四个巡查等级，对食品经营者实施巡查等级分类监管。

食品经营者巡查等级按以下标准进行划分：

（一）无食品安全方面的行政处罚记录的食品经营者，巡查等级划为一级，一年巡查一次以上；

（二）食品示范店、无食品安全方面的行政处罚记录但主体资格、制度建设、经营条件中有两项以上不达标的食品经营者，巡查等级划为二级，一年巡查二次以上；

（三）存在食品质量问题或一年内有食品安全方面的行政处罚记录的食品经营者，商场超市、食品批发经营者、校园及周边食品经营者，巡查等级划为三级，一年巡查三次以上；

（四）发生食品安全事故的，因食品安全问题被相关部门通报或被媒体曝光的，一年有两次以上食品安全方面行政处罚记录的食品经营者，巡查等级划为四级，一年巡查四次以上。

第六条　对下列食品经营者，应及时制定食品巡查计划，增加巡查频次：

（一）新设立一年以内的食品经营企业；

（二）专项监督检查计划要求的；

（三）消费者举报、投诉的；

（四）责令限期整改期满的；

（五）经济户口管理系统中有警示、提示，或者在年检中需要监督检查的；

（六）有需要增加巡查频次的其他情形的。

第七条　工商所根据食品安全巡查中发现的不同情形，依法采取以下措施：

（一）对无照经营的，应依照《浙江省工商行政管理局无照经营监督操作规程》及《食品安全法》等法律法规处理；

（二）对食品流通许可证、营业执照、健康证明等材料遗失的，应责令依法补全相关证件；

（三）对食品流通许可证、营业执照、健康证明等材料过期或实际经营情况有变更的，应责令依法办理变更手续；

（四）对依法应注销食品流通许可证、营业执照等证照材料的，应责令办理注销手续；

（五）对未能严格执行食品经营制度、营业条件不符合要求的，应开展行政指导，当场纠正；对当场无照无证纠正的，应制作《责令整改通知书》，责令限期改正；

（六）对现场巡查中发现有销售三无、过期、变质、QS 标识等不符合要求的食品，应按《食品安全法》等法律责任予以立案查处，并追查食品源头和流向；

（七）对巡中发现需要调整巡查等级的，应及时调整巡查等级；

第八条　巡查结束后，责任区鉴人员应及时性向所领导汇报巡查情况，并将检查登记表上报分管所长，由其核查签字后归档，巡查情况应于 2 个工作日内录入浙江省工商基层管理系统。

第九条　巡查产生的各种书式资料（或复印件），按行政村（社区）分类归档，保存期限不少于 2 年。

第十条　工商所执法人员在工作中应当依法行政、文明执法，对在食品安全监管中有失察、失职、渎职行为的，将依据《浙江省实施〈中华人民共和国食品安全法〉办法》《流通环节食品安全监督管理办法》有关规定，追究有关巡查人员和相信负责人的过错责任。

第十一条　本规程自下发之日起施行。

（2012 年 5 月 31 日诸暨市工商局诸工商〔2012〕58 号文件发布）

【十四】诸暨市工商行政管理局网络案件办理暂行规定（试行）

第一条　为维护网络经济秩序，规范网络商品交易及有关服务经营行为，保护消费者和经营者的合法权益，促进网络经济的持续健康发展，根据有关法律、法规及规章的规定，结合实际，特制定本暂行规定。

第二条　网络商品交易行为是指通过互联网经营商品或提供服务的经营活动；网络有关服务行为是指国家法律法规规定由工商行政管理机关负责监督管理的网络服务经营行为，以及为网络商品交易或服务提供网络交易平台、服务器托管、服务空间租赁、网络介入等服务的经营性活动。

第三条　本规定所称网络商品经营者，是指以营利为目的，利用互联网从而商品交易的企业、组织和个人，包括通过自有网站或者利用他人网络交易平台从事商品交易的经营者；本规定所称网络经营服务者是指通过互联网上提供营利性服务以及为网络商品及有关服务经营活动提供交易平台服务、经营性信息发布、网络介入服务以及其他网络服务的企业、组织和个人。

第四条　开展网络经济执法监督应当遵循促进发展、保护合法权益和依法监管的原则。

第五条　局网监办负责协调和指导各办案机构网络案件发现和取证工作，经检大队、各工商所（分局）负责网络案件的查处工作。

第六条　网络商品交易及有关服务违法行为实行属地管辖原则，由违法行为发生地的工商所（分局）或经检科负责查处。属地管辖有困难的，报局网监办进行协调。

第七条　网络商品交易及有关服务行为中违反工商行政管理法律法规规定，情节严重，需要采取措施制止违法网站继续从事违法活动的，办案机构应当依照有关规定，报局网监办提请网站许可地通信管理部门依法责令暂时屏蔽或者停止该违法网站接入服务。

第八条　办案机构对网站违法行为作出行政处罚后，需要关闭该违法网站的，应当依照有关规定，报局网监办提请网站许可地通信管理部门依法关闭该违法网站。

查询网站域名备案信息，可以登录国际域名查询系统 www.whois.com 或工业信息化部 ICP / IP 地址/域名备案管理系统。

第九条　发生管辖权争议时，应当协商解决，协商不成的、报请局网监办指定管辖。

第十条　办案机构在立案后认为所查处的网络违法经营行为属于其他行政机关管

辖的，应当依法移送其他行政机关，涉嫌犯罪的应当依法移送司法机关追究刑事责任。

第十一条　办案机构在立案后发现应当由其他工商行政管理部门管辖的，或者发生管辖权争议时上级工商行政管理部门指定其他工商行政管理部门管辖的，应当将案件移交给有管辖权或指定管辖的工商行政管理部门。

对于移交案件，应当依法移交完整的计算机数据提存笔录、现场检查笔录和坦获的物品清单等与相关的文书材料，并办好交接手续和回执。

第十二条　局网监办对掌握了初步证据的违法行为线索，可以根据实际情况分流转交办案机构查办。

办案机构对转办的案件要认真进行调查，并负责向局网监办报告已查明的违法事实及处理结果。

第十三条　办理上级督办案件的办案机构应当及时向局网监办汇报督办案件立案、调查、处罚、执行等案件办理的进展情况；案件办结后15日内将案件调查终结报告、处罚决定书和执行情况上报督办部门，同时报局网监办。

第十四条　计算机数据指信息数字化过程中形成的以数字形式读写的能够证明案件事实情况的资料，主要包括网站页面和储存在涉嫌违法当事人计算机终端设备中的营销记录，电子账目、广告设计底稿、关联客户信息等用于支持和反驳违法行为发生的推测，证明并计算违法经营额、违法所得等情况的数据。

第十五条　计算机取证按国家工商总局《关于工商行政管理机关电子数据取证工作的指导意见》进行。

提取计算机数据要坚持取证方法和方式的合法性、内容的真实性以及与案件事实的关联性。

第十六条　执法人员应当提取计算机数据的原始载体。提取原始载体有困难的，可以提取复制件并注明制作方法、制作时间、制作人等情况。

第十七条　计算机数据的提取主要有打印和拷贝两种。通常情况下应采用打印方式，或两种方式同时使用；在文件较多不方便打印的情况下，也可以单独使用拷贝方式。

（一）打印取证，指将计算机文件打印到纸张上，按照书证的固定方法予以固定。

（二）拷贝取证，指将计算机文件拷贝到移动设备或者刻录到光盘中。

第十八条　采集于固定网站页面时，应当尽量保持网页的完整性，采取网页脱机保存或截图方式进行采集；对无法进行完整截取的网页，可对涉嫌违法信息所在页面进行定向截取后注明截取部分的网页IP地址，并通过其他方法印证其完整性。

第十九条　涉案当事人应当对执法人员采集的计算机数据进行核对并签字确认。

当事人拒绝对执法人员调取的计算机数据进行核对确认，或者不配合调查取证的，应当选择通过以下方式进行计算机数据保全：

（一）对计算机数据的提取过程进行拍照、摄像。

（二）通过法定机构进行公证。

（三）依法对涉案电子设备和存储媒介进行封存。

第二十条　在计算机数据提取过程中，遇到数据被删除、篡改等执法人员难以解决的情况，应当及时提请专业技术机构予以协助。

第二十一条　执法人员在调取计算机数据过程中，除与案件有关联的人员外，不得随意复制、泄露涉嫌违法当事人储存在计算机中的私人材料和商业秘密。

第二十二条　计算机数据的提取应当制作提存笔录，写明案由、执法人员姓名及职务、检查的时间、地点及取证步骤、检查中出现的问题及解决方法、解密、封存过程、取证方式及取证数量等情况。

提存笔录应当由执法人员和证据提供人签名或盖章；证据提人拒绝签名或盖章的，应当在笔录中注明，必要时邀请第三方人员见证。

第二十三条　办案机构根据收集到的电子证据，对网络违法行为当事人按照相关法律、法规等规定作出处理。

第二十四条　本规定由网监办负责解释，从发布之日起开始实施。

（2013 年 12 月 5 日诸工商〔2012〕101 号文件发布）

附录　文献辑录

【一】基层工商行政管理机构模式改革的思考

一、目前基层工商行政管理机构设置存在的主要问题

目前工商行政管理部门的内部组织机构，是工商行政管理机关重建后按照“六管一打”的模式设立的。应该说，这对于保护合法经营，取缔非法经营，维护社会主义计划经济秩序等都发挥了积极的作用。但是，随着改革开放的进一步深入和商品经济的迅速发展，现在的管理模式已不能适应新的形势和任务的要求，暴露出来的问题和弊端已越来越明显，归纳起来主要有以下几个方面：

（一）弱化了监督管理职能。按“六管一打”设置的管理机构容易造成各业务科室之间工作缺乏内在联系，有时出现你管我不管、你我都不管或你我抢着管等相互推诿扯皮的现象，实施经济监督职能时往往显得力量分散，整体性不强。特别是随着商品经济的迅速发展，工商行政管理范围的进一步拓宽，此种弊端就更加明显。

（二）缺乏内部制约机制。由于按业务工作设立相应的管理机构，每一个机构都包揽了本业务线的所有工作，致使监督管理职能的权力过于集中，工商行政管理机构的职能趋向专一化。尤其是基层工商所为使组织机构与上级机关相对应，在人力不足的情况下，仍得以按线设立业务组。这种机构设置的形式，不但割断了业务线之间的相互内在联系，而且缺乏内部线与线之间的相互制约，客观上变成一个人说了算，不利于纠正行业不正之风，直接影响廉政建设的深入。

（三）影响队伍整体素质的提高。由于内部机构分设过细，干部分管的工作十分单一，管理的面又窄，在这样的环境下工作，工商干部法规业务知识面狭窄，只懂得自己分管的有关知识，造成“隔行如隔山”，开展工作容易“单打一”，处理问题会有片面性，这样就不利于全面培养锻炼干部和提高干部的整体素质。

二、适应形势发展的需要，建立起较为科学的内部组织管理机构

工商行政管理机构的改革方向，应该是在精简机构的原则下，弱化许可职能，强化监督职能，按照这一思路，基层工商行政和管理部门可设立以下机构：

（一）管理登记机构

凡以工商行政管理部门名义颁发的证照，都由该机构管理登记和注册，并负责建立管辖地区的经济户口。这样做有三方面优点：一是有利于加强行业管理，促进不同经济成分的协调发展；二是有利于管理效率的提高，减少不必要的重复劳动，避免原来因企业、个体分开登记出现的企业性质认定不清、字号名称容易重叠等问题的发生；

三是有利于运用先进的电脑登记管理手段，促进登记发照工作走向规范化和现代化。

（二）监督管理机构

对经工商行政管理部门登记核准的经济组织和经营者，依照国家的法律法规，统一实施日常管理，将目前分解到业务科室的管理职能集中到该机构。其目的是减少不必要的重复劳动，提高办事效率；避免多层管理，重复检查的现象，从根本上减轻企业的负担和压力。

（三）经济检查机构

将原来各业务科室可以进行的经济案件查处工作，统一归属该机构负责。这样做有三方面优点：一是能够形成经济监督的合力，强化经济行政执法的力度，避免过去分兵把口，四面出击的被动局面；二是经济工作有相对独立的法律制度，有一整套比较规范的办案程序，这是其他业务科室不具备的，这就决定了案件的办理不能随心所欲，而必须严格执行法律规定，提高经济办案的质量；三是将查处经济违法行为的工作归该机构负责，这对提高办案人员的业务水平，实现办案工具的现代化都提供了有利条件，有利于提高经检工作的专业化水平。

（四）综合性的协调服务机构

该机构的主要职责是管理工商系统内部事务和开展对外服务。这样做有三方面优点：一是有利于加强工商系统内部事务的管理，增强综合协调服务的能力。目前涉及工商系统内部管理的机构普遍分设过细，甚至出现重叠，职能明显交叉，削弱了综合协调服务的能力，若将内部管理归属一个机构负责，再在内部分设若干个分支机构，这样就会增强管理职能，提高管理效率。二是有利于机关正规化规范化建设。业务机构打破按线设立的界限后，业务工作的综合汇总，数据报表的统计上报等工作，由该机构独家负责。这样做，对配备先进的电脑设备，实现管理现代化提供了方便。三是有利于开展对外服务，提高服务质量。该机构内分别设立综合服务部、咨询服务部、信息中心等服务机构，为经济组织和经营者提供涉及工商管理的各类服务。

我们认为基层工商行政管理机构的改革，必须打破现有那种小而全、大而全和上下对口的僵化模式，坚持实事求是的原则，建立一种适合本地实际的机构设置模式，使工商行政管理机关最大地发挥监督管理职能。

原载《浙江工商行政管理》杂志 1992 年第 8 期

作者：宣满琪　俞科真

【二】种养业纳入登记管理的可行性思考

随着农业产业化步伐的加快，种养业得到迅速发展。将农村种养业纳入登记管理已势在必行，十分必要。

一、种养业列入工商行政管理登记的必要性

1. 是明确市场主体的需要。市场主体是指以营利为目的，从事产品生产，产品流通或服务性活动，并享有法定的权利，承担相应义务的经济组织和个体工商业者。它的主要特点是以营利为目的及产品的生产、流通。从我市绝大多数种养业的情况看，完全符合市场主体的条件。因此，将其纳入监督管理范围，是拓宽登记领域，强化工商行政管理职能到位的重要方面。

2. 是加强政府宏观调控和维护市场秩序的需要。目前，绝大部分种养业虽未纳入登记范围，但它却已实实在在作为市场主体进入市场，影响着整个市场的运转，如粮食、蔬菜、果品、鱼肉、禽蛋等，对其监管还只能是指令性或临时性的政策措施，缺乏强有力的宏观调控和配套法规。将其纳入工商行政管理范围，有利于政府用法律形式进行调控。如：对发展项目，政府可利用对企业的激励政策扶持其上规模；对限制项目可采取限制执照等法律手段。同时，还有利于政府通过行政执法机构加强监督管理，以达到维护市场秩序的目的。

3. 是种养业自身发展的需要。种养业进入市场后，必定要遇到企业发展、开拓市场、经济合同、商标广告、银行贷款等问题，如果没有通向市场的“绿卡”——营业执照，无论从哪个方面看，对企业都是十分不利的，反之，有了进入市场的通行证，有利于种养业的三个转化：一是由单纯的小农经济向产业经济转化；二是由个人行为向市场行为转化；三是促进农业双轨制向市场经济转化。同时，还有利于促进农村劳动力资源的合理配置和社会化大生产的分工协作，有利于提高种养业主的生产积极性。虽然经营者需承担一定的义务，但也享受法律的有效保护，创造良好的内、外部发展环境。

二、开展种养业登记的可行性

1. 工商行政管理机关依法登记，有法可依。《中华人民共和国私营企业暂行条例实施办法》第五条指出：“私营企业可以经营的行业，还包括营利性的文化、旅游、体育、养殖业等”。《浙江省个体工商户税收征收管理条例》第三十五条第二款中规定：“个人以租赁、承包方式从事生产经营活动……其税收征收管理适用本条例。”《浙江省村经济合作社组织条例》第八条第一款第七项规定：“维护社员家庭承包经营自主权，支持社员家庭或联户发展自营经济，为社员家庭或联户生产经营提供有偿服务。”这些条款实际上已将种养业列入了市场法定主体。因此，对其纳入登记管理，是法律法规赋予工商行政管理的职责。

2. 种养业登记符合地方党委政府关于行业规范管理、加强宏观调控的指导思想。诸暨市人民政府在《诸暨市依法治市五年规划》中指出：“要认真执行市场经济的法律、法规，切实加强对经济活动的依法管理，工商、财税等部门要动用法律的手段调节经济活动和经济关系。”《诸暨市蔬菜基地建设保护实施办法》第三条中要求“工商局等部门应当依照各自的职责，做好蔬菜基地的建设、保护和管理工作等等”。由此可见，把种养业纳入工商行政管理登记，是贯彻地方政府关于经济管理一系列政策措施的需要。政府的支持和有关部门的积极配合，是落实登记工作的有力保证。

3. 积极稳妥地开展登记是工作顺利实施的重要方法。种养业项目广，且规模不一，经营者进入市场方式各异，有的还涉及地方政府的扶持政策（如粮食生产）等。因此，要采取循序渐进的稳妥方法，对那些影响市场因素多、规模大、经营现象明显且容易被各方面所接受的项目先行开展登记。根据我们掌握的情况，这是一个重要的、可行的因素。

今年，我局将依据法律、法规，在周密组织，提出切实可行的办法的基础上，进行种养业登记的试点工作，并在认真总结试点经验，逐步完善登记步骤的方法后，在全市范围内逐步铺开。

（原载“国家工商局”编《工商调研》杂志 1997 第 10 期）

作者：浙江省诸暨市工商局

【三】关于对第三产业发展管理情况的调查

为加强对第三产业的引导和管理，促使我市产业协调发展，最近，我们走访了有关经济管理部门和经营服务单位，对当前我市第三产业的发展情况进行了调查，现将调查情况作一汇报。

一、第三产业发展的现状和特点

到 1997 年底止，我市第三产业总数已达 38825 户，占整个产业群体总数的 64.4%，实现国内生产总值 38 亿元，占全市国内生产总值 31.2%，从业人员已达 68576 人。从第三产业的行业结构看，商业 24153 户、交通运输业 8342 户、餐饮业 1660 户、旅游业 10 户、广告业 45 户、修理服务业 1179 户、娱乐服务业 129 户、信息中介业 30 户、金融保险业 261 户、黄金加工服务业 17 户、其他 2999 户。从第三产业的地区分布情况看，城镇占了 75% 左右，我市第三产业的发展具有以下特点：

1. “三产”比重增加、规模扩大。我市的第三产业在市委、市府的重视下，得到了迅速发展。第三产业总户数占产业群体总户数的比例由 1992 年的 35% 跃升到 1997 年的 64.4%；第三产业国内生产总值占全市国民生产总值的比例已从 1992 年的 27.4% 增加到 1997 年的 31.2%；第三产业的户均注册资本已从 1992 年的每户 0.62 万元增至 1997 年的每户 11.7 万元，资本投入进一步加大。

2. 个体私营经济在“三产”中占有绝对份额。目前，我市从事第三产业的个体私营企业已达到 33788 户，占全市第三产业总数的 87%，特别是我市农贸市场和专业市场中，个体私营经济占人份额则更高，约占市场经营户总数的 95% 以上。

3. “三产”中商业占主导地位，全市的商业网点已从 1992 年的 13675 个发展到 1997 年 24153 个，占第三产业总数的 62%。其中个体私营经济商业网点遍及全市各乡镇村，占网点总数的 87%。商业国内生产总值达 131694 万元，占第三产业中的 34.6%。

4. 基础产业发展较快。近年来，我市基础设施建设发展迅速。目前我市拥有机动车船达 4 万辆左右，其中营运的车船达 20000 户左右，形成了长短途结合的多层次客运线路网络。邮电通信实现了城乡电话一体化，传输数字化，交换程控化。

5. “三产”发展领域不断拓宽，档次逐渐提高。1992 年来，第三产业的发展已从原单纯的满足社会物资生活需求向满足人民生活、生产、文化等全方位、多层次服务的需求发展。信息前业、广告业、旅游业、娱乐业、保险业以及社区服务业等应运而生，出现了蓬勃的发展势头。规模档次随着市场竞争不断扩大而提高，向规模、集约资本经营方向发展，服务设施、服务水平进一步提高。涌现了浙江雄城商业股份有限公司、百大集团诸暨购物中心、西子宾馆等具有良好购物环境，一流服务设施、服务质量的第三产业，具有较强市场竞争力。旅游业已初具雏形。

二、第三产业在我市国民经济发展中有着重要作用

1. 满足了社会多方面的需求，促进了社会的稳定。第三产业的发展，根本上解决了社会商品的短缺现象，基本满足了社会的物资需求。“三产”的发展，使大量的社会闲散人员找到了适合自己特长的工作，有效地解决了社会就业难的压力，并为当前下岗职工再就业创造了条件，促进了社会的稳定。

2. 促进了农村集镇的形成。凡是第三产业发展较快，地方经济发达的地方，集镇建设越好，人民生活水平较高。从我市集镇发展轨迹看，无不与第三产业发展相关联。

3. 促进了我市各类市场的培育和发展，有效地推动了一、二产业的迅速发展。市场为第三产业发展提供了商品交易和服务的场所，而第三产业的发展，又使市场各类功能得到充分的发挥，从而促进了一、二产业的发展。我市的珍珠市场、轻纺原料市场是建立在一产二产发展的基础上形成的，经过几年来的发挥，促进了我市珍珠养殖业和纺织加工业的迅速发展。形成了一二三产业协调发展，互相促进的经济格局。

4. 增加了财政收入，社会贡献明显。1997 年我市第三产业上缴税收总额达 1.54 亿元，占全市财政总收入的 46.6%，第三产业的发展为经济建设积累大量资本，促进了我市城市基本建设加快和投资环境的改善。

三、第三产业发展中存在的问题

1. 对加快发展第三产业的重要性认识不足。目前，相当部分人对第三产业地位、作用、范围没有足够认识，片面地认为第三产业是传统的商业、饮食、修理服务业，而没有从社会和经济发展的整体角度来理解和发展“三产”，有的错误地认为只要“第二产业”搞上去了，第三产业自然就会发展，因此，在实际工作中，一些地方和部门没有把“三产”作为重要经济增长点来抓，没有像“一二产业”一样来重视抓好第三产业的发展，缺乏对第三产业发展的实际引导和支持。

2. 对第三产业实施宏观调控的能力措施偏弱。目前有相当部分干部头脑中没有形成对第三产业实行调控的认识，有的对政府及其职能部门对某些影响城市环境的行业进行整治活动想不通，认为是应顺其自然，如城区建材市场整治工作，我们有些同志对统一划行归市工作想不通。由于对第三产业实现的调控的认识不足，因此，对第三产业缺乏总体规划和引导，一些政府和部门下达的措施很难有效的实施。

3. 第三产业行业结构不合理，整体服务水平不高。我市第三产业主要以商业为主，居民服务业次之，咨询业、信息业和各类技术服务所占比例很小、发展缓慢，特别是那些为一二产业服务的有利于推广运用新技术、附加值高、综合效益明显的服务性行业则更少。与人民生活密切相关的社区服务和修理业却裹足不前。

4. 一些行业中存在着“低、散、乱”现象。一是表现出档次低。如广告业，仍停留在民墙广告、横幅标语、违法散发广告信息等宣传方式，而对如何为企业搞好形象策划，塑造知名商标，为企业服务上手段、方式都比较落后，甚至没有参与。饮食行业中，繁华的西施大街与临时的“蒙古包式”摊点形成了强烈的反差，这与创建文明城镇，提高城市品位格格不入。三是表现布局散。旅游景点分散，旅游购物和娱乐等都未能充分开发出来，景区商店小而乱，商品雷同单一，没有诸暨特色。三是表现在秩序乱。医药保健品网点设置过多，互相打“价格战”，据了解目前诸暨有医药零售网点达 91 个（都经过市卫生局批准），超过了嵊州、新昌、上虞的医药零售网点之和，农业生产资料网点布局不合理现象依旧存在，经营单位为争夺市场，影响农资市场稳定发展的违规行为时有发生。企业名称使用上贪大求洋，实际的规模、档次与严格意义上的字号名称相差甚远。

5. 职能部门管理交叉，影响第三产业健康发展。目前从事第三产业申办营业执照，除个别行业无前置规定外，其他大多数的行业都有前置的规定，这就产生多头管理的现象。一是管理体制错位，无照经营现象“合法化”。交通运输中，从事“黄包车”服务的运输户都没有领取《营业执照》，仅凭巡警队的许可证营业。又如近年代灌煤气的经营户日益增多，由于这些经营活动审批受前置条件的限制，达不到条件，工商部门不予登记，而公安巡警队把这些本应该取缔的单位，以每户交 1 千元的形式准予经营，使这些经营者“合法化”。再如全市个体诊所全凭卫生局下发的执照营业。由于这些现象的存在，致使对第三产业管理中造成该管的不管，不该管的乱管，市场秩序混乱。二是多头管理，重费经营，形不成合力。现在对第三产业的管理部门越来越多，各种费用名目繁多，收费额度逐年增加。如开办一家综合性娱乐服务单位，除国家税收和工商登记管理费外，据统计其他部门收取押金和费用起码在 13000 元左右。文化局押金 10000 元以上，管理费全年 840 元，公安治安费每年 500 元、卫生防疫收费 400 元，环卫做证 50 元，每月收排污费，劳动局培训费 400 元，城建的路牌灯箱每个 50—3000 元不等。再如劳动就业中介服务组织，每本证费用 5000 元，原来一些经劳动局批准中介信息服务单位，经过整顿也要缴纳 5000 元，不交费，不办证。而费用收取之后，很少有部门对其进行经常性的检查和教育，致使经营者怨言甚多。

四、关于对第三产业发展和管理的几点建议

1. 进一步解放思想、转变观念。把大力发展第三产业作为加速经济发展，安置下岗职工的重要途径。第三产业是衡量经济发达水平的重要标志，各级政府和经济管理部门要充分认识到加快发展第三产业的重要性和紧迫性，克服重一二产，轻“三产”的片面认识，树立第三产业是带动我市支柱产业快速协调发展的新观念，做好支持发展第三产业的文章。政府和经济管理部门要把第三产业的发展纳入总体规划中去，鼓励和引导第三产业的发展。

2. 要为第三产业发展创造宽松的环境。一是在舆论宣传上，积极鼓励发展第三产业，形成第三产业发展的良好氛围。二是要取消押金以及不符合国家规定的费用，减轻企业负担，对一些单位制止不理的，政府有必要采取行政措施，追究领导责任。三是减少审批环节。对国家法律法规不作前置要求的规定一律予以取消，工商部门可以直接登记注册。对一些以培训为名义设置的前置条件，各部门在办理证照过程，不得作为限制条件。四是要不断为第三产业发展创造条件，鼓励第三产业不断拓宽领域，不断提高规模档次。政府和经济管理部门不仅在政策上要为第三产业的发展创造宽松环境，而且对重点企业有必要进行政策性倾斜。如土地、贷款上的支持等。

3. 加强对第三产业引导和管理。各职能部门应在政府统一领导下，运用法律、经济、行政的手段，加强引导和管理，促进第三产业的规范发展。一是建议成立市第三产业管理领导小组，加强对第三产业发展管理的领导和协调。由市政府牵头，工商、公安、卫生、建设等职能部门组成。二是加强对第三产业的调控。第三产业管理领导小组对第三产业的发展要作出总体发展规划和布局，运用城市规划的方式来控制商业服务网点增设或减少，如西施大街的饮食摊点完全可以建立风味小吃一条街，控制发展摊点形式的经营服务单位。对法律法规有特殊规定的行业，有必要对其经营网点从严控制，如农资市场、石油制品市场、液化气市场、医药市场的网点布局等。三是严肃查处各种违法违章行为。各职能部门要在第三产业领导小组的领导下，各司其职，工商部门要严格把好市场的主体关和行为监督关，卫生部门要加强对卫生的监督，公安部门要加强对治安的管理。杜绝产生多头管理、交叉管理形象，确保对第三产业管理的力度。

（1997 年 10 月诸暨市工商局提交市委、市政府的报告）

【四】从三都贡缎业的发展看如何扶持块状产业

诸暨市十大农村块状产业之一的三都贡缎业，在经历了1996年前后三年多的发展低谷之后，由于当地政府和工商部门的扶持引导，绝处逢生，再度崛起。1998年实现工业产值7.9亿元，出口交货值7300多万元。今年1—4月旺销势头不减，实现工业产值2.96亿元，比去年同期增长33.4个百分点，成为全市块状产业的一个新亮点。

三都贡缎业起步于80年代末，当时，一些农户从外地购进布机生产加工贡缎，并出口到西非一些国家。90年代初，三都贡缎业发展较快，户带户，村带村，到1993年，三都镇及其附近地区的布机已发展到4000余台，贡缎行业年产值达5亿元，成为贡缎业发展史上的第一个高峰。但由于缺乏引导，疏于管理，造成无序竞争，产品质量严重下滑，市场形势急转直下。到1995年，三都贡缎业基本处于停机停业状态。面对三都贡缎业由盛转衰的困难局面，当地政府和工商等部门在深入调查研究的基础上，寻找原因，采取措施，努力使贡缎业走出困境，重现生机。从1997年底开始，三都贡缎业重获新生，并呈现良好的发展态势。到目前为止，整个贡缎行业已拥有布机5196台，总资产达2.8亿元；产值占三都镇工业经济的60%以上，占浙江省贡缎行业的90%，攀上了三都贡缎业发展的新高峰。回顾三都贡缎业跌宕起伏的发展历程，从中可以得出几点重要启示。

一、农村块状产业起步以后，必须加强引导、扶持，促进其健康稳定发展。三都贡缎业的起落充分说明，块状经济不是自发经济，管理和引导是块状经济健康发展的助推器。三都贡缎业在初始发展阶段，政府和各有关部门就如何加强管理引导的问题，思想上有顾虑，实践上缺方法。广大经营户过分依赖市场，一哄而起，盲目发展，走弯路在所难免。当三都贡缎业面临困境以后，政府和工商等部门意识到了行业过于自我发展存在的问题，开始介入贡缎业的管理。三都镇政府把三都贡缎业的发展作为推动三都经济发展的战略任务来抓，专门成立由镇政府牵头，工商等职能部门参与的轻纺行业管理办公室，成立三都贡缎行业协会，形成了齐抓共管的局面。同时，镇村两级加强服务，尽可能在征地、贷款、税收、供电等各方面给予优惠和扶持。多管齐下、多方扶持，促进了三都贡缎业的重新崛起。

二、农村块状产业发展，必须规范经营行为，走健康有序的发展道路。规范家庭工业户的生产经营行为，树立质量意识，提高产品质量，是块状产业的生命线。三都贡缎业在自发阶段，由于管理没跟上，整个贡缎业处于无序状态。产品品种单一，质量不稳定，有的经营户甚至以次充好，导致贡缎产品鱼目混珠，最终影响了整个行业的发展。对此，近年来，三都镇政府和工商部门对症下药，已开始着手对家庭工业户进行规范化管理。三都工商所建立了市场巡查制，经常派出专人到销售点和贡缎市场进行巡查，抓好质量管理，要求贡缎产品“劣质不出户，低质不出镇”。对在市场检查中发现的问题及时进行查处，增强贡缎生产者和经营者的质量意识和法律意识。通过一段时间的努力，三都贡缎业的产品质量明显提高，加工设备更新换代加快。据外贸部门反映，现在三都贡缎业的产品质量同国有集体企业的产品质量不相上下，从而使三都贡缎的产品获得良好的市场声誉。

三、培植龙头，产销分离，走专业化协作分工之路，实现经营机制的转变是块状产业发展的关键所在。一家一户搞加工，小打小闹成产业是块状产业的特点，但低小散乱又是块状产业的缺陷所在。要发挥小的优势，克服散的弱点，必须既分工又协作，走联合发展的道路。近几年来，三都镇政府和工商部门为稳定块状产业的发展，积极培育和引进了 50 余户一头连接百家千户，一头连接大市场的龙头供销大户。这些大户与外贸部门建立了长期的联系，业务稳定。他们组织一定数量的织机户常年加工，稳定了产销关系，改变了过去家庭工业自产自销，市场信息闭塞的弊端，稳定了整个贡缎行业的生产和经营。

（原载 1999 年 6 月 8 日《光彩报》第三期第一版）

作者：翁锡表　俞科真

【五】扬长补短　乘势而上　加快诸暨市袜业块状产业升级

袜业块状经济是我市重要的决状产业。近期，笔者对我市袜业生产经营情况进行了调查，现就如何提升袜业产业层次作点探讨。

一、我市袜业块状经济发展现状及特点

我市的袜业起步于80年代，发展于90年代，袜业已成为我市最大的“块状经济”。“诸暨袜机响，天下一双袜”。大唐及其周边地区是国内最大的袜子生产、销售基地，我市因此成为名闻遐迩的“中国袜业之乡”。

分析当前整个袜业现状，有以下几个显著特点：

——面广量大。目前我市袜业已具有相当大的产业规模，拥有大小袜子企业近万家，其中个体工商户占90%以上，形成了以大唐为中心，辐射到周边草塔、城关、牌头等10多个镇乡、120多个村、1万多户家庭的生产经营格局，吸纳了10多万从业人员，1998年生产各类袜子48亿双，产品远销欧美、东南亚、中东等30多个国家和地区。

——地位突出。袜业是我市的支柱产业，在全市经济中具有举足轻重的位置。去年袜业及相关产业实现产值近80亿元，占全市工业产值的20%以上，袜业兴衰事关全市经济大局。

——基础深厚。我市袜业经过了从手摇袜机、电动袜机到如今的电脑袜机的发展历程。目前全行业已拥有各类袜业机械6.5万多台，其中进口电脑袜机7000多台。特别是在’99袜博会上，共签订购买先进袜机设备1000多台（套）。技术装备的迅速改善，增强了企业的实力，扩大了企业的规模，诸如浙江袜业、浙江中周等企业的骨干龙头地位日见端倪。加上产品销售接近市场，袜业经济已具备一定的产业基础、市场基础。

二、我市袜业块状经济存在的问题与面临的挑战

我市袜业生产在走向更高、更强的道路上，还存在一些问题，面临严峻的挑战。

——市场信息不畅，产品结构不合理。据调查，我市袜子经营户的市场信息80%以上来源于客户、在外经销点、同行企业。由于企业的信息雷同，跟着别人走，一哄而上，造成了产品雷同，缺乏创新，品种单一，没有特色，不能适应市场需求变化，技术含量低，影响了市场竞争力。近几年许多低档产品严重积压，粗略估计达数亿双之多，并呈继续增长趋势。

——品牌与形象意识不足。我市袜业缺少叫得响的品牌，更缺名牌。袜业商标现有80多只，但实际应用的不足10%，有影响的著名商标不多，袜子能直接进入大商场、精品屋的寥寥无几。全市有 2/3 的袜子半成品被义乌收购后，打上别人的牌子，其增长部分附加值被人家占去。甚至还有不少没有品牌或冒牌，以次充好，极大地影响了我市袜子的市场声誉。同时企业不重视产品的广告宣传，目前在省级以上媒介做广告的几乎还没有，广告费占销售收入的比例太低。企业知名度低，在一定程度上制约了市场开拓能力。

——单体规模小，龙头企业不成气候。目前依然是在作坊式的经营模式，低小散的生产格局未取得实质性突破，占总量 1/10 的电脑袜机分布在近 500 个单体中。据统计我市袜业企业注册资金 1000 万元以上仅 3 家，100 万元以上仅 29 家，年产值在 1000 万以上的仅 20 余家，虽出现了如浙江中周、浙江袜业等一些好企业，但与市外同行的“浪莎”等企业相比，吸聚力和带动力还不强，缺少“子弹头”。由于企业规模小，集中度低，导致了行业内部过度竞争，大批袜业小企业在激烈的市场竞争中面临严峻的挑战。

——市场营销能力薄弱，销售渠道较窄。目前我市的袜子销售主动权牢牢掌握在几个外地中间商手里，产品以内销为主，虽在国内重要的百货批发市场设立了 80 多家销售点，但 70% 以上的袜子还是通过义乌针织市场销售的，如薄型丝袜，他们赚走了 2/3 利润。家门口市场——浙江大唐袜业城 1998 年“消化”袜子 16 亿双，仅占总量的 33.3%。外向度不高，外销能力相对薄弱，1998 年出口创汇 880 万美元，间接出口比重大，且极大部分是通过边境口岸贸易。

——产业链整合度不高。在我市这么大的袜业产业群中，生产链缺乏有机的协作，化纤行业是“影子行业”，一再错过发展良机，处于一种徘徊不前的境地；染整行业滞后于整个袜业发展，占了袜子 28% 产值和利润的后道工序，基本上在外地完成，这对提高我市袜子质量和档次带来极大困难。

——竞争激烈，优势不明显。观望我们的竞争对手，周边县如义乌依托中国小商品城的市场优势，形成了强大的营销网络，袜业经济迅速崛起；广东起步早，产品名牌多、附加值高、信誉好，传统市场稳固，他们已有的市场优势、规模优势和品牌质量优势已领先于我市。加上国内外市场风险加大，获利能力减弱等威胁，无不对我市袜业带来严峻的考验。

三、加快我市袜业块状产业升级的思考

我市袜业产业虽然存在一些问题，但通过几年的发展，袜业生产已实现了资本原始积累，向更高层次、更大规模发展的条件已基本成熟。笔者认为，可通过以下几方面的努力，扬长避短，乘势而上，提升袜业块状产业，实现我市袜业经济的“二次创业”。

（一）立足优势、准确定位，明确目标、制订规划正视我市袜业发展的优势所在。袜博会的成功举办，增强了我市与周边县市的竞争信心，更加确定了建设“袜业之乡”的决心。市委、市政府对这一块状产业高度重视，袜博会一结束，市政府专门召开了袜业发展座谈会，有关镇乡、部门已纷纷行动起来，真抓实干，上下联动，促进袜业的发展。全市袜子生产经营企业全身心的投入，树立了赶超国际先进水平的强烈愿望和信心，如能利用得天独厚的地理环境和业已形成的产业基础、市场基础、群体规模效应等优势，紧紧抓住当前纺织工业深化改革、结构调整和“入世”临近的历史机电，我市袜业发展将大有潜力。

根据我市袜业生产的实际，袜业发展的目标是在现有基础上通过 3 至 5 年努力，把大唐建成“中国袜业基地”，成为全国的袜子生产、袜子原料机械、袜子研究三大中心。政府部门加强调研，正确分析我市袜业发展现状与特点、优势与劣势、威胁与机遇等因素，立足长远，准确定位与构思，制定切实可行的袜业发展规划，从调整产品结构、培植龙头企业、培育知名品牌、强化市场功能、完善服务环节等方面，提出分阶段、分步骤实施措施，指导具体工作。

（二）培植龙头骨干企业，发挥规模企业的吸聚力和带动力

在袜业块状产业中实施强势企业发展战略，培育与发展我市袜业产业的龙头骨干企业，带动全市袜业中小企业快速发展，对推动袜业产业结构调整与升级有着重要意义。

着手组建龙头骨干企业。当务之急是确定、选择一批有一定规模基础、科研能力、较强市场竞争力、相当生产经营水平、能起帮带作用、已崭露头角的袜业“排头兵”。对如浙江中周、浙江袜业、浙江文体等企业要引导其加大有效技改投入，鼓励有条件的袜子生产企业向前后道工序延伸，引进先进设备，提高袜子一条龙开发技术，向最终产品发展。结合技术改造、技术创新，提高袜子档次与质量，拉长产业链。利用其在品牌、技术、设备、资金、市场等方面的优势，逐步形成 2 至 3 家“大而全”、“大而优”的袜业小型巨人企业，创造出一艘如“浪莎”般的中国现代袜业“航空母舰”，推进产业升级，夯实袜业块状基础。

积压发挥政府宏观调控与服务功能。继续加大扶优扶强力度，为袜业龙头企业的培育发展提供强有力的政策扶持；为其技术改造提供融资方面的保障，优先给予信息、科研及培训等方面的服务，为其开拓国际市场提供全方位的支持帮助等等。条件允许，可利用大唐独特的区位优势，开辟袜业特色工业园区，设施配套，待遇优惠，政策宽松，吸引更多的袜业企业进入园区，营造良好的袜业发展环境。

（三）培育袜业品牌，加快产品结构调整步伐

培育袜业品牌。以争创著名商标为突破口，在低、中、高三类袜子档次上均有全

国知名品牌，争取利用5年时间，在袜业块状产业中培育出1只中国驰名商标，3至5只省著名商标，20只以上地区、市级地方名牌商标。在具体创牌工作中，应充分发挥区域形象资源优势，打好“中国袜业之乡”这块金字招牌。一方面要教育广大袜子生产经营户树立质量意识、商标意识和名牌意识，对有一定基础、影响力、知名度的如“中周”、“丹吉娅”等地方名牌企业，鼓励用好、用活、用足袜子商标，继续加大争创著名商标、驰名商标力度，没有品牌的袜子企业促成注册商标；适时适度利用各种媒介，树立企业形象，提高产品与企业知名度。另一方面，需要政府及工商等部门给予重点扶持，建立创牌企业联系点，采取必要的倾斜政策，搞好全方位服务，不断加强联手打假保名牌网络建设，为企业创牌保驾护航。再者，应积极推行袜业经济整体性品牌发展战略，目前条件下，实施以品牌为纽带，联合千家万户，通过走联牌之路来打品牌，集中资金进行媒体的广告宣传，合力叫响“大唐袜业”。

加大产品结构调整力度。避免袜子产品的雷同，防止产生过度的内部竞争，由单一的产品结构向多元化的产品结构转变。具体做法是：因企制宜，根据企业的设备、人员、技术状况，围绕袜子的功能，瞄准国内外市场形势，迎合不同区域、不同层次消费者的需求，开发更多的花色品种和具有强竞争力的“拳头”袜子，而不是盲目仿造；在某种袜子走向成熟期之前，采取领先半步的策略，不断创新，迅速推出适应市场需求的下一代新产品，避免与其他众多企业同挤一座独木桥，使开发出的每个袜子品种都可能孕育一个新的市场、新的经济增长点。

（四）努力强化市场功能，积极开拓国内外商场

解决我市袜子市场销售不畅难题，促进市场二次创业至关重要，在这方面更需要注重市场功能发挥，国内市场与国际市场、有形市场与无形市场、在建市场与未建市场两手抓，把完善产业链作为关键、按市场经济规律办事作为抓手，推动袜业块状产业升级发展。

逐步改变大唐袜业城目前的营销现状。尽快促使袜业城提高档次，壮大规模，建立精品市场；加强市场的宣传，出台各项优惠政策，吸引更多的国内外知名品牌袜子、外商参与市场交易，使大唐袜业真正成为全国袜子集散地和引导我市袜业产品开发、生产、调整的导向性市场；积极扶持几个袜子经营大户，鼓励建立起全国性的袜子销售公司，在外开设诸暨袜子的总经销、总代理、连锁店、配送中心等销售机构，培育、规范与完善遍布全国的二级市场，以大唐袜业城为中心，实现我市袜子的网络化销售，发现如出现赊账、低价倾销等不良苗头现象，及时联手整治；改变目前单一靠客户上门收购“守株待兔”式的营销方式，组建起袜子企业与客户的半紧密型营销关系，加强合作意识，减少相互间不必要的恶性竞争。

健全市场体系。已建市场如诸暨联托运市场要真正成为袜子集散的运输大军，大唐劳动力市场要拓宽服务范围促进袜业人才流动，并加强管理，搞好服务；未建市场如袜机市场、配件市场、信息市场等，做到因势利导，投资主体多元化，成熟一个、培育一个、发展一个、完善一个，逐步创立实来群体市场，形成完整的袜业产业链。

袜业企业要抢占网上市场。树立捷足先登意识，通过国际互联网进行网络交易和广告宣传，建立网站，把我市袜业产业、企业的市场信息、产品结构，通过网站迅速传递到世界各地，通过网站搜索，汇总、分析国内外袜子市场知名度，使我市的袜业优势企业走出区域经济格局，步入国际大市场大循环产生深远的意义。

开拓国际市场。扩大我市袜子出口规模，紧紧抓住“入世”步伐加快、配额限止逐步取消给整个组织业带来的极好发展机遇，充分利用外贸出口离港口不远的地理优势，由国内市场为走向国内外两个市场并举转变；确定合适的国际市场开拓目标，提高袜子精加工能力，生产满足国际市场的高档袜子产品，提高袜子附加值。引导、扶持几个袜子销售大户，落实外贸经营权，积极争取更多的袜子企业获得自营进出口权，出口创汇，不断增强我市袜子的国际竞争力和引进资金、信息的能力。

（五）完善服务体系，引导产业升级

引导我市的袜业块状产业升级，各级政府和有关部门要统一思想，提高认识，从全局出发，想袜业企业所想、急袜业企业所急，完善各个服务环节，构建“小政府、大服务”的管理体系，加大力度，精心呵护培育这一支柱产业，让袜业之树常青不衰。重点做好以下几方面工作。

搞好舆论宣传。不但要宣传产品，更重要的是要在立足于宣传整个袜业产业的同时，大力宣传中国袜业之乡——诸暨这个地方。“政府搭台，企业唱戏”，请进来、走出去，继续办好如中国袜业博览会这种有效的宣传形式，真正使“大唐袜业”名扬全国，走向世界。

搞好教育培训。教育袜业企业树立起创业意识、竞争意识、质量意识、名牌意识等现代观念，同时有关部门要通过兴办职工技能培训班、人才洽谈会等方式，牵线搭桥，为袜业企业输送合格的专业技术人才，使袜业企业不仅有先进的设备，还有高素质的职工。

抓好龙头企业扶植。抓龙头，各部门要相互协调，为袜业龙头骨干企业提供优良服务，落实出台一系列优惠政策，让袜业企业大起来；富企业，采取聚富于民、放水养鱼的宽松政策，使袜业企业加快资金积累，让袜业企业竞争能力强起来。在制定产业升级政策时，要向龙头企业、强势企业、高素质企业倾斜，让有限的资源政策在产业升级中发挥“四两拨千斤”的效果，营造有利于我市袜业发展的小气候。

抓好行业行为规范。“没有规矩不成方圆”，工商等职能部门要强化市场管理，规范行业行为，促进袜业经济健康发展；市袜业协会要充分发挥协会的桥梁纽带作用和“三自我”功能，制订行业标准，加强行业自律，减少无序竞争，降低“内耗”，形成袜业行业的“合力效应”。同地成立袜业研究组织，进一步挖掘我市袜业发展潜力。

（原载《诸暨通讯》2000 年第 1 期）

作者：马志大

【六】诸暨运用和发扬“枫桥经验”创新发展农村消费维权工作

编者按：自2005年以来，我省积极推进农村消费维权监督网建设并实现全省全覆盖。随着形势的发展，农村消费维权工作日益繁重，面临许多新情况、新问题，要求对现有的维权机制进行不断的创新完善。近年来，诸暨市工商局认真学习借鉴“枫桥经验”，赋予新内涵，实现了农村消费维权监督网的组织网络化、维权机制的规范化、教育培训的常态化和维权方法的多样化。6月22日，省工商局在诸暨召开现场会，推广诸暨学习“枫桥经验”深化农村消费维权监督网的经验做法。现将该局的有关做法予以刊发，希望各地学习“枫桥经验”精髓，与时俱进，推进全省消费维权工作再上新台阶。

枫桥是诸暨市经济较为发达的乡镇，常住人口9.6万，综合实力位列全省乡镇第24位。1963年，枫桥干部群众创造了“发动和依靠群众，坚持矛盾不上交，就地解决，实现捕人少，治安好”的“枫桥经验”，经毛泽东批示后在全国综治战线推广。“小事不出村，大事不出镇，矛盾不上交”是“枫桥经验”的精髓。近年来，随着经济发展、社会转型，农村消费水平不断提高，消费结构、消费方式产生显著变化，消费纠纷成为农村重要矛盾之一。诸暨市工商局运用和发扬“枫桥经验”，以维护和保障民生、促进社会和谐为工作目标，积极探索新形势下“依靠群众、社会参与、预防为主、就地解决”的农村消费维权新机制，提升维权效能，取得了一定社会成效。

一、“三网”联动推进，实现农村消费维权的社会化常态化

该局把消费维权纳入新时期拓展“枫桥经验”、加强社会综治管理的重要内容，建立起工商主导、城乡一体的社会化消费维权网络。

一是融入农村社会管理综治网。枫桥镇建立了全省第一个乡镇综治中心，镇村两级社会综治网完善畅通。枫桥镇调处的各类民情纠纷中，消费纠纷占31%。借助综治网联控联调，可以有效防范和化解消费矛盾。该局与镇党委政府联系沟通后，镇党委政府也认为消费维权是社会管理的重要部分，支持该局把消费维权纳入发展和创新“枫桥经验”的内容，列入综治中心的12项基本职能之一。在此基础上，该局在镇综治中心建立消费维权联络站，镇党委分管政法的副书记担任站长，工商、消保委分会派驻工作人员，镇指派一名干部担任联络员，消费维权全面融入社会综治工作大平台。

二是健全村级消费维权自治网。枫桥镇党委政府为加强村级消费维权工作，专门下发了《关于加强农村消费维权工作的通知》，28个行政村、2个社区均建立了消费维权联络点，与村（社区）社会矛盾纠纷调解室合署办公，形成了“村两委负总责、社会矛盾调委当骨干、群众参与做主人”的消费维权自治机制。维权点由兼任社会矛盾调解室主任的村支书负责，在村两委成员中聘用调解员51名，其中有各级人大代表9名。

三是完善企业消费维权自调网。枫桥工商所在21家大型商场超市、公共服务企业等设立消费维权点，实施先行和解制度，公布投诉电话，设立投诉专柜，开通“一站式退换货”通道，使消费者享受到便捷的服务，降低消费维权成本，实现自调促自律、和解促和谐的目的。

二、推行“五统一”模式，实现农村消费维权制度化规范化

村级维权点建立之初，存在机构虚设、业务不熟、保障不力等问题，作用一时难以发挥。对此，该局确立了“设施有用、制度实用、机构管用、群众受用”的工作标准，加强村级维权组织建设，提升运行水平。

一是基础设施一个样。村级消费维权点规范化建设做到“十个一”：有一块联络点牌子，有一处固定调解工作室、有一台工作电脑，有一部申诉举报电话，有一套日常工作制度，有一本消费维权监督员证，有一套二作台账，有一本维权通讯录，有一张信息化联络网，有一处消费维权宣传栏。

二是工作保障一标准。村级维权点办公场所、办公设备等硬件设施，由综治中心要求各村按统一标准配备。维权点活动经费、联络员津贴在市财政拨付的社会综治费中列支。2009年枫桥镇综治经费为327万元，每个村级联络员可享受3000元至5000元的津贴。

三是纠纷调解一机制。枫桥所牵头建立了工商主导、社会协同、村社助调、分级负责的消费纠纷调处机制，把消费纠纷分为简易、较难和疑难三大类，分别采用不同的调处模式。简易纠纷由村联络点负责调解；村联络点调解不成或较复杂的纠纷，在工商所指导下调解；疑难纠纷由镇联络站牵头调解，工商、镇、村调解组织参加，有关部门、社会人士参与。与分级调处机制相配套，还建立法律援助团、专家咨询团，联合解决疑难投诉，提供法律咨询、帮助代理诉讼。

四是信息传导一张网。该局和枫桥所开发设立了“枫桥工商消费维权网”，发布维权法律法规，及时传达上级有关文件、信息；利用网络部署阶段性维权工作，实现工作联动；开展网上业务培训，进行业务指导。

五是绩效考核一个口。对村级消费维权工作的绩效考核，归口镇平安创建考核范围，由镇综治中心牵头进行日常督查和年终考核。考核结果与行政村综治工作的年度考核挂钩，作为衡量行政村工作实绩的依据之一。

三、推出服务指导措施，实现消费纠纷早预防早化解

该局按照关注民生、教育在先、促进和谐的思路，抓好预防化解，提高保障民生、服务经济的水平，营造良好市场环境，促进消费增长。

一是分类教育早预防。开展以“成长路上维权相伴，素质教育新消费相随”为主题的“消费维权进校园”活动，开设消费维权课堂，建立学生维权小分队，进行维权培训和模拟演练。设立农村消费维权流动学校，巡回授课。发动群众成立了宣传队，自编自演维权快板节目和歌曲，普及消费知识。

二是下访联系早化解。建立责任区干部消费纠纷巡回调解制度，变上门投诉为干部下村调解，变坐等来访为主动走访，向村民发放维权联系卡，村民有事可直接找工商干部解决。干部下村要必访经营户，掌握片区经营状况，了解消费纠纷发生情况。今年来工商干部巡回调解受理投诉 15 次，化解纠纷 8 起。

三是发布预警早防控。为避免小事变大和矛盾激化，枫桥所建立了和镇综治中心、联络站点收集信息、发布预警、联动防控的工作机制。针对不同时段有可能引发普遍性纠纷的消费行为，发布警示，联动防控。如今年春播季节，枫桥所会同各联络站点发布消费警示 6 期，提醒农民防止农资消费风险。

四是约谈指导早整改。枫桥所适时开展农村消费趋势展望、消费热点评议、消费政策落实跟踪等工作，受到了欢迎和好评。如对公用服务行业进行评议活动，对问题较集中的企业进行约谈，就数字电视收费等存在的问题向有关企业发出整改通知书。在“家电下乡”活动中推出了优惠政策宣传配套、消费纠纷调解维权配套的“两配套”服务，确保拉动内需政策落实到位。

四、推广发展枫桥经验，农村维权取得良好成效

该局运用和发扬“枫桥经验”，创新发展农村消费维权工作取得了初步成效，主要体现在以下几方面：

一是实现了农村维权社会化。消费维权工作进入社会综治体系后，村级联络点室常设、牌常挂、人常在，成为村级组织的常设机构，消费维权工作成为村级组织的基本工作，确立了村级维权的长效机制。消费维权也由部门工作转为社会工作和群众工作，破解了工商部门“一肩挑”的难题，营造了“群众事情大家做”的工作氛围。

二是促进了农村社会和谐。农村消费者就近获得消费知识，就近投诉消费纠纷，村级联络员调解纠纷有用、有力、有效，实现了“小事不出村，纠纷不出店，就地化解”。去年村级维权点受理投诉 165 件，调处 153 件，解决率达 92%，没有出现越级投诉的现象，也未出现消费纠纷激化引起的群体性事件。

三是净化了农村消费环境。枫桥所发挥村级维权联络员的帮手作用，加强市场监管，改善消费环境，让群众放心消费、满意消费、安全消费。在推进小食杂店、无照经营整治工作中，联络员积极参与，帮助摸清底数，提高了执法效果。去年枫桥所通过联络员、维权小分队提供的信息，查办了上门推销假冒产品以及无照经营网吧、电子游戏等案件6起。

四是收获了良好社会评价。通过深化农村消费维权工作，农村群众增进了对工商和消保工作的了解，工作基础更扎实，工作环境更好。该局的消费维权工作，受到了党委政府和群众的好评，被诸暨市政府评为创新发展"枫桥经验"先进集体和创新"枫桥经验"优秀成果。"家门口维权"被列为行风评议中群众满意实例，在全市作风建设总结大会上受到通报表扬。中央电视台、新华社等媒体对这项工作相继做了报道。

（原载浙江省工商局办公室编《工商交流》2010年第3期）

编 后 语

《诸暨市工商行政管理志（1988—2013）》是1989年付梓的《诸暨县工商行政管理志》的续志。

1988年以来，国家经济体制改革处于社会主义计划经济向社会主义市场经济转轨的重要历史阶段。随着经济体制改革的不断深入，诸暨市（县）工商行政管理事业也得到快速发展。可以说，这个时期，是诸暨市（县）工商行政管理事业发展的重要阶段，是值得书写的一段历史。真实记录和反映诸暨市（县）工商行政管理工作的客观发展历程，是诸暨市（县）工商行政管理系统同志的共同愿望，也是存史、资政、教化后人的一份历史责任。

2014年10月，市市场监督管理局决定在参与《诸暨市志》编写的同时，编纂《诸暨市工商行政管理志（1988—2013）》。编纂工作启动后，编写人员制订实施方案，拟制篇目，搜集资料，筛选增删内容，数易其稿。2017年10月，完成征求意见稿，并打印分发给各科（室、队）、分局以及相关协会负责人和部分同志，同时多次在局域网上载出，征求意见建议。在听取多方意见的基础上检遗补漏，纠谬改错，调章整节，润色修正，于2018年12月终稿。

《诸暨市工商行政管理志（1988—2013）》记述时限共26年。编纂工作尽力遵循志书的基本规则，参照《浙江通志》行文规范，力求推陈出新。志书首列大事记，正文分7章43节，并收集近140幅图片插入各个章节。志书主要记述1988年以来诸暨市（县）工商行政管理部门在机构设置、职能变化等方面的重大变革，以及在市场主体准入、市场经济监督管理和服务地方经济等方面所做的主要工作，力求比较系统地勾画诸暨市（县）工商行政管理部门走过的足迹。部分章节和志末辑有附录，旨在通过对一些单位、事件的记述，反映、介绍与工商行政管理相关环节和层面的概况。

有幸的是，志稿编纂过程中得到了各级领导的关心与支持。市市场监督管理局、市（县）工商局的历届领导，中共诸暨县委办公室原主任胡补才，县委、县政府办公室原副主任王文浩，《诸暨市志》名誉主编刘效柏，《诸暨市志》编辑部主任戚曹良，经济部类主笔王仁荣等同志为志书的编纂、出版提供帮助，市人大徐晓刚同志提供了大量的图片；全局众多同志对编志工作十分关心支持，詹飞（女）、陈六美、何国昌等同志提供了大量珍贵资料，蒋平、宣峰、陈顺新等同志提出诸多宝贵意见建议，在此一并表示感谢！

由于编纂人员能力水平所限，志书中难免有错误与疏漏之处，祈请见谅。

《诸暨市工商行政管理志》编纂委员会

2018年12月